上海市普通高等学校人文社会科学重点研究基地
海商法研究中心资助(编号 SJ0706)

航运法专题研究

主　编　胡正良
副主编　於世成　郑丙贵

上海浦江教育出版社

图书在版编目(CIP)数据

航运法专题研究/胡正良主编. —上海：上海浦江教育出版社有限公司，2013. 12
ISBN 978 - 7 - 81121 - 318 - 8

Ⅰ. ①航⋯ Ⅱ. ①胡⋯ Ⅲ. ①航运一法规一研究 Ⅳ. ①D912. 290. 4

中国版本图书馆 CIP 数据核字(2013)第 313589 号

上海浦江教育出版社出版
社址：上海海港大道 1550 号上海海事大学校内 邮政编码：201306
电话：(021)38284910/12(发行) 38284923(总编室) 38284916(传真)
E-mail：cbs@shmtu. edu. cn URL：http://www. pujiangpress. cn
上海浦东北联印刷厂印装 上海浦江教育出版社发行
幅面尺寸：168 mm×244 mm 印张：43. 5 字数：877 千字
2013 年 12 月第 1 版 2013 年 12 月第 1 次印刷
责任编辑：谢 尘 封面设计：赵宏义
定价：90. 00 元

FOREWORD 前　言

《航运法》以国家干预航运经济活动中产生的特定社会关系为调整对象，其主要任务是以法律形式确立我国现阶段和今后一个时期的基本航运发展政策，确立航运市场政府管理体制，以及航运市场准入规则、航运市场运行规则、国家对航运市场的宏观调控规则和对违法行为的调查与处罚规则。《航运法》在我国航运法律体系中具有重要地位，与《海上交通安全法》《海商法》和《港口法》一起被认为是我国航运领域的四大"龙头法"。原交通部起草《航运法》的工作始于1996年，到2004年共形成了11稿。2004年后起草工作陷于停滞，主要原因是国家立法资源有限，以及前些年随着我国航运经济的迅速发展，社会主义市场经济体制完善的步伐加快，对作为《航运法》灵魂的今后一个时期我国航运市场发展的基本政策难以固定。目前，我国航运经济的快速发展使得尽快制定《航运法》的必要性和紧迫性越来越明显，一些基本航运政策可以固定下来，实现政策的法律化。同时，国家在市场准入、规范经营、运力调控、执法机制等领域实施改革与创新，大力发展内河水运，这为《航运法》的制定奠定了较好的基础。为此，2011年交通运输部决定重启《航运法》的起草工作。

对于《航运法》的制定，相关理论研究必须先行，以便为《航运法》的制定提供理论依据。为此，近几年，上海海事大学海商法研究中心承担了交通运输部水运局为《航运法》的制定而部署的若干专题研究项目，以及上海市交通运输和港口管理局、上海市人民政府发展研究中心为上海国际航运中心建设而立项的若干科研项目。本书是在上述研究项目成果的基础上撰写而成的，主要内容包括：《航运法》立法的指导思想、宗旨与基本原则，国内水运市场运行规则研究，国际航运反垄断规则研究，航运经纪发展政策与规范管理研究，港澳运输研究，中国航运保险业的法律保障研究，各国(地区)航运法律制度研究。我们期望本书能为我国《航运法》的制定提供一定的理论依据，同时为读者学习和研究航运法的基本理论和基本制度提供参考。

《航运法》将同时适用于国内航运与国际航运，鉴于两个领域在实体规则方面存在较大的差异，各专题通常分别予以探讨。在管理体制、调查处罚等领域，两者具有较多共性。

在研究方法上，各专题结合国内、国际航运法律法规与政策的实施情况，反映行业发展与市场实际运作，通过国内外航运市场发展与立法、执法等的比较，运用定性与定量相结合的方法，全面梳理现有立法与政策，分析有关法律制度与政策措施，从发展目标、指导原则、管理体制、实施机制、实体制度、程序制度、制度保障、政策配套等多视角展开研究。

各专题研究表明，无论是国内航运市场还是国际航运市场，航运管理制度立法与完善都需要基于我国国情与航运发展实际，根据社会主义市场经济体制的要求，以建立畅通、高效、平安、绿色的航运市场体系和高效、公正、法治的航运市场管理体制与机制为基本目标，从根本上提高我国航运发展水平、政府管理水平与法治水平，实现航运大国向航运强国的转型升级。

本书引用了大量与航运市场相关的统计数据，以及国内外有关的法律、法规和规章。由于航运市场相关统计数据，以及国内外有关的法律、法规和规章处于不断变化之中，敬请读者予以注意。

各专题研究主要撰写人员如下：

第一篇"《航运法》立法的指导思想、宗旨与基本原则"：胡正良、刘畅、黄晶、郑丙贵。

第二篇"国内水运市场运行规则研究"：胡正良、郑丙贵、黄晶、戴玉鑫、黄贞凤。

第三篇"国际航运反垄断规则研究"：郑丙贵、胡正良。

第四篇"航运经纪发展政策与规范管理研究"：胡正良、郑丙贵、黄晶、陈伦伦。

第五篇"港澳运输研究"：胡正良、郑丙贵、黄晶、黄贞凤。

第六篇"中国航运保险业的法律保障研究"：郑丙贵、韦松、侯安琪、林赟、鹿畅、黄嫄、汪莹、董琳妮、秦晓晓。

第七篇"各国（地区）航运法律制度研究"：胡正良、郑丙贵、黄晶、阙东丽、张丹、张颖、马佩英、吴方。

全书由胡正良、於世成策划，胡正良、郑丙贵统稿，胡正良定稿。

由于作者水平有限，疏误之处在所难免，敬请读者批评指正。

胡正良
2013年6月

CONTENTS 目录

第一篇 《航运法》立法的指导思想、宗旨与基本原则

第二篇 国内水运市场运行规则研究

第三篇　国际航运反垄断规则研究

第四篇　航运经纪发展政策与规范管理研究

第五篇 港澳运输研究

第一篇　《航运法》立法的指导思想、宗旨与基本原则

引言

我国《航运法》起草工作始于1996年，由原交通部负责起草，到2004年共形成了11稿。2004年后起草工作陷于停滞，主要原因包括3方面：一是国务院、全国人大的立法任务重，立法资源有限。在社会主义市场经济体制建设、国计民生，以及重要的民事领域有大量的法律法规需要制定，国家立法尚处于构建中国特色社会主义法律体系主干法律法规阶段。二是航运管理措施与航运管理体制处于较快的变动时期，在一些领域尚未形成可以长期坚持的成熟的做法。三是国际航运市场管理制度在21世纪初发生了重大变化，其未来趋势在短时期内难以明朗。欧盟取消了给予班轮公会反垄断豁免的制度，国际社会对于班轮公司之间的价格联盟管制制度产生了较大分歧。

随着我国社会主义市场经济体制的不断完善，以及航运管理体制改革的深入与管理机制的完善，航运立法层次较低的问题成为航运业发展、航运管理体制改革的不利因素。我国已确立航运发展中长期目标与基本政策体系，但是，国内航运市场与国际航运市场仍然存在许多只能通过健全法律制度才能逐步解决的问题，尽快制定《航运法》的必要性和紧迫性越来越明显。为此，2011年，交通运输部重启《航运法》的起草工作。

制定《航运法》，首先需要解决一些基本理论问题，包括《航运法》的调整对象、定义与地位，《航运法》与其他法律之间的关系，《航运法》的立法指导思想与目的，《航运法》的立法基本原则，以及《航运法》需确立的基本规则体系。不解决这些基本理论问题，《航运法》就会成为无源之水、无本之木、无根之学。

本篇运用法理学和经济法的基本理论，结合航运经济和航运市场的特点，分析和探讨这些基本理论问题，提出了以下主要观点：第一，《航运法》以国家管理航运经济活动中产生的特定社会关系为调整对象，在我国航运法律体系中具有“龙头法”之一的地位；第二，《航运法》需正确处理与《公司法》《反垄断法》等经济法、《海上交通安全法》《行政许可法》等行政法，以及《海商法》的关系；第三，《航运法》的立法指导思想包括贯彻落实科学发展观，总结我国航运市场管理实践与经验，推进航运管理制度创新，深化航运行政管理体制改革，全面推进航运依法行政，保障航运强国战略的实现，促进经济贸易发展；第四，《航运法》立法的具体目的是维护社会主义市场经济体制下的航运市场秩序，鼓励建立和维持满足国家经济贸易、社会发展和安全需要的中国籍商船队，建立和维持高效率的航运管理体制，实现国家对航运市场经济的宏观调控，保障航运业的可持续发展；第五，《航运法》的制定应遵循实事求是、一切从实际出发的原则，原则性与灵活性相结合的原则，创建性、纲领性的原则，以及总结我国经验与借鉴外国经验相结合的原则；第六，《航运法》拟确立的基本规则包括总则、政府航运市场管理体制规则、航运市场准入规则、航运市场运行规则、航运市场宏观调控规则，以及对违反《航运法》行为的调查与处罚规则。

第一章 航运法的概念、性质与地位

第一节 航运法的概念与性质

一、航运法的调整对象

在法理学上，法律调整的对象是特定的社会关系，“是已被法律调整的或者客观上要求法律调整的具体的意志社会关系”①。

我们认为，航运法的调整对象应理解为国家管理航运经济活动中产生的特定社会关系。对这一调整对象，应从以下五方面理解：第一，航运法的调整对象是航运经济关系；第二，航运法调整的是属于国家管理范畴的航运经济关系，不包括航运经济活动中属于《海商法》和其他民商法，以及《海上交通安全法》《港口法》等航运行政法调整的经济关系；第三，航运法调整的航运经济关系，其主体的一方是国家或代表国家的政府及其部门，另一方是船舶运输市场或船舶运输辅助业市场经营主体或申请成为经营主体的人；第四，航运法调整的航运经济关系，主要是指国家和代表国家的政府对航运市场准入、航运市场秩序的管理关系，以及对航运市场宏观调控的关系；第五，航运法规制的国家和代表国家的政府对航运经济的管理形式具有多样性，包括对航运经济及其活动的组织、引导、协调、规制、调整、监督、控制和参与等多种形式。

不同国家航运法的调整对象在范围上差异较大。美国联邦海事委员会负责实施的航运法以调整竞争关系为主要内容，属于远洋运输管制领域的制度。英国与南非航运法包括了船舶登记、海事赔偿责任限制、油污预防与责任等制度。韩国与日本航运法以市场准入规则为主，同时规定了航运市场竞争秩序规则。

二、航运法的定义

法理上，任何法律都是调整特定社会关系的法律规范的总称。航运法的定义是航运法的调整对象的概括和抽象，而航运法的调整对象是航运法定义的具体化。

---

① 孙国华，朱景文. 法理学[M]. 北京：中国人民大学出版社，1999：229.

根据前述航运法的调整对象，航运法可定义为调整国家管理航运经济活动中产生的特定社会关系的法律规范的总称。

航运法调整的特定社会关系以航运市场为基本要素，主要包括航运市场基本经济关系(行为)和航运市场管理关系(行为)。在各种调整对象中，航运法以市场准入关系、市场竞争关系和宏观调控关系为主要对象。从内容上看，其中一部分是市场交易行为，另一部分是政府规制行为。其中的市场交易关系不完全是市场主体之间的交易行为，航运法调整的是具有国家管理意志的市场交易关系。航运法本质上是我国社会主义市场经济体制下的航运市场之法。航运市场经济是航运法的基础和根源，是对航运市场经济客观要求的表述和提升。

三、航运法的性质

按照理论界对于经济法性质的界定，航运法由以公法为主、私法为辅的法律规范构成。

联合国亚洲和太平洋经济和社会委员会《海运立法指南》(指南卷Ⅰ)[①]认为，海运立法具有公法和私法的双重性，海运立法的公法方面或称公海运法(Public Maritime Law)，所调整的是各国在涉及国际法事宜方面的权利、义务关系及其在海事管辖范畴内管理有关活动的权能。海运立法的私法方面或称私海运法(Private Maritime Law)，所调整的是从事海上商业或其他活动的公、私实体相互之间的法律关系。

《海运立法指南》所指的公海运法包括有关航运管理的各种国内立法和国际公约，如经济法规、船舶登记和船舶国籍、船舶吨位丈量、船舶安全、航海安全、船长船员、海事调查等范围广泛的法律法规。

《海运立法指南》所指的公海运法相当于广义航运法，本书定义的航运法是狭义的，相当于《海运立法指南》中的“经济法规”。航运法主要属于国内立法领域，国际公约数量较少，体现了一个国家对于本国国内航运与国际航运管理的基本制度。航运法律关系中多数以国家(政府)为一方，这是典型的公法关系。但是，也有部分航运法律关系是企业之间、企业与个人之间的，这属于私法关系。

第二节 《航运法》的地位

一、航运法是航运管理的基本法之一

符合前述航运法定义的各种航运法律法规是实质意义上的航运法。在法律名称上使用“航运法”的，则属于形式意义上的航运法。目前，制定形式意义上的航运

---

① 联合国亚太经社会《海运立法指南》(指南卷Ⅰ)，TACD/MP/4/01.17，1991年10月18日。

法的国家不是很多，但无论航运发达与否，是否属于航运大国或航运强国，都有本国航运管理法律法规，即有实质意义上的航运法。

交通运输部正在起草中的《航运法》是形式意义上的航运法，它将规定我国航运市场管理基本制度，是我国航运管理的基本法。《航运法》与《海上交通安全法》《港口法》《海商法》《航道法》（正在制定）等基本法律一起，被称为我国航运法律体系中的“龙头法”，是第一层次的航运法律，是基本法律。

五法并列从另一侧面反映出航运法调整对象和范围只限于国家航运管理部分内容，不能“顾名思义”。这是我国航运管理立法体系的特点。

二、《航运法》与经济法

从中国特色社会主义法律体系角度，航运法可定位为经济法这一法律部门之下的一个子法律部门。因此，在法的效力层次①意义上，航运法与经济法是特别法与一般法的关系。

经济法是国家管理经济的法律。根据适用范围的不同，经济法可分为一般经济法和行业经济法。反垄断法、反不正当竞争法、消费者权益保护法、产品质量法和财税法等法律广泛适用于国民经济的各个行业，属于一般经济法，是经济法学研究的重点。由于各行业一般都具有特殊性，在管理制度上需要有特殊安排，因此，除了适用一般经济法外，一般需要针对具体行业制定专门的经济法规则，实现行业经济管理目标。

由于航运市场经济的特殊性，经济法的一般原理、基本原则和一般性规定往往不能完全适用于航运市场经济。在经济法作为一般法适用的前提下，针对这些特殊性，法律在航运市场的统一与开放、市场管理体制、市场准入、竞争机制和价格机制等市场秩序领域，以及政府宏观调控方面，需要作出特别的规定。因此，航运法作为经济法的特别法，有其存在的客观必要性。

航运法中有关航运市场准入等经营主体的规定是《公司法》的特别法；有关航运市场竞争规则的规定是《反垄断法》和《反不正当竞争法》的特别法；运价管理规则是《价格法》的特别法；航运处罚规则是《行政处罚法》的特别法。在遵循特别法不违背一般法的条件下，特别法的效力优于一般法，是法的效力层次的特殊规则。② 因此，航运法规定的效力高于同一层次的经济法中的一般规定。

航运经济具有规模经济的特点，因而有必要限制航运市场经营主体的数量、设定相对较高的市场准入条件。因此，《航运法》中需确立航运市场准入规则，即航运市场经营主体除需满足《公司法》规定的一般准入条件外，还需满足《航运法》规定

---

① 法的效力层次，又称为法的效力等级或者法的效力位界，是指一个国家法律体系的各种法的渊源中，由于制定主体、程序、时间、适用范围等不同而形成的一个法的效力等级体系。张文显. 法理学[M]. 北京：法律出版社，1997：90.

② 张文显. 法理学[M]：北京：法律出版社，1997：105.

的特殊准入条件。因此,《公司法》与《航运法》形成一般法与特别法的关系。

《航运法》中需确立的基本规则之一是航运市场运行规则。在市场竞争规则领域,国内航运与国际航运存在较大的区别。在国内航运领域,《反垄断法》与《反不正当竞争法》可以直接适用;在国际航运领域,大多数国家实行反垄断豁免制度。所以,《航运法》在确立航运市场竞争规则时,如果是国内航运市场,主要是将《反垄断法》与《反不正当竞争法》有关规定具体化;如果是国际航运市场,则要以排除《反垄断法》有关规定的适用为主要目的,同时也界定《反垄断法》中哪些规定是可以直接适用的。

三、《航运法》与行政法

经济法作为国家管理经济关系的法律,其法律关系的主体、基本原则、作用、调整的方法和具体手段等方面,在很大程度上无法与行政法严格区分,事实上也没有太大必要作这种区分,而是存在相互联系、渗透甚至交叉的关系。承认这种联系的客观性,并不影响经济法的发展,反而会促进经济法的发展。《航运法》与行政法之间的关系实质上是经济法与行政法之间的关系。

航运法与国家干预航运市场紧紧相连,与政府行政权力密切相关,而行政权力是行政法规制的核心。因此,航运法与航运行政法既有相对的独立性,又相互联系、渗透、交叉。例如:营运船舶的技术条件涉及海上运输安全和海洋环境保护,是海运行政法调整的重要内容,而对营运船舶的技术条件的规定和调节又是政府对航运市场运力进行宏观调控的手段之一。因而,船舶技术条件既属于海运行政法调整的范围,又是航运法调整的内容。因此,《航运法》与《海上交通安全法》等航运行政法需根据各自调整的角度和目的,对具有航运法和海运行政双重性的内容作出规定,既要避免重复,又要避免漏洞。

航运市场准入和运行涉及行政许可,违反航运市场运行规则的行为涉及行政处罚或行政强制。因而,《航运法》需要遵循一般法与特别法的关系原理,解决与《行政许可法》《行政处罚法》《行政复议法》《行政强制法》以及将来制定的《行政程序法》的关系。其中的处理方式可以有两种:一是以部门规章的形式就航运管理领域的许可、处罚、复议等进行特别规定;二是在《航运法》中就部分航运行政执法规则进行特别规定。

四、《航运法》与《海商法》

航运法与海商法的关系本质上是经济法与民商法关系的反映。在我国法律体系中,经济法与民商法属于同等地位的部门法。航运法与海商法的关系是并列的,航运法并不是海商法的组成部分。海商法作为民法的特别法,航运法作为经济法的特别法。

《海商法》的基本属性是民法的特别法,总体上与具有经济法基本属性的《航运法》之间不会产生冲突。但是,《海商法》第一章“总则”中包含公法性质的内容,即第四条关于沿海运输权的规定、第五条关于船舶登记与国籍的规定,以及第六条关于海上运输管理的规定。这些公法性质的内容,需统筹考虑将来《海商法》的修改,并在《航运法》中作出妥善安排。

第二章 《航运法》的立法指导思想

第一节 立足于社会主义市场经济体制

立法的指导思想，是立法活动的重要理论依据，是为立法活动指明方向的理性认识。它反映立法机关根据什么思想、立什么样的法，是立法者法意识在立法上的集中体现。

《航运法》是为了建立社会主义市场经济条件下的航运管理体制，促进我国航运业发展，建设航运强国，服务于社会主义市场经济。只有将航运发展与航运管理立法放在整个社会主义建设事业中，才能找到其合适的定位。因而，中国特色社会主义理论是制定《航运法》的基本指导思想。十八大报告对于中国特色社会主义理论的发展与表述应该成为制定《航运法》首先需要考虑的指导思想，例如以下一些思想。

第一，中国特色社会主义理论体系。中国特色社会主义理论体系是包括邓小平理论、“三个代表”重要思想、科学发展观在内的科学理论体系，是对马克思列宁主义、毛泽东思想的坚持和发展。

第二，“五位一体”的总体建设布局。生态文明建设与经济建设、政治建设、文化建设、社会建设并列，“五位一体”地建设中国特色社会主义。经济建设是根本，政治建设是保障，文化建设是灵魂，社会建设是条件，生态文明建设是基础。

第三，实现“两个百年目标”。一个是在中国共产党成立一百年时全面建成小康社会，另一个是在新中国成立一百年时建成富强、民主、文明、和谐的社会主义现代化国家。

第四，全面深化经济体制改革。经济体制改革的核心问题是处理好政府与市场的关系，必须更加尊重市场规律，更好发挥政府作用。

第五，实施创新驱动发展战略。科技创新是提高社会生产力和综合国力的战略支撑，必须摆在国家发展全局的核心位置。要坚持走中国特色自主创新道路，以全球视野谋划和推动创新，提高原始创新、集成创新和引进消化吸收再创新能力，更加注重协同创新。

第六，推进经济结构战略性调整。这是加快转变经济发展方式的主攻方向。必须以改善需求结构、优化产业结构、促进区域协调发展、推进城镇化为重点，着力解决制约经济持续健康发展的重大结构性问题。

第七，深化行政体制改革。要按照建立中国特色社会主义行政体制目标，深入推进政企分开、政资分开、政事分开、政社分开，建设职能科学、结构优化、廉洁高效、人民满意的服务型政府。

第八，全面提高开放型经济水平。适应经济全球化新形势，必须实行更加积极主动的开放战略，完善互利共赢、多元平衡、安全高效的开放型经济体系。

制定《航运法》应当立足于我国社会主义市场经济体制的大背景，正确认识市场经济体制下我国航运发展所需要的法律环境；应当以市场经济体制下国家管理经济的理论为指导，结合航运市场经济和航运市场的特点，科学地确立政府航运市场管理体制、界定航运主管部门的职能，实现政府对航运市场管理的宏观化、规范化、科学化；应当保障航运市场经营主体的正当权益，保障航运市场运行的有序、高效，保障航运业的全面健康可持续发展。

第二节　贯彻落实科学发展观

一、落实科学发展观的重要性

科学发展观是在中共十六届三中全会上提出的。中共十八大报告指出：科学发展观是马克思主义同当代中国实际和时代特征相结合的产物，是马克思主义关于发展的世界观和方法论的集中体现，对新形势下实现什么样的发展、怎样发展等重大问题作出了新的科学回答，把我们对中国特色社会主义规律的认识提高到新的水平，开辟了当代中国马克思主义发展新境界。

推动经济社会发展是深入贯彻落实科学发展观的第一要义。全面协调可持续发展是贯彻落实科学发展观的基本要求，做到经济建设、政治建设、文化建设、社会建设、生态文明建设“五位一体”总体布局。统筹兼顾是贯彻落实科学发展观的根本方法，解放思想、实事求是、与时俱进、求真务实是科学发展观最鲜明的精神实质。

二、科学发展观同我国《航运法》的应然要求相契合

科学发展观的内涵和基本要求同我国《航运法》的应然要求相契合，因而落实科学发展观应成为制定我国《航运法》的指导思想。这是因为：

第一，执政党和国家关于推动经济社会发展的战略思想理应成为《航运法》的基本指导思想。科学发展观是执政党和国家在当前时期推动经济社会发展、加快

推进社会主义现代化的重大战略思想。国家干预市场经济和政府对市场经济的调节职能是当前时期推动经济社会发展、加快推进社会主义现代化的重要手段。因此，国家干预市场经济和政府对市场经济的调节职能的基本指导思想，应当遵循执政党和国家推动经济社会发展的战略思想。

《航运法》以规范当前和今后一个时期国家对航运市场经济、确立政府对市场经济的调节职能为基本目标，体现当前和今后一个时期国家和政府在经济和社会方面的重要职能。因此，科学发展观这一执政党和国家关于推动经济社会发展的战略思想，理应成为《航运法》的基本指导思想，成为统领《航运法》制定的最基本指导思想。

第二，科学发展观的深刻内涵和基本要求具有的合理性和科学性能够保障《航运法》成为良法。科学发展观是中央在我国改革和经济发展经过了 20 多年实践、进入 21 世纪后的一个新的历史阶段提出的。它反映了人们对发展问题的新认识，反映了对当今世界经济政治文化发展的新情况和对我国当前经济社会形势的深刻把握，反映了我国经济社会发展进入关键时期的新要求，集中揭示了我国当前经济社会存在的矛盾和解决矛盾的基本方针。科学发展观的合理性和科学性表明，将其作为《航运法》立法的基本指导思想，能够保障《航运法》的制定和今后实施建立在合理、科学的基础上，从而保障《航运法》的良法性质。

第三，科学发展观的深刻内涵和基本要求，同具有航运业市场经济法性质的《航运法》应有的价值、理念、功能具有一致性。这主要表现在：①《航运法》所规范的国家对航运市场的宏观调控，是在市场对资源配置起基础性作用的基础上，针对航运市场的固有缺陷采取调控措施，以更好地保障和促进整个航运经济结构和航运市场运行协调稳定发展，从而维护航运业的总体经济效率和公平，保障航运市场经营主体的发展。同时，《航运法》所规范的国家对航运市场的宏观调控，是在既有的民商法确立的民商事主体享有充分权利和自由的基础上，从社会公平、实质公平视角出发，对资源和权利作出的必要调整，其目的是更好地维护国家航运业的整体效益。另外，《航运法》应对国家调控进行规制，具体规定国家对于航运市场的调控措施，调控措施的依法实施，防止权力滥用。对国家调控权力的法律控制，也是为了更切实地维护航运市场经营主体的权利。而科学发展观要求坚持以人为本，实现人的全面发展，从人民群众的根本利益出发来谋发展、促发展，切实保障人民群众的经济、政治、文化、社会与环境权益，从而与《航运法》应有的理念和功能相一致。②《航运法》不仅应关注航运业的经济问题，注重维护航运业的总体经济效益，而且应注重维护航运市场经营主体在一个公平的市场环境中竞争。因此，效率和公平是《航运法》的价值。科学发展观要求全面发展，要以经济建设为中心，全面推进经济、政治、文化、社会与环境建设，实现经济发展和社会全面进步，既重视经济效益，又重视社会公平，从而与《航运法》的价值相一致。③制定《航运法》要实现航运业运行平稳、发展持续，与科学发展观的可持续发展要求相一致。

三、制定《航运法》贯彻落实科学发展观应注意的几个重要问题

科学发展观是有关党和国家事业发展全局的重大战略思想，全国各行各业各地区都应当认真贯彻落实，各种法律的制定和实施也都需要体现它的基本精神。

《航运法》作为调整国家和政府干预航运经济的法律，其所调整的内容对航运业的发展具有直接的影响，而航运业的发展将直接影响国家经济的发展。因此，制定《航运法》应贯彻落实科学发展观，首先需要立法者深刻认识到在立法的各环节、各方面体现科学发展观的精神和要求。根据我国航运业的实际情况和航运法律现状，《航运法》的制定尤其需要注意下列一些问题。

（一）进一步认识并在立法中落实《航运法》的“维权”使命

要彻底抛弃“法律工具论”，避免将《航运法》仅视为一种“管理法”，即仅作为国家和政府对市场和经营主体的管理工具的传统观念。相反，《航运法》要同时规范国家调整权，即政府对航运市场的干预权。《航运法》对政府主管部门的授权必须明确，并且严格地限定政府干预航运市场的宗旨、范围、基本方式等，防止政府权力滥用。《航运法》的制定应当体现充分尊重市场机制的基础性调节作用，不能越俎代庖，应尊重市场化条件下经营主体在民商法上的正当权利和自由，政府主管部门不能随意侵犯市场主体的私权利。在必须对原有私权利作出调整时，必须严格规定适用条件、程序和必要的损失补偿。

以人为本的中心问题是维护主体私权利。维护私权利必须控制公权力，即恰当和有效地控制国家公共权力。维权是良法和法治的核心与基础，而控权是其中的关键。这对于转型国家来说尤其如此。在《航运法》制定过程中，要始终注意法律对国家调整权力行使的规制，国家调整权不能滥用。这也是贯彻科学发展观应注意的重要问题。

（二）处理好公平和效率的关系

科学发展观强调全面发展和协调发展，统筹各种关系。对此，《航运法》的制定应当切实加以贯彻，特别应当处理好公平和效率的关系。立法者应当明确：无效率的公平是无意义的，而缺乏公平的效率必将引起严重的社会问题，并最终不能有好的社会总体效率，因而在追求效率的同时，应当将效率和公平有机结合。同时，应当明确效率不但包括经济效率，还应包括社会效率的内容。法律所追求的效率是指以尽可能小的资源投入实现最大的经济社会环境发展目标。

（三）发挥《航运法》对航运市场中既有的资源和权利的再分配功能

要充分认识《航运法》对航运市场中既有的资源和权利的再分配功能，发挥其统筹航运业中各种发展关系、维护航运市场有序竞争的重要作用。国家依据《航运法》对航运市场中既有的资源和权利进行再配置，其目的是提高航运市场的公平与效率。这是在继续坚持航运市场经营主体拥有充分自由和私权的前提下，从航运业发展的整体效益、社会根本和长远利益出发，经由国家调整，克服市场调节和民商法秩序的不足，推进社会和谐发展。认识到《航运法》的分配法性质，就应当很好地运用这种功能。《航运法》要调整航运经济增长成果在市场主体之间、市场主体与政府之间的分配关系，以落实科学发展观关于使改革和发展成果惠及全体人民的要求。①

第三节 完善社会主义市场经济条件下的航运法律体系

一、已初步形成的我国航运法律体系还待完善

我国与航运直接相关的基本法律有《海商法》《港口法》《海上交通安全法》《海洋环境保护法》以及一些行政法规和大量部门规章，中国特色社会主义航运法律体系已初步形成，促进了统一开放、竞争有序的航运市场的形成，为我国航运业发展提供了有力保障。

1984 年 1 月 1 日《海上交通安全法》施行以来，在保障船舶、设施和人命财产安全以及维护国家海上权益等方面都起到了重大作用。

1992 年 12 月 28 日新中国第一部《海商法》诞生，是我国海事立法的里程碑，标志着我国海事立法进入一个新的时期，对促进我国航运业的发展起到了积极的作用。此后，1999 年 12 月 25 日《海事诉讼特别程序法》通过，使得我国的海事审判有了专门的程序法。②

2001 年 12 月 11 日中国加入世界贸易组织当天颁布的《国际海运条例》，以法律条文的形式阐明了我国加入世界贸易组织后所有有关海运服务的对外承诺。该条例有效地规范了国际海上运输活动，维护了国际海运市场秩序，保障了各方当事人的合法权益。2003 年 3 月 1 日，《国际海运条例实施细则》正式实施。2012 年 9 月，国务院发布新的《国内水路运输管理条例》，该条例自 2013 年 1 月 1 日起施行，

---

① 漆丹，漆多俊. 科学发展观：当代中国经济法良法观之核心[J]. 法学评论，2006(6)：32－36.

② 陈煜儒，张先明. 航运大国应在国际海事立法中发挥更大作用[EB/OL]. (2005－09－09). http://www.zgsyb.com/GB/Article/ShowArticle.asp? ArticleID=3098.

1987 年 5 月 12 日国务院发布的《中华人民共和国水路运输管理条例》同时废止。[①] 2001 年《国内船舶运输经营资质管理规定》发布，该规定于 2008 年被修改并重新命名为《国内水路运输经营资质管理规定》。2001 年发布《国内船舶管理业规定》，2009 年 1 月交通运输部进行了修改。这些行政法规与规章共同构成了现行我国航运管理法规的基本框架。

2004 年 1 月 1 日《港口法》正式实施，填补了我国港口管理方面的法律空白，保障了港口体制改革的顺利实施。与之配套的《港口经营管理规定》《港口建设管理规定》等规章陆续出台，基本建立了较完善的港口法律体系，使港口管理、经营活动有法可依。

2011 年 3 月 10 日，时任全国人大常委会委员长吴邦国在全国人大常委会工作报告中提到"党的十五大提出到 2010 年形成中国特色社会主义法律体系的立法工作目标如期完成"，并提出中国特色社会主义法律体系的形成标志着我国立法工作站在了一个新的起点上。今后一个时期，要把更多的精力放到法律的修改完善上，放到法律配套法规的制定上，同时还要制定一些新的法律，以推动中国特色社会主义法律体系的与时俱进和发展完善。

必须看到，虽然我国航运法律体系已初步形成，但总体上尚未建立完善的航运法律体系，存在以下 3 个显著问题：

第一，我国航运管理的行政法规和部门规章效力层次低、权威性差，缺乏航运管理的龙头法。我国航运法律体系需要 4 个龙头法，即《海商法》《航运法》《港口法》和《海上交通安全法》，目前尚缺乏《航运法》。

第二，不少现行法律规定落后。《海上交通安全法》于 1983 年出台，《海商法》于 1992 年出台。有的航运管理规章形成于计划经济体制时期，虽然经过修改，但仍带有计划经济体制下政府航运管理的色彩；有的由于我国社会主义市场经济体制的建立或加入世界贸易组织的迫切需要而"应急"出台，规定缺乏应有的法律理性。总体上，不少法律规定已经与目前实际情况不符，落后于时代发展需要。

第三，法律规定之间存在重叠、交叉和矛盾。尤其是缺乏作为龙头法的《航运法》，航运管理的行政法规和部门规章之间在指导思想、理念、价值、基本原则，甚至条文规定上存在种种不协调乃至抵触。

二、《航运法》的制定对于完善我国航运法律体系的现实意义

我国航运法律体系中存在的核心问题是我国缺乏《航运法》这一龙头法统领对

---

① 1987 年国务院发布《中华人民共和国水路运输管理条例》，1997 年修正。1987 年原交通部发布并于 1997 年和 1998 年修正《水路运输管理条例实施细则》，1996 年原交通部发布并于 1998 年修正《水路运输服务业管理规定》。

航运市场和航运经济进行纵向调控，针对航运市场经济的特殊性，确立法律对航运经济关系调整的目的、原则、主要制度及其基本内容。

《航运法》将在我国航运法体系中起龙头法的作用，《航运法》的制定是完善我国航运法律体系的必要步骤。航运行政法规、部门规章只能是对《航运法》的补充，而不能取代《航运法》。这是因为，如果仅靠航运行政法规、部门规章调整航运经济关系，就会产生法的效力层次的障碍。根据法的效力层次的一般原则，行政法规和部门规章的效力低于法律。因此，用于调整航运经济关系的行政法规和部门规章，由于其效力低于一般法，无法根据航运市场经济特殊性的需要，确定不同于一般法的特别法律制度和法律规定。因而，制定《航运法》是实现航运法规范权威性，即取得"特别法优于一般法"效力的客观需要。

但是，制定《航运法》并不否认航运行政法规、部门规章的需要。行政法规、部门规章利用其灵活性和可操作性强的优点，根据客观需要，对航运市场经济关系的特殊方面适时作出具体规定和调整。①

三、《航运法》制定时应适当考虑与现有航运法律的协调

法律是用来调整社会关系的。航运涉及的社会关系面广，包括船舶运输、港口经营、船舶检验、水上交通运输、航道及有关行政管理等若干方面。调整这些不同方面的社会关系的法律、行政法规、部门规章，在调整范围和相互关系上应有一个系统、科学、合理的安排，以提高航运法律调整的合理性，避免规定之间的重叠、交叉和矛盾，从而共同促进航运生产力的发展。

航运法律体系的各个部分之间有着十分密切的内在联系，各自所调整的内容虽然各有侧重，但又难以分割，共同构成航运法律关系的整体。在航运法律体系中，《航运法》处在核心层，具有龙头法的地位。《航运法》负有确立法律对航运经济关系调整的目的、原则、主要制度及其基本内容的重任。在明确《航运法》在航运法律体系中的重要地位的同时，《航运法》的制定还应当在充分考虑与现有航运法律规范之间关系的基础上，不但要传承现行航运行政法规和部门规章中经实践证明为行之有效且适应当前和今后一个时期航运发展需要的规范，而且要科学地确定其调整范围，避免与《海商法》《港口法》和《海上交通安全法》等法律的调整范围重叠、交叉和矛盾，以期形成一个完善的社会主义市场经济条件下的航运法律体系。

《航运法》也需要处理与海洋管理等法律之间的关系。随着 2013 年我国国家海洋局职能的重新调整，海洋管理体制及其管理制度将逐渐走向统一，"九龙治海"的格局有望被打破。在内河与海洋环境保护、海洋航行安全等领域，既是传统海洋管理范畴，也是《航运法》需要调整的。民用船舶在战时可成为国家军事力量的重要组成部分，民用船舶征用制度即是两者的关联点。

---

① 胡正良. 中国航运法之研究[D]. 大连：大连海事大学，2003.

第四节 深化航运行政管理体制改革全面推进依法行政

一、行政管理体制改革是依法行政的基础

深化行政管理体制改革是贯彻落实科学发展观、完善社会主义市场经济体制、建设社会主义法治国家的必然要求。航运业是我国社会主义市场经济的重要组成部分，航运业的可持续发展离不开良好的与社会主义市场经济健康有序发展相适应的航运行政管理体制。从我国航运行政管理的现状来看，与社会主义市场经济体制相适应的管理体制还待建立和完善。

十八大报告指出：行政体制改革是推动上层建筑适应经济基础的必然要求。要按照建立中国特色社会主义行政体制目标，深入推进政企分开、政资分开、政事分开、政社分开，建设职能科学、结构优化、廉洁高效、人民满意的服务型政府。深化行政审批制度改革，继续简政放权，推动政府职能向创造良好发展环境、提供优质公共服务、维护社会公平正义转变。创新行政管理方式，提高政府公信力和执行力，推进政府绩效管理。

二、我国政府航运管理机构设置和管理职能的基本情况

第一，交通运输部作为国务院交通主管部门，主管全国航运业。其主要职能包括：拟定行业发展战略和方针政策、发展规划、中长期计划并监督执行，维护行业的公平竞争秩序，负责水运基础设施的建设和维护，管理与国际组织的有关事宜，开展国际交通的技术合作和交流。

第二，各级地方人民政府交通主管部门直接或通过其所属的航运管理部门对本地区的航运事务实施管理。在一些水网地区，在省级地方人民政府交通主管部门下设立了包括航运、航道、水上安全监督和港口“一门三牌”或者“一门四牌”的航运管理部门，具体实施本地区内的水路交通运输管理。

第三，地方市、县级人民政府交通主管部门的航运管理机构设置与省级人民政府的机构设置基本相同，但在安徽等省，市、县级航运管理机构直属省级航运管理局领导。

第四，交通运输部在长江干线、珠江水系和黑龙江水系分别设立直属派出机构——长江航务管理局、珠江航务管理局、黑龙江航务管理局，它们按照交通运输部的委托分别对长江干线、珠江水系和黑龙江水系的水路交通运输实施管理和协调。

第五，自 20 世纪 90 年代以来，随着企业逐步走向市场，陆续成立数量不多的全国性或者地方性的航运社团组织作为自律性的组织，协调航运经营中的矛

盾和对外交流。

三、我国政府航运管理机构设置和管理职能存在的弊端

与经济发展速度相当,我国行政管理体制改革采取渐进的方式。完成大部制改革尚需要未来十几年的努力,理顺相关职能部门之间的关系也需要一个过程。行政程序法尚未进入人大立法规划,仍然停留在学术探讨阶段。行政经费管理与行政透明度,行政管理的决策科学性、民主性均存在不足。包括机构设置和管理职能在内的管理体制问题是基础性问题。我国政府航运管理机构设置和管理职能主要存在下列弊端:

第一,在管理机构设置、管理职能及其行使方面,没有统一的法律、行政法规加以规制。

第二,在组织机构设置上,纵向结构中层级过多,影响了行政效率。地区分割和部门保护现象比较严重,个别省级和一些省级以下航运管理部门难以甚至不能有效行使航运管理职能。

第三,在职能重心上,仍然是传统的重市场准入管理、轻市场经营行为监督管理,缺乏强有力的检查监督机制,在维护市场秩序和市场宏观调控方面没有充分发挥有效作用。

第四,在管理理念上,传统的行政管理理念没有发生根本性改变,服务行政观念淡薄;在管理手段上,没有实现从行政手段为主向经济手段和法律手段为主的根本性转变,并且管理的透明度和效率有待提高。

第五,国际航运市场的管理和国内航运市场的管理存在不平衡。在国际航运市场的管理上,随着《国际海运条例》和《国际海运条例实施细则》的实施,在科学和有效地行使社会主义市场经济体制下的政府经济职能上取得很大进展;在国内航运市场的管理上,虽然原交通部早就于 2002 年 4 月 24 日发布了《关于调整国内水路运输管理职责改革管理方式的通知》,但传统的管理理念、模式和手段仍然有着很大的影响。

第六,行业的民间社团组织不够健全,没有充分发挥行业自律以及市场经营主体与政府之间的桥梁作用。

四、《航运法》的制定应体现深化航运行政管理体制改革和依法行政的需要

国家经济体制是国家确定的整个国家经济的发展模式。国家经济体制要求国家行政管理体制即政府各部门管理职能和管理模式与之相适应,并通过政府各部门实施对经济的管理来实现。经济行政管理机构本身是国家行政管理体制中的主体,因此,国家经济体制直接决定着政府各经济管理部门的机构设置和管理职能。当前我国正处在建立和完善社会主义市场经济的时期,政府各部门的管理模式如

何适应这一体制的要求是我们面临的重大课题。

《航运法》作为调整航运经济关系的龙头法,应深化航运行政管理体制改革,力图解决上述航运行政管理中的问题,建立符合航运特点、尽可能低成本、能实现有效管理的航运行政体制,以适应建立和完善我国社会主义市场经济体制的要求。同时,还应全面推进依法行政,确保航运行政机关严格按照法定权限和程序办事,符合加快建设法治政府的要求。具体而言,应当根据我国航运市场的实际,总结我国航运管理体制变革的历史和现状,借鉴市场经济较为完善国家的经验,从以下几个方面改革并逐步构造我国适应市场经济要求的,实现精简、效能、低成本管理目标的航运管理新体制。

第一,进一步推进政府部门机构改革,使政府管理部门完全成为管理整个航运市场经营者在市场竞争中的"裁判",有利于完善市场法则,规范市场行为。

第二,设立与全国统一、适度开放和有效竞争的航运市场相适应的政府管理机构,这一管理体制应有利于解决地区分割和部门保护问题,形成经营者自由经营、政府宏观管理有效的管理体系。

第三,中央和省级政府主管部门应形成依照国家的法律法规对全国航运市场进行统一管理的体制,通过科学地划分中央和地方人民政府主管部门的职能,完善管理机制,进一步降低管理成本,提高管理效率。

第四,积极培育航运领域的多种社团法人,发挥其自律和中介作用,这是航运市场得以完善、促进经营者之间有序竞争的必不可少的成分。

第五节 保障实现航运强国 促进经济贸易发展

一、《航运法》的制定应保障我国航运强国战略目标的实现

交通运输部公布的《2011 年公路水路交通运输行业发展统计公报》显示,2011 年底,全国内河航道通航里程 12.46 万 km,其中,等级航道 6.26 万 km。全国港口拥有生产用码头泊位 31 968 个,其中,沿海港口生产用码头泊位 5 532 个,万吨级及以上泊位 1 762 个。全国拥有水上运输船舶 17.92 万艘,平均净载重量 1 186.35 t/艘。在全国水路货运中,内河运输完成货运量 21.03 亿 t,沿海运输完成货运量 15.22 亿 t,远洋运输完成货运量 6.35 亿 t。全国港口完成货物吞吐量 100.41 亿 t,完成集装箱吞吐量 1.64 亿 TEU。集装箱吞吐量超过100 万 TEU的港口有 19 个。

根据联合国贸易和发展会议(以下简称联合国贸发会)《2012 年海运评论》数据,截至 2012 年 1 月,我国大陆从事国际航运的船舶艘数合计为 3 629 艘,占全球运力的 8.91%(见表 1-2-1),其中挂中国旗的为 2 060 艘,而交通运输部统计的我国远洋运输船舶为 2 494 艘,两者存在较大差异。

表 1-2-1 主要航运国家(地区)运力

国家(地区)	船舶数量/艘			总载重吨				
	本国旗	外国旗	合计	本国旗/DWT	外国旗/DWT	合计/DWT	外国旗比例/%	占全球运力比例/%
希腊	738	2 583	3 321	64 921 486	159 130 395	224 051 881	71.02	16.10
日本	717	3 243	3 960	20 452 832	197 210 070	217 662 902	90.60	15.64
德国	422	3 567	3 989	17 296 198	108 330 510	125 626 708	86.23	9.03
中国大陆	2 060	1 569	3 629	51 716 318	72 285 422	124 001 740	58.29	8.91
韩国	740	496	1 236	17 102 300	39 083 270	56 185 570	69.56	4.04
美国	741	1 314	2 055	7 162 685	47 460 048	54 622 733	86.89	3.92
中国香港	470	383	853	28 884 470	16 601 518	45 485 988	36.50	3.27
挪威	851	1 141	1 992	15 772 288	27 327 579	43 099 867	63.41	3.10
丹麦	394	649	1 043	13 463 727	26 527 607	39 991 334	66.33	2.87
中国台湾	102	601	703	4 076 815	34 968 474	39 045 289	89.56	2.81
新加坡	712	398	1 110	22 082 648	16 480 079	38 562 727	42.74	2.77

我国已发展成为世界航运大国,有力地促进了沿江沿海产业带的形成和发展,加速了港口城市和区域经济的崛起,水运成为我国沟通国内外的重要桥梁和融入经济全球化的战略通道,有力地保障了经济社会的持续健康发展。目前,水路货物运输量、货物周转量承担了 90%以上的外贸货物运输量。内河干线和沿海水运在“北煤南运”“北粮南运”和油矿中转等大宗货物运输中发挥了主通道作用,对产业布局调整和区域经济发展发挥了重要作用。

我国与世界主要海运国家和地区签订了海运协定,连续十多届当选为国际海事组织 A 类理事国,水运开放程度已达到相当高的水平,拓展了我国对外开放的领域和程度,树立了良好的海运大国形象,在世界海运界的地位显著提升。我国已成为世界海运发展的主要推动力,是世界海运需求总量、集装箱需求量和铁矿石进口量最大的国家。

改革开放以来,航运业的发展对促进国民经济的增长和对外贸易发展作出了很大的贡献。航运业一方面作为一个产业为经济作出贡献,另一方面作为综合运输的组成部分为经济与贸易提供运输保障。然而,随着我国实行经济增长方式的两个根本性转变和产业结构调整,我国航运业现状与当前经济发展和结构调整的要求不相适应。虽然船舶运力总量在世界排名靠前,但在船舶运力结构方面存在一些问题,主要有:老龄船、超龄船比例仍然较高,重大安全事故时有发生,国际运输船舶在港口国检查中的滞留率较高;船队结构不合理,杂货船居多,超大型油船、液化石油气船(LPG)、液化天然气船(LNG)和其他散装液体化工品船数量较少；半数以上的国际运输船舶在境外登记注册，悬挂方便旗营运；运力供求关系不平衡，存在运力过剩的情况，内河运力过剩且船型杂乱，技术水平低，平均吨位小。

上述问题严重影响了我国航运产业的发展，必须加以解决。我国在 2000 年前后提出向航运强国迈进的目标，并在官方文件中正式使用航运大国和航运强国 2 个概念。《关于航运业结构调整的意见》(交水发〔2001〕74 号)指出，“中国是世界航运大国”“我国航运业结构调整的方向是：通过 10 年左右的努力……把航运大国建成航运强国，以满足国民经济、对外贸易和国家安全的需要”。

我国目前处于从航运大国到航运强国的转型期。与航运大国的含义不同，航运强国的核心是能够表明一个国家航运综合发展水平和竞争力在世界航运国家中处于前列，并在某些领域具有世界话语权。航运强国评价指标体系中，除一些硬指标外，尤其应该重视软指标的权重。除商船队的规模外，一国商船队的技术水平和运力结构的合理性、航运基础设施建设、航运企业在国际航运市场中的竞争力、港口在国际港口市场中的竞争力、国际国内航运企业的经营管理水平和效益、航运辅助业的规模和发展水平、航运相关产业的规模和发展水平、航运安全和环境保护水平、政府航运管理和提供公共服务的水平、航运政策和航运立法的完善程度、航运立法和航运教育在国际上的影响力、对国际公约和标准制定的影响力、航运司法的完善程度及在国际上的影响力等，都是评价一个航运强国的重要指标。从综合角度而言，所谓航运强国应该具有较强的全球航运资源配置能力，并对全球航运技术、规则、市场等发挥明显的影响力。

航运强国评价指标中明确提到航运政策和航运立法的完善程度，并且航运强国其他一些评价指标的实现也需要依靠以《航运法》为核心的完善的航运法律体系来保障。因此，《航运法》的制定应贯彻我国实现航运强国这一战略思想。

二、《航运法》的制定是促进经济贸易发展和国家安全的需要

(一) 我国航运的整体发展落后于我国国家经济、对外贸易的增长

2012 年，我国国内生产总值(GDP)约为 52 万亿元，折合美元约为 8.3 万亿美元。同年，美国 GDP 约为 15.7 万亿美元。2009 年，我国超过德国成为全球最大的出口国。2012 年，我国进出口贸易额从世界第三位提升到第二位。国际金融危机与欧盟债务危机影响深远，国际贸易保护主义蔓延，我国不断加强内需作为经济发展驱动力，自改革开放以来高速增长的进出口贸易将被低速增长但更重质量的趋势所替代。从我国航运公司在承担我国进出口贸易运输中的市场份额而言，从航运服务于整个国民经济体系而言，从我国航运公司服务于全球贸易而言，我国航运的整体发展仍然不能满足我国国家经济、对外贸易与全球经济发展的需要。

（二）我国实现从航运大国到航运强国的转变是满足国民经济、对外贸易和国家安全的需要

如前文所述，我国目前处于从航运大国到航运强国的转型期，我国航运的整体发展落后于我国国家经济、对外贸易的发展。我国之所以要实现从航运大国到航运强国的转变，除航运业本身作为国民经济的一个产业需要得以发展外，还为了使我国航运业的发展改变落后于我国贸易增长的现状，使航运成为对经济发展起推动作用而不是拖滞作用的因素。

纵观几百年来运输与经济贸易发展的相互作用关系，当运输能够适应经济贸易的需要时，运输在自身进步的同时对经济发展起着推动作用；当运输滞后于经济贸易的发展时，就会对经济的发展起拖滞作用；当经济飞速发展而产生量大质高的运输需求时，经济贸易发展就会反作用于运输，迫使运输的急剧变革和发展，带动运输全面融入经济发展之中，成为经济运输化[①]的过程。根据各国的历史经验，生产力水平越高，越是现代化，就越要求基础结构超前发展。在社会主义市场经济体制下飞速发展的我国经济，已经不允许运输滞后。因而，为使运输适应和推动而不是拖滞我国国民经济、对外贸易的发展，制定和完善包括运输法律体系在内的软环境与建设运输硬件设施同等重要。

我国实现从航运大国到航运强国的转变，不仅是为适应国民经济、对外贸易的快速发展，也是满足国家安全和能源储备的需要。以石油运输为例，海上运输的发展与我国能源战略息息相关。我国石油储备时间远低于欧美等国家，海运对保障国家经济安全运行至关重要，我国海上原油运输能力建设更显重要。

随着我国经济的增长，我国对国际资源的依赖越来越深。根据中国海关总署发布的数据，2012 年中国原油进口量约为 2.71 亿 t，同比增长 6.8%。随着经济快速发展，中国能源需求维持高速增长，原油进口量不断刷新历史纪录。2013 年，中国原油进口依存度可能突破 60%。有人预测，到 2020 年中国石油需求总量可能超过 7 亿 t，其中 2/3 都需要依靠进口。在原油出口方面，2010 年我国原油出口数量为 303 万 t，2012 年原油出口数量降为 243 万 t。

航运在保障一国国民经济安全运行方面起着非常重要的作用。例如原油运输：美国原油运输 90%必须由其国内船舶来完成；日本也是这样，90%的原油市场份额必须由其本国运力保证，而且其石油储备能够保持 3～6 个月。我国进口原油几乎完全依赖于海上运输，然而，我国现在还没有建立起足够规模的油船运输“国家队”，在每年进口的石油中，超过 80%竟然依靠国外油船运输，我国国内运力在

① 运输化理论揭示了交通运输与经济发展之间的关系，运输化是工业化的重要特征之一，也是伴随工业化而发生的一种经济过程。在运输化过程中，人与货物空间位移的规模由于近代和现代运输工具的使用而急剧扩大，交通运输成为经济进入现代增长所依赖的最主要的基础产业、基础结构和环境条件。

原油运输市场的份额有限。

2011 年年底,全球油船运力为 4.76 亿载重吨,较 2010 年同期的 4.50 亿载重吨增长了 5.8%;全球超大型油船(VLCC)为 578 艘、1.76 亿载重吨,较 2010 年同期的 539 艘、1.63 亿载重吨增长了 8%。在"国油国运"政策的鼓励下,我国油船船队迅速扩大。中远、中海、招商轮船、中外运和长航集团等我国各大航运公司订购 65 艘超级油船,总额达 71 亿美元,具有世界级的中国超级油船船队初具规模。虽然全球原油需求总体呈增长趋势,但是,在全球经济不景气时期,超大型油船运力过剩是航运界的一大挑战。

综上,《航运法》的制定是完善航运立法、保障我国商船队实现从量的增长到质的转变,以及我国实现从航运大国到航运强国转变的要素之一。同时,基于航运与国民经济、对外贸易和国家安全相互作用的关系,《航运法》的制定也是为了改善贸易运输条件,促进贸易发展,满足国民经济、对外贸易和国家安全的需要。

第六节　总结实践经验　实现水路交通发展目标

一、总结国内航运市场管理实践与经验,实现制度创新

我国水运业通过深化改革,扩大开放,制定实施水路交通长远发展规划,颁布出台了一系列鼓励和支持水运发展的法规、政策,取得了举世瞩目的成就,主要表现在统一开放、竞争有序的水运市场体系基本建立,水运基础设施建设成效显著,水路运输生产增长迅猛和水运服务能力明显增强等方面。近年来,交通运输部注重管理创新,在推进水运市场化进程中,大幅减少行政审批事项,建立了与国际接轨的市场体系。减少行政审批事项,是建立有序开放的水运市场体系的标志之一;水运市场准入管理,从单纯的数量限制转变到注重资质、船舶技术状况和信用管理;国内水运价格和港口内贸装卸作业价格全面放开;水运建设市场主体行为和市场秩序进一步规范,并建立了一整套严格、规范的管理秩序、规章制度和资质标准。

总结我国水运发展历程中航运市场管理的实践与经验,集中体现在以下几方面:第一,积极推进水运投资和经营主体多元化,统一开放、竞争有序的水运市场体系基本建立;第二,制定了一系列促进内河航运发展的方针和政策,扩大了内河航运建设资金规模,加快了以长江黄金水道为重点的内河航运建设;第三,积极推进内河船型的标准化;第四,水运科技创新实力显著增强,一些重大工程的关键技术取得突破,行业信息化水平不断推进;第五,水运节能减排工作初见成效。

国内航运发展在取得一定成就的同时,还存在一些问题,主要集中在:第一,航运规范不统一;第二,各地航运管理体制不统一;第三,市场竞争无序;第四,法律没有明确如何对航运市场进行监管以及采用什么执法手段的问题,导致航运市场监管乏力;第五,缺乏合理有效的市场准入制度和市场退出机制,以及科学高效的

动态监管制度。

国内航运管理实践和经验证明,《航运法》应继续贯彻中央"落实科学发展观,构建资源节约型、环境友好型社会"的要求,将现行良好且今后一段时间还应采用的航运政策和法规在《航运法》中保留,进一步完善现有法律规范中对经营资质审批和在后续经营活动过程中的动态监管规定,同时也要通过制度创新来解决现有航运管理中遇到的问题,以保障航运安全、促进人与社会协调发展。

二、实现水路交通发展第二、第三阶段目标

为贯彻落实中央关于到 21 世纪中叶我国基本实现现代化的第三步战略目标,交通运输部组织力量研究提出了公路、水路交通基础设施发展的三阶段战略目标,用于指导交通发展战略和长远规划的编制与实施。第一阶段的目标已基本实现。

第二阶段的目标是到 2020 年公路、水路交通达到基本适应,其主要标志是:公路、水路交通基础设施能够满足社会经济发展的需要,不会对社会经济的加快发展构成新的制约,储备能力和应变能力全面提高。在量的方面,运输供给总体上与经济社会需求基本保持平衡。在质的方面,服务水平得到很大提高,能够基本满足当时社会生产力和人民生活水平对质量方面的要求,实现"货畅其流、人便于行"。到 2020 年,水路交通基础设施建设的重大标志性成果是:功能完善的上海国际航运中心基本建成,区域性港口综合物流中心基本形成;规划的内河水运主通道全部建成。

第三阶段的目标是到 2040 年公路、水路交通基本实现现代化,其主要标志是:基础设施网络已经全面建成,技术等级与构成已经充分满足运输发展的需要,量与质达到优化。沿海主要港口成为重要的区域性或国际性物流中心。内河航运优势充分发挥,建成干支相通、水陆联运、区域成网、通江达海的现代化水运体系。大幅度扩充基础设施已无必要,运输与经济均衡发展,重点转向维护系统的安全性、高效性和衔接性。构筑起客运快速化、货运物流化、运营智能化、安全与环境最优化的综合交通运输体系。

我国《航运法》的制定对实现水路交通发展第二、第三阶段目标的意义在于:

第一,《航运法》的制定对于实现水路交通发展第二、第三阶段运输与经济均衡发展具有重要意义。《航运法》作为航运市场经济法,其理应关注和维护航运业的总体经济效益,并保证航运市场经营主体在一个良好、公平的航运市场环境下有序竞争。《航运法》兼顾航运总体经济效益和公平的内在理念和价值核心,决定其具体规则不仅要注重保障水路运输、水运辅助业自身的发展,更要把握航运与经济的相互作用关系,通过为航运发展提供良好的国家干预和调整机制,保证航运的发展不至于落后于经济发展步伐,而是朝着推动经济发展的方向发展。这与水路交通发展第二、第三阶段目标中实现运输与经济均衡发展相符。

第二,《航运法》的制定对于实现水路交通发展第二、第三阶段最优化的综合交

通运输体系具有重要意义。建设最优化的航运体系的内涵不仅包括提高航运硬件设施的功能性,也包括建立和维持良好的航运市场经济秩序和航运法律体系。《航运法》作为调整航运经济关系的龙头法,其制定和实施将对建立适应社会主义市场经济发展的航运法律体系具有重要意义。同时,《航运法》通过建立和实施航运市场准入制度,对航运市场经营主体资格加以必要和适当的限制,可以有效地避免产生经营主体的无限多样性和大量不合格的经营主体,从而对危及航运交易的安全和造成航运经济秩序的混乱起到有效的预防作用,还将通过规范国家对航运市场进行的宏观调控,帮助市场机制实现对航运资源的最优化配置,从而建立和维持良好的航运市场经济秩序。

第三,《航运法》的制定对于满足水路交通发展第二、第三阶段社会生产力对质量方面的要求具有重要意义。《航运法》的制定是为了改变我国航运业的现状与社会生产力发展不相适应的状态,实现航运市场从粗放型、无序性发展到集约型、有序性发展的转变。《航运法》的制定将参照世界航运强国的先进经验,立足我国国情,利用我国航运资源丰富的特征,通过对航运市场中既有资源和权利进行再分配,使航运经济发展不停留在量的增长上,而是实现质的飞跃,满足今后较长的一段时期内航运生产力发展对质量的要求。

第三章 《航运法》的立法宗旨

第一节 立法宗旨的含义

立法宗旨，又称立法目的。立法是国家有目的的行为，任何一部法律的制定都是为了实现一定的目的。科学地明确制定一部法律的目的，对于该法的制定无疑具有重要的指导作用。我国《航运法》的立法目的是什么，是该法制定中应当首先解决的一个基本理论问题。

立法目的包括立法的根本目的和具体目的，其中，根本目的要解决的是为什么要制定这一部法律的问题，而具体目的所表达的是这一部法律要解决哪些基本问题。根本目的是具体目的的概括和抽象，具体目的是根本目的的具体化。

经济立法的根本目的，在于国家通过一整套法律措施建立法律秩序，以实现国民经济的良性运行。围绕经济立法的这一根本目的，我国《航运法》作为经济法的特别法，其制定的根本目的在于国家通过立法的形式，完善我国航运法律体系，确立一整套用于我国社会主义市场经济体制下调整航运经济关系的法律规则，保障航运经济健康和可持续发展。

我国立法惯例中通常在第一条规定立法目的，该条规定的立法目的通常属于根本目的，具体目的则隐含在具体制度中。立法层次越高，其确立的立法目的越具有一般性和根本性，也就越接近法治国家和法治社会的基本原则与精神。实施规章层面的立法目的只就特定制度而言，一般属于具体目的。

第二节 《航运法》的具体目的

《航运法》属于基本法，其确立的立法目的属于根本目的。我国《航运法》制定的具体目的可以归纳为以下五个方面。

一、保障建立满足国家经济贸易、社会发展和安全需要的中国籍商船队

我国建立以《航运法》为龙头法的航运法律体系，不仅应当解决目前我国商船队结构与发展的问题，而且应当将保障建立满足国家经济贸易、社会发展和安全需要的中国籍商船队作为立法目的之一。这是因为，水路货物运输与其他运输方式相比，有着运量大、成本低的优点。水路运输承担着我国85%～90%对外贸易货物和9%内贸货物的运输，并在国际、国内旅客运输量中占有一定比重。在其所运输的内贸货物中，石油、煤炭、粮食、钢材等国家重要战略物资占很大比重。我国既是世界航运大国，也是国际贸易大国。建立一支高效率的中国籍商船队，是我国实现航运强国、促进我国对外贸易和国内贸易发展的重要保证。同时，在战时或者其他涉及国家安全和利益事务中，商船队将发挥物资和人员运输等重要作用。因此，有必要采取一定的鼓励和促进航运技术、生产力进步的政策和手段，建立和维持满足国家经济贸易、社会发展和安全需要的中国籍商船队，并以法律的形式加以规定。

二、建立和维护社会主义市场经济条件下有序竞争的航运市场秩序

我国处在已初步建立起社会主义市场经济体制，并逐步完善的时期。总体上，我国目前尚未形成符合社会主义市场经济要求的、有序竞争的航运市场。国内航运市场运力严重过剩便是典型的例证。我国航运市场无序竞争、效率低下、市场资源浪费的最主要原因在于市场主体数量过剩、主体经济规模过小、结构不合理，而其根本原因则在于在市场经济体制下，市场对航运资源的配置具有一定的盲目性。很多市场主体缺乏对航运市场的客观分析，在利益的驱动下盲目“挤”入市场，而航运市场本身具有一定的饱和量，因此，单纯依靠航运市场本身并不能形成“有序竞争”的市场秩序。市场经济是法治经济，因此，建立和维护社会主义市场经济条件下有序竞争的航运市场秩序，要通过国家立法的形式，确认市场机制在国家宏观调控下对航运资源配置中的基础性作用，科学地设立航运市场竞争规则和其他秩序规则，为航运市场主体创造公平竞争的市场环境，确立航运市场经营主体之间相互联系的结构和形式、经营规则与竞争规则，同时，还要科学地设立保证航运市场竞争规则和其他秩序规则得以执行的机制，以保证我国的航运市场经济在法治轨道上良性有序地运行和发展。

建立和维护社会主义市场经济体制下有序竞争的航运市场秩序，必须依靠建立以《航运法》为龙头法的航运法律体系来实现，即建立和维护社会主义市场经济条件下有序竞争的航运市场秩序应成为《航运法》立法的基本目的。

三、建立和维持公开、公正、高效、低成本的航运管理体制

建立和维持公开、公正、高效、低成本的航运管理体制是航运市场经济有序运行和发展的重要保障。

由于市场机制固有的缺陷,航运市场经济的有序运行和发展不能完全依赖市场机制本身,而需要国家必要和有效的干预。在社会主义市场经济体制下,要发挥市场在国家宏观调控下对航运资源配置的基础性作用,实现政府对航运市场的管理职能向以宏观调控等间接管理为主的管理模式转变,必须以法律的形式建立和维持公开、公正、高效、低成本的航运管理体制,确认政府航运主管机关适当的法律地位。

要实现这一目标,意味着以《航运法》为龙头法的航运法律体系对管理机构的设置、职能、管理模式和管理手段等方面的规定,要符合社会主义市场经济体制的需要,做到政府航运市场政务公开、办事公正、行政透明、工作高效、管理低成本。建立和维持公开、公正、高效、低成本的航运管理体制,其核心是科学地分配政府对航运市场的管理权,包括设置并明确政府航运主管机关的层级及其职能,以及设立管理权的行使规则。

这种新型航运管理体制的建立依赖于两方面:首先,我国行政管理制度改革不断深入,建立与社会主义市场经济体制相适应的行政管理体制与机制,没有这一大环境,新型航运管理体制难以独善其身;其次,《航运法》需要对现有航运管理体制进行改革,重新界定中央与地方在国内、国际两个航运市场中的管理机构与职责,以此为基础,重点就航运行政执法机制、方法、手段等进行创新。

四、加强和改善国家对航运市场宏观调控的能力

加强和改善国家对航运市场宏观调控的能力,是我国建立和完善社会主义市场经济体制的要求。我国从航运大国向航运强国转型时期与社会主义市场经济体制的完善时期是同步的,加强和改善国家对航运市场宏观调控的能力,有助于促进我国航运业健康和可持续发展。因此,《航运法》立法要正确认识政府在航运市场中所应发挥的作用,将政府的职能从微观经济活动转向宏观调控,从直接干预转向间接调控。

航运市场经营主体是在航运市场经济中从事生产、流通等经济活动,通过满足社会需要获取利益,实行自主经营、自负盈亏、自我发展、自我约束制度的法人实体或个体。航运市场经营主体的生产经营活动主要以市场为中心,围绕市场这个轴心运行。航运市场的需求状况直接决定航运市场经营主体生产经营的好坏,航运市场经营主体按市场竞争法则优胜劣汰。政府主要负责具有战略性、全局性、方向性、社会性的义务。具体而言,要保证社会总需求与总供给的平衡,制定战略目标与实施步骤;根据社会水平调整航运产业方向与结构,制定航运产业规划与改革方

针。因此,政府不应该越俎代庖,政府的经济职能主要是去做市场做不到的事情,对市场作用的不足进行补充、干预和调节,以及对航运市场进行宏观调控,即国家和政府以航运总供给和总需求的平衡为主要目标,运用各种宏观调控手段,对航运总体的供求关系进行调节和控制,以实现航运领域的社会经济利益。

宏观调控的手段包括经济手段、行政手段和法律手段。各种手段各有其优点和缺点。经济手段和行政手段在宏观调控中具有灵活性和较强的适应性等优点,而法律手段具有规范性、普遍适用性和强制性的特性,使得运用法律手段干预市场能产生经济手段和行政手段所不能及的功效。因此,宏观调控应以法律手段为主。同时,航运市场具有多变性的特点,这决定了在市场经济体制建立和逐步完善阶段,行政手段和法律手段在航运市场宏观调控中也不可或缺。因此,我国应采用的航运市场宏观调控手段体系应当是经济手段、行政手段和法律手段的综合,形成以法律手段为主,重视经济手段,并辅之以必要的行政手段的宏观调控体系,发挥法律手段的规范性、普遍适用性和强制性的优点,以及经济手段和行政手段的灵活性和较强的适应性等优点。所谓法治经济,即经济管理者、经营者、投资者和消费者等在法律规定的框架内活动。政府作为经济管理者,其经济手段和行政手段除了少数情况下通过政策、规划等形式实现外,都要借助于法律形式来实现。

通过《航运法》的制定,要加强和改善航运市场宏观调控能力,明确航运市场经济宏观调控的形式、手段、内容和实施机制;从航运市场投资主体、经营主体资格、船舶技术条件、运力结构与规模等方面进行宏观规制,并注重宏观调控措施的实效性和适法性,改变政府"重准入、轻管理"的传统做法;强化市场监督管理,发挥政府对市场的预测、引导等服务作用,将政府过分干预市场改为通过行业协会进行调整;实现航运市场宏观调控的法律规制这一现代市场经济发展的普遍法则,使航运市场宏观调控规范化、制度化、经常化,发挥法律手段对航运市场宏观调控的独特功效,包括对航运市场主体行为的引导作用、促进作用、保障作用和制约作用。

五、提高航运安全和环境保护水平,保障航运业可持续发展

航运以海洋和内陆可航水域为舞台,是海洋和内陆可航水域资源的利用。同时,航运业属于国家基础产业,投资大、回报周期长,航运业需满足国家对外、对内贸易和社会发展的长远利益的要求。航运所需各种生产力基本要素,如岸线、航道、土地、运载工具、基础设施、能源等资源不但是有限的,而且其中一些资源是不可再生的,一些基础性的固定设施一旦建成,再行改变将会造成大量资源浪费。这些因素表明,一国航运业的发展必须尽量实现资源利用合理化、最大化。此外,航运对海洋和其他水域环境、水域岸线等会产生负外部效应。这些负外部效应主要包括:船舶等运输工具运行过程中可能造成水域污染;开辟水路运输线路和建造运输设施对生态环境可能造成不利影响;航运工具以及水路运输过程都会消耗能源。

航运被公认是具有较大风险的生产活动。航运安全对于航运经济发展具有重要意义，是航运经济发展的重要保障。同时，航运安全与海洋和其他水域环境、水域岸线的环境保护具有直接的关联。航运以船舶为运输或其他生产活动的工具，船型和船舶的技术状况、船员的配备、船舶的安全管理等是航运安全的决定性因素。通过法律对航运安全的决定性因素进行规范，是保障航运安全的重要手段。虽然在法律上，保障航运安全和保护水域环境是《海上交通安全法》《海洋环境保护法》以及有关海上交通安全和水域环境保护的行政法规和部门规章的主要任务，但鉴于航运安全与航运经济发展、水域环境保护之间的紧密联系，《航运法》在促进航运经济发展的同时，不能忽视保障航运安全和水域环境保护的需要，应当对船舶、船员和船舶安全管理等影响航运安全和水域环境保护的决定性因素进行适当的、与有关航行安全和水域环境保护的法律相协调的规范。

可持续发展的要义即实现资源合理利用和保护环境，减少污染。可持续发展的核心是实现发展，同时也要处理好经济、社会、资源和环境的关系。因此，包括航运业发展在内的任何发展必须是可持续的。在发展航运经济的同时，必须注重提高航运安全和环境保护水平，相对减小航运对海洋和其他水域环境等产生的负外部效应。应把节约资源放在重要位置，发展低碳航运经济、循环航运经济，保护水域生态环境。坚持节约发展、清洁发展、安全发展，实现可持续发展。

《航运法》作为航运法律体系的龙头法之一，其应当将提高航运安全和环境保护水平、保障航运业可持续发展的战略思想作为一项立法目的，不仅要促进航运经济的发展，而且要促使航运安全和环境保护水平的提高，以法律的形式保障航运业可持续发展政策的实现。党的十八大报告将环境建设上升到环境文明高度，将建设美丽中国作为全面小康社会、富强国家的目标之一。

第四章 《航运法》的立法基本原则与基本规则体系

第一节 《航运法》的立法基本原则

一、实事求是、一切从实际出发的原则

立法的基本原则,是指立法者在法的创制过程中,应该遵循的基本准则。它是立法的指导思想在法的创制过程中的具体化、实践化。[①] 我国《航运法》立法的基本原则,也就是应将《航运法》的立法指导思想具体地落实到《航运法》的创制过程中。

实事求是、一切从实际出发,是维护和保障立法科学性的重要原则。[②] 实事求是,就是研究和遵循客观事物的规律性;一切从实际出发,就是从我国的国情出发,从我国经济建设和改革的需要出发。

遵循这一原则,《航运法》的制定应当在深入调查研究的基础上,研究航运市场经济与航运法的关系,揭示我国社会主义市场经济体制下国民经济和社会发展对航运法的要求,根据我国航运生产力的发展水平和发展前景,以经济法的原理、原则为指导,理论联系实际,确立正确的立法指导思想、目的、任务和原则,正确反映和调整国家干预航运经济活动中产生的社会关系。

二、原则性与灵活性相结合的原则

坚持原则性,就是坚持社会主义市场经济体制下经济立法的原则和方针。坚持灵活性,就是结合实际情况,找到实现原则所必需和许可的各种具体形式、方法和措施。[③] 原则性与灵活性相结合,就是两者的统一,正确处理事物的一般性和特殊性、共性和个性的关系,选择适当的法律调整方法,作出切合实际的法律规定。

---

① 张文显. 法理学[M]. 3 版. 北京：法律出版社，2007：213.

② 沈宗灵. 法理学[M]. 北京：北京大学出版社，2001：255.

③ 孙国华，朱景文. 法理学[M]. 北京：中国人民大学出版社，1999：252.

航运市场是一个市场体系，由船舶运输子市场和船舶运输辅助业子市场构成，子市场又可进一步细分。航运经济关系具有多样性、复杂性和多变性。因此，遵循这一原则，《航运法》的制定既要保障和促进航运经济的健康运行和发展，反映航运经济关系的共性，确立统一的原则性规定，又要针对具体航运经济关系的特殊性，作出必要的特殊规定。同时，为满足航运经济关系的多变性，一些涉及具体操作的内容留待行政法规、部门规章作出适时规定。

三、创建性、纲领性的原则

法理学认为，法的创建性是指法不仅是对现存的事实关系的确认和保护，而且是根据已经认识到的客观规律和社会发展的客观需要，有预见、有计划地建立新的法律关系，形成新的行为模式和规则；法的纲领性是指法不仅是对以往经验的总结，而且应提出一种现实的奋斗目标。①

《航运法》的制定在我国属于首创，而且在我国社会主义市场经济体制逐步完善阶段用于调整国家干预航运市场经济活动中产生的社会关系。我国航运立法方面成功的经验不多。同时，航运经济的快速发展要求《航运法》具有一定的预见性和适度的超前性。因此，《航运法》中需要创设的原则、制度和规定较多，从而遵循这一原则具有重要意义。这就要求《航运法》的制定必须从我国航运经济和航运生产力的现实和发展前景出发，科学地反映航运经济规律，既满足现实需要，又适应将来一个时期的发展要求。

四、总结我国经验与借鉴外国经验相结合的原则

这一原则是指我国立法中既要总结我国的经验，又要重视借鉴、合理吸收外国的先进经验。前文所述，我国航运立法方面成功的经验不多，同时航运具有国际性特点，因而借鉴外国先进的航运立法经验，对于《航运法》的制定具有重要的促进作用。目前，欧盟和美国的航运立法在国际上处于先进水平，其他航运发达国家的航运立法也有不少值得我国借鉴的地方。因此，《航运法》的制定应当积极借鉴这些国家和地区在航运立法方面的先进经验。

但是，由于各国的国情不同，借鉴外国的经验不是简单的照搬。例如：美国和欧盟是市场经济高度发展的国家和地区，在航运经济领域，美国奉行高度的航运自由主义，航运立法以保护美国货主的利益为基本价值取向；欧盟则奉行准航运自由主义，航运立法以协调成员国之间的利益平衡为基本价值取向。我国处于社会主义市场经济体制逐步完善的阶段，既是航运大国，又是贸易大国，需要航运和贸易协调发展。因此，在借鉴外国航运立法经验时，应注意我国与这些国家和地区在国情上的不同。

---

① 孙国华，朱景文. 法理学[M]. 北京：中国人民大学出版社，1999：253.

在借鉴外国立法经验时需要考虑我国与美欧等国家和地区在国际航运领域的竞争关系。简单照搬意味着我国不能超越西方发达国家航运管理制度，在竞争力上并不占优势。在某些领域需要与国际接轨，在某些领域应该特立独行。

第二节 《航运法》应确立的基本规则体系

一、政府航运市场管理体制规则

根据《航运法》的调整对象与立法目的，《航运法》除需在总则中包括体现我国基本航运政策的条文外，拟确立的基本规则包括：政府航运市场管理体制规则、航运市场准入规则、航运市场运行规则、航运市场宏观调控规则，以及对违反《航运法》行为的调查与处罚规则。这些基本规则构成《航运法》的基本内容。

政府航运市场管理体制规则主要是明确政府航运管理机构的设置和不同管理机构的职权范围，其中，国务院交通主管部门对全国航运实行统一管理，省级地方人民政府或其交通主管部门负责对本行政区域内航运的管理。我国各省级行政区域的航运发达程度不同，因而《航运法》是否直接规定省级以下地方人民政府或其交通主管部门的职权，或者省级行政区域内航运管理机构的设置由省级地方人民政府根据本行政区域的具体情况确定，有待研究。《航运法》需就国务院交通主管部门以及地方人民政府或其交通主管部门的具体职权作出明确规定。国务院交通主管部门派驻在主要水系的机构的职权，需由《航运法》作出原则性规定。

二、航运市场准入规则

该部分规则是航运市场的一般准入规则，即企业依法进行工商登记外，对航运市场特殊准入，也即航运主管部门对具体航运经营资格的许可作出规定。《航运法》中需要科学地确定对航运市场中哪些子市场规定特殊准入，以及准入的条件、程序和行政许可机构。许可制和核准制是准入规则需要考虑的第一层面的问题，具体的准入条件是第二层面的问题，获得准入的程序规则是第三层面的问题。

三、航运市场运行规则

该部分规则的核心是航运市场竞争规则。航运市场竞争规则要规定对航运市场垄断行为和不正当竞争行为进行规制，一方面是结合航运实际将《反垄断法》与《反不正当竞争法》有关规定具体化，另一方面是规定航运市场行为享受《反垄断法》豁免的类型、条件、程序和伴随义务。除航运市场竞争规则外，该部分规则中需就某些航运经营行为，如班轮运输、运价、发票等，作出必要的特殊规定。

四、航运市场宏观调控规则

该部分规则需规定政府对航运市场实行宏观调控的条件、形式、手段、内容和实施机制。航运市场宏观调控以优化市场机构、控制市场运力规模为主要目标，形式包括航运规划、营运船舶退出市场机制、营运船舶标准化、市场运力控制等。

五、违反《航运法》行为的调查与处罚规则

该部分规则需就对违反《航运法》的行为实施调查的条件、机构和程序，以及对违法者实施处罚的具体种类和程度等作出具体规定。

第二篇　国内水运市场运行规则研究①

① 本研究由浙江省港航管理局资助(2011年)。

引言

按照交通运输部(厅水运便〔2010〕68 号)文件,由浙江省交通运输厅作为牵头单位,上海海事大学、浙江省港航管理局、大连海事大学、山东省交通运输厅、天津市交通运输和港口管理局、河北省港航管理局、内蒙古自治区地方海事局、上海航运交易所、中海集团和中外运长航集团等作为参加单位,按照交通运输部统一部署,就《航运法》第九专题"国内水运市场运行规则"进行了系统的研究,并提出了立法建议。在本专题研究的过程中,上海海事大学海商法研究中心成立课题组,全面参与了研究。

国内水路运输是现代综合运输体系的重要组成部分,畅通、高效、平安、绿色是现代化水路运输体系的发展目标。目前,我国水路运输存在的主要问题是:基础设施制约着水路运输的发展;运力过剩,企业结构和运力结构不合理,船舶大型化、专业化和标准化仍有很大的提高空间;有效竞争秩序和规模经济尚未实现;水路运输市场管理体制和管理机制需要进一步改革完善。

国内水运市场运行规则主要由以下规则构成:①水运市场主体规则,主要包括市场准入规则与退出规则;②水运市场交易规则,包括水运市场价格、发票、货运单证、信息、诚信、服务质量、合同管理等领域的规则;③水运市场竞争规则,包括反垄断、反不正当竞争和行业自律三方面的规则;④水运安全规则,从水运市场运行规则角度关注船舶营运安全、船舶标准化、危险品运输、防止污染等领域;⑤违规处罚规则,作为完整的水运市场运行规则,法律责任及其调查处罚程序是必修的规则。

《航运法》的制定为系统、全面审视现有水运市场运行规则提供了机会。为此,有必要从政策、立法、管理体制、运作机制、发展目标、政府作用、市场机制、经营者、运输需求、外部环境等多角度分析现有规则体系和未来规则体系建设,为实现畅通、高效、平安、绿色等现代化水路运输体系发展目标服务。

本研究报告完成于 2012 年初。2012 年 9 月 26 日,国务院第 218 次常务会议通过了《国内水路运输管理条例》,该条例自 2013 年 1 月 1 日起施行。因此,课题部分研究成果已经直接或间接体现在新管理条例中。由于课题研究主要针对《航运法》起草,而不是修订原《水路运输管理条例》,角度与目的的区别使得课题研究成果并未过时。在交付出版之前,根据《国内水路运输管理条例》对课题有关内容进行了修改。

第一章　国内水运市场运行规则概论

第一节　水路运输的概念与分类

一、水路运输的概念

广义的水路运输，是指以船舶为运输工具、以港口或港站为运输基地、以水域（海洋、江、河、湖）为运输活动范围的客货运输方式。广义的水路运输有以下 4 种形式：①内河运输，即使用船舶在陆地内的江、河、湖、川等水道进行运输的一种方式，主要使用中、小型船舶；②沿海运输，即使用船舶通过大陆附近沿海航道运送客货的一种方式，一般使用中、小型船舶；③近海运输，即使用船舶通过大陆邻近国家海上航道运送客货的一种运输形式，视航程长短可使用中型船舶，也可使用小型船舶；④远洋运输，即使用船舶跨大洋的长途运输形式，主要依靠运量大的大型船舶，远洋运输通常属于国际海运。

我国法律法规一般从狭义上使用水路运输的概念。《国内水路运输管理条例》第 2 条规定："本条例所称国内水路运输（以下简称水路运输），是指始发港、挂靠港和目的港均在中华人民共和国管辖的通航水域内的经营性旅客运输和货物运输。本条例所称水路运输辅助业务，是指直接为水路运输提供服务的船舶管理、船舶代理、水路旅客运输代理和水路货物运输代理等经营活动。"因此，水路运输特指国内水路运输，完整的水路运输，既包括水路船舶运输业务，也包括水路船舶运输辅助业务，水路运输是指包括内河运输和沿海运输在内的各种航运业务，但不包括国际海运。最狭义的水路运输不包括水路运输辅助业务。但是，交通运输部每年公布的《公路水路交通运输行业发展统计公报》中所指的"水路"是广义的，包括国际航运。因此，与国内水路运输相对应的是国际水运或国际海运。国际水运和国际海运统称为国际航运。

是否属于水路运输，不仅与沿海、江河、湖泊及其他通航水域有关，更重要的是与所运输的货物的贸易性质、旅客运输性质，尤其是始发港、挂靠港和目的港等有关。在同一水域，可能既存在国内贸易货物运输，也存在国际贸易货物运输，既可能是国内水路旅客运输，也可能是国际邮船旅客运输。"国内水路运输"这一概念中的"国内"主要不是地理上的含义,而是在贸易性质和管理意义上使用的。由于通常的水路运输是在狭义上使用的,仅指国内水路运输,因而国内水路运输和水路运输是同一概念。

二、水路运输的分类

从不同角度,水路运输可以有不同的分类。从行政管理、市场经营等角度出发,各种分类各自具有价值。

(一) 按照航行水域,水路运输分为内河运输和沿海运输

由于内河运输和沿海运输对于船舶要求不同,实际上形成了相对独立的内河运输市场和沿海运输市场。在管理上,沿海运输介于内河运输与国际海运之间,有些制度与内河运输相同,有些制度与国际海运相同或相似。有些国家,尤其是海岸线不长的国家,将广义的水路运输划分为内河运输和海运,有一定合理性。

(二) 按照经营性质,水路运输分为营业性运输和非营业性运输

营业性运输是指为社会服务、发生费用结算的旅客运输(含旅游运输,下同)和货物运输。非营业性运输是指为本单位或本身服务、不发生费用结算的运输。水路运输企业是指专门从事水路营业性运输的企业。在管理上,营业性运输和非营业性运输既有相同规定,也有不同规定。《国内水路运输管理条例》在非营业性运输的审批、提交运输统计信息和规费缴纳等方面进行了专门规定,与营业性运输比较,两者有相同的规定,也有不同的规定。

(三) 按照业务性质,水路运输分为水路运输业务和水路运输辅助业务

我国现有法律法规中的分类是水路运输业务和水路运输辅助业务。《国内水路运输管理条例》同时调整水路运输业务和水路运输辅助业务,是我国国内水路运输管理的基本法。但是,该法主要从水路运输业务角度进行规定,其第 4 章就水路运输辅助业务进行了原则性规定。

在《国内水路运输管理条例》确立"水路运输辅助业务"概念之前,我国一直使用"水路运输服务业务"概念。后一概念主要存在 2 个问题:第一,航运属于运输业,在产业分类上属于服务业,而"水路运输服务业务"却不包括船舶运输业务,在理解上容易导致混淆;第二,"水路运输服务业务"仅包括船舶代理业和客货运输代理业,不包括其他的非运输性质的业务,如船舶管理业务等。

《国内水路运输管理条例》在定义"水路运输辅助业务"时,将其范围扩大到除船舶运输业务外的所有辅助业务,并且特别规定了船舶管理、船舶代理、水路旅客运输代理和水路货物运输代理等经营活动。为了与《国内水路运输管理条例》关于"水路运输辅助业务"在概念与规则上的统一,现有的《中华人民共和国水路运输服

务业管理规定》和《国内船舶管理业规定》有必要进行修改。

（四）按照运输对象，水路运输分为旅客运输和货物运输

旅客运输和货物运输是国内水路运输市场中 2 个相对独立的市场，具有不同的市场属性和管理特点。国内水路运输经营按照经营船舶的种类分为货船运输和客船运输。货船运输分为普通货船运输和散装液体危险品船运输，散装液体危险品船运输分为液化气体船运输、化学品船运输和油船（含沥青船）运输。客船运输分为普通客船（含客渡船、旅游客船）运输、客滚船（含车客渡船、载货汽车滚装船）运输和高速客船运输。

（五）按照运输组织方式，水路运输分为班轮运输和租船运输

班轮运输，是指在特定的航线上按照预定的船期、始发港、挂靠港、目的港，从事有规律水上货物运输的运输形式。航次租船运输，是指船舶出租人向承租人提供船舶的全部或者部分舱位，装运约定的货物，从一港（站、点）运至另一港（站、点）的运输形式。《国内水路运输管理条例》规定了申请经营水路运输业务的一般条件，对于水路班轮运输予以特别规定，没有涉及租船运输。

（六）按照管理属性，水路运输分为省内运输和省际运输

省内运输和省际运输通常不是一个重要的分类，但从以下角度来看却非常重要：第一，在现行水路运输企业设立审批制度中，从事省内运输和省际运输的审批权由不同层次的主管机关行使；第二，在水路市场秩序管理上，履行有关职责的管理机关有区别；第三，在管理的复杂性、地方利益协调等问题上，两者也有明显区别。

（七）按照经营主体，水路运输分为个体运输和法人运输

从市场准入、市场秩序、宏观调控、水运安全等方面，基于我国现阶段水路运输的现实，个体运输和法人运输的区别有其现实意义。

水路运输市场中普遍存在个体船舶和个体水路运输经营者，为法律所允许。《国内水路运输经营资质管理规定》第 6 条规定："除内河普通货船运输外，经营船舶运输应取得企业法人资格。"从而，对个体经营水路运输作出了很大限制。

《国内水路运输管理条例》第 7 条规定："个人可以申请经营内河普通货物运输业务。"非普通货物的运输必须具备企业法人条件。

（八）按照运作机制，水路运输分为计划运输和计划外运输

在社会主义市场经济体制下，我国水路运输市场总体上由市场调节，但对于重点物资应急运输仍借助计划机制。原《水路运输管理条例》第 16 条规定："交通部和省、自治区、直辖市交通主管部门负责对水路运输计划分级进行综合平衡。需要

进行综合平衡的重点物资、联运物资、外贸物资的运输计划，属于全国性的，由交通部按国家计划组织综合平衡；属于长江、珠江、黑龙江水系干线省际间的，由交通部派驻水系的航运管理机构组织综合平衡；属于省、自治区、直辖市以内的，由省、自治区、直辖市的交通主管部门组织综合平衡。”《国内水路运输管理条例》删除了该规定。我国尚未正式建立重点物资等的综合平衡管理。2008 年，交通运输部发布《水路重点物资应急运输管理办法(征求意见稿)》，至今未颁布正式的办法。根据水路运输市场化的进展情况与我国社会主义市场经济体制发展要求，通过综合平衡实行计划运输的可能性与必要性正在丧失。

第二节　水运市场运行规则的含义与体系

一、水运市场运行机制

市场运行机制是指通过市场价格的波动、市场主体之间的利益竞争、市场供求关系的变化来调节经济运行的机制。运行机制主要包括价格机制、供求机制、竞争机制和风险机制。市场运行机制就是依靠价格、供求、竞争等市场要素的相互作用，自动调节企业的生产经营活动，实现社会经济的按比例协调发展。

（一）价格机制

价格机制是商品的供给和需求与价格的相互制约作用。供求的变化引起价格的变动，价格的变动又会引起供求的变化。正是在这种联系和变动中，供求趋向一致，价格与价值趋向一致。价格机制是市场机制的核心。

（二）供求机制

供求机制是商品、资本、劳动力的供求之间的内在联系和作用机制。在一定的市场需求条件下，市场供给总量由整个社会生产能力决定，社会需求是消费者愿意购买并有支付能力的需求。

（三）竞争机制

竞争机制是指市场行为主体之间为获取经济利益最大化而进行的竞赛。竞争是商品经济的本质属性，竞争机制可以促进社会供求平衡。

（四）风险机制

风险机制是市场活动同赢利、亏损、破产之间的相互联系和作用的机制。在市场经济条件下，任何一个微观经济主体都面临着赢利、亏损、破产等多种可能性，都必须承担相应的风险。风险机制以赢利的动力和破产的压力作用于企业，从而鞭策企业注重经营，改进技术，加强管理，增强企业活力。

市场运行机制是市场经济共有的基础性机制，它不分国家、地区、行业。水运市场运行机制同样由价格机制、供求机制、竞争机制和风险机制构成。但就一个具体市场而言，市场运行机制的表现可以不同，如供求是否平衡、价格机制有无失灵、垄断是否存在及其对竞争的影响、风险机制有无发挥作用等。

二、水运市场运行规则定义

市场运行规则或水运市场运行规则不是一个常用语，关于水运市场运行规则的研究必须从这一概念的含义开始。水运市场运行规则，是指为了使水运市场运行机制正常发挥作用，由国家（政府、行业主管部门等）制定的管理规则，目的是建立市场交易规则、维护市场竞争秩序，其基本目的是提高运输效率、保障运输安全。

首先，水运市场运行规则不是水运市场运行机制。广义上，水运市场运行机制包含规则，但这是市场机制本身具有的规则，而不是市场运行规则。

其次，水运市场运行规则与水运市场运行机制不可分。在社会主义市场经济条件下，如果市场运行机制完全正常发挥作用，实现资源最优配置，则无须国家通过制定管理规则干预市场机制。事实上，市场机制固有的缺陷以及我国现阶段水运市场特有的国情决定了水运市场是有管理的市场，水运市场运行规则的基本目的是使市场运行机制能够更好地发挥作用。

最后，水运市场运行规则具有一般性与特殊性。前述水路运输的分类表明水路运输市场由许多子市场构成，每个子市场从运行机制角度看具有共同的规律。但是，就水运市场运行规则而言，不同的子市场在管理规则上存在差异。其中，个别领域不是由市场机制主导的，如应急运输等。即使是市场机制主导的子市场，也存在不同的管理规则，如货运与客运、班轮与租船等在管理规则上是有区别的。

三、水运市场运行规则体系

根据上述水运市场运行规则的定义，水运市场运行规则体系由管理体制与机制、市场主体规则、市场交易规则、市场竞争规则、水运安全规则、宏观调控规则和违规处罚规则等七方面构成。

（一）管理体制与机制

管理体制与机制，是指水运市场运行规则的制定主体和实施主体，既包括中央和地方水运市场管理机构的设置及其关系，也包括各级管理机构具体职能的设定及其履行。

（二）市场主体规则

水运市场主体规则，是指水运市场中参与交易的各方主体及其关系，首先是市场主体的类型，其次是这些市场主体之间的关系。水运市场主体包括水路运输业务经营者、水路运输辅助业务经营者、运输服务使用者(消费者)。在规则内容上，水运市场主体规则主要体现为市场准入规则和市场退出规则。从规则所体现的利益角度，需要考虑运输业务经营者与辅助业务经营者之间的关系，及他们与运输服务使用者(消费者)之间的关系。

（三）市场交易规则

水运市场交易规则，是指参与交易的市场主体应该遵循的规则。这些规则来自市场机制本身的要求、行业惯例、行业自律组织制定的规则、国家法律法规等。根据市场形态，水运市场分为有形市场和无形市场，其中的交易规则有所区别。本课题所探讨的水运市场交易规则以无形市场为基础，以国家法律法规内容为主，主要涉及水运市场价格、发票、单证、信息、诚信、服务质量等领域。

（四）市场竞争规则

水运市场竞争规则，是指为了建立和维护正当竞争秩序，由国家立法或行业自律组织制定的规范水运市场交易行为和竞争行为的规则。水运市场竞争规则主要包括反垄断、反不正当竞争与行业自律等方面的规则。

水运市场秩序规则是水运市场运行规则的核心，由水运市场交易规则和水运市场竞争规则两方面构成。

（五）水运安全规则

水运安全规则，是指为了保障船舶、设施、货物、生命和环境等的安全，就船舶和设施的所有人、经营者和管理者，以及船舶、船员等制定的管理和技术等方面的要求。

（六）宏观调控规则

水运市场宏观调控规则，是指为了实现水运市场总供给和总需求的总体平衡，提高运输效率和服务质量，规范市场秩序，而采取的各种经济、技术等调节和控制规则。

水运市场宏观调控规则与市场主体规则、市场交易规则、市场竞争规则和水运安全规则等存在一定的交叉，非宏观调控规则在一定情况下也具有宏观调控功能和作用，如市场准入规则具有宏观调控作用。

（七）违规处罚规则

违规处罚规则，是指违反水运市场运行规则应承担的法律责任和追责程序方面的规则。当然,违规处罚规则本身是水运市场运行规则的组成部分。

第三节 水运市场运行规则的主要立法

一、法律形式

(一) 水运市场管理基本法

1987年国务院发布施行的《中华人民共和国水路运输管理条例》对推动国内水路运输的发展发挥了积极作用,但其中不少规定已明显不适应社会主义市场经济发展和转变政府职能的要求,实际已不适用;条文的规定也过于粗略,可操作性不强。新条例在以下几方面有重要进步。

1. 有关市场准入的规定

为了从源头上保障水路运输活动的安全有序进行,条例规定,申请从事水路运输经营业务,应当在船舶性能、船员资质和安全管理制度等方面符合规定的标准和条件,经交通运输主管部门审查合格,发给水路运输经营许可证件后,方可在许可范围内从事相应的水路运输经营活动。水路运输辅助业务市场准入制度不能适应市场经济发展的要求,可适当放宽准入条件。

2. 有关规范水路运输经营行为的规定

条例从保证船舶适航,禁止超载运输,按照有关规定和合同约定为旅客提供良好服务并保证旅客运输安全,遵守有关危险货物运输的规定,履行班轮运输的相关义务,以及依法优先运送处置突发事件所需物资,重点保障紧急、重要的军事运输和关系国计民生的紧急运输等方面,对水路运输经营者应当遵守的经营行为规范作了明确规定。

3. 有关政府调控措施方面的规定

第一,为保障水路运输安全,维护水路运输市场的公平竞争秩序,国务院交通运输主管部门可根据水路运输市场监测情况,决定在特定的旅客班轮运输和散装液体危险货物运输航线、水域暂停新增运力许可。第二,国家根据保障运输安全、保护水环境、节约能源、提高航道和通航设施利用效率的需求,在制定并实施新的船型技术标准时,对正在使用的不符合新标准但符合原有标准且未达到规定报废船龄的船舶,可以采取资金补贴等措施,引导、鼓励水路运输经营者进行更新、改造;需要强制提前报废的,应当对船舶所有人给予补偿。具体办法由国务院交通运输主管部门会同国务院财政部门制定。

2012年9月26日,国务院通过了《国内水路运输管理条例》,该条例自2013年1月1日起施行。《国内水路运输管理条例》对于原《水路运输管理条例》所存在的主要问题进行了不同程度的修改。

（二）《国内水路运输管理条例》实施规则

1.《水路运输管理条例实施细则》

该实施细则首次由原交通部于 1987 年 9 月 22 日发布。根据国务院对《水路运输管理条例》的两次修改，原交通部于 1998 年、交通运输部于 2009 年修改了该实施细则。该实施细则具体规定了水路运输企业开业、增减运力和停业的管理，营运管理（包括旅客运输管理、货物运输管理、运价与费收管理、运输票据管理、运输统计管理等），航运管理机构的设置及其运输行政管理职责以及检查与罚则等。

在法理上，《水路运输管理条例实施细则》是根据《水路运输管理条例》制定的，而后者已被《国内水路运输管理条例》废止，其实施细则当然应该失效。但在新的实施细则发布前，原实施细则仍然具有实际意义。

2.《水路运输服务业管理规定》

该管理规定是《水路运输管理条例》关于水路运输辅助业管理内容的实施细则，由原交通部于 1996 年 6 月 18 日首次发布。原交通部于 1998 年、交通运输部于 2009 年进行了两次修改。《水路运输服务业管理规定》以水路运输船舶代理业和客货运输代理业为基本调整对象，规定审批条件和程序、政府监管、企业经营行为规范等。

3.《国内船舶管理业规定》

2001 年 7 月 4 日，原交通部发布了《国内船舶管理业规定》，后根据 2009 年 1 月 5 日交通运输部发布的《关于修改〈国内船舶管理业规定〉的决定》修改了《国内船舶管理业规定》，该规定自 2009 年 7 月 1 日起施行。国内船舶管理业性质上属于水路运输服务业（水路运输辅助业），《国内船舶管理业规定》对此作了专门规定。

根据《国内水路运输管理条例》，国内船舶管理业属于水路运输辅助业。将来修改《水路运输服务业管理规定》时，应该将国内船舶管理也纳入其中，制定统一的水路辅助业务管理实施细则。

4.《国内水路运输经营资质管理规定》

这是就《国内水路运输管理条例》有关水路运输企业市场准入的一个重要规章。2001 年，原交通部发布了《国内船舶运输经营资质管理规定》（原交通部令 2001 年第 1 号）。2008 年 8 月 1 日起，《国内船舶运输经营资质管理规定》被交通运输部发布的《国内水路运输经营资质管理规定》所代替。

（三）水路运输运力调控规则

除《国内水路运输管理条例》相关规定外，水路运输运力调控规则主要包括：

1.《内河运输船舶标准化管理规定》

该规定由原交通部于 2001 年 10 月 11 日发布，自 2001 年 12 月 1 日起施行。

2.《关于实施运输船舶强制报废制度的意见》

2001年3月29日，原交通部发布经国务院同意的《关于实施运输船舶强制报废制度的意见》(交水发〔2001〕151号)，规定客船类运输船舶强制报废，从2001年5月1日起施行；其他类运输船舶的强制报废，自2002年1月1日起施行。《关于实施运输船舶强制报废制度的意见》是对已达到强制报废船龄的船舶实施强制报废的制度，强制其退出水路运输市场，不得从事水路运输业务。

3.《老旧运输船舶管理规定》

1993年4月19日，原交通部以部令第2号发布了《老旧船舶管理规定》，该规定于1993年7月1日起施行。2001年4月9日，原交通部以部令第2号发布了《老旧运输船舶管理规定》，并规定其从公布之日起施行，同时废止《老旧船舶管理规定》。2006年原交通部以第8号令、2009年交通运输部以第14号令对《老旧运输船舶管理规定》进行了2次修改，并重新发布。

《老旧运输船舶管理规定》第38条规定："为保护水域环境，对已投入营运但未达到强制报废船龄的单壳油船实行限期淘汰。具体时间和实施范围由交通运输部另行公布。"《国内水路运输管理条例》第15条规定，对于不符合新标准但符合原有标准且未达到规定报废船龄的船舶，可以采取资金补贴等措施，引导、鼓励水路运输经营者进行更新、改造。必要时实施强制提前报废措施。

(四) 水路运输船员管理与船员服务管理规则

1.《中华人民共和国船员条例》

该条例于2007年由国务院令第494号发布，自2007年9月1日起施行。该条例调整在中华人民共和国境内的船员注册、任职、培训、职业保障以及提供船员服务等活动。

2.《船员条例》实施规则

按照《船员条例》制定的有关实施规则包括：《中华人民共和国船员注册管理办法》(交通运输部令2008年第1号)、《中华人民共和国船员服务管理规定》(交通运输部令2008年第6号)、《中华人民共和国船员培训管理规则》(交通运输部令2009年第10号)等。

(五) 地方性法规与规章

各省、自治区和直辖市制定和发布的水路运输方面的地方性法规和规章构成我国水路运输市场运行规则体系的一部分，如《浙江省水路运输管理条例》《广东省水路运输管理实施办法》《上海市水路运输管理条例》《山东省水路交通管理条例》《湖北省水路交通管理条例》等。

(六) 国家相关立法

《中华人民共和国反垄断法》《中华人民共和国反不正当竞争法》等在建立、维护市场竞争秩序方面发挥核心作用。这些法律适用于全国所有行业。无论是立法、执法还是司法，水路运输市场运行规则需要考虑这些法律确立的基本竞争规则。

二、市场主体规则

（一）水路运输业务经营者

1. 概述

《国内水路运输管理条例》第 6 条规定，设立水路运输企业必须具备下列条件：①具备企业法人条件；②有符合本条例第 13 条规定的船舶，并且自有船舶运力符合国务院交通运输主管部门的规定；③有明确的经营范围，其中申请经营水路旅客班轮运输业务的，还应当有可行的航线营运计划；④有与其申请的经营范围和船舶运力相适应的海务、机务管理人员；⑤与其直接订立劳动合同的高级船员占全部船员的比例符合国务院交通运输主管部门的规定；⑥有健全的安全管理制度；⑦法律、行政法规规定的其他条件。

《国内水路运输经营资质管理规定》第 7 条规定，从事国内水路运输业务的企业应当具备下列经营资质条件：①拥有与经营区域范围、经营业务相适应的自有并经营的适航船舶，且上述船舶总运力规模满足第 8 条的要求；②有满足经营需要和安全管理要求的经营、海务、机务、船员管理等组织机构、固定办公场所和国家规定的注册资本；③有健全的安全生产责任制度、安全生产规章制度和操作规程以及生产安全事故应急救援预案等安全管理与生产经营管理制度，并且按照《中华人民共和国航运公司安全与防污染管理规定》的要求建立安全管理体系；④有与经营船舶种类、经营规模相适应的经营、海务、机务专职管理人员，相关专职管理人员应当满足本规定第 9 条的要求；⑤经营客船运输的，应当落实船舶靠泊、旅客上下船所必需的服务设施和安全设施。

综上，水路运输业务市场准入制度包括：经营者要求、船舶要求、安全管理要求等。

2. 经营者形式

水路运输业务经营者有 2 种企业形式：一是企业法人；二是个体经营者。

《国内水路运输管理条例》第 7 条规定，个人可以申请经营内河普通货物运输业务。申请经营内河普通货物运输业务的个人，应当有符合条例第 13 条规定且船舶吨位不超过国务院交通运输主管部门规定的自有船舶，并应当符合条例第 6 条第 6 项和第 7 项规定的条件。

《国内水路运输经营资质管理规定》第 6 条规定，除经营单船 600 总吨以下的内河普通货船运输外，经营国内水路运输业务应当取得企业法人资格。自然人经营单船 600 总吨以下的内河普通货船运输业务应当办理个体工商户登记。因此，单船600总吨以上内河普通货船必须实行企业化经营,都必须取得企业法人资格。

3. 船舶要求

(1) 船舶国籍。我国沿海、江河、湖泊以及其他通航水域中的旅客、货物运输,必须由中国企业、其他单位或个人使用悬挂中华人民共和国国旗的船舶经营。未经交通运输部批准,在中国注册登记的外资企业、中外合资经营企业、中外合作经营企业或船舶,不得经营上述水域的旅客运输和货物运输业务。

《国内水路运输管理条例》第11条规定:外国的企业、其他经济组织和个人不得经营水路运输业务,也不得以租用中国籍船舶或者舱位等方式变相经营水路运输业务。香港特别行政区、澳门特别行政区和台湾地区的企业、其他经济组织以及个人参照适用前款规定,国务院另有规定的除外。

我国恢复对香港、澳门行使主权后,香港、澳门与内地之间的海上运输航线为实行特殊管理的国内航线,允许在香港、澳门登记注册的航运公司和船舶经营香港、澳门与内地对外轮开放港口之间的海上运输。未经交通运输部批准,外国籍船舶不得从事香港与内地对外轮开放港口之间的客货运输。

(2) 运力规模。《国内水路运输经营资质管理规定》第8条最低运力要求是该管理规定的核心。规定具备法定的最低运力要求不仅是取得国内船舶运输经营资格的准入条件,也是经营人在日常运输生产经营活动中必须具备的条件。要求"自有并经营的适航船舶",对我国水路运输市场中存在的船舶挂靠现象具有一定的抑制作用。最低运力要求既是提高水路运输企业组织化经营、提高规模经济的必然要求,也是提高我国水路运输安全的需要。"自有并经营的适航船舶",是指处于适航状态且其经营人是登记的船舶所有人的船舶。如船舶属共有,则经营人占该船舶共有份额的比例应当不低于50%。

除在省、自治区、直辖市行政区域内的封闭通航水域经营客船运输业务外,《国内水路运输经营资质管理规定》按照省际和省内、货船运输和客船运输、普通货船运输和散装液体危险品船运输等标准,规定了国内水路运输企业自有并经营的适航船舶总运力规模的最低要求。

交通运输部可以针对因市场需求有限,致使从事水路运输的企业运力规模无法满足船舶总运力规模的最低要求的情况,公布低于现有规定的总运力规模的特定区域。

4. 其他要求

原《水路运输管理条例》除规定"具有与经营范围相适应的运输船舶"外,还规定了以下市场准入条件:①有较稳定的客源或货源;②经营旅客运输的,应当落实客船沿线停靠港(站)点,并具备相应的服务设施;③有经营管理的组织机构和负责人;④有与运输业务相适应的自有流动资金。原《水路运输管理条例》第12条规定:"交通主管部门应当根据水路运输企业和其他从事营业性运输的单位、个人的管理水平、运输能力、客源货源情况审批其经营范围。"前述条件具有以下特点:

①在内容上涉及市场环境、经营设施和经营条件;②属于定性或者具有一定弹性性质;③作为许可制下的审查条件,具有难以准确把握、审查的缺点。《国内水路运输管理条例》虽然继续维持许可制,但是取消了前述有关规定,体现了市场能够解决的问题让位于市场的原则,政府主要就安全、市场秩序等实施管理。

(二)水路运输辅助业务经营者

1. 船舶代理业和客货运输代理业

《国内水路运输管理条例》具体规定了船舶代理、水路旅客运输代理和水路货物运输代理等经营活动的市场准入条件。在修改《水路运输服务业管理规定》前,该规定可以继续使用。

过去,船舶代理业和客货运输代理业的市场准入实行许可制度。《水路运输服务业管理规定》第 8 条规定,任何企业从事水路运输服务业务,必须经过交通运输主管部门的批准,领取《水路运输服务许可证》后,方可经营。外资企业、中外合资企业、中外合作企业经营水路运输服务业务,应当经国务院交通运输主管部门批准。《国务院关于第六批取消和调整行政审批项目的决定》取消了国内水运货运代理和船舶代理的审批制度。《国内水路运输管理条例》为此建立备案制,即该条例第 30 条规定:船舶代理、水路旅客运输代理业务的经营者应当自企业设立登记之日起 15 个工作日内,向所在地设区的市级人民政府负责水路运输管理的部门备案。

《水路运输服务业管理规定》第 9 条规定,设立水路运输服务企业,应当具备下列条件:①有稳定的水路运输客源、货源和船舶业务来源。②有与经营范围相适应的组织机构和专业人员。③有固定经营场所和必要的营业设施。④有符合下列规定的最低限额的注册资本:经营船舶代理业务的,为 20 万元人民币;经营客货运输代理业务的,为 30 万元人民币;同时经营船舶代理和客货运输代理业务的,为 50 万元人民币。这些设立条件随着水路运输辅助业规章的修改将会有所变化。

2. 国内船舶管理业

国内船舶管理业和国际船舶管理业,是现代航运业重要的组成部分,是现代航运服务体系建设的重点之一。国际船舶管理业市场准入制度由《国际海运条例》及其实施细则规定。

国内船舶管理业,是指船舶管理经营人根据约定,为船舶所有人或者船舶承租人、船舶经营人提供下列船舶管理服务:①船舶机务管理;②船舶海务管理;③船舶检修、保养;④船舶买卖、租赁、营运及资产管理;⑤其他船舶管理服务。

《国内水路运输管理条例》实行许可制,第 26 条规定了其应满足的条件。申请经营船舶管理业务,申请人应当符合下列条件:①具备企业法人条件;②有健全的安全管理制度;③有与其申请管理的船舶运力相适应的海务、机务管理人员;④法律、行政法规规定的其他条件。

按照《国内船舶管理业规定》第5条和第6条规定，经营国内船舶管理业市场准入的条件如下：①有符合国家规定的注册资本；②有符合本规定的专职管理人员；③有与经营业务相适应的设备、设施；④有符合国家规定的船舶安全与防污染管理体系；⑤法律、行政法规规定的其他条件。

船舶管理经营人应当根据船舶管理合同和国家有关规定，履行有关船舶安全和防止污染的义务。从事国内船舶管理业务的企业应当根据其提供海务管理、机务管理服务的船舶数量，配备满足法定的最低要求的海务、机务专职管理人员。这些配员要求与《国内水路运输经营资质管理规定》相同，即对于国内船舶管理人员在安全管理方面的要求与水路运输企业的要求相同。

按照水路运输辅助业现有审批体制，船舶管理业作为水路运输辅助业，由经设区的市级以上地方人民政府负责水路运输管理的部门批准。符合条件的，发给船舶管理业务经营许可证件，并报交通运输部备案。

《国内船舶管理业规定》规定由省级人民政府交通运输主管部门作出许可决定，而《国内水路运输管理条例》规定的是“设区的市级以上地方人民政府”，在审批权上有所下放。考虑到其他方面也存在《国内船舶管理业规定》与《国内水路运输管理条例》不一致的地方，建议及时修改《国内船舶管理业规定》。

三、市场交易规则

（一）水运价格

根据原国家计委和交通部《关于全面放开水运价格有关问题的通知》（计价格〔2001〕315号），自2001年5月1日起，放开水运客货运输价格（不包括由军费开支和财政直接支出的军事、抢险救灾运输价格），实行市场调节价。水运市场从价格水平管理向价格公开性、与价格有关的竞争行为转变。

（二）运输单证

在运输单证管理方面，原《水路运输管理条例》第19条规定：“水路运输企业和其他从事营业性运输的单位、个人，必须按国家有关规定计收运杂费用，并使用交通运输部规定的运输票据。”《水路运输服务业管理规定》第28条要求：“水路运输服务企业代办业务应当使用统一规定的单证和票据。”随着水运价格市场化，有关运输票据使用强制性规定也发生了变化，《国内水路运输管理条例》没有关于运输票据的规定。

（三）信息报送

在信息报送方面，原《水路运输管理条例》第21条规定：“水路运输企业和其他从事营业性运输的单位、个人以及石油、煤炭、冶金、商业、供销、外贸、林业、电力、化工、水产部门，必须按规定向交通主管部门和统计主管部门提供营业性和非营业性运输统计表。”《水路运输服务业管理规定》第 29 条要求：“水路运输服务企业应当分别于每年 1 月底和 7 月底以前向企业注册所在地的交通运输主管部门报送上一年度和上半年度统计报表与有关经营情况资料。”

市场统计工作是交通运输主管部门的职责，其统计信息来源可以有多个渠道。过去依靠企业直接提供有关经营信息，《国内水路运输管理条例》废除了该做法，第 9 条规定：“各级交通运输主管部门应当做好水路运输市场统计和调查分析工作，定期向社会公布水路运输市场运力供需状况。”至于交通运输主管部门如何进行水路运输市场统计和调查分析工作，条例没有规定。

四、市场竞争规则

市场准入制度是门槛，是建立和维护良好市场秩序非常重要的第一步。规范有序健康发展的水路运输市场和水路运输辅助业市场需要发挥竞争法律规则的作用。水路运输市场（包括水路运输辅助业市场，下同）竞争规则来自于两方面：一是一般竞争规则；二是水路运输市场竞争特别规则。

（一）一般竞争规则

竞争法是市场经济的基本法，反垄断法被视为市场经济的宪章。但在我国，反垄断法尚未达到如此高度。

我国《反不正当竞争法》于 1993 年 8 月 2 日通过，自 1993 年 12 月 1 日起施行。在内容上，该法同时规定了部分垄断行为，如第 6 条“公用企业限制竞争行为”、第 7 条“行政垄断行为”、第 11 条“低价倾销行为”、第 12 条“搭售行为”和第 15 条“串通招投标行为”。该法规定的属于典型的不正当竞争行为包括：第 5 条“假冒行为”、第 8 条“商业贿赂行为”、第 9 条“虚假宣传行为”、第 10 条“侵犯商业秘密行为”、第 13 条“违法有奖销售行为”和第 14 条“侵犯商业信誉行为”。

随着我国市场经济的不断发展，现行《反不正当竞争法》暴露出不少问题，迫切需要进行修改。《反不正当竞争法》的一些规定较为笼统，缺乏可操作性。2011 年初，有关部门已经完成了《反不正当竞争法》修改草案。

我国《反垄断法》于 2007 年 8 月 30 日通过，自 2008 年 8 月 1 日起施行。《反垄断法》定义的垄断行为包括：①经营者达成垄断协议；②经营者滥用市场支配地位；③具有或者可能具有排除、限制竞争效果的经营者集中。在《反垄断法》执法体制上，与价格有关的垄断协议和滥用市场支配地位行为由国家发展和改革委员会负责实施，其他垄断协议和滥用市场支配地位行为由国家工商行政管理总局负责实施，经营者集中审查由商务部负责实施。由于水路运输企业规模相对较小，一般难以达到经营者集中审查的申报标准。《反垄断法》在水路运输业的适用主要是禁止垄断协议和滥用市场支配地位两种行为。

（二）水路运输市场竞争特别规则

《国内水路运输管理条例》涉及水路运输市场竞争规则的条文是：第 3 条“国家鼓励和保护水路运输市场的公平竞争，禁止垄断和不正当竞争行为”；第 5 条“经营水路运输及其辅助业务，应当遵守法律、法规，诚实守信”。

《国内水路运输管理条例》涉及水路运输市场竞争规则的条文过于简单，而《反不正当竞争法》和《反垄断法》一般性规则有时不能直接适用于水路运输市场。比如，超限超载运输引起的不公平竞争、不公平定价行为（如低价竞争）可能既不属于低于成本的倾销行为，也不属于滥用市场支配地位的行为。这是水路运输市场竞争不规范的原因之一。

交通运输部《公路水路交通结构调整指导意见》（交规划发〔2008〕86 号）提出“营造公平、公正、规范的市场环境”建设目标，并提出以下具体措施：①梳理、协调和解决法规之间的冲突，消除地方和部门壁垒；②继续依法治理水路超限超载等各种违法违规行为，建立治理超限超载长效机制，维护良好的市场秩序；③保障守法经营业户和旅客、货主的合法权益；④强化执法监督，规范市场主体的行为，打击无序竞争、违法经营，保证市场公平交易，创造有利于市场机制有效发挥作用的外部环境；⑤设置控制安全、环保等负外部性影响的准入限制；⑥消除各地歧视性地方规章，消除地区间政策差异所形成的制度障碍和不公平竞争，促进市场的统一和开放。这一政策性文件在一定意义上为完善水路运输市场竞争规则指明了方向。

五、安全管理规则

我国水运安全管理主要法律法规是《中华人民共和国海上交通安全法》和《中华人民共和国内河交通安全管理条例》。两者分别对在我国沿海和内河水域航行、作业、停泊的船舶和设施规定了具体的技术要求、船员配备、所有人和经营人的义务、安全保障、救助、打捞清除、事故调查处理等制度。

水路运输经营者应当使用符合规定条件、配备合格船员的船舶，并保证船舶处于适航状态。水路运输经营者应当按照船舶核定载客定额或者载重量载运旅客、货物，不得超载或者使用货船载运旅客。《国内水路运输管理条例》第 13 条规定，水路运输经营者投入运营的船舶应当符合下列条件：①与经营者的经营范围相适应；②取得有效的船舶登记证书和检验证书；③符合国务院交通运输主管部门关于船型技术标准和船龄的要求；④法律、行政法规规定的其他条件。

《国内水路运输经营资质管理规定》将安全管理要求作为市场准入条件之一，是对原《水路运输管理条例》有关规定的具体化和深化。该管理规定从 2 个方面规定安全管理要求：一是安全管理人员配备；二是管理制度保障。具体而言，从事国内水路运输的企业应当至少配备 1 名经营专职管理人员，并按照运输业务的性质、种类、运力规模等配备相应数量的海务、机务专职管理人员，具体分为以下 4 种情形，并根据经营船舶艘数规定了最低人员配备要求：①经营沿海普通货船；②经营内河普通货船；③经营沿海散装液体危险品船或者客船；④经营内河散装液体危险品船或者客船。在企业管理制度方面，水运企业应当建立主要管理人员档案并实行动态管理。管理机构对于经营资质实施动态检查制度。

六、宏观调控规则

（一）概述

通过水路运力调控可以实现下列目的：①调节供求关系，保障货物运输，避免运力过剩；②建立和维护良好市场竞争秩序，因为运力严重短缺或严重过剩都会破坏市场竞争关系；③实现水路运输船舶专业化、大型化、标准化；④提高船舶技术水平，保障水路运输安全；⑤控制和减少船舶污染，保护环境；⑥实现水路运输专业化、集约化发展目标；⑦提升航运竞争力。

目前，我国水路运力调整制度(措施)主要有 3 种：①运输船舶强制报废制度；②老旧运输船舶管理制度；③运输船舶标准化制度。值得注意的是，《国内水路运输管理条例》第 10 条和第 15 条在运力宏观调控措施方面有了改进。

《国内水路运输管理条例》第 10 条规定："为保障水路运输安全，维护水路运输市场的公平竞争秩序，国务院交通运输主管部门可以根据水路运输市场监测情况，决定在特定的旅客班轮运输和散装液体危险货物运输航线、水域暂停新增运力许可。采取前款规定的运力调控措施，应当符合公开、公平、公正的原则，在开始实施的 60 日前向社会公告，说明采取措施的理由以及采取措施的范围、期限等事项。"第 15 条规定："国家根据保障运输安全、保护水环境、节约能源、提高航道和通航设施利用效率的需求，在制定并实施新的船型技术标准时，对正在使用的不符合新标准但符合原有标准且未达到规定报废船龄的船舶，可以采取资金补贴等措施，引导、鼓励水路运输经营者进行更新、改造；需要强制提前报废的，应当对船舶所有人给予补偿。具体办法由国务院交通运输主管部门会同国务院财政部门制定。"

（二）运输船舶强制报废制度

部分严重老化的老旧船舶存在的技术状况差、安全隐患多等突出问题，对航行安全和水域环境构成威胁。实施船舶强制报废制度，对保障船舶运输生产安全和水域环境具有十分重要的意义，同时有利于优化运力结构，推动航运业结构调整，提高运输服务质量和竞争力。

2001 年 3 月 29 日，原交通部发布经国务院同意的《关于实施运输船舶强制报废制度的意见》。该意见规定对老旧运输船舶进行严格管理，对已达到强制报废船龄的船舶实施强制报废制度，强制退出水路运输市场，不得在我国登记从事水路运输业务。船龄,是指船舶自建造完工之日起至现今的年限。该意见具体规定了各类海船和内河船的报废船龄。

(三)内河运输船舶标准化制度

船舶标准化制度,是指航运市场船舶的类型、材质、主要尺度等必须符合国家或者航运主管部门规定标准的一种制度性措施。船舶标准化是水运市场准入的门槛之一,也是水路运输市场运力调控制度之一。船舶标准化制度的意义在于通过对市场船舶的类型、材质、主要尺度等方面的规范,优化船舶的运力结构,提高船舶营运的效益。同时,这一制度有助于提高船舶技术水平,从而对船舶航行安全和水域环境保护具有促进作用。

2001 年 10 月 11 日,原交通部发布《内河运输船舶标准化管理规定》,该规定自 2001 年 12 月 1 日起施行。该管理规定从船舶的类型、材质和主要尺度方面,对内河运输船舶进行规范。主要表现为:

(1) 禁止任何组织和个人新建、改建水泥质船舶和总长 5 m 以上的木质船舶从事内河运输业务,以及总长 20 m 以上的挂桨机船舶从事内河运输业务,并禁止新建、改建挂桨机船舶在长江干线、珠江干线、黑龙江干线、京杭运河及太湖水域从事运输业务(第 4 条)。

(2) 新建、改建的内河运输船舶的总长、总宽和吃水应当符合交通运输部制定的内河货运船舶船型主尺度系列标准(第 5 条)。

(3) 新建、改建内河运输船舶前,应当向县级以上地方人民政府交通主管部门提出增加运力申请,并报有审批权的交通主管部门批准(第 6 条)。

(4) 新建、改建内河运输船舶,应当按国家有关规定向海事管理机构认可的船舶检验机构申请建造检验,船舶检验机构应当按照交通运输部制定的内河货运船舶船型、主尺度系列标准和国家其他有关规定进行建造检验,对符合有关规定的,签发船舶检验证书(第 7 条)。

(5) 使用新建、改建的船舶从事内河运输经营业务,应当按照《水路运输管理条例》和有关规定报经县级以上人民政府交通主管部门批准,主管部门对符合交通运输部制定的内河货运船舶船型主尺度系列标准的船舶,颁发船舶营运证,并注明船舶营运区域(第 9 条);内河运输船舶所有人、船舶经营人、船舶管理人应当在规定的航行区域和经营范围从事内河运输业务(第 10 条)。

(6) 内河运输船舶所有人、船舶经营人、船舶管理人应当按照国家有关规定,向海事管理机构认可的船舶检验机构申请对营运中的水泥质船舶、木质船舶和挂桨机船舶定期检验,经检验不合格的,不得从事内河运输业务(第 11 条)。

(四)老旧船舶管理制度

1993 年原交通部第 2 号令发布《老旧船舶管理规定》,该规定自 1993 年 7 月 1

日起施行。2001 年原交通部第 2 号令发布《老旧运输船舶管理规定》，该规定自公布之日起施行，1993 年《老旧船舶管理规定》同时废止。2006 年原交通部第 8 号令发布《老旧船舶管理规定》，该规定自 2006 年 8 月 1 日起施行，2001 年《老旧运输船舶管理规定》同时废止。2009 年 11 月 30 日交通运输部第 14 号令发布《关于修改〈老旧运输船舶管理规定〉的决定》，并发布经修改后的《老旧运输船舶管理规定》。

所谓老旧船舶，是指船龄在《老旧运输船舶管理规定》第 4 条、第 5 条规定的最低船龄以上的运输船舶。老旧船舶不同于报废船舶。报废船舶是指永久不能从事水路运输业务的船舶。国家对老旧运输船舶实行分类技术监督管理制度，对已达到强制报废船龄的运输船舶实施强制报废制度。

《老旧运输船舶管理规定》第 4 条将老旧海船分为以下类型：①船龄在 10 年以上的高速客船为一类老旧海船；②船龄在 10 年以上的客滚船、客货船、客渡船、客货渡船(包括旅客列车轮渡)、旅游船、客船为二类老旧海船；③船龄在 12 年以上的油船(包括沥青船)、散装化学品船、液化气船为三类老旧海船；④船龄在 18 年以上的散货船、矿砂船为四类老旧海船；⑤船龄在 20 年以上的货滚船、散装水泥船、冷藏船、杂货船、多用途船、集装箱船、木材船、拖船、推船、驳船等为五类老旧海船。

《老旧运输船舶管理规定》第 5 条将老旧河船分为以下类型：①船龄在 10 年以上的高速客船为一类老旧河船；②船龄在 10 年以上的客滚船、客货船、客渡船、客货渡船(包括旅客列车轮渡)、旅游船、客船为二类老旧河船；③船龄在 16 年以上的油船(包括沥青船)、散装化学品船、液化气船为三类老旧河船；④船龄在 18 年以上的散货船、矿砂船为四类老旧河船；⑤船龄在 20 年以上的货滚船、散装水泥船、冷藏船、杂货船、多用途船、集装箱船、木材船、拖船、推船、驳船(包括油驳)等为五类老旧河船。

《老旧运输船舶管理规定》在老旧运输船舶前述分类基础上，具体规定了老旧运输船舶的购置、光租、改建和营运等 4 方面的管理。

七、违规处罚规则

水路运输管理和安全管理等主要法律法规均专章规定了罚则。违反水运市场运行规则的主要责任形式包括：警告、罚款、暂扣或吊销许可证、扣留或吊销证书或证件。

第二章 国内水运市场运行规则存在的主要问题

第一节 研究方法

水运市场运行规则的实施状况需要通过实施效果和存在的问题两方面来评价。前者是积极的、肯定的；后者是需要解决的、需要克服的。在信息有限的情况下，分析国内水运市场运行规则体系的实施状况及其存在的问题并不是容易的事。这主要是由于实施状况涉及许多本身很复杂的方面，任何分析或评价可能存在不全面、不客观等缺陷。在本专题研究范围内，课题组在力所能及的条件下，根据问卷调查和其他途径获得的信息，结合理论分析，对水运市场运营规则的实施状况进行评价，从总体上保持评价的相对客观性。

在本专题研究过程中，课题组选择了我国水运市场比较发达的若干有代表性的省份进行问卷调查，调查对象是国内水路运输企业。虽然问卷设计初衷是广泛调研水路运输企业、个体运输经营者、货方、港口经营企业等，但在调查实施过程中，由于各种原因，最后只限于水路运输企业。因而，有关调查数据只反映水路运输企业的认识和立场。

问卷调查样本构成见表 2－2－1。表中每一方面的 A 和 B 选项并不是排斥的，部分航运公司可能同时从事 2 种业务。在沿海运输和内河运输、集装箱货运输和非集装箱货运输 2 个问题中，可以发现一部分水路运输企业同时从事 2 种业务，但比例不高。其中有约 9％的企业同时从事沿海运输和内河运输业务，约 12％的企业同时从事集装箱货运输和非集装箱货运输业务。但是，在被调查的水路运输企业中，没有同时从事货物运输和旅客运输业务，也没有同时从事普通货船运输和散装液体危险品船运输业务的情形。

另外，部分被调查者没有全面回答问卷，因此，在计算百分比时作了技术处理。在其他个别问题上也有类似现象，表明部分被调查者对于问卷调查并未持有非常认真的态度。

表 2-2-1 问卷调查样本构成

选项		比例/%
航行区域	A. 沿海运输	77.8
	B. 内河运输	22.2
客货运输	A. 货物运输	83.3
	B. 旅客运输	16.7
货物种类 1	A. 普通货船运输	83.3
	B. 散装液体危险品船运输	16.7
货物种类 2	A. 集装箱货运输	13.5
	B. 非集装箱货运输	86.5

第二节 管理体制与管理机制

一、管理体制

管理体制和管理机制由水路运输规则建立，是水路运输规则的基本内容，同时是影响水路运输规则其他内容的基本因素。其中，管理体制是基础，管理体制决定着管理机制的具体内容。

管理体制存在的问题主要是国务院交通运输主管部门与地方人民政府交通运输主管部门之间职权(责)划分的问题。总体上应该肯定目前以属地管理为主，即以地方人民政府交通运输主管部门为主体的水路运输管理体制。目前的水路运输管理体制中，国务院交通运输主管部门与地方人民政府交通运输主管部门之间职权(责)划分是以审批权限为主要标准建立的，在市场运营管理和市场秩序监管方面的职权(责)划分处于次要地位。

二、审批制

《国际海运条例》采用的准入途径是以登记为原则，以许可为例外。产生于计划经济时期的《水路运输管理条例》虽然经多次修改，但一直采用审批制。《国内水路运输管理条例》对此进行了改革：国内船舶运输业务与国内船舶管理业务仍然采用审批制，国内船舶代理业务、国内客货运输代理业务则采用备案制。水路运输企业与水路运输经营审批权是目前国内航运管理体制的核心。《国内水路运输管理条例》第 8 条规定："经营水路运输业务，应当按照国务院交通运输主管部门的规定，经国务院交通运输主管部门或者设区的市级以上地方人民政府负责水路运输管理的部门批准。"条例没有明确国务院交通运输主管部门与地方政府交通运输主管部门之间的职权划分，目前的体制是按照省际和省内两种情况分别建立不同的审批制度。水路运输企业对于水路运输审批制的评价见图 2-2-1。

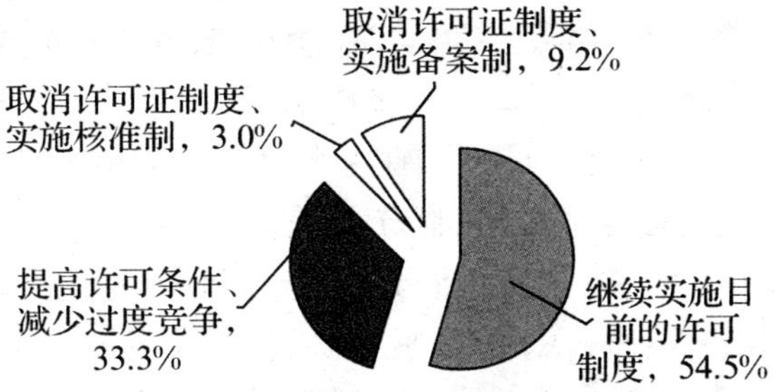

图 2-2-1 业界对于审批许可制的看法

图 2-2-1 表明，超过 50%的水路运输企业认为应该继续实施目前的许可制度；甚至有 1/3 的被调查者认为应该提高许可条件，以减少过度竞争；12.2%的被调查者认为可以取消目前的许可制，代之以备案制或核准制。

三、管理机制

管理机制涉及面很广。问卷调查从法律法规建设、税费制度、信息统计制度、发票制度、执法等方面进行。结果见表 2-2-2 和表 2-2-3。

表 2-2-2 国内水路运输市场行政管理存在的主要问题

选　　项	比例/%
尚未形成系统的水路运输市场管理法律法规体系	42.4
重收费轻管理	42.4
除税收外，各项规费过多，企业负担重	27.3
上下游通航标准不一，不同地方人民政府之间处于分割管理状态	24.2
管理方式落后，常规执法力量薄弱	27.3
海事管理与水路运输市场发展政策缺乏协调	78.8

表 2-2-3 水路运输专用发票使用不规范的行为

选　　项	比例/%
不开具水路运输专用发票	33.3
没有如实开具水路运输专用发票	33.3
使用了非水路运输专用发票	24.2
代开水路运输专用发票	36.4

表2-2-2和表2-2-3都是多选题,所以加总后不是100%。总体上,被调查者对于前述两表的回答符合预期,水路运输企业认为的我国水路运输管理机制方面存在的问题与问卷设想相类似。可以说,立法滞后、重收费轻管理、税费制度、执法制度、发票使用监管等是影响水路运输市场有效运行最重要的因素。

但是有一点出乎意料,即表2-2-2中有78.8%的被调查者认为"海事管理与水路市场发展政策缺乏协调"是国内水路运输市场行政管理存在的最主要的问题,值得引起交通运输部和地方人民政府交通运输主管部门的重视。由于水路运输市场运行监管与海事管理分属于不同的机构,而两者在许多方面存在内在的不可分割的联系,理应从整体上进行协调、沟通,共同制定有关政策。但是,"各自为政"的结果妨碍各自制定的政策的实施,不能实现预期的共同目标。海事管理与水路运输市场发展以及水路运输市场秩序之间的连接点是船舶。船舶既是水路运输市场准入最主要的条件,是水路运输规模经济、市场竞争秩序、运力调控的客观基础和管理对象,也是海事管理领域安全、环境保护、船舶登记、船员管理等制度的核心。

《国务院关于加快长江等内河水运发展的意见》提出:"全力推进内河水运发展方式转变,提高内河水运发展质量和效益,形成航道、港口、船舶和支持保障系统协调发展、功能完善、技术先进、运转高效的内河水运体系。"这种协调发展需要与国务院在该意见中提出的"优化船舶运输组织,促进干支直达和江海直达运输,发展专业化运输,引导水运企业走规模化发展道路,建立健全现代企业制度"结合起来,即除"航道、港口、船舶和支持保障系统"需要协调外,还需要协调"水运市场"这一因素。

四、执法和立法

执法既是水路运输市场管理机制的组成部分,又具有相对独立性。忽视或不重视常规执法是目前较为常见的"轻管理"的一种表现。从交通运输部到省级地方人民政府交通运输主管部门,我国尚未建立常规性的水路运输市场行政执法力量,其中的主要原因之一是相关立法滞后。目前水路运输市场法律法规的核心内容是市场准入,对于市场监管的规定非常原则。地方人民政府交通运输主管部门执法力度不够大。有些行政执法涉及多个执法主体,各部门之间缺乏沟通与协调,导致执法难度加大,结果是执法不到位。

在水运法律法规体系建设方面,应继续改变"重审批、轻管理"的理念,通过不断完善航运法规体系,将水运市场监管的相关规定纳入法律,提升市场监管的法律地位,完善市场监管的法律依据,完善执法手段,加大执法力度。

《国务院关于加快长江等内河水运发展的意见》规定:"完善法律法规。建立和完善内河水运发展有关法律法规体系,加快出台航道法,完善水运管理相关法规,加快制定促进水运发展的地方性法规和政府规章,依法保护内河水运资源,维护内河水运合法权益,规范部门、地方和企业的行为。”但这只是原则性的规定,实质性的内容有待具体立法加以规定。

水路运输企业对于原《水路运输管理条例》的看法见表 2-2-4。

表 2-2-4 如何评价原《水路运输管理条例》

选　　项	比例/%
规定过于原则,过于简单,没有发挥规范市场竞争行为的作用	42.4
过于侧重市场准入制度,对市场秩序管理制度缺乏系统规定	54.5
缺乏对水路运输市场进行宏观调控的规定	45.5
对于违反行为处罚过轻,起不到应有的惩罚效果	36.4

虽然经过 3 次修改,但是原《水路运输管理条例》作为水路运输管理基本法仍存在许多硬伤,总体上已不能满足水路运输市场发展的需要。在问卷(可多选)调查列举的 4 个问题中,均获得了超过 1/3 以上的被调查者的认同。

根据前述关于《国内水路运输管理条例》修改内容的介绍,虽然在许可制、运力调控等方面有了明显的进步,但是,在形成完整的现代水路运输法律法规体系、建立现代水路运输管理体制与机制、满足经济社会发展需求方面仍然存在不足。

第三节　市场主体规则

市场准入制度是市场主体规则的核心,也是水运市场运行规则的基础,对水运市场其他运行规则的实施效果有直接的影响。在社会主义市场经济初级阶段,特有的国情决定了我国市场准入制度的重要性。但是,市场准入制度存在发展与规范之间的矛盾。具体而言,准入条件严格,有利于规范,但不利于发展;准入条件宽松,有利于发展,但不利于规范。发展与规范之间的关系集中体现在发展与安全之间的关系上。

有关内河航运业市场准入的规定均为原交通部发布的部门规章,没有法律作为依据,与一般市场准入所依据的《公司法》相比,法律规范的层次低下,效力不高。当然,立法层次有时并不是问题的核心,而只是形式,只是在涉及需要协调不同部门管理行为时,比较高的立法层次较易解决问题。目前水路运输市场准入制度主要体现在内容上。

许可制是市场准入制度中程序上的要求和条件。但实践证明,在目前管理体制下,许可制并没有完全发挥实质性的作用。对于水路运输市场运行具有直接影响的是准入制度中的实体条件。对此,问卷调查设计了 2 个问题,结果见图 2-2-2和图 2-2-3。

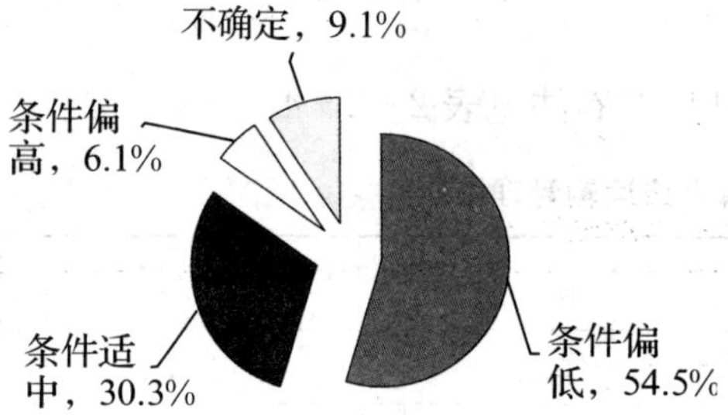

图 2-2-2 水路运输企业船舶总运力规模条件的评价

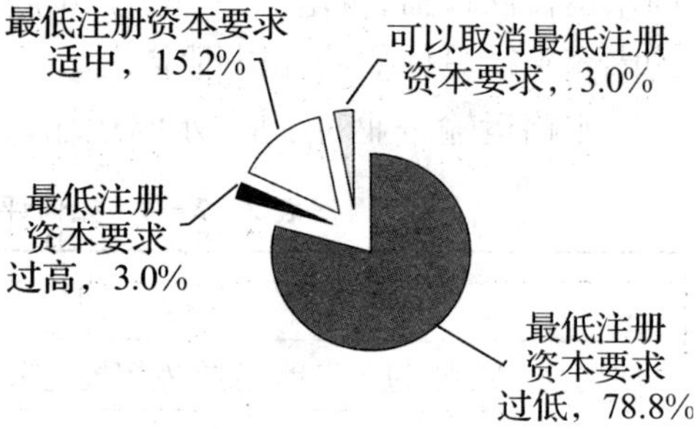

图 2-2-3 水路运输辅助业最低限额注册资本条件的评价

水路运输业和水路运输辅助业市场准入条件的具体内容在本篇第一章第三节中已经分析，问卷调查主要是听取水路运输企业对于目前这些规定的态度。有一点需要明确，已经进入市场的经营者通常有一种倾向，即希望阻止新的竞争者进入，能够通过国家法律政策提高门槛来实现该目的是最佳选择；而尚未进入市场参与竞争的企业可能希望市场准入门槛不要过高。

图 2-2-2 和图 2-2-3 是水路运输企业分别就水路运输业和水路运输辅助业市场准入中的核心条件进行的评价。水路运输企业市场准入核心是自有且经营的船舶运力总规模，水路运输辅助业市场准入的核心是注册资本要求。超过 50% 的被调查者认为我国水路运输业对于最低运力要求的规模仍然偏低，认为水路运输辅助业最低注册资本要求过低的则高达 78.8%。

1996 年《水路运输服务业管理规定》确立的水路船舶代理业和客货运输代理业市场准入条件一直沿用至今。水路运输业市场准入中船舶运力规模要求是由 2008 年《国内水路运输经营资质管理规定》确立的，与 2001 年《国内船舶运输经营资质管理规定》相比，提高了市场准入门槛。根据上述问卷调查结果以及水路运输市场总体运力过剩的局面，课题组认为，从“与时俱进”的角度看，水路船舶代理业和客货运输代理业市场准入条件的规定已不能满足现实发展的要求。

作为水路运输辅助业的国内船舶管理市场准入制度也面临困境。《国内船舶管理业规定》没有直接规定最低注册资本，而是规定“有符合国家规定的注册资本”，意味着只需要满足我国《公司法》的有关规定。《公司法》规定“有限责任公司注册资本的最低限额为人民币三万元”。这样，国内船舶管理业注册资本比水路船舶代理业和客货运输代理业都要低。交通运输部于 2010 年 6 月 12 日发布公告，暂停批准新的经营者从事船舶管理业务，目的是为了对船舶管理市场进行专项调研和整顿。近几年我国水上交通安全事故的发生与船舶管理公司没有依法履行船舶管理责任有关。2012 年《国内水路运输管理条例》没有规定船舶管理业的注册资本，或许这是市场经济条件下行业管理的新趋势。

水运市场主体包含市场交易双方当事人，市场准入制度只涉及水运市场经营者，两者在范围上有区别。水运市场主体概念的意义在于水运市场运行规则不但应该考虑水运市场经营者，而且需要考虑水运所服务的对象的利益，其中主要是货方利益。所以，水运市场主体规则一方面需要考虑水运市场运行，另一方面也要考虑满足国内贸易发展需要，推动经济、社会发展等更大层面的问题。现行水运市场主体规则强调促进国内贸易的发展，但在具体制度设计上存在一定欠缺。

第四节 市场竞争规则

垄断和不正当竞争是影响水运市场竞争秩序最主要的 2 个因素。比较而言，我国水运市场存在的主要问题是不正当竞争，而不是垄断。导致不正当竞争的原因有很多。运力供大于求及运力结构不合理是导致我国水路运输市场广泛存在不正当竞争的根本原因。此外，政府监管和执法、经营者信用不良、竞争激烈、违法者法律责任轻等，也是导致不正当竞争的原因。

据统计，2011 年我国内河船舶数量为 16.58 万艘，平均净载重量为 529 t/艘；平均净载重吨呈现逐年提高的趋势。根据《国内水路运输经营资质管理规定》第 6 条的规定，经营单船 600 总吨以上内河普通货船必须实行企业化经营，600 总吨以下允许个体经营。目前，内河船舶中很大一部分是个体经营。长航集团相关负责人介绍，长航虽然是国内最大的内河航运企业，但除宝钢、武钢、马钢和大型电厂等主要客户外，却基本拿不到中小散货订单。这些订单大多被个体船民用低价，甚至低于市场成本的运价争抢。

问卷调查揭示，我国水路运输市场存在的数量多、规模小的个体经营者与市场秩序难以发生根本性转变有直接关系，国内水路运输业价格战的原因见表2-2-5。

表 2-2-5 国内水路运输业价格战的原因

选　　项	比例/%
企业数量多(过度竞争)的必然结果	90.90
市场缺乏诚信	36.40
管理部门监管不到位	33.30
缺乏行业协会的自律引导	30.30

虽然找到了导致水路运输市场不正当竞争的原因，解决对策似乎也比较明显，但是，是否具有可行性是个难题。一是如何对待水路运输业中的个体经营者，二是如何提高水路运输企业的规模。

在我国水路运输市场中，从所有制角度看，存在少量的国有航运企业。虽然数量少，但企业规模一般较大，拥有的运力也较多。在完全平等的竞争环境形成之前，不同所有制企业之间的竞争关系一直是我国各行业的关注问题之一。在国内水路运输市场中，国有航运企业与非国有航运企业之间的关系见表 2-2-6。

表 2-2-6　国有航运企业与非国有航运企业之间的关系

选　　项	比例/%
国有企业在市场份额方面占主导	42.4
国有企业享有许多特殊待遇，非国有企业没有	48.5
国有企业处于有利的竞争地位	48.5
非国有企业在融资、规费、业务经营等方面受到歧视	42.4

建立全国统一的市场是水路运输市场建设的目标之一。交通运输部在三大水系建立派出机构的基本目的也是为了避免同一水系出现不同地区之间的分割管理，以实现统一市场的形成。

影响市场统一的主要因素是部门利益和地方利益，见表 2-2-7。如果考虑港口、航道、水利、环境等因素，在“九龙治水”的现实条件下，水路运输市场的统一建设面临相对难题。但是，就水路运输市场本身而言，在维持省级地方人民政府对水路运输市场进行监管的前提下，实现法律法规和标准的完全统一，是建设水路运输统一市场的前提。

表 2-2-7　影响市场统一的主要因素

选　　项	比例/%
上下游通航标准不一，不同地方人民政府之间处于分割管理状态	24.2
海事管理与水路市场发展政策缺乏协调	78.8

第五节　宏观调控规则

一、船舶运力调控

我国建立了船舶强制报废制度、船舶标准化制度和老旧运输船舶管理制度调控水路运输船舶运力，并取得了一定的成绩，但与水路运输发展和海事管理目标的要求还有很大距离。船舶严重老旧，水上重大安全事故时有发生；船队结构不合理；运力供求关系不平衡，运力过剩，内河运力过剩高达 30%；船型杂乱，技术水平低，平均吨位小。这些问题都需要通过宏观运力调控措施解决。

船舶运力调控是一项综合性制度，影响广泛，在解决方案上与水路运输市场其他问题存在内在联系。

国内水路运输市场存在的主要问题见表 2-2-8。

表 2-2-8　国内水路运输市场存在的主要问题

选　　项	比例/%
现代水路运输市场体系尚未建立	66.7
船舶运输企业规模偏小,竞争力不强	33.3
船舶运力结构不合理,继续推进船舶标准化	63.6
市场竞争无序,低价竞争	35.5
航道等基础设施落后	27.3
港航信息系统建设滞后	12.1

表 2-2-8 表明,在征求水路运输企业意见的 6 个方面问题中,“现代水路运输市场体系尚未建立”和“船舶运力结构不合理,继续推进船舶标准化”是 2 个最主要的问题。按照《国务院关于加快长江等内河水运发展的意见》,现代水路运输市场体系应该是“畅通、高效、平安、绿色的现代化内河水运体系”。“畅通、高效、平安、绿色”这 4 个目标都需要借助于船舶运力结构的合理化和标准化。从中也可以发现,本次问卷调查中,被调查者在这个问题上的认识是客观、中肯和正确的,抓住了问题的核心和根本。

二、规模经济

水路运输企业的运力状况本可通过交通运输主管部门公布的全国数据进行宏观、全面的分析。在缺乏这方面统计数据的情况下,课题组将通过问卷调查获得的数据进行微观的局部分析(见图 2-2-4)。就本次调查获得的数据看,似乎水路运输企业拥有的运力规模不是很小。但由于对调查样本的选择在一定程度上考虑了具有一定规模的企业,因而图 2-2-4 的数据并不能反映水路运输业的全貌。

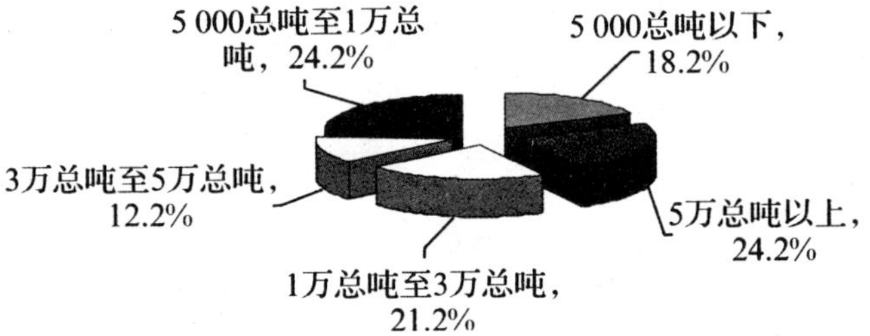

图 2-2-4　自有船舶运力规模

在承认我国水路运输企业数量多、规模小的前提下,问卷调查对其中的原因进行了调研,结果见表 2-2-9。

表 2-2-9　国内水路船舶运输企业数量多、规模小的主要原因

选　项	比例/%
法律法规规定的企业设立许可门槛低	54.5
船舶运输企业管理水平跟不上	54.5
投资人盲目投资	48.5
不合理竞争制约了规模经济的发展	48.5
水路运输市场适合小规模企业生存	6.1

表 2-2-9 表明，在 5 个可能导致国内水路船舶运输企业数量多、规模小的原因中，只有“水路运输市场适合小规模企业生存”没有获得被调查者的广泛认同，而其他 4 个选项的认可度在 50%左右。总体上可以认为，导致我国水路运输企业达不到规模经济水平的原因很多，多管齐下才能扭转长期以来存在的问题。

第三章　国外水运市场运行规则经验与借鉴

第一节　美国水运市场运行规则

一、美国水运市场运行规则概述

美国将“国内商业水运”定义为“民用或军用船只在美国领海、大湖、内河等水域从事的商业性货物运输”，不包括国防部船舶对军事物资的运输。

美国国内商业水运具体包括国内海运、大湖水运和内河航运3部分。国内海运分为非沿海水运、沿海水运和东西海岸间水运。非沿海水运是指美国本土48个州到阿拉斯加、夏威夷、波多黎各岛、维京群岛和其他托管地区之间的运输；沿海水运是指大西洋、墨西哥湾、太平洋海岸的美国沿海运输，或者是五大湖之间、大西洋及墨西哥湾沿海之间的海运；东西海岸间水运是指美国各州之间的需要通过巴拿马运河的海上运输。大湖水运是指在五大湖区美国水域内的运输。内河航运是指在大西洋和海湾的内海水道、沿海河流、运河上的运输。

美国拥有发达的水路运输网络，内河与沿海运输所承担的货物运输量比重占总量的15%以上。美国内河航道主要由5个部分组成，即密西西比河水系、莫比河水系、哥伦比亚河水系、大西洋沿海水道和墨西哥湾沿海水道。内河航道通航里程总计4.1万km，其中：水深为2.75 m的1 000吨级以上航道有2.5万km，占总计里程的61%；500吨级以上航道有3.1万km，占总计里程的75%。随着美国公路交通运输压力的不断增加，具有能源消耗与资源占用低、运价低等优势的内河与沿海运输逐渐得到重视。

美国针对水运市场运行，制定了大量法律文件，涉及运输市场的准入、基础设施的维护与资金投入、市场运行规则、法律法规的执行等方面。总体而言，美国的国内水路运输立法，在保护国家运输安全前提下，强调发挥美国商船队的作用，以保障国内水路运输。同时，其通过国内立法，限制外资进入国内市场。在市场运行方面，美国对内奉行市场调节和自由竞争的立法原则，对本国船公司从事国内商业水运并没有实行过多的干预政策，而是放松管制，通过市场调节的方式来促进国内水路运输的发展，同时注意对安全生产方面的监管。在港口建设和规划方面，在属地管理原则下，充分发挥经营主体的积极性。通过信息共享、磋商机制等有效方式鼓励不同港口的有序竞争，充分发挥市场在资源配置中的基础性作用。

对于航运市场的竞争、定价等方面的规范，美国目前的法律规定大多集中在远洋运输领域，其所制定的有关补贴政策之目的亦是在于增强本国运输企业的竞争力，使之在与外资船舶运输企业的竞争中处于优势地位。在竞争法领域，反托拉斯豁免法律制度亦是针对远洋运输业作出的规定。根据所搜集的资料，目前其主要航运法律中并不涉及针对国内水运市场的反垄断豁免方面的内容。另外，美国航运市场管理的另一重要特点是其相对集中的管理体制，不同管理部门之间的职责划分清晰，避免权力交叉情况的出现，且充分发挥行业协会在市场协调与信息沟通方面的作用，形成有效的市场管理体系。

二、美国水运市场准入规则

（一）《1920 年琼斯法》

美国关于国内水运市场准入的法律规定，主要集中于关于沿海运输权的法律，包括《1886 年客船服务法》《1920 年琼斯法》《1936 年商船法》，其中最主要的是《1920 年琼斯法》。根据上述法律，外资企业在美国开展近海与国内航运业务时受到限制。

《1920 年琼斯法》第 27 条规定，船舶从事美国领土内水路运输或者水陆联运的任何货物运输的船舶必须满足以下条件：①由美国建造；②根据美国法律登记并取得船舶证书；③船舶的所有权至少有 75％是美国公民拥有；④船长和船员必须是美国公民。

根据《1996 年海岸警卫队授权法》，美国开始允许外国人的公司拥有符合沿海运输条件的船舶，但需满足下列要求：①该船舶符合船舶登记的条件；②该船舶的拥有者或其母公司或附属公司必须主要从事租赁或其他融资业务（即“沿海融资租赁条款”）；③该船舶必须光船租赁给美国船舶经营人；④光船租赁租约的租期须在 3 年以上，当事人须将租约附带船舶登记证书上报给美国海岸警卫队。

《1936 年商船法》还在沿海疏浚、拖航和救助方面作了一些准入规定：①不准使用外国建造的船舶进行疏浚，疏浚船和疏浚物的运输应符合《1920 年琼斯法》的有关规定；②除拖带遇难船舶外，美国水域中船舶的拖带，包括在美国专属经济区内的拖带、公海上的拖带，只能由有美国沿海运输权的美国籍船舶进行；③除条约规定或者海关关长认为在特定地点无法获得美国籍船舶的救助服务外，不允许外国籍船舶进行救助。

美国关于沿海运输权的规定，给美国带来了可观的利益，促进了美国国民的就业。截至 2009 年，大约有 499 676 名美国公民从事与《1920 年琼斯法》相关的工作，包括在该法所适用的船舶上当船员，建造和修理该法所适用的船舶等。此外，每年与《1920 年琼斯法》所适用的船队有关的经济产值达 1 003 亿美元，所缴纳的税款高达 110 亿美元，促使美国经济每年增值 460 亿美元。美国内河运输对美国经济的发展有强大的作用。美国国内水路运输船舶总量约有 38 000 艘，大部分是拖驳船，总投资约 410 亿美元。每年运送 8 亿 t 的原材料及其成品，而且拖船和驳船行业为美国 90%以上的主要城市提供服务。2010 年，美国国内水路有 233 艘客船，总运输量为 5 000 万旅客。

（二）《1920 年琼斯法》原则的扩展应用

由于沿海运输权法律的作用，美国船厂可以在和平时期有效地运行。在战时需要船舶建造资源时，可以动员船厂有效并迅速地修理、转换和建造军用船舶。同时，设备制造商也可以在战时响应政府号召，运用其专业技术生产军事所需的重要设备。另外，《1920 年琼斯法》所适用的船舶和该法规定的船员在美国国防中扮演着重要角色，使美国避免花费巨资建造和维护军事船舶。现实中发生的战争，譬如越南战争、海湾战争以及伊拉克战争，也证明了该法所适用的船舶的重要性。最后，沿海运输权法律制度对于美国的环境和安全亦发挥了重要作用。根据沿海运输权法律，美国船队必须遵守美国制定的严格的有关保护水路的法律法规。美国在此方面的标准是世界上最高的，有利于保护国内的环境与安全。①

出于美国经济利益的考虑以及其他国家和组织要求美国开放市场的考虑，美国对于沿海运输权法律制度始终存在争论，但美国航运业在总体上仍然坚持了该制度，并且在特定方面有所发展。例如：

针对客船服务，《1997 年夏威夷州法》允许外国建造的客船从事美国沿海运输业务，条件是船舶所有人承诺在美国建造 2 艘远洋客船。

针对油船，《2002 年海上安全运输法》允许运输部长放弃《1920 年琼斯法》规定的由美国建造的船舶承运的要求，只需承运人有多达 3 艘自推进的油船从事美国沿海运输业务。此种放弃的最长时间为 48 个月。只有在与美国船厂订立了有效的船舶建造合同，以及可证明正在建造的船舶“因为不同寻常的情况而推迟船舶交付日期，使其不能在约定的交付日使用”的情况下，才可获得此要求的放弃。

针对拖航，2000 年 12 月，美国国会将原来仅适用于美国沿海拖航的限制扩展至所有起止于美国的拖航活动。

针对在美国可航水域内从事挖泥作业的船舶，根据 1906 年以来为外国船舶对美国建造的船舶和拥有美国证书的船舶造成竞争所作出的规定，船舶必须拥有美国国籍。根据《1920 年琼斯法》有关船舶的规定，船舶所有人必须是有资格拥有悬挂美国国旗并适合从事沿海运输业务的船舶的美国公民。另外，挖泥船只能出租

① 於世成，胡正良，郏丙贵. 美国航运政策、法律与管理体制研究[M]. 北京：北京大学出版社，2008：59－63.

给有资格进行沿海运输的美国公民。1992 年，上述有关船舶国籍的要求被修改，国会制定了“不追溯条款”，允许根据具体合同约定的义务履行挖泥工作的荷兰某挖泥船公司在美国的分支机构所拥有的漏斗式挖泥船或其他出租给该分支机构及其下属公司的非漏斗式挖泥船，在美国从事挖泥作业。

可见，美国长期以来所实施的沿海运输权制度并没有发生实质性的改变，美国国内水运市场的市场准入制度始终坚持了限制外资进入的立场，仅在特殊情况下通过立法作出稍许的缓和，但此种缓和均未对沿海运输权制度产生任何实质性的影响。

三、美国水运市场其他立法

应当看到，目前美国的航运立法，尤其是针对运价管理、反垄断豁免、航运补贴、航行安全管理、海洋环境保护等方面所制定的法律、政策，主要针对远洋运输业务所制定。关于美国沿海与内河运输的管理制度，更多体现在对于航道等基础设施的建设、开发、管理等方面，市场调控则通过市场手段，创造公平、自由、公正的竞争环境实现。

关于美国的竞争法律在航运领域的适用，就国际航运方面，美国制定了针对国际航运组织协议的垄断豁免原则与报备等管理制度。除予以豁免者外，应当根据美国现行的反垄断法律处理。值得关注的是，美国反垄断法律的发展充分体现出经济原则在有关问题的解决过程中的决定性作用，《谢尔曼法》所确立的本身违法原则与之后所确立的合理原则仍然是美国法院判断是否构成为法律所禁止的垄断或其他限制竞争行为的主要判断依据。与欧盟竞争法不同的是，美国竞争法借以判断行为是否应当予以禁止的依据更多地倾向于此种行为是否实际上产生了对于竞争的妨害，是否已经或必然实质上产生危害后果。因此，美国反垄断案件的审理更多地依赖于某种经济学观点被采纳与否，有关观点在不断地进行自我修正。

可见，美国的市场管制体系中秉持的自由竞争的市场原则，配合以透明的市场管理体制、各方面之间充分的信息沟通和其他宏观辅助手段，构成了美国市场调控政策、法律的中心。

四、美国水运市场运行规则的借鉴

（一）国家利益优先原则

对美国沿海与内河航运市场准入制度而言，其所坚持的美国国家利益优先原则在美国水运以及相关市场领域产生了积极的效果，在经济、就业以及国家安全与国内相关产业的发展方面发挥了显著的作用。尽管该原则招致了某些利益方面的质疑，有关方面在不断努力试图改变有关沿海运输权的制度，但此种努力目前并未产生显著的效果。

相对于国际航运市场而言,沿海与内河运输更加关涉一国的经济、安全、环境等切实的核心利益,市场准入制度关系到国内经济的诸多相关领域。因此,与国际航运市场管制的着眼点不同,其体系相对封闭,更加关注于国内资源的整合、利用,促进国内市场有序、健康、可持续发展。美国沿海运输权制度在就业、船舶建造、重要物资的运输、紧急事态的应对、环境保护、国家安全等方面所产生的作用值得我们关注。如何通过完善国内水运市场的准入规则,以促进有关经济领域的协同发展,是制定一国水运市场运行规则所应关注的重要方面。

(二) 发挥市场竞争机制的基础性作用

应当坚持尊重市场规律的原则,通过市场手段解决市场运行过程中存在的问题。从宏观角度而言,对于市场运行过程中所产生的经济现象予以客观的分析,即看到其短期可能发生的影响,更要对此种现象予以长远的考虑。尤其是在水运市场的竞争规则方面,规模经济与协议所产生的作用并非始终反映为限制竞争,此种行为的非法性需要通过合理的经济学方法判断其是否存在对市场的危害性。美国反垄断案件中所涉及的本身违法原则与合理原则的判断标准就是如此。因此,对于已经为竞争法立法所确认的原则的具体实施,将是市场运行规范实施中的关键。

(三) 科学规划与政策扶植

对水运进行前期规划以及基础设施的投入与改善,是水运市场得以有效运行的基础。以密西西比河航运为例,自 1820 年美国国会第一次通过发展内河航运的法令后,100 多年来先后又通过了 40 余项有关防洪和航运的法律或法令,使密西西比河水系河流开发计划的制订及工程项目的实施,各个程序都有相应的法律、法令规范。1998 年国会通过的《面向 21 世纪的交通运输平衡法》中,仍然把内河航运发展作为重要内容,又涉及密西西比河的继续开发与治理。这些对密西西比河水系航运的开发起到了十分关键的作用。在密西西比河的整个治理历程中,国会通过的关于密西西比河水系治理的总体构想、长远目标、开发程序和实施步骤等有关法律起着关键作用。科学且具有法律效力的规划为陆军工程兵团开发和治理密西西比河奠定了基础。陆军工程兵团在制订五年规划及年度计划时,必须向国会报告已经实施的工程进展情况,并接受国会检查。国会一旦发现问题,会责令其限期改正,否则停止向其拨款并终止工程实施。正是因为有了权威的规划和严格的管理,密西西比河的开发治理才有了现在的成果。灵活的筹资方式保证了建设资金。密西西比河的航运投资来源主要有:财政拨款、内河基金、企业投资、私人投资。目前,国会每年用于内河航道的资金约为 9 亿美元,其中内河基金约 1～2 亿美元;同时,有相当于国会资金总额 20%～30%的私有资金参与航道建设。[①]

---

① 杨臣清.美国内河航运开发的经验和启示[J].中国水运,2008(7):34-35.

(四) 作为综合运输管理的一部分

综合的运输管理体制为内河航运发展提供了相对公平的环境。美国交通运输管理目前采用综合行政管理体制,即由联邦运输部统一管理铁路、公路、水运、航空及管道运输,其好处在于能有效抑制不同运输部门间的恶性竞争和重复建设。各种运输方式的平衡发展主要依靠经济结构的调整和运输市场的变化来调节,为各种运输方式的合理发展创造较为公平、公正的环境。同时,美国的水上安全管理体制也是全国统一的,海岸警备队是美国海上(包括内河)唯一的执法力量,隶属于国土安全部,是美国五大武装力量之一。政府赋予其海上安全、海上执法、海上自然资源和环境保护、助航设施管理和国防五大任务,经费由联邦政府预算支出。综合、统一的水上安全管理体制促进了内河航运的发展,此种管理体制亦值得我国借鉴。

第二节 欧盟水运市场运行规则

一、《欧洲共同体条约》

欧盟对于水运市场的关注经历了较长的发展阶段。自 20 世纪 70 年代原欧洲共同体理事会(以下简称欧共体理事会)开始关注《1976 年联合国班轮公会行动守则公约》开始,到 20 世纪 80 年代发布涉及海运市场竞争规则、确保自由参与海上运输协调行动的条例,以及改善运输运力结构的措施,在欧盟立法层面,已经形成了系统的水运市场运行规则,并在实施过程中见诸成效。

欧盟水运市场涉及欧盟成员国之间以及成员国自身的水上客货运输,水运市场运行规则包括欧盟发布、执行的相应法律、法规、条例以及欧盟成员国针对本国国内水运市场所制定的国内水运市场运行的法律、法规。尽管欧盟发布的法律、法令并不需要通过国际条约的国内法律转化程序即可以直接适用于欧盟成员国,但这些法律、法令制定的目的是为实现欧盟的经济一体化与政治一体化目标,其所规范的内容与执行方式并不同于一国针对本国水运市场运行所发布的法律、法规。前者更多地集中在如何在欧盟成员国之间建立统一水运市场、消除成员国之间存在的市场运行障碍、完善市场运行与竞争机制、发挥作为整体的欧盟的水运市场竞争优势从而在水运市场实现一体化的经济目标方面;就后者而言,成员国针对本国国内水运市场所制定的运行规则,除贯彻、执行欧盟所发布的法律、法令外,主要涉及本国个性化的水运市场运行。

就欧盟发布的涉及水运市场运行规则的法律、法规、条例而言,其所针对的问题主要集中在以下几个方面:第一,贯彻自由竞争的市场运行规则、规范水运领域企业竞争行为以及运价定价制度,对于水运行业的经营模式以及垄断问题建立规范，以促进水运市场的健康有序发展；第二，建立成员国之间可以自由提供运输服务并可以自由取得货载的市场运行机制，防止成员国出于自身利益或小集团利益的考虑而作出损害欧盟统一市场的行为；第三，针对欧盟水运市场在不同阶段的状况，制定与执行优化运输运力结构的法规、政策，通过实施市场激励措施达到改善市场运行环境，促进市场良性、可持续发展的目的。此外，欧盟建立了全面、完善的法律、政策执行程序与救济程序。

就欧盟成员国针对本国国内市场所实行的关于水运市场运行的国内法律、法规而言，除执行欧盟相关法律、法规、条例外，对于上述法律文件未涉及的内容，结合本国的实际情况予以规定。以荷兰《内河货物与旅客运输法》为例，在船舶市场准入、承运人的职业准入、执照与证书、货载分配体系、内河货主运输登记、内河商业货运与内河货主货运业务的相互转换、信息提供、执行监控等方面，作出了详尽的规定。

可见，欧盟水运市场运行规则既有从统一经济体层面的宏观角度着眼的整体市场运行规范，亦有从成员国的具体层面考虑的国内市场运行规范，在服从欧盟统一规范的前提下，形成了不同于其他国家以及国际组织的立法与执行模式。其从统一市场、协调成员国之间自由竞争、实现可持续发展并从整体上提升经济统一体的竞争力角度出发的思维路径与其所秉持的理念，可以在我国的相应立法、执法领域予以吸收、借鉴。

从经济一体化目标的实现角度出发，欧盟所制定的相关法律、条例更多地是从经济体的宏观角度着手，一方面强调成员国之间的市场行为规范，建立良性的市场竞争环境，在经济体成员国内部开放市场，促进内部经济一体化的实现，发挥经济联合体的优势；另一方面，从经济体整体角度考虑，通过实施一定的促进措施达到整体提升经济体国际竞争力的目标。目前，欧盟立法层面涉及水运市场运行规则方面的内容主要体现在《欧洲共同体条约》（以下简称《欧共体条约》）有关规定及其实施条例。

《欧共体条约》作为原欧洲共同体（以下简称欧共体）法律之中规范航运业的基础部分，针对运输的专门规定（第 74 条至第 84 条）以及涉及竞争、国家资助、非国籍歧视等方面的基本原则构建了欧盟航运法律与政策的框架。总体而言，《欧共体条约》所涉及的内容主要在于构建欧洲共同运输市场，消除阻碍共同市场建立的歧视性措施，对基于地区经济政策需要、经济发展水平差异以及政治形势要求等原因而制定的补贴、限制政策规定原则性审核标准。除上述涉及共同运输政策的专门规定外，《欧共体条约》中涉及企业竞争规则、政府补贴、非国籍歧视方面的原则性规定亦是从建立欧洲统一市场、执行共同海运政策角度对水运市场进行宏观调整的。

从欧盟航运法律渊源角度而言，《欧共体条约》构成了其最为基础的组成部分，但对于条约中所涉及的原则性规定，需要通过立法机构在条约的政策指引下制定条例、指令具体贯彻执行。同时，在欧盟航运政策、法律体系中的非强制性措施亦发挥着一定的作用，以建议、决议等形式存在的非强制性措施不仅在欧盟具有政治性价值，且往往成为制定强制性措施的准备。此外，欧盟法院、一审法院与欧盟委员会的决定亦构成欧盟航运法律的重要组成部分。[①]

可见，《欧共体条约》从宏观层面为水运市场运行制定指导原则，并通过实施规则执行这些指导原则，其目标主要在于实现共同体建立统一市场的目标，致力于统一市场的良性发展，建立原则性规定的上位法与具体性下位法相协调的模式，分层次地解决针对市场运作行为的法律与政策问题。

二、条例与指令

（一）水运市场统一与内部开放规则

在沿海与内河运输领域自由提供运输服务，构建自由的沿海与内河运输服务市场方面，欧盟（包括欧盟成立之前的欧共体）通过相关的条例、指令，以及通过莱茵河流域国家之间缔结的《曼海姆公约》，逐步实现市场自由化的目标，构建统一的欧洲水运市场。《曼海姆公约》确立了莱茵河航行自由原则，对船舶及航行安全、成员国的航道维护义务、航运税务的豁免以及航运事务的统一司法管辖权等问题作出了统一规定。欧共体理事会（EEC）第 3921/91 号条例确定了非居民承运人在成员国内的内陆水路进行货物和旅客运输的条件。欧共体理事会关于在成员国间适用自由提供海运服务的原则（沿海运输权）的第 3577/92 号条例，规定自由提供服务应适用于成员国之间的海运，该项自由的受益人应为经营在成员国登记并悬挂其国旗船舶的共同体船舶所有人，不管该成员国是否有海岸线，同时该自由适用于批准登记为共同体船籍的船舶。为避免扭曲竞争，享有沿海自由运输权的共同体船舶所有人应遵守其船舶登记所在成员国有关沿海运输方面的所有规定，船舶在某成员国登记的共同体船舶所有人，如无权从事该成员国的沿海运输业务，则该船舶所有人在过渡时期仍应为该规定的受益人。上述规定配合欧共体关于确立船员资格统一审核标准，成员国之间取消边检、互惠认可船长资格等规定，基本实现了欧盟水运市场自由提供服务的目标。尽管在运输合同、租船程序及其费率和条件的约定方面仍然由各成员国国内法调整，未能实现统一，但其开放程度已经远远超过了其他区域性国际组织。

在水运市场准入方面，如上所述，欧盟相关条例所侧重的目标是消除成员国之间水运服务提供方面的障碍，建立统一、自由的水运市场，其所制定的市场准入政策与一国国内对于水运市场运行所制定的市场准入规则存在着目标上的差异。对于企业和船舶的准入条件，更多的是从成员国之间存在的差异以及成员国之间的协调可能性、未来市场的发展等方面加以考虑，具有鲜明的欧盟特色。欧盟层面立

① POWER V J G. 欧洲共同体海运政策[M]//《航运法》起草小组，编译. 欧洲航运政策法规选编. 北京：人民交通出版社，1999.

法所涉及的内容关注对于进入欧盟统一水运市场的起码条件的确立，一方面避免资质缺陷导致市场经营受到影响，另一方面为实现市场开放的目标，防止通过国内法设定其他障碍而制定统一的企业和船舶市场准入标准，而关于市场运行的细节性问题，更多的是由成员国国内法律调整的。

（二）船舶退出机制与水运运力的结构性改善规则

为保障水运市场运营安全与技术条件改善、服务水平提高，船舶的退出机制构成了欧盟水运市场运行规则的重要组成部分。欧盟关于船舶退出机制的规定，不仅体现了改善船舶技术条件，保证船舶航行、运营安全的市场运作要求，更重要的是通过制定法律干预船舶退出市场，同时起到调整市场运力结构、优化水运市场、整合资源、为水运市场的可持续发展创造条件的重要作用。

考虑到有关成员国出现的运力供大于求的矛盾严重影响了内河运输的经济效益，加之基础工业发生的变化导致内河运输在整个运输市场所占有的市场份额持续下降，欧共体认为，在欧共体协调一致的水平上实施一项拆船计划是大幅度减少运力的唯一途径，并可以据此调整内河运力结构。为此，理事会于 1989 年 4 月 27 日通过了《内河运输领域结构调整》的第 1101/89 条例，旨在通过拆船减少运力，支持避免增加现有运力或未来运力的措施。

第 1101/89 条例适用于在成员国登记，或虽不在成员国登记，但由设立于成员国的企业经营，以赢利为目的的货船和具备自有动力的驳船。该条例规定，内河运输船队规模超过 10 万 t 的成员国，根据其本国立法，应建立拆船基金以及分摊机制。任何处于良好工作状态的船舶被拆除，船舶所有人可以从基金中得到补贴。该条例还规定，有关成员国应采取措施，方便内河运输承运人退出内河运输而提早获得退休养老金，或者转入其他经济领域；对于由于拆船计划退出内河运输行业的工人提早发放退休养老金，或者组织职业培训。

尽管老旧船舶的市场退出机制在各国内河运输立法中广泛存在，但大多集中于运输安全方面。尽管其在客观上也起到了优化市场运力结构的作用，但由于强行拆除船舶涉及运输经营者的财产利益，更多的是从技术层面作为法律制定依据，市场因素的考虑比较缺乏。同时，欧盟以外的其他国家相对缺乏与市场因素相配套的政府激励措施，未能充分从法律层面对于水运市场运力结构调整进行引导。欧盟关于内河运力结构调整的相关法律规定，结合欧盟水运市场的实际情况，通过市场手段与鼓励、控制政策相结合的方式，实现船舶状况改善与水运市场运力结构符合市场发展需要的目标，提高欧盟水运市场的综合水平与市场应对能力，有利于货运向水运回归。

（三）水运市场竞争规则

适用于水运市场的欧盟竞争法包括《欧共体条约》中确立的基本原则以及适用

于航运业的专门规则。

作为基本原则,《欧共体条约》禁止共同市场中经营主体之间订立阻止、限制、扭曲竞争的反竞争协议,具体包括经营主体之间的协议、经营主体组成的协会的决定、包括经营主体在内的有关方面的协同行动。《欧共体条约》严格禁止在欧共体或欧共体的重要部分占有支配地位的经营主体滥用其优势。根据《欧共体条约》第 90 条的规定,国家所有的企业总体上应遵守《欧共体条约》第 85 条、第 86 条的规定。《欧共体条约》第 92 条至第 94 条用以规范国家资助。违反竞争法将被欧洲共同体委员会(以下简称欧共体委员会)调查并处以较重的罚款,罚款额可达违法主体以前年份世界范围内营业额的 10%。违反《欧共体条约》第 85 条和(或)第 86 条的安排被认定为无效和依法不能执行。因违反竞争法而导致的损害赔偿诉讼可以在受害方国家的法院提起,欧共体委员会可以对违反竞争法的主体采取临时措施。

从 1958 年 1 月 1 日起,《欧共体条约》第 85 条和第 86 条适用于航运业。但根据欧共体理事会第 141/62 号条例,作为欧共体竞争法基本实施规则的欧共体理事会第 17/62 号条例在总体上不适用于包括航运业在内的运输领域。该实施规则在 1968 年通过欧共体理事会第 1071/68 号条例被引入内河航运,1986 年通过欧共体理事会第 4056/86 号条例实施。

欧共体理事会第 1017/68 号条例的主要内容包括:

竞争规则的适用范围:运输费率的确定,提供运输的限制和控制,运输市场份额的享有,运输技术提高和合作的适用,运输装备的共同融资或收购等方面的协议、决定和协定行为。

竞争规则所禁止的限制性行为:凡是损害共同市场的行为均为规则所禁止。尤其是当出现有"直接和非直接限定费率和交易条件;控制或限制运输、市场、技术发展和投资;分割运输市场;对对等主体进行的相似交易进行不同的规定而使之处于不利地位;以迫使交易方接受额外的义务为签订合同的条件,而这些义务本质上或者从交易用途上都与运输服务条款没有联系"的情况时,其效力自动生效,而无须先行决定。但是,实施技术提高或寻求技术合作的协议、决定和协定行为被排除在外。为促进中小型企业的发展,规定了对中小型企业的豁免内容。就内河航运而言,如果航运企业在运输活动中因为企业结合对运输装备的共同融资或收购出现第 2 条中的禁止情况,而且这一行为是直接与运输服务相关的且对企业结合来说是必须的,则在内河航运的运量没有超过 50 万 t,而且单个企业的运量不超过 50 t 时,即使出现以上禁止的行为,也不认为是违反本规则。

该规则第 7 条规定:任何协议或决定一旦违反该规则的规定即无效。规则还对防止滥用市场支配地位进行控制,即只要共同市场中的占市场支配地位的企业做出第 2 条规定的几种行为,即可认定是市场支配地位的滥用。

该规则规定为促进分散的陆路和水路运输的结构性结合而作出的限制性行为

给予豁免，前提是这些协议、决定和协定行为是为了在公路和水路部门实现企业的联合组织或者进行企业的共同运输行为，包括为共同服务而对运输设备的共同融资或收购行为。同样，规则规定"为提高运输服务质量或者是在供求受到短期的较明显的波动干扰时，为促进市场对运输需求的持续性和稳定性，为提高运输企业的生产力，为促进技术和经济发展而作出的协议、决定或协定行为"不应被视为被禁止的行为，前提是该协议、决定或协定行为对消费者的利益有合理的考虑，而且既没有影响欧盟关于统一运输市场的目标，也不会消除该企业从事的相关运输市场的竞争。①

（四）信息服务规则

2005 年 9 月 7 日，欧洲议会和欧盟理事会制定了关于在欧共体内河运输领域统一河流信息服务(River Information Services, RIS)的第 2005/44 号指令。该指令的目的在于通过内河信息服务技术进步，增强内河运输的吸引力和竞争力。

RIS 旨在通过实行信息化服务，支持交通和运输操作的计划和管理等。RIS 系统希望将内河水路运输转换为一种透明、可靠、灵活和易于采用的运输模式，同时是一种成本有效和环境友好型的物流操作。RIS 的发展使得内河运输更加具有吸引力。

该指令旨在欧洲的广泛框架内实行河流信息化服务，以保证欧洲层面当前和最新的 RIS 体系的兼容性和协同性(Compatibility and Interoperability)，以达到在不同水路运输信息服务之间的有效互通。该指令适用于欧盟内部所有四级及以上级别的水道。

RIS 包含以下服务：①航道信息。该信息系统包括地理、水文和行政方面的数据，如水位情况、交通标志、闸门的开放时间等，供船舶经营人和船队管理人用于计划、执行、监控一个航次。②交通信息服务。该项服务内容包括战术交通信息(Tactical Traffic Information，在水路的限定区域内显示当前通航船舶的特征和动向)和战略交通信息(Strategic Traffic Information，在更广泛的区域内显示通航船舶及其特征，包括对未来交通状况的预测和分析)。③交通管理。该项内容旨在改善基础设施的使用并促进航行安全的保障，船舶交通服务中心(Vessel Traffic Service Centers, VTS Centers)负责规划提高船舶交通的安全和效率并保护环境。④消除事故服务(Calamity Abatement Services)。此种服务主要负责对登记船舶及其航行数据进行记录，从航程开始并随航次的进行通过船舶报告系统不断更新，在发生事故时，主管当局能够立即提供相关数据信息并通过救援小组迅速展开营救。⑤运输管理信息。此类信息包括由船舶经营人和船队管理人根据航道信息作出的预计抵达时间报告，以使得港口部门提前进行资源计划，进入靠港程序

---

① 汪顺静. 欧盟内河航运市场管理法律政策及对我国的启示研究[D]. 大连：大连海事大学，2009.

(Terminal Processes)。货物和船队管理方面的信息基本包括两类,即关于船舶和船队的信息及所运货物的详细信息。⑥统计和海关服务。RIS 将在成员国内改善并推进内河水路运输统计数据的收集。⑦水路收费和港口税。船舶的航行数据可用来自动计算应收费用并启动货品计价程序。

为建立 RIS 系统,各成员国应采取必要措施实行 RIS 及其发展原则,包括:①向RIS 的使用人提供所有前述涉及内河水路运输的相关数据;②保证可向 RIS 的使用人提供适于航行目的的电子图表;③根据成员国或国际的法律规定,使主管当局能够收到航次中的电子船舶报告和船载货物的数据信息;④保证提供向船舶所有人发布的通知,包括内河水路的水位和结冰报告等,提供标准的、进行编码的和可供下载的上述信息,标准信息中至少要包括保障安全航行所需的信息;⑤根据地区需要建立 RIS 中心;⑥根据《巴塞尔协定》(Basel Agreement)的规定,VHF 频道可用于内河运输,以建立自动识别系统;⑦鼓励船舶所有人、经营人或代理人、承运人或随船货物货主充分利用这些新型的信息服务。为保证 RIS 系统的统一共同施行,指令要求制定指南和技术规范。指南包括技术原则及相关系统计划、实施和操作适用的要求。技术规范中尤其要重视电子图表显示和内河水运信息系统(Information System for Inland Navigation and ECDIS)、电子船舶报告、给予船舶所有人的通知和船舶追踪系统,如自动识别系统(AIS)方面的规范。[①]

除以上列举的相关条例、指令外,欧盟在水运市场运行方面的立法亦涉及港口基础设施的改善、船舶技术标准的统一,以及制定吸引运输回归水运的相关内容,这些正在发挥着相应的作用。

三、欧盟水运市场运行规则经验与借鉴

(一)欧盟水运市场运行规则的经验

1. 明确的目标

始终贯彻欧洲单一市场的目标,根据欧盟的整体利益,考虑到不同成员国存在的现实差异,尽量寻求在整体目标下的利益平衡点,逐步实现欧盟统一行动、统一市场的目标。欧盟水运市场的一体化与自由化进程针对不同的经济发展阶段而逐渐完成。比如,在竞争规则针对航运市场的实施方面,欧盟充分考虑到航运业本身的经济特征,采取了渐进式的实施方式。

2. 清晰的立法层次

欧盟本身所具有的特殊性质,决定了其必须考虑各成员国的各自利益以及欧盟的整体利益。同时,对于调整市场的经济法律,正确认识到更多的是体现不同社会阶段人们所持有的经济观念。随着人们对于市场现象、经济规律认识的不断深

---

① 王璐. 欧盟内河航运法律政策及对我国的启示研究[D]. 大连:大连海事大学,2009.

入，有关政策与规制手段可能会发生相应的变化，而某些措施必然会丧失其现实意义。因此，其立法方式采用了原则性立法与具体执行立法相配合的方式，比较成功地做到了宏观目标与微观措施之间的结合，并且根据实际情况制定阶段性法律法规，灵活地改变调整手段，发挥了良好的效应。

3. 市场机制作用的充分发挥

以市场为导向，尊重市场规律，用市场本身来解决市场运行中出现的问题，起到治标与治本相结合的作用。水运市场运行规则相关法律法规的制定目的，主要在于确保市场的正常、有序运行，实现经济的可持续发展目标，同时涉及保障其他包括公平、正义等在内的社会目标的实现。市场运行规则的制定基础应当来源于市场本身，而解决市场运行中已经或可能出现的问题的最佳手段亦为市场手段。只有从市场本身出发，改善市场运行环境，找到适合市场运行实际情况的运行规律，才能够真正地解决市场运行中存在的问题。换言之，市场问题主要应当通过市场手段予以解决。欧盟针对内河运输运力结构改善而制定的相应条例，就是上述原则的充分体现。只有运力结构得到改善，适应经济形势的需要，才能够有效地避免市场运行中出现的问题。因此，针对作为市场有序运行的重要前提的运力结构的改善问题进行立法，从根本上解决有关问题，实现治本的目标。同时，针对运力结构改善问题，欧盟所采用的仍然主要为市场手段，有效地在当事人财产权益维护的当前效应与实现可持续发展的长期效应之间找到平衡。

4. 科学的宏观管理

宏观管理，微观统计，重视市场的基础设施建设与信息服务，摆正管理者的位置，重视执法，集中精力解决关键市场问题。市场运行规则的实施既要表现为管理，也要表现为服务。在市场经济条件下，建立信息平台、提供信息等服务在市场运行的引导与控制方面日益发挥着重要的作用。是否能够建立有效的信息采集、分析与提供机制，往往决定政府在产业引导方面的成败。欧盟水运市场立法中所建立的信息采集与提供机制为我们提供了良好的范例。同时，基础设施的投入与改善亦是欧盟水运立法的重要内容。从欧盟的水运市场立法所涉内容可以发现，欧盟立法的方式采用宏观与微观并重的模式，前者涉及法律中重要的法律原则，后者涉及在为实现宏观目标而采集的详细具体数据之上的具体执行细则，做到宏观与微观并重。前者稳定，后者灵活，适应市场发展的需要。

5. 可持续发展的道路

坚持可持续发展，通过政策与法律引导运输回归到水运，发挥水运在资源、环境各方面所具有的优势。欧盟经过长期的经济发展，逐渐认识到水运在共同体市场中的重要地位。与其他运输方式相比，水运具有资源节省、单位能源消耗低的优势，符合经济可持续发展的方向。欧盟在 21 世纪初开始执行的致力于将市场运输需求引向水运的规划即反映了欧盟的上述认识，资源节约型与环境友好型的市场引导政策正在发挥着明显的经济与社会效应。

（二）欧盟水运市场运行规则的借鉴

1. 市场中心理念

尊重市场经济规律，尽量通过市场手段解决市场运行中存在的问题，以实用的市场管理手段达到治本的目标。

2. 保护竞争理念

维护正常的市场秩序，保护正当竞争，实现市场的有序、可持续发展。同时，正确认识竞争，在规模效应与竞争效应、自由竞争与宏观控制之间寻找到理性的平衡点。

3. 宏观与微观相结合理念

注重微观数据的采集与整理、分析，为市场提供准确、全面、可靠的信息平台，为市场的有序和有效运行创造良好的条件。注重宏观管理，适时出台阶段性的调节市场手段，及时解决问题。

4. 立法的层次清晰理念

认识到市场在宏观上的规律性和在微观上的复杂性，通过不同层次的立法解决不同层次的问题，原则性立法与实施性立法相结合，为有效执法在立法阶段创造有利条件。

5. 可持续发展理念

充分认识到水运的资源优势，通过政府引导、建立鼓励机制、加大投入，完善市场运行环境的手段，有效发挥水运相对于其他运输手段的优势，同时做好水资源的保护和利用工作，避免水运产业发展可能带来的水环境损害。

第四章　完善国内水运市场运行规则基本问题

第一节　市场结构与市场行为之间的关系

研究国内水运市场运行规则，需要以经济学上市场结构与市场行为之间的关系理论为基础。下文简单介绍国际经济学界关于市场结构与市场行为之间关系的2种典型理论，即哈佛学派和芝加哥学派。

一、哈佛学派

“在产业组织理论中，产业市场结构是指企业市场关系的特征和形式。主要有以下几种市场关系：①卖方（企业）之间的关系；②买方（企业或消费者）之间的关系；③买卖双方之间的关系；④市场内现有的买方、卖方与正在进入或可能进入的买方、卖方之间的关系”。[①] 罗宾逊夫人在《不完全竞争经济学》中将市场结构分为完全竞争、完全垄断、寡头垄断和垄断竞争。

哈佛学派被冠之以结构方法。20世纪30年代，哈佛学派正式对传统的放任经济学理论提出了挑战。张伯伦的《垄断竞争论》[②]对介于竞争与垄断之间的不完全竞争市场进行了分析。哈佛学派以研究产业组织为重点，并提出市场结构、市场行为和市场绩效的分析范式（Structure-Conduct-Performance，简称SCP模式）。1959年，贝恩所著的第一部系统阐述产业组织理论的教科书《产业组织》出版，标志着哈佛学派正式形成。集中和进入障碍是衡量市场结构的2个尺度。作为哈佛学派的创始人，梅森有2个重要的理论假设：①企业可能不仅会把追求利润作为自己的目标，也会把追求市场力量本身作为自己的目标；②即使没有政府特许的帮助，企业也有可能建立起拥有市场力量的地位。[③]

哈佛学派关于产业组织的理论特别强调市场结构和进入障碍，以及市场结构

---

① 苏东水. 产业经济学[M]. 北京：高等教育出版社，2005：98.

② 张伯伦. 垄断竞争论[M]. 北京：商务印书馆，1961.

③ 小贾尔斯·伯吉斯. 管制和反垄断经济学[M]. 冯金华，译. 上海：上海财经大学出版社，2003：188.

与市场行为之间的关系，并认为市场的集中对经济福利有不利的影响。这意味着市场并不是一个能够自我调节的机制，反垄断是医治市场疾病的药方，因为反垄断能够帮助维护和改进效率。

哈佛学派理论中的垄断是以市场支配地位为基础的，基本上是经济学意义上的，与反垄断法所指的法律意义上的垄断不同。虽然哈佛学派在其发展过程中受到芝加哥学派的质疑和挑战，但现实表明，在存在市场障碍的情况下，市场结构对于市场行为的影响确实很大，拥有支配地位的企业极力维持其市场垄断力。体现在国家经济管理政策上，可能对市场结构进行人为的干预。因此，结构方法“有时可能损害规模经济和规模效益，或者使经济组织的发展受到限制”。①

二、芝加哥学派

芝加哥学派是作为哈佛学派的对立面产生的。与哈佛学派结构方法对应，芝加哥学派被冠以行为方法。波斯纳、施蒂格勒等是芝加哥学派的代表。芝加哥学派相信市场具有自我调节的能力，认为市场障碍的存在具有暂时性，并且对于拥有一定实力的潜在竞争者而言，其影响是有限的。施蒂格勒认为，大企业和集中分别反映了规模经济和市场的相对大小，并不存在阻止进入的障碍，被阻挡在市场之外的唯一竞争者就是那些没有效率的竞争者。②

芝加哥学派放弃了传统的“集中对经济有害”的观点，并对美国企业合并制度产生影响。美国司法部于 1982 年 6 月发布《企业合并指南》，取代 1968 年的《企业合并指南》。指南指出：“企业合并虽然有时能损害竞争，但总的说来，它们对自由的市场经济发挥着重要的作用。企业合并是对经营管理不善的企业的惩罚，它能有效地推动企业资金的合理流动，重新调整现有的市场条件。”1982 年《企业合并指南》标志着美国企业合并政策从严格的控制走向自由主义。③ 这也标志着芝加哥学派对哈佛学派的胜利。

施蒂格勒对进入壁垒和规模经济进行了新的定义：“进入壁垒是一种生产成本(在某些或每个产出水平上)，这种成本是打算进入一产业的新厂商必须负担，而已在该产业内的厂商无须负担的。规模经济构成厂商规模及其广义的生产成本的关系，这种关系可用代表每一产出水平最低成本的长期平均成本线来表示。”④对于厂商规模是由规模经济、进入壁垒，还是由其他因素决定的问题，施蒂格勒认为：“需求条件和成本条件(规模经济)决定厂商规模。进入壁垒被限制在新厂商承担

---

① 孔祥俊. 反垄断法原理[M]. 北京：中国法制出版社，2001：238.

② G·J·施蒂格勒. 产业组织和政府管制[M]. 潘振民，译. 上海：上海人民出版社，上海三联书店出版社，1996：71.

③ 王晓晔. 企业合并中的反垄断问题[M]. 北京：法律出版社，1996：54.

④ 同注②，第 69 页。

的、高于老厂商的成本这一意义上，它是影响个别厂商需求条件的一种力量。"①

施蒂格勒的分析表明，哈佛学派强调的市场进入障碍不再具有决定性的影响："成本优势不是壁垒，因为新进入者进入市场所需要承担的成本，市场既存者也要承担；规模经济也不是壁垒，因为影响规模经济之达到的主要因素是投资，而在达到规模经济方面，市场既存企业和新进入企业的投资是一样的。"②

由此，芝加哥学派强调市场机制的作用，反对国家的过度干预。即使市场存在垄断力量，如果垄断力不能有效维持，或者市场壁垒不能有效阻止新竞争者的进入，或者虽然没有或者很少有新竞争者的进入并且优势企业能保持高市场份额，但是竞争的威胁导致优势企业并没有提高产品价格，而是不断降低成本、降低价格以保持竞争优势，那么，没有反垄断的必要。③

哈佛学派结构方法和芝加哥学派行为方法在分析市场结构与市场行为之间的关系时具有互补性，在方法选择上并不是非此即彼。但是，结构方法在一定意义上是基础，是分析市场竞争的起点，行为方法是归宿。

第二节 水运市场运行规则建设的目标

一、有序、效率、公平、安全和低碳是基本目标

现代综合运输体系建设是交通运输发展的重要目标，提高国内水路运输在综合运输体系中的比例是水路市场运行规则、政策和行政管理的共同目标之一。

水运市场运行规则通过营造良好的市场基础秩序为水运的发展作出自己的贡献。良好的市场秩序在提高水运比较优势方面发挥基础性的作用。随着我国高速公路网络、铁路网络的不断完善，水运优势相对减弱，良好的市场秩序是提高水运货运质量、货物安全、客户满意度等方面的基础。

《公路、水路交通发展三阶段战略目标》(交规划发〔2001〕265 号)提出：到 2020 年全面建成并完善水运主通道、港站主枢纽，实现海运强国战略，基本建立全国统一、公平竞争、规范有序且与国际接轨的水路交通市场体系，初步实现水路交通可持续发展，基本适应国民经济与社会的发展需要，沿海港口与内河基本实现现代化；到 2040 年形成高效、经济、快捷、安全的国内运输网络及国际大通道，与其他运输方式共同构筑完善的综合运输体系，实现客运快速化、货运物流化、运营智能化、安全与环境最优化，使水路交通基本实现现代化，达到中等发达国家水平，为国家基本实现现代化发挥支撑和先导作用。

---

① G·J·施蒂格勒. 产业组织和政府管制[M]. 潘振民，译. 上海：上海人民出版社，上海三联书店出版社，1996：71.

② 王传辉. 反垄断的经济学分析[M]. 北京：中国人民大学出版社，2004：114.

③ 同上注，第 115 页。

水路运输现代化建设目标分内河运输现代化、沿海运输现代化和国际海运现代化,其中内河运输现代化最难。《国务院关于加快长江等内河水运发展的意见》(国发〔2011〕2号)提出加快长江等内河水运发展、构建现代综合运输体系的国家战略,为我国未来10年内河航运发展指明了方向和具体的努力目标。这些目标包括:①建成畅通、高效、平安、绿色的现代化内河水运体系,建成比较完备的现代化内河水运安全监管和救助体系,运输效率和节能减排能力显著提高,水运优势与潜力得到充分发挥,对经济发展的带动和促进作用显著增强;②2020年,全国内河水运货运量达到30亿t以上,建成1.9万km国家高等级航道,长江干线航道得到系统治理,成为综合运输体系的骨干、对外开放的通道和优势产业集聚的依托;③长江等内河主要港口和部分地区重要港口建成规模化、专业化、现代化港区;④运输船舶实现标准化、大型化,长江干线运输船舶平均吨位超过2 000 t。

前述2个文件提出了国内水路运输发展全方位的目标,归纳起来主要涉及以下几个目标:①建成全国统一、公平竞争、规范有序且与国际接轨的水路交通市场体系;②建成畅通、高效、平安、绿色的现代化内河水运体系;③运输船舶实现标准化、大型化;④实现客运快速化、货运物流化、运营智能化、安全与环境最优化,基本实现现代化。

就水运市场运行规则而言,这些目标在范围上仍然过广,在要求上也有点高,不能直接作为水运市场运行规则的建设目标。虽然本篇第一章定义的水运市场运行规则体系范围较广,但就其核心内容而言,水运市场运行规则主要与水运市场秩序有关。因此,水运市场运行规则建设的目标也应该与建立、维护一定的水运市场秩序联系起来。其中,有序、效率、公平、安全、低碳应该成为水运市场运行规则建设的基本目标。当然,市场统一、市场开发(对内)等也是水运市场运行规则追求的目标。竞争是市场固有机制,是一种"手段",是提高效率的方法,因而不作为目标之一。

有序,是指水运市场交易秩序和竞争秩序是以一定的规则为基础,有约束的、规范的、稳定的、可持续的经营秩序。

效率,是指以较低的成本和费用完成交易行为,以及能够促进水运技术发展、水运市场结构优化的市场竞争结构。前者是微观效率,后者是宏观效率。

公平,是指水运市场环境对于经营者等市场主体的合理对待。公平分横向公平和纵向公平。横向公平是指在相同情况下相同对待,纵向公平是指不同情况区别对待。

安全,是指与水运有关的船舶、设施、货物、生命和环境等不受损害的状态。

低碳,是指水运经济应该朝着减少温室气体排放的方向发展。该目标主要与规模经济、水运技术等直接相关。

有序、效率、公平、安全和低碳这5个目标之间具有内在关联性,具有不可分性,具有相互影响性。在实现这些目标过程中,需要同步推进,因为其中任何一个目标没有实现都会影响到其他目标的实现。

二、提高市场运行效率是核心目标

多年来,我国水运市场处于弱、小、散的现实而难以自拔,一方面,导致水运市场不能实现规模经济;另一方面,市场秩序难以规范化和有序化。实现规模经济需要有良好的市场秩序为基础。反过来,彻底改变目前的市场秩序也需要以不断提高经营者规模为基础。在有序、效率、公平、安全和低碳这 5 个目标中,提高市场运行效率应该作为核心目标。

反映水路运输船舶运力总量和运力结构状况需要考虑的指标有:①船舶艘数;②净载重量;③平均净载重量;④客船载客量;⑤集装箱箱位;⑥船舶功率。这些指标中有些侧重反映"量",有些侧重反映"质"(结构)。通过以下分析,我国水路市场在优化运力结构方面虽然不断进步,但没有从根本上改变弱、小、散的格局。

2011 年底,全国拥有水上运输船舶 17.92 万艘,比上年末增长 0.5%;净载重量 21 264.32 万 t,增长 17.9%;平均净载重量 1 186.35 t/艘,增长 17.3%;载客量 100.84 万客位,增长 0.5%;集装箱箱位 147.52 万 TEU,增长 11.4%;船舶功率 5 949.66万 kW,增长 11.6%。

在水路运输船舶中,由于内河船舶和沿海船舶在航线水域方面的不同要求,需要分别予以考虑,其中的比例关系也是水路运输运力结构的重要方面。2011 年底,全国内河运输船舶和沿海运输船舶的数量、净载重量、平均净载重量、载客量、集装箱箱位、船舶功率发展情况见表 2-4-1。

表 2-4-1　2011 年底水上运输船舶构成(按航行区域分)

指标		计算单位	数值	比上年增长/%
内河运输船舶	运输船舶数量	万艘	16.58	0.1
	净载重量	万 t	8 779.99	18.1
	平均净载重量	t/艘	529	17.9
	载客量	万客位	81.89	−0.7
	集装箱箱位	万 TEU	16.07	25.5
	船舶功率	万 kW	2 771.27	14.3
沿海运输船舶	运输船舶数量	艘	10 902	4.1
	净载重量	万 t	5 780.47	16.1
	平均净载重量	t/艘	5 302	11.5
	载客量	万客位	16.90	6.8
	集装箱箱位	万 TEU	20.32	9.4
	船舶功率	万 kW	1 534.39	9.1

近几年来，我国水上运输船舶的数量有所减少，但船舶净载重量与平均净载重量均有所提高。可见，运输船舶在向大型化、专业化和标准化方向发展。2006—2011 年全国水上运输船舶拥有量情况见图 2-4-1。

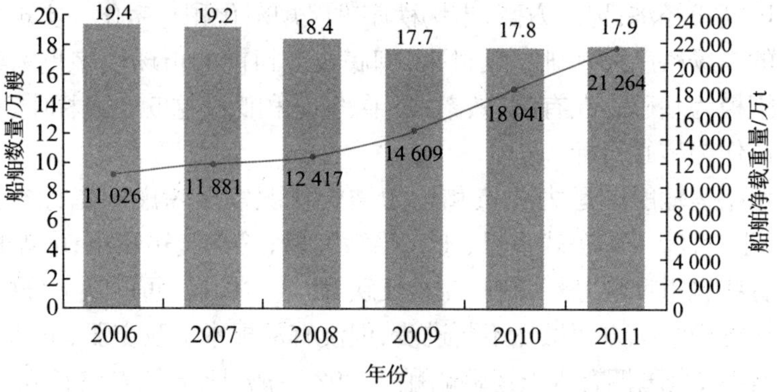

图 2-4-1 2006—2011 年全国水上运输船舶拥有量

近几年，推动水路运输船舶结构调整一直是航运主管部门的重要工作，尤其是加快推进长江干线、京杭运河、西江等内河船型标准化工作，重点发展顶推船队、江海直达船、集装箱船和滚装船，优化运力结构，规范和促进船舶大型化，提升航运竞争力。

2005—2010 年我国内河运输船舶平均净载重量见表 2-4-2 和图 2-4-2。

表 2-4-2 2005—2010 年我国内河运输船舶平均净载重量

年　份	2005	2006	2007	2008	2009	2010
船舶艘数/万艘	19.58	18.29	18.02	17.24	16.48	16.57
净载重量/万 t	4 481.49	4 942.32	5 266.25	5 519.42	5 988.57	7 435.86
平均净载重量/(t/艘)	229	270	292	320	363	449
注：《2008 年公路水路交通运输行业发展统计公报》没有关于内河运输船舶和沿海运输船舶的具体数据，本表中的 2008 年数据是根据 2009 年数据倒推出来的。						

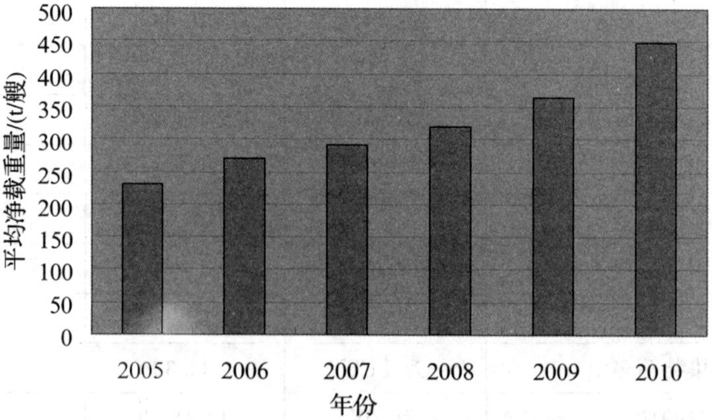

图 2-4-2 2005—2010 年我国内河运输船舶平均净载重量

2005—2010 年我国沿海运输船舶平均净载重量见表 2-4-3 和图 2-4-3。

表 2-4-3　2005—2010 年我国沿海运输船舶平均净载重量

年　　份	2005	2006	2007	2008	2009	2010
船舶艘数/艘	9 409	9 213	9 322	9 679	10 018	10 473
净载重量/万 t	2 047.76	2 253.49	2 450.58	2 838.23	3 860.00	4 978.87
平均净载重量/(t/艘)	2 176	2 446	2 629	2 917	3 853	4 754

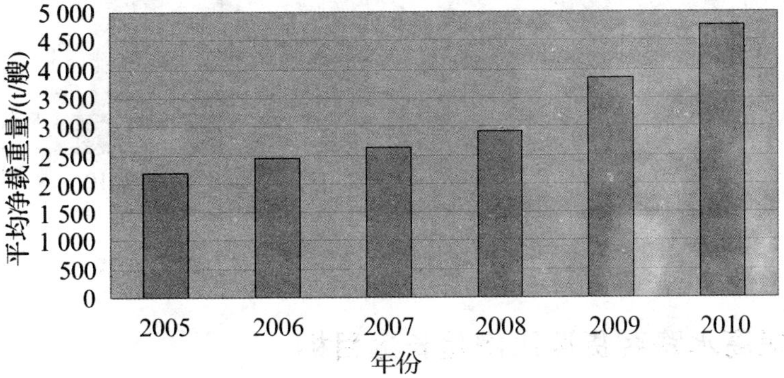

图 2-4-3　2005—2010 年我国沿海运输船舶平均净载重量

2005—2010 年我国水路运输船舶集装箱箱位见表 2-4-4 和图 2-4-4。

表 2-4-4　2005—2010 年我国水路运输船舶集装箱箱位　　万 TEU

年　　份	2005	2006	2007	2008	2009	2010
内河运输船舶	5.29	6.35	6.87	7.81	10.11	12.80
沿海运输船舶	8.46	10.17	12.11	13.04	13.27	18.58

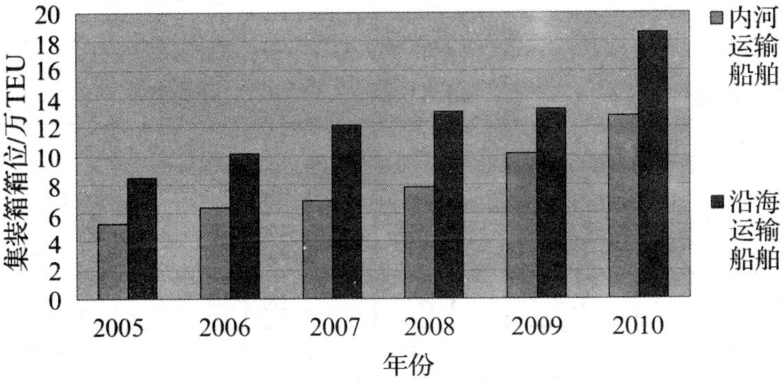

图 2-4-4　2005—2010 年我国水路运输船舶集装箱箱位

2005—2010 年我国水路运输船舶载客量见表 2-4-5 和图 2-4-5。

表 2-4-5 2005—2010 年我国水路运输船舶载客量 万客位

年　份	2005	2006	2007	2008	2009	2010
内河运输船舶	86.00	90.26	86.20	84.23	80.52	82.51
沿海运输船舶	13.67	13.98	14.75	15.14	15.62	15.82

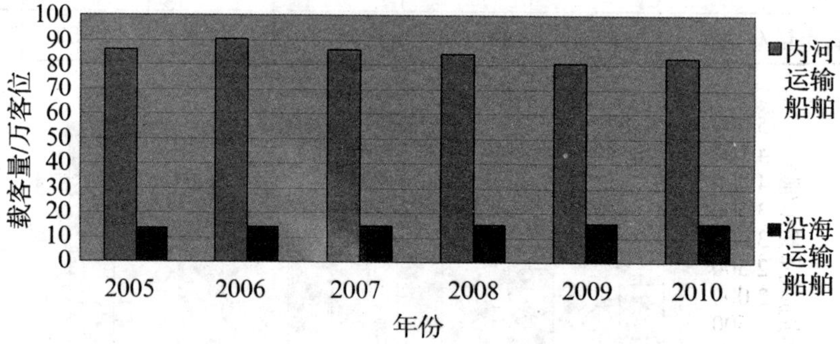

图 2-4-5 2005—2010 年我国水路运输船舶载客量

三、提高水路客货运比例是长远目标

提高市场运行效率是水运市场运行规则对于水运市场“质”的贡献，提高水路客货运在综合运输中的比例是水运市场运行规则对于水运市场“量”的贡献，两者同样重要。

2005—2010 年，我国水路货运量总体情况、内河运输和沿海运输货运量情况、主要内河水系货运量情况和集装箱货运量情况等见表 2-4-6。内河运输货运量与沿海运输货运量比较见图 2-4-6。

表 2-4-6 2005—2010 年我国水路货运量

年　份	2005	2006	2007	2008	2009	2010
水路货运总量/亿 t	17.11	19.43	22.23	25.21	26.72	32.09
内河运输货运量/亿 t	10.57	11.61	12.99	13.47	15.68	18.86
沿海运输货运量/亿 t	6.54	7.82	9.24	11.74	11.04	13.23
长江水系货运量/亿 t	4.21	4.60	5.34		6.53	15.12
京杭运河货运量/亿 t	2.19	2.15	2.83		1.88	
珠江水系货运量/亿 t	1.47	1.80	2.09		2.72	
黑龙江水系货运量/亿 t	0.13	0.14	0.13		0.13	
集装箱/万 TEU	543.85	827.30	1 241.49			

（续表）

年　　份	2005	2006	2007	2008	2009	2010
集装箱货运量/亿 t	0.69	1.05	1.62			
注：《2008 年公路水路交通运输行业发展统计公报》没有关于内河运输船舶和沿海运输船舶的具体数据，本表中的 2008 年数据是根据 2009 年数据倒推出来的。《2010 年公路水路交通运输行业发展统计公报》改变了统计指标，在四大水系中只公布长江和西江货运量，也没有公布水路集装箱运输货运量。						

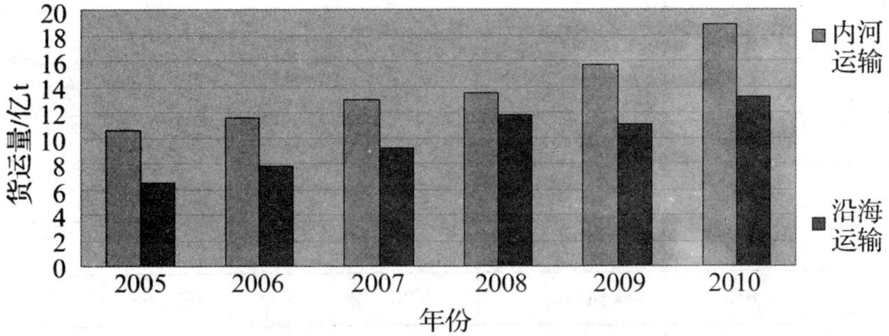

图 2－4－6　2005—2010 年内河运输货运量与沿海运输货运量比较

2005—2010 年，全国水路客运量见表 2－4－7 和图 2－4－7。水路旅客运输近几年发展态势不是很稳定，数量增长不明显，与公路等旅客运输市场比较，水路旅客运输市场发展面临许多制约因素和不利环境。

表 2－4－7　2005—2010 年水路客运量　　亿人

年　　份	2005	2006	2007	2008	2009	2010
水路客运量	2.02	2.20	2.28	2.03	2.23	2.24

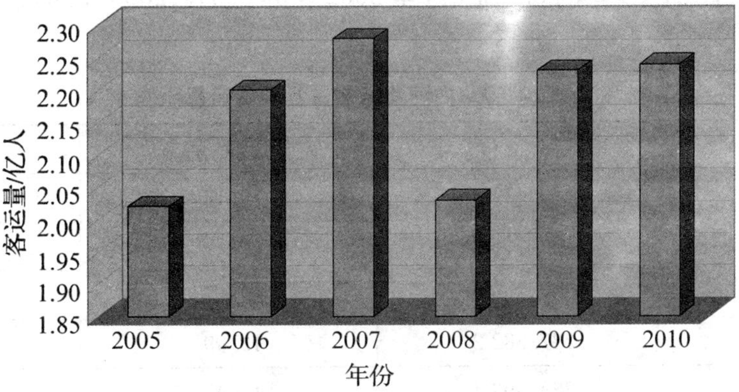

图 2－4－7　2005—2010 年水路客运量

从 2001 年至 2009 年，国内水运货物量在全国货运总量中的比重并没有较大幅度的提高，2001 年该比重为 7.5%，之后的年份大约维持在 9%～10%。2001—

2010 年国内水运货物运输量在全国货运总量中所占的比例见表2－4－8。

表 2－4－8 2001—2010 年国内水运货物运输量在全国货运总量中所占比例

年份	国内水运货物运输量/亿 t			货运量总计/亿 t	占比/%
	内河	沿海	合计		
2001	7.22	3.29	10.51	140.12	7.5
2002	7.55	3.64	11.19	148.27	7.5
2003	8.15	4.26	12.41	156.14	7.9
2004	9.16	5.63	14.79	170.64	8.7
2005	10.57	6.54	17.11	186.21	9.2
2006	11.61	7.82	19.43	203.71	9.5
2007	12.99	9.24	22.23	227.58	9.8
2008	13.47	11.75	25.22	258.59	9.8
2009	15.68	11.04	26.72	282.52	9.5
2010	18.86	13.23	32.09		

注：相关数据根据《2009 中国航运发展报告》和《2010 年公路水路交通运输行业发展统计公报》整理。

虽然我国内河货运量高于沿海货运量，在年增速上，沿海发展速度要快于内河发展速度，但两者之间的差距正逐渐缩小。2001 年，内河货运量是沿海货运量的 2.2 倍；到 2010 年，下降到 1.4 倍。内河运输发展滞后。

从内河货运量占全社会货运量的比例看，我国内河航运的优势尚未得到充分发挥。自 20 世纪 90 年代以来，我国内河航运在综合交通运输体系中的比重呈明显下降趋势，从 1980 年的 8.6%下降至 2002 年的 6.3%，2008 年的 5.2%，2009 年的 5.6%，见表 2－4－9。

表 2－4－9 内河货运量占社会货运量比例

年份	货运量总计/亿 t	内河货运量/亿 t	占比/%
2004	170.641 2	9.16	5.4
2005	186.206 6	10.57	5.7
2006	203.706 0	11.61	5.7
2007	227.582 2	12.99	5.7
2008	258.593 7	13.47	5.2
2009	282.522 2	15.68	5.6

第三节　构建与航运强国相适应的水运市场运行规则体系

一、水运市场运行规则建设基本原则

（一）以建设航运强国目标为总原则

就航道、码头泊位、船舶类型和数量、货运量、港口吞吐量、航运企业数量和规模、竞争力等指标综合水平而言，我国已是航运大国，正向航运强国目标前进。无论是航运大国还是航运强国，都是一个相对的概念，尤其是与其他国家航运水平相比较而言。航运大国与航运强国之间不仅有量的差距，更重要的是有质的差距。

建立系统的水运市场运行规则是航运强国建设的一项基本任务。水运市场运行规则建设应该以航运强国目标为自己的总原则，是解决水运市场运行规则建设的大方向问题。为此，水运市场运行规则建设应该遵循两个基本要求：第一，将建立和维护社会主义市场经济条件下的水路运输市场秩序作为首要任务；第二，将建立和维持公开、公正、高效、低成本的航运管理体系作为实施水运市场运行规则的保障。

（二）适度管制原则

适度管制原则是处理水运市场自由与水运市场管理两者之间关系的基本原则。管制范围广泛、力度大，则自由度相应降低；反之亦然。适度管制原则也可用适度自由原则替代。在水运市场有必要向更高程度依赖市场机制发挥作用、放松管制的发展时期，使用适度管制原则的提法或许更合适，意在鼓励市场竞争；在水运市场发展处于高度自由化，需要实行一定程度管制的发展阶段，使用适度自由原则的提法或许更合适。

适度管制原则，是在保障社会整体利益的前提下，对危及或者可能危及经济发展或者不正当地掠夺他人利益的自由交易和自由竞争行为进行的必要限制。“适度”，意指对市场经济主体行为限制的适当。但是，适度管制原则不是对自由原则的否定，而只是对自由原则的必要限制。“度”既要符合经济规律的客观要求，又要适合我国的国情。

根据适度自由原则，水运市场运行规则既要保障市场经营主体进出市场和经营的自由，从而为市场机制在航运资源配置中起基础性作用提供基本保障，又要对这种自由加以适度限制，从而保障航运市场主体之间的实质公平和社会整体效率的提高。在“度”的把握上，既要符合水运市场经济规律的客观要求，又要适合我国的市场经济体制建立时间短、水运市场总体上仍然处于培育阶段这一具体国情。

（三）适度竞争原则

水运市场的弱、小、散既是过度竞争的原因，也是过度竞争的结果。解开这个结的根本出路是解决过度竞争问题，建立适度竞争的水运市场。适度竞争原则要求市场准入制度真正发挥门槛的作用，更要求日常监管将建立有效竞争秩序作为首要任务。

对于尚未进入水运市场的潜在投资者而言，法律法规规定的市场准入条件构成准入成本的基本因素，其高低、宽严直接影响到这些投资者是否进入特定市场。对于已经进入水运市场从事经营的企业而言，如果市场准入条件要求较高，在一定程度上对这些经营者起到保护作用，避免过多经营者进入，造成过度竞争。随着市场经济体制不断成熟，市场准入要求将逐步降低，一般情况下不再成为阻止市场进入的障碍因素。但是，在航运安全要求等方面，如果作为市场准入条件，则倾向于逐步提高的过程。

建立有效竞争秩序不仅依赖于行业主管部门，还需要行业自律组织发挥行业自律作用，也需要建立良好的环境促使经营者自律。

（四）可持续发展原则

保障水路运输业的可持续发展，为环境保护、资源的有效利用与节约创造良好的基础，通过宏观调控与市场手段实现维护水运市场持续、健康发展的目标。

水运优势在运输体系中的体现随着环境、能源问题的凸显而不断增强，其单位能源消耗低、运价成本低廉、自然资源节约的优势不断得到认同。欧美国家也已经作出引导运输向水运市场回归的规划。因此，作为水运市场能够健康、可持续发展的前提条件，在制定市场运行规则时应充分考虑资源、环境等方面的合理配置和保护，应当以原则方式在有关具体规定中予以体现。

在实现可持续发展具体措施方面，水运产业结构调整和升级应该是基础，另外，以控制温室气体为主要措施的低碳经济正成为我国经济未来发展的基本要求，水运行业也需要紧跟该趋势。

根据《“十二五”控制温室气体排放工作方案》，5 年内我国将大幅度降低碳排放强度(单位 GDP 二氧化碳排放)，到 2015 年使全国碳排放强度比 2010 年下降 17%。“十二五”规划完成后，中国将有望拥有自己的区域性“碳排放交易系统”(ETS)。2011 年召开的联合国德班气候大会通过了《京都议定书》工作组和《联合国气候变化框架公约》之下的“长期合作行动特设工作组”的决议，从 2013 年开始实施《京都议定书》第二承诺期。按照目前的发展，我国有可能参加 2020 年后具有法律约束力的框架协议。

二、构建水运市场运行规则新体系

过去，我国水运市场运行规则过于偏重市场准入制度，准入后的制度建设相对落后，只负责“生”，不负责“养”，似乎“养”是市场本身的责任。但事实证明，市场本身不能解决规模经济、正当竞争、诚信经营、结构升级、降低成本等诸多问题。

水运市场存在的问题，有些属于自然条件，需要依靠技术以及不断的资金投入才能解决；有些属于经济发展阶段特有的现象，随着经济转型、不断升级，才会逐步获得解决；有些是现有运行规则执行不力或者规则本身存在不足所致。就执行而言，主要与执法力量、执法手段和方法、执法机制和执法体制有关。

水路运输市场的发展始终存在规范与发展的关系问题，在规范过程中促进发展，在发展过程中提高规范化程度。规范是发展的基础，发展是规范的目的。规范和发展两方面的任务最终都要体现在具体的运行规则中。这些规则从市场准入开始，到市场经营行为和市场竞争行为，再到宏观调控规则。

本篇第一章从系统角度构建了我国水运市场运行规则体系。该体系应该包括管理体制与机制、市场主体规则、市场交易规则、市场竞争规则、宏观调控规则、水运安全管理规则和违规处罚规则。虽然本专题对于这些规则没有展开全面研究，但为了体现理论的一致性和水运市场运行规则的整体性，对这些规则的主要内容设想如下：

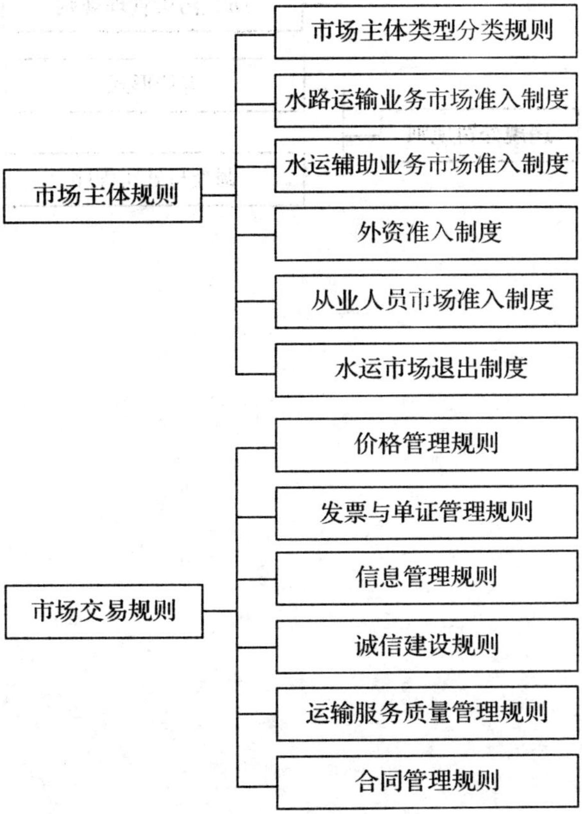

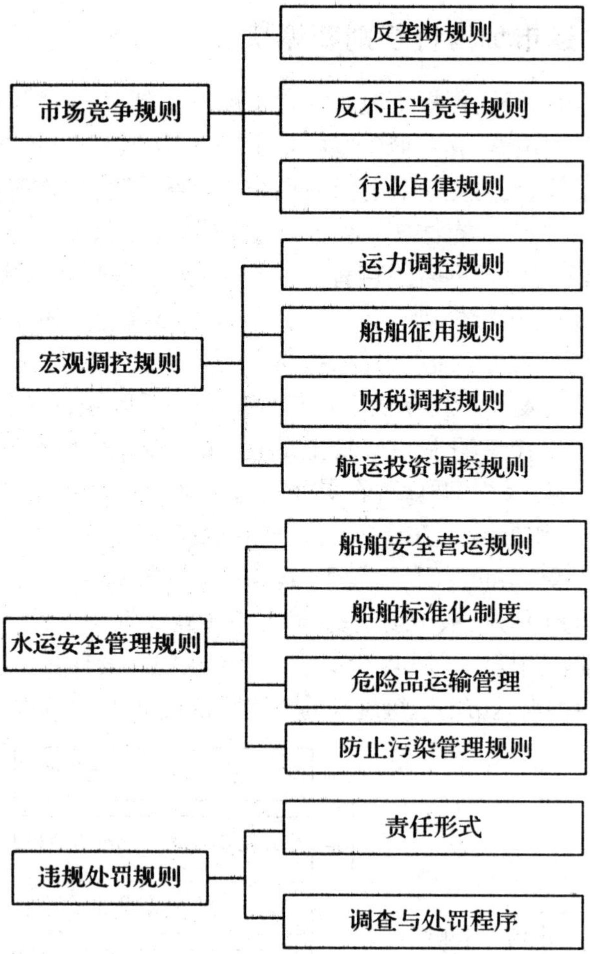
市场竞争规则
反垄断规则
反不正当竞争规则
行业自律规则
宏观调控规则
运力调控规则
船舶征用规则
财税调控规则
航运投资调控规则
水运安全管理规则
船舶安全营运规则
船舶标准化制度
危险品运输管理
防止污染管理规则
违规处罚规则
责任形式
调查与处罚程序

第五章　国内水运市场运行规则具体制度设想

第一节　市场主体管理规则

一、市场准入退出制度与市场秩序之间的关系

(一) 水路运输业务市场秩序

市场准入是一国对市场进行管理的重要立法制度。水运市场的准入不仅涉及有关企业、个人是否可以从事相关行业的经营活动,也涉及船舶的市场准入、船员等从业者的市场准入。同时,对于外资的准入,也是各国关于水运市场准入需要考虑的关键问题。

根据前文分析,我国水路运输业市场准入条件存在一定的缺陷。课题组认为,提高目前的市场准入条件,是实现航运集约化、产生规模经济效益的重要途径,但如何提高市场准入条件还需要更详细的调研,征求更广泛的利益方的意见。在水路运输业市场准入制度领域,可以得出以下几方面有根据的结论:

(1) 在船舶运输业务领域维持目前的许可制。虽然许可制没有从根本上解决市场秩序问题,但如果改为核准等更宽松的准入制度,无疑会对现有市场秩序构成冲击,并使市场竞争秩序恶化。

(2) 2008 年确立的船舶运力总规模要求仍然具有合理性,由于市场准入门槛提高,导致了变相的船舶挂靠等问题。

(3) 可以将目前具有弹性的许可条件量化,目前的货源(客源)标准等在实践中不具有操作性,市场竞争状况也应该纳入许可审查的范围;或者取消这些弹性条件。2012 年《国内水路运输管理条例》即采取后一种方式。

(4) 个体经营者和小规模经营者在较长时间内仍将存在,期望通过提高准入门槛在短时间内大规模减少这些经济活动主体不现实,同时也会面临许多经济和社会压力。

(5) 水路运输企业由于有船舶这种固定资产,法律上没有要求较高的最低注册资本条件,《航运法》应该继续保留这种做法。

（二）水路运输辅助业务市场秩序

水路运输辅助业相对于国际海运辅助业而言，普遍存在水平低、市场不规范等问题，调研结果详见表 2－5－1。

表 2－5－1 水路运输辅助业市场（船代和货代等）的发展现状

选　　项	比例/%
市场规模小，处于起步阶段	27.3
具有一定规模，发展较好	6.1
市场不规范	42.4
缺乏政府积极引导发展	27.3
专业化水平低	42.4

《水路运输服务业管理规定》以及 2012 年《国内水路运输管理条例》关于水路运输辅助业的市场准入条件比较低。问卷调查结论也反映出受访者普遍认为其准入标准规定偏低，而规定偏低正是导致目前市场竞争秩序以及市场规模产生问题的重要原因之一。在立法上，市场准入门槛高低的处理是个难题。门槛过高则脱离国情，门槛过低则不利于形成良性竞争秩序。同时，课题组注意到，随着航运基础设施的不断完善，国内水运市场的规模化经营趋势已经越发明显。目前在长江、珠江等重要水道从事经营的船舶正不断向大型化方向发展，而沿海运输的船舶大型化已经比较普遍，有关航运企业早已针对沿海运输的船舶结构进行了战略性调整。同时，随着市场的发展，对于航运辅助业企业的信用要求也不断提高，很难设想注册资本偏低的企业会在规模化经营日益加强的水运市场中有更大的作为，市场参与者对于航运辅助业企业的信用要求日渐得到重视，而因信用能力所产生的纠纷日益增多。这也导致了提高水运市场准入门槛的趋势。

除船舶管理外，《国内水路运输管理条例》就水路运输辅助业实行了备案制。许可制到备案制，在准入程序的门槛上降低了，但是，实体条件的门槛并没有变化。未来水路运输辅助业市场在实体条件上是提高还是维持不变，甚至降低，是需要深入探讨的问题。

从许可制到备案制，是社会主义市场经济体制的要求，是政府转变经济管理职能的体现。尽可能减少行政审批是现阶段行政管理体制改革的重要内容，但是，这不能与市场准入制度等同。即使在备案制下，也可以不降低甚至提高市场准入的实体条件。行业意见认为，提高水路运输辅助业的准入条件是必要的。但是，提高水路运输辅助业市场准入的条件需要考虑目前水路运输辅助业企业规模、竞争状况与经营效益。总体上，水路运输辅助业市场准入条件以规范市场竞争为目的，可适当提高。

（三）水路旅客运输市场秩序

国内水路旅客运输市场呈整体萎缩态势，在与公路、铁路等其他运输方式竞争过程中处于下风，业界对此的态度见表 2－5－2。两种相反的观点占主导：第一种观点认为"这是市场竞争的自然结果，采取无为而治"；第二种观点认为"给予旅客班轮运输业务适当的财政补贴"。课题组认为，国内水路旅客运输应该得到发展，市场准入方面应在确保安全的前提下，对于旅客运输实行特别市场准入，改变目前与货物运输等综合在一起的做法。

表 2－5－2　发展国内水路旅客运输对策

选　项	比例/%
这是市场竞争的自然结果，采取无为而治	72.7
国家或地方人民政府采取措施振兴水路旅客运输市场	15.2
给予旅客班轮运输业务适当的财政补贴	45.5
发展游船游艇业务，向中高档客运业务发展	27.3

从市场准入与市场秩序关系角度看，水路旅客运输与水路货物运输不同。我国水路旅客运输存在的问题不是由于市场准入门槛低导致市场竞争不规范，而是发展动力不足，与其他运输方式比较，水路旅客运输不具有优势所产生。

（四）集装箱运输市场秩序

水路集装箱运输发展态势良好，但总体上其所占比例过低。影响国内水路运输市场发展集装箱运输的主要因素见表 2－5－3。第一位因素是"集装箱专用码头少"，第二位是"货物集装箱化低"，第三位是"缺乏专用集装箱船舶船型"。这三个因素涉及到水路运输的三个方面。《航运法》需要采取措施发展水路集装箱运输，但这些问题与市场准入关系不大，集装箱运输市场竞争是否规范对集装箱运输有直接的影响。

表 2－5－3　影响国内水路运输市场发展集装箱运输的主要因素

选　项	比例/%
缺乏专用集装箱船舶船型	30.3
货物集装箱化低	36.4
水路集装箱班轮航线发展滞后	27.3
公路和铁路分流了货源	21.2
集装箱专用码头少	42.4

（五）市场退出制度与市场秩序

在经营者退出机制方面，既有经营者自愿退出，也有被强制要求退出。后者包括经营者不再具备经营资质或者实施了严重的违反行为。通过正常市场竞争机制实现的优胜劣汰虽然也是重要的退出机制，但通常不是立法的重点。水路运输企业对于水路运输市场退出机制的认识见表 2-5-4。该表表明，水路运输企业认为对于不符经营资质者，应执行严格的退出制度；对于严重违法者，也应执行严格的退出制度。我国水路运输市场一方面存在激烈的竞争；另一方面，这种激烈的竞争并没有实现优胜劣汰的效果。水路运输企业表达了建立优胜劣汰竞争机制的愿望。

表 2-5-4　水路运输市场退出机制的原因

选　　项	比例/%
破产清算机制	30.3
对不符经营资质者，执行严格的退出制度	69.7
对严重违法者，执行严格的退出制度	60.6
建立优胜劣汰竞争机制	54.5

市场退出制度存在的问题既有立法的也有执法的，目前水运市场运行规则立法内容中重准入、轻退出，有限的几项退出制度由于执法不够严格实际上没有发挥应有的作用。尤其对于严重违法、缺乏诚信等的经营者没有实施严格的退出制度。

（六）运力主动退出和运力调节基金制度

国内航运市场运力主动退出和运力调节基金制度，是指设立专门基金或专项资金，用于对主动退出航运市场的船舶所有人进行补贴，并对新增运力船舶的所有人征收基金摊款，或者用船舶退出市场换取新增运力的航运市场运力调节制度。

国内航运市场运力主动退出和运力调节基金制度的目标是改善运力结构，减少船舶运力长期严重过剩的影响，促进船舶生产力和技术水平的提高，从而提高航运市场经济的效率，并有利于水上运输的安全。该制度既是运力宏观措施，也是建立良好市场秩序的基础。

在一国范围内，运力调节基金制度的适用限于相对独立的船舶运输市场，而不适用于开放性的市场，除非这项制度在全球范围内统一实施。显然，后者并不现实。因此，在我国，这一制度的实施原则上限于内陆水路运输船舶。运力调节基金制度是为了弥补航运市场运力供求关系的严重失衡，由政府采取的针对特定阶段，以经济手段为主的航运市场宏观调控措施，其设立和实施需以法律为依据，并体现为国家对航运市场的干预。

运力调节基金制度虽然也属于调节性的运力调控制度，但其体现的主要是经济调节手段产生的鼓励市场主体经营行为的作用,从而具有更大的经济上的合理性。但另一方面,这一制度的实施成本要大于前述制度。

水路运输企业对于我国是否建立运力调节基金基本上持赞成态度,见图 2-5-1。

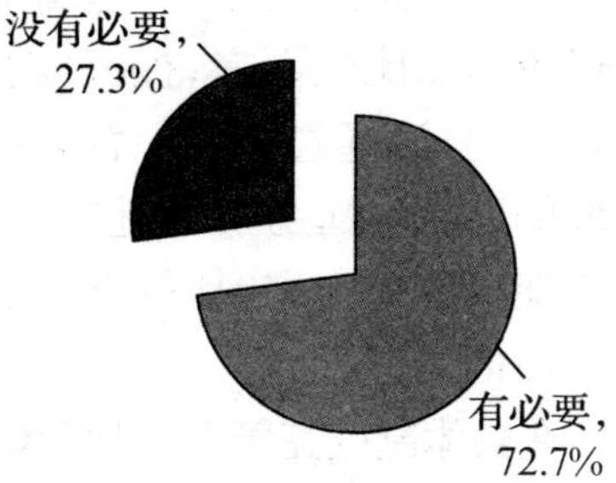

图 2-5-1 我国是否有必要建立运力调节基金

《国内水路运输管理条例》没有直接明确建立运力调节基金制度,其中第 15 条提出了通过资金补贴等措施,引导、鼓励水路运输经营者进行更新、改造;需要强制提前报废的,应当对船舶所有人给予补偿。可以理解为是为将来建立运力调节基金奠定了制度性基础,交通运输部应该及时制定实施规则。

二、完善市场主体管理规则

水运市场准入标准从宏观上影响一国的市场规划、市场资源的配置及国家的经济和国防安全,对于一国将形成何等样态的市场结构、实行何等方式与内容的市场规范产生重要的影响。对此,不同的经济体采取的态度并不相同。比如,欧盟强调欧盟内部之间共同市场的形成,因而在准入方面强调内部的协调,在充分考虑成员国特点的情况下建立为适应统一市场的市场准入制度,如船舶标准化,互相认可船长、船员资质,以及放开成员国水运市场等制度的设计;美国从促进国内就业、经济发展与国防、经济安全角度出发,建立了影响深远的沿海运输权制度。但总的来说,沿海运输和内河运输市场对于本国或成员国的保留、不向外资开放的政策仍然是目前世界各国关于水运市场准入方面的主流规定模式。即便在经济一体化进程不断加速的当今时代,水运市场的开放格局依然没有形成。

我国水运市场准入政策所体现的理念与欧盟、美国的理念基本相同,强调对于沿海和内河运输市场的保留,严格限制外资的进入。对于符合资质的企业和个人准入国内市场的条件,亦是从保障市场的持续发展、有效配置自然资源、节约能源等方面考虑的,一方面鼓励国内投资主体向水运市场投入资金,另一方面力图通过准入规定达到优化水运市场产业结构的目的。

从完善水运市场准入制度的角度考虑,适当提高准入标准可以为规模经济的发展、有序竞争的市场环境的形成创造良好的先决条件,还可以引导资金向水运市场流入,尤其是引导民间投资者的投资方式,从低水平、小规模的自我经营向资金密集型的集约化经营模式转变,在某种程度上对于投资市场起到改善作用,保证投资安全。但也需要认识到,市场准入制度不是“万能药”,传统水路运输管理制度以市场准入为核心的体制证明并不是完全成功的。而且,需要考虑以下两个因素:一是市场机制与过度依赖市场准入两者之间的背离性;二是我国水路运输市场发展阶段与水路经济特点决定了提高市场准入幅度的有限性。

在市场经济条件下，提高准入条件中的经济条件通常来说作用有限，比如注册资本。比较而言，提高安全标准、技术要求、从业人员资格条件等有时更有效。另外，通过加强经营者准入后的运行监管，在一定程度上可以弥补准入制度的不足。国务院和地方政府水路运输主管机构加强市场运行监管是未来制度建设的重点，包括经营者在人员、技术、管理制度等方面是否持续保持经营资质的监督检查。

在具体制度完善上，目前水运辅助业务准入制度很不完善，如国内船舶经纪业务市场准入、水路运输集装箱场站经营市场准入等没有明确的法律法规规定。

第二节 市场交易管理规则

一、价格管理规则

（一）水运市场价格机制及其规则的概述

我国内贸水运价格机制，经历了从计划向市场转变的过程。为充分发挥价格杠杆对于水运市场的资源配置作用，促进水运行业的发展，经国务院批准，2001 年原国家计委、原交通部联合发布了《关于全面放开水运价格有关问题的通知》(计价格〔2001〕315 号)，全面放开水运客货运输价格。自 2001 年 5 月 1 日起，全面放开水运客货运输价格（不包括由军费开支和财政直接支出的军事、抢险救灾运输价格），实行市场调节价。《关于全面放开水运价格有关问题的通知》规定：具体价格由水运企业根据经营成本和市场供求状况自行确定，中央直属企业的水运客货运输价格由企业报原国家计委、原交通部备案，其他水运企业的运输价格报相关省（区）价格、交通主管机关备案。水运价格放开后，各企业应严格执行国家关于明码标价的有关规定。除合同运价外，水运企业调整水运客货运输价格应提前 30 天向社会公布。各级地方人民政府价格主管部门和交通主管部门应加强对水运市场价格变化的跟踪和检测，发现异常情况应及时报告原国家计委和原交通部。应认真受理客户投诉，对调价幅度明显不合理引起社会各方面反应强烈的，应根据《价格法》的规定予以干预。前述这些规定在实践中没有被严格执行，这些措施是在放开水运价格的当时，为了实现计划经济向市场经济平稳过渡目的而制定的。

我国目前的水运市场价格基本已经全面放开。除涉及军需、国家财政直接支付的特殊情形外，均由市场调节定价，有关管理部门仅根据实际情况进行价格干预，制定最高或最低限价，但此种手段的运用并不常见。就水运市场价格机制方面，在课题组所进行的调查问卷中涉及的主要问题并不是价格的形成与监督机制问题，而是对于目前普遍存在的低价竞争问题的担忧以及对于此种情形之所以产生的原因的分析。低价竞争问题主要依靠完善竞争机制与竞争规则、市场准入制度、运力调控等措施来解决，传统的价格管理措施不见得有效。

（二）水运市场价格机制及其规则的完善

关于我国目前水路客货运输价格机制及其规则的完善问题，可以从管理机制和标准的统一方面以及针对特殊情况的特别立法角度考虑，避免不符合市场实际情况的价格扭曲现象出现。同时，考虑目前国内水运市场低价竞争问题，可以从矫正市场竞争秩序以及通过其他规定与产业政策，优化运力结构，调整市场资源配置的角度，将市场价格引向正轨，并加强对于水运价格违法行为的查处力度，保护市场参与者的合法权益。

发挥水路运输行业协会在价格领域的行业自律是未来价格形成机制需要重点解决的问题之一。这方面的分析见本篇第五章第三节第四部分“行业自律规则”。

鉴于国际集装箱班轮运价备案制度已经实施，对是否也在水路集装箱运输推广该制度的问题存在不同的主张。考虑到目前国际集装箱班轮运价备案制度并未取得预期的制度设计目的，也考虑到建立全国性的水路集装箱运输运价备案制度存在的复杂性和高成本等因素，建立该制度暂时不具备条件。但是，可允许地方人民政府进行这方面的试点。

涉及由军费开支和财政直接支出的军事、抢险救灾物资运输，其定价权受到政府的干预。同时，以上所述及的货物并不包括应当实施特殊定价政策的全部情况，对于重要战略物资的运输定价以及应急运输的定价问题，同样存在着上述情况。为此，交通运输部制定了《水路重点物资应急运输管理办法（征求意见稿）》，试图规范水路重要物资应急运输相关经营、管理活动。水路重要物资是指经水路运输的煤炭、石油及其制品、粮食等关系国计民生的物资；应急运输则指发生突发事件，需要提供的水路运输保障与执行国家下达的运输任务两种情况。该征求意见稿在运价方面强调了港航企业从事水路重点物资的运输应当根据合同取得合法的收益，以及在应急状况下运输该等物资造成损失时应当获得合理补偿的原则。这一原则反映了水路重点物资应急运输尽管在运输指令下达与执行方面不同于一般客货运输，但其在价格水平以及损失补偿方面仍应以市场价格作为导向。

《国内水路运输管理条例》第 23 条是关于应急运输的规定：“水路运输经营者应当依照法律、行政法规和国家有关规定，优先运送处置突发事件所需的物资、设备、工具、应急救援人员和受到突发事件危害的人员，重点保障紧急、重要的军事运输。出现关系国计民生的紧急运输需求时，国务院交通运输主管部门按照国务院的部署，可以要求水路运输经营者优先运输需要紧急运输的物资。水路运输经营者应当按照要求及时运输。”未来有必要考虑继续完善《水路重点物资应急运输管理办法（征求意见稿）》，建立我国应急运输管理制度。

二、发票与运输单证管理规则

（一）发票管理规则

根据国家税务总局、原交通部于 2000 年 1 月 21 日发布的《关于启用〈国际海运业运输专用发票〉和〈国际海运业船舶代理专用发票〉有关问题的通知》(国税发〔2000〕9 号),从事国际海运的经营人一律使用“国际海运业运输专用发票”或“国际海运业船舶代理专用发票”。但是,在国内水路运输业,目前尚未在全国实施统一的专用发票制度,部分省市制定了地方性的水路运输业和水路运输服务业专用发票制度。

目前,水路运输发票的使用主要存在以下问题: ①不开具水路运输专用发票;②没有如实开具水路运输专用发票;③使用非水路运输专用发票;④代开水路运输专用发票。

发票制度既是税收制度的基础,也是规范水运市场经营行为,尤其是价格行为的重要措施。水运专用发票制度的不规范助长了一些运输业运价和辅助业服务报酬的不正当竞争行为。

2011 年 11 月,经国务院批准,财政部和国家税务总局在上海市开展交通运输业和部分现代服务业营业税改征增值税试点。根据《营业税改征增值税试点方案》,上海市制定了《交通运输业和部分现代服务业营业税改征增值税试点实施办法》《交通运输业和部分现代服务业营业税改征增值税试点有关事项的规定》和《交通运输业和部分现代服务业营业税改征增值税试点过渡政策的规定》。

上海市交通运输业营业税改征增值税的试点为全国积累经验,为营业税全面改征增值税探路。在此政策大趋势下,目前不宜在全国实施水路运输营业税性质的专用发票,待政策明朗后,实施增值税专用发票制度。2012 年 7 月 25 日,经国务院批准,交通运输业和部分现代服务业营业税改征增值税试点范围由上海市分批扩大至北京、天津、江苏、安徽、浙江、福建、湖北、广东等 8 个省(直辖市)。

（二）运输单证管理规则

《国内水路货物运输规则》第 58 条规定:“运单是运输合同的证明,是承运人已经接收货物的收据。”运单内容一般包括下列各项: ①承运人、托运人和收货人名称;②货物名称、件数、重量、体积(长、宽、高);③运输费用及其结算方式;④船名、航次;⑤起运港、中转港和到达港;⑥货物交接的地点和时间;⑦装船日期;⑧运到期限;⑨包装方式;⑩识别标志;⑪相关事项。

《国内水路货物运输规则》第 61 条要求:“承运人接收货物应当签发运单,运单由载货船舶的船长签发的,视为代表承运人签发。”运单签发后,承运人、承运人的代理人、托运人、到达港港口经营人、收货人各留存一份,另外一份由收货人收到货物后作为收据签还给承运人。

运单具有运输合同、计费依据、货物交接等功能。《水路运输管理条例实施细则》第 29 条规定："水路运输企业和其他从事营业性运输的单位和个人计收客、货运输费用，必须使用交通运输部和省交通运输厅（局）规定的运输票据（货物运单、货票和客票）。任何单位和个人不得使用其他运输票据。"第 30 条规定："水陆联运货物，按照全国统一规定的水陆联运货物运单、货票格式；水水联运及江海干线和跨省运输的，按照交通运输部统一规定的旅客、货物运输票据格式；省内运输的，按照省交通运输厅（局）统一规定的旅客、货物运输票据格式。渡运的票据格式，由省交通运输厅（局）或者授权所属的航运管理部门统一规定。"

如果水运市场交易当事人能够按照现有规定实施，则既能实现运输业务的规范化，也有利于减少纠纷、降低交易费用。在实践中，部分当事人并没有使用运单，尤其是一部分个体经营者。为此，应当强化水路运输经营者使用统一的运单。

运单制度存在的问题主要是经营者没有自觉遵守、地方主管部门没有严格执法，也与水运相关环节如港口等放松运单的审核等有关。从立法角度而言，能做的事不是很多。

《国内水路运输管理条例》没有涉及运单的规定。这是由于运单属于运输合同规范的领域，属于私法范畴。从规范市场行为角度而言，《国内水路运输管理条例》实施细则也可以涉及该制度。

三、信息管理规则

（一）信息制度的内容

作为水运市场运行规则的组成部分，有关水运信息的报送、收集、整理和发布制度所起到的作用日趋明显。无论是水运市场的管理者，还是水运市场的参与者，对其需求也日益增加。

原交通部于 2001 年 5 月发布的《公路、水路交通发展三阶段战略目标》中，提出必须利用电子信息等高新技术对传统的交通运输业进行改造，实现公路、水路交通跨越式发展，提升交通行业可持续发展能力和竞争能力。《国务院关于加快长江等内河水运发展的意见》（国发〔2011〕2 号）中也明确提出了推进水运信息化、建设水运公共信息服务系统的目标。

我国目前关于水运信息的收集方面的规定，主要体现在《水路运输管理条例实施细则》中。关于运输统计管理，《水路运输管理条例实施细则》第 32 条规定："水路运输企业必须按隶属系统向规定的交通运输主管部门或者其授权的航运管理部门和当地统计部门报送客货运输统计表。石油、煤炭、冶金、商业（含粮食）、供销、外贸、林业、电力、化工、水产部门，必须按规定向当地的交通运输主管部门或者其授权的航运管理部门和统计部门报送季度、年度营业性和非营业性客货运输统计表;从事营业性运输的其他单位,必须按规定向当地的交通运输主管部门或者其授权的航运管理部门和统计部门报送季度、年度营业性客货运输统计表。从事营业性运输的个人,必须按规定向当地的交通运输主管部门或者其授权的航运管理部门报送季度、年度营业性客货运输统计表。"第 33 条规定:"各级交通运输主管部门或者其授权的航运管理部门,应当负责组织督促主管范围内上述营业性和非营业性运输统计报表的及时填报,并负责逐级审核、汇总上报。长江、珠江、黑龙江水系沿线各省交通运输厅(局)或者其授权的航运管理部门,应当将汇总报送交通运输部的客货运输统计报表同时抄送交通运输部派驻水系的航务管理局。"

(二)信息制度的完善

在立法层面,我国目前关于水运市场信息的报送、收集、整理和发布制度的规定,仍然集中在国家宏观调控的信息收集方面,通过国家信息统计、分析,为有关政策的制定以及措施的采取提供数据支持。

信息的报送、收集、整理制度,不仅涉及水运市场运行过程中所产生的市场信息,亦涉及政府针对水运市场运行所发布的政策、规划等政府管理而可以向公众公开的信息内容。因此,对于市场信息的收集、报送、整理、发布工作,更多的将涉及国家的宏观统计管理要求,而对于有关产生市场引导作用的信息的分析、预测、发布,则主要应当依靠政策性规划实现,或者由有关民间机构、组织完成此项工作。对于政府可以向公众公开的信息管理问题,涉及市场运行规则的执行机制。

《国内水路运输管理条例》第 24 条规定:"水路运输经营者应当按照统计法律、行政法规的规定报送统计信息。"这意味着现有关于信息报送、统计等方面的规章建立的制度将有所变化。

水运市场信息管理规则的完善主要包括以下几方面:

(1) 信息收集主体。收集的信息可用于行业统计、行业研究、行业管理,从信息收集效率和成本因素出发,信息收集渠道和主体应该是单一的,由交通运输部和地方水运主管部门共同建立统一、畅通的信息收集系统。

(2) 信息报送主体。水路运输业务经营者、水路运输辅助业务经营者、水路运输港口经营者等是主要的信息提供者。重要行业的重要物资运输有关部门也是信息提供者。

(3) 信息范围。信息报送范围是信息管理规则中目前最需要完善的领域,总体上,目前信息统计仍然限于传统的运量信息,不能全面反映经营业绩。

(4) 信息整理、分析。水路运输主管部门在行业自律组织承担行业信息统计等工作的时候,可以赋予行业自律组织承担一部分信息整理、分析工作。

(5) 信息发布主体。一般来说,行业主管部门是信息发布主体,未来可赋予行业自律组织发布一部分行业信息。

(6) 信息公布。行业主管部门发布的信息一般具有常规性、定期性特点,如交通运输部每年发布的《公路水路交通行业发展统计公报》及每月的水路货运量、客运量、港口吞吐量等。另外,水运企业数量、船舶代理企业数量等则是不定期公布。前者做得较好,后者缺乏及时性。

四、诚信建设规则

诚信是市场机制运作的基础,市场机制本身要求经营者以诚信经营。对于失信者,市场机制发挥惩罚作用,使失信经营者遭受声誉损失、市场损失和直接的经济损失。但是,由于我国市场经济尚处于初级阶段,市场机制不完善,相关法制不健全,失信者并不一定受到市场惩罚,守信者也不一定能够获得相应的肯定。这一现象不仅存在于水运市场,其他行业情形差不多。同时,不仅在经济领域存在缺乏诚信的问题,社会领域、政府领域在不同程度上都存在。

诚信是建立行业声誉、维护行业正当竞争秩序、保护消费者利益等的重要基础,也是政府行业监管的基础。在缺乏诚信的行业,会因此产生一系列难以解决的复杂问题。行业诚信也是行业业务规范化、行业竞争秩序建设的基础。行业诚信建设机制,是指通过建立诚信档案、诚信评价机制、奖惩机制等实现经营者以诚信为本的经营原则。

在诚信建设过程中,政府和行业自律组织都负有责任,两者可基于分工共同建设水运市场诚信体系。按照社会主义市场经济体制法制要求,行业自律组织将是行业诚信建设的主体,行业主管部门起引导、指导作用。

诚信建设需要制度化,具体内容包括:①企业信用信息征集规范;②企业信用档案建设规范;③企业信用等级评价规范;④企业失信惩戒规范。企业合同信用是评价经营者诚信状况的重要内容,可以作为重要的评价指标。企业合同信用评价,是指经企业合同信用评估机构对该企业申报期内的合同信用状况进行评估并出具评估报告,由企业合同信用促进会根据评估报告认定该企业申报期内的合同信用等级的评价活动。企业合同信用评价的内容为:①企业合同管理水平,包括合同管理制度建立健全情况、合同管理制度实施情况、合同管理各级负责人职责落实情况、合同管理人员岗位资质情况、合同管理人员业务考核情况、合同条款的规范和格式合同的应用水平、合同签约率;②企业合同履约能力,包括企业资产负债率、速动比率、企业现金流动负债比、企业总资产报酬率、企业净资产收益率、企业营业收入增长率;③企业合同履行状况,包括企业合同履约率、企业合同变更率、企业合同履约率变动指数、企业合同履约客户满意度、企业之间逾期账款比率、企业逾期贷款比率;④企业社会信誉。

诚信建设的基本目的是:使诚信企业获得市场认可,失信企业受到市场惩罚。显然,目前并没有发挥这种实际作用。主要原因是:①业内经营者、消费者和社会对于诚信评价结果的认可程度,这基于诚信评价主体的公正性、评价标准的科学性等因素;②信息公开程度,目前,部分行业自律组织只公开获得最高信用等级的经营者,部分行业自律组织虽然全部予以公布,但参与评估的经营者数量有限,这样,失信经营者并没有成为“过街老鼠”;③对于失信经营者的惩罚缺乏力度。

五、运输服务质量管理规则

1992 年 1 月 25 日原交通部发布的《水路货物运输质量管理办法》(交运发〔1992〕62 号),是目前唯一直接针对水路运输质量的规则。该办法适用于我国沿海、江河、湖泊以及其他通航水域中一切从事营业性货物运输业务的水运企业、单位和个人及各级水路运输行政管理部门。

该办法具体规定了交通运输部、地方各级交通主管部门及其设置的水路运输行政管理机构、企业及企业货运质量管理部门在水路货物运输质量管理方面的各自职责。

在质量标准方面,该办法具体规定了库场管理、装卸船作业、装卸车作业、船舶货运、外轮理货等作业的质量要求。

经营者应该按照规定的表格统计货运质量信息,并接受监管部门的检查和考核。货运质量按 4 级考核:货运质量合格率达 90%(含 90%,下同)以上为优;80%以上、90%以下为良;60%以上、80%以下为中;低于 60%为差。

《水路货物运输质量考核指标和统计要求》(JT/T 4081—1999)这一行业标准规定货运质量考核指标有 2 个:第一,无重大货运事故;第二,货物赔偿率不得超过 10‰。所谓重大货运事故,是指发生以下任何事故之一的:①内贸货物每一运单的货物损失赔偿金额达 30 万元以上,或外贸货物每一提单的货物损失金额达 250 万元以上的货运事故(1 票整船货物除外);②同一事故或同一航次内涉及 1 票以上的内贸货物的货物损失赔偿金额达 200 万元以上,或外贸货物的货物损失赔偿金额达 500 万元以上的货运事故。货物赔偿率是指赔偿金额与货运收入之万分比。

影响水路货物运输质量的因素很多,其中企业质量管理、竞争秩序、市场环境、政府监管等是主要影响因素。水路货物运输质量首先是企业本身的事务。这既是履行合同的需要,也是企业生存之本。市场机制是提高质量水平最主要的动力。

水路运输是服务业,不能按照一般工业产品标准来衡量。《产品质量法》适用于“经过加工、制作,用于销售的产品”,不适用于服务业。服务业质量管理有 2 种基本途径,一是国家推行服务标准化,二是实行质量体系认证,两者都以企业自愿为基础。《水路货物运输质量考核指标和统计要求》将运输服务质量局限于货损情况,是一个简单的判断标准化,不能从根本上反映和提高运输服务管理。

建立良好的市场竞争环境,完成现代企业制度改造,减少个体经营者,发展规模经济等是提高水路货物运输质量的根本。《水路货物运输质量管理办法》在总体上已经不适合目前水路市场发展实际和现代水路行政管理要求,可以将其中的货运质量信息改造为航运信息管理制度的一部分,纳入水路行政常规管理中。

六、合同管理规则

1999年《合同法》在起草过程中就是否保留原合同管理制度存在着争论，最后取消了该制度。应该说这是符合市场经济一般要求的。但是，也存在一部分合同由于缺乏监管造成市场秩序混乱和损害消费者利益的情形。因此，部分地方人民政府发布了地方性法规或规章，建立合同监管制度，如《关于加强北京市合同监督管理的若干意见》《江苏省合同监督管理办法》《大连市合同监督管理办法》等。

目前的合同监督管理制度重点有4个方面：①对利用合同实施欺诈的行为实施监管。工商行政管理机关和其他有关行政主管部门在各自的职权范围内，对利用合同危害国家利益、社会公共利益的违法行为，负责监督处理，依法查处利用合同进行的违法行为。②通过合同管理提高企业信用水平。工商行政管理机关和其他有关行政主管部门通过对企业合同管理，指导企业开展“重合同，守信用”活动，提供企业合同信用状况征信服务。③对格式实施备案管理。如江苏省对于下列合同要求备案：房屋买卖、房屋中介、住宅装饰装修、物业管理合同；供电、供水、供热、供气合同；旅游、拍卖合同；有线电视、电信服务合同等。④建立合同鉴证制度。合同当事人根据自愿原则申请合同鉴证，合同鉴证可以向合同签订地、履行地或者当事人一方登记注册所在地的县级以上工商行政管理机关申请办理。

在水运市场，地方主管部门可以完善水路运输合同监督管理，重点领域包括：①作为格式条款的集装箱班轮运输条款；②旅客运输条款；③查处合同欺诈行为；④与诚信建设活动结合，通过合同监督管理，提高企业诚信水平。当然，目前已经建立水路运输备案制度的，需要加强监管，真正发挥备案制度的作用。

对于由军费开支和财政直接支出的军事、抢险救灾物资的运输，有必要建立独立的政府合同管理制度。在内容上，包括承运人资格、运力、运价、合同履行、责任等。政府合同属于行政合同，不同于一般合同。在立法层次上，属于《政府采购法》实施法。《政府采购法》更注重货物采购，并不完全适合于政府采购运输服务。

第三节　市场竞争管理规则

一、水运市场竞争机制

在社会主义市场经济条件下，市场秩序最为重要的体现是竞争秩序。竞争秩序的优化以及根据水运市场的特点制定与实施相应的竞争规则是市场参与者的普遍要求。针对本课题组下发的调查问卷中关于是否有必要在将来制定的《航运法》中具体规定实施《反垄断法》和《反不正当竞争法》的规则问题，占93.9%的受访企业表示有必要将之具体规定并实施。同时，市场管理体系的完善亦是目前需要解决的问题。在调查问卷中关于国内水路运输市场行政管理存在的主要问题方面，

78.7%的受访企业认为海事管理与水路市场发展政策缺乏协调,而42.4%的受访企业认为我国尚未形成系统的水路运输市场管理法律法规体系。因此,建立和维持公开、公平、高效、低成本的水运市场管理体系,以有效的市场手段解决问题,是完善水运市场运行规则的重要内容。

作为市场运行的核心规则,竞争规则对于市场能否良性、可持续发展具有举足轻重的作用。可以说,市场经济确立之后,政府对于受市场规律调整的市场予以宏观调控和干预的主要方面即维护市场良好的竞争秩序。现行水运市场运行规则体现在市场管理规定中,但往往比较抽象、概括,且一般仅涉及不正当竞争行为的禁止方面。比如,2009年修订的《国内船舶管理业规定》第18条规定:"经营船舶管理业,不得有下列行为:①以低于正常、合理水平的价格提供船舶管理服务,妨碍公平竞争;②在会计账簿之外暗中给予船舶所有人、船舶经营人、船舶承租人回扣,承揽船舶管理业务;③滥用优势地位,限制他人选择其他船舶管理经营人提供船舶管理服务;④允许不具备船舶管理经营资格的单位或者个人以本企业的名义从事船舶管理业务;⑤法律、行政法规禁止的其他不正当竞争行为。"可见,对于水运市场的反垄断问题涉及较少。

我国《反垄断法》所禁止的行为主要为垄断协议、滥用市场支配地位以及经营者集中3种情况。相对于国际航运而言,对于国内水运市场反垄断问题的关注与研究不够深入。其主要原因在于我国水运市场的市场化水平、产业结构以及市场参与者的经营规模等方面发展尚有不足,有些问题并未显现,或者说有些问题出现的客观条件尚不具备,仅有当企业的规模与市场运力结构发生竞争的需求时,才会涉及反垄断法的适用问题。而且,在市场正在进行产业结构调整与发展阶段所应执行的反垄断政策以及对于某些行为是否应予禁止的考量,显然与成熟市场之间存在着差异。但我们注意到,针对为本课题所制作的调查问卷中关于是否有必要在将来制定的《航运法》中具体规定实施《反垄断法》和《反不正当竞争法》的规则问题,占93.9%的受访企业表示有必要将之具体规定并实施,见图2-5-2。这一调查结果反映出市场参与者对于市场竞争秩序可能出现的扭曲现象的担忧,也反映出目前水运市场竞争秩序的客观情况,尽管主要表现为市场参与者采用不正当竞争手段损害市场竞争秩序的情形。

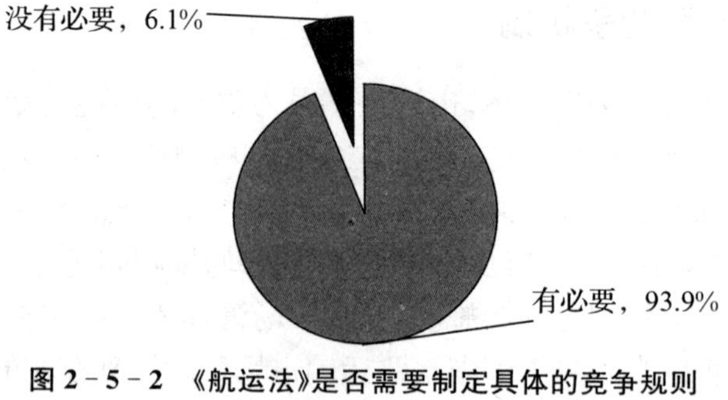

图2-5-2 《航运法》是否需要制定具体的竞争规则

二、反垄断规则

（一）我国反垄断法律规定

我国反垄断的基本法律规则体系由《反垄断法》及其实施细则构成。《价格法》部分条款也属于反垄断法律规则。

2007 年 8 月 30 日第十届全国人民代表大会常务委员会第二十九次会议通过了《反垄断法》，规定其自 2008 年 8 月 1 日起施行。此后，国务院及 3 个反垄断执法机构分别发布了系列实施规则，主要包括：①《国务院关于经营者集中申报标准的规定》(2008 年 8 月 4 日)；②国务院反垄断委员会于 2009 年 5 月 24 日发布的《关于相关市场界定的指南》；③国家工商行政管理总局发布、自 2011 年 2 月 1 日起施行的《工商行政管理机关禁止垄断协议行为的规定》；④国家工商行政管理总局发布、自 2011 年 2 月 1 日起施行的《工商行政管理机关禁止滥用市场支配地位行为的规定》；⑤国家发展和改革委员会发布、自 2011 年 2 月 1 日起施行的《反价格垄断规定》；⑥商务部发布、自 2010 年 1 月 1 日起施行的《经营者集中申报办法》；⑦商务部发布、自 2010 年 1 月 1 日起施行的《经营者集中审查办法》。

（二）垄断协议、垄断豁免与水运市场

我国《反垄断法》规定的垄断协议，是指排除、限制竞争的协议、决定或者其他协同行为。垄断协议分为“具有竞争关系的经营者达成的垄断协议”和“经营者与交易相对人达成的垄断协议”两类。前者被称为横向垄断协议，后者被称为纵向垄断协议。横向垄断协议主要包括：①固定或者变更商品价格；②限制商品的生产数量或者销售数量；③分割销售市场或者原材料采购市场；④限制购买新技术、新设备或者限制开发新技术、新产品；⑤联合抵制交易。纵向垄断协议主要包括：①固定向第三人转售商品的价格；②限定向第三人转售商品的最低价格。

关于价格垄断协议，根据国家发展和改革委员会《反价格垄断规定》，价格垄断行为包括：①经营者达成价格垄断协议；②具有市场支配地位的经营者使用价格手段排除、限制竞争。《反价格垄断规定》对于《反垄断法》规定的与价格有关的垄断行为进行了具体化，价格垄断协议包括横向垄断协议和纵向垄断协议两方面。

横向垄断协议，即具有竞争关系的经营者达成的价格垄断协议，包括：①固定或者变更商品和服务(以下统称商品)的价格水平；②固定或者变更价格变动幅度；③固定或者变更对价格有影响的手续费、折扣或者其他费用；④使用约定的价格作为与第三方交易的基础；⑤约定采用据以计算价格的标准公式；⑥约定未经参加协议的其他经营者同意不得变更价格；⑦通过其他方式变相固定或者变更价格；⑧国务院价格主管部门认定的其他价格垄断协议。

纵向垄断协议，即经营者与交易相对人达成的价格垄断协议，包括：①固定向

第三人转售商品的价格;②限定向第三人转售商品的最低价格;③国务院价格主管部门认定的其他价格垄断协议。

关于非价格垄断协议,《工商行政管理机关禁止垄断协议行为的规定》从非价格因素规定了垄断协议的具体行为,包括:①具有竞争关系的经营者就限制商品的生产数量或者销售数量达成的垄断协议;②具有竞争关系的经营者就分割销售市场或者原材料采购市场达成的垄断协议;③具有竞争关系的经营者就限制购买新技术、新设备或者限制开发新技术、新产品达成的垄断协议;④具有竞争关系的经营者就联合抵制交易达成的垄断协议。

关于垄断豁免,在反垄断法律制度中,禁止各种垄断协议是基本制度,只在少数情况下通过反垄断豁免制度才允许这些垄断协议存在。反垄断豁免制度包括享有反垄断豁免的协议与条件 2 方面。

《反垄断法》第 15 条是关于反垄断豁免的规定。该条通过列举方式规定了享有反垄断豁免的协议范围,主要包括:①为改进技术、研究开发新产品的;②为提高产品质量、降低成本、增进效率,统一产品规格、标准或者实行专业化分工的;③为提高中小经营者经营效率,增强中小经营者竞争力的;④为实现节约能源、保护环境、救灾救助等社会公共利益的;⑤因经济不景气,为缓解销售量严重下降或者生产明显过剩的;⑥为保障对外贸易和对外经济合作中的正当利益的;⑦法律和国务院规定的其他情形。其中,①～⑤规定的协议享有反垄断豁免需要满足以下 2 个条件:经营者所达成的协议不会严重限制相关市场的竞争,以及能够使消费者分享由此产生的利益。

考察我国目前水运市场运行规则的相关规定,并无关于垄断协议方面的具体规定,也无关于水运经营人垄断豁免方面的规定。《反垄断法》的相关规定应当适用于水运市场。但是,就目前水运市场的发展状况而言,由于国内水运行业运力结构调整仍在进行,水运市场的规模效应尚未体现,因而有必要对国内水运市场中出现的垄断协议现象是否应当予以豁免或者在何等程度上予以豁免,以及应当如何采取相关申报、预警制度开展研究、论证,尤其是对于水运领域可能达成的价格协议、运力限制计划等方面的报备制度以及有关行为性质的认定方面,可以考虑根据市场发展的实际情况进行具体规定。

(三) 滥用市场支配地位与水运市场

市场支配地位,是指经营者在相关市场内具有能够控制商品价格、数量或者其他交易条件,或者能够阻碍、影响其他经营者进入相关市场能力的市场地位。认定经营者是否具有市场支配地位,可以考虑下列因素:①该经营者在相关市场的市场份额,以及相关市场的竞争状况;②该经营者控制销售市场或者原材料采购市场的能力;③该经营者的财力和技术条件;④其他经营者对该经营者在交易上的依赖程度;⑤其他经营者进入相关市场的难易程度;⑥与认定该经营者市场支配地位有关的其他因素。但是,经营者有下列情形之一,可以推定其具有市场支配地位:①1个经营者在相关市场的市场份额达到1/2;②2个经营者在相关市场的市场份额合计达到2/3;③3个经营者在相关市场的市场份额合计达到3/4。按照市场份额推定具有市场支配地位,是反垄断结构主义思想的反映。

经营者拥有市场支配地位本身并不违法,反垄断法禁止的是滥用该市场支配地位。这些滥用行为主要包括:①以不公平的高价销售商品或者以不公平的低价购买商品;②没有正当理由,以低于成本的价格销售商品;③没有正当理由,拒绝与交易相对人进行交易;④没有正当理由,限定交易相对人只能与其进行交易或者只能与其指定的经营者进行交易;⑤没有正当理由搭售商品,或者在交易时附加其他不合理的交易条件;⑥没有正当理由,对条件相同的交易相对人在交易价格等交易条件上实行差别待遇;⑦其他滥用市场支配地位的行为。

《反价格垄断规定》就具有市场支配地位的经营者使用价格手段排除、限制竞争的行为进行了具体规定。《工商行政管理机关禁止滥用市场支配地位行为的规定》从价格以外的因素(如数量、品质、交易相对人、搭售、支付方式、市场地理范围等),对滥用市场支配地位的行为进行了具体规定。总体上,两者与《反垄断法》规定的具体垄断行为类似。

无论是《反垄断法》,还是有关的实施细则,在滥用市场支配地位制度上均存在一个漏洞,即垄断协议滥用市场支配地位行为的认定及其责任。目前有关规定是从单个经营者角度出发的。从其他国家反垄断实践看,垄断协议滥用市场支配地位行为属于垄断协议规制制度范围。另外,即使在垄断协议享有反垄断豁免的情况下,也禁止垄断协议滥用市场支配地位。在滥用市场支配地位行为规制制度中,不存在反垄断豁免制度。

关于滥用市场支配地位行为的禁止,《国内船舶管理业规定》中有所涉及。该制度亦同样适用于水运市场的其他领域。关于此方面的规定,关键的问题并非是否存在着禁止滥用市场支配地位的规定,而是如何认定市场支配地位的存在以及如何认定其行为已经构成阻碍竞争秩序的滥用行为。可见,在执法方面所面临的问题将更为复杂。

(四)经营者集中与水运市场

《反垄断法》规定的经营者集中,是指:①经营者合并;②经营者通过取得股权或者资产的方式取得对其他经营者的控制权;③经营者通过合同等方式取得对其他经营者的控制权或者能够对其他经营者施加决定性影响。

对于经营者集中进行监管的制度,在各国均是对经营者集中的审查制度。我国《反垄断法》规定:“经营者集中达到国务院规定的申报标准的,经营者应当事先向国务院反垄断执法机构申报,未申报的不得实施集中。”根据我国《反垄断法》执法的分工,经营者集中审查制度由商务部负责实施。

2008年8月14日,《国务院关于经营者集中申报标准的规定》建立了我国现阶段经营者集中申报标准。达到该标准的,经营者应当事先向商务部申报;未申报的,不得实施集中。商务部为了实施《反垄断法》规定的经营者集中制度,制定了2个实施细则,一是《经营者集中申报办法》,二是《经营者集中审查办法》,均自2010年1月1日起施行。

应当看到,随着我国水运市场基础设施、建设投入的不断加大,企业规模化经营的日益发展,市场竞争格局的逐渐形成,经营者集中现象必然随之发生。就此种现象对于水运市场可能产生的影响,以及是否会导致竞争秩序遭受不利影响,需要根据水运市场的发展状况与需求进行综合评估。由于航运企业本身资金密集、前期投入巨大,市场存在周期性的特点,以及航运业对于一国的经济、国家安全的重要意义,鼓励和扶植大型航运企业,从长远和宏观角度保障经济的安全、可持续发展是许多国家采取的政策。应当认为,我国水运市场目前尚处于发展壮大阶段,尽管已经取得了显著的成就,但相对于我国的经济发展需求,仍存在一定的差距。因此,关于经营者集中的问题,尽管目前尚未发生或者并不突出,但课题组认为,此种状况的出现是市场竞争的必然结果,也是水运市场发展规律的必然要求。因此,应当就此方面作好前期准备,可以考虑从宏观角度对水运市场发展过程中出现的经营者集中问题进行事前规划。此方面规定在水运市场中的应用问题,主要仍体现在制度的执行方面。

(五)水运市场反垄断规则

我国目前就水运市场竞争规则方面的法律规定相对缺乏,包括《国内水路运输管理条例》在内的其他规定中就此问题提及甚少,或者基本未予涉及。这也表现出我国水运市场运行规则立法重市场准入、轻市场管理的特点。横向垄断协议、纵向垄断协议、市场支配地位以及经营者集中的现象是市场发展的结果,其存在从某种程度上来说具有一定的合理性,其是否构成了对于市场竞争秩序的妨碍、违反了法律,需要详尽地调查、分析,因而这种立法的详尽化也存在着困难。

因此,针对国内水运市场竞争规则的完善,需要做的主要工作是,对于目前水运市场中已经发生的经济现象和市场行为作出客观的经济和法律评价,通过实施有针对性的规制行为实现市场管理。对于水运经济发展可能出现的或者必然会出现的垄断问题,亦应当提前作好应对准备。换言之,市场竞争规则的调研、分析、预测、针对性立法与执法问题,在完善市场运行规则的过程中将显得更加重要。针对国内水路运输市场的特点,《航运法》应规定国内水路运输业务经营者和水路运输辅助业务经营者不得有下列行为:①具有竞争关系的经营者就固定价格、价格变动等达成协议;②具有竞争关系的经营者就分割市场、客源、货源等达成协议;③具有竞争关系的经营者达成联合抵制、拒绝交易等协议;④具有市场支配地位的经营者实施不公平的定价或者设置其他不公平的交易条件;⑤具有市场支配地位的经营者拒绝与交易相对人达成交易;⑥具有市场支配地位的经营者没有正当理由,对条件相同的交易相对人在交易条件上实行差别待遇。

三、反不正当竞争规则

在一定意义上,我国水运市场存在的不正当竞争现象要比垄断现象严重,对水运市场运行产生的不利后果也较严重。从法律规制角度看,反不正当竞争却比反垄断困难。在我国水运市场,不正当竞争现象存在的原因要比垄断复杂,与水运市场弱、小、散格局有着关联性。

《反不正当竞争法》于 1993 年制定,其中规定了 11 种禁止的行为。严格意义上,只有 6 种属于不正当竞争行为,其余 5 种属于垄断行为。6 种不正当竞争行为包括:混淆行为(第 5 条)、商业贿赂行为(第 8 条)、引人误解的虚假宣传行为(第 9 条)、侵犯商业秘密行为(第 10 条)、不正当有奖销售行为(第 13 条)和损害竞争对手商誉行为(第 14 条)。属于垄断行为的有:公用企业限制竞争行为(第 6 条)、行政垄断行为(第 7 条)、低价倾销行为(第 11 条)、搭售行为(第 12 条)和串通招投标行为(第 15 条)。在《反垄断法》实施后,这些行为同时可适用《反垄断法》予以禁止和处罚。

我国几年前启动了《反不正当竞争法》的修订工作,但历次公布的修订稿差别较大,其中一稿删去垄断行为的规定,重新定义了不正当竞争行为,即经营者违反该法规定,损害其他经营者或者消费者的合法权益,扰乱市场竞争秩序的行为。对于混淆行为等 6 种不正当竞争行为予以具体化,增加了相应的条款。增加了一种新的不正当竞争行为:经营者在市场交易中,采取不正当方法妨碍竞争对手的经营活动或者不正当地引诱竞争对手的客户与自己交易,妨碍公平竞争。但在最新的一稿中,原来的垄断行为又包括在内。

水运市场反不正当竞争行为,一方面需要依靠水运运行规则本身解决导致不正当竞争的深层次问题,另一方面也需要加强《反不正当竞争法》的执法。就《航运法》相关规则制定而言,则依赖于《反不正当竞争法》修订工作的进展,即需要在《反不正当竞争法》修订完成后,才能全面考虑水运市场反不正当竞争规则的制定问题。在目前情况下,可以归纳水运市场存在的典型不正当竞争行为。

四、行业自律规则

(一)行业自律是行业协会的基本职能

行业自律,是指与政府监管、企业自律相对应的,由特定行业的经营者自愿参加的,通过遵守行业自律规范,维护行业共同利益的行业自我管理活动。行业自律是行业协会的一项基本职能。行业协会,是指由同业企业以及其他经济组织自愿组成、实行行业服务和自律管理的非营利性社会团体。行业服务、行业自律和行业代表是行业协会的 3 项基本职能。

《国务院办公厅关于加快推进行业协会商会改革和发展的若干意见》(国办发〔2007〕36 号)规定:“行政执法与行业自律相结合,是完善市场监管体制的重要内容。行业协会担负着实施行业自律的重要职责,要围绕规范市场秩序,健全各项自律性管理制度,制定并组织实施行业职业道德准则,大力推动行业诚信建设,建立完善行业自律性管理约束机制,规范会员行为,协调会员关系,维护公平竞争的市场环境。”

由于目前我国水运市场主体规模差距大,市场化水平还有待提高,难以形成具有实际效用的行业组织,而已经存在的行业组织多涉及与国际运输之间的协调方面,对于国内水运市场的关注力度不够,或者说,发挥国内水运市场调节作用的基础环境尚不完全具备。

目前我国与航运业相关的行业组织,主要为水路运输协会、船东协会、口岸协会、港口业协会、货运代理协会等组织。总体上,这些组织所发挥的作用并不明显,其本身的定位与工作目标也不甚明确。行业组织在市场运作中应当有所作为,但其作用的发挥与其自身的发展需要一定的市场条件,因为行业组织的出现本质上表现为市场运行的需求。行业组织可以涉及政府调控所涉及不到的方面,维护市场竞争秩序,调节资源配置,分享市场信息,对于会员单位的发展提出建议,在总体上协调组织参加者的发展。但另一方面,行业组织可能导致横向垄断协议的产生,影响市场正常竞争秩序。因此,对于行业组织的管理与协调应当予以全面把握。

如果我国水运市场的运力结构得到有效改善,规模化经营得到发展,行业协会将更容易发挥其行业自律作用。目前,应当发挥既有行业组织的作用,将其作为平台,更好地采集市场信息,优化市场管理,并借以促进国家宏观调控政策的执行。因此,市场运行规则在行业组织方面将更多体现为政策性规定,应在原则性规定的基础上,设立具体的协调机构,协调政府主管部门与行业组织之间的关系,亦可以根据相关法律规定,在可行的范围内委托有关行业组织执行有关国家政策、法律,节省国家行政资源与开支,并发挥行业协会贴近市场的优势,提高法律执行效率和增强法律执行效果。

(二) 水运市场行业自律管理规则的完善

行业自律的发挥依赖于行业组织本身的建设,并将行业自律作为行业组织的首要职能之一。目前,我国国际航运领域行业组织作用发挥得相对较好,而国内水路运输行业组织的作用有限,在组织建设、机制建设方面严重落后。发挥行业自律组织在航运行业的自律作用是航运市场管理的重要内容。行业自律机制一般包括行业组织制定行业自律规范、建立并实施行业信用管理体系、建立行业信息统计制度、建立奖励与惩戒体系等。行业自律是对政府管理的补充和延伸,是市场经济条件下政府管理必须利用的一种机制。

发挥政府在推动行业自律过程中的作用,建立政府促进机制与行业自律机制之间的协调关系,建设系统的行业自律机制,规范市场秩序,维护公平竞争的市场环境。

要充分发挥国内水路运输行业组织的作用,一方面需要在《航运法》中确立行业组织的地位和职能,另一方面要依靠行业主管部门有意识、主动地推进行业组织和自律机制的建设。

行业组织的出现和发展与市场的发展水平和成熟度密切相关,行业组织的设立大多源于市场的需要,政府部门应当在深入进行市场调研的基础上,在条件已经成熟的地区和领域引导有关行业组织的建立,为行业组织的建立提供条件。同时,也可以针对目前市场的需求以及未来市场宏观管理目标的需要,前瞻性地扶持、发展某类行业组织,为未来市场的发展需要作好前期准备。

关于目前我国水运市场行业组织的构建,基本上仍然可以根据服务领域的不同划分为船东行业组织、水路运输服务业行业组织以及港口这几种类型。但由于综合物流运输服务的发展,行业之间出现了密切联合的趋势,已经出现了包括运输、运输辅助业在内的综合行业组织,也可能出现与其他运输方式市场主体联合的行业组织。

行业自律规范体系建设是实行行业自律的基础。第一,敦促行业协会完善章程中关于行业自律职能的规定。更加具体、明确规定行业自律目标、行业自律职能,建立具体、系统的实现行业自律的措施。第二,制定行业自律准则。行业自律准则在行业自律机制建设中处于核心位置,直接决定着是否能够真正建立起行业自律机制。行业协会章程是行业自律准则的制定依据,是章程关于行业自律职能的具体化,其效力仅次于章程。行业自律准则在形式上可以有准则、公约、宣言等不同形式。第三,制定标准交易条款、标准合同或行业标准。

除上述执行行业信息交换、行业自律、行业统筹等传统功能的行业组织之外,我国水运市场亦可能根据市场发展的需要出现行业风险分散机构,即企业联合互保协会组织。此种组织在国际航运业中所起到的重要作用有目共睹,作为企业分散风险的有效途径之一,行业互保协会组织有其存在的必要。但是,由于行业互保协会的建立涉及市场的宏观需求以及金融资本的运作等方面问题,其建立需要国家给予政策引导,并应当对于其运行进行市场可行性分析,其运行规则可以参考中国船东互保协会的组织体系与经验。

第四节 水运安全管理规则

一、船舶营运安全规则

船舶营运安全既是技术标准问题、航行问题,也是企业经营管理问题、市场运行秩序问题。目前与船舶安全营运直接相关的法律法规主要有:《海上交通安全法》《内河交通安全管理条例》《海(水)上船舶交通运输安全管理规定》《船舶安全营运和防止污染管理规则》。

《国内水路运输管理条例》《国内水路运输经营资质管理规定》等从市场准入角度对于经营者投入营运的船舶进行规定,要求符合安全标准、适航等条件。作为水运市场运行规则的船舶营运安全管理,主要考虑营运因素对船舶、货物等安全的影响,比如超载行为导致的水运事故等。

2008年,交通运输部发布《关于开展水路内贸集装箱超载治理工作的通知》(交水发〔2008〕192号),提出了"把住源头、综合治理、标本兼治、依法严管"的要求,对水路内贸集装箱超载进行综合治理,制止水路内贸集装箱超载和装卸、船舶运输超载内贸集装箱等违法行为。由于超载问题的复杂性,交通运输部提出了超载治理工作三原则:①全面治理与港口重点治理并重;②技术监控、法律规范与行政管理相结合;③阶段性集中治理与建立长效机制相结合。从深层次原因上看,超载现象与水运市场低价竞争不无关系。随着经营成本的上升,运价处于较低水平,经营利润下降,经营者通过超载等方法降低成本。

水运市场营运安全主要是市场环境和航运执法问题,《航运法》如何将其纳入其中不是件容易的事,除市场准入制度把好关外,营造良好的市场竞争环境应该是根本出路。

二、船舶标准化制度

水运市场船舶标准化制度,是指航运市场船舶的类型、材质、主要尺度等必须符合国家或者航运主管部门规定标准的一种制度性措施。这一制度的意义在于通过对市场船舶的类型、材质、主要尺度等方面的规范,优化船舶的运力结构,提高船舶营运的效益。同时,这一制度有助于提高船舶技术水平,从而对船舶航行安全和水域环境保护具有促进作用。例如在欧盟主要内河莱茵河,由于实行船舶标准化制度,船舶的类型、材质、主要尺度基本相同,这不但提高了莱茵河的使用效益,而且极大地促进了船舶航行安全和水域环境保护。

这一制度主要适用于江河等内陆通航水域,这是因为内陆通航水域受到航道宽度、水深等地理条件的限制,同时可容纳的航行船舶有限。因此,要充分发挥内陆通航水域的作用和使用效益,需要对营运船舶的类型、材质、主要尺度等加以规范。相反,在海上运输中,受航道宽度、水深等地理条件的限制小,船舶的类型、主要尺度等因素对于海域的使用效益几乎没有影响,从航运市场经济效益角度,无须采用法律制度进行调整,靠市场机制本身即可实现适当的调节。至于船舶的类型、主要尺度等对海上航行安全和海洋环境保护的影响,由航运市场船舶技术条件调控制度进行调整。

由于历史的原因,我国内陆水域船舶标准化程度很低,突出表现为船型杂乱、机型庞杂、材质多样、单船吨位小。[①] 这种状况不但严重影响内陆通航水域的使用效益，而且妨碍水上运输安全、危害水域环境。因此，实行内河船舶标准化制度具有重要的意义。而且，随着市场经济体制的建立，内河航运市场主体中个体和私营企业的成分不断增加，受到主体自身财力的限制和经济利益的驱动，如果不对投入营运的船舶实施标准化，更多的造价低廉、水域使用效益低、不利于水运安全和水域环境保护的船舶将投入营运。因此，实行内河船舶标准化制度是一项紧迫的任务。

为此，原交通部于 2001 年 10 月 11 日发布《内河运输船舶标准化管理规定》[②]（以下简称《规定》）。其中第 1 条指出："为加强内河运输船舶标准化管理，提高内河运输船舶技术水平，防止船舶污染水域，优化内河运输船舶结构，促进水路运输事业的发展，制定本规定。"此后，原交通部发布了《研究开发内河标准船型指导意见》（交水发〔2004〕7 号）、《内河标准船型技术管理指导意见》（原交通部公告 2004 年第 2 号）等部门规章和规范性文件，并会同财政部和八省二市人民政府联合发布《推进长江干线船型标准化实施方案》，规划及开展了包括长江、西江、京杭运河及长江三角洲、珠江三角洲等"两横一纵两网"内河水运主通道及其他部分内河区域的船型标准化工作。内河船型标准化制度的主要内容包括：①新建、改建内河运输船舶不符合船舶船型主尺度系列标准的，不签发检验证书、船舶登记证书和船舶营运证书；②已经投入营运的水泥质船舶、木制船舶和挂桨机船，限期淘汰；③各级交通主管部门负责标准船型开发的组织，并定期向社会发布；④在特定流域实施非标准化船舶退出市场专项船舶拆解改造补贴。

2006 年 2 月，原交通部发布《全国内河船型标准化发展纲要》（交水发〔2006〕56 号），提出：到 2010 年，川江及三峡库区、京杭运河、长江、珠江三角洲及其干流基本实现船型标准化、系列化，平均吨位较 2004 年提高 1 倍，通航设施利用率较 2004 年提高 15%，船舶安全技术性能得到进一步提高，对水环境的污染得到基本改善；到 2020 年，内河船舶实现标准化和系列化，平均吨位较 2004 年提高 2 倍，通航设施利用率较 2004 年提高 30%，船舶安全技术性能向国际先进水平靠拢，对水环境的污染得到根本改善，运输成本明显降低。

近些年来，《规定》的实施使得内河船型标准化工作稳步前进，并且初见成效。[③] 尤其是京杭运河、长江流域的船型标准化进程卓有成效，挂桨机船、水泥船

---

① 据统计，全国内河运输船舶的船型有 300 余种，机型 150 多种。存在大量造价低廉的水泥质船舶、木质船舶和挂桨机船舶，其中挂桨机船所占比例大。全国内河船舶平均吨位仅 105 t。
原交通部. 全国内河航运发展战略[M]//原交通部水运司. 水路客货运输专刊（2001 年第 4 期）. 北京：人民交通出版社，2001：55.
原交通部. 2001—2010 年公路水路交通行业政策蓝皮书[M]. 北京：人民交通出版社，2001：217 - 218.

② 原交通部令 2001 年第 8 号，自 2001 年 12 月 1 日起施行。

③ 翟慧娟，李鲁宁. 内河船型标准化面临的形势与对策[J]. 珠江水运，2011(18)：90 - 92.

的改造和淘汰成效显著。2005—2010年这5年间，交通运输部门共落实10亿元中央支持长江干线船型标准化专项资金，长江干线货运船舶平均载重吨由“十一五”初期的600 t提高到850 t，水路运输成本大大降低，运输效率和竞争力显著提高。一大批落后船舶的逐步淘汰、新建标准化船舶的投入营运，促进了内河船舶大型化和运力结构优化，提高了航道、船闸通过能力和船舶的营运效率，保障运输生产安全和防止船舶污染水域。

但是，全国内河船型标准化率依然整体偏低。即使是标准化水平较高的京杭运河、三峡库区，船型标准化率也不足40%。船型标准化进程较慢的珠江，干线货运船型标准化率仅为20%。[①] 我国内河船型标准化是一项庞大的系统工程，涉及面广、政策性强、社会影响大，需要建立长效机制，尤其要从法律、技术、经济、行政等方面加强船型标准化实施保障机制。

2010年3月10日，财政部和交通运输部联合发布《长江干线船型标准化补贴资金管理办法》(财建〔2010〕46号)，指出：“为加快推进长江干线船型标准化，促进长江水运发展，根据《推进长江干线船型标准化实施方案》，中央和有关地方财政决定设立长江干线船型标准化补贴资金。”制定该管理办法的目的是规范长江干线船型标准化补贴资金的管理。可见，根据该管理办法，将长江干线船舶作为实施国内航运市场运力主动退出和运力调节基金制度的第一步。为贯彻《推进长江干线船型标准化实施方案》和《长江干线船型标准化补贴资金管理办法》，长江流域一些省市制定了适用于本行政区域的实施性规定，如《江西省内河船型标准化老旧船舶拆解工作方案》《江苏省长江干线船型标准化船舶拆改工作管理办法》《安徽省长江干线船型标准化补贴资金管理办法》《安徽省船舶拆解改造工作规范》以及湖南省交通运输厅、湖南省财政厅《关于推进长江干线船型标准化工作的实施方案》。目前，长江干线船型标准化补贴资金制度是作为长江干线船型标准化制度的配套制度而得到实施的。

《航运法》应当对我国内河船型标准化制度作出原则上的规定，并通过实施性质的法规、规章对这一制度作出具体规定。

三、危险品运输管理规则

危险品运输是水运安全管理的重要内容，也是影响水路客货运输安全的重要因素。目前，危险品运输管理的主要法律法规有《水路危险货物运输规则》《国内水路运输经营资质管理规定》《国内水路货物运输规则》《关于加强国内水路客运液货危险品运输市场准入管理的通知》等。另外，《海上交通安全法》和《内河交通安全管理条例》等也是危险品运输管理中的重要法律法规。

《水路危险货物运输规则》是一般规则，《国内水路运输经营资质管理规定》是

① 2010年9月，时任交通运输部副部长徐祖远在中国船东协会第五次会员大会上的讲话。

市场准入规则,《国内水路货物运输规则》是合同规则。这些规则共同构成我国水路危险品运输市场运行规则体系。总体上,这些规则主要集中在市场准入领域、运输当事人的义务和责任,对于主管部门的日常监管的规定比较少。

《国内水路运输经营资质管理规定》大大提高了危险品运输市场的准入条件,对于经营省际、省内沿海散装液体危险品船运输,经营省际、省内内河散装液体危险品船运输的船舶规定了具体要求。《关于加强国内水路客运液货危险品运输市场准入管理的通知》要求新设立的客运、液货危险品运输企业中至少 1 名持股 25% 以上的股东具有 3 年以上经营相应船舶种类的海船、河船运输经历。为了避免船舶委托经营中"托而不管"的现象,液货危险品船不得再采用委托经营的方式,允许组建符合经营资质条件的公司或光租给具有经营资格的公司等方式实现公司化经营。

危险品运输市场运行规则的完善需要考虑下列 4 个方面:①建立水路危险货物运输人员从业资格制度;②从事危险品运输的经营者加强企业内部安全管理体系建设;③监管部门加强日常管理;④完善危险品运输违法行为法律责任制度。

四、防止污染管理规则

水运市场防污染规则与前述船舶营运安全规则、船舶标准化、危险品运输管理规则等存在重叠,部分规则是相同的。其中,《船舶安全营运和防止污染管理规则》《海洋环境保护法》《水污染防治法》等属于水运防污染领域的基本规则。

船舶在航行、作业或停泊各阶段都可能对水域及周边环境造成各种污染,包括油类物质污染、有毒有害化学物质污染、生活污水污染、船舶垃圾污染以及大气和噪声污染,既破坏水域的生态环境,妨碍对水体的有效利用,也会直接危害沿岸居民的健康。

从水运市场运行规则角度考虑船舶污染问题,核心是构建以安全营运为目标,以良好的船舶通航环境建设为抓手,以建立良好的市场竞争环境为依托,并不断完善的应急反应机制。

第六章　《航运法》有关国内水运市场运行规则的建议

第一节　建议条款

第一条　[水路运输业务的定义]

水路运输业务，是指在中华人民共和国沿海、江河、湖泊及其他通航水域内的旅客运输和货物运输。

水上拖航运输视为水路运输，适用本法相关规定。

前款所称水上拖航运输是指根据合同约定，用拖船将被拖物经水路从一地拖至另一地的行为。

从事水路运输业务的单位和自然人为水路运输经营者。

第二条　[水路运输辅助业务的定义]

水路运输辅助业务，包括水路运输船舶管理、水路运输船舶代理、水路运输船舶经纪、水路运输货物场站经营、水路旅客运输代理和水路货物运输代理等经营活动。

从事水路运输辅助业务的单位为水路运输辅助业务经营者。

第三条　[水运市场运行规则目标]

建立有序、效率、公平、安全、低碳的水运市场运行规则体系。

第四条　[建立统一水路运输市场]

从事水路运输不受行政区划限制。

水路运输市场实行公平竞争，任何单位和个人不得对水路运输市场实行地区封锁、进行部门保护以及实施其他垄断行为。

第五条　[沿海运输权保留]

水路运输业务由中国自然人、法人或者其他组织使用中华人民共和国国籍的船舶经营。

未经国务院交通运输主管部门许可，在中国登记的外资企业、中外合资经营企业、中外合作经营企业不得经营水路运输业务，其船舶不得从事水路运输业务。

中国自然人、法人或者其他组织光船租赁并临时取得中华人民共和国国籍的外国籍船舶不得从事水路运输业务。

外国自然人、法人或者其他组织不得从事水路运输业务与水路运输辅助业务，也不得通过租用中华人民共和国国籍的船舶或者舱位、箱位等以承运人身份变相经营水路运输业务。

第六条　[货载保留]

政府物资、军事物资应当由中华人民共和国国籍的船舶承运。

政府物资的水路运输实行招投标制，具体办法由国务院交通运输主管部门制定。

第七条　[经营者的法律形式]

经营沿海货物运输、沿海或与海相通的内陆水域旅客运输业务，以及与海相通的内陆水域的散装液体危险品运输、滚装运输业务，应当取得企业法人资格。

经营水路运输辅助业务，应当取得企业法人资格。

自然人可以从事本条第一款规定之外的内陆水域普通货物运输业务。

第八条　[水路运输业务市场准入]

经营水路运输业务，应当符合下列条件：

（一）有符合要求的经营者组织形式；

（二）有符合要求的船舶与运力规模；

（三）至少配备3名持有国务院交通运输主管部门认可的从业资格证书并具有与经营范围相适应的3年以上工作经验的专业人员；

（四）实施并保持安全管理体系，并取得相关证书，或者委托具有相关证书的法人对其船舶进行安全管理。

第九条　[水路运输船舶要求]

从事水路运输业务的船舶应当依法进行登记，取得中华人民共和国国籍，具有并随船携带有效的船舶营业运输证和船舶技术证书。

水路运输的船舶应当符合国家技术发展政策和环境保护的要求，以及国务院交通运输主管部门规定的船舶技术规范和船型、船龄要求。

第十条　[水路运输辅助业务市场准入]

经营水路运输辅助业务，应当符合下列条件：

（一）取得企业法人资格；
（二）注册资本符合本法第十一条的要求；
（三）至少配备 2 名持有国务院交通运输主管部门认可的从业资格证书并具有与经营范围相适应的 3 年以上工作经验的专业人员；
（四）有固定的经营场所和必要的营业设施；
（五）有符合法律规定的企业组织机构。

第十一条 ［水路运输辅助业务注册资本］

经营水路运输船舶代理业务的，最低注册资本为 20 万元人民币；经营水路客货运输代理业务的，最低注册资本为 30 万元人民币；同时经营水路运输船舶代理和水路客货运输代理业务的，最低注册资本为 50 万元人民币。

经营水路运输船舶管理业务、水路运输船舶经纪业务、水路运输货物场站业务的，最低注册资本为 50 万元人民币。

国务院交通运输主管部门可根据需要，调整本条第一款、第二款规定的最低注册资本数额。

第十二条 ［船舶管理市场准入］

接受船舶所有人、船舶承租人或者船舶经营人的委托，为其提供船舶海务、机务管理等服务的水路运输船舶管理业务经营者，应当符合下列条件：
（一）取得企业法人资格；
（二）有符合最低数额的注册资本；
（三）实施并保持安全管理体系，并取得相关证书；
（四）有与经营范围相适应的固定经营场所和设施。

第十三条 ［船舶经纪市场准入］

接受委托人委托，为促成货物和商品的海上运输或船舶买卖而从事经纪业务并收取佣金的水路运输船舶经纪业务经营者，应当符合下列条件：
（一）取得企业法人资格；
（二）有符合最低数额的注册资本；
（三）至少配备 3 名持有国务院交通运输主管部门认可的从业资格证书并具有航运、船舶交易相关行业 3 年以上工作经验的专业人员；
（四）有与经营范围相适应的固定经营场所。

第十四条 ［集装箱场站市场准入］

从事水路运输集装箱站与堆场业务，包括提供水路运输货物集装箱的堆存、保管、清洗、修理以及集装箱货物的存储、集拼、分拨等服务，应当符合下列条件：

(一) 取得企业法人资格；
(二) 有符合最低数额的注册资本；
(三) 有与经营范围相适应的专业人员；
(四) 有与经营范围相适应的固定经营场所和营业设施。

第十五条　[水路班轮运输]

从事水路旅客班轮运输和货物班轮运输的，应当具备班轮运输经营条件，取得班轮运输经营资格。

交通运输主管部门在审查水路班轮运输经营资格和航线申请时，应该根据市场供求状况、竞争状况、货源或客源状况、安全管理水平等作出许可或不许可的决定。

班轮运输经营者应当按照公告的船期表营运。变更班轮船期表的，应当提前15天公告。撤消班轮航线，应当于航线撤销之日前30天公告。

无正当理由，班轮运输经营人不得拒绝客户的正当运输要求。

第十六条　[旅客运输特别规定]

水路旅客运输业务经营者应当为旅客提供安全、良好的乘船环境，并按照船舶证书核定的载客定额运送旅客，不得超载。

禁止使用货船运载旅客，但随船押运货物的人员除外。

第十七条　[发票和运输单证]

水路运输业务经营者和水路运输辅助业务经营者应当使用国务院交通运输主管部门统一制定样式的专用发票、货物运单和其他运输单证，不得伪造、涂改、非法转让或者出借有关专用发票和货物运单。

国务院交通运输主管部门分别制定适用于水路运输业务、水路运输辅助业务的专用发票、货物运单和其他运输单证格式。

第十八条　[信息报送与发布]

水路运输业务经营者和水路运输辅助业务经营者应当按照国务院交通运输主管部门的规定，向其所在地的县级或市级地方人民政府交通运输主管部门报送经营信息。省级地方人民政府交通运输主管部门汇总后上报国务院交通运输主管部门。

国务院交通运输主管部门应当定期发布全国水路运输市场信息，省级地方人民政府交通运输主管部门应当定期发布本行政区域内的水路运输市场信息。

第十九条 [责任保险]

水路旅客运输业务经营者应当在客运船舶投入运营前为该客船投保承运人责任保险或者获得第三人提供的保证，并在运营期间维持该责任保险或者保证的有效性。

前款规定的责任保险或保证的具体要求由国务院交通运输主管部门制定。

第二十条 [运价]

水路运输实行市场调节价，但政府指令性的水路运输实行政府定价或者政府指导价。

国际、沿海、长江干线水路运输的政府定价和政府指导价，由国务院交通运输主管部门会同价格主管部门制定；其他地区的，由省级地方人民政府交通运输主管部门会同同级价格主管部门制定。

班轮运输业务经营者应当按照公布运价收取运费和其他运输费用，水路运输辅助业务经营者应当按照公布服务费率收取服务费用。

第二十一条 [水路重点物资应急运输管理]

发生突发事件或者执行国家下达的紧急运输任务，需要水路重点物资应急运输的，国务院交通运输主管部门负责组织协调。应急运输应当遵循局部利益服从整体利益和优先保障的原则。

国家应该对承担水路重点物资应急运输的单位给予合理的经济补偿。

具体办法由国务院交通运输主管部门制定。

第二十二条 [合同管理]

国务院交通运输主管部门和地方交通运输主管部门建立水路运输合同监管制度，查处利用合同的欺诈行为，要求具有格式条款性质的旅客和货物运输条款履行备案义务，建立企业合同信用评价制度，提高运输服务质量。

第二十三条 [运力调节基金]

设立水路运输运力调节基金，优化水路运输市场运力结构，维持水路运输市场运力供求关系的相对平衡。

运力调节基金设立、管理和使用的具体办法由国务院交通运输主管部门制定，报国务院批准后实施。

第二十四条 [水运安全管理]

水运市场准入制度、水运市场交易制度和水运市场竞争制度等都应当考虑水运安全管理和防止污染的要求,实现水运安全管理和防止污染目的。

第二十五条 在水路运输市场运力供求严重失衡或者有特殊需要时,国务院交通运输主管部门可以采取下列调控措施:

(一) 控制水路运输市场总运力;

(二) 对中国籍船舶的船型、船龄作出限制、禁止性规定;

(三) 调整船舶技术标准;

(四) 其他必要的干预措施。

第二十六条 [禁止行为]

水路运输业务经营者和水路运输辅助业务经营者不得有下列行为:

(一) 具有竞争关系的经营者就固定价格、价格变动等达成协议;

(二) 具有竞争关系的经营者就分割市场、客源、货源等达成协议;

(三) 具有竞争关系的经营者达成联合抵制、拒绝交易等协议;

(四) 具有市场支配地位的经营者实施不公平的定价或者设置其他不公平的交易条件;

(五) 具有市场支配地位的经营者拒绝与交易相对人达成交易;

(六) 具有市场支配地位的经营者没有正当理由,对条件相同的交易相对人在交易条件上实行差别待遇。

第二十七条 省级地方人民政府交通运输主管部门对本法第二十二条规定的行为进行调查,可以行使下列职权:

(一) 询问当事人或者有关人员,并要求其提供与调查事项有关的材料;

(二) 查询、复制与调查事项有关的单证、文件、账册以及其他资料,核对与调查事项有关的银行资料;

(三) 在证据可能灭失或者以后难以取得的情况下,先行登记保存,责令当事人或者有关人员不得转移、隐匿或者销毁;

(四) 检查与调查事项有关的场所、船舶以及其他财物。

调查机关及其工作人员不得将调查过程中获取的资料和情况用于与调查无关的目的,不得泄露被调查人以及有关单位和个人的商业秘密。

调查机关及其工作人员应当依照本法规定进行调查、实施行政处罚,不得滥用职权、徇私舞弊、玩忽职守、索贿受贿。

第二十八条 [反垄断豁免]

水路运输业务经营者之间达成的协议,符合《中华人民共和国反垄断法》第十五条规定的,不适用反垄断规定。

第二十九条 [行业自律组织]

水路运输业务经营者和水路运输辅助业务经营者可以依法成立行业自律组织,协调组织成员之间、组织与外部之间的关系,维护组织成员的合法权益,向政府主管部门提出相关建议,以及履行法律、法规规定的其他职能。

行业自律组织应当按照章程规定制定行业自律准则,督促会员遵守。

行业自律组织可依法进行企业信用信息征集活动。

行业自律组织应当建立企业信用档案建设规范,委托独立第三方进行企业信用等级评价。

第二节 起草说明

一、调整范围

《航运法》中的国内水运市场运行规则在调整范围上需要综合考虑下列各种业务分类:①货物运输和旅客运输;②运输业务和辅助业务;③运输业务分班轮运输和非班轮运输;④沿海运输和内河运输;⑤集装箱运输和非集装箱运输;⑥普通货物运输和危险品运输;⑦营业性运输和非营业性运输;⑧正常运输和应急运输等。

在规则内容体系上,主要包括管理体制、沿海运输权保留及例外、市场主体规则、市场交易规则、市场竞争规则、水运安全规则等。

二、政策取向

《航运法》中的国内水运市场运行规则应该体现我国国内水路运输未来发展的基本政策,并将这些政策通过法律体现出来,实现政策的法律化。

总体上,实现我国国内水运市场现代化是基本政策目标,具体包括建立全国统一、公平竞争、规范有序的水路运输市场,与国际接轨、畅通、高效、平安、绿色等目标。国内水运市场运行规则从其自身特点和内容出发实现这些目标。当然,这些目标的实现还依赖于水路运输其他领域的规则的共同努力。立法者应该从实现这些目标为出发点来设计规则。

如何解决当前存在的问题,不仅依赖于当前的现实条件,还需要考虑未来发展目标。这是政策目标所起的导向作用和指导作用。

三、技术性问题

(一)原则性与可操作性之间的关系

鉴于《航运法》是我国航运管理基本法,是一部综合性的法律,为我国航运管理和航运业发展确立基本制度。因此,要做到原则性与可操作性相结合。按照《立法法》的要求,除应当由法律具体规定的内容外,涉及一些实施性的内容,尤其是可能随着实践的发展需要作出调整的内容,可由实施细则解决。为此,在必要的地方授权国务院交通运输主管部门制定实施办法。

(二)国内水运市场运行规则与《航运法》其他规则之间的关系

在管理体制、市场准入、竞争规则、经营规则等方面,国内水运市场运行规则与国际海运市场运行规则及其他领域规则之间存在相同或相似之处。因此,具有共性的内容,应当同时适用于国内水运和国际海运,但仅涉及国内水运或国际海运的内容,应当作出规定。

(三)促进与监管之间的关系

目前,我国行政管理体制是促进和监管合一的模式,行业主管部门同时履行促进和监管两种职能,决策权、执行权和监督权的行政三分制尚未建立。将促进和监管作为政府经济管理两种基本职能非常重要,但有时很难兼顾两者之间的合理关系。为了避免两种职能之间的冲突,分别设置促进机构和监管机构是一种比较有效的解决办法,但这需要在交通运输主管部门内部进行体制改革。

(四)政府引导与市场机制之间的关系

坚持市场化原则是发展国内水路运输市场的需要。但是,在市场机制配置资源能力有限或者市场竞争秩序尚不完善的情况下,政府引导和宏观调控非常重要。政府引导和宏观调控是政府履行促进航运业发展的职责,目前航运管理法相对缺乏这方面的规定。

第三篇　国际航运反垄断规则研究

引言

根据《航运法》专题研究工作会议的分工，第十专题为“国际航运市场运行规则”，由山东省交通运输厅牵头，海南省交通运输厅和上海海事大学共同承担其中第二方面问题的研究，即“国际航运反垄断政策”问题。

为了切实做好本专题的研究，为我国《航运法》的起草提供合理、可行的建议，课题组设计了“国际航运市场竞争规则问卷调查表”，广泛征求相关利益方的意见。本次问卷为现场调研和函调 2 种方式结合，调研的公司和相关单位分布于上海、北京、浙江、湖北等地；参与人员中有 38 名为航运公司员工，16 名为货主，13 名为货运代理人(包括无船承运人)，2 名为其他单位员工，参与人员对航运业都有比较深刻的认识和了解，因此，在回答问卷时能够发表自己的观点，也能体现调查者各自的利益诉求，对国际航运竞争规则的制定有参考意义。

本专题研究首先系统介绍美国、欧盟、加拿大、澳大利亚、日本、韩国、新加坡等航运发达国家和地区在国际航运竞争规则领域的立法状况，总结国际航运反垄断立法的一般发展趋势；其次，系统研究我国国际航运反垄断规则体系及其实施现状；第三，以上述 2 方面研究为基础，通过梳理我国《反垄断法》与国际航运竞争规则之间的关系，提出我国国际航运反垄断规则的立法对策；最后，将立法建议转化为建议条文，并附加说明。鉴于课题组认为我国国际航运反垄断豁免可以有 2 种模式，所以，提出 2 个建议方案。

第一章　发达国家(地区)国际航运反垄断立法现状与发展趋势

第一节　发达国家(地区)国际航运反垄断立法现状

一、美国

(一)立法

美国《1916 年航运法》在世界上首次确立了国际航运反垄断豁免制度。目前,美国国际航运反垄断法律制度集中体现在《1984 年航运法》(Shipping Act, 1984)中。该法经《1998 年航运改革法》(Ocean Shipping Reform Act of 1998, OSRA)修改,因此,从法律形式上看,仍然是《1984 年航运法》。《1984 年航运法》属于《美国法典》(United States Code)第 46 卷"航运"。2006 年 10 月,美国国会公布了公法第109～304 号:《美国法典》第 46 卷"航运"实现了实体法的法典化,对原第 46 卷包括附卷在内的法律以及《美国法典》其他相关部分内容进行法典化。《1984 年航运法》被编入第 46 卷第 4 分卷"远洋运输管制"部分中。

为了实施《1984 年航运法》,美国联邦海事委员会制定了一系列实施细则,可以说,《1984 年航运法》的每一个基本制度都有一个相应的实施细则。主要实施细则包括:①《联邦海事委员会一般规定》;②《远洋运输中介人许可、财务责任担保要求和一般义务》;③《承运人运价本自动备案系统》;④《海运码头经营人收费表》;⑤《服务合同》;⑥《无船承运人服务协议》;⑦《远洋公共承运人和码头经营人达成的协议》;⑧《受控承运人》等。

(二)国际航运反垄断豁免制度

1. 远洋公共承运人合作内容

国际航运竞争规则尤其是国际航运反垄断豁免是美国远洋运输管制的核心制度。美国航运法用"远洋公共承运人之间的协议"(Ocean Common Carrier

Agreements)概括国际班轮公司之间的合作。远洋公共承运人可以就下列内容达成协议:①讨论、固定或调整运输费率,包括联运费率、货载舱位和其他服务条件;②就货载、收入、利润或损失进行公摊或分配;③分配港口,或对港口之间的航次数量和性质进行调节;④调节货载、旅客的数量或种类;⑤在远洋公共承运人之间,或在远洋公共承运人与码头经营人之间建立排他性的、优惠的或合作的工作安排;⑥控制、调节或者避免国际远洋运输的竞争;⑦就有关服务合同的任何事项进行协商并达成协议。[①]

2. 远洋公共承运人合作形式

美国航运法具体规定班轮公会协议、班轮公会间协议和船舶共享协议 3 种合作形式。1916 年,美国制定最早的航运法时只规定了班轮公会,1984 年修改航运法时增加了船舶共享协议。从现有立法内容上看,美国航运法仍然以班轮公会为调整对象。为弥补航运法对协议分类比较粗的缺陷,在协议备案环节,联邦海事委员会对协议进行更细的分类,便于实施有效管理。远洋公共承运人协议包括:①联盟协议(Alliance Agreement);②公会协议(Conference Agreement);③合作性工作协议(Cooperative Working Agreement);④设备互换协议(Equipment Interchange Agreement);⑤合资协议(Joint Service Agreement);⑥非运价协商协议(Non-Rate Discussion Agreement);⑦运价协商协议(Rate Discussion Agreement);⑧航行协议(Sailing Agreement);⑨船舶共享/航行协议(Vessel Sharing (VSA)/Sail Agreement);⑩船舶共享协议(Vessel Sharing Agreement);⑪船舶共享/运价协议(VSA/Rate Agreement);⑫船舶共享/航行/运价协议(VSA/Sail/Rate Agreement)。

3. 享有反垄断豁免的条件

远洋公共承运人之间达成的协议在符合实体条件和程序条件后享有反垄断豁免。实体条件是关于这些协议应该具有或不具有内容的要求;程序条件是关于协议备案程序的要求。

在内容上,美国航运法就班轮公会协议、班轮公会间协议、船舶共享协议应该具有的内容或范围进行了具体规定。另外,也规定了协议不得具有的内容,包括远洋公共承运人之间的协议不得:"①禁止或限制协议成员与托运人就服务合同进行谈判;②要求协议成员披露关于服务合同的谈判情况或服务合同中的条款,除非这些条款属于本卷第 40502 条第(d)款规定要求公开的服务合同条款;③制定强制性规则或要求,影响到协议成员协商、订立服务合同的权利。"但是,协议可以就其成员的服务合同条款和程序规定自愿性指导规则,前提是该指导性规则明确规定协议成员有权不

① 46 U.S.C. 40301 "Application"; Ocean Shipping Reform Act of 1998, Section 4. Agreements within Scope of Act.

遵守这些规则。这些指导性规则应以保密方式向联邦海事委员会备案。①

4. 备案

享有反垄断豁免的所有协议都应该向联邦海事委员会备案。联邦海事委员会在初步审查后,发现有不符合法律规定的要求的,应以书面形式通知协议备案申请人拒绝备案的理由。在向联邦海事委员会备案后的第 45 天或联邦登记局公布协议通告后的第 30 天,协议生效,以晚者为准;对于需要补充资料和文件的协议,在联邦海事委员会收到全部补充资料和文件后的第 45 天生效。

(三) 运价管理

运价管理是美国航运法富有特色的内容,我国运价管理制度借鉴了美国的做法。美国航运法将运价管理分为运价本管理和服务合同管理,值得注意的是,服务合同管理不能简单等同于运价管理,运价只是服务合同的一部分。

运价本管理实行运价本自动公开制度。公共承运人和公会均应在自动运价系统中将运价本公之于众,接受检查,运价本应表明所经营的航线或联运路线所有港口间或两点间的费率、收费、货物分类、规则和惯例。②

服务合同管理实行秘密备案加有限公布制度。公共承运人或公会应将服务合同向联邦海事委员会备案,同时,公共承运人在运价本公布系统中公开下列内容: ①始发港和目的港的范围; ②所涉及的货物; ③最低货物数量或部分; ④期间。③

根据《1984 年航运法》,美国无船承运人只能依据运价本与货主订立运输合同,即不能通过服务合同与货主订立长期的运输合同,这导致无船承运人与远洋公共承运人之间的不平等竞争。2005 年,联邦海事委员会根据《1984 年航运法》规定的在一定条件下可以不适用航运法规定的特别授权④,作出了无船承运人可以与货主订立服务合同的决定⑤。为了区别于远洋公共承运人与货主之间订立的服务合同,无船承运人与货主之间订立的服务合同叫做无船承运人服务协议(NVOCC Service Arrangements)。

美国航运法对于无船承运人的运价本和服务安排的管理与远洋公共承运人一样,即要求在网上公开运价本,向联邦海事委员会备案服务协议。2011 年 3 月,联邦海事委员会颁布一个新规则,对于无船承运人运价管理制度进行修改,其目的是减少无船承运人的经营成本,促进美国对外贸易。新规则名称是《无船

---

① 46 U. S. C. 40303(2007). Content requirements.

② 46 U. S. C. 40501(2007). General rate and tariff requirements. (a)Automated tariff system.

③ 46 U. S. C. 40502(2007). Service contracts.

④ 46 U. S. C. 40103(2007). Administrative exemptions.

⑤ 46 CFR 531—NVOCC Service Arrangements.

承运人议价安排》①。所谓无船承运人议价协议(Negotiated Rate Arrangement, NRA),是指特定的货主与无船承运人之间订立的具有约束力的书面协议,按照该协议,无船承运人从接收货物开始(如果是联运,则从始发承运人开始)就约定的某种货物的货量提供从始发地到目的地的运输服务。② 由于无船承运人议价协议并未涉及长期运输合同,原本应该按照公开的运价本从事运输服务,新规则允许无船承运人通过与货主订立这种特殊的议价协议,免除其公布运价本的义务。

(四) 影响美国国际航运竞争法未来发展趋势的若干因素

美国国际航运竞争立法趋势对世界上其他国家的影响很大。从这几年美国航运法发展情况看,很难得出美国航运法清晰的走向,但有些重要活动和进展需要关注。

1. 美国反托拉斯现代化委员会研究报告

2006 年 10 月 18 日,美国反托拉斯现代化委员会③与联邦海事委员会就美国航运法反垄断豁免制度进行了交流。国际航运反垄断豁免是反托拉斯现代化委员会重点关注的 3 个反垄断豁免的领域之一。④ 联邦海事委员会主席在其提供给反托拉斯现代化委员会的一份书面声明中表明:《1984 年航运法》建立的管制制度成功地实现了国会的立法目的,并在托运人与承运人之间建立起相对和谐的关系。联邦海事委员会的基本立场是保留航运法反垄断豁免政策。联邦海事委员会主席还认为,目前美国国际航运面对的紧迫问题是促进货物运输基础设施的发展,减少港口拥挤和环境保护问题。⑤

2007 年 4 月,反托拉斯现代化委员会向美国总统和国会提交了《反托拉斯现代化委员会报告和建议》。报告指出,在 20 世纪初,当时观点认为在特殊行业(如电力行业、天然气行业、电信业和交通运输业)需要自然垄断。这是最有效率的市场结构,过度竞争存在风险,于是政府对其价格、成本和市场准入进行管制。但在 20 世纪六七十年代,此观点已改变。第一,在电力领域,科技进

① 46 CFR PART 532—NVOCC Negotiated Rate Arrangements.

② "NVOCC Negotiated Rate Arrangement" or "NRA" means a written and binding arrangement between an NRA shipper and an eligible NVOCC to provide specific transportation service for a stated cargo quantity, from origin to destination, on and after receipt of the cargo by the carrier or its agent (or the originating carrier in the case of through transportation).

③ 美国反托拉斯现代化委员会(the Antitrust Modernization Commission)根据《2002 年反托拉斯现代化委员会法》成立,由 12 位委员组成,总统、参议院和众议院各自任命其中的 4 位委员。其基本职责是审查反托拉斯法是否存在现代化的必要性、收集各方立场、提出可能的建议,并向国会和总统提交报告。

④ Antitrust Modernization Commission Report and Recommendations, April, 2007, p. 335.

⑤ Statement of the Honorable Steven R. Blust Chairman, Federal Maritime Commission, Before the Antitrust Modernization Commission, October 18, 2006.

步使竞争成为可能；第二，伴随着政府管制产生高成本和市场扭曲现象，各方质疑促使对政府管制进行重新审视。这 2 个原因结合起来促使政府几乎在所有行业领域放松管制。大量研究表明，市场能量的释放能够大幅度提高生产效率，增加消费者福利。报告认为，反垄断豁免使得利益过度集中，该行业生产者通过过高定价、削减产量、降低质量和减少创新将成本转嫁至消费者处。报告特别提到美国航运法规定的反垄断豁免制度，包括班轮公会制定统一运价的特殊做法。① 尽管《1998 年航运改革法》允许协议成员与托运人单独协商运价，从而减少远洋公共承运人使用公会统一费率，但是，仍然有支持者主张反垄断豁免依然有必要，坚称承运人能够凭借反垄断豁免获得更高效率，如共享舱位。②

反托拉斯现代化委员会认为，反垄断豁免应该很少被允许，并且只有当一项行为被证明能够满足特定的社会功效，超过自由市场带给消费者和美国经济的利益时，才可享有反垄断豁免。在评估现存的或新的豁免需求时，美国国会需要考虑：①是否享受反垄断豁免的行为能够使行为者承担反垄断义务；②现存的或计划的反垄断豁免对于消费者福利的不利影响；③是否存在特定的社会目标能够超越自由竞争带来的消费者福利。③ 反托拉斯现代化委员会建议国会采取以下步骤考虑以上因素：①对于现存的或计划的反垄断豁免建立一份全面的公共记录；②与联邦贸易委员会和司法部反垄断部门商议，是否尚待确定的行为能够使行为者承担反垄断义务，现存的或计划的反垄断豁免可能的影响；③需要建议者提供证据，证明自由竞争带来的消费者福利比反垄断豁免促成的目标小，并且反垄断豁免是最少限制的方式。④ 如果国会认为特定社会目标超过自由市场给美国经济和消费者带来的利益，则国会需要采取以下措施：①考虑有限制条件的豁免，如限制反垄断豁免行为的类型和限制其范围等；②确立"在特定时期以后该反垄断豁免终止，除非特别更新"；③在对于更新该豁免权利投票前，与联邦贸易委员会和司法部反垄断部门商议，并向国会报告，是否尚待确定的行为能够使行为者承担反垄断义务，计划的反垄断豁免可能的影响；④法院必须对反垄断豁免作限制解释。⑤

2. 联邦海事委员会调查船舶运力和船公司设备能力

2010 年 3 月 17 日，联邦海事委员会启动了船舶运力和船公司设备能力调查程序，这有 2 个背景。

背景一：金融危机后，2009 年航运市场经历了一个"V"字形的下跌恢复过程，

---

① Antitrust Modernization Commission Report and Recommendations, April, 2007, p. 349.
② 同上注，第 351 页。
③ 同上注，第 350 页。
④ 同上注，第 353 页。
⑤ 同上注，第 21 页。

2009年底到2010年初，由于原先撤出的运力没有及时重新投入（这与航运公司企图推动运价恢复有关），导致美国进出口商在订舱方面遇到一些困难。美国进出口领域代表货方利益的行业协会，如 The National Industrial Transportation League (NITL)，The National Customs Brokers and Forwarders Association of America Inc(NCBFAA)，The Transportation Intermediaries Association(TIA)等向联邦海事委员会投诉。

背景二：2010年初，美国总统提出未来5年美国出口倍增计划。美国总统于2010年3月正式签署有关法令，法令规定实现倍增计划的具体措施，包括消除贸易方面的障碍、对中小企业在金融方面提供帮助等。出口倍增计划涉及美国政府十几个部门。

美国航运法将促进国际贸易作为基本目的之一。[①] 联邦海事委员会的核心职责之一是通过对航运的监管促进美国外贸的发展。政治因素和法律因素2方面的结合促使联邦贸易委员会启动调查程序。调查内容包括6个方面，包括一般的运输条件、目前集装箱运力管理分配和使用情况、服务合同订立履行情况、订舱、超量订舱、取消订舱等。在调查期间，联邦海事委员会在常设机构"客户投诉和争议解决机构"(Consumer Affairs and Dispute Resolution Services, CADRS)下成立了一个"快速反应小组"(CADRS' Rapid Response Team)，解决船货双方在运力与集装箱设备方面的纠纷。

由于经济复苏乏力，船公司运力投入增加，美国进出口航线上的运力紧张问题得以自动消除。从2008年金融危机开始一直到2013年，国际班轮运力总体上处于过剩状态。联邦海事委员会启动船舶运力和船公司设备能力调查事件表明，联邦海事委员会从保障美国进出口目的出发可以对运力供求关系进行调查，在必要时可以采取调控措施。

3. 联邦海事委员会对于欧盟取消班轮公会反垄断豁免影响的评估

联邦海事委员会自2006年欧盟取消班轮公会反垄断豁免之后，即开始研究欧盟新政对于美国进出口贸易运输的影响。2010年11月1日，联邦海事委员会再次就该问题公开向业内征求意见，发布"征询意见"通告(An Analysis of the European Union Repeal of the Liner Conference Block Exemption)，截止时间为2011年1月18日。

评估的基本方法是，对比欧盟取消反垄断豁免前后欧洲美国航线，以及远东美国航线和远东欧洲豁免市场的变化，分析欧盟新政的影响。评估的另一个目

---

① 远洋运输管制的目的有4个方面，其中3个方面与国际贸易有关：①为美国对外贸易货物的水上公共运输建立无歧视的、政府干预程度最低、管制成本最低的管理制度；②为美国远洋贸易提供有效、经济的运输体系，并尽可能实现该体系与国际航运惯例协调一致；③鼓励发展一支经济效益良好、高效的、能够满足国家安全需要的美国籍班轮船队；④通过竞争的、有效率的、更大程度上依赖于市场机制的远洋运输，促进美国出口的增长和发展。

的是借此机会研究美国现有反垄断豁免政策对市场的影响及未来应对措施。征询意见列举了 30 个问题,分为“一般性问题”“北大西洋航线”“跨太平洋航线”“欧洲亚洲航线”“不同航线之间的比价”和“船舶经营公共承运人回答的额外问题”等 6 个方面。

2012 年 1 月,联邦海事委员会发布了最终研究报告:《2008 年欧盟取消班轮公会反垄断豁免研究》(Study of the 2008 Repeal of the Liner Conference Exemption from European Union Competition Law)。报告研究的核心问题是:欧盟取消班轮公会反垄断豁免对于国际班轮市场的影响。由于市场处于受多种因素影响的不断变化之中,尤其是 2008 年发生的金融危机及其对全球经济的深刻影响与欧盟取消班轮公会反垄断豁免政策在时间上基本重合,联邦海事委员会为此采用了双重差分分析法(A Difference-in-Differences Analysis),即通过世界三大航线(美欧、亚欧与亚美航线)比较。金融危机对于三大航线的影响是共同的,而欧美取消反垄断豁免只对美欧和亚欧两大航线产生影响。这样,通过比较美欧航线和亚欧航线在欧美新政前后的表现,以及与亚美航线比较,从而分析出欧美新政的影响。在具体分析时,运用定量分析法,包括市场结构、承运人行为、托运人行为、经济绩效。每标准集装箱平均收益率、船舶利用率等是衡量经济绩效的重要指标。研究报告最后得出三个基本结论:第一,欧盟取消班轮公会整体反垄断豁免并没有对美国班轮航线产生消极影响,美国进出口航线与欧盟进出口航线每标准集装箱平均收益率的下降幅度是相同的。欧盟新政并没有导致明显的运价水平方面的变化。第二,美国进出口航线上的承运人运价协商协议在美欧航线上并没有明显提高运价的行为,反而适度降低了运价。第三,取消班轮公会反垄断豁免对于市场集中度的提高稍有影响。

4. H. R. 6167 - Shipping Act of 2010

2010 年 9 月,美国众议院议员 James L. Oberstar 和 Elijah Cummings 提交了一个法案,称为《2010 年航运法》(Shipping Act of 2010),众议院编号 H. R. 6167。该法案的提出有 2 个原因:一是与联邦海事委员会调查运力和集装箱设备的原因相同,是为了促进美国进出口贸易;二是受欧盟取消班轮公会反垄断豁免影响。法案核心是其中的第 10 条规定,主要内容如下:

“SEC. 10. RESTRICTIONS ON OCEAN COMMON CARRIER AGREEMENTS.

(a) OCEAN COMMON CARRIER AGREEMENTS.—An agreement between or among ocean common carriers may not—

(1) allow members of the agreement to discuss, fix, or negotiate any kind of rate or charge with another member of the agreement;

(2) allow members of the agreement to discuss or agree on capacity rationalization;

(3) allow members of the agreement to establish a joint service, or pool or

divide cargo traffic, earnings, revenues, or losses;

(4) allow all members of the agreement to allocate customers or markets;

(5) allow members of the agreement to discuss or agree with another member on any service contract matter;

(6) prohibit or restrict a member of the agreement from engaging in negotiations for a service contract with a shipper; or

(7) require a member of the agreement to disclose a negotiation on a service contract, or the terms of a service contract, other than those terms required to be published under section 40502(d) of this title."

根据本条规定,远洋公共承运人之间不得就运价、附加费、运力合理化、货载、收入、损失、客户、市场、服务合同等进行协商或达成协议。因此,H. R. 6167 法案的核心是为了取消国际航运反垄断豁免制度。

国际航运理事会(World Shipping Council)对该法案的立场是:2009 年末期和 2010 年初期的运力短缺是短暂的,是船公司和货主无法预见的,是市场需求所致,而这一法案不能也不可能避免将来再出现这种类似的困境。

H. R. 6167 法案的前景很难预料,但有一点是肯定的,即未来二三年该法案不会成为法律。联邦海事委员会未来几年关注的重点是三个"C":集装箱(Containers)、合同(Contracting)和运力(Capacity)。

2001 年,在《1998 年航运改革法》实施后不久,美国国会众议院议员提出了一个取消国际航运反垄断豁免的法案(海德法案),即 Free Market Antitrust Immunity Reform (FAIR) Act(H. R. 1253)。提案人经过几年努力,最终放弃,有关设想永远停留在法案层面。

但是,目前的政策法律环境与前几年不同,H. R. 6167 法案所体现的重要改革思想也不是完全没有实现的可能。我国需要密切关注美国国会该法案的发展动向。

二、欧盟

(一) 概述

欧盟航运法由单行法组成,在 2006 年取消班轮公会反垄断豁免之前,欧盟允许班轮公会和联营体 2 种合作形式享有反垄断豁免,并分别制定 2 个规则。目前,世界上对联营体进行专门立法的只有欧盟。

美国航运法上有协商协议这种形式,但欧盟一直未予以承认。协商协议不强制要求其成员采用统一运费率,协议的作用是信息交流平台。欧盟在有关官方文件中认为,协商协议具有的反竞争效果在一定程度上要超过班轮公会,因为其减少了班轮公会外独立承运人的数量,从而降低了航运市场整体上的竞争程度,因而不授予其反垄断豁免。[①] 因此,在欧盟立法上也不存在协商协议这一概念。

欧盟虽然有专门联营体规则,但在欧盟正式文件中,一般将联营体和联盟分开而作不同的界定,通常是同时提到两者[②],借此表明联营体和联盟是有区别的。但是,在立法上,联盟属于联营体的一种形式。

"整体豁免"是欧盟竞争法上的一个特有概念,也适用于航运法。"整体豁免"意味着符合条件的协议无须经过申报、备案等程序,自动享有反垄断豁免。与"整体豁免"相对应的是"个别豁免"。

(二) 班轮公会

欧盟理事会第 4056/86 号条例[③]是针对班轮公会的立法,欧盟理事会于 2006 年 9 月 25 日公布第 1419/2006 号条例[④],作出了废止第 4056/86 号条例的决定。经过 2 年过渡期后,从 2008 年 10 月 18 日起正式废除班轮公会享有的反垄断豁免权。班轮公会直接适用《欧共体条约》第 81 条第(1)款反垄断的规定,意味着班轮公会在欧盟进出口货物运输航线上不能再从事固定运价、运力等限制竞争的活动,以固定价格为基本活动形式的传统班轮公会将不再存在。

欧盟制定第 4056/86 号条例赋予班轮公会反垄断豁免是基于其能够满足《欧共体条约》第 81 条第(3)款规定的关于反垄断豁免的 4 个累积性条件: ①促进技术进步或经济发展;②消费者公平分享利益;③对竞争的这种限制是必不可少的;④并没有取消竞争。欧盟委员会经过仔细地调查研究后发现,没有结论性的证据证明,无论在 1986 年制定第 4056/86 号条例时还是在目前的市场环境下,公会整体豁免规则能够同时符合享有豁免的 4 个条件。[⑤] 另外,第 4056/86 号条例假设的运价稳定性并没有以实践经验为基础,同时,也不能证明其重要性高于市场竞争的价值。因此,在欧盟看来,由于班轮公会并没有完全满足反垄断豁免的条件,在新的国际航运市场竞争环境条件下,不再赋予班轮公会反垄断

---

① White Paper on the review of Regulation 4056/86, applying the EC competition rules to maritime transport Commission programme [2003/COMP/18], p. 6.

② Review 4056/86 discussion paper, p. 3; p. 8; p. 19; p. 20; p. 22.

③ Council Regulation (EEC) No 4056/86 of 22 December 1986 laying down detailed rules for the application of Articles 85 and 86 of the Treaty to maritime transport.

④ COUNCIL REGULATION (EC) No 1419/2006 of 25 September 2006 repealing Regulation (EEC) No 4056/86 laying down detailed rules for the application of Articles 85 and 86 of the Treaty to maritime transport, and amending Regulation (EC) No 1/2003 as regards the extension of its scope to include cabotage and international tramp services(Text with EEA relevance).

⑤ White Paper on the review of Regulation 4056/86, applying the EC competition rules to maritime transport. EU 2003.

豁免。

2008年7月1日,欧盟委员会通过“共同体条约第81条适用于海运服务业的指导规则”(以下简称《指导规则》)。[①]《指导规则》第1部分“概述”主要规定新规则制定的背景、适用要求和5年有效期。第2部分“海运服务”界定海运服务的范围、新规则对成员国贸易的影响、相关市场(包括班轮运输和不定期运输)的界定、市场份额的计算。第3部分“海运业横向合作协议”(Horizontal Agreements in the Maritime Transport Sector)为新规则核心内容,规定海运业横向合作协议如何适用《欧共体条约》第81条的具体规则。

在欧盟取消班轮公会反垄断豁免并颁布新的指导规则后,欧盟航运法完成了放松管制改革的使命,建立起新的航运竞争规则体系。基本特征是:①新的航运竞争规则同时适用于班轮运输和不定期船运输,也不区分国内航运市场和国际航运市场,在规则上实现了统一。②班轮公会不再享有反垄断豁免,因此,在欧盟进出口航线上将不再存在班轮公会。③一般意义上的协商协议在欧盟传统海运竞争规则里本来就不享有反垄断豁免,在新规则体系里,其地位保持不变。④联营体按照联营体规则继续享有反垄断豁免利益。⑤除联营体外,欧盟航运市场上船公司之间的其他合作协议将直接适用《欧共体条约》第81条的规定,总体上,属于被禁止之列,如果符合该条反垄断豁免条件的,则仍然可以享有反垄断豁免。这种豁免属于个别豁免,基于个案特殊情形和一般规则来确定。⑥技术协议、信息交流协议和国际不定期船联营体将是《欧共体条约》第81条适用于海运业需要特别审查的3类协议,因为其中包含允许和禁止2种可能。传统的班轮公会成员之间的运价、运力等方面的合作因直接违反《欧共体条约》第81条第1款的规定而被禁止。⑦新的航运竞争规则体系的实施目前定为5年,欧盟航运业未来竞争规则尚有可能发生变化。[②]

在2008年远东班轮公会停止运作的一段时间里,欧洲航线曾经发生运价下跌现象,这与班轮公会停止活动后,国际班轮市场竞争程度有所提高存在一定的联系。但是,2008年发生的金融危机使得这种评价更加困难。

2010年美西航线和欧洲航线运价指数见图3-1-1。美西航线存在多种形式的协议组织,包括泛太平洋稳定运价组织(Transpacific Stabilization Agreement, TSA)和西行泛太平洋稳定运价协议组织(Westbound Transpacific Stabilization Agreement, WTSA),而欧洲航线由于欧盟法律的影响只有联营体。理论上,这为我们分析具有运价内容的协议组织与不具有运价内容的协议组织对运价的不同影响提供了基础。

---

① Commission of the EC: Guidelines on the application of Article 81 of the EC Treaty to maritime transport, Brussels, 1.7.2008, SEC(2008) 2151 final.

② 郑丙贵.欧盟航运竞争规则新体系探讨[J].上海海事大学学报,2009,30(1):84-88.

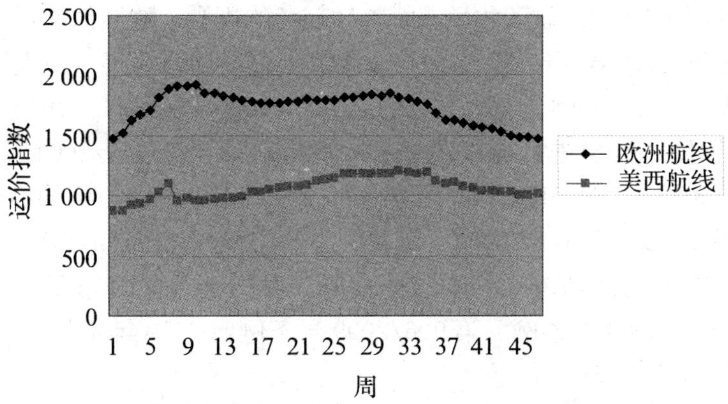

图 3-1-1　2010 年美西航线和欧洲航线运价指数

总体上,2010 年美西航线和欧洲航线两大航线运价指数的变化趋势类似,年底与年初运价指数接近,处于全年最低点。两大航线存在以下区别: ①欧洲航线运价变化比较平滑,美西航线在 2 个区域有较大幅度变化,其中一个跌幅为 12.3%;②欧洲航线在 3 月份达到今年最高值,美西航线在 8 月底达到最高;③欧洲航线有 3 个季度处于缓慢下跌过程,美西航线有 3 个季度处于上升过程;④欧洲航线年末回归年初水平,美西航线年末比年初高出 16%。

通过对比两大航线可以发现,协议组织对市场运行具有暂时的影响力,但是,市场机制仍是基础,协议组织并没有取消市场竞争;协议组织在维持运价水平方面具有一定影响,但不具有根本性。协议组织在维持运价稳定方面的作用难以证明。

在课题组举行的问卷调查中,关于欧盟终止班轮公会反垄断豁免后,如何评价其对国际航运市场影响的问题,有近 50%的被调查者认为,这种影响不确定(见表 3-1-1)。

表 3-1-1　欧盟取消班轮公会反垄断豁免的影响

选项	没有影响	积极影响	消极影响	不确定
比例/%	8.7	27.5	15.9	47.9

(三) 联营体

目前,世界上对联营体进行专门立法的只有欧盟。自欧盟联营体规则产生以来,该领域先后有理事会 2 个授权性规则、委员会 3 个基本规则和 2 个修改规则。

1992 年,欧盟理事会制定第 472/92 号条例[①],确立联营体享有反垄断豁免的

① Council Regulation (EEC) No 479/92 of 25 February 1992 on the application of Article 85 (3) of the Treaty to certain categories of agreements, decisions and concerted practices between liner shipping companies (consortia).

政策,并授权委员会制定联营体反垄断整体豁免的规则。欧共体委员会于1995年制定了实施细则,即第870/95号条例[①],该条例有效期为5年。在失效之前,委员会对第870/95号条例稍作修改,颁布了第823/2000号条例[②]。在第823/2000号条例实施期间,委员会进行过2次修改,分别颁布了第463/2004号条例[③]和第611/2005号条例[④]。第611/2005号条例将第823/2000号条例的有效期延长到2010年4月25日。在第823/2000号条例失效前,理事会重新制定了第246/2009号条例[⑤],授权委员会制定新的联营体规则。委员会为此颁布了第906/2009条例[⑥]取代第823/2000号条例。第906/2009号条例自2010年4月26日起生效,至2015年4月25日失效。

2009年规则在运力合作方面有所放宽,班轮公司之间可就应对运力供求关系波动达成协议调整市场运力状况。在此之前,允许班轮公司之间进行暂时的运力调整,通常将其理解为应对季节性原因引起的运力供求失衡采取共同措施调整运力。

在联营体享有反垄断豁免的条件方面,2009年新规则并没有实质性变化,仍然以一定的市场份额为条件。其有2处小变化:①规定了联营体市场份额计算的具体规则;②增加了联营体享有反垄断豁免的核心限制(Hardcore Restrictions)。按照新规则确立的联营体市场份额计算方法,其市场份额既包括在一联营体内承运的所有成员的货运量,也包括该联营体成员同时属于另一联营体时,在那个联营体内承运的货运量,还包括在联营体外以该联营体成员自己名义承运的或以第三方船舶名义承运的货运量。所谓联营体的核心限制,是指联营体协议不得包括的内容,否则即构成违法。主要体现为下列3方面:第一,向第三方提供班轮运输服务时固定运价;第二,除了允许的运力调整协议外,限制运力或运输服务;第三,分

---

① Commission Regulation (EC) No 870/95 of 20 April 1995 on the application of Article 85 (3) of the Treaty to certain categories of agreements, decisions and concerted practices between liner shipping companies (consortia) pursuant to Council Regulation (EEC) No 479/92.

② Commission Regulation (EC) No 823/2000 of 19 April 2000 on the application of Article 81(3) of the Treaty to certain categories of agreements, decisions and concerted practices between liner shipping companies (consortia).

③ Commission Regulation (EC) No 463/2004 of 12 March 2004 amending Regulation (EC) No 823/2000 on the application of Article 81(3) of the Treaty to certain categories of agreements, decisions and concerted practices between liner shipping companies (consortia).

④ Commission Regulation (EC) No 611/2005 of 20 April 2005 amending Regulation (EC) No 823/2000 on the application of Article 81(3) of the Treaty to certain categories of agreements, decisions and concerted practices between liner shipping companies (consortia).

⑤ Council Regulation (EC) No 246/2009 of 26 February 2009 on the application of Article 81(3) of the Treaty to certain categories of agreements, decisions and concerted practices between liner shipping companies (consortia).

⑥ Commission Regulation (EC) No 906/2009 of 28 September 2009 on the application of Article 81(3) of the Treaty to certain categories of agreements, decisions and concerted practices between liner shipping companies (consortia).

配市场或客户。

第906/2009号条例前述变化表明欧盟联营体政策一松一紧2方面趋势。运力合作范围上自由度提高了,但是,运价合作绝对禁止。

三、加拿大

加拿大《1987年航运公会豁免法》(SCEA)[①]规定,公会协议和公会间协议享有反垄断豁免[②]。该法将公会定义为"远洋承运人以调节运价和货物运输其他条件为目的组成的团体(Association)"。因此,这一广义的公会定义同样适用于传统班轮公会以外的其他形式合作协议。1999年7月,加拿大运输部(CTA)海运主管机构公布了《1987年航运公会豁免法的评价》报告[③]。报告认为,自该法实施以来,国际航运的结构和班轮公司之间的合作方式已发生巨大的变化,如协商协议、稳定化协议、战略联盟和联营体等产生,这些协议均在加拿大运输部备案,并获得该法规定的豁免。但是,报告认为该法规定的公会定义似乎并不能适用于这些新产生的协议。

《1987年航运公会豁免法》第4条和第5条赋予班轮公会和公会间协议反垄断豁免地位。加拿大竞争法不适用于班轮公会和公会间协议的下列活动:①要求成员使用运价本;②要求承运订立忠诚合同;③就成员服务合同达成统一的运输条件;④在成员之间分配港口;⑤协调成员船舶的航次;⑥就成员之间共享货载或分配收益达成协议;⑦就加入或退出公会达成条件。在联运情况下,如果公会成员共同与从事内陆运输的承运人达成协议,按照该协议确定向这些承运人支付报酬的,则不享有反垄断豁免。

班轮公会和公会间协议就前述内容达成协议后,需要向加拿大航运主管部门备案。备案内容不仅包括协议本身,而且包括其成员公司的服务合同、忠诚合同等。备案因此成为公会协议和公会间协议享有反垄断豁免的程序条件,通过备案程序,主管机构可以审查公会协议和公会间协议是否满足法律规定的下列条件:①确保成员公司独立行动权,包括独立订立服务合同的权利;②禁止不当使用船舶用于阻止或减少非协议成员的公司参与竞争;③不得因为托运人曾经向非成员公司托运货物而拒绝承运;④不得阻止或限制非协议成员的公司使用加拿大港口及其设施。

2001年,加拿大第37届国会通过了航运法修正案,该修正案被称为《2001年航运法》[④]。《2001年航运法》第15章对《1987年航运公会豁免法》进行了修改,使

---

① Shipping Conferences Exemption Act, 1987.

② 加拿大《2001年航运法》(Canada Shipping Act, 2001)对《1987年航运公会豁免法》进行了修改。

③ Review of the Shipping Conferences Exemption Act 1987 (SCEA), July 1999, Marine Policy and Programs of Transport Canada.

④ Canada Shipping Act, 2001, 325－330. Amendments.

之适应更加开放、自由的国际航运市场。修改主要内容有：①备案形式要求的变化。协议备案除传统的纸质形式外，增加电子形式。②独立行动权的保障。公会成员在提前5天或公会协议规定的更短时间内通知其他成员后，即可采取独立行动。同时，其他成员在履行同样通知义务后有权采取相同的行动。③公会协议规定的条件不能阻止成员独立订立服务合同的权利，并无须向其他成员披露相关内容。④公会协议成员应共同向公众公开有关协议、运价本的信息，服务合同除外。这些修改内容与美国《1998年航运改革法》非常类似，在目的上均是强化国际航运市场的竞争，削弱公会对航运公司以独立经营者身份参与竞争的限制。

四、澳大利亚

澳大利亚《1974年贸易行为法》(TPA)第10章"国际班轮货物运输"[①]在形式上以公会为规范对象，并将公会分为进口公会和出口公会，在规则上分别予以规定[②]。在该法中，公会被定义为"2个或2个以上远洋承运人共同提供航运服务的非法人团体"[③]，并没有像联合国《班轮公会行动守则公约》或其他国家的法律那样强调公会以协商运价、运力等为特征。在澳大利亚法律中，公会一词与加拿大一样是在广义上使用的，不仅包括传统的班轮公会，也包括联营体、联盟、舱位互租协议、协商协议等国际航运协议组织形式。[③]

1999年9月15日，澳大利亚生产力委员会[④]公布了关于《1974贸易行为法》第10章的评估报告[⑤]。报告认为，班轮运输的成本和效率直接影响澳大利亚进出口企业的竞争力，班轮公司之间的各种合作形式是满足进出口企业对运输多种需求的一种有效方式，但是，这种班轮公司之间的任何形式的市场合作有增加市场优势地位的可能。报告结论认为，《1974贸易行为法》第10章规定的反垄断豁免基本上是成功的。尽管如此，澳大利亚在2000年仍然对《1974贸易行为法》第10章进行了一些细节修改，并命名为《贸易行为法2000年修正(国际班轮货物运输)》，或简称为《2000年国际班轮货物运输法》。

2004年，澳大利亚对《2000年国际班轮货物运输法》进行了再次评估。在这么短的时间内进行2次评估，一是由于2000年的修改是不彻底的，二是国际班轮市场环境和其他国家法律制度发生了较大的变化。

---

① 2000年，澳大利亚对《1974年贸易行为法》(Trade Practices Act 1974, TPA)第10章"国际班轮货物运输"(Part X—International liner cargo shipping)进行了修改，并命名为《2000年国际班轮货物运输法》(International Liner Cargo Shipping Act 2000)。

② Trade Practices Act 1974, Part X—International liner cargo shipping.

③ 《2000年国际班轮货物运输法》第10.02条解释。

④ 澳大利亚生产力委员会是澳大利亚政府关于宏观经济政策和管制方面的独立的、专门的评估咨询机构。

⑤ Productivity Commission, International liner cargo shipping: A Review of part X of the Trade Practices Act 1974, Report no. 9, 15 September 1999.

评估报告的结论主要包括：

(1) 澳大利亚《1974 年贸易行为法》第 10 章规定的豁免目前要比美国和欧盟的相关规定广泛，因为后两者在前几年促进竞争的运动中缩小了豁免的范围。

(2) 班轮运输的特性表明，承运人之间的合作能够减少成本、实现更好的风险管理，但是，这些特点并不只有班轮运输才具有，因此，不能作为其建立该产业特有的管制制度的理由。

(3) 根据第 10 章规定履行了备案义务的各种协议对于澳大利亚公共利益和特定航线上竞争的影响是不同的，固定运价和控制运力供给的协议具有极大的反竞争后果，其他国家的经验表明这种协议并不是提供有效运输服务所必需的。

(4) 尽管第 10 章赋予澳大利亚托运人抵消承运人协议组织的权力，但是，实际上从来没有产生预期的效果，将来也是如此。因此，通过提高运力供给的竞争程度是托运人获得更好服务的一种途径。

(5) 澳大利亚生产力委员会认为，修改目前的制度有 2 种方法。第一，取消第 10 章规定的行业豁免，代之以根据《1974 年贸易行为法》第 7 章规定的协议个别评价制度，评价标准以净公共利益(Net Public Benefit)为基础。这是委员会优先考虑的方案。第二，修改第 10 章，促进和保护承运人与托运人订立的秘密的、独立的服务合同(Confidential Individual Service Contracts)；或者仅仅允许那些不包括协商运价、固定运价、限制航线运力等条款的协议备案；或者取消第 10 章规定的协商协议的合法性资格，但是，根据《1974 年贸易行为法》第 7 章可能依然获得备案。

(6) 最后，报告认为，通过合适的过渡性安排，取消第 10 章的规定不会扰乱国际班轮货物运输市场的秩序，班轮运输业将能够适应新的规则。[①]

上述研究报告的结论似乎显得有点“激进”，但是，澳大利亚政府至今并没有按照报告修改其国际航运反垄断豁免法律制度。由于澳大利亚生产力委员会是澳大利亚官方研究机构，其观点和立场值得我们关注。

五、日本

在日本，土地、建设、运输和旅游部(Ministry of Land, Infrastructure, Transport and Tourism, MLIT)是国际航运的主管机构。日本《海上运输法》(Marine Transportation Law)第 28 条和第 29 条是关于国际航运协议反垄断豁免的基本规定。《海上运输法》将国际班轮公司达成的各种经营合作称为协议，具体涉及运价、收费或其他运输条件、航线、船舶使用和货载等。这些协议在符合规定的条件并向 MLIT 备案后，可享有反垄断豁免。与其他国家比较，日本关于国际航运反垄断豁免的立法相对简单。

---

① Productivity Commission Draft Report: 2004 Review of Part X of the Trade Practices Act 1974: International Liner Cargo Shipping. P. XXII.

受美国《1998年航运改革法》的影响，1999年，日本对《海上运输法》有关国际航运反垄断豁免方面的规则进行了修改[①]，其主要目的是进一步限制航运协议组织对国际海运市场竞争的消极作用。修改的重点体现在3个方面。

首先，享有豁免的条件。日本运输部对不符合以下豁免条件的个别协议可予以修改或取消：①运输服务使用者的利益没有受到不恰当的损害；②没有因此产生不适当的歧视；③对参加或退出协议的行为没有不恰当的限制；④协议仅应具有实现其目的的最低内容。

其次，取消豁免的情形。在下列情形下取消航运公司之间协议的豁免：①在交易过程中使用了不公平的方法；②对竞争构成了实质性的限制，对运输服务使用者的利益造成了不正当的损害；③在公平贸易委员会要求运输部采取修改等矫正措施1个月后，运输部未采取措施的。

最后，法律责任。1999年的修改提高了经济处罚的标准，每次处罚最高标准为100万日元。

六、韩国

韩国海运事业和渔业部(Ministry of Maritime Affairs and Fisheries, MOMAF)是韩国国际海运的主管部门，其航运管理基本法律是《海上运输法》(Maritime Transport Act)。

在国际航运竞争法律制度规定方面，韩国和日本类似，将国际班轮公司之间的合作称为协议，允许船舶经营人之间就费率、费用及其他运输条件、航线、船舶使用和货载等达成协议或联合行为，而没有专门规定班轮公会等具体的国际航运协议组织形式。[②] 与美国建立系统的协议监管制度比较，韩国《海上运输法》也要求向主管机关履行备案义务，但涉及的条文不多。[③]

韩国《海上运输法》规定，船舶经营人之间就费率、费用及其他运输条件、航线、船舶使用和货载等达成的协议或联合行为享有反垄断豁免，而没有专门规定班轮公会等具体的国际航运协议形式。[②]

七、新加坡

目前，新加坡实施的是《2004年竞争法》，《2006年竞争法令(班轮运输协议整体豁免)》[④]是国际班轮运输管制基本法，该法有效期至2010年底。2010年12月16日，新加坡贸工部公布命令，延长该法有效期至2015年12月31日。根据《班轮

---

① The Amendment of the Marine Transportation Law by the Law for the Adjustment of the Immunity System from the Anti-Monopoly Law.

② 韩国"Maritime Transport Act", Article 29. Agreement of Freight Rates, etc.

③ 韩国关于国际航运垄断协议的规定集中在 Maritime Transport Act 第29条。

④ Competition (Block Exemption for Liner Shipping Agreements) Order 2006 ("BEO").

运输协议整体豁免》第 3 条的定义，班轮运输协议(Liner Shipping Agreement)是指 2 个或 2 个以上提供国际班轮运输的船舶经营人就下列内容达成的协议：技术、经营、商业安排；价格；报酬条件。班轮运输协议在符合规定的条件并备案后，享有反垄断豁免。班轮运输协议备案的主管机构是新加坡竞争委员会(the Competition Commission of Singapore)。

第二节 国际航运反垄断立法发展趋势

一、国际航运协议分类从三分法发展到二分法的趋势

(一) 三分法

协议或国际航运协议是反垄断豁免的对象，各国在航运法律上关于国际航运协议的分类及用词存在较大的差异，有些国家的立法存在明显的不足，这既有历史的原因，也有认识的原因。我国《国际海运条例》第 22 条的基本分类是班轮公会协议、运价协议和运营协议，同样存在不足。

根据各国航运立法，理论上比较合理的国际航运协议可分为以下 3 类：班轮公会协议(Liner Conferences)、协商协议(Discussion Agreements)和运营协议(Operational Agreements)。其中，协商协议包括运力稳定协议(非运价协议)和运价协商协议，运营协议包括联营协议和联盟协议。

班轮公会对内采取统一运费率、分配运力和货载、统筹分配收入或分担损失、统一安排船期等措施，对外采取签订忠诚合同、延期回扣制度、协调或统一服务合同条款等措施。班轮公会通过这些措施基本上可消除内部竞争，或者将成员之间的竞争降低到最低程度。班轮公会通常是在组织意义上使用的，具有常设的运作组织。公会影响市场的方式有：①以公会名义作出决定；②公会内部部分成员达成协议；③公会与非公会成员的独立承运人达成协议；④属于 2 个不同公会的承运人之间达成协议。

公会协议具有以下共同特征：①具有章程性质的班轮公会协议在内容上非常全面、系统，具备作为一个社会组织在成立、运作等方面应该具有的基本制度；②班轮公会及其成员活动的地理范围比较广泛，其航线涉及航线两端许多港口，并延伸到内陆运输和沿海运输；③班轮公会成员合作范围广泛，除了通常的运价、运力外，还包括集装箱及有关设备、场站、信息、转船运输等；④班轮公会可以作为服务合同的当事人；⑤班轮公会一般具有组织形式，有常设机构及履行有关职责的内部机构设置；⑥按照法律要求，班轮公会协议都明确规定其成员享有独立行动权，独立行动权的行使需要遵循公会协议规定的程序，独立行动权并没有全面取消公会协议本身具有的约束力；⑦班轮公会协议规定了对违规者实施惩罚的制度；⑧在班轮公

会体制内,存在舱位租赁、船舶共享等类似联营体的运作机制;⑨按照法律要求,班轮公会建立了处理与托运人关系(包括纠纷解决)的机制。

协商协议是受美国《1998年航运改革法》的影响产生的。与传统班轮公会比较,协商协议最大的特点是:无论是部分成员还是全体就运力、运价达成的协议,对成员均不具有强制性的约束力。在一定意义上,协商协议这一概念在立法上尚未被各国确认,在我国理论界也没有得到普遍认可,但是,在欧美官方文件中已多次使用该概念。经济合作与发展组织《班轮运输竞争政策报告》将运力稳定协议和协商协议并列,作为班轮公司代替班轮公会的新合作形式。[①] 美国联邦海事委员会将这类没有强制性约束力的协议组织统称为协商协议[②],并在备案环节划分为运价协商协议和非运价协商协议两类,但是在航运基本法上并没有确立协商协议的正式概念及含义。欧盟有关报告中也直接使用协商协议,用于概括班轮公司之间就运价和其他运输条件等竞争行为进行协调的一种协议。[③]

协商协议具有下列特征:①运价协商协议与非运价协商协议存在较大的区别,前者涉及运价、运力协商,并可以达成协议,而后者主要在市场信息等方面进行交流。②协商协议与公会协议最大的区别是,协商协议对于成员不具有强制约束力,没有强制性义务,对成员经营活动不施加直接影响。这一特点在协商协议中一般有明确规定,而在公会协议中则没有。③协商协议成员之间可以进行协商、达成协议的范围非常广泛。运价协商协议在协商范围方面与公会协议基本没有区别。非运价协商协议由于其协议目的较单一,其协商范围相对小些。④与公会协议一样,协商协议成员协商的内容也不限于海运区段,通常将航线两端港口部分内陆运输区段也包括在内。⑤协商协议在形式上对外没有共同的运价,实际上经常就运价达成协议并对外公布。⑥协商协议成员可以就服务合同与托运人进行共同协商,但与公会不同的是,协商协议不能成为服务合同的当事人。⑦协商协议一般设立管理机构负责协议实施,但相对于班轮公会而言,在管理机构上相对简单些。在这个意义上,公会协议和协商协议都可以称为组织。⑧协商协议与公会协议一样,将有关国家的法律要求在协议条款中反映出来,如成员的独立行动权、与托运人之间的协商程序和纠纷解决方法。⑨与公会协议成员比较,协商协议更强调成员拥有独立行动权。⑩协议成员退出协商协议比较简单,一般只要求提前一定时间履行通知义务即可。

欧盟第870/95号条例在制定之初的本意是仅仅规范联营体协议,因此,该条

---

① Liner Shipping Competition Policy Report, OECD, p. 21.

② The Impact of the Ocean Shipping Reform Act of 1998, Federal Maritime Commission September 2001. p. 24.

③ White Paper on the review of Regulation 4056/86, applying the EC competition rules to maritime transport Commission programme [2003/COMP/18].

例被称为联营体规则。班轮公司之间的联盟(Alliance)合作形式的产生比联营体稍晚,在性质上与联营体是相同的。船公司达成联营体协议或者联盟协议的基本目的是相同的,即实现经营合理化。联营体在航线合作范围上通常比联盟小,前者一般涉及单一航线,后者经常涉及多条航线。所以,通过修改联营体规则中联营体的定义,该规则同样可适应于联盟。但是,从理论上,确实有必要区分联营体和联盟。美国航运法备案制度将联盟作为一种独立的协议形式,与联营体相对应的概念是船舶共享协议(Vessel Sharing Agreements)。因此,需要有一个更高层次的概念来归纳。欧盟有时用"运营合作协议"(Operational Cooperation Agreements)概括①,但更多时候则是直接将两者并列,同时使用②。

国际航运协议三分法在总体上比较符合目前各国航运立法实践,但有一个缺陷,即班轮公会与协商协议之间、协商协议与运营协议之间,有时候可能存在一定程度的交叉。运价协商协议在运价方面(包括基本运价和附加费)可以达成协议,与班轮公会有类似的地方。运力协商协议强调在运力方面的协调,与运营协议有类似的地方。欧盟2009年联营体规则允许联营体成员就运力供求关系波动达成协议,这样的联营体在市场影响方面与运力协商协议很接近。当然,协商协议有一个特点是班轮公会和联营体并不具有的:协商协议成员在经营上保持完全的独立性,公会和联营体则有不同程度的共同经营。

(二)二分法

2008年5月和8月,亚太经济合作组织(APEC)分别公布《班轮运输竞争政策:非运价协议研究》(第一阶段)③和《班轮运输竞争政策:非运价协议研究》(第二、三阶段)两个研究报告。这两个研究报告是目前为止对运营协议最为系统的专门研究,同时也提出了将协议分为运价协议与非运价协议的基本分类,具有重要的意义。

APEC研究报告认为,班轮公司之间、班轮公司与非班轮公司之间存在范围广泛的非运价协议(Non-Ratemaking Agreements),合作内容涉及:集装箱设备(Container Equipment);公路运输集卡设备(Road Chassis Equipment);空集装箱中转站(Empty Container Depots);内陆集装箱货运中心(Inland Container Ports / Terminals);内陆卡车运输服务(Inland Trucking Services);内陆铁路运输服务(Inland Rail Services);内陆驳船运输服务(Inland Darge Services);集装箱货运站(Container Freight Stations; Consolidation);海港码头(Marine Terminals);干线

---

① Annex to the WHITE PAPER on the review of Regulation 4056/86, applying the EC competition rules to maritime transport (background working paper of the Commission services), p. 12.

② Review 4056/86 discussion paper, p. 3; p. 8; p. 19; p. 20; p. 22.

③ APEC Transport Working Group (TWG): Liner Shipping Competition Policy: Non-Ratemaking Agreements Study (Stages 1), May 2008.

船舶运输服务(Mainline / Linehaul Vessel Services);支线船舶运输服务(Feeder Vessel Services);营销或客户服务(Sales and Marketing / Customer Service);订舱(Bookings);单证(Documentation, Bills of Lading, etc.);企业管理(发票、财务、索赔等)(Administration: Invoicing, Finance, Claims);运营办公场所和相关的信息服务(Operations Offices and Related IT);网络信息服务、船期表、服务跟踪(Web Portals, Schedules, Track & Trace);安全、X射线探测设备(Security, X-ray Facilities);拼箱服务(Groupage Services, LCL);储存和配送服务(Secondary Warehousing & Distribution)。①

在以上这些合作内容中,APEC研究报告认为,最典型、核心的领域是船舶经营领域的合作,主要体现为船舶共享;其次是在集装箱设备、公路运输集卡设备、港口办公设施领域的合作;第三类是在订舱、单证系统、管理领域、履行管制义务(Regulatory Compliance)和海运码头(Marine Terminal Operations)领域的合作;第四类是支线运输或者转船运输领域的合作。

上述分类可以看成是APEC对非运价协议进行分类的尝试。就班轮公司订立的具体协议而言,APEC通过广泛的调查后认为,船舶运营方面的合作是这些非运价协议的主要类型,因为大部分被认为属于非运价协议的合作协议包含了船舶运营合作。其次是国际班轮运输中涉及内陆运输的合作,如集装箱设备、公路运输集卡设备、港口办公设施等。

在船舶运营合作协议中,APEC研究报告将其分为四类:联盟协议、船舶共享协议、船舶舱位租赁(Vessel Space Charters)协议和船舶舱位互换(Vessel Space Swaps)协议。在内陆运输和其他领域合作类型中,APEC研究报告也将其分为四类:集装箱互换(Container Interchange)协议,公路运输集卡互换(Road Chassis Interchange)协议,办公设施、信息/信息技术共享(Office, Info. /IT Sharing)协议和其他(Other)合作协议。②

APEC研究报告对非运价协议本身没有定义,似乎其是不言自明的概念,事实上不是。APEC对非运价协议进行专门研究,潜在包含着国际班轮公司之间的合作的协议可分为运价协议和非运价协议。研究报告有时也使用"non-ratemaking (operational) agreements",我们将运营协议的英文表述为Operational Agreement,这样,两者似乎是等同的,非运价协议即运营协议。

运营协议以集装箱运输中箱位合作为核心,在一定意义上涉及运力的合作,集装箱班轮承运人之间可以共同投入船舶,然后通过箱位租赁或互换进行合作,也可以完全由一方投入船舶,另一方通过租赁方式进行经营,实现船舶经营互补的效

① APEC Transport Working Group (TWG): Liner Shipping Competition Policy: Non-Ratemaking Agreements Study (Stages 1), May 2008, p. 9.

② 同上注,第22页。

果。所以,运营协议这种类型在美国航运法上称为船舶共享协议。

问题在于协商协议包括运价协商协议和非运价协商协议两种类型,那么非运价协商是否属于 APEC 所称的非运价协议呢？一般认为,协商协议以交流国际班轮市场中运力供求信息,并在一定范围内对运力供给进行调节为目的,不进行直接的箱位租赁、互换等合作。协商协议以直接影响国际航运市场竞争为目的,对市场竞争的限制要高于以经营合作、提高效率为目的的运营协议,因此,欧盟一直以来没有赋予协商协议反垄断豁免,各种联营体享有全面的反垄断豁免。在美国,这种类型的协商协议被称为非运价协商协议(Non-Rate Discussion Agreement),与运价协商协议(Rate Discussion Agreement)并列作为协商协议类型中的两类基本协议,并与通常作为运营协议的船舶共享协议区别开来。但是,前述 APEC 对非运价协议的具体类型的表述没有明确将运力协商协议包括在内,但也没有明确将其排除在外。

将国际航运协议划分为运价协议和非运价协议的二分法在将来或许具有重要的意义,有可能替代三分法。目前,国际航运反垄断豁免争议的焦点是具有运价内容的协议继续享有反垄断豁免是否有充分的合理性。在放松管制时代,政府减少直接的价格管制,实现市场调节价格。国际航运允许班轮公司就运价进行协商或达成协议将逐渐成为与主流不一致的特例。

二、国际航运反垄断豁免制度一般趋势

在放松管制大环境下,在更大程度上发挥市场机制的作用,限制国际航运协议组织对市场竞争的限制,是国际航运市场管制的大趋势。随着 2006 年欧盟理事会作出取消班轮公会反垄断豁免的决定,国际班轮运输市场进入后班轮公会时代。所谓"后班轮公会时代",一方面表明班轮公会将在世界范围内逐渐走向衰落,甚至终结,另一方面表明运营协议等将成为班轮公司主要的合作形式。① 欧盟取消班轮公会反垄断豁免将直接导致世界上其他国家与欧盟成员国之间的海上贸易航线中班轮公会停止运作,因为任何一个协议组织,只有在航线两端的国家的法律都允许其合法活动时,才能依法成立并从事活动。2008 年 7 月,欧盟通过了竞争法一般规则如何在航运业适用的指导规则,如果该指导规则在实践中能够实现预期目标,这将对其他国家产生一定的示范效应。

根据前述分析,在未来一段时期内,国际航运反垄断豁免制度总的发展趋势将呈现以下特点:①班轮公会已经走到历史终点,进入后班轮公会时代。后班轮公会时代最早可以从美国《1998 年航运改革法》开始,该法导致许多班轮公会停止运作,转而改成松散型的协商协议。欧盟 2006 年取消班轮公会反垄断豁免则是具有划时代意义的事件,虽然目前其影响仍主要限于欧盟进出口航线范围,但引起了世

① 郑丙贵.后班轮公会时代国际班轮市场管制[J].大连海事大学学报:社会科学版,2007,6(5):6-10.

界范围内班轮公会及其他包含运价内容的协议组织的未来前途的讨论。②协商协议逐渐减少，未来一段时间将基本保持稳定。如果现有各国航运法律制度保持不变，协商协议作为班轮公会的替代物，其数量将保持相对稳定。③各种运营协议有稳定增加的趋势。各种不包含运价内容的运营协议在反垄断法上比较容易被接受，对其享有反垄断豁免提出的质疑也较少。其存在确实有利于提高经营效率，是班轮公司之间比较好的一种合作方式。

三、班轮公会发展趋势

根据联合国贸发会统计，在班轮公会鼎盛时期的 1974 年，世界上大约有 375 个班轮公会，控制着世界上 1/3 的班轮航线，在主要的贸易航线上，班轮公会的市场占有率高达 90%以上。根据 2002 年经济合作与发展组织统计，世界上约有 150 个班轮公会，其中从事欧盟进出口货物班轮运输的班轮公会有 28 个。①

在美国进出口航线上，1998 年在联邦海事委员会备案的班轮公会协议有 35 个，到 2001 年只有 21 个，2011 年剩下 3 个，呈逐渐下降趋势。② 从 1998 年至 2011 年，在联邦海事委员会备案的公会协议的数量变化见图 3－1－2。

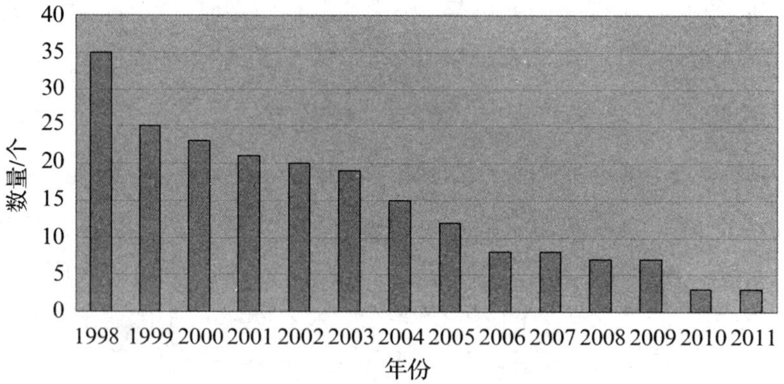

图 3－1－2　美国班轮公会数量变化

根据 APEC 研究报告，2007 年在加拿大运输部（Canadian Transportation Agency, CTA）备案的班轮公会协议有 12 个。③

在日本，土地、建设、运输和旅游部（Ministry of Land, Infrastructure, Transport and Tourism, MLIT）是协议备案主管机关。根据 MLIT 2007 年初公布的数据，共有 147 个协议，其中 40 个是公会运价协议。④

---

① OECD. Competition policy in liner shipping, April 2002. http://www.oecd.org/. p. 19.

② Federal Maritime Commission. 46th Annual Report for Fiscal Year 2007, p. 103.

③ APEC Transport Working Group（TWG）：Liner Shipping Competition Policy：Non-Ratemaking Agreements Study（Stages 1），May 2008. p. 13.

④ 同上注，第 19 页。

至 2008 年 11 月，在新加坡竞争委员会备案的班轮运输协议分为班轮公会和协商协议 2 类，两者共有 11 个，其中属于班轮公会的只有 1 个，即 The Asia-West Coast South America Freight Conference (AWCSAFC)。原来远东班轮公会(The Far Eastern Freight Conference, FEFC)也在新加坡备案，但 2008 年 10 月远东班轮公会终止活动。

四、协商协议发展趋势

近几年，美国进出口航线上存在的协商协议数量见表 3-1-2 和图 3-1-3，总体上有下降趋势。

表 3-1-2　美国进出口航线上存在的协商协议

财政年度/年	协商协议总数/个	运价协商协议数/个	非运价协商协议数/个
2000	47	36	11
2001	45	36	9
2002	48	38	10
2003	43	34	9
2004	40	31	9
2005	39	30	9
2006	37	29	8
2007	36	28	8
2008	35	27	8
2009	35	26	9
2010	34	24	10
2011	31	22	9
资料来源：相应年份的 FMC 年报。			

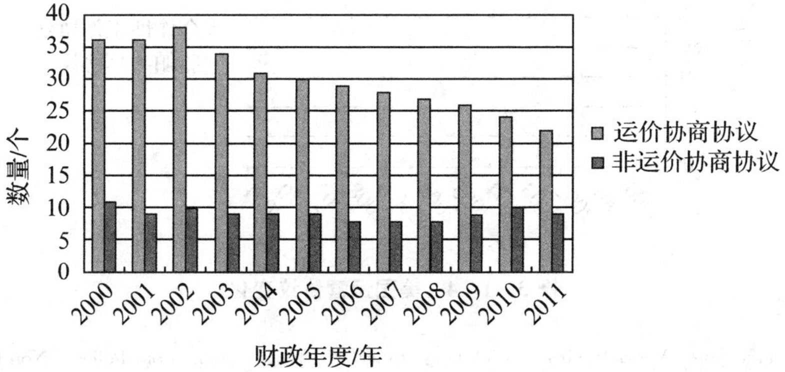

图 3-1-3　美国协商协议变化

根据日本 MLIT 2007 年初的数据,协商协议有 18 个。① 在新加坡竞争委员会备案的协商协议有 10 个,比 1 年前公布的数字增加了 3 个。

五、运营协议发展趋势

近几年,美国进出口航线上运营协议变化的总体情况见表 3-1-3 和图 3-1-4,总体上保持稳定。

表 3-1-3 美国进出口航线上的运营协议

财政年度/年	船舶共享协议/个	合作性工作协议/个
2000	148	19
2001	150	17
2002	151	18
2003	145	17
2004	157	14
2005	158	15
2006	148	19
2007	159	18
2008	159	18
2009	159	18
2010	170	17
2011	170	17
资料来源:相应年份的 FMC 年报。		

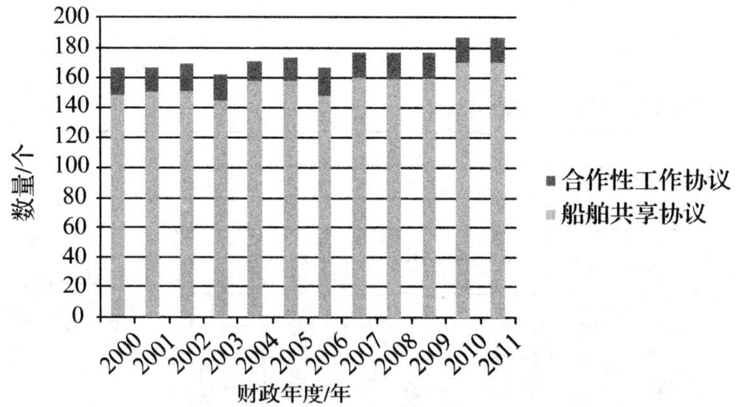

图 3-1-4 美国运营协议变化

① APEC Transport Working Group (TWG): Liner Shipping Competition Policy: Non-Ratemaking Agreements Study (Stages 1), May 2008. p. 19.

2007 年,在加拿大运输部(CTA)备案的非班轮公会协议有 2 个,其中一个是合作性工作协议,另一个是属于同一母公司的 2 家子公司之间的合资协议。大联盟协议和新世界协议同样在加拿大进出口航线上从事经营活动,但没有在 CTA 备案。还有几个以舱位或箱位租赁为内容的船舶共享协议也没有在 CTA 备案。从这个角度看,加拿大协议备案制度是不完善的,尤其对于运营协议这种有别于班轮公会的新类型协议而言,加拿大尚未建立系统的法律制度及其实施制度。

根据日本 MLIT 2007 年初的数据,备案的运营协议有 89 个。[①] 新加坡竞争委员会公布的备案协议信息中没有运营协议,可以认为,目前新加坡并没有要求运营协议备案。

---

① APEC Transport Working Group (TWG): Liner Shipping Competition Policy: Non-Ratemaking Agreements Study (Stages 1), May 2008. p. 19.

第二章　我国国际航运反垄断规则及其实施现状

第一节　我国国际航运反垄断规则体系

一、《反垄断法》及其实施规则

我国反垄断一般法律规则体系由《反垄断法》及其实施细则构成。另外,《中华人民共和国价格法》等有关规定也属于反垄断法律规则。

2007 年 8 月 30 日,第十届全国人民代表大会常务委员会第二十九次会议通过了《反垄断法》,该法自 2008 年 8 月 1 日起施行。此后,国务院及 3 个反垄断执法机构分别颁布了系列实施规则。

(1)《关于相关市场界定的指南》,国务院反垄断委员会 2009 年 5 月 24 日颁布。

(2)《工商行政管理机关禁止垄断协议行为的规定》,国家工商行政管理总局发布,自 2011 年 2 月 1 日起施行。

(3)《工商行政管理机关禁止滥用市场支配地位行为的规定》,国家工商行政管理总局发布,自 2011 年 2 月 1 日起施行。

(4)《工商行政管理机关制止滥用行政权力排除、限制竞争行为程序规定》,国家工商行政管理总局发布,自 2009 年 7 月 1 日起施行。

(5)《工商行政管理机关查处垄断协议、滥用市场支配地位案件程序规定》,国家工商行政管理总局发布,自 2009 年 7 月 1 日起施行。

(6)《反价格垄断规定》,国家发展和改革委员会发布,自 2011 年 2 月 1 日起施行。

(7)《反价格垄断行政执法程序规定》,国家发展和改革委员会发布,自 2011 年 2 月 1 日起施行。

(8)《价格违法行为行政处罚规定》,1999 年 7 月 10 日国务院批准,2010 年 12 月 4 日《国务院关于修改〈价格违法行为行政处罚规定〉的决定》第 3 次修订,自 2010 年 12 月 4 日起施行。

(9)《国务院关于经营者集中申报标准的规定》,自 2008 年 8 月 4 日起施行。

(10)《经营者集中申报办法》,商务部发布,自 2010 年 1 月 1 日起施行。

(11)《经营者集中审查办法》,商务部发布,自 2010 年 1 月 1 日起施行。

(12)《关于实施经营者集中资产或业务剥离的暂行规定》,商务部发布,自 2010 年 7 月 5 日起施行。

(13)《未依法申报经营者集中调查处理暂行办法》,商务部发布,自 2012 年 2 月 1 日起施行。

(14)《关于外国投资者并购境内企业的规定》,商务部发布,2009 年 6 月 12 日修订。

(15)《商务部实施外国投资者并购境内企业安全审查制度的规定》,自 2011 年 9 月 1 日起施行。

二、国际航运反垄断规则体系

国际航运反垄断规则由一般规则和特别规则构成,一般规则是《反垄断法》及其实施规则,特别规则由国际航运特别立法构成。《国际海运条例》是目前我国国际航运管理的基本法,该法由国务院在 2001 年 12 月 11 日颁布,自 2002 年 1 月 1 日起施行。《国际海运条例》关于国际航运反垄断的规定虽然简单、原则,却是最高立法层次的规定。除此之外,也包括几个实施规则,主要是《国际海运条例实施细则》。有关规定包括以下几点。

(1)《国际海运条例》第 22 条:"从事国际班轮运输的国际船舶运输经营者之间订立涉及中国港口的班轮公会协议、运营协议、运价协议等,应当自协议订立之日起 15 日内将协议副本向国务院交通主管部门备案。"

(2)《国际海运条例》第 27 条:"经营国际船舶运输业务和无船承运业务,不得有下列行为:(一)以低于正常、合理水平的运价提供服务,妨碍公平竞争;(二)在会计账簿之外暗中给予托运人回扣,承揽货物;(三)滥用优势地位,以歧视性价格或者其他限制性条件给交易对方造成损害;(四)其他损害交易对方或者国际海上运输市场秩序的行为。"

(3)《国际海运条例》第 5 章"调查与处理",包括可以实施调查的情形、调查机关和调查组的组成、调查程序、调查结论等。

(4)《国际海运条例实施细则》第 3 条第(14)(15)和(16)项对班轮公会协议、运营协议和运价协议的定义;第 32 条关于协议备案义务人的规定。

(5)《关于加强对班轮公会和运价协议组织监管的公告》(原交通部 2007 年第 10 号令)就班轮公会和运价协议组织备案进行了较详细的规定。

(6) 在运价管理方面,主要有《国际集装箱班轮运价备案实施办法》(交通运输部 2009 年第 20 号令)、《无船承运业务经营者运价备案实施办法》(交通运输部 2010 年第 40 号令)。

第二节　我国国际航运反垄断规则实施现状

一、国际航运协议分类问题

（一）运营协议的范围问题

《国际海运条例实施细则》第 3 条第（15）项规定："运营协议，是指两个或者两个以上国际班轮运输经营者为稳定或者控制运价订立的关于在一条或者数条航线上增加或者减少船舶运力协议，以及其他协调国际班轮运输经营者共同行动的协议，包括具有上述性质内容的会议纪要；两个或者两个以上国际班轮运输经营者为提高运营效率订立的关于共同使用船舶、共同使用港口设施及其他合作经营协议和各类联盟协议、联营体协议。"

上述对运营协议概念的定义包含两部分，前半部分是对运力协商协议（运力稳定协议）的定义，后半部分是对"联盟协议"和"联营体协议"的定义，中间用分号隔开。因此，在字面含义上，我国运营协议概念实际上包括了运力协商协议（运力稳定协议）、联盟协议和联营体协议三种形式。运力协商协议（运力稳定协议）一般属于协商协议范畴，不同于班轮公会。

我国运营协议概念存在的问题主要是扩大了运营协议的范围，与通常的运营协议概念不一致。一般认为，运营协议是指欧盟联营体规则规定的联营协议和联盟协议，属于经营合作协议，不包括协商协议中的运力协商协议（运力稳定协议）。

针对前述规定，《国际航运市场竞争规则问卷调查表》设计了一个问题，就《国际海运条例》第 22 条规定的运营协议包括运力协商协议、联盟协议和联营体协议是否合适征求业界意见。其中 59.4%的人认为运营协议包括协商协议、联盟协议、联营体协议是恰当的，40.6%的人认为该范围过于广泛，没有人认为不够广泛。可以说，在此问题上形成了截然对立的 2 种观点（见图 3－2－1）。

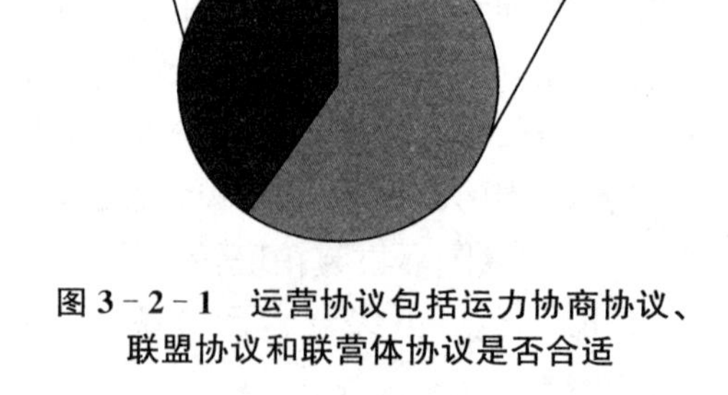

图 3－2－1　运营协议包括运力协商协议、联盟协议和联营体协议是否合适

按照传统的三分法标准,运力稳定协议属于协商协议,是以调控运力供求关系为直接目的的,最终目的是维持一定水平的运价。在运力严重过剩的情况下,为了避免过度竞争,避免价格战,运力稳定协议具有一定的积极作用。但是,其性质与联营协议、联盟协议不同,后两者以经营合作方式提高经营效率,对市场竞争的直接影响较小。

如果按照二分法,运力稳定协议属于广义的非运价协议,则其对市场竞争的影响小于运价协议。但是,无论从理论还是从立法实践看,运力稳定协议不能等同于联营协议,美国作为协商协议,不是船舶共享协议,欧盟没有授予其反垄断豁免地位。

(二)运价协议与公会协议之间的关系问题

《国际海运条例实施细则》第 3 条第(16)项规定:"运价协议,是指两个或者两个以上国际班轮运输经营者之间订立的关于收费项目及其费率、运价或者附加费等内容的协议,包括具有上述内容的会议纪要。"

在航运实践中,国际班轮运输经营者达成的协议中包括运价内容的通常有 2 类协议,一是班轮公会协议,二是运价协商协议。《国际海运条例》单独规定运价协议,应该不包括涉及运价内容的班轮公会协议,仅指运价协商协议。通常认为,运价协商协议和其他有关运力等方面的协议具有共性,属于松散型协议组织。在立法上,宜将所有这种松散型协议组织称为协商协议,不论其协商内容是运价、运力或其他方面。但是,《国际海运条例》将运力协商协议(运力稳定协议)作为运营协议的一部分,割裂了运力协商协议和运价协商协议之间的共性。所以,单独规定运价协议存在 2 方面缺陷:一方面,导致与包含运价内容的班轮公会协议存在混淆的问题;另一方面,导致将协商协议中的运力协商协议和运价协商协议分别归属于运营协议和运价协议 2 种类型。

《国际航运市场竞争规则问卷调查表》反馈回来业界的观点是:65.2%的被调查者认为运价协议与班轮公会两者之间没有交叉,运价协议是指运价协商协议;31.9%的被调查者认为运价协议与班轮公会两者之间有交叉,班轮公会就是属于运价协议;2.9%的被调查者对此没有作答,持不确定态度(见图 3-2-2)。

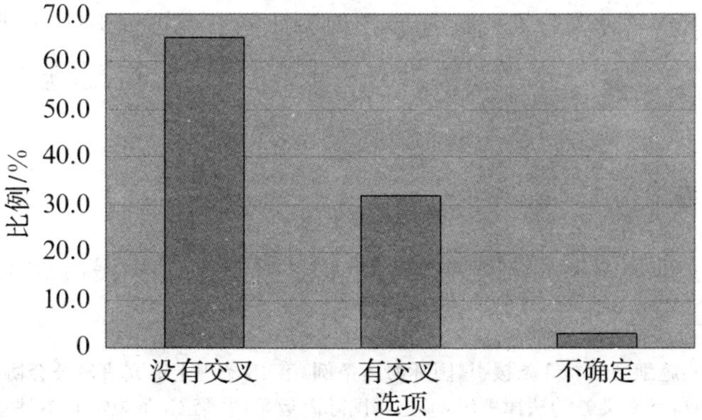

图 3-2-2 运价协议与班轮公会协议之间的关系

除我国外，其他国家航运立法没有直接将运价协议作为单独的一类国际航运协议来处理。美国联邦海事委员会在备案环节将运价协商协议作为单独一类处理，但其前提是运价协商协议不同于公会协议。从现有规定看，我国运价协议与公会协议的区别似乎只是范围上的区别，运价协议只有运价合作内容，公会协议则在运价合作外，还包括运力、航线、货载等其他方面的合作。从法律调整目的角度，将运价协议单独规定并非必要。

二、协议备案制度实施情况

（一）协议备案制度基本内容

（1）需要备案的协议范围。《国际海运条例》要求从事国际班轮运输的国际船舶运输经营者之间订立涉及中国港口的班轮公会协议、运营协议、运价协议等 3 类协议履行备案义务。

（2）备案义务人。《国际海运条例实施细则》第 32 条规定：班轮公会协议由班轮公会代表其所有经营进出中国港口海上运输的成员备案，运营协议和运价协议由参加订立协议的国际船舶运输经营者分别备案。但是，《加强协议组织监管公告》第 4 条规定，参与订立涉及中国港口班轮公会协议、运营协议、运价协议的国际班轮公司是协议报备义务人。该规定改变了《国际海运条例实施细则》第 32 条对班轮公会备案义务人的规定。

（3）备案材料及其内容要求。根据《加强协议组织监管公告》的规定，协议组织备案包括 2 方面内容：一是联络机构及其代表人的备案，二是协议本身的备案。

（4）备案方式。协议组织备案方式有书面形式和电子形式 2 种。

（5）备案协议主要内容公告要求。备案协议内容的公告包括 2 个方面的要求：一是公告内容，二是公告媒体。公告内容应该包括：联络机构和代表人有关信息；协议的主要内容和执行的理由。公告的媒体需要按照交通运输部指定的媒体范围为限，包括必选媒体和自选媒体 2 类。

（6）备案的法律效力。《国际海运条例》规定了协议组织应该履行备案义务，但未直接规定协议组织备案后该协议的法律效力，甚至未直接规定未履行备案义务的法律责任。①

（二）协议备案制度实施评价

我国国际航运协议备案制度主要存在以下不足：①并没有要求运营协议履行

① 《国际海运条例实施细则》第 63 条援引《国际海运条例》第 48 条规定追究班轮公会协议、运营协议和运价协议未按规定履行备案义务的法律责任，但是，《国际海运条例》第 48 条规定并不是专门（甚至不是主要）针对协议组织备案行为的，因此，有点牵强。

备案义务;②2 个实施规则关于协议备案义务人的规定存在不一致;③在备案材料及其内容要求方面,目前既缺乏系统性,也缺乏明确性;④混淆了协议成立时具有章程性质的协议文件与协议成立后就个别事项达成的协议;⑤现有备案程序缺乏主管部门审查程序及其审查结论公告等方面的规定;⑥备案协议主要内容公告制度中公告媒体问题值得商榷,主要是交通运输部作为官方媒体没有公布有关信息;⑦现有法律法规对备案法律效力没有明确规定,直接影响到备案制度的意义及其地位问题。

为了了解业界对于我国国际航运协议备案制度实施情况的评价,《国际航运市场竞争规则问卷调查表》在这方面设计了 3 个问题。

第 1 个问题,在问及"《国际海运条例》第 22 条规定的备案制度执行情况如何"时,50.7%的被调查者认为备案制度得到完全实施;43.5%的被调查者认为备案制度只有部分得到实施;5.8%的被调查者认为基本没有实施(见图 3-2-3)。

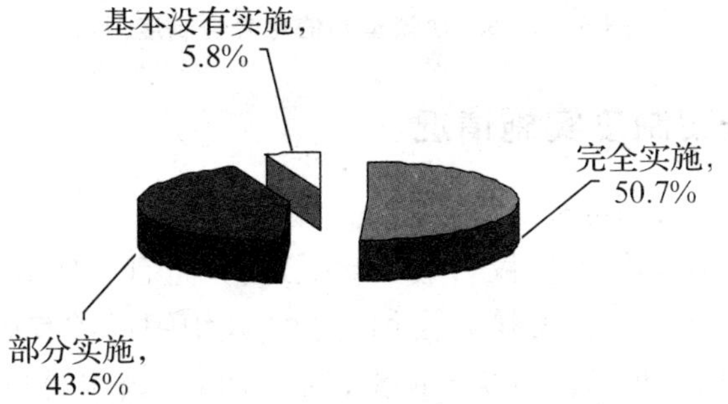

图 3-2-3　协议备案制度实施情况

虽然认为完全实施的比例超过了一半,但是,仍然有将近一半的被调查者认为只有部分实施或完全没有实施,反映出我国协议备案制度实施状况并不理想。实际情况应该是:我国协议备案制度只有得到了部分实施,尚有很大的改善空间。

第 2 个问题,在问及"备案制度实施效果"时,53.6%的被调查者认为《国际海运条例》第 22 条规定的备案制度实施效果很大;42.0%的被调查者认为备案制度实施产生一些效果;4.4%的被调查者认为没有效果(见图 3-2-4)。各国实践表明,在反垄断豁免制度下,备案制度是对协议实施监管的最有效方式。我国航运界对协议备案制度认可度不高,根源在于我国尚未建立系统的备案制度,另外,执法资源也明显不足,难以完全实施备案制度。

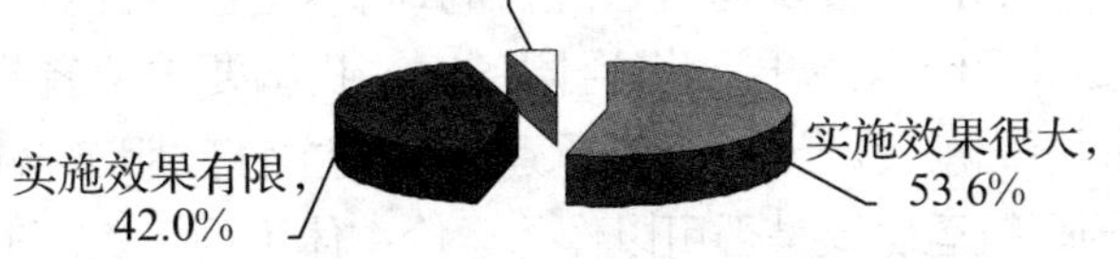

图 3-2-4　协议备案制度实施效果

第3个问题,在问及"贵公司如何评价协议组织在中华航运网等媒体上公告有关信息的制度"时,17.4%的被调查者认为协议组织在相关媒体上公告有关信息的制度实现了信息透明,非常有价值;47.8%的被调查者认为该制度没有船货双方协商制度,价值不大;34.8%的被调查者认为所公告的信息不充分,过于简单(见图3-2-5)。总体上,信息公告制度不能令人满意。

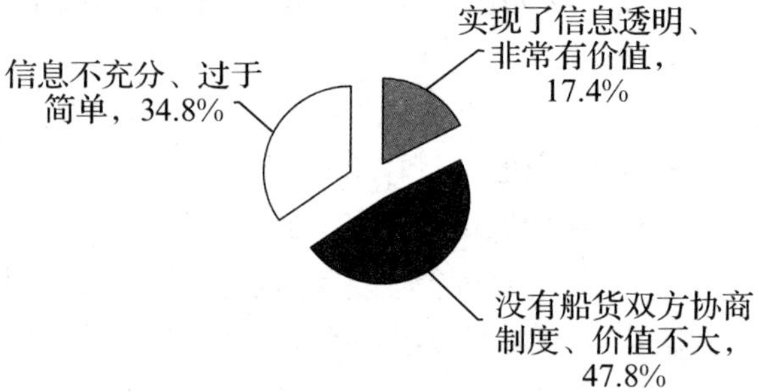

图3-2-5 协议备案信息公告制度评价

三、运价备案制度实施情况

在美国航运法上,制定和实施运价的主体可分为两类:国际班轮公司和国际航运协议。这里的国际航运协议一般不包括运营协议(船舶共享协议),因为这类协议不包括运价协议内容。班轮公会和运价协议组织通常有运价本,或就运价进行统一或协商,或就附加费进行统一调整,或对于成员公司的服务合同制定统一的指导规则等。比较而言,班轮公会基本上有运价本,而协商协议有时则不一定都有运价本。

《国际海运条例》第20条规定,经营国际班轮运输业务的国际船舶运输经营者的运价和无船承运业务经营者的运价,应当按照规定格式向国务院交通主管部门指定的专门机构备案。公布运价,是指国际船舶运输经营者和无船承运业务经营者运价本上载明的运价;协议运价,是指国际船舶运输经营者与货主、无船承运业务经营者约定的运价。

《国际集装箱班轮运价备案实施办法》和《无船承运业务经营者运价备案实施办法》的实施,意味着我国正式全面实施《国际海运条例》规定的运价备案制度。与美国运价管理制度比较,我国运价管理有以下特点:①概念使用上的区别。美国使用"运价本"和"服务合同",没有公布运价和协议运价之说。②管理理念上的区别。美国通过运价本和服务合同的管理实现运价管理目的,而不是直接针对运价。③管理手段上的区别。美国要求运价本公开,服务合同备案。我国要求两者都备案。④服务合同或协议运价范围不同。美国允许无船承运人与货主订立服务合同,我国法律上没有明确规定。⑤国际航运协议是否可以作为运价主体不同。美国航运法允许公会等拥有运价,订立服务合同,因此,公会也需要履行运价管理方面的制度。

《国际航运市场竞争规则问卷调查表》通过3个问题，了解业界对于我国运价备案制度的立场和观点。

第1个问题，在问及“《国际集装箱班轮运价备案实施办法》自2009年6月15日起生效，贵公司如何评价目前的运价备案制度”时，26.1%的被调查者认为目前的运价报备制度具有维持运价稳定的作用；59.3%的被调查者认为运价报备制度具有避免不合理运价的作用；7.3%的被调查者认为运价报备制度不仅没有价值，还增加了运营成本；7.3% 的被调查者认为价值不明显，可有可无(见图3-2-6)。

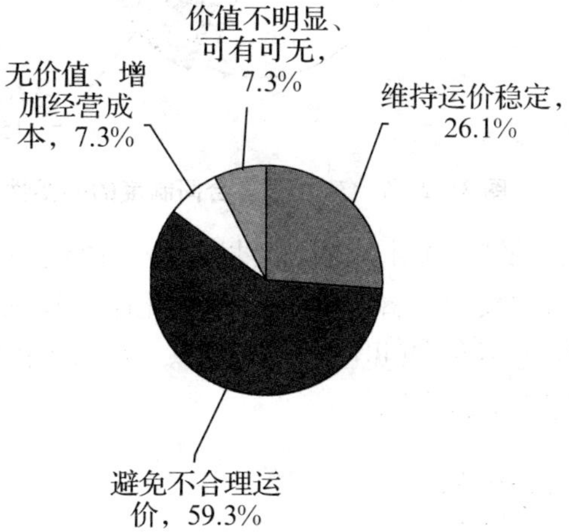

图3-2-6 运价备案制度的作用

调查表明，近60%的被调查者对运价备案制度寄予希望，并认为对于避免不合理的运价具有一定的作用，比如零运价、负运价等不当运价行为。在理论上，运价备案具有稳定运价作用，尤其是协议运价(服务合同)，但是，我国服务合同制度不够健全，影响了协议运价稳定市场作用的发挥。值得注意的是，有14.6%的被调查者对运价备案制度持否定立场，表明该制度存在明显的不足，需要在实施过程中予以克服。

第2个问题，在问及“我国未来《航运法》是否应该确立系统的托运人与航运公司之间的长期运输合同(服务合同)备案制度”时，27.5%的被调查者认为有必要确立系统的托运人与航运公司之间的长期运输合同备案制度；15.9%的被调查者认为没有必要；56.6%的被调查者认为维持现有的运价备案制度(见图3-2-7)。

从航运立法角度，服务合同制度比协议运价概念更具科学性，在概念上更准确。虽然目前可以将我国的协议运价等同于服务合同，但是仍然有一定的区别。2011年3月，美国联邦海事委员会颁布了一个新规则——NVOCC Negotiated Rate Arrangements。该规则允许无船承运人与货主订立的运输合同既不是按照运价本，也不是按照长期服务合同，而是一次性的运输合同，其运价却是可协商的，由双方协议确定。服务合同具有长期性特点，具有建立长期的、稳定的承托关系的作用。但是,本次调查获得的信息对于建立系统的服务合同制度的赞成者并不占多数,或许这是理解上的问题。

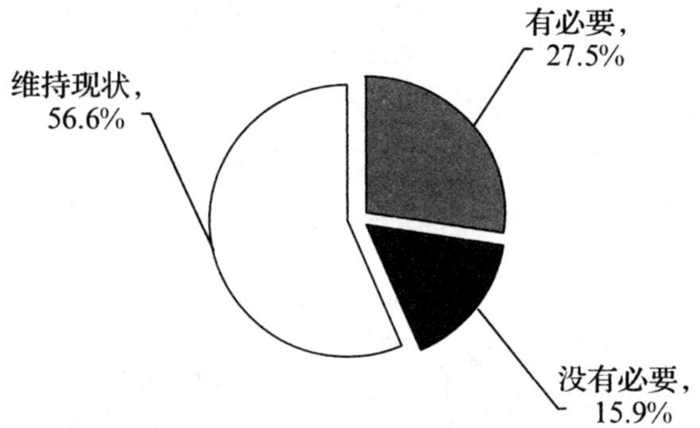

图 3-2-7　建立服务合同制度的必要性

第 3 个问题,在问及"我国未来《航运法》是否应该允许无船承运人与货主订立服务合同"时,73.9%的被调查者认为应该允许无船承运人与货主订立服务合同;26.1%的被调查者认为不允许(见图 3-2-8)。这里的服务合同即无船承运人与货主通过协议运价订立运输合同。

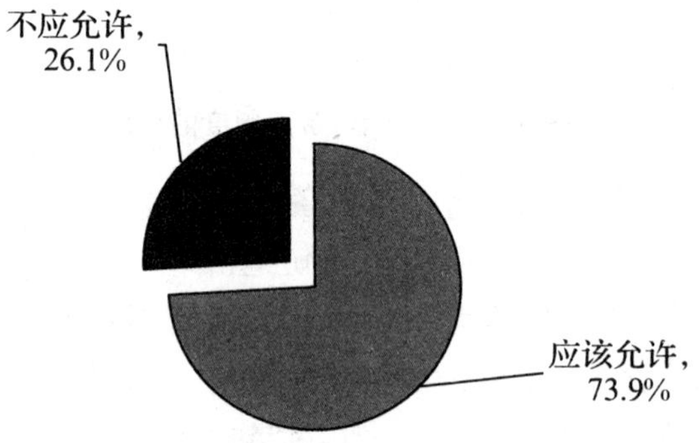

图 3-2-8　是否允许无船承运人与货主订立服务合同

从数据看,大多数被调查者认为应该允许无船承运人与货主订立服务合同。在我国航运市场上,无船承运人与货主订立服务合同事实上已经很普遍,只是欠缺法律上的认可。《国际海运条例》制定时借鉴了美国《1998 年航运改革法》的规定,然而,美国在 2005 年已经修改此规则,允许无船承运人与货主订立服务合同,而且允许无船承运人之间订立协议,使一部分无船承运人成为另一个无船承运人的承运人,以加强无船承运人之间的合作。

从法律上正式确立无船承运人与货主订立服务合同对国际航运市场的影响有限,反而对规范无船承运人市场具有积极作用,制定《航运法》时应该对此予以重视。

四、滥用市场支配地位行为规制情况

在《国际海运条例》实施过程中,比较严重的不正当竞争行为和滥用市场支配地位行为出现多发现象,这是国际航运执法和监管的重要领域。

中日集装箱班轮运输市场曾经反复出现不规范的价格竞争行为,甚至出现"零运价""负运价",严重扰乱海运市场秩序,造成不良影响,引起社会广泛关注。2006 年 9 月 29 日,原交通部《关于整顿和规范中日航线班轮运输市场秩序的公告》,决定以中日班轮航线为重点,全面整顿和规范国际海运市场秩序,严肃查处违规经营行为。在码头作业费、铅封费、拒绝托运人或货代订舱等纠纷中,是否存在滥用市场支配地位的行为,在我国航运行政执法和司法领域,尚未有明确的说法。

《国际海运条例》先于《反垄断法》制定,对于滥用市场支配地位行为的规制不可能做到系统化。具体规定分 2 方面: 一是国际船舶运输业务和无船承运业务经营者不得滥用市场支配地位;二是国际航运协议不得滥用市场支配地位。第 27 条针对前者,列举了应该予以禁止的 2 种行为: ①以低于正常、合理水平的运价提供服务,妨碍公平竞争;②滥用优势地位,以歧视性价格或者其他限制性条件给交易对方造成损害。第 35 条从可以立案调查角度针对后者进行了规定,也分 2 方面: ①经营国际班轮运输业务的国际船舶运输经营者之间订立的涉及中国港口的班轮公会协议、运营协议、运价协议等,可能对公平竞争造成损害的;②经营国际班轮运输业务的国际船舶运输经营者通过协议产生的各类联营体,其服务涉及中国港口某一航线的承运份额,持续 1 年超过该航线总运量的 30%,并可能对公平竞争造成损害的。这 2 类行为规定比较原则,不仅仅指滥用市场支配地位,而且包括了其他不正当竞争行为。

《国际航运市场竞争规则问卷调查表》有 5 个问题与国际航运滥用市场支配地位有关。

第 1 个问题,在问及"从事我国进出口贸易运输的航运公司是否存在滥用市场支配地位的行为"时,42%的被调查者认为普遍存在这种滥用市场支配地位的行为;58%的被调查者认为个别公司存在这种滥用市场支配地位的行为(见图 3-2-9)。虽然在国际航运滥用市场支配地位行为的普遍性问题上存在 2 种比较对立的看法,但以下结论是可以得出来的: 我国国际航运市场存在比较严重的滥用市场支配地位的行为。如果 42%的人认为普遍存在这种滥用市场支配地位行为的判断是符合事实的,则即使不考虑另外 58%的人认为只是个别企业的现象,也已经足够表明应该予以重视。

第 2 个问题,在问及"从事我国进出口贸易运输的航运公司是否存在歧视中小货主的行为"时,53.6%的被调查者认为基本没有这种歧视行为;34.8%的被调查者认为个别公司有歧视中小货主的行为;11.6%的被调查者认为这种歧视现象非常普遍(见图 3-2-10)。如果把后两者相加,则为 46.4%。这样,认为不存在歧视行为与认为存在歧视行为的差不多各占 50%。

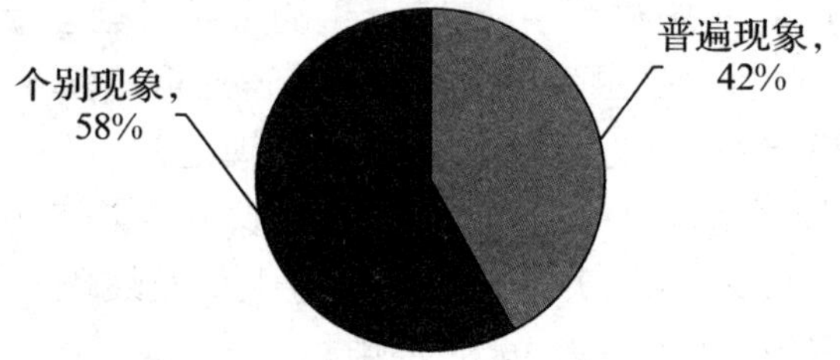

图 3-2-9 国际航运滥用市场支配地位行为的普遍性问题

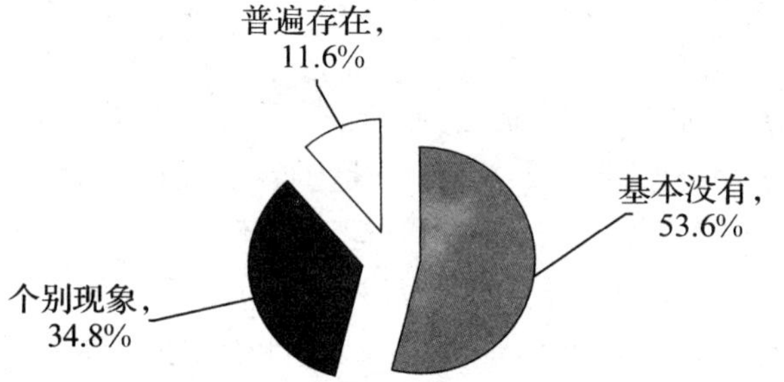

图 3-2-10 国际航运公司是否存在歧视中小货主的行为

歧视行为是具有市场支配地位的企业滥用其优势地位的主要表现之一,本问题与前述第 1 个问题具有一般与特殊之间的关系,或者说是总分之间的关系。虽然是否存在歧视行为是一个事实判断问题,但是,本问题调查得到的数据表明存在明显的认识上的分歧,这有以下几个原因:第一,反垄断法对歧视行为的认定比较复杂,与基于常识的认识不同;第二,我国国际航运执法和司法领域很少歧视行为的认定,未形成一个相对统一的认定标准;第三,歧视行为通常以拥有市场支配地位为前提,并且应该是不合理的区别对待,但是,现实中人们对此从更广泛意义上认识。

第 3 个问题,在问及"码头作业费作为附加费征收是否合理"时,69.5%的被调查者认为是合理的;20.3%的被调查者认为是不合理的;10.2%的被调查者表示不确定(见图 3-2-11)。大部分人认为码头作业费作为附加费是合理的,只有少数人认为不合理。当然,这需要考虑本次调查样本以航运公司为多数、货主单位为少数这一事实。

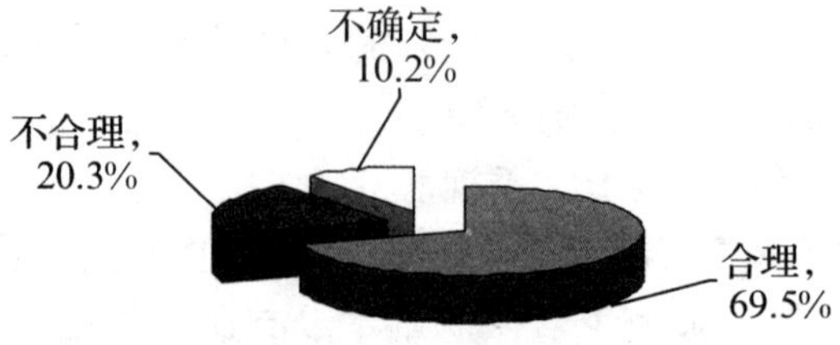

图 3-2-11 码头作业费问题

码头作业费问题在各国航运业中由来已久，是由于件杂货运输向集装箱运输过渡过程中运价结构没有及时转换而造成的，目前的问题主要是码头作业费的收取与贸易术语之间没有实现衔接导致的。交通运输部等调查机构公布的《关于公布国际班轮运输码头作业费(THC)调查结论的公告》(2006 年第 9 号)并没有从根本上解决该问题。

第 4 个问题，在问及“是倾向于按季度计算的燃油附加费的新公式还是倾向于按月计算的燃油附加费传统公式”时，33.3%的被调查者倾向于按新公式；52.2%的被调查者倾向于按旧公式；14.5%的被调查者认为新公式和旧公式都可(见图 3-2-12)。

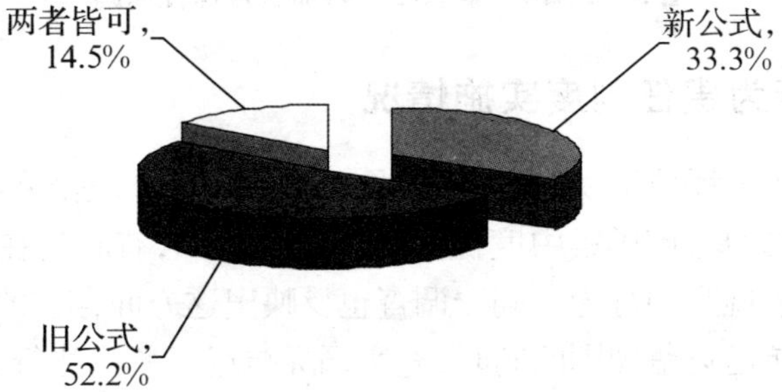

图 3-2-12　燃油附加费新旧公式比较

2008 年和 2009 年国际燃油价格变化比较大，航运公司按月计算燃油附加费(旧公式)，2010 年油价趋于稳定，则按季度计算燃油附加费(新公式)。一般而言，按月计算的旧公式适合于油价波动较大时期，按季度计算的新公式适合于油价相对稳定的时期。2 种公式各有利弊，从合理性角度看，按月计算的公式更能反映实际的经营成本。问卷调查也表明，超过一半的被调查者比较认同按月计算的公式。

调查问卷征求业界对于燃油附加费计算公式的意见，并不表明该问题与滥用市场支配地位有关。只要市场竞争是充分的，航运公司在燃油附加费问题方面的信息是透明的，一般不存在法律上的问题。

第 5 个问题，在问及“泛太平洋稳定运价组织 2010 年上半年征收紧急收入附加费是否合理”时，69.6%的被调查者认为这是为了实现运价复苏的需要，因此是合理的；30.4%的被调查者认为这是滥用反垄断豁免政策的行为，因此是不合理的(见图 3-2-13)。

紧急收入附加费(Emergency Revenue Charge, ERC)是泛太平洋稳定运价组织成员从 2010 年 1 月 15 日开始征收的，目的是为了弥补 2009 年巨额亏损采取的措施，原预计征收半年，在实际征收半年后，部分航运公司继续征收。紧急收入附加费虽然有金融危机这一特殊背景，但其征收遭到了货主方面的反对。问卷调查获得的数据基本上反映了船货双方在该问题上的立场。

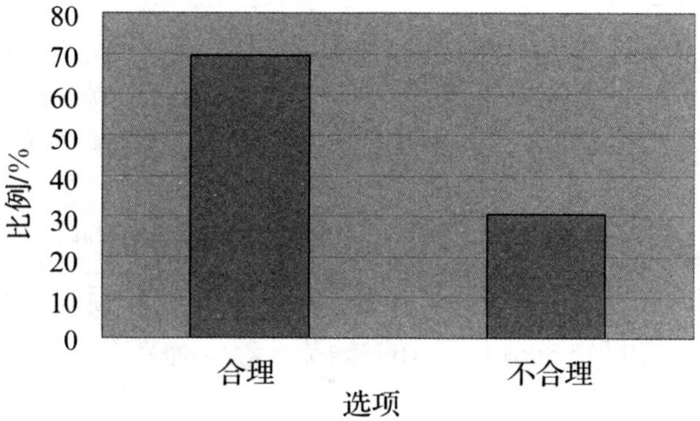

图 3-2-13　紧急收入附加费合理性问题

五、违法行为责任制度实施情况

我国国际航运市场总体秩序良好，但是，受金融危机、班轮公会解体、经济发展周期性、运力供求失衡、市场集中度提高等因素的影响，有时也在一定范围内存在违反国际航运竞争规则的行为。问卷调查也反映出这方面存在的问题。

在完善国际航运竞争规则的同时，充实国际航运竞争执法行政资源，提高执法力度，加强国际航运竞争规则执法，及时制止违法行为，追究违法行为责任，是国际航运市场监管的常规内容。由于以下原因，《国际海运条例》法律责任制度实施存在不足。

第一，《国际海运条例》在国际航运反垄断及反垄断豁免实体制度方面的规定过于原则，在一定意义上尚未建立系统的国际航运竞争制度，导致国际航运竞争执法缺乏充分的法律依据。

第二，缺乏系统的、具体的禁止性规定和法则。现有规定简单照搬《反不正当竞争法》有关规定，未结合国际航运实际予以具体化。

第三，违法行为主体侧重单个国际航运企业，忽视国际航运协议本身作为违法主体的现实。

第四，与《反垄断法》之间的关系未理顺。《反垄断法》对于违法行为及其责任有更具体的规定，这些规定哪些可以在国际航运领域直接适用、哪些应该作变通处理、哪些应该排除适用等问题尚未解决。

第三章　国际航运反垄断规则与《反垄断法》的关系

第一节　垄断协议及反垄断豁免制度

一、《反垄断法》主要规定

（一）垄断协议

我国《反垄断法》定义了3种垄断行为，分别是：①经营者达成垄断协议；②经营者滥用市场支配地位；③具有或者可能具有排除、限制竞争效果的经营者集中。

垄断协议，是指排除、限制竞争的协议、决定或者其他协同行为。垄断协议分为“具有竞争关系的经营者达成的垄断协议”和“经营者与交易相对人达成的垄断协议”2类，前者被称为横向垄断协议，后者被称为纵向垄断协议。横向垄断协议主要包括：①固定或者变更商品价格；②限制商品的生产数量或者销售数量；③分割销售市场或者原材料采购市场；④限制购买新技术、新设备或者限制开发新技术、新产品；⑤联合抵制交易。纵向垄断协议主要包括：①固定向第三人转售商品的价格；②限定向第三人转售商品的最低价格。

（二）价格垄断协议

国家发展和改革委员会《反价格垄断规定》（自2011年2月1日起施行）规定价格垄断行为包括：①经营者达成价格垄断协议；②具有市场支配地位的经营者使用价格手段，排除、限制竞争。《反价格垄断规定》对于《反垄断法》规定的与价格有关的垄断行为进行了具体化，价格垄断协议包括2方面。

（1）具有竞争关系的经营者达成的价格垄断协议，包括：①固定或者变更商品和服务的价格水平；②固定或者变更价格变动幅度；③固定或者变更对价格有影响的手续费、折扣或者其他费用；④使用约定的价格作为与第三方交易的基础；⑤约定采用据以计算价格的标准公式；⑥约定未经参加协议的其他经营者同意不得变更价格；⑦通过其他方式变相固定或者变更价格；⑧国务院价格主管部门认定的其他价格垄断协议。

(2) 经营者与交易相对人达成的价格垄断协议，包括：①固定向第三人转售商品的价格；②限定向第三人转售商品的最低价格；③国务院价格主管部门认定的其他价格垄断协议。

(三) 非价格垄断协议

《工商行政管理机关禁止垄断协议行为的规定》(自 2011 年 2 月 1 日起施行)则从非价格因素界定垄断协议的具体行为，包括：①具有竞争关系的经营者就限制商品的生产数量或者销售数量达成垄断协议；②具有竞争关系的经营者就分割销售市场或者原材料采购市场达成的垄断协议；③具有竞争关系的经营者就限制购买新技术、新设备或者限制开发新技术、新产品达成的垄断协议；④具有竞争关系的经营者就联合抵制交易达成的垄断协议。

(四) 反垄断豁免

禁止各种垄断协议是反垄断法的基本制度之一，只在少数情况下通过反垄断豁免制度允许这些垄断协议存在。反垄断豁免制度包括享有反垄断豁免的协议与条件 2 方面。

我国《反垄断法》第 15 条是关于反垄断豁免的规定。该条规定通过列举方式规定享有反垄断豁免的协议范围，主要包括：①为改进技术、研究开发新产品的；②为提高产品质量、降低成本、增进效率，统一产品规格、标准或者实行专业化分工的；③为提高中小经营者经营效率，增强中小经营者竞争力的；④为实现节约能源、保护环境、救灾救助等社会公共利益的；⑤因经济不景气，为缓解销售量严重下降或者生产明显过剩的；⑥为保障对外贸易和对外经济合作中的正当利益的；⑦法律和国务院规定的其他情形。其中，①～⑤规定的协议享有反垄断豁免需要满足以下 2 个条件：经营者所达成的协议不会严重限制相关市场的竞争，并且能够使消费者分享由此产生的利益。我国《反垄断法》关于豁免的范围采取列举方式，而不是通过综合性的一般性条件确定范围，其优点是范围明确、确定，其弊端是范围过于刚性、固定。

二、国际反垄断豁免制度与《反垄断法》的关系

(一) 国际航运协议备案与反垄断豁免的关系

由于《国际海运条例》的制定早于《反垄断法》，《国际海运条例》不能像其他国家一样依据其国内反垄断法直接规定国际航运反垄断豁免制度。所以，当时采取折中办法，只建立备案制度，实质上赋予了其合法活动的地位。但是，在我国《反垄断法》实施后，曾经引起两者之间关系的讨论，其中包括国际航运反垄断豁免问题。

问卷调查为了了解业界对于两者关系的态度,提出以下问题:“如果考虑我国《反垄断法》有关反垄断豁免的规定,《国际海运条例》第 22 条规定是否赋予班轮公会协议、运营协议、运价协议等反垄断豁免?”其中,23.2%的被调查者认为《国际海运条例》第 22 条规定应该赋予班轮公会协议、运营协议、运价协议等反垄断豁免,30.4%的被调查者认为没有赋予反垄断豁免,另有 46.4%的被调查者认为对此表示不确定(见图 3-3-1)。

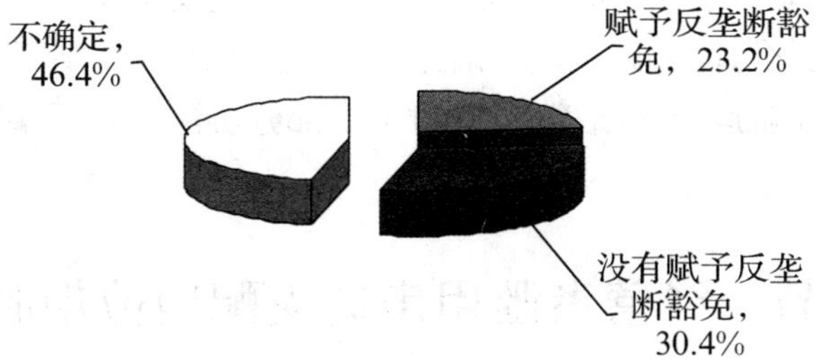

图 3-3-1　国际海运条例是否确立国际航运反垄断豁免制度

上述调查结论有点“令人困惑”,并难以解释。第一,国际航运反垄断豁免是世界上航运发达国家普遍建立的一项基本制度,从业人员不会不知道;第二,从逻辑上看,既然《国际海运条例》对国际航运协议实施备案管理,理应理解为赋予了反垄断豁免;第三,如果我国法律没有确立国际航运协议反垄断豁免,那么,其在我国进出口航线上的活动就是非法的,也无须要求备案。所以,一个合理的解释是:由于《国际海运条例》制定于《反垄断法》之前,并且没有明确规定国际航运反垄断豁免,因此,多数被调查者认为《国际海运条例》没有赋予国际航运协议反垄断豁免,或者起码是不确定的。根据上述调查结论,航运立法和航运管理得出以下启发:第一,在我国,国际航运反垄断豁免制度并没有“深入人心”,政策和制度的宣传非常有必要;第二,如果我国继续实施航运反垄断豁免制度,那么,通过《航运法》明确建立该制度非常有必要。

(二)国际航运反垄断规则与《反垄断法》的关系

在国际航运反垄断规则问题上,首先需要处理与《反垄断法》的关系问题。这个问题有 2 个层面:第一,在《航运法》制定之前,如何处理的问题;第二,《航运法》有关制度与《反垄断法》之间的关系如何处理的问题。

在《航运法》制定之前,国际航运反垄断规则的主要依据是《国际海运条例》,其如何处理与《反垄断法》的关系主要在执法层面上。如图 3-3-1 所示,由于《国际海运条例》存在先天缺陷,导致我国国际航运反垄断豁免在执法层面难以获得广泛的认可。加强国际航运协议备案制度的管理及其对于违法协议的监管和处罚,确立起业界的认同感是有必要的。

《反垄断法》第 15 条规定的享有反垄断豁免的具体协议中没有提到国际航运

领域的协议,有人可能因此认为,按照《反垄断法》,国际航运领域的班轮公会等协议不享有反垄断豁免。我国《反垄断法》关于反垄断豁免的规定采取了举例的方式,没有采取一般性规定与举例结合的方式。这样,也难以从《反垄断法》规定中找出国际航运协议享有反垄断豁免的法律根据。不得已的办法是:《国际海运条例》作为国务院的行政法规,因此,有关反垄断豁免属于《反垄断法》第 15 条第 7 项"法律和国务院规定的其他情形"。

在将来制定《航运法》时,如果继续实施国际航运反垄断豁免(该问题在本篇第四章专门论述),那么,需要以《反垄断法》为依据,明确确立国际航运反垄断问题。如果部分实施国际航运反垄断豁免,则对于一部分协议建立反垄断豁免制度,其他协议则予以禁止。

第二节　经营者滥用市场支配地位规制制度

一、《反垄断法》主要规定

市场支配地位,是指经营者在相关市场内具有能够控制商品价格、数量或者其他交易条件,或者能够阻碍、影响其他经营者进入相关市场能力的市场地位。认定经营者是否具有市场支配地位,可以考虑下列因素:①该经营者在相关市场的市场份额,以及相关市场的竞争状况;②该经营者控制销售市场或者原材料采购市场的能力;③该经营者的财力和技术条件;④其他经营者对该经营者在交易上的依赖程度;⑤其他经营者进入相关市场的难易程度;⑥与认定该经营者市场支配地位有关的其他因素。但是,如果经营者有下列情形之一的,可以推定经营者具有市场支配地位:①1 个经营者在相关市场的市场份额达到 1/2 的;②2 个经营者在相关市场的市场份额合计达到 2/3 的;③3 个经营者在相关市场的市场份额合计达到 3/4 的。按照市场份额推定具有市场支配地位,是反垄断结构主义思想的反映。

经营者拥有市场支配地位本身并不违法,《反垄断法》禁止的是滥用该市场支配地位。这些滥用行为主要包括:①以不公平的高价销售商品或者以不公平的低价购买商品;②没有正当理由,以低于成本的价格销售商品;③没有正当理由,拒绝与交易相对人进行交易;④没有正当理由,限定交易相对人只能与其进行交易或者只能与其指定的经营者进行交易;⑤没有正当理由搭售商品,或者在交易时附加其他不合理的交易条件;⑥没有正当理由,对条件相同的交易相对人在交易价格等交易条件上实行差别待遇;⑦其他滥用市场支配地位的行为。

国家发展和改革委员会《反价格垄断规定》就具有市场支配地位的经营者使用价格手段,排除、限制竞争的行为进行具体规定。《工商行政管理机关禁止滥用市场支配地位行为的规定》(自 2011 年 2 月 1 日起施行)从价格以外的因素(如数量、品质、交易相对人、搭售、支付方式、市场地理范围等)对滥用市场支配地位的行为进行具体规定。总体上,两者与《反垄断法》规定的具体垄断行为类似。

无论是《反垄断法》还是有关的实施细则,在滥用市场支配地位制度上都存在一个漏洞,即垄断协议滥用市场支配地位行为的认定及其责任。目前有关规定是从单个经营者角度出发的。从其他国家反垄断实践看,垄断协议滥用市场支配地位行为属于垄断协议规制制度范围。

另外,在垄断协议享有反垄断豁免的情况下,禁止垄断协议滥用市场支配地位。在滥用市场支配地位行为规制制度中不存在反垄断豁免制度。

二、国际航运经营者滥用市场支配地位行为与《反垄断法》的关系

《国际海运条例》第 27 条规定,经营国际船舶运输业务和无船承运业务,不得有下列行为:①以低于正常、合理水平的运价提供服务,妨碍公平竞争;②滥用优势地位,以歧视性价格或者其他限制性条件给交易对方造成损害。第 35 条规定:"国务院交通主管部门应利害关系人的请求或者自行决定,可以对经营国际班轮运输业务的国际船舶运输经营者通过协议产生的各类联营体,其服务涉及中国港口某一航线的承运份额,持续 1 年超过该航线总运量的 30%,并可能对公平竞争造成损害的和第 27 条规定的行为可能对公平竞争造成损害的情形实施调查。"第 50 条规定:"依据调查结论应当给予行政处罚或者有本条例第 27 条所列违法情形的,由交通主管部门、价格主管部门或者工商行政管理部门依照有关法律、行政法规的规定给予处罚。"

比较两者规定,我国《反垄断法》对于滥用市场支配地位的规定比《国际海运条例》更具体、详细、系统。《反垄断法》关于滥用市场支配地位的规定是否全部适用于国际航运业以及如何适用的问题,是需要考虑的。《国际海运条例》的规定也具有特色,如具体规定 30%市场份额。

在《国际海运条例》与《反垄断法》之间的关系问题上,总的原则是《反垄断法》有关滥用市场支配地位的规定可直接适用于国际航运业,如市场支配地位的认定、滥用市场支配地位行为的表现、法律责任等。但是,《反垄断法》存在以下不足:《国际海运条例》规范的滥用市场支配地位制度分单个航运企业与协议 2 个主体,即包括在反垄断豁免制度下,禁止协议滥用市场支配地位的行为,这方面,《反垄断法》没有规定,需要直接适用《国际海运条例》的有关规定。

因此,在国际航运经营者滥用市场支配地位行为规制问题上,《国际海运条例》或将来的《航运法》与《反垄断法》之间的关系是一般法与特别法之间的关系,《国际海运条例》或《航运法》有特别规定时,适用特别规定,没有特别规定或无规定时,适用一般规定。当然,《航运法》制定特别规定非常有必要,除了遵循《反垄断法》关于市场支配地位与滥用等一般标准外,国际航运市场存在的滥用市场地位的具体行为的认定及其表现需要由《航运法》予以具体化。《国际海运条例》在这方面明显不足,给执法带来了困难。

第三节　经营者集中规制制度

一、《反垄断法》主要规定

《反垄断法》定义的经营者集中是指：①经营者合并；②经营者通过取得股权或者资产的方式取得对其他经营者的控制权；③经营者通过合同等方式取得对其他经营者的控制权或者能够对其他经营者施加决定性影响。

对于经营者集中进行监管的制度是经营者集中审查制度，这在各国是相同的。我国《反垄断法》规定："经营者集中达到国务院规定的申报标准的，经营者应当事先向国务院反垄断执法机构申报，未申报的不得实施集中。"根据我国《反垄断法》执法的分工，经营者集中审查制度由商务部负责实施。

2008 年 8 月 4 日，《国务院关于经营者集中申报标准的规定》建立起我国现阶段经营者集中申报标准，达到该标准的，经营者应当事先向商务部申报，未申报的不得实施集中。该申报而未申报的，依照商务部《未依法申报经营者集中调查处理暂行办法》处理。对于违法实施的经营者集中，则依据《关于实施经营者集中资产或业务剥离的暂行规定》处置。

商务部为了实施《反垄断法》规定的经营者集中制度，制定了 2 个实施细则，一是《经营者集中申报办法》，二是《经营者集中审查办法》，2 个法规均自 2010 年 1 月 1 日起施行。

在外国投资者并购我国境内企业方面，早在 2003 年，我国颁布了《外国投资者并购境内企业暂行规定》。该规定经过了 2006 年和 2009 年 2 次修改，目前的名称是《关于外国投资者并购境内企业的规定》。

《商务部实施外国投资者并购境内企业安全审查制度有关事项的暂行规定》具有暂时性质(自 2011 年 3 月 5 日起施行，有效期至 2011 年 8 月 31 日)。2011 年 8 月，商务部发布《商务部实施外国投资者并购境内企业安全审查制度的规定》(自 2011 年 9 月 1 日起施行)，建立起外国并购安全审查制度。

二、国际航运经营者集中与《反垄断法》的关系

《国际海运条例》第 24 条规定："国际船舶运输经营者之间的兼并、收购，其兼并、收购协议应当报国务院交通主管部门审核同意。国务院交通主管部门应当自收到国际船舶运输经营者报送的兼并、收购协议之日起 60 日内，根据国家关于国际海上运输业发展的政策和国际海上运输市场竞争状况进行审核，作出同意或者不同意的决定，并书面通知有关国际船舶运输经营者。"《国际海运条例实施细则》第 33 条规定："中国国际船舶运输经营者之间或者中国国际船舶运输经营者与外国国际船舶运输经营者之间的兼并、收购，由兼并、收购的一方将兼并、收购协议按

照《国际海运条例》第 24 条的规定报交通部审核同意。”

经营者集中制度实施机关是商务部，因此，与《国际海运条例》相关规定在字面上存在一定冲突。但是，两者有以下区别。

第一，商务部实施《反垄断法》经营者集中制度的目的是保护市场公平竞争，提高经济运行效率，维护消费者利益和社会公共利益，促进社会主义市场经济健康发展，一切围绕竞争展开。因此，《反垄断法》所调整的集中是“具有或者可能具有排除、限制竞争效果的经营者集中”。《国际海运条例》关于国际船舶运输经营者之间的兼并、收购制度也包含竞争政策，但它同时是行业管理措施，因此，在内涵上要比《反垄断法》经营者集中制度丰富。

第二，《反垄断法》对于经营者集中的审查以达到法定的申报标准为前提，经营者集中达到国务院规定的申报标准的，经营者应当事先向国务院反垄断执法机构申报，未申报的不得实施集中。《国际海运条例》没有规定兼并和收购规模，可理解为不论规模大小，都需要申报。2008 年 8 月 4 日颁布的《国务院关于经营者集中申报标准的规定》第 3 条规定：“经营者集中达到下列标准之一的，经营者应当事先向国务院商务主管部门申报，未申报的不得实施集中：①参与集中的所有经营者上一会计年度在全球范围内的营业额合计超过 100 亿元人民币，并且其中至少 2 个经营者上一会计年度在中国境内的营业额均超过 4 亿元人民币；②参与集中的所有经营者上一会计年度在中国境内的营业额合计超过 20 亿元人民币，并且其中至少 2 个经营者上一会计年度在中国境内的营业额均超过 4 亿元人民币。”

第三，《国际海运条例》只限于“国际船舶运输经营者之间的兼并、收购”。就经营者集中形式而言，《反垄断法》是全面规定，《国际海运条例》只规定其中一种。这可以理解为是《国际海运条例》在立法当时考虑欠周所致，可依据《反垄断法》弥补其不足。但是，就集中主体而言，《国际海运条例》只针对“国际船舶运输经营者”，对于其他的国际航运经营者，如无船承运业务经营者、国际船舶代理经营者、国际船舶管理经营者、国际海运货物装卸经营者、国际海运货物仓储经营者、国际海运集装箱站和堆场经营者等从事相同业务或不同业务的经营者之间的“兼并、收购”没有规定。在这个方面，《国际海运条例》不能作扩大解释，即按照《国际海运条例》，国际航运主管机关对这些经营者之间的兼并和收购不实施“审核同意”制度。

以上分析表明，《国际海运条例》第 24 条规定与《反垄断法》之间并不矛盾。在《反垄断法》规定的申报标准以下，国际船舶经营者应该按照《国际海运条例》报交通运输部获得审核同意，才能进行兼并、收购。在《反垄断法》规定的申报标准以上，国际船舶经营者一方面需要按照《反垄断法》规定，获得商务部的审查同意，另一方面，也需要获得交通运输部作为行业主管部门的同意。只有在 2 个主管机关都同意的情况下，才能实施兼并、收购。所以，在《反垄断法》实施后，不能认为《国际海运条例》第 24 条规定没有必要，也不能认为《国际海运条例》第 24 条规定的

“审核同意”是《反垄断法》经营者集中审查的前置程序。非国际船舶经营者之间的集中则直接按照《反垄断法》规定处理。

第四节 相关市场界定规则

一、《反垄断法》主要规定

任何竞争行为均发生在一定的市场范围内。界定相关市场(Relevant Market)就是明确经营者竞争的市场范围。在禁止经营者达成垄断协议及其反垄断豁免,禁止经营者滥用市场支配地位,控制具有或者可能具有排除、限制竞争效果的经营者集中等反垄断执法工作中,均可能涉及相关市场的界定问题。

科学、合理地界定相关市场,对识别竞争者和潜在竞争者、判定经营者市场份额和市场集中度、认定经营者的市场地位、分析经营者的行为对市场竞争的影响、判断经营者行为是否违法以及在违法情况下需承担的法律责任等关键问题都具有重要的作用。因此,相关市场的界定通常是对竞争行为进行分析的起点。《反垄断法》第 12 条规定:相关市场,“是指经营者在一定时期内就特定商品或者服务进行竞争的商品范围和地域范围”。在反垄断执法实践中,通常需要界定相关商品市场(Relevant Product Market)和相关地域市场(Relevant Geographic Market)。“相关商品市场,是根据商品的特性、用途及价格等因素,由需求者认为具有较为紧密替代关系的一组或一类商品所构成的市场。这些商品表现出较强的竞争关系,在反垄断执法中可以作为经营者进行竞争的商品范围。相关地域市场,是指需求者获取具有较为紧密替代关系的商品的地理区域。这些地域表现出较强的竞争关系,在反垄断执法中可以作为经营者进行竞争的地域范围”。[①]

替代性(Substitutability)分析是界定相关市场的基本方法。“相关市场范围的大小主要取决于商品(地域)的可替代程度。在市场竞争中对经营者行为构成直接和有效竞争约束的,是市场里存在需求者认为具有较强替代关系的商品或能够提供这些商品的地域,因此,界定相关市场主要从需求者角度进行需求替代分析。当供给替代对经营者行为产生的竞争约束类似于需求替代时,也应考虑供给替代”。[②] 需求替代(Demand Substitution)分析:“需求替代是根据需求者对商品功能用途的需求、质量的认可、价格的接受以及获取的难易程度等因素,从需求者的角度确定不同商品之间的替代程度。原则上,从需求者角度来看,商品之间的替代程度越高,竞争关系就越强,就越可能属于同一相关市场。”[③]供给替代(Supply Substitution)分析:“供给替代是根据其他经营者改造生产设施的投入、承担的风

① 国务院反垄断委员会:《关于相关市场界定的指南》,第 3 条“相关市场的含义”。
② 同上注,第 4 条“替代性分析”。
③ 同上注,第 5 条“需求替代”。

险、进入目标市场的时间等因素,从经营者的角度确定不同商品之间的替代程度。原则上,其他经营者生产设施改造的投入越少,承担的额外风险越小,提供紧密替代商品越迅速,则供给替代程度就越高,界定相关市场尤其在识别相关市场参与者时就应考虑供给替代。”①

界定相关市场的方法不是唯一的。在反垄断执法实践中,根据实际情况,可能使用不同的方法。界定相关市场时,可以基于商品的特征、用途、价格等因素进行需求替代分析,必要时进行供给替代分析。在经营者竞争的市场范围不够清晰或不易确定时,可以按照“假定垄断者测试”的分析思路来界定相关市场。反垄断执法机构鼓励经营者根据案件具体情况运用客观、真实的数据,借助经济学分析方法来界定相关市场。无论采用何种方法界定相关市场,都要始终把握商品满足消费者需求的基本属性,并以此作为对相关市场界定中出现明显偏差时进行校正的依据。②

二、国际航运相关市场界定与《反垄断法》的关系

国际航运相关市场的界定在总体上需要遵循《反垄断法》关于相关市场界定的一般规则,同时,需要考虑其在相关市场界定方面的特殊性。这种特殊性体现为:①市场的国际性;②以航线为基础,但不限于航线,需要考虑港口腹地之间的关系;③班轮市场与不定期市场之间存在区别;④航运企业提供的是服务不是商品,在少数情况下包括商品;⑤航运服务的消费者(使用者)是企业;⑥与其他运输方式之间可能存在替代性。国际航运相关市场的特殊规则应该通过国际航运特别立法予以确立。

《〈欧共体条约〉第81条适用于海运服务的指导规则》在相关市场界定规则方面有了重要发展,值得我国借鉴。这个规定不仅适用于该规则规定的3类不享有反垄断整体豁免的协议,也可适用于联营体规则范围内有关联营体享有反垄断整体豁免问题的分析。相关市场界定分班轮运输和不定期船运输,总体上都分为相关产品市场和相关地理市场,替代性分析是确定相关产品市场的基本方法。替代性分析包括需求替代(Demand Substitution)和供给替代(Supply Substitution)。分析班轮运输相关市场时,应遵循以下规则:①集装箱运输和非集装箱运输一般可以不予考虑其中的相互替代性;②不存在从集装箱运输转换到散装货运输的问题;③国际集装箱班轮运输与其他运输方式之间只存在有限的替代性;④冷藏集装箱与普通集装箱之间无替代性;⑤危险品与非危险品之间也不具有替代性;⑥港口腹地决定了国际班轮运输相关地理市场,混合腹地指2个或2个以上的港口共同拥有的腹地,这是相关地理市场界定的重点。

---

① 国务院反垄断委员会:《关于相关市场界定的指南》,第6条“供给替代”。

② 同上注,第7条“界定相关市场的方法概述”。

第五节 法律责任制度

一、《反垄断法》主要规定

反垄断法法律责任的实施可以分为两种模式：一是以行政罚款为主的模式；二是以损害赔偿和刑事责任为主的模式。大部分国家采取第一种模式，我国也是这种模式，少数国家如美国采取第二种模式。就经济责任而言，第一种模式注重行政罚款，第二种模式注重民事赔偿和刑事责任。对于实施垄断行为的经营者来说，都要在经济上付出代价，反垄断法因而实现了惩罚和威慑的双重作用。但是，第一种模式忽视了作为垄断违法行为受害人的经营者和消费者的权利，第二种模式忽视了行政罚款具有的高效率和强大威慑力。各国反垄断法在法律责任制度上有互相取长补短的趋势。

我国《反垄断法》第7章对于不同类型的违法行为分别规定其责任形式，可概括为图3-3-2。

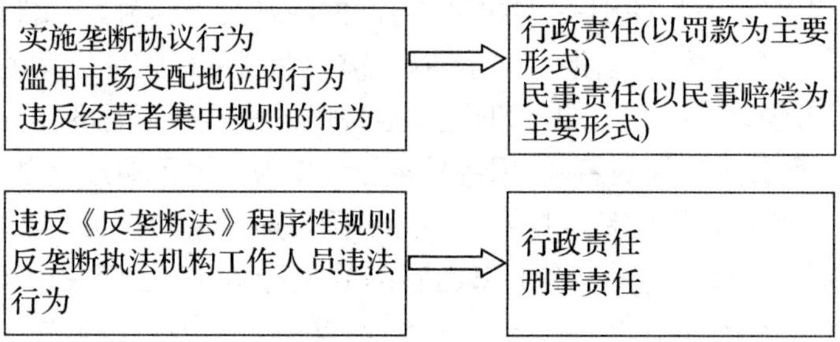

图3-3-2 《反垄断法》违法行为及其责任类型

行政责任包括罚款、责令停止违法行为、没收违法所得、依法撤销社会团体登记、恢复到集中前的状态等形式，罚款是其最主要的形式。对于罚款制度，我国《反垄断法》第7章的规定可归纳为表3-3-1。

表3-3-1 《反垄断法》罚款制度

违法行为	实施主体	是否实施	计算依据	处罚标准	宽恕制度	一般标准
垄断协议	经营者	实施	销售额	1%～10%	有	性质程度 持续时间
		未实施	—	≤50万	有	
	行业协会	达成协议	—	≤50万	无	
滥用市场支配地位	经营者	实施	销售额	1%～10%	无	
经营者集中	经营者	实施	—	≤50万	无	

（续表）

违法行为	实施主体	是否实施	计算依据	处罚标准	宽恕制度	一般标准
违反程序性规则	个人	实施	—	≤2 万	无	一般违法
		实施	—	2 万～10 万	无	情节严重
	单位	实施	—	≤20 万	无	一般违法
		实施	—	20 万～100 万	无	情节严重

我国《反垄断法》对于垄断行为的法律责任制度模式是以行政责任为主体，民事赔偿责任为补充，不追究刑事责任的做法，基本上参考欧盟的模式，与美国有很大的区别。

二、违反国际航运竞争规则行为的法律责任与《反垄断法》之间的关系

《国际海运条例》在国际航运竞争规则制度方面规定的法律责任主要有：

（1）国际航运协议未履行备案手续的，责令限期补办备案手续；逾期不补办的，处 1 万元以上、5 万元以下的罚款，并可以撤销其相应资格。

（2）未履行运价备案手续或者未执行备案运价的，责令限期改正，并处 2 万元以上、10 万元以下的罚款。

（3）依据调查结论应当给予行政处罚或者有《国际海运条例》第 27 条所列违法情形的，由交通主管部门、价格主管部门或者工商行政管理部门依照有关法律、行政法规的规定给予处罚。

前述规定具有下列特点：

（1）不系统。《国际海运条例》仅规定了未备案行为的责任，这是反垄断豁免制度的法律责任，但未直接涉及滥用市场支配地位、经营者集中制度的法律责任。

（2）没有规定具体的违法行为。追究法律责任的前提需要明确规定违法行为，《国际海运条例》未具体规定反垄断豁免、滥用市场支配地位和经营者集中 3 方面的具体违法行为。

（3）处罚轻。与《反垄断法》规定的处罚金额比较，《国际海运条例》规定的处罚金额相对较低。

（4）罚款标准单一。《反垄断法》规定了按照销售额的一定比例进行处罚的标准，《国际海运条例》仅规定了确定金额的处罚标准。这也是处罚轻的原因之一。

从法制统一角度，违反国际航运竞争规则的法律责任应该首先考虑《反垄断法》有关规定，这也是新法优先于旧法的要求。将来《航运法》有必要就违反国际航运竞争规则的违法行为进行具体规定，包括反垄断豁免、滥用市场支配地位和经营者集中 3 方面基本制度，尤其与《反垄断法》有差异的竞争规则和违法行为，如国际航运协议的违法应该承担的法律责任等。

第四章　我国国际航运反垄断规则立法对策

第一节　我国国际航运反垄断立法总体对策

一、国际航运反垄断立法实体制度

国际航运反垄断立法与反垄断立法之间的关系是特别法与一般法之间的关系，前者应该以后者为基础。处理这种关系需要解决以下几方面的问题：①《反垄断法》哪些规定可以直接适用于国际航运市场，无须重复立法；②哪些规定需要根据航运业的特殊情况制定更具有操作性、针对性的规则；③哪些规定需要进行排除使用，即由于航运业的特殊性，《反垄断法》有些规定不直接适用于航运业。

垄断协议制度包括禁止制度和豁免制度，即对于大部分垄断协议，由于其具有限制、排除和扭曲竞争的后果，而被反垄断法所禁止，对于少数垄断协议，虽然在一定范围和程度上具有限制竞争的后果，但是由于它们同时能带来积极的作用，在权衡利弊得失的基础上，反垄断法通过反垄断豁免，允许其存在。国际航运反垄断立法的特殊性主要体现在国际航运反垄断豁免制度领域。目前除欧盟不再给予班轮公会反垄断豁免外，世界上主要的国际航运竞争立法都赋予国际班轮公司范围广泛的经营合作协议反垄断豁免。虽然各国反垄断法都规定了反垄断豁免制度，但是，一般通过专门立法将该制度适用于国际航运业，毕竟反垄断法的规定比较原则。

滥用市场支配地位制度不存在反垄断豁免，即对于符合反垄断法规定的任何滥用市场支配地位的行为都应该予以制止，并处以相应的法律责任。就滥用市场支配地位制度而言，我国《反垄断法》的规定总体上可以直接适用于国际航运业，国际航运竞争立法将其具体化即可。

经营者集中在国际航运业的适用与滥用市场支配地位制度一样，总体上可直接适用，《航运法》可以不必重复规定。《航运法》可以从行业管理角度规定航运业经营者集中制度，其范围包括国际航运业和国内航运业。

垄断法律责任制度。为了实现法律的统一性和严肃性，在垄断法律责任领域应该统一,即国际航运领域的垄断行为处罚首先应该考虑《反垄断法》的有关规定。《国际海运条例》没有规定的,应该适用《反垄断法》,包括垄断协议领域的宽恕制度。

二、国际航运反垄断立法实施体制

我国《反垄断法》以国务院反垄断委员会为最高领导机构,负责组织、协调、指导反垄断工作。具体的执法部门是:国家发展和改革委员会下设的价格监督检查与反垄断局,商务部下设的反垄断局,国家工商行政管理总局下设的反垄断与不正当竞争执法局。

在国际航运竞争法实施制度领域,需要考虑反垄断执法体制与国际航运竞争法执法体制之间的关系问题。《国际海运条例》第 36 条规定:"国务院交通主管部门实施调查,应当会同国务院工商行政管理部门和价格部门共同进行。"本条规定确立了以交通运输主管部门为核心,国务院工商行政管理部门和价格部门提供协助的执法体制。本条规定只是针对垄断协议和滥用市场支配地位 2 种垄断作出的规定,不包括国际航运业经营者集中的执法体制。

在国际社会,国际航运竞争法实施体制大致有以下 3 种类型:①设立专门的执法机构,如美国联邦海事委员会;②反垄断执法机构,如新加坡竞争委员会;③以国际航运主管部门为主,反垄断执法机构为辅,如日本。当然,国际航运经营者集中制度的执法一般不作特别规定,即由反垄断执法机构中负责经营者集中规制的机构统一执法。

鉴于国际航运的特殊性及我国《反垄断法》执法体制尚处于完善过程中,建议国际航运反垄断执法体制保留现状为首要选择,即以交通运输部为主,在特殊情况下通过建立联合调查机构实施共同调查的体制。

《国际航运市场竞争规则问卷调查表》在问及"我国未来《航运法》在国际航运竞争规则违法行为调查制度中,应该建立什么样的体制"时,34.8%的被调查者认为交通运输部应该作为唯一的执法机构,65.2%的被调查者认为交通运输部应该与国家工商行政管理总局等反垄断执法机构组成联合调查机构来调查违法行为,没有人选择"由国家工商行政管理总局等有关反垄断执法机构统一执法"(见图 3-4-1)。

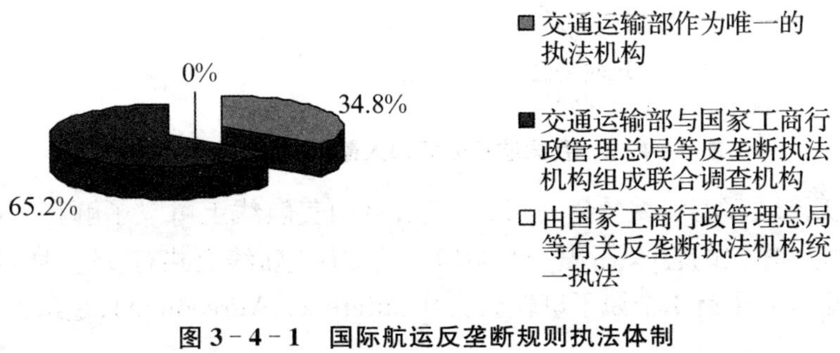

图 3-4-1　国际航运反垄断规则执法体制

调查表明，大多数人主张维持《国际海运条例》规定的联合执法体制，该体制实际上也是目前我国《反垄断法》的执法体制。虽然《反垄断法》确立国家发展和改革委员会、国家工商行政管理总局和商务部为主要的执法机构，但是，涉及行业性很强的专业问题时，获得行业主管部门协助或者以行业主管部门为主进行执法，是符合我国目前实际情况的。《航运法》在国际航运竞争规则执法体制方面可以沿用《国际海运条例》规定的联合执法体制。

第二节 国际航运反垄断豁免制度的必要性及制度建设

一、国际航运反垄断豁免制度的必要性

（一）我国进出口航线上存在的国际航运协议

《国际航运市场竞争规则问卷调查表》在问及“我国航运公司加入下列哪类协议（班轮公会、运营协议、运价协议）最多”时，40.6%的被调查者选择运营协议，30.4%的被调查者选择班轮公会协议，29.0%的被调查者选择运价协议（见图3-4-2）。本题的正确回答依赖于有关航运协议信息的透明度。如果我国航运主管部门建立起了系统的备案制度及其信息公布系统，那么，不需要对本问题进行调研。基于同样的理由，由于信息不透明，业界对于我国航运公司加入班轮公会、运营协议或运价协议究竟哪一个最多，也是凭经验判断的，况且其中还依赖于对这3类协议的正确理解。虽然选择我国航运公司加入运营协议的最多，这应该是符合实际的，但其比例却只占40.6%，显然不够。选择班轮公会和运价协议的都约为30%，其中班轮公会的比例比实际高许多，因为从严格意义上来说，我国航运公司加入班轮公会的很少。

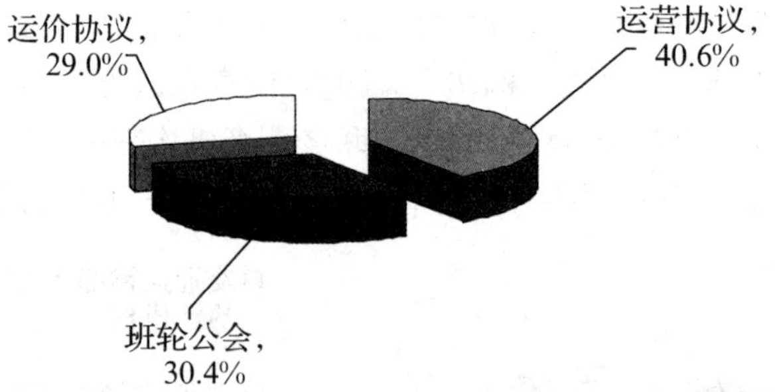

图3-4-2 我国航运公司加入最多的国际航运协议

按照美国联邦海事委员会公布的信息，从中美航线上可以了解我国航运公司加入国际航运协议的总体情况。至2010年底，中美航线上共有36个协议组织，包括7种类型。其中有1个属于班轮公会（Conference Agreement），是跨太平洋美国

籍泊位经营人公会，规模不大，影响也小。合作性工作协议(Cooperative Working Agreement)是在办公设施等方面达成的经营合作协议。运价协商协议分非运价协商协议(Non-Rate Discussion Agreement)和运价协商协议(Rate Discussion Agreement)，TSA 和 WTSA 属于运价协商协议。航运公司之间达成合资协议(Joint Service Agreement)后，以合资协议的名义从事经营活动，在美国也作为其中一种协议进行管理。美国航运法上的船舶共享协议(Vessel Sharing Agreement)和船舶共享/航线协议(Vessel Sharing (VSA)/Sail Agreement)相当于欧盟的联营体，是数量最多的一种协议。中美之间协议类型与数量见表 3-4-1。

表 3-4-1　中美之间协议类型与数量　　个

协　议　类　型	数量
班轮公会(Conference Agreement)	1
合作性工作协议(Cooperative Working Agreement)	1
非运价协商协议(Non-Rate Discussion Agreement)	1
运价协商协议(Rate Discussion Agreement)	3
合资协议(Joint Service Agreement)	1
船舶共享协议(Vessel Sharing Agreement)	12
船舶共享/航线协议(Vessel Sharing (VSA)/Sail Agreement)	17
合　计	36

按照我国运营协议的定义，表 3-4-1 中合作性工作协议、非运价协商协议、船舶共享协议、船舶共享/航线协议都属于运营协议，合计 31 个，占 36 个协议的 86.1%。

在 2008 年 10 月之后，存在于中欧航线的远东班轮公会不再运作，由于欧盟航运法律一直未授予协商协议反垄断整体豁免，所以，欧洲航线目前只有联营体(包括联盟)这种协议。大联盟(Grand Alliance)、新世界联盟(New World Alliance)和 CKYH 联盟是目前影响最大的 3 个联盟。大联盟的成员包括 HAPAG-LLOYD AG, HAPAG-LLOYD USA LLC, Nippon Yusen Kaisha, Orient Oversea Container Line Inc. , Orient Oversea Container Line Limited, Orient Oversea Container Line (Europe) Limited。新世界联盟成员包括 Apl Co. Pte Ltd; Mitsui O. S. K. Line, Ltd; Hyundai Merchant Marine Co. , Ltd。CKYH 联盟成员包括中远集运、川崎汽船、阳明海运、韩进海运。值得注意的是，在美国联邦海事委员会备案系统中，CKYH 属于船舶共享/航线协议，不属于联盟。

我国与东南亚之间存在着亚洲区内协商协议(IADA)、非正式运价协议(IRA)、非正式南亚运价协议(ISAA)、大联盟、新世界联盟、CKYH 联盟等协议组织。

我国与澳大利亚、新西兰之间有澳大利亚北行航运公会(ANSCON)、澳大利亚&新西兰东行航运公会(ANZESC)、亚洲/澳洲协商协议(AADA)、北亚新西兰协商协议(NANZDA)、澳大利亚/东北亚贸易便利化协议(TFA)、澳中速递(Australia China Express)等协议组织。

我国与中东之间有亚洲区内协商协议(IADA)、非正式运价协议(IRA)、非正式红海协议(IRSA)、亚洲/亚丁湾红海港口公会等协议组织。

(二)中远集运和中海集运参加的国际航运协议

根据美国联邦海事委员会2010年底公布的数据,中远集运参加的协议组织共有23个(见表3-4-2),中海集运参加的协议组织共有33个(见表3-4-3)。这些协议中部分从事中美之间班轮运输,部分从事美国与其他国家之间的班轮运输。

表3-4-2　中远集运参加的协议组织 个

协 议 类 型	数量
合作性工作协议(Cooperative Working Agreement)	3
非运价协商协议(Non-Rate Discussion Agreement)	4
运价协商协议(Rate Discussion Agreement)	5
设备互换协议(Equipment Interchange Agreement)	6
船舶共享协议(Vessel Sharing Agreement)	3
船舶共享/航线协议(Vessel Sharing (VSA)/Sail Agreement)	2
合 计	23

表3-4-3　中海集运参加的协议组织 个

协 议 类 型	数量
合作性工作协议(Cooperative Working Agreement)	4
非运价协商协议(Non-Rate Discussion Agreement)	4
运价协商协议(Rate Discussion Agreement)	7
设备互换协议(Equipment Interchange Agreement)	2
船舶共享协议(Vessel Sharing Agreement)	6
船舶共享/航线协议(Vessel Sharing (VSA)/Sail Agreement)	10
合 计	33

(三)《航运法》建立国际航运反垄断豁免制度的必要性

根据课题组前述各角度的研究,我们认为,将来制定《航运法》时仍然有必要确立国际航运反垄断豁免制度。其必要性在于：

(1) 欧美继续实施国际航运反垄断豁免是《航运法》必须考虑的大背景。虽然欧盟缩小了国际航运反垄断豁免的范围，但是，在美国继续保留全面的国际航运反垄断豁免的情况下，可以说，在全球范围内，国际航运反垄断豁免仍然是国际航运管制的基本制度。在此情况下，遵循国际惯例是最好的选择。国际航运协议的存在依赖于所在航线两端国家(地区)同时授予反垄断豁免，只要一端国家(地区)没有授予反垄断豁免，那么，国际航运协议在该航线上不能继续存在。欧盟一直不承认协商协议的合法性，因此，大西洋航线上不存在协商协议。欧盟取消班轮公会反垄断豁免后，与欧盟进出口有关的航线上，也不再存在班轮公会。

(2) 我国进出口航线上存在数量不少(实际数字不确定)的国际航运协议。在承认国际航运协议存在具有合理性和必要性的前提下，建立反垄断豁免制度是实施有效管理的前提。

(3) 建立国际航运市场竞争秩序的需要。国际航运协议反垄断豁免是有条件的，这些条件有 2 方面作用：一是将国际航运协议的消极作用降到最低，确保国际航运市场保持一定程度的竞争；二是避免国际航运协议滥用反垄断豁免地位，包括实施不合理的歧视行为、不公平的交易条件等，目的是保护货方利益，从而实现船货双方利益的平衡。我国近洋航运市场曾经出现比较严重的恶性价格竞争，这与这些航线上没有国际航运协议或国际航运协议没有发挥应有作用有一定的关联，有时国际航运协议具有避免过度竞争的积极作用。《国际航运市场竞争规则问卷调查表》在问及“造成我国某些航线上存在的零运价、负运价现象的原因”时，65.2%的被调查者认为过度竞争是普遍原因，14.5%的被调查者认为附加费过高是主因，有 11.6%的被调查者认为是监管缺位所致，8.7%的被调查者认为是由于经济周期因素(见图 3-4-3)。

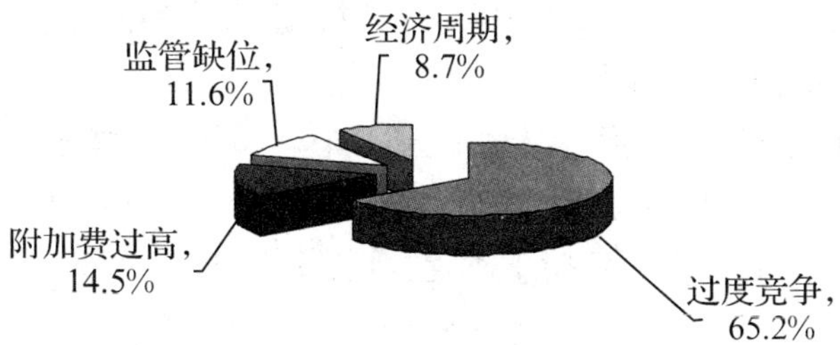

图 3-4-3 导致零运价、负运价的主要原因

(4) 保障我国航运公司经营战略的稳定性。在目前国际航运市场中，航运公司之间的竞争越来越激烈，同时，相互之间合作必要性也大大提高，这种合作尤其体现在运营协议中。航运公司之间通过舱位互租、共同投入运力、共同经营航线等方式，形成比较紧密的合作，大大提高经营效率。这是以目前国际航运协议反垄断豁免制度为基石的。

二、国际航运反垄断豁免的范围

（一）业界的立场和观点

《国际航运市场竞争规则问卷调查表》就我国国际航运反垄断豁免范围问题设计了4个问题，总体情况如下：

第1个问题，在问及"班轮公会、运营协议、运价协议，哪类对我国国际航运市场影响最大"时，47.8%的被调查者认为是班轮公会影响最大，27.5%的被调查者认为是运价协议影响最大，24.7%的被调查者认为是运营协议影响最大(见图3-4-4)。

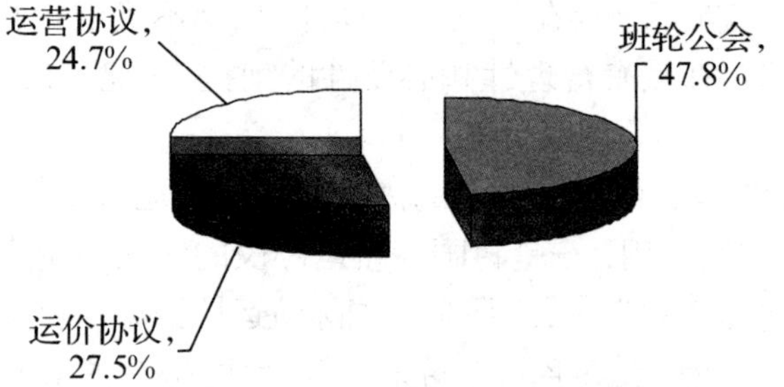

图3-4-4 对我国国际航运市场影响最大的协议

本问题调查获得的数据与我们理论上研究得出的结论不完全一致。首先，我国国际航运市场上只存在极少数的班轮公会，而且限于货运量不是很大的个别航线，按理说，其影响不会是最大的，或许这是以往班轮公会影响太大至今留在人们的印象中所致。其次，运价协议与运营协议哪一类影响较大取决于2个因素：一是我国国际航运市场上存在的2类协议数量的多少；二是2类协议内容对于航运市场运价运力等的影响力大小。就前一因素而言，应该是运营协议影响较大；就后一因素而言，应该是运价协议影响较大。所以，调查所得结论是两者基本相当，运价协议影响大些，属于合理判断。

第2个问题，在问及"运营协议对于国际航运市场的利弊影响如何"时，55.1%的被调查者认为利大于弊，10.1%的被调查者认为弊大于利，21.7%的被调查者认为利弊相当，13.1%的被调查者持不确定立场(见图3-4-5)。

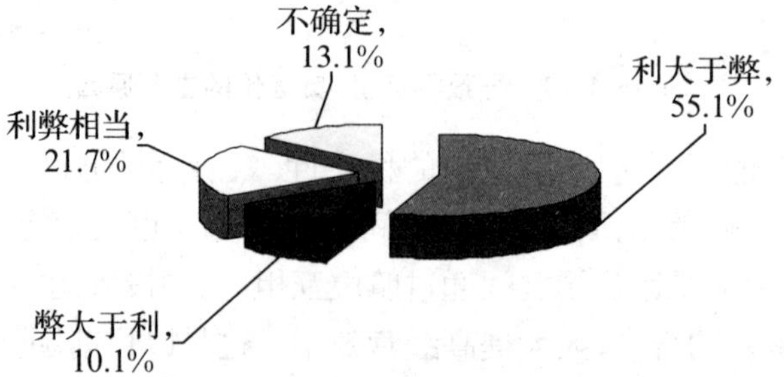

图3-4-5 运营协议对于国际航运市场的利弊影响

这几年对国际航运反垄断豁免制度提出的质疑主要针对班轮公会及有运价协商内容的协商协议，对于运营协议的质疑较少。但是，运营协议毕竟也是一种限制竞争协议（垄断协议），其历史相对于班轮公会较短，对其认识尚不够全面，这也是欧盟联营体规则一直以5年为有效期的原因，试图通过5年1期的评估加深对运营协议的认识，并及时在政策和法律上进行调整。

在我国航运界，有76.8％的被调查者认为运营协议利大于弊或者利弊相当，这是运营协议获得合法性的客观基础。当然，10.1％的被调查者认为弊大于利，13.1％的被调查者持不确定立场，这些都是正常的立场与态度，说明运营协议确实存在不利于航运市场发展的一面。

第3个问题，在问及“班轮公会未来是否会消亡”时，17.4％的被调查者认为未来班轮公会将会消亡，34.8％的被调查者持不确定态度，47.8％的被调查者认为班轮公会不会消亡（见图3-4-6）。

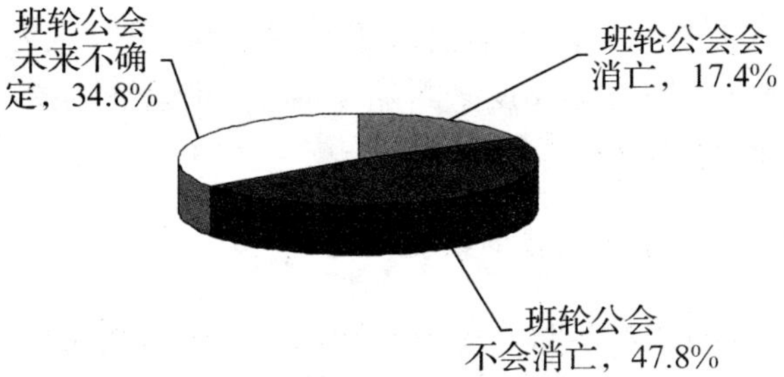

图3-4-6 班轮公会未来的情况

从美国《1998年航运改革法》开始，班轮公会逐渐被协商协议所代替，在数量上逐年减少。欧盟取消班轮公会反垄断豁免，对于传统班轮公会更是致命的一击。目前国际航运市场可以说是处于“后班轮公会时代”，班轮公会在一定范围内仍然存在，但其影响力已非常有限，相反，协商协议的影响力已经超过班轮公会。至于未来班轮公会是否完全退出历史舞台，这是一个预测问题，可以见仁见智。有一点需要明确，班轮公会是否消亡的问题，首先是有关国家的立法问题，在保留现有法律的情况下，班轮公会不会马上消亡；其次，是班轮公会实际所发挥的影响问题，在没有消亡的情况下，班轮公会发挥的作用也可以是非常有限的。

第4个问题，在问及“我国未来《航运法》是否应该同时赋予班轮公会、运营协议、运价协议等反垄断豁免”时，50.7％的被调查者认为应该赋予班轮公会、运营协议、运价协议等反垄断豁免，14.5％的被调查者认为不需要，34.8％的被调查者认为只需赋予运营协议反垄断豁免（见图3-4-7）。

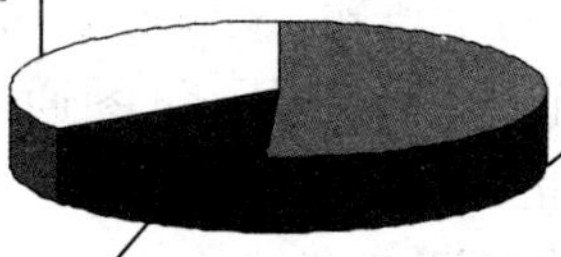

图 3－4－7 《航运法》国际航运反垄断豁免范围

占1/2的被调查者认为，我国《航运法》应该赋予班轮公会、运营协议、运价协议等反垄断豁免，即保留《国际海运条例》建立的制度，这是全面反垄断豁免模式。值得注意的是，超过1/3的被调查者认为《航运法》应该仅保留运营协议反垄断豁免，即采取有选择反垄断豁免模式。另外14.5%的被调查者介于两者之间，觉得全面反垄断豁免范围过广，但限于运营协议又窄了些，可以认为，这部分被调查者基本上应该赞成建立非运价协议反垄断豁免制度，非运价协议自然包括运营协议在内，这样，其比例可达到49.3%。

（二）《航运法》国际航运反垄断豁免的范围

《航运法》在国际航运反垄断豁免范围问题上有两种可能的选择方案：一是按照《国际海运条例》的模式，赋予班轮公会、运价协议和运营协议等国际航运协议全面的反垄断豁免，当然，其中协议类型可以重新考虑；二是指赋予其中一部分反垄断豁免，主要是排除班轮公会协议和运价协议反垄断豁免，只赋予运营协议反垄断豁免，也可以用非运价协议代替运营协议概念。第一种方案我们称之为全面豁免模式，第二种方案我们称之为有选择豁免模式。目前，欧盟采取第二种模式，美国等其他航运国家采取第一种模式。

以上分析表明，无论是理论分析还是业界立场，《航运法》在确定国际航运反垄断豁免范围问题上，前述两种方案都是有可能的。最终选择哪一种方案，在一定意义上不是基于两种模式的利弊权衡的结果，而是基于国际航运反垄断豁免立法国际大背景。如果在我国《航运法》起草时，美国没有修改《1998年航运改革法》，那么，本课题组建议我国选择全面反垄断豁免模式；如果美国改变了《1998年航运改革法》立法模式，很可能选择与欧盟类似的模式，那么，我国只有选择有选择反垄断豁免模式。当然，这需要对包括美国在内的主要航运国家国际航运反垄断豁免制度发展趋势有个准确的判断。

选择第二种模式也不是没有可能的。毕竟欧盟已经走在前面，为其他国家提供了一定的实践经验。更重要的是，取消班轮公会反垄断豁免，几乎不会对我国国际航运产生影响。我国目前的运营协议比欧盟联营体的概念在外延上要广，等于非运价协议，这样，对国际航运市场现存的协议影响也是有限的。

为了应对将来存在的不确定性因素，本篇最后一章建议条文将按照两种模式分别设计。

三、国际航运反垄断豁免的条件

无论是全面反垄断豁免还是有选择反垄断豁免，国际航运协议享有反垄断豁免都是有条件的，这在各国立法中是一个惯例。这些条件可以分为两大类，第一类是实质性条件，第二类是程序性条件。实质性条件是指享有反垄断豁免的各种国际航运协议在内容上应符合法律规定的要求，程序性条件即享有豁免的协议应遵循的备案程序或登记程序。

欧盟第 4056/86 号条例对班轮公会享有豁免的条件规定得比较原则。规则要求在共同体市场内，公会的协议、决定和协同一致行为对同类货物运输不得因为原产国、目的地、装港或卸港的不同而使用不同的费率和运输条件，致使特定的港口、运输用户或承运人遭受损害，除非这种费率和运输条件在经济上被认为是合理的。[①]

欧盟原第 823/2000 号条例下联营体享有反垄断豁免的条件比较复杂，分 3 个层次。第一层次是选择性条件，即至少满足以下 3 个基本条件之一：①如果联营体在公会体制内运行，则公会成员之间应该存在有效的价格竞争；②公会内成员之间在提供服务上存在足够程度的竞争；③不管公会是否在某一航线或有关的航线上经营，联营体成员应该有来自非联营体成员的有效竞争。第二层次是市场份额条件，总的原则是联营体市场份额应该在 30%以下，按照货运量标准计算。如果超过，则在一定期间内仍然享有反垄断豁免。第三层次是其他条件，包括：①联营体必须允许其每个成员基于个别合同提供其自己的服务安排；②在没有经济处罚或其他处罚的情况下，联营体允许成员公司在提出通知的 6 个月后退出联营协议；③在联营体从事联合开拓市场的情况下，每个成员在没有惩罚、提前 6 个月通知的条件下可自由从事独立的市场开拓；④联营体或联营体成员不应该对承运同一货物的某些港口、运输使用者、承运人造成损害等。

现行欧盟第 906/2009 号条例关于联营体享有反垄断豁免的条件有所简化，包括：①不存在核心限制(Hardcore Restrictions)，如固定价格、分配市场或客户、超出允许范围的运力限制；②联营体市场份额应该在 30%以下，按照货运量标准计算，如果超过，则在一定期间内仍然享有反垄断豁免；③赋予其成员在不受经济惩罚或其他惩罚的情况下退出联营体。[②]

---

① Council Regulation (EEC) No 4056/86, Article 4, Condition attaching to exemption.

② Commission Regulation (EC) No 906/2009 of 28 September 2009 on the application of Article 81(3) of the Treaty to certain categories of agreements, decisions and concerted practices between liner shipping companies (consortia), Article 4: Hardcore restrictions, Article 5: Conditions relating to market share, Article 6: Other conditions.

美国《1998年航运改革法》规定，远洋公共承运人协议享有豁免的前提条件是不包含下列内容：①禁止或限制协议成员与1个或更多的托运人从事服务合同的谈判；②要求协议成员披露服务合同的谈判或服务合同的条款和条件，除根据法律要求披露的服务合同条款和条件外；③采取强制性规则或要求，影响协议成员进行服务合同谈判和订立服务合同。但是，协议可以提供成员订立服务合同的条件和程序的自愿性的指导规则，如果明确规定成员有权不遵守该规则。对班轮公会规定了具体的8项条件。①

《国际海运条例》并未规定国际航运协议享有反垄断豁免的实体条件，给人感觉似乎是无条件的，这是立法上的严重不足。这一缺陷也导致协议审查制度失去基础，对于国际航运市场中出现的违法行为难以追究责任。

《国际海运条例》将市场份额作为启动调查的条件之一，即"联营体的服务涉及中国港口某一航线的承运份额，持续1年超过该航线总运量的30%，并可能对公平竞争造成损害的"，则可以实施调查。针对在未来《航运法》确立国际航运反垄断豁免制度时，是否需要将市场份额作为国际航运协议享有反垄断豁免的条件的问题，本课题组征求了我国航运界和货方代表的意见，其中，47.8%的被调查者认为需要将市场份额作为国际航运协议享有反垄断豁免的条件，21.7%的被调查者认为不需要市场份额作为条件，30.5%的被调查者持不确定立场（见图3-4-8）。

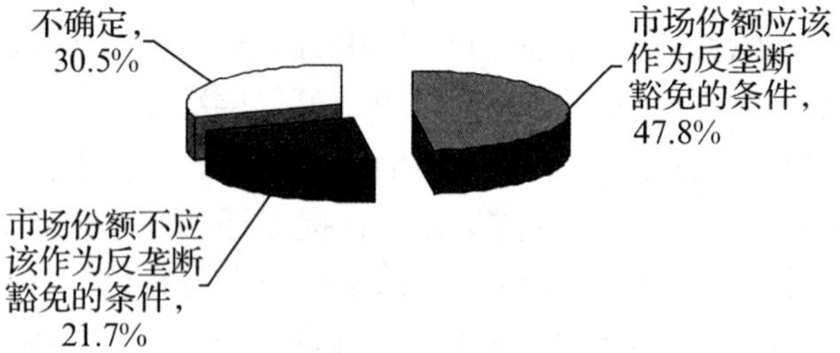

图3-4-8 市场份额是否应该作为反垄断豁免的条件

如果实施全面的反垄断豁免，则市场份额的要求是没有必要的。就国际航运协议对于市场竞争的限制程度而言，运营协议无论其市场份额有多高，由于在运价方面禁止达成协议，因此，其对市场竞争的限制远低于班轮公会。在允许班轮公会享有反垄断豁免的情况下，为什么不能允许市场份额较高的运营协议存在呢？这是本次调查中超过50%的被调查者认为不需要将市场份额作为反垄断豁免的条件或者持不确定立场的深层次理由。反之，如果实施有选择的反垄断豁免，意味着强调自由竞争，在最大程度上排除运营协议对市场竞争的限制，那么，规定市场份额就有其合理性了，正如欧盟目前的做法一样。当然，在反垄断豁免条件上稍微放

① Ocean Shipping Reform Act of 1998, Section 5. Agreements.

宽些,不规定市场份额也是可以接受的。因此,我国《航运法》是否需要市场份额作为反垄断豁免的条件仍需商榷。

四、国际航运协议备案制度的完善

(一) 要求备案的协议范围

按照全面反垄断豁免和有选择反垄断豁免 2 种模式,要求备案的协议范围有所不同。

如果按照全面反垄断豁免模式,则有 4 个方案。方案一: 沿用目前的表述,即“班轮公会协议、运营协议、运价协议”。方案二: 改为“班轮公会协议、协商协议和运营协议”。方案三: 改为“运价协议和非运价协议”。方案四: 改为“国际船舶运输经营者之间达成的协议”。

如果按照有选择反垄断豁免,则有 3 个方案。方案一:“运营协议”。方案二:“非运价协议”。方案三:“联营协议和联盟协议”。

在引入这些概念时,需要准确地界定其含义。

(二) 备案义务人

现有法律法规关于国际航运协议备案义务人的规定存在不一致,为此,需要确定哪些垄断协议应该以协议组织名义备案,哪些垄断协议只能由其成员公司备案。从提高管理效率和节省费用角度,对于班轮公会、协商协议应该确立由协议组织履行备案义务的制度。对于运营协议,原则上由其成员公司各自履行备案,但允许它们共同委托单一主体(包括其中一成员)进行备案。

(三) 备案材料

在备案材料及其内容要求方面,目前既缺乏系统性,也缺乏明确性,是国际航运协议备案制度最薄弱的部分。

首先,将《关于加强对班轮公会和运价协议组织监管的公告》中的有关具体内容吸收到《航运法》中,如备案材料、代表人、与托运人及其组织协商制度、协议复印件、协议内容说明、限制性内容、指定媒体公告等。

其次,系统分析备案制度价值及其要求,并确定完整的备案材料及其内容的要求。

另外,需要考虑垄断协议章程备案问题。现在的做法是协议章程需要备案,但是没有法律法规基础。仅仅强调协议备案,或者将章程解释为章程协议,属于协议的一种,不能从根本上解决问题。毕竟,协议成立时达成的章程与该协议在后来活动过程中针对某一具体事项达成的协议具有不同的性质。因此,需要在法律上明确规定协议章程的备案要求。

（四）协议审查要求与程序

现有备案程序缺乏对协议进行实质审查方面的规定。在作出是否接受备案决定前，主管部门实际上进行了审查，这种审查包括两方面，一是形式上的，二是内容上的。形式审查重在材料是否具备，内容审查是对协议内容合规性进行审查。后者主要是基于反垄断豁免需要符合一定的条件，申请备案的协议应该在内容上符合这些条件。实际上，这种审查不必担心与行政许可法有关规定之间的冲突问题。

（五）备案协议公告

备案协议主要内容公告制度中公告媒体问题值得商榷。目前，所有的公告媒体是交通运输部指定的民间媒体或半官方媒体，但不包括交通运输部自己的官方媒体。现有的必选媒体在履行交通运输部委托的负责公告事项行为上存在缺陷，有改进余地，影响到备案制度的实施。另外，有些信息由官方媒体公告可能更具有权威性。如果继续维持目前的做法，有必要对指定媒体（尤其是必选媒体）规定具体要求。

在备案时间和公告时间问题上，目前主要是没有解决协议备案时间、生效时间（实施时间）和公告时间等之间的关系，有必要对其予以明确。现有法律法规对备案法律效力没有明确规定，直接影响到备案制度的意义及其地位问题，因此需要明确。

第三节　国际航运滥用市场支配地位监管制度的完善

一、国际航运滥用市场支配地位行为种类

国际航运滥用市场支配地位行为的规制在各国航运法律制度中一般不是重点内容，有些国家甚至没有规定。从市场支配地位构成条件角度，一般只限于国际班轮经营者，不适用于国际不定期船运输市场，因为后者市场集中度较低，市场竞争充分，较难形成市场支配地位。

在国际班轮运输市场，运力集中在少数班轮公司中，在一特定航线上，可能只有少数几家班轮公司从事经营活动，班轮公司对于运价、运力投入、运输条件、其他经营者进入该航线等具有较大的影响力，从而形成市场支配地位。这为班轮公司滥用该市场支配地位提供了基本条件。

国际班轮运输市场滥用市场支配地位的主体可分为 2 类：一是班轮公司；二是国际航运协议。前者由单个班轮公司实施，后者由班轮公司通过协议共同实施。美国《1998 年航运改革法》第 10 条分别从远洋公共承运人和协议规定了航运业禁止的行为，这些禁止的行为中包括滥用市场支配地位的行为。

《1998 年航运改革法》规定，远洋公共承运人不得：①以不公正、不公平的手段或方式，以低于该承运人运价本或服务合同规定的费率、收费活动承揽货载。②因托运人光顾其他承运人、提起诉讼或任何其他理由，而拒绝或威胁拒绝能够提供的舱位，或以其他不公平、不正当的歧视手段进行报复。③对于根据运价本提供的服务，从事与以下事项有关的不公平、不正当的歧视性行为：(A)费率或收费；(B)货物分类；(C)舱位或者其他设备，但应适当考虑船舶的妥善装载和可用运力；(D)货物的装卸；(E)索赔的理算和解决。④对于根据服务合同提供的服务，在港口的费率和收费方面，从事不公平、不正当的歧视性行为。⑤在特定航线上使用船舶，通过将另一公共承运人赶出航线，以实现排除、阻止或减少竞争的目的。⑥对于与运价本有关的服务，提供任何不正当、不合理的优惠或好处，或者施加任何不正当、不合理的损害或不利。⑦对于与服务合同有关的服务，在有关港口提供任何不正当、不合理的优惠或好处，或者施加任何不正当、不合理的损害或不利。⑧不合理地拒绝交易或协商。

《1998 年航运改革法》规定，公会、2 个或者 2 个以上承运人不得：①采取联合抵制或其他协调一致行为导致不合理地拒绝交易。②从事不合理地限制使用多式联运服务或技术革新的行为。③从事旨在排挤、拒绝非班轮公会成员的公共承运人、公共承运人集体、不定期船或散装货船承运人参加、进入某一特定航线的任何掠夺性行为。④对于与服务合同有关的服务，基于地理位置、港口、人的身份不同(如对方是托运人协会或者是远洋运输中介人)，从事有关费率、收费的不正当的歧视活动。⑤对于与服务合同有关的服务，基于地理位置、港口、人的身份不同(如对方是托运人协会或者是远洋运输中介人)，给予不正当、不合理的优惠或者好处，或者施加不正当、不合理的损害或者不利。

结合我国《国际海运条例》第 27 条和第 35 条规定，可能属于滥用市场支配地位的行为包括：①以低于正常、合理水平的运价提供服务，妨碍公平竞争；②在会计账簿之外暗中给予托运人回扣，承揽货物；③以歧视性价格或者其他限制性条件给交易对方造成损害；④班轮公会协议、运营协议、运价协议等存在对公平竞争造成损害的行为；⑤联营体在某一航线的承运份额持续 1 年超过该航线总运量的 30%，并可能对公平竞争造成损害的行为；⑥可能损害国际海运市场公平竞争的其他行为。

《航运法》在规定国际航运滥用市场支配地位行为时，尽可能将《反垄断法》一般规定运用到国际航运领域，避免简单的重复。美国航运法在这方面值得借鉴。

二、国际航运滥用市场支配地位规制体制

在调查程序方面，《国际海运条例》第 36 条规定："国务院交通主管部门实施调查，应当会同国务院工商行政管理部门和价格部门共同进行。"按照《反垄断法》规定的反垄断执法体制，国际航运调查机构的组成需要作相应的调整，即与运价有关

的滥用市场支配地位的行为需要国家发展和改革委员会参与,与运价无关的滥用市场支配地位的行为由国家工商行政管理部门参与。问题是,有些滥用市场支配地位的行为既涉及运价,也涉及非运价,这是否意味着国家发展和改革委员会及国家工商行政管理部门同时参与呢? 这有可能。码头作业费问题的调查表明,即使在国家发展和改革委员会和国家工商行政管理部门参与的情况下,有关调查仍然由交通运输主管部门主导。

第四节　国际航运经营者集中监管制度的完善

一、国际航运经营者集中规制模式

各国航运法关于经营者集中管理的做法有两种:一是作为协议之一进行规定,如美国;二是不作规定。大部分国家不规定国际航运经营者集中制度,而将该制度留待专门的法律来规定,这些法律主要是作为反垄断法组成部分的兼并规则或市场集中规则。

值得注意的是,美国航运法对经营者集中进行管理主要是从协议备案角度,也是基于反垄断豁免制度,将合资协议作为远洋公共承运人之间的一种协议形式。所以,与反垄断法意义上的经营者集中审查制度有所不同。区别在于:第一,在美国航运法上,合资协议备案并不要求一定规模以上的营业额为条件,即所有的合资协议都需要备案;第二,联邦海事委员会对合资协议的审查基本与其他类型的协议相同,按照航运法履行备案义务,并不排除美国其他职能部门(如联邦贸易委员会等)从一般反垄断法角度进行的监管。

美国航运法在法典化过程中,对《1998 年航运改革法》进行了修改:“两个或两个以上的公共承运人成立的合营企业或联营体,如果是作为单一实体经营的,应被视为一个公共承运人。”①但是,美国航运法并没有废除原来的合资协议备案要求。

二、我国国际航运经营者集中规制体制

《国际海运条例》第 24 条规定:“国际船舶运输经营者之间的兼并、收购,其兼并、收购协议应当报国务院交通主管部门审核同意。”本条规定可理解为是在《反垄断法》通过前,国际航运主管机关的一种行业管理制度,既是国际航运发展方面的一种政策,也是与建立维护国际航运业竞争秩序有关的一种政策。

《国际海运条例》与《反垄断法》在经营者集中制度领域存在以下区别:①前者使用“兼并、收购”等概念,后者使用“经营者集中”,后者涵盖面更广泛、更合理;②在主管机构上,前者是交通运输部,后者是商务部;③在性质上,前者是行业主管

---

① 46 U.S.C. 41101 (2007). Joint ventures and consortiums.

审核同意,后者是反垄断审查;④前者规定较简单、原则,后者规定比较系统、完备;⑤前者没有规定申报规模条件,即都应该申报,后者有申报规模的要求。

两者在关系处理上主要应该考虑性质的差异,交通运输部作为行业主管对于国际船舶运输经营者之间的兼并、收购等的审查与商务部作为《反垄断法》执法机构的审查并不矛盾,交通运输部履行的是行政前置审批程序。

当然,《国际海运条例》第 24 条规定也存在一定的不足。作为交通运输主管部门审查国际船舶经营者集中的基本法律依据,就这么一条原则性的规定是解决不了问题的,需要有更具体的规则。

制定《航运法》时是否需要继续保留目前的国际船舶运输经营者行政前置审批程序是有必要探讨的问题。毕竟两者在功能上存在部分交叉,即都需要考虑国际航运市场竞争状况。如果继续保留目前的行政前置审批程序,则《航运法》在国际航运经营者集中制度的基本对策是: 保留《国际海运条例》的基本规定,借鉴《反垄断法》规定的三种经营者集中情形,制定更加具体化的行业监管规则。如果同时达到《反垄断法》规定的申报标准,则经营者需要同时获得《反垄断法》上的审查许可的结论才能实施兼并。

第五节 国际航运不定期市场监管制度的完善

一、国际航运不定期市场中存在的协议

国际干散货运输市场和国际油船运输市场均存在被称为“pools”或“pooling”这种船公司之间的合作形式。欧共体委员会于 2008 年 7 月 1 日发布的《〈欧共体条约〉第 81 条适用于海运服务的指导规则》将其称为“Pool agreements in tramp shipping”。Pool Agreement 不同于 Consortium Agreement,后者一般被称为联营(体)协议,特指在国际集装箱班轮市场中存在的船舶经营者之间的合作协议。所以,欧盟联营体规则确立的反垄断豁免并不直接适用于国际不定期船运输市场中存在的各种 Pool Agreement。为了区别于班轮市场存在的拥有反垄断豁免的联营协议,可以将不定期船市场存在的 Pool Agreement 翻译为“国际不定期船联营体”(Shipping Pool),这也是欧盟的用法。

需要注意的是,目前各国航运法律建立的反垄断豁免只限于国际班轮运输市场(在美国称为远洋公共运输),而不延伸到国际不定期船运输市场,而且国际航运竞争法在传统上也只限于班轮市场,不包括不定期船市场。除了欧盟外,目前各国航运法都不直接调整国际不定期船市场竞争。

《〈欧共体条约〉第 81 条适用于海运服务的指导规则》第 61 段规定,一种标准的国际不定期船联营体具有下列特征: 将不同船舶所有人的一定数量的类似船舶集中起来,由单一的管理机构负责经营。国际不定期船联营体的管理者通常负责

商业管理(如共同营销、谈判运价、收入和成本的统一管理)和商业运营(如制订船舶运输计划并发出指令、指定港口代理、保持客户信息更新、签发运费发票、定购燃料、收受船舶收入并根据预先约定方案分配收入等)。分摊协议的管理人在代表船舶所有人的总执行委员会的监督下代表船舶所有人行事。船舶经营的技术方面的事项(如安全、船员、修理和维护等)由船舶所有人各自负责。虽然分摊协议的成员进行共同营销,但是,他们通常独立提供运输服务。第62段规定,标准的国际不定期船联营体的主要特征是共同营销,其次是共同生产这一特征。本规则关于共同营销协议(作为共同商业化协议的变形)和共同生产协议的规定与委员会颁布的关于条约第81条适用于横向合作协议的指导规则有关。考虑到分摊协议在特点上的多样性,有必要以个案为基础对每个分摊协议进行评估。考虑分摊协议的核心因素,评估其是否违反条约第81条第(1)款规定;或者评估其是否符合条约第81条第(3)款规定的4个反垄断豁免的条件。因此,欧盟是基于个案分析确定国际不定期船联营体的合法性问题的,即如果符合条约第81条第(3)款规定的4个反垄断豁免条件,则允许其存在,否则应该禁止。

二、国际航运不定期市场监管制度

就我国国际航运不定期船运输市场而言,我国一部分国际船舶经营者加入了国际上的国际不定期船联营体。在理论上,既然在国际不定期船运输市场中存在国际不定期船联营体,而该协议的性质属于反垄断法上的垄断协议范畴,那么,在没有赋予其反垄断豁免的情况下,则受反垄断法直接调整,要么被禁止,要么符合反垄断豁免条件而获得合法地位。

但是,国际航运不定期船运输市场毕竟不同于国际班轮运输市场,其监管要复杂得多。参与国际不定期船联营体的经营者从事的运输活动可能涉及许多国家的港口,成员也来自许多不同国家,并不是所有的国际不定期船联营体成员都与特定的某个国家有运输上的关系。

因此,在没有赋予国际不定期船运输市场上存在的联营体反垄断豁免的情况下,不能要求这些协议履行备案义务。对这些联营体的监管只能在反垄断法意义上进行,即发现国际不定期船联营体构成垄断,违反反垄断法律时,可展开调查并予以处罚。

因此,《航运法》可以不必规定国际不定期船运输市场中的联营体。

第五章　建议条文与说明

说明

方案一和方案二的区别在于国际航运反垄断豁免范围上的差别，在滥用市场支配地位、经营者集中、备案程序等其他方面相同。方案一可以称之为全面反垄断豁免模式；方案二可以称之为有选择反垄断豁免模式，只赋予非运价协议反垄断豁免。

第一节　方案一：国际航运反垄断规则（全面反垄断豁免模式）

第一条　协议的定义

［方案1］

国际船舶运输经营者之间的协议，是指从事国际班轮运输的国际船舶运输经营者之间订立的涉及中国港口的就班轮运输服务进行合作的班轮公会协议、协商协议、运营协议等。

［方案2］

国际班轮运输协议，是指从事国际班轮运输的国际船舶运输经营者之间订立的涉及中国港口的就班轮运输服务进行合作达成的运价或非运价的协议。

说明

方案1的特点是列举协议类型，其不足之处是容易导致解释上的困难，并有可能存在交叉的情形。

方案2避免了方案1的不足，并提出了“国际班轮运输协议”这一新概念。其中“运价或非运价的”可省略，保留的好处是为执法管理提供指导，即对于运价协议和非运价协议实施分类监管。

建议稿以下条款使用“国际班轮运输协议”。

第二条　协议的范围

国际船舶运输经营者可以就下列国际班轮运输服务达成国际班轮运输协议：

(1) 船期、挂靠港；

(2) 船舶或港口设施的联合经营；
(3) 船舶舱位或箱位的交换、买卖或租赁；
(4) 集装箱、底盘车或其他设备；
(5) 运价；
(6) 货载；
(7) 计算机资料交换系统；
(8) 技术、经营或商业上的其他安排。

说明

本条通过列举方式，只具有解释性作用。在全面反垄断豁免制度下，国际班轮公司可以达成的活动范围可以非常广泛。所以，列举的是主要的合作活动，最后增加了一项“兜底条款”。

本条内容不能照搬班轮公会时代的航运立法，那时的航运法以班轮公会活动内容为参照，强调运价、运力、收入、市场等的协调与统一，目前班轮公司之间的合作内容发生了变化，即应该更多强调经营合作，而不是固定运价。

第一条和第二条可合并立法。

第三条　备案要求

国际船舶运输经营者达成的国际班轮运输协议应当自协议订立之日起15天内将协议的真实副本和电子形式向国务院交通运输主管部门备案。

如果国际班轮运输协议成立具有组织形式的，则应该将成立该组织具有章程性质的协议真实副本和电子形式向国务院交通运输主管部门备案。

国际班轮运输协议在有效期内的任何修改，都需要将修改内容向国务院交通运输主管部门备案。如果是口头协议，则应将记载有协议详细内容的完整备忘录和电子形式向国务院交通运输主管部门备案。

说明

“15天内”的要求可以不规定，因为只有获得备案的协议才能生效，生效后才能实施，这样，协议当事人实际上会自觉尽早履行备案义务。

本条第二款区分了协议组织成立之初的协议与其持续期间就具体事项达成的协议。班轮公会、协商协议一般在成立时会订立具有章程性质的协议，运营协议也有一般性的协议，但没有组织形式。

协议的修改当然也要求备案。在内容要求上可以有两种做法：一是只就修改内容进行备案；二是将经过修改后的协议重新备案，并指出修改的内容。

第四条　协议内容要求

(1) 表明国际班轮运输协议的目的；
(2) 规定协议成员具有独立行动权，包括订立服务合同的权利；

(3) 加入或退出协议不受不合理限制;
(4) 托运人及其组织的利益没有受到不正当的损害;
(5) 不存在对托运人及其组织不正当的歧视;
(6) 在特定航线上不会导致实质性地减少竞争或潜在竞争;
(7) 不存在其他扰乱市场竞争秩序的内容;
(8) 法律、行政法规规定的其他条件。

说明

对协议内容提出要求,实质上是赋予协议反垄断豁免的条件,通过这些条件避免国际班轮运输协议对国际班轮市场产生过度的不利结果,使国际班轮市场维持在一定的竞争水平上。

本条规定既是对协议内容进行审查的标准,也是协议备案后对其进行监督、维护市场秩序的依据。

第五条 受理备案的机关

国务院交通运输主管部门是受理国际班轮运输协议的主管机关,其职权有:
(1) 受理备案申请;
(2) 审查要求备案的协议,并作出决定;
(3) 要求备案人补充材料或修改协议;
(4) 根据调查机关的决定,取消备案;
(5) 向调查机关提供有关的信息;
(6) 根据诉讼程序的需要提供有关信息。

说明

目前,我国有一种不合理的倾向,将协议备案委托非政府部门来实施,这是非常不可取的。备案制度是国家对国际班轮运输协议,也是对国际班轮运输市场管理的一个重要环节,该制度是国际航运市场竞争管制的基础,各国都非常重视,而且设立专门的机关负责备案或者由反垄断法实施机构负责。

如果由交通运输部直接受理备案,则本条最终没有必要规定。

第六条 备案人

具有组织形式的国际班轮运输协议,由该组织履行备案;不具有组织形式的国际班轮运输协议,由参加协议的成员分别备案。

说明

本条规定参照了《国际海运条例实施细则》第 32 条的相关规定。如果第一条采取方案 1 的列举方式,则这里可以将是否具有组织形式的国际班轮运输协议进行具体化。

第七条　备案协议的审查

国务院交通运输主管部门在收到备案申请后15个工作日内予以审查并作出决定。如果协议符合规定的条件，则作出给予备案的决定，并以书面形式通知备案人；如果协议不符合规定的条件，则作出不予备案的决定，并书面通知备案人不予备案的理由。

说明

第一，协议审查的时间。15个工作日是参考《国际海运条例实施细则》的规定得出的，如果认为工作量比较大，可以适当延长。

第二，审查后的决定。审查后可以作出3种可能的决定：①给予备案登记；②不给予备案登记；③要求备案修改或补充有关内容。本条规定其中的2个可能结果：对于符合条件的协议、决定予以备案登记；反之，对于不符合备案条件的协议，作出不予备案的决定。2种决定都须以书面或电子版形式通知备案人，或者采取公告形式通知。但对不予备案登记的协议，应该在决定中陈述理由，并通知备案人，这是行政程序的一般要求。不予备案是一种性质比较严重的法律后果，只有对严重违法或无法加以修改或补充的协议才不予备案。因此，对拒绝予以备案的理由应该充分，令人信服才行。

第八条　备案协议内容的补充、修改时间

国务院交通运输主管部门审查协议后，对于不符合备案条件的协议可以要求备案人在通知发出后15个工作日内予以补充或修改，逾期未予补充或修改的，作出不予备案的决定。

对补充或修改后的协议符合规定的备案条件的，国务院交通运输主管部门在收到补充或修改内容之日起15个工作日内，作出给予备案的决定；仍然不符合备案条件的，作出不予备案的决定。

说明

对于不完全符合备案条件的协议，备案登记机关给予备案人补充材料的机会，但要限定时间；而对于那些不是严重违反备案条件的协议，准许备案人在规定的时间内加以修改。该程序的目的是在备案阶段尽可能使各种协议符合法律的要求，同时，不至于因为申请备案的协议存在并不严重的问题而遭拒绝备案。在备案人提供有关的补充材料或修改内容后，备案机关再作出决定。

第九条　备案协议的生效时间

符合规定的国际班轮运输协议，在协议成立时具有章程性质的，自申请备案之日起60天生效；在协议成立后，就特定事项达成的协议，自主管部门接受备案后10天生效。

要求补充或修改内容的国际班轮运输协议，具有章程性质的协议，自提交补充或修改的内容之日起60天生效。在协议成立后,属于就特定事项达成的协议,自提交补充或修改的内容之日起60天生效。

说明

《国际海运条例》没有规定备案协议的生效时间,这与通常的国际惯例不相符合。其他国家对于承运人之间的协议的生效时间有短于60天的(如美国),也有长于60天的(如澳大利亚),60天是取其中间,当然也可以规定一个更短的时间。美国《1998年航运改革法》规定备案人可以申请备案协议的提前生效,但不少于14天。对于承运人之间的各种协议,一般来说,基于较长期的经营合作,在订立协议过程中较为慎重,60天的审查时间一般不会对协议成员的经营造成消极的影响。

第十条 备案的效力

按照本法要求履行备案义务的国际班轮运输协议,未经备案登记不得在涉及中国港口有关的航线上实施,也不得实施虽经备案但尚未生效的协议。

经备案登记的协议并不当然具有约束托运人及其组织的法律效力。

说明

第一款的内容根据《国际海运条例》第48条的规定拟定,这也是备案的基本作用之一。

备案登记制度尽管包括审查制度在内,要求备案的协议应该符合有关的条件,但是,从实质上说,备案制度具有形式性特点,这些协议对国际航运竞争可能产生的影响不能简单地通过备案制度推论出来。在实施反垄断豁免的国家里,符合规定的备案条件,即享有反垄断豁免的条件。至于实际上这些协议是否可能会对国际航运市场的竞争造成实质性的损害,应根据实际情况判断,尤其是基于个案调查才能得出结论。

第十一条 反垄断豁免

经备案登记并生效的国际班轮运输协议不适用《中华人民共和国反垄断法》第十三条和第十四条的规定。

国务院交通运输主管部门在国际班轮运输协议实施期间,认为其不符合本法第四条规定的条件的,可以作出撤销其反垄断豁免的决定。

说明

国际班轮运输协议享有反垄断豁免的条件分两个方面:一是在内容上符合要求;二是经过备案登记并生效。

第十二条 协商原则

国际班轮运输协议、国际班轮运输协议成员应该与托运人及其组织基于平等、互利、公平的原则,就协议有关内容进行真实、有效的协商。

说明

第一,协商制度的目的。协商制度是提高托运人及其组织谈判能力的重要制度,也是对国际班轮运输协议的一种制约,协商制度的核心价值是保护托运人利益。在海上货物运输法律制度中,为了保护托运人的利益,对从事班轮运输的承运人规定了最低的法定义务和最高的免责利益,形成了有关提单法律制度的强制性规定。当从事班轮运输的国际船舶运输经营者以协议等形式影响、控制班轮运输的基本条件时,传统的海商法律制度已无能为力,这时需要具有公法性质的行政管理法规进一步来平衡双方的利益。

第二,国际班轮运价形成机制。运价既是托运人与承运人之间合同范围内的协商事项,也是国家对国际海运管理的重点内容,介于这两者之间的是国际班轮运输协议与托运人组织之间的运价协商和自律机制。一直以来,这三个层次共同构成国际航运市场运价形成和变化的机制,从历史上看,其中国际班轮运输协议与托运人组织之间的运价协商构成了班轮运价主要的形成机制。作为中间层次的运价协商机制,既要考虑到市场实际情况,也要在有关国家法律规定范围内进行。随着公会影响力的减弱,班轮运价在更大程度上让位于市场。国际班轮运输协议在运价形成上的作用将会进一步被削弱,这也是各国有关国际航运管理法律改革的目的。

第三,协商的基本原则。历史上,国际班轮运输协议通过运价和运力等协议在维护班轮运价的稳定性方面发挥了一定的作用(当然,也有持相反观点的),因此,对托运人的利益和国际贸易秩序具有积极作用。为了实现国际航运市场中这种特有的机制,以及在维护国际航运市场运价稳定方面的作用,各主要航运发达国家均建立了相应的协商制度,以便在最大程度上促进当事人达成协商一致。这样,既保留国际班轮运输协议传统的作用,又能考虑到托运人的利益。

本条规定的平等、互利、公平是协商的基本原则,以实现国际船舶经营人和托运人利益的平衡,同时,为了防止协商流于形式,要求协商应该是真实、有效的。

根据国外经验,国际班轮运输协议与托运人组织之间的协商是卓有成效的,并没有因为协商不成而通过联合国公约规定的强制调解程序来解决有关的纠纷。

协商制度还包括其他内容,可以由实施细则来规定。

第十三条　禁止滥用市场支配地位行为

国际船舶运输经营者和国际班轮运输协议不得滥用市场支配地位实施下列行为:

(1) 在费率或收费、货物分类、舱位或者其他设备、货物装卸、货损理算及索赔的解决等方面实施不公平、不正当的歧视性行为;

(2) 因托运人光顾其他承运人、提起诉讼或任何其他理由,而拒绝或威胁拒绝能够提供的舱位,或以其他不公平、不正当的歧视手段进行报复;

(3) 在特定航线上使用船舶,将其他国际船舶运输经营者赶出特定航线或阻止进入特定航线的掠夺性行为，以实现排除、阻止或减少竞争的目的；

(4) 提供任何不正当、不合理的优惠或好处，或者施加任何不正当、不合理的损害或不利；

(5) 没有正当理由，拒绝与交易相对人进行交易；

(6) 没有正当理由，对条件相同的交易相对人在交易价格等交易条件上实行差别待遇；

(7) 没有正当理由，限定交易相对人只能与其进行交易或者只能与其指定的经营者进行交易。

说明

国际航运市场滥用市场支配地位行为的实施主体包括国际船舶运输经营者和国际班轮运输协议，它们可以由国际船舶运输经营者或者国际班轮运输协议单独实施，也可以由两个或两个以上的国际船舶运输经营者共同实施，也可以由两个或两个以上的国际班轮运输协议共同实施，因此，在主体上需要周全。

在具体滥用市场支配地位行为方面，既需要考虑我国《反垄断法》的一般规定，更需要结合国际航运予以具体化。

这里没有特别指出是国际班轮运输经营者，是考虑到国际不定期船运输市场中也可能存在滥用市场支配地位的行为。

第十四条　经营者集中

国际船舶运输经营者之间的下列集中行为应当报国务院交通运输主管部门审核同意：①合并；②通过取得股权或者资产的方式取得对其他经营者的控制权；③通过合同等方式取得对其他经营者的控制权或者能够对其他经营者施加决定性影响。

国务院交通运输主管部门应当自收到国际船舶运输经营者报送材料之日起60天内，根据国家关于国际海上运输业发展的政策和国际海上运输市场竞争状况进行审核，作出同意或者不同意的决定，并书面通知有关国际船舶运输经营者。

说明

本条与《国际海运条例》第24条比较，主要是按照《反垄断法》规定增加了经营者集中的3种情形。

第二节　方案二：国际航运反垄断规则（有选择反垄断豁免模式）

第一条　协议的定义

［方案1］

运营协议，是指两个或者两个以上国际班轮运输经营者为提高经营效率、稳定市场运力供求关系等目的订立的关于共同投入运力、共同使用船舶、共同使用港口设施及其他经营合作事项达成的协议。

[方案 2]

非运价协议，是指两个或者两个以上国际班轮运输经营者为提高经营效率、稳定市场运力供求关系等目的订立的关于共同投入运力、共同使用船舶、共同使用港口设施及其他经营合作事项达成的不包括运价的协议。

说明

本质上，方案 1 中的"运营协议"和方案 2 中的"非运价协议"具有相同的含义。

运营协议的概念参照了《国际海运条例实施细则》的定义，对其中的内容和逻辑关系进行了整理。

非运价协议概念比运营协议具有更通俗、易于理解等特点，避免了运营协议与欧盟联营体概念之间的关联的猜想。

需要注意的是，这里规定的运营协议或非运价协议在范围上比欧盟联营体规则允许的要广泛些，主要包括了运力稳定协议。当然，最后立法也可以将其排除，采取与欧盟类似的适用范围。

本建议稿采用"非运价协议"概念。

第二条　非运价协议的范围

国际船舶运输经营者可以就下列国际班轮运输服务达成非运价协议：

(1) 船期的协调、共同制定船期、共同确定挂靠港；

(2) 船舶舱位或箱位的互换、出售或互租；

(3) 船舶或港口设施的联合经营；

(4) 共同使用办公场所；

(5) 集装箱、底盘车及其他设备的租赁、买卖；

(6) 共同使用计算机资料交换系统、联合签发运输单证；

(7) 协调运力稳定市场运力供求关系。

说明

本条规定的非运价协议范围以传统的联营体、联盟等为基础，再增加运力稳定协议。

第二条可以与第一条合并立法。这里为了简洁明了，将其分别规定。

第三条　非运价协议内容

(1) 表明非运价协议的目的；

(2) 规定协议成员具有独立行动权，包括订立服务合同的权利；

(3) 加入或退出协议不受不合理限制；

(4) 托运人及其组织的利益没有受到不正当的损害；

(5) 不存在对托运人及其组织不正当的歧视;
(6) 在特定航线上不会导致实质性地减少竞争或潜在竞争;
(7) 不存在其他扰乱市场竞争秩序的内容;
(8) 法律、行政法规规定的其他条件。

第四条 非运价协议不得包括的内容

(1) 向第三方提供班轮运输服务时协调价格;
(2) 向第三方提供班轮运输服务时固定运价;
(3) 分配市场或客户。

说明

本条规定也可以说是禁止非运价协议从事的活动。在反垄断实践中,具体协调、统一价格的垄断协议被称为硬核卡特尔(Hard Core Cartels),是各国反垄断法全面禁止的一类卡特尔,因为其对市场竞争和消费者的损害最大。

第五条 备案要求

国际船舶运输经营者达成的非运价协议应当自协议订立之日起 15 天内将协议的真实副本和电子形式向国务院交通运输主管部门备案。

如果非运价协议成立具有组织形式的,则应该将成立该组织具有章程性质的协议真实副本和电子形式向国务院交通运输主管部门备案。

非运价协议在有效期内的任何修改,都需要将修改内容向国务院交通运输主管部门备案。如果是口头协议,则应将记载有协议详细内容的完整备忘录和电子形式向国务院交通运输主管部门备案。

第六条 备案人

具有组织形式的非运价协议,由该组织履行备案;不具有组织形式的非运价协议,由参加协议的成员分别备案。

第七条 备案协议的审查

国务院交通运输主管部门在收到备案申请后 15 个工作日内予以审查并作出决定。如果协议符合规定的条件,则作出给予备案的决定,并以书面形式通知备案人;如果协议不符合规定的条件,则作出不予备案的决定,并书面通知备案人不予备案的理由。

第八条 备案协议内容的补充、修改时间

国务院交通运输主管部门审查协议后,对于不符合备案条件的协议可以要求备案人在通知发出后 15 个工作日内予以补充或修改,逾期未予补充或修改的,作

出不予备案的决定。

对补充或修改后的协议符合规定的备案条件的，国务院交通运输主管部门在收到补充或修改内容之日起 15 个工作日内，作出给予备案的决定；仍然不符合备案条件的，作出不予备案的决定。

第九条　备案协议的生效时间

符合规定的非运价协议，在协议成立时具有章程性质的，自申请备案之日起 60 天生效；在协议成立后，就特定事项达成的协议，自主管部门接受备案后 10 天生效。

要求补充或修改内容的非运价协议，具有章程性质的协议，自提交补充或修改的内容之日起 60 天生效。在协议成立后，属于就特定事项达成的协议，自提交补充或修改的内容之日起 60 天生效。

第十条　备案的效力

按照本法要求履行备案义务的非运价协议，未经备案登记不得在涉及中国港口有关的航线上实施，也不得实施虽经备案但尚未生效的协议。

经备案登记的协议并不当然具有约束托运人及其组织的法律效力。

第十一条　反垄断豁免

经备案登记并生效的非运价协议不适用《中华人民共和国反垄断法》第十三条和第十四条的规定。

国务院交通运输主管部门在非运价协议实施期间，认为其不符合本法第三条和第四条规定的条件的，可以作出撤销其反垄断豁免的决定。

第十二条　协商原则

非运价协议、非运价协议成员应该与托运人及其组织基于平等、互利、公平的原则，就协议有关内容进行真实、有效的协商。

第十三条　禁止滥用市场支配地位行为

国际船舶运输经营者和非运价协议不得滥用市场支配地位实施下列行为：

(1) 在费率或收费、货物分类、舱位或者其他设备、货物装卸、货损理算及索赔的解决等方面实施不公平、不正当的歧视性行为；

(2) 因托运人光顾其他承运人、提起诉讼或任何其他理由，而拒绝或威胁拒绝能够提供的舱位，或以其他不公平、不正当的歧视手段进行报复；

(3) 在特定航线上使用船舶，将其他国际船舶运输经营者赶出特定航线或阻止进入特定航线的掠夺性行为，以实现排除、阻止或减少竞争的目的；

(4) 提供任何不正当、不合理的优惠或好处,或者施加任何不正当、不合理的损害或不利;

(5) 没有正当理由,拒绝与交易相对人进行交易;

(6) 没有正当理由,对条件相同的交易相对人在交易价格等交易条件上实行差别待遇;

(7) 没有正当理由,限定交易相对人只能与其进行交易或者只能与其指定的经营者进行交易。

第十四条　经营者集中

国际船舶运输经营者之间的下列集中行为应当报国务院交通运输主管部门审核同意: ①合并;②通过取得股权或者资产的方式取得对其他经营者的控制权;③通过合同等方式取得对其他经营者的控制权或者能够对其他经营者施加决定性影响。

国务院交通运输主管部门应当自收到国际船舶运输经营者报送材料之日起60天内,根据国家关于国际海上运输业发展的政策和国际海上运输市场竞争状况进行审核,作出同意或者不同意的决定,并书面通知有关国际船舶运输经营者。

第四篇　航运经纪发展政策与规范管理研究[①]

① 本研究由上海市交通运输和港口管理局资助(2010年)。

引言

加快推进国际航运枢纽港、现代化港口集疏运体系和现代航运服务体系建设是上海国际航运中心建设的三大核心任务。航运经纪是现代航运服务体系的重要组成部分，世界上主要国际航运中心均非常重视航运经纪市场的发展。

《国务院关于推进上海加快发展现代服务业和先进制造业建设国际金融中心和国际航运中心的意见》(国发〔2009〕19 号文件)提出:“大力发展船舶交易、船舶管理、航运经纪、航运咨询、船舶技术等各类航运服务机构。”

《上海市人民政府贯彻国务院关于推进上海加快发展现代服务业和先进制造业建设国际金融中心和国际航运中心意见的实施意见》(沪府发〔2009〕25 号)提出:“大力发展航运经纪人，建立航运经纪人资质准入和审核工作制度。”

上海市人民政府《上海国际金融中心和国际航运中心建设 2009 年重点工作安排和部门分工的通知》(沪府办〔2009〕55 号)要求于 2009 年启动研究建立航运经纪人资格准入和审核制度。

上海市交通运输和港口管理局《关于贯彻落实加快推进上海国际航运中心建设若干举措的实施意见》(沪交港〔2009〕314 号)提出了“培育航运经纪人，研究建立航运经纪人资格准入和审核制度”的具体工作目标，包括：①开展上海国际航运中心建设航运经纪人现状调研，了解航运经纪人市场需求；②借鉴航运发达国家(地区)经验，研究建立航运经纪人资格准入和审核制度。

随着我国改革开放的深入，国际船舶买卖和租赁交易频繁，国际航运经纪服务需求巨大。但是，由于我国一直以来未通过立法对国际航运经纪市场准入及其行业监管进行规定，一方面，大量业务流失在外，由国外航运经纪人在国内设点联络业务后在国外交易；另一方面，一些“地下”航运经纪业务难以得到规范和发展，相关交易方的利益无法得到应有的保障。

规范是发展的基础，规范本身也是发展。因此，船舶经纪业资格准入和审核制度是本课题要解决的首要问题，首先应该从国家层面考虑如何建设，其次才是地方策略问题。

将上海建设成为具有全球航运资源配置能力的国际航运中心，一方面需要发展壮大现有航运经纪业务规模，另一方面需要吸引世界上的航运经纪资源来上海从事航运经纪业务，提供具有吸引力的优惠政策及营造良好的发展环境是发展策略的固有内容。

发展航运经纪的意义不仅仅在于发展航运经纪市场本身，还在于其对于相关航运服务市场的带动作用。航运经纪的发展有助于促进船舶租赁、船舶买卖、船舶修造等市场的发展，有助于完善和优化现代航运服务产业链，有助于促进海上保险、船舶融资、航运信息和咨询等航运衍生产业的集聚和发展，有助于吸引全球重要船舶所有人、承租人在上海设立区域总部，在上海国际航运中心建设中发挥着不可替代的作用。

通过研究，课题组提出了以下主要观点：

(1) 在广义上，航运经纪人可分为船舶经纪人、航运保险(海上保险)经纪人、航运技术经纪人、航运人才经纪人和运价衍生品交易经纪人；在狭义上，航运经纪人是指船舶经纪人。“航运经纪”这个概念具有理论研究和政策性意义，但在制定具体管理制度时，仍然需要分门别类进行。

(2) 在各种航运经纪业务中，上海国际航运中心目前的发展重点是船舶经纪业，即包括船舶租赁经纪、船舶买卖经纪和修造船经纪。发展船舶经纪的意义不仅仅在于船舶经纪市场本身，更在于其发展壮大对于优化现代航运服务体系、繁荣航运衍生产业以及集聚国际船舶所有人等主体要素在上海建立地区总部的重要作用。

(3) 上海船舶经纪市场已经具有相当规模，未来发展重点不是追求量的扩张，而是追求质的提高，即不是通过降低市场准入吸引企业进入船舶经纪行业，而应该提高现有船舶经纪企业的业务能力、经营水平、营业规模、市场影响力、竞争力等。

(4) 市场准入立法滞后、行业管理缺位、行业自律组织未成立、高素质人才缺乏等成为制约上海航运经纪发展的瓶颈。首先要通过建立从业人员资质准入和企业市场准入的两方面制度，实现航运经纪的合法经营。

(5) 航运经纪市场培育的总体对策是：明确航运经纪业作为国际海运辅助业的地位，建立相应的市场准入制度，引导成立船舶经纪行业协会，实施优惠政策，通过优先发展船舶经纪业，将上海建设成为亚太地区船舶经纪中心之一。

(6) 伦敦等国际航运中心发展航运经纪的以下经验值得上海借鉴：伦敦发展航运经纪的法治环境、市场环境和行业自律；美国联邦政府和地方政府在航运经纪管理关系上的处理；中国香港地区的行业管理经验；新加坡的行业优惠政策。

(7) 上海航运经纪市场规范管理模式：以行业自律为基础，以适度监管为准则，有机结合政府监管和行业自律，实现航运经纪市场健康和快速发展。成立上海船舶经纪人协会具有必要性和可行性。

第一章 航运经纪的界定

第一节 航运经纪概述

一、航运经纪的定义

在我国,“航运经纪”概念首先在实务界和理论界开始使用[①],一些经纪公司名称使用了“航运经纪”[②],然后在政策上予以使用。国发〔2009〕19 号文件是我国首次在政府文件中使用“航运经纪”概念。

要给“航运经纪”这个新兴名词下定义比较困难,因为无先例可考。国内对航运经纪普遍的认识是:航运经纪人主要是为航运业提供服务,其中尤以为船货双方提供租船揽货服务为主的中介活动。航运经纪人主要是以大宗散杂货为主的租船、揽货、订舱、船舶买卖、信息咨询等业务的中介服务。航运经纪有其很强的行业特点和必须遵循的国际惯例。航运经纪业如同船代、货代、海上保险等业务一样都是航运业务的重要组成部分。[③]

“航运经纪”概念的界定,首先需要处理与船舶经纪概念之间的关系,明确两者所指的是相同的业务还是不同的业务。在课题组进行的问卷调查中,关于“航运经纪”是否可等同于“船舶经纪”问题的回答中,86%的被调查者认为两者不能等同,航运经纪比船舶经纪外延广,另外 14%的被调查者认为两者应该等同。这一现象表明在提出“航运经纪”概念后,业界有将其从更广意义上使用的倾向。因此,课题组认为“航运经纪”应有狭义和广义 2 种理解。

狭义的“航运经纪”应当等同于“船舶经纪”,而航运经纪人则应当等同于船舶经纪人。首先,从字面上看,航运经纪人和船舶经纪人的英文表达方式都是“shipbroker”;其次,从航运业传统业务分类来看,只有“船舶经纪”,而没有“航运经

---

① 孙玉刚.加快推进中国航运经纪人市场的发展[J].水运管理,1998(9):7-9.
高鹤松.以市场为导向,探索建立航运经纪人制度[J].上海地方交通,2000(3):23-24.

② 如“上海经纬航运经纪有限责任公司”。

③ 孙玉刚.加快推进中国航运经纪人市场的发展[J].水运管理,1998(9):7-9.

纪”,新兴的“航运经纪”概念从“船舶经纪”上发展而来;再次,从国际航运惯例来看,国际航运界有关“船舶经纪”的行业规则和相关制度都比较完善和健全;最后,从我国现有实践来看,“航运经纪”相当于“船舶经纪”。例如,经交通运输部和上海市政府批准,上海航运交易所率先注册成立的首家具有独立法人资格的航运经纪公司——上海经纬航运经纪有限责任公司的主要业务范围包括远洋、近洋、我国沿海和长江的大宗散杂货船舶运输所涉及的租船、订舱、揽货、船舶买卖、船舶评估等有关航运业务的中介服务和航运信息咨询服务,而这些服务即为“船舶经纪”提供的服务内容。

广义的“航运经纪”业务不应仅限于“船舶经纪”业务。正如之前课题组的问卷调查所得,其外延还应当更为广泛。在一些非正式场合,这种广义概念已经在一定程度上予以使用。例如,2009 年 12 月 9 日成立的航运经纪人俱乐部,其成员就包括船舶经纪公司、保险经纪公司、租船经纪公司、船舶产业投资基金管理公司以及海事律师事务所等单位,实质即变相地使用了广义的航运经纪人的概念。

综上,无论是狭义还是广义,要给“航运经纪”下定义就应当从相对成熟的“船舶经纪”着手,而在国际航运界,一般直接分析属于主体范畴的船舶经纪人而不分析属于行为、业务范畴的“船舶经纪”。因此,一般只有船舶经纪人的概念、分类、作用等,而没有相应的“船舶经纪”的概念、分类、作用等。

波罗的海航运交易所(The Baltic Exchange)在不同文件中对船舶经纪人有不同表述。一种提法是:船舶经纪人是“为委托人安排货物和商品通过船舶进行海上运输,或者从事船舶买卖的人”。另一种提法是:船舶经纪人是“船舶所有人和货方之间的中介人,并且不以自己的名义从事活动”。

我国法律没有对船舶经纪人这一概念作出定义,因此,对“航运经纪”缺乏统一的定性和认识。目前,我国只有一些行政法规规章有“经纪人”的定义,如我国《经纪人管理办法》(国家工商行政管理总局令第 14 号文件,2004 年 8 月 28 日公布)第 2 条规定:“本办法所称经纪人,是指在经济活动中,以收取佣金为目的,为促成他人交易而从事居间、行纪或者代理等经纪业务的自然人、法人和其他经济组织。”

《上海市经纪人条例》(2000 年 12 月 15 日通过,2001 年 5 月 1 日起施行)第 2 条规定:经纪人是指“依法取得经纪职业证书,并在经纪组织中从事经纪活动的执业人员和依法设立的具有经纪活动资格的公司、合伙企业、个人独资企业及其他经济组织”;“经纪活动,是指接受委托人委托,为促成他人交易提供居间、行纪、代理等服务,并收取佣金的经营行为”。《上海市经纪人条例》存在的一个问题是:将从事经纪活动的执业人员作为经纪人,而通常的经纪人是指从事经纪活动的企业,即经纪人公司,而执业人员是这些企业内部的从业者,其本身不是经纪人。

《经纪人管理办法》和《上海市经纪人条例》在关于经纪人存在形式问题上有一个差异:前者认可自然人作为经纪人的地位(但是需要申请领取个体工商户营业

执照，成为个体经纪人）；后者规定的经纪组织包括公司、合伙企业和个人独资企业三种基本形式。

综上，借鉴波罗的海航运交易所关于船舶经纪人的定义，并结合我国法规规定和有关理论研究，狭义的航运经纪人可以被定义为：接受委托人委托，为促成货物和商品的海上运输或船舶买卖而专门从事经纪业务并收取佣金的公司、合伙企业、个人独资企业及其他经济组织。广义的航运经纪人可以被定义为：接受委托人委托，围绕航运市场中的货物运输、船舶买卖、航运保险、航运技术、航运人才等事项而专门从事经纪业务并收取佣金的公司、合伙企业、个人独资企业及其他经济组织。航运经纪则是指航运经纪人以收取佣金为目的，在委托权限内以自身名义从事与航运相关的经纪业务的行为。

课题组认为，将船舶代理人、货运代理人、融资代理人等包括在经纪人范畴内并不合适，容易导致概念之间的混淆，对于管理部门制定政策和法律也没有实质意义。

二、航运经纪人的分类

（一）船舶经纪业务范围调查

在问卷调查中，对于“传统船舶经纪业务主要应当包括哪些”的回答，认为包括“船舶租赁经纪”的占95%，认为包括“船舶买卖经纪”的占100%，认为包括“修造船经纪”的占95%，认为包括“海上保险经纪”的占45%，认为包括“船舶代理”的占5%，见表4-1-1。

表4-1-1　船舶经纪业务种类

种类	船舶租赁经纪	船舶买卖经纪	修造船经纪	海上保险经纪	船舶代理
比例/%	95	100	95	45	5

从调查结果可知，从业者认为，船舶租赁经纪、船舶买卖经纪和修造船经纪作为船舶经纪应该没有疑问，除了个别人由于知识不足，存在认识误差。值得注意的是，有45%的人认为船舶经纪包括海上保险经纪，这可能是扩大理解船舶经纪偏向于广义的航运经纪概念的结果。问卷有意将非经纪业务的“船舶代理”作为选项，从业者也有人“上当”。但必须指出的是，经纪业务和代理业务的性质并不相同，而且船舶代理和货运代理业务目前发展程度比较高，属于低附加值业务，所以不应考虑放在船舶经纪或航运经纪内。

因此，根据业界的一般认识及从其合理性角度，课题组将狭义的航运经纪（船舶经纪）分为船舶租赁经纪、船舶买卖经纪和修造船经纪，狭义的航运经纪人也相应分为这三类。从上海国际航运中心发展国际航运服务业、优惠政策适用范围及当前航运市场的经纪业务现状和发展角度考虑，课题组将广义的航运经纪分为船舶经纪（狭义的航运经纪）、航运保险经纪、航运技术经纪以及航运人才经纪。相应地，广义的航运经纪人也分为这四类。随着国际航运运价衍生品的推出，运价衍生品交易经纪人也可以作为广义的航运经纪人。

（二）航运经纪人分类

1. 船舶经纪人

(1) 租船经纪人。租船经纪人是指专门从事租船中介业务并收取相应佣金的航运经纪人。根据经纪人与委托方的关系以及其在租船业务中的作用，租船经纪人主要有以下四类：

第一，船东经纪人(Owner's Broker)。船东经纪人是根据船舶所有人的授权和指示，代表船舶所有人的利益在租船市场上为其承揽货源或寻找需要长期租用船舶的承租人的租船经纪人。

第二，承租人经纪人(Charterer's Droker or House Broker)。承租人经纪人在洽谈租船业务时是船东经纪人的对手，是根据船舶承租人的授权和指示，代表承租人利益在租船市场上为租船人寻找洽谈合适船舶的租船经纪人。

第三，双方当事人的经纪人(Both Party's Broker or Intermediate Broker)。双方当事人的经纪人，是指并不代表船舶所有人或承租人任何一方的利益，而是以相对中立的中间人身份尽力促成双方达成租船交易并从中赚取佣金的租船经纪人。

第四，通信经纪人(Cable Droker)。通信经纪人类似于双方当事人的经纪人，但其功能主要集中在"通信"，也就是发送信息。通信经纪人多出现在伦敦和纽约租船市场，其作用是将航运市场上的询价汇集成表分别向其他租船市场发送，如纽约的通信经纪人将纽约市场上的询价汇集成表并发送到伦敦、东京、汉堡、奥斯陆等市场，来协调各市场之间的供求关系，起到相互提供货源和待租船舶以及成立租船合同的信息的作用。

(2) 船舶买卖经纪人。船舶买卖经纪人是指在船舶买卖活动中，为促成他人交易而专门从事经纪业务并收取相应佣金的航运经纪人。船舶买卖包括新船买卖和二手船买卖，前者主要是在船舶所有人和造船企业之间进行的，后者则主要是在2个不同船舶所有人之间进行的。在当今世界范围内，船舶买卖85%以上由通过船舶买卖经纪人的介入和参与完成。

(3) 修造船经纪人。修船经纪人是指在船舶修理活动中，为促成船舶所有人(或船舶管理人)与修船厂之间的船舶修理交易而专门从事经纪业务并收取相应佣金的航运经纪人。传统的船舶经纪人以租船和船舶买卖为重点，修造船经纪人是一个比较新的种类。

2. 航运保险经纪人

航运保险经纪人，即传统的海上保险经纪人(Marine Insurance Broker)，是保险经纪人(Insurance Broker)的一种。

传统的保险经纪人来源于英国，在英国理论界和实践案例中广泛使用的"保险经纪人"被界定为:"It is well settled that in all matters relating to the placing of insurance the insurance broker is the agent of the assured, and of the assured only."①(众所周知,在所有安排保险的相关事件中,保险经纪人是被保险人的代理人,而且仅仅是被保险人的代理人。)在 Black's Law Dictionary 中"保险经纪人"的定义后又补充上:"... almost all insurance brokers are actually compensated for their services through commissions that are paid by the insurers. Because brokers receive compensation from the insurer, it seems evident that a persuasive argument can be made for not treating a broker as an agent of the insurance purchaser."②(几乎所有的保险经纪人实际通过保险人支付的佣金来获得服务报酬。因为经纪人从保险人那里获得报酬,所以明显地可以提出不应将经纪人作为被保险人的代理的观点。)所以,英国的"保险经纪人"是作为被保险人的代理人在被保险人与保险人之间以安排保险为目的的中介人。但是,在实践中,保险经纪人大多从保险人处获得佣金,不限于为一个保险人(一家保险公司)安排业务,为被保险人在保险市场上寻求以最优的价格获得最佳的承保。

然而,我国 2009 年 10 月 1 日起施行的《中华人民共和国保险法》(以下简称《保险法》)中对"保险经纪人"所下的定义与英国的"保险经纪人"不完全相同,第 118 条规定:"保险经纪人是基于投保人的利益,为投保人与保险人订立保险合同提供中介服务,并依法收取佣金的机构。"《保险法》第 119 条规定:"保险经纪人应当具备国务院保险监督管理机构规定的条件,取得保险监督管理机构颁发的经营保险经纪业务许可证,凭该许可证向工商行政管理机关办理登记,领取营业执照。"

结合英国法与我国《保险法》有关保险经纪人的界定,航运保险经纪人应当指基于被保险人的利益为促成其与保险人的航运保险而专门提供经纪服务并收取佣金的航运经纪人,在我国从事航运保险经纪业务必须取得相应的许可证并办理登记领取营业执照。

3. 航运技术经纪人

航运技术经纪人是课题组基于航运市场的特殊性和专业性以及上海国际航运中心的建设和发展所提出的航运经纪人类型。

技术经纪人是随着市场经济发展而产生的一类新的经纪人,是将科技成果转化的重要渠道,是科技中介的重要组成部分。科学技术部《技术经纪资格认定暂行办法》指出:"技术经纪人是指在技术市场中以促进成果转化为目的,为促成他人技术交易而从事居间、行纪或代理等经纪业务,并取得合理佣金的公民、法人和其他经济组织。"技术经纪人主要为以下两类对象服务:一类是技术的供应者,他们主

---

① McNealy v. Pennine Insurance Co. Ltd. [1978] 2 Lloyd's Rep. 18.

② KEETON R E, WIDISS A I. Insurance Law: A Guide to Fundamental Principles, Legal Doctrines, and Commercial Practices[M]. West Publishing Company, 1988: 83.

要是科研院所和大学的科研机构及其技术研究人员，也是企业研发机构及其研究人员；另一类是技术的接受者，主要是社会中需要技术并使之转化成人类可直接消费的商品的工商企业。技术经纪人就技术开发、技术转让、技术咨询和技术服务等为技术交易双方提供居间或代理服务。①

航运市场的技术和法律要求远比其他行业复杂，要将技术供应者所研发的航海技术或相应规则及时提供给航运市场中的接受者，就需要高素质、专业化的航运技术经纪人。

技术经纪活动包括：①为科技成果产业化、商品化进行经纪代理服务；②为开展“四技服务”进行经纪活动，“四技服务”是指技术开发、技术转让、技术咨询、技术服务；③接受委托代理；④为技术项目引进进行经纪代理服务；⑤为技术进出口进行经纪代理服务；⑥其他技术经纪活动。

4. 航运人才经纪人

人才经纪人，俗称“猎头”，是人才市场竞争和发展的产物。航运人才经纪人是为了使航运人才资源得到合理配置而专门从事经纪业务并收取佣金的航运经纪人。航运人才经纪人有助于上海国际航运中心的建设及发展。

从2005年开始，航运人才的需求就频频成为航运业界的热门话题之一。到2009年，酝酿多年的上海国际航运中心建设规划获批的同时，还带来对航运专业人才更迫切的需求。据了解，上海国际航运中心人力资源总需求量约为30万人，其中核心人才近10万人。从专业分类看，上海急需的航运人才缺口约为15.6万人。

上海国际航运中心建设需要的人才涉及许多领域，主要是高级航海技术人才（包括高级船员、引航员）、高级经营管理人才、高级船舶管理人才、高级船舶修造和港口机械制造专业人才、国际化海事教育与培训人才、验船师、海事安全与海事技术服务人才、国际航运经纪人（租船、买卖船、航运金融衍生品交易经纪人）、国际航运金融人才、国际海事法律和仲裁人才、国际航运保险人才，以及航运咨询和研究人才。②

从2009年5月开始，上海加大力度实施“千人计划”，其中包括各类航运高端、紧缺人才；2010年2月，原先重点在金融领域的“陆家嘴人才金港”计划也向航运领域拓展。如此大规模的航运人才引入单靠政府计划是很难高速、有效完成的，需要专业的航运人才经纪人提供中介服务。

5. 运价衍生品交易经纪人

航运运价衍生品主要包括远期运费协议（Forward Freight Agreement，FFA）、航运运价指数期货、运费期权三种。目前国际上只有远期运费协议交易。

---

① 李文娟. 论技术经纪人的地位和作用[J]. 内蒙古科技与经济，2008(21)：75.

② 芮雪. 航运人才究竟“缺失”在哪里[N]. 航运交易公报，2010-03-15.

从性质上看,航运运价衍生品属于金融衍生品,远期运费协议和航运运价指数期货属于金融期货,不是商品期货。

远期运费协议,是指航运交易双方约定在未来某一时点,按事先约定的运费进行现金结算的远期合同。远期运费协议主要在场外市场交易,由经纪人在交易双方之间进行相互撮合;如果有期货交易所制定标准化协议、提供交易场所和结算服务,就可以进行场内交易,成为运费期货协议。

航运运价指数期货,是指以一组具有代表性航线按照不同的权重编制而成的运价指数为标的指数开发设计的、以现金结算的指数期货产品。这里的运价可以包括集装箱运价和干散货运价、国际航运运价和国内航运运价等。

运费期权则是指航运交易方拥有在未来某一时点就事先约定的运费价格进行交易的选择权。

航运运价衍生品交易的参与者主要包括航运公司、贸易公司、石油或者能源公司和金融机构等四大类型。虽然近期推出远期运费协议和航运运价指数期货可能性不是很大,但一旦推出,无论是场外市场交易还是场内集中交易都离不开经纪人的作用。这些经纪人可称为运价衍生品交易经纪人。

国务院颁布的《期货交易管理条例》,证监会颁布的《期货公司管理办法》《期货从业人员管理办法》,期货交易所颁布的交易规则和会员管理规则等,将是运价衍生品交易经纪人设立和从事经纪活动的基本依据。

三、航运经纪人的性质

(一)英美法系关于代理的法律规定

"经纪人"(Broker)的概念源于英美法系的特有概念和制度。在英美法系国家的法律中,经纪人和代理人、行纪人、居间人等没有严格的区分,而是统一作为中介人,其行为均视为代理行为,适用代理法的规定。因此,经纪人在英美法系中的根本法律地位就是商事代理人(Agent)的一种,与委托人是一种代理关系,其作为代理关系中的代理人适用代理法的整套规则。因此,在英美法系国家中,经纪人的行为不仅限于提供订约机会或充当订约媒介,而且还可以代表委托人订立合同,成为经纪人兼代理人。

《美国代理法重述第三版》(2006 年 4 月)对代理的定义是:"Agency is the fiduciary relationship that arises when one person (a 'principal') manifests assent to another person (an 'agent') that the agent shall act on the principal's behalf and subject to the principal's control, and the agent manifests assent or otherwise consents so to act."美国代理法律是从信托关系角度定义代理概念的,强调代理人基于委托人的授权和意思表示,为委托人利益从事的活动。

以被代理人(委托人)身份的公开状况或者责任承担方式为准,英美法中的代理可以划分为三种类型：显名代理、隐名代理和不披露代理关系存在的代理。

(1) 显名代理(Agency for a Named Principal, Disclosed Principal)。这种代理指既明示为被代理人利益，又明示以被代理人名义而表示意思或接受意思表示的代理。在这种情况下，代理人同第三人进行商事活动时，既公开被代理人的存在，也公开其姓名。与大陆法系的直接代理基本相同。

(2) 隐名代理(Agency for an Unnamed Principal, Undisclosed Principal)。这种代理指不明示以被代理人名义，但明示为被代理人利益而表示意思或接受意思表示的代理。在这种情况下，代理人在订约时表示有代理关系存在，表明自己的代理人身份，公开被代理人的存在，但不指出被代理人的姓名。

(3) 不披露代理关系存在的代理(Unidentified Principal)。这种代理指既不明示以被代理人名义，也不明示为被代理人利益，而以自己的名义表示意思或接受意思表示的代理。在这种情况下，代理人事实上得到被代理人的授权而有代理权，但在订约时不披露有代理关系一事，既不公开被代理人是否存在，更不指出被代理人是谁，而以自己的名义进行商事活动。

(二) 大陆法系关于中介人的法律规定与分类

大陆法系没有专门的经纪人概念，但将英美法系中包含经纪人在内的中介人分为代理人、行纪人和居间人三大类，而且作了不同的法律规定。代理人是指根据委托人的委托，以委托人的名义和费用，在授权范围内办理受托事务所产生的法律后果由委托人承担的人；行纪人是指以自己的名义为委托人从事贸易活动，以自己的名义与第三人订立合同并对该合同直接享有权利、承担义务的人；居间人是指向委托人报告订立合同的机会或提供订立合同的媒介服务的人。大陆法系国家对经纪人的主要定位为他人法律活动的媒介，即更倾向于专门从事商业活动的居间人，与代理人及行纪人都有本质的区别。

代理人进行代理活动的方式，是指代理人以被代理人的名义还是以自己的名义从事代理活动。根据该标准，可以把代理分为直接代理和间接代理。

直接代理，也称显名代理，是指代理人在进行代理活动时以被代理人的名义，进行代理活动的法律效果直接由被代理人承受的代理制度。

间接代理，是指代理人在进行代理活动时以自己的名义，进行代理活动的法律效果由被代理人承受的代理制度。

间接代理属于广义代理的范畴，因为大陆法系传统的代理概念是狭义的，仅仅指直接代理。

(三) 我国法律关于代理的规定与分类

我国的法学理论和法律法规基本承接大陆法系的做法，即对中介人进行了代理人、居间人等区分，但对于经纪人的性质，法学理论界和法律法规众说纷纭。

我国《民法通则》第 64 条规定:“代理包括委托代理、法定代理和指定代理。委托代理人按照被代理人的委托行使代理权,法定代理人依照法律的规定行使代理权,指定代理人按照人民法院或者指定单位的指定行使代理权。”《民法通则》第 63 条规定:“公民、法人可以通过代理人实施民事法律行为。代理人在代理权限内,以被代理人的名义实施民事法律行为。被代理人对代理人的代理行为,承担民事责任。”这里所指的“代理”即委托代理,是指基于被代理人的委托授权而产生的代理。

我国《合同法》吸收了英美法的隐名代理的一些规定,丰富了代理制度。《合同法》第 402 条规定:“受托人以自己的名义,在委托人的授权范围内与第三人订立的合同,第三人在订立合同时知道受托人与委托人之间的代理关系的,该合同直接约束委托人和第三人,但有确切证据证明该合同只约束受托人和第三人的除外。”第 403 条规定:“受托人以自己的名义与第三人订立合同时,第三人不知道受托人与委托人之间的代理关系的,受托人因第三人的原因对委托人不履行义务,受托人应当向委托人披露第三人,委托人因此可以行使受托人对第三人的权利,但第三人与受托人订立合同时如果知道该委托人就不会订立合同的除外。受托人因委托人的原因对第三人不履行义务,受托人应当向第三人披露委托人,第三人因此可以选择受托人或者委托人作为相对人主张其权利,但第三人不得变更选定的相对人。委托人行使受托人对第三人的权利的,第三人可以向委托人主张其对受托人的抗辩。第三人选定委托人作为其相对人的,委托人可以向第三人主张其对受托人的抗辩以及受托人对第三人的抗辩。”

(四) 航运经纪人是中介人

航运经纪人的性质及其法律定位一直以来是个复杂的难题。美国法院在历史上曾经将船舶经纪人的责任基于非海事合同(Nonmaritime Contract) 来处理,即不考虑其为海上货物运输服务的特殊性,船舶经纪人与委托人之间的合同是代理合同,适用普通法关于代理的规则。[①] 直到 1991 年,美国联邦最高法院在“Exxon Corp. v. Central Gulf Lines, Inc”一案中,才确认船舶经纪合同在一定情况下应该作为海事合同(Maritime Contracts)处理。两者的区别在于:作为非海事合同(即一般代理合同)则适用代理法,而作为海事合同,则以委托人和代理人之间的约定为准则。前者强调信托义务,后者则以合同或侵权为基础确定义务。如果在信托关系下考虑船舶经纪人的义务,则包括以下内容:①按照委托人的指示行为(To Act in Accordance with Instructions);②忠诚义务(Duties of Loyalty);③利润保密(Secret Profits);④遵守保密约定(Confidentiality);⑤财务义务(The Duty to Account);⑥可转委托(Delegation)。[①]从船舶经纪人具体业务角度看,显然不能完全按照信托关系来处理。

---

① LODWICK M W. Shipbrokers' Liability: An American Overview[J]. Tulane Maritime Law Journal, 1998.

大陆法系国家法律规定的代理、行纪、居间这 3 个概念与经纪不存在对应关系，也不能直接回答什么是经纪。因此，通常是同时使用这 3 个概念来表述的。《经纪人管理办法》第 16 条规定："经纪人承办经纪业务，除即时清结者外，应当根据业务性质与委托人签订书面居间合同、行纪合同或者委托合同，并载明主要事项。"《上海市经纪人条例》第 2 条规定："本条例所称的经纪活动，是指接受委托人委托，为促成他人交易提供居间、行纪、代理等服务，并收取佣金的经营行为。"由此可见，上述规定中有关经纪人的定性包括代理人、行纪人和居间人。

目前法学理论的主流观点认为经纪人就是居间人。但也有学者认为，经纪人应当从狭义和广义 2 个角度来定性，狭义的经纪人就是指居间人，而广义的经纪人则包括代理人、行纪人和居间人。另有学者认为，经纪人没有狭义的定性，而只能从广义来定性。还有学者认为，经纪人兼具居间人和代理人 2 种性质，如《法学大辞典》[①]为经纪人下的定义是：经纪人是指"执行客户指令买卖证券、商品或其他财产并为此收取佣金的人，是一种中间商人。他不以自己的资本从事交易，只是为双方充当中介人，从而取得一定的收益。有一般经纪人和交易所经纪人 2 种。前者如为他人签订契约作中介而受领报酬的居间人，后者如具有法定资格并缴纳税金在交易所内代客户进行买卖有价证券或某种商品以取得佣金的中间商人，经纪人与客户间的关系是代理人和委托人的关系"。

经纪人在经济许多行业发挥着重要的作用，是市场经济必不可少的角色。现有法律缺乏直接的经纪行为或经纪人的规定，但这在法律适用上并不存在困难，主要是在于经纪人在不同情况下确实承担不同的角色，因而不同情况分别适用不同的法律。航运经纪人（船舶经纪人）与其他领域的经纪人一样都是中介人（Intermediaries），但在定性上，将航运经纪人定性为居间人最为合适，而不是定性为代理人或行纪人。

在业界，法律规定的复杂性导致了对于经纪认识的不完全性。问卷调查对此设计了一道题目：船舶经纪在法律上属于什么性质的行为？本题可多选，回答情况见表 4－1－2。

表 4－1－2　船舶经纪的法律性质

性质	代理	居间	行纪	委托
比例/%	13.6	77.3	27.3	13.6

调查表明，从业者主要从居间角度理解经纪，与前述将航运经纪人定性为居间人相一致。这可能与被调查者从事的经纪业务主要是居间性质有关。

① 邹瑜，顾明. 法学大辞典[M]. 北京：中国政法大学出版社，1991：1120.

第二节 航运经纪与船舶代理

一、船舶代理概述

在我国,船舶代理人以中介的身份从事租船订舱、揽货以及船舶买卖活动的现象相当普遍,而航运经纪人有时也充当船舶代理的角色,例如为船舶所有人提供保护代理服务等。再加上目前航运市场上并没有航运经纪的专门概念,也没有相关的法律法规规定,因而在很多情况下,航运经纪和船舶代理在业务范围上存在一定交叉。

实际上,航运经纪和船舶代理是两种不同的民事法律行为。航运经纪人和船舶代理人是两个不同的法律概念,具有不同的权利,也承担不同的义务。在航运市场上,航运经纪业务和船舶代理业务也不同。因此,两者不应该混为一谈。

《国际海运条例》第 29 条规定,国际船舶代理经营者接受船舶所有人或者船舶承租人、船舶经营人的委托,可以经营下列业务:①办理船舶进出港口手续,联系安排引航、靠泊和装卸;②代签提单、运输合同,代办接受订舱业务;③办理船舶、集装箱以及货物的报关手续;④承揽货物、组织货载,办理货物、集装箱的托运和中转;⑤代收运费,代办结算;⑥组织客源,办理有关海上旅客运输业务;⑦其他相关业务。

根据代理关系延续长短分类,船舶代理人可分为长期代理人和航次代理人。船方可按船舶到达港口的频繁程度决定与船舶代理人建立航次代理还是长期代理关系。根据代理船舶的营运方式分类,国际船舶代理人可分为班轮代理人和不定期船代理人。根据代理权的来源分类,国际船舶代理人可分为总代理和分代理。根据委托方的不同,国际船舶代理人可分为船东代理人、船舶经营人代理人和租家提名代理人。

从船舶代理人的业务范围和分类看,航运经纪与船舶经纪在小范围内具有业务交叉的情形,尤其在不定期货物运输情况下,航运经纪人与船舶代理人存在相似性。但是,航运经纪人作为代理人的前提是首先作为租约的经纪人,而一般代理人不存在这种身份。

二、航运经纪与船舶代理的区别

(一)法律关系的性质不同

虽然航运经纪人与委托人之间的关系以及船舶代理人与被代理人之间的关系都是基于委托而产生的,但前者在严格意义上是一种居间法律关系,后者是代理法律关系。

(二)法律关系的特点不同

与法律关系产生的基础相关,航运经纪人与委托人的关系较为随意,往往由于某次业务的需要而产生一次性往来的关系,而船舶代理人与被代理人之间的关系通常较为固定且具有连续性。

(三)具体行为不同

航运经纪人以自身的名义从事的航运经纪活动仅仅是中介活动,并不以任何一方当事人的名义或者以自己的名义与对方产生任何的合同关系,既不是委托人订立合同的代理人,也不是为委托人的利益充当与第三人订立合同的当事人。船舶代理不同,船舶代理以代理人的名义从事的船舶代理活动,可以委托人的代理人的身份与第三人签订合同。

(四)意思表示不同

诚如上述所言,航运经纪人虽然是以自身的名义行事的,但通常不能独立为意思表示,只能按照委托人的指示和要求,向委托人进行签订合同的介绍活动或提供签订合同的机会。船舶代理人则可以在被代理人的授权范围内根据现有情况斟酌考虑并进行独立的意思表示,代理委托人与第三人签订、变更甚或终止合同。

(五)报酬及相关费用支出不同

航运经纪人从事经纪业务大多采取"无效果、无报酬"的方式,很少要求委托人事先预付备用金。换言之,航运经纪人只有在达成委托人与第三方交易的情况下才有权收取报酬,反之则没有报酬,而且报酬的收取时间也会因经纪活动的不同而不同,有的佣金在签订合同时支付(如包运合同,因为此时运费已经确定,跟提单数量没有关系),有的佣金在赚取租金的基础上支付。在航运经纪活动中产生的费用如电传费、电报费、电话费等,除非航运经纪人与委托人另有约定,一般由航运经纪人自行承担支出,委托人不再另行支付,只有在航运经纪人未达成经纪活动的情况下才会根据约定由委托人对上述额外费用进行相应补偿。

船舶代理人的报酬和相关费用支出与航运经纪人不同。首先,一般被代理人会被要求预付备用金以便船舶代理人开展代理活动;其次,船舶代理人不必遵循"无效果、无报酬"的规则,因为其代理费按照所完成委托事项的多少予以支付,即使船舶代理人没有完成全部委托事项,也可以依据其已经完成的委托事项收取部分代理报酬;最后,船舶代理人在代理活动中产生的额外费用并非由船舶代理人自行承担,而是由被代理人实报实销。

三、航运经纪人的一般义务

（一）在授权范围内从事经纪活动

航运经纪人从事经纪活动的权利来自于委托人的授权。这也就意味着航运经纪人进行的某种行为必须在其所获得的授权范围内,否则就会给委托人、第三人甚至其本人带来不利的后果。

委托人与经纪人之间一方面存在委托合同,另一方面,委托人通过委托合同对经纪人进行授权。

（二）遵循诚实信用原则

诚实信用原则是民法的基本原则。航运经纪人也不能例外,应当履行诚实信用原则下的如实告知、协助、保密等义务。航运经纪业遵循诚信原则,以“言必行,行必信”(Our Word, Our Bond)为座右铭。首先,航运经纪人向委托人提供的信息必须真实可靠;其次,航运经纪人在从事经纪业务时应当给予委托人相应的协助;最后,当事人会向经纪人透露一些商业上的信息。

（三）尽力使用自己的专业技能为委托人服务

委托人通过航运经纪人达成交易的原因之一,就是要借用其专业知识和经验提高交易的成功率,降低交易成本,提高效益,降低风险。

（四）依职责适当投入洽谈

航运经纪人因其经纪业务内容不同,其在洽谈中的参与度也不尽相同。航运经纪人通过收集市场信息,掌握市场发展趋势,分析谈判对手,为委托人提供有关要约(Offer)、反要约(Counter-offer)或折中方案(Compromises)等方面的建议,以确保委托人取得更佳的谈判地位。

第二章　上海国际航运中心发展航运经纪市场的基本问题

第一节　航运经纪在现代航运服务体系中的地位

一、现代航运服务体系

现代航运服务体系是与传统航运服务体系相对而言的，是指那些广泛应用现代信息技术、知识体系和现代管理方法等先进科技与组织方式，所有围绕航运开展而形成的服务产业体系。它主要包括船舶运输、港口服务、航运经纪、船舶代理、货运代理、船舶修理、船舶检验、航运金融、航运保险、海事法律和航运教育等。伦敦以现代航运服务集聚作为其国际航运中心的特色，其具体的航运服务见图 4－2－1。

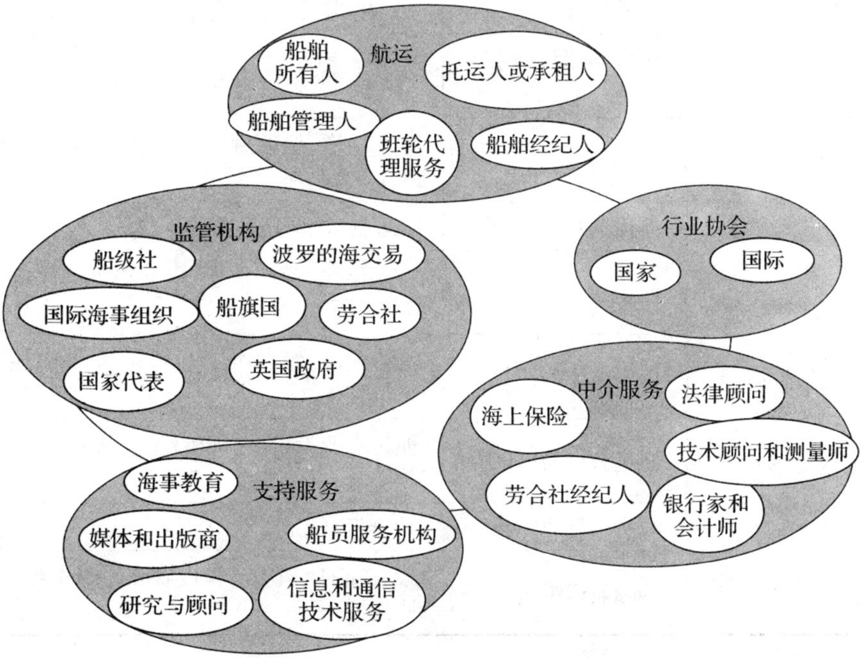

图 4－2－1　伦敦现代航运服务体系

国发〔2009〕19号文件提出的“发展现代航运服务体系”包括以下种类的航运服务：国际集装箱中转业务、船舶交易、船舶管理、航运经纪、航运咨询、船舶技术、航运信息、航运金融(包括船舶融资、船舶融资租赁、航运保险、航运运价指数衍生品)、邮船产业以及航运服务集聚等。现代航运服务体系构架见表4-2-1。

表4-2-1 现代航运服务体系构架

层面	行业	航运服务功能
核心层(航运主业)	货物运输	国际货物运输、国内货物运输
	旅客运输	邮船经济、游艇经济等
辅助层(航运辅助业)	港口服务	港口装卸、理货、仓储、拖船、引航等
	航运经纪	船舶买卖经纪、船舶租赁经纪、修造船经纪等
	船舶供应	船舶物料、淡水、备件、船员伙食、海图等供应
	造船与修理	造船、船舶修理、集装箱修理、港口设施修理等
	船员劳务	船员劳务、清理货舱、船舶保安等
	航运代理	船舶代理、货运代理等
	船舶交易	船舶买卖、二手船买卖
	船舶检验	船舶检验、设备检验等
	多式联运和场站服务	内陆运输、集装箱场站、报关等
支持层(航运衍生服务业)	航运融资与结算	船舶融资、船舶融资租赁、航运运价指数衍生品、结算等
	航运保险	商业保险、保赔保险等
	航运信息	市场信息、运价信息、研究与咨询、媒体、政府信息平台等
	海事法律与仲裁	海事司法、海事仲裁、海事律师、海事法律咨询等
	航运教育与培训	航运专业教育、培训机构、学术团体、研究机构等
	政府与行业协会	政府管制与港航政策、行业规范等
	国际航运组织	政府间国际组织、非政府间国际组织、行业协会等

二、航运经纪的地位

租船市场、船舶买卖市场、修造船市场、航运保险市场等的形成和发展离不开航运经纪人在其中所发挥的中介作用。

租船市场可分为船舶所有人与货主之间的市场、船舶所有人与船舶所有人之间的市场。前者实际上解决的是货物运输问题，是国际海上货物不定期运输市场，也是航运经纪人发挥作用的主战场。船舶所有人之间就船舶订立的租船合同是另一个重要的租船市场，航运经纪人在不同船舶所有人之间架起桥梁。船舶买卖市场主要是二手船买卖，也是航运经纪人传统上发挥主要作用的领域。航运保险市场是航运经纪重要的业务领域，船舶修造市场、航运人才市场（包括船员市场）、航运技术市场是航运经纪人新兴的业务领域。这些市场在国际航运服务体系里属于基本市场，尤其是前三个市场。这些市场的发展都离不开航运经纪人在其中所起的作用。这也决定了航运经纪人在现代航运服务体系中的重要地位。

第二节 上海船舶经纪市场发展现状及存在的问题

一、上海船舶经纪市场发展现状

（一）发展规模

由于航运经纪在工商注册时一直没有作为单独门类设立和统计，主管部门及相关部门缺乏我国航运经纪业总体发展状况的具体数据，无论是全国还是地方都如此。所以，谁也说不清现在全国或上海有多少家企业在从事船舶经纪业务，年营业额是多少，从业人员有多少。这对于研究船舶经纪问题以及提出相关政策建议带来了极大的困难。课题组进行的问卷调查在一定程度上解决了该困难。

课题组尽可能搜集上海范围内的船舶经纪企业，并全数列入调查对象。即使这样，调查也只涉及 20 多家企业。由于我国现有法律尚未建立船舶经纪市场准入制度，被调查的部分企业属于外资代表处形式。部分从事船舶经纪的中资企业采取半公开的方式，没有具体的联系方式等，从而影响到调查样本的规模。

调查问卷有 2 个问题涉及上海船舶经纪业的发展规模问题，一是企业从业人员，二是企业从业时间。前者更直接，能在一定程度上反映企业规模；后者只能间接反映出企业发展规模。2 个问题的调查数据见表 4－2－2 和表4－2－3。

表 4-2-2 从业人员

规模	5人以下	6～10人	11人以上
比例/%	22.7	18.2	59.1

表 4-2-3 从业时间

规模	1年以下	1～2年	3～5年	5年以上
比例/%	0	13.6	27.3	59.1

从表4-2-2和表4-2-3可以看出，在上海地区实际从事船舶经纪相关业务或者联络工作的企业已经发展到一定规模，近60%的企业从事船舶经纪业务已经有5年以上的时间，并且从业员工在11人以上。船舶经纪从业人员有6人以上的企业在上海同业企业中比例达到77.3%，从业时间在3年以上的占86.4%。

2008年，香港有28家船舶经纪企业，从业总人数为318人。与香港比较，上海地区船舶经纪企业和人员规模并不低于香港，起码相当。这一结论基于调查对象只涉及部分船舶经纪企业。但就经营额而言，由于没有数据，无法比较。在伦敦，船舶经纪企业数量相对集中，而且拥有历史悠久、规模相当大的船舶经纪企业。在其他国际航运中心，船舶经纪企业数量不是很多，规模相对较小是一种比较普遍的现象。在国际上，船舶经纪企业的规模一般不是很大，平均从业人员约为10多人，上海60%的船舶经纪企业已经达到该规模。

上述调查结论表明，上海船舶经纪业未来发展重点不是追求量的扩张，而是追求质的提高，即不是通过降低市场准入或者提供优惠政策大力吸引企业进入船舶经纪行业，而应该采取措施提高现有船舶经纪企业的业务能力、经营水平、营业规模、市场影响力等。

（二）组织形式

目前，上海地区实际从事船舶经纪相关及联络业务的组织形式有3种，分别是外资企业中国代表处、中资企业和私营企业，具体比例见表4-2-4。

表 4-2-4 船舶经纪企业组织形式

组织形式	外资企业中国代表处	中资企业	私营企业
比例/%	77.3	18.2	4.5

表4-2-4表明，外资企业中国代表处是主体，占77.3%，国内企业只占22.7%。或者说，超过3/4由外资在经营，不到1/4是内资在经营。考虑到国外船舶经纪企业具有较强的竞争力以及较强的海外总机构为其基础，其市场份额应该在3/4以上。

表4-2-5表明船舶经纪公司以专业经营为主。这是由于船舶经纪要求较高

的专门知识、专门人才、市场信息、业务能力等，在竞争比较激烈的情况下，专业从事船舶经纪是取得成功的基本条件。

表 4-2-5 专业与兼业情况

组织形式	专业	兼业
比例/%	95.5	4.5

在船舶经纪市场中，由于各种原因，存在着个人从事船舶经纪活动的情况。《上海市经纪人条例》规定，经纪组织（经纪企业）可以采用的法律形式包括公司、合伙企业和个人独资 3 种形式，不包括自然人。国家工商行政管理总局《经纪人管理办法》考虑到经纪行为的广泛性，在一般意义上允许自然人从事经纪活动。船舶经纪业界对此问题的立场是：68.2%的被调查者认为个人可以从事船舶经纪活动，31.8%的被调查者认为不可以。

（三）外资准入

船舶经纪业外资准入在我国属于立法空白地带，从而产生外资经营行为是否合法的问题。根据一般原理和法律规则，任何一个行业是否允许外资进入需要以立法为前提。船舶经纪业外资经营还有一个特殊问题，即目前是外资通过代表处间接在从事经纪业务。对此调查的结论见表 4-2-6。

表 4-2-6 外资代表处地位

合法性	合法	不合法	未回答
比例/%	91.0	4.5	4.5

表 4-2-4 表明，外资企业中国代表处在本次调查对象中占 77.3%，因此对于外资代表处法律地位问题的回答有直接影响。对于目前国外船舶经纪公司在华设立的代表处从事船舶经纪业务的做法，有 91.0%的被调查者认为应该合法，只有 4.5%的被调查者认为这种做法不规范，应予以禁止，另外有 4.5%的被调查者并未表态。

但是，真理并不一定掌握在多数人手里。1983 年 3 月 5 日国务院批准、1983 年 3 月 15 日原国家工商行政管理局发布的《关于外国企业常驻代表机构的登记管理办法》第 3 条规定："外国企业常驻代表机构，应当是从事非直接经营活动的代表机构。但是，两国政府已有协议规定的，按其规定办理。"并且规定：对于直接从事经营活动的，应该责令其停止经营活动，并处以罚款。按照我国现有法律规定，国外船舶经纪企业在我国设立的代表处是没有资格从事经营活动的。由于在工商部门注册系统中没有"航运经纪"这一类别，现有国外船舶经纪企业通常以"航运咨询"等名义登记设立代表处。在登记文件中还特别注明"不得从事经纪业务"。

对于现有代表处将来发展方向问题，86.4%的被调查者认为，应当允许建立外商独资船舶经纪公司，9.1%的被调查者认为不应该允许，4.5%的被调查者认为目前不应该允许，见表4－2－7。

表 4－2－7　是否应允许建立外商独资船舶经纪公司

选项	允许	不允许	目前不允许
比例/%	86.4	9.1	4.5

（四）市场秩序

影响市场秩序的因素有很多，主要与以下几方面有直接关系：一是工商行政管理；二是业务部门管理；三是行业自律组织；四是法制和市场大环境。

在全面缺乏立法及行业管理和行业自律缺位的情况下，我国船舶经纪业的发展一直处于市场自发状态，主要表现为：没有市场准入规则，法律地位不明，业务范围不明确，市场秩序不规范，航运经纪的从业人员水平参差不齐，没有从业人员相关的职业培训及行业技术指导、职业操守教育，经纪主体存在着相当程度的自发性。[①] 但是，由于船舶经纪业务具有国际性，有关国际组织和行业自律组织在这方面有较完善的规则可以参考，我国船舶经纪业务的发展仍具有一定程度的理性，并没有完全陷入混乱的状态。调查结论也支持这一点，见表 4－2－8。

表 4－2－8　上海船舶经纪市场总体秩序状况

秩序状况	比较规范	一般	不规范	非常不规范
比例/%	18.2	63.6	13.7	4.5

选择“比较规范”和“一般”的占 81.8%，选择“不规范”和“非常不规范”的占 18.2%。4/5 的被调查者对于上海船舶经纪市场总体秩序状况持认可态度，虽然有 63.6%的被调查者认为秩序“一般”。

虽然上海工商行政管理部门没有将经纪人管理制度延伸到船舶经纪业，但仍有部分从业人员按照《上海市执业经纪人注册管理办法》规定，参与了上海经纪执业资格考核，并取得了“经纪执业证书”，见表 4－2－9。在目前情况下，取得“经纪执业证书”的人员并不是为了遵守法律法规的要求，而是为了证明自己具有经纪行业执业能力。

表 4－2－9　持有“经纪执业证书”情况

持有证书情况	部分员工持有	全部没有
比例/%	27.3	72.7

① 高鹤松．航运交易市场需要培育、规范经纪人队伍[J]．交通科技，2000(1)：50－51.

（五）行业管理

虽然我国关于经纪人行政管理的法律文件有好几项，包括《经纪人管理办法》《上海市经纪人条例》和《上海市执业经纪人注册管理办法》等，但由于航运经纪业务有许多特殊属性，使这些法规在船舶经纪领域无法适用。具有船舶经纪业管理事权的交通运输部在起草《国际海运条例》的过程中，疏于将国际船舶经纪业列入作为一项国际航运辅助业，从而导致我国各级港航行政管理部门实际上缺乏对船舶经纪业实施行业管理的法律依据，从而也就无法对该行业实施有效的行政管理。

（六）行业自律

行业自律是国际船舶经纪业主要的发展机制。它介于市场机制和政府管理之间，是市场经济不可缺少的运行机制。

《上海市经纪人条例》规定，执业经纪人应该加入上海市执业经纪人协会，经纪组织可以自愿加入上海市执业经纪人协会。上海市执业经纪人协会履行范围广泛的职责，包括：组织经纪执业资格考核，颁发经纪执业资格考核合格证明；维护会员的合法权益；组织执业经纪人业务培训；制定经纪执业准则，进行执业经纪人职业道德和执业纪律的教育和检查；建立会员执业信誉档案制度等。

我国目前没有船舶经纪人方面的专门行业协会，行业自律也无从谈起。课题组的调研从侧面反映了业界对于船舶经纪人行业协会有关的立场和态度，涉及以下 3 个方面的问题。

第一，上海市执业经纪人协会是经纪行业唯一的行业协会，并设有 2 个专业委员会，即产权经纪专业委员会和技术经纪专业委员会。按照这样一种模式，船舶经纪从业人员应该加入上海市执业经纪人协会，在达到一定规模时，可以设立船舶经纪专业委员会。对此，18.3%的被调查者认为，船舶经纪人从业人员应该加入上海市执业经纪人协会；68.2%的被调查者认为，应该成立单独的协会；13.5%的被调查者未表态。表 4-2-10 表明，主流观点是成立单独的船舶经纪人协会。这反映了船舶经纪行业具有较强的专业性，与陆上其他行业的经纪活动有较大的差异，从业者希望保持一定的独立性。

表 4-2-10　船舶经纪行业自律与上海市执业经纪人协会关系

选项	加入上海市执业经纪人协会	成立单独的协会	未表态
比例/%	18.3	68.2	13.5

第二，对于成立“中国船舶经纪人协会”的态度，调查数据见表 4-2-11。

表 4-2-11 对于成立“中国船舶经纪人协会”的态度

选项	有必要	没有必要
比例/%	40.9	59.1

表 4-2-11 表明,近 60%的被调查者认为没有必要在上海成立“中国船舶经纪人协会”。该回答似乎与第一个问题的回答相矛盾,一个主张成立独立的行业协会,另一个则是反对。这里需要注意 2 个问题之间的差异,第二个问题问的是“中国船舶经纪人协会”,第一个问题所指向的独立行业协会可以不是“中国船舶经纪人协会”。一种合理解释是:船舶经纪业目前普遍只希望成立上海地区范围的船舶经纪行业协会,而该协会独立于上海市执业经纪人协会。

第三,对于成立“船舶经纪专业委员会”的态度,调查数据见表 4-2-12。

表 4-2-12 对于成立“船舶经纪专业委员会”的态度

选项	有必要	没有必要
比例/%	31.8	68.2

通过比较表 4-2-12 与表 4-2-10,可以得出以下结论:由上海市执业经纪人协会主导船舶经纪行业自律的做法并没有被业界普遍认可,即使在该协会中成立船舶经纪专业委员会也是如此,两者的比例都是 68.2%。结合表 4-2-11,可以推论出业界的基本态度是:目前不赞成成立“中国船舶经纪人协会”,但有必要成立上海地区独立的船舶经纪行业协会。

当然,前述结论只是基于调查数据得出的表面结论,对这些结论的解释实际上需要联系上海市执业经纪人协会所起的作用、我国行业协会总体形象、被调查者相当部分具有外资背景等因素。所以,在课题组提出关于船舶经纪行业自律对策时,上述调查数据仅具有参考价值。

二、其他航运经纪市场发展现状

(一) 海上保险经纪人

目前保险监管部门没有专门统计海上保险经纪市场、海上保险经纪人等情况,但有关于保险经纪人的总体统计信息。

根据中国保险监督管理委员会上海保险监督局公布的信息,至 2009 年底,上海保险经纪机构有 93 家,全年实现保费收入约 45.99 亿元,同比增长 24.8%。其中,财产险保费收入 36.43 亿元,人身险保费收入 9.26 亿元,再保险业务类保费收入3 032.71 万元。93 家保险经纪机构全年共实现营业收入约 5.98 亿元,同比增长32.59%。其中,财产险经纪佣金收入 4.42 亿元,人身险经纪佣金收入 0.53 亿元,再保险经纪佣金收入 356.11 万元,咨询类收入 1 亿元。

2012年，上海市船舶险原保险保费收入为22.62亿，同比增长8.51%，占全国船舶险的40.63%；货运险完成13.39亿元，占全国货运险的13.16%，超过国内其他5大主要港口业务量总和。

（二）船员服务机构

船员服务机构分为内河船舶船员服务机构和海船船员服务机构；海船船员服务机构分为甲级、乙级2类。内河船舶船员服务机构，是指为内河船舶船员提供船员服务的机构。甲级海船船员服务机构，是指为国际航行和国内航行海船船员提供各项船员服务的机构。乙级海船船员服务机构，是指为国内航行海船船员提供船员服务的机构。

据海事主管部门统计，目前我国有海船船员53万余人，其中高级船员（不含值班水手和值班机工）17万余人，内河船员102万余人（上海辖区共有内河船员2.6万人）。我国船员共计155万人，船员总量居世界第一。目前我国外派海员有10余万人（含派往中资方便旗船舶海员），其中较大型船员对外劳务公司外派船员（不含中资方便旗船舶海员）分别为中远集团9 000余人/年、中海集团6 000余人/年、华洋海事中心3 500余人/年、厦门海隆对外劳务合作有限公司2 200人/年。按照我国相关法律规定，我国船员在我国船舶上工作可以直接与船舶所有人签订劳动合同，船员服务机构的介入不是必然的，但我国船员到外国船舶上工作则必须通过劳务输出，因此劳务输出是船员服务机构的主要业务。船员服务机构除由商务部批准的56家规模较大拥有劳务外派经营许可权的公司外，还有几百家由民营企业、个体工商户以及境外船舶所有人在国内设立的代表机构。从这些数据可以得出航运人才经纪在现代航运服务体系中的重要地位。

三、上海航运经纪市场存在的问题

决定一个地区的船舶经纪发展的因素主要有4个：航运公司的数量、承租人的数量、合适的人才以及商务成本。① 另外，船舶经纪市场存在的问题也是制约市场发展的因素，解决这些问题是发挥船舶经纪正常功能、发展船舶经纪市场的前提。

调查问卷对于制约上海船舶经纪发展的瓶颈问题征求了业界的意见，得到表4-2-13的结果。

表4-2-13　制约上海船舶经纪发展的瓶颈

瓶颈	政府管理体制	立法滞后	缺乏行业自律	无序竞争	人才短缺
比例/%	13.6	22.7	50.0	63.6	72.7

① 香港港口及航运局.加强香港作为国际航运中心地位的研究（Study to Strengthen Hong Kong's Role as an International Maritime Centre）[R]. 2003：150. http://www.doc88.com/p-799222806048.html.

表 4－2－13 表明,按照影响程度从大到小排列,制约上海船舶经纪发展的瓶颈的主要因素是：人才短缺、无序竞争、缺乏行业自律、立法滞后和政府管理体制。根据前述分析的上海船舶经纪市场的现状和课题组相关研究,上海船舶经纪市场主要存在以下问题：

(1) 船舶经纪企业组织形式不合理。目前从事船舶经纪业务的主体是世界上著名的船舶经纪公司在上海设立代表处,没有中资企业,也没有中外合资企业或者外商独资企业。

(2) 国外船舶经纪企业代表处或违法从事经营活动,或将业务拉至境外在境外交易,有悖于上海国际航运中心建设目标。

(3) 船舶经纪企业和从业人员两方面市场准入制度尚未建立,使不规范运作行为无法受到制约,市场竞争难以健康有序,交易方的合法权益难以得到保障。

(4) 船舶经纪人才短缺反映了上海船舶经纪人才教育、培训体系尚未形成。上海船舶经纪企业、教育机构、自律组织等在教育、培训方面明显落后于市场对此提出的要求。

(5) 船舶经纪行业管理不到位,既影响市场秩序,也不利于制定行业发展对策。

(6) 尚未建立行业自律组织和自律机制。

(7) 受船舶经纪立法制约,工商管理和行业管理无法可依。

第三节　上海大力发展航运经纪的意义

一、发展航运经纪能带动相关产业的发展

国务院、上海市政府、上海市交通运输和港口管理局三个层次均非常重视航运经纪发展问题,其中的原因是航运经纪在现代航运服务体系中的重要地位和作用。

航运经纪具有集中航运资源和影响面广的特点,能够促进相关航运服务业的发展。从广义航运经纪角度,航运经纪与租船、船舶买卖、修造船、进出口贸易、海上保险、航运人才和船员、航运技术等有关。因此,发展航运经纪具有直接带动这些航运服务发展的作用。这是大力发展航运经纪的首要意义。

租船经纪人是船舶租赁市场不可缺少的因素,其承担的角色可以分为：①为船寻找货物或者为货物寻找船;②掌握丰富的市场信息;③为交易双方提供建议;④解决船货双方的纠纷。①

---

① Krishna Prasad. Changing Role of Ship-brokers: A study of the impact of modern communication in practical ship-broking. http://www.mu.ac.in/arts/social_science/economics/.

二、发展航运经纪的经济意义

航运经纪业的经济意义主要体现在就业、GDP 和税收等方面。在可预见的将来，航运经纪业在就业、GDP 和税收方面对上海经济的直接贡献是有限的。即使在中国香港、新加坡等航运经纪相对发达的航运中心，其直接经济贡献也是有限的，伦敦则是例外。

所以，上海发展航运经纪的目的不是在于直接的经济贡献，而是在于两方面：一是通过经纪人促进航运资源的集中和相关航运服务业的发展；二是提高上海国际航运中心在全球的影响力。

第四节　航运经纪市场培育的政策需求与总体对策

一、航运经纪市场培育的政策需求

航运经纪市场培育的政策需求包含两方面的含义：一是航运经纪市场需要政府培育；二是政府培育航运经纪市场需要借助于一定的政策。

在本课题研究的范围内，上海船舶经纪、海上保险经纪、航运人才经纪、航运技术经纪等尚处于市场规模不大或起步发展阶段，上海国际航运中心建设及航运经纪为其服务的相关航运服务业亟需航运经纪有个大发展。尤其考虑到 2020 年将上海建成具有全球航运资源配置能力的国际航运中心的目标，没有政府的培育，而是完全由市场自我发展、自我成长、自我成熟来实现，基本上是不可能的，以往十几年上海国际航运建设的历史也证明了这一点。

航运经纪的发展依赖于良好的市场环境、法律环境、政府管理环境、相关产业环境等。这些良好环境的形成或改善依赖于政府的一定作为而不是不作为。课题组关于船舶经纪业发展现状及其问题的研究表明，立法滞后和管理缺位等是制约船舶经纪发展的重要因素；解决政府管理中自身存在的问题，是培育航运经纪的前提。

目前，上海航运经纪业的发展水平远远落后于伦敦、纽约、新加坡、中国香港等国际航运中心，上海航运经纪是在全球航运经纪基本成熟、形成了一定格局的前提下发展的，不仅没有后发优势，反而面临着与这些发达航运中心形成竞争的局面。航运经纪业涉及的船舶、货物、保险、人才等具有全球性，可以在全球范围内实现资源配置，因而不同航运中心都在争取这些资源在本地进行配置。这势必形成不同航运中心之间的竞争。伦敦早在前几年就已经认识到来自新加坡、中国香港的竞争，认为部分航运资源正转移到这两个新兴航运中心，而上海对伦敦尚未构成威胁。基于航运经纪发展的这一特点，伦敦、新加坡、中国香港等都采取了一定的优惠措施吸引全球航运资源。

上海发展航运经纪同样离不开政策的扶持和促进。课题组针对上海船舶经纪市场急需完善的方面征求了业界意见,结果见表 4-2-14。86%的被调查者认为行业自律是当务之急,45%的被调查者认为是市场培育,政府监管和市场准入均占18%。从调查结果看,行业自律在业界呼声最高,其次是市场培育。其实,归根到底市场培育才是饮水之源,就上海目前基本上属于自发状态的船舶经纪市场发展现状而言,无法形成成熟良好的行业自律氛围。如何建立起完善的行业自律机制,需要政府对市场的培育和政策引导。

表 4-2-14　上海船舶经纪市场急需完善的方面

选项	政府监管	市场培育	市场准入	行业自律
比例/%	18	45	18	86

市场培育单靠市场的自我调控是无法实现的,政府培育市场的根本是需要政府具体政策的推进。以上海船舶经纪市场作为切入点,从市场环境、法律环境、政府管理环境及相关产业环境四个角度分别分析,目前上海船舶经纪市场环境由于相关税收政策、行业管理等方面的原因在国际市场上一直处于大客户的地位,一时间难以成为服务商。市场环境的改变需要市场自我调控和政府有计划、有步骤地出台相关政策的有机结合,仅靠市场自我调控将是一个缓慢的过程。

从课题组前文研究可知,上海目前的法律环境并不适合船舶经纪市场的发展,缺乏相关立法而导致船舶经纪公司法律地位不明,是否允许设立行业自律组织同样需要法律的许可。法律环境的改善同政府政策有着密切的联系,相关政策的制定将有利于推进上海相关立法的进程。

从政府管理的角度而言,政策的作用更显而易见,有相关的行动准则,政府管理将有章可循。

政策推动上海航运经纪市场的发展,市场发展成熟也必将受到市场规律的自我调控,再加上法律的支撑逐渐引向行业自律的成熟,行业自律也将逐步规范形成体系。所以,在航运经纪市场尚处于不成熟完全自发阶段,需要政府相关政策的培育,政府从市场环境、法律环境角度出台相关政策使航运经纪市场良好有序发展,同样可以带动相关产业发展,促进市场环境的完善。这样也就形成了循环有序、良好发展的秩序。

二、航运经纪市场培育的总体对策

上海市政府及有关主管部门已经认识到政府培育航运经纪市场的必要性,但具体采取哪些政策尚处于研究阶段。课题组认为,政府培育航运经纪市场需要考虑以下几方面因素：第一,就船舶经纪、海上保险经纪、航运人才经纪、航运技术经纪等确定发展重点、发展步骤,集中力量优先发展部分航运经纪业。第二,航运经纪发展对策以航运经纪业本身为基础,同时考虑航运经纪业为其服务的相关行业的发展。如果只考虑经纪业本身,可能造成“无米之炊”的局面。第三,以解决航运经纪业现有问题为基础,以克服政府行业管理存在的问题为基础。第四,以全球视野制定航运经纪发展政策,毕竟航运经纪是全球市场。第五,优惠政策应该具有比较优势,即比伦敦、新加坡、中国香港现有政策还要优惠,这样才具有配置全球航运资源的能力,否则,只具备配置本国航运资源甚至本地航运资源的能力。

业界对于促进上海船舶经纪市场发展措施的建议见表 4-2-15。

表 4-2-15 促进上海船舶经纪市场发展措施

选项	规范市场准入	建立人才培育体系	实施执业资格认证	建立行业自律协会
比例/%	41	68	27	50

参与问卷调查的企业中有 68%认为应该建立人才培育体系,50%认为应该建立行业自律协会,认为应该规范市场准入的占 41%,实施执业资格认证的占 27%。表明业界认为最有利于上海船舶经纪市场发展的措施是建立人才培育体系。同时,课题组也对相关企业未来对船舶经纪人才的需求情况作了调研,结果见表 4-2-16。45%的被调查者认为预期对船舶经纪人才需求较大,32%的被调查者认为需求一般,需求较少的占 18%,不需要的仅占 5%。表 4-2-16 的结果也恰好印证了上海发展船舶经纪市场需要大力培育人才。

表 4-2-16 公司对船舶经纪人才的需求情况

选项	较大	一般	较少	不需要
比例/%	45	32	18	5

根据以上分析,课题组提出以下航运经纪市场培育的总体对策:明确航运经纪业作为国际海运辅助业的地位,建立相应的市场准入制度,引导成立船舶经纪行业协会,实施优惠政策,通过优先发展船舶经纪业,将上海建设成为亚太地区船舶经纪中心之一。

第三章　国际上航运经纪市场发展与规范管理比较

第一节　伦　　敦

一、伦敦航运经纪市场发展现状

目前，伦敦仍然是世界上最大的国际航运服务供应市场，并以其专业知识和专业精神而闻名全球，尤其在船舶经纪和航运保险经纪市场方面，其规模和发展程度都处于世界领先地位。

（一）伦敦船舶经纪市场

目前，伦敦大约有400家船舶经纪公司，2008年的进出口产值为9.48亿英镑，相比2007年的7.69亿英镑，增长了23%。在促进船货之间的交易方面，伦敦船舶经纪公司的服务在国际市场中占据重要份额，油船租船市场为50%，干散货租船市场为30%～40%，二手船吨位市场的份额则超过50%。2008年，英国船舶经纪人交易的世界干散货运输市场远期运费协议价值为1 630亿美元，是近几年的最高值。伦敦航运服务行业在国际市场上所占份额很大，见表4-3-1。[1]

表4-3-1　2008年伦敦航运服务行业在国际市场上所占份额　　%

行业	份额
船舶融资	13
保险—核保	17
保险—保赔	62
劳埃德船级社	18
油船租船	50
干散货租船	40
二手船吨位	50

① IFSL：Research Maritime services 2009. http：// www. ifsl. org. uk. London，2009.

伦敦独立的船舶经纪公司雇佣了大约 5 000 名工作人员，小到个体贸易商、大到公开上市公司，为干散货、油船、集装箱、天然气和离岸部分提供服务。许多国际船公司和贸易商选择在伦敦及其周围建立租船团队，不仅仅因为英国时区的优势，更是因为伦敦处在国际租船现场的核心。

从公司雇佣人员的数量来看，伦敦最大的船舶经纪人公司是 Clarkons, Simpson Spence & Young Ltd, Braemar Seascope, EA Gibson Ltd, Galbraiths Ltd 和 Howe Robinson &Co Ltd。船舶经纪人是波罗的海交易所的代言人，为贸易和金融衍生产品合同提供大量的航运市场信息，这是世界上独有的。

船舶经纪人是英国航运海外收入的最大贡献者，每年为英国的经济创收大量财富，见表 4-3-2。

表 4-3-2　英国船舶经纪的海外收入　　百万英镑

年份	1999	2000	2001	2002	2003	2004	2005	2006	2007	2008
海外收入	293	297	350	322	380	551	735	706	769	948
数据来源：波罗的海交易所。										

（二）伦敦航运保险经纪市场

伦敦是世界领先的海运保险中心，通过伦敦劳合社(Lloyd's)或国际保险协会(IUA)的会员公司，伦敦保险经纪人能够处理航运中的各类保险需求。伦敦目前占有全球海运保险费的最大份额(23%)。伦敦最重要的海上保险市场——劳合社在伦敦保险市场的份额已经从 20 世纪 90 年代末的 65%～70%上升到 85%。

保险经纪人制度是从英国发展成熟起来的。在国际保险市场上，英国是典型的使用保险经纪人进行保险营销的国家。目前，伦敦的海上保险业共有从业人员 2 950 人，其中保险经纪人共有 1 500 人。[①] 在伦敦保险市场中，最重要的一个组织就是伦敦劳合社。它并不是一家保险公司，而是由个人会员和法人会员构成的保险市场，并且它不经营保险，只是给经营者提供场所、服务和帮助，而经营者遵守劳合社理事会制定的规章制度。劳合社不仅是世界最大的保险市场，也是国际航空保险和海上保险业务的龙头。

劳合社保险经纪人被称作 Lloyd's Accredited Brokers（简称 Lloyd's Brokers），他们是代表保户利益在劳合社内进行保险工作的保险专业人士。劳合社的一切业务必须来自经过劳合社授权的经纪人。换言之，保户自己不能到劳合社直接投保。如果某人想要在劳合社投保，通常必须找劳合社经纪人办理。劳合社经纪人能够进入劳合社大厅办理保险业务，同时也可以像其他保险经纪人一样与保险公司进行业务往来。保险经纪人是受过训练的专家，他们精通保险法和业

① IFSL：Research Maritime services 2009. http://www.ifsl.org.uk. London，2009.

务,有能力向当事人建议何种保险单最能符合其需要。经纪人在接受客户的保险要求以后,准备好一些投保单,并持投保单寻找到一个合适的辛迪加(Lloyd's Syndicates),并由该辛迪加的承保代理人确定费率,认定自己承保的份额,然后签字。保险经纪人再拿着投保单找同一辛迪加内的其他会员承保剩下的份额。如果投保单上的风险未"分"完,他还可以与其他辛迪加联系,直到保险金额被全部承保。最后,经纪人把投保单送到劳合社的保单签印处。经查验核对,投保单换成正式保险单,劳合社盖章签字,保险手续至此全部完成。劳合社经纪人必须通过劳合社理事会注册,在专业知识、道德品质和财务状况方面必须满足理事会的要求。劳合社根据劳合社法案和劳合社委员会的严格规定对劳合社经纪人进行管理和控制,包括监督他们的财务状况。

二、伦敦航运经纪自律管理

航运经纪业务基本是"商家对商家"的商业模式,买卖双方以及各自的经纪人拥有对等的实力、技术和信息,不牵涉到消费者权益保护问题。所以,英国并没有设立专门针对航运经纪业的相关法规和管理机构,也没有对航运经纪人设立资格准入制度。就英国航运经纪市场管理现状而言,主要通过航运经纪相关自治组织来进行航运经纪人的管理。

(一) 波罗的海交易所

目前,在约束和规范英国航运经纪市场方面,FONASBAE 和 ECASBA 等航运经纪民间自治组织制定的相关行业守则和指导方针起到了相当大的作用。同时,这两个机构也都推出相应的范本合同和从业准则要求,并以会员审核的方式来保证航运经纪公司的质量。其中,伦敦大部分的船舶经纪机构都是波罗的海交易所(The Baltic Exchange)的成员。

波罗的海交易所的历史可追溯到 1774 年,1990 年作为私人有限责任公司(Private Limited Company)注册。交易所成员来自国际不定期船运输业的各个领域,分市场成员(Market Members)和非市场成员(Non-market Members)。市场成员包括船舶经纪人(Shipbrokers)、船舶所有人(Shipowners)、货方(Cargo Interests);非市场成员包括专业人士及与国际航运紧密相关的机构,如海事律师、保险人、船舶登记机构、船舶融资机构、船级社等。

波罗的海交易所所有成员在成立之初,以 5 英镑面值发行股份。这些股份由成员公司和在交易所任职的少数提名代表(Nominated Representatives)拥有。股份转让限于成员之间。

目前,该交易所的会员数已经发展到大约 600 家公司会员和 1 500 名个人会员,其中 80%的成员属于船舶经纪公司。

波罗的海交易所实行董事会制,其董事会由 15 位董事组成,其中 12 位由股东选出,3 位由会员选出(这些会员不要求拥有股份)。董事会下设 20 余人的秘书部进行日常业务管理,负责监督、分析市场变动,为会员提供服务。其机构设置见图 4－3－1。

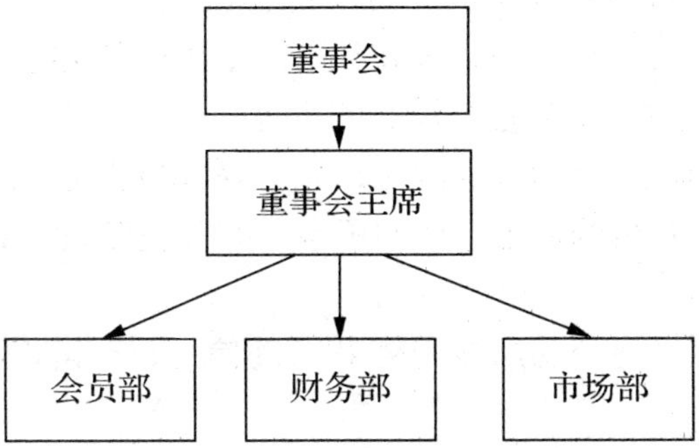

图 4－3－1　波罗的海交易所机构设置

波罗的海交易所制定了严格的交易管理规则、会员管理规则以及纠纷调解规则。成员都必须遵守波罗的海准则。[①] 该准则为航运经纪公司的市场行为设置了严格的标准,一旦船舶经纪人违反该准则,都会受到严格的纪律处分。波罗的海交易所的准则为船舶经纪人的一般行为设定了以下行为原则:

(1) 所有市场参与者都需要及时履行合同义务。

(2) 船舶经纪人应该小心谨慎,避免误述情况发生,并遵循诚实和公平交易的原则。

(3) 除非经委托人授权或按委托人的指示行事,经纪人不得就有关船舶或货物擅自提出要约。在任何情况下,如果不能实际享有经纪人身份或者依据委托人的授权享有,则经纪人不能从事相应活动。在没有委托人批准的情况下,经纪人不能擅自改变委托人的授权范围。违反波罗的海交易所交易准则的错误授权行为,甚至作出了"投标"或"要约"的行为是不允许的。这有时也俗称为"欺骗"。

(4) 经纪人应该每次为受托船舶的委托人提供一批货物进行正式谈判;同样,经纪人应该每次为受托货物的委托人提供一艘船舶进行正式谈判。

(5) 经纪人可以接受一批以上货物或一艘以上船舶的要约,但必须清楚地对向他发出要约的人表明他已收到一个或多个要约。

(6) 经纪人应该主动向委托人提议或建议有关谈判方法。经纪人应尊重有关船舶或货物委托人提出的谈判方法,委托人有权决定正式谈判方法。

(7) 对于诚信情况未知的有关交易方,经纪人应该采取合理措施进行调查,并将调查结论告知可能与该交易方进行谈判的委托人。即使没有进行调查或调查了

---

① 参见 the Baltic Code。

但没有结论的，经纪人也应该将这些情况告知委托人或委托人的经纪人。

此外，该准则同样规定了一些经纪人不能实施的行为：

(1) 未经船舶所有人或二船东(Disponent Owners)授权，经纪人采纳远期运费协议或运费期权机构提供的运费代替委托人出价的行为。

(2) 为了确保从另一方当事人获得回应，代理人或经纪人暗示其已经获得某家公司的船舶或者货物而实际上却没有的行为。

(3) 降低约定的租金或运费的行为；提出不具体或不明确索赔金额的行为。

(4) 拒绝交出已获得的或已支付的租金、运费、空舱费、滞期费，以换取佣金支付的行为。

(5) 利用从波罗的海交易所成员处获得的信息，与非波罗的海交易所成员进行交易的行为。

(6) 将从波罗的海交易所获得的市场敏感信息传递给非交易所成员的经纪人或者代理人，使得这些人能够直接与波罗的海交易所成员的委托人及其经纪人进行交易的行为。

(7) 船舶所有人在已经提出正式要约的情况下再向另一个承租人提出正式要约的行为。在船舶所有人作出第二个要约前，应该撤销未被承诺的先前要约。

(8) 承租人为一批货物预先确定两艘船舶，然后根据情况持续一段时间的行为。

(9) 使用波罗的海交易所航线分布和运价指数信息用以确定租约租金或合同运费，但是没有向波罗的海交易所经纪人支付合适佣金的行为。

(二) 英国皇家船舶经纪人协会

英国皇家船舶经纪人协会(Institute of Chartered Shipbrokers, ICS)是为全球航运经纪人、船舶管理人、港口代理人等岸上管理者提供世界范围内认同的专业资格和业务标准的专业化组织。目前，该协会共有 24 个重要的分支机构，包括 3 500 名个人会员和 120 家公司会员。

ICS 开办经纪人培训班并举行考试，以确保英国船舶经纪专业人员的质量。通过该项考试并且定期参加该机构的培训，可以使得 ICS 的会员保持最高水准的专业知识和道德行为。该资格就是业界专家身份的证明。在伦敦，只有 ICS 会员才可获准进入波罗的海商业和航运交易所进行租船经纪活动。

ICS 颁布的证书共有 2 种：基础证书(The Foundation Diploma, FD)和高级证书(The Advanced Diploma, AD)。FD 是提供给几乎没有航运经验的人，为其获得正式的 ICS 会员资格作准备的。这个证书在全球范围内有效，并且可以在 1 年内获得，包括通过每年 4 月份举行的 2 门考试。AD 是获得正式资格的踏脚石，是为具备相应专业知识的人准备的。同样，这份证书也在全球范围内得到认可。获得这个证书需要通过ICS的基准考试和专业考试,考试时间在每年4月份。已经获得FD的人亦可参加考试取得AD。另外,ICS的最终资格考试(The Professional Qualifying Exams, PQE's)包含7门考试,考生可在5年之内完成。参加者在第一年的时候最少要参加2门考试,FD和AD考试都会被计算在内。如果考生具备了其他的资格证明,则可以相应豁免不用参加全部考试。只有通过这个考试,才可以成为ICS的正式会员。ICS提供了多种的备考培训途径,包括远程学习计划(Tutorship)、网上学习(Coracle)以及面授课程(Face-To-Face)等。①

此外,具备相应条件的人亦可以通过推选或者提交专业论文获得会员资格。ICS的自治规则(ICS by-laws)第7条中有以下相应的规定,一旦通过资格考试或者提交一份专业论文可申请成为会员:

(1) 在提出申请的时候,应该是在一家资信良好的航运经纪公司或者与航运经纪相关的公司里担当董事、经理或者雇员。从事海上业务的雇员符合此条件也可申请。

(2) 通过了资格考试或者提交了相应的专业论文。

(3) 必须提供相应的证明,证明其具备从业经验和实践能力。

通过提交论文成为会员有年龄的限制,必须在35岁以上;而通过推选成为会员则不得小于21岁。

(三) 国际运输中介人协会

国际运输中介人协会(International Transport Intermediaries Club Ltd., ITCL)是一家互助保险公司,在向船舶代理、船舶经纪公司、船舶管理公司、船员管理公司、海运检验公司以及运输行业的其他专业人员提供保险服务方面有80年的从业经验,主要为运输行业中的公司或个人提供各类运输保险(包括航空保险、海上保险、铁路保险等)。该协会于1992年成立,是由1925年船舶经纪人成立的租船及国际船舶经纪人互保协会(Chartered and International Shipbrokers' P&I Club, CISBA)和航运中介人保险协会(Transport Intermediaries Mutual Insurance Association, TIM)联合成立的,至今已拥有100多个国家中的将近2 000个成员。该协会在伦敦设有总部。

该协会为其成员提供相关资料指引从而协助其成员进行从业。该协会定期分发刊物以便其成员能够了解国际运输业的新信息、新规则、发展趋势以及新规则对协会成员的影响;制定航运相关指引,如货物进出口指导方针、放货指导方针等;并制作保准格式保单以供其成员采用。②

---

① 参见 http://www.ics.org.uk,访问日期2010年3月21日。

② 参见 http://www.itic-insure.com,访问日期2010年3月21日。

第二节 美　国

一、美国航运经纪市场自律组织

美国船舶经纪人和代理人协会(ASBA)成立于1934年,是一个会员制的行业组织。它致力于发展船舶经纪市场的标准和行为规范,将美国和加拿大地区的航运经纪人和船舶代理人联系在一起,为这些公司和个人提供一个信息交流平台。

ASBA设有管理董事会和秘书处,由秘书处负责日常事项。ASBA下常设11个工作委员会,如代理人事务委员会、租船方和文件委员会、招待委员会、政府活动联络委员会、会员委员会、教育委员会、干散货委员会和油船委员会等。ASBA的会员分为公司会员、联系会员以及荣誉会员,目前共有140多家会员公司、39个联系会员和17个荣誉会员。① ASBA还提供多种教育和培训方式以提高航运经纪人的从业水准。ASBA为会员规定了要求以约束会员的市场行为。

成为ASBA会员应该符合下列条件: ①积极并经常地从事船舶经纪人或代理人业务;②符合协会议事程序规定的会员资格;③是根据协会议事程序选出的会员。除符合上述条件之外,还应向秘书处提交一份书面申请。

成为ASBA会员后,航运经纪人须遵守其制定的行为准则,必须诚信经纪,尽力帮助合同订立,谨慎处理商业事务,提供有效可靠信息,并且在没有得到委托人许可的情况下,不得代委托人作出任何决定。②

如果ASBA理事会有理由相信某一会员违反协会的议事程序或规则,理事长应组成由三个理事会会员组成的委员会,决定该违反行为是否足够作出该会员丧失会员资格的决定。委员会的决定是终局的,且有约束力。

二、美国航运经纪市场规范管理现状

(一) 美国联邦有关航运经纪市场规范管理的规定

在美国联邦管理层面上,主要有美国联邦海事委员会(FMC)对航运经纪人的管理规定。FMC是美国联邦政府监督运输的独立行政机构,是负责监督与管理美国外贸和内贸航运业的组织。它负责审批航运经纪人,向美国境内的远洋运输中间人发放证书,并收取美国境内的远洋运输中间人和美国境外的无船承运人交纳的保证金,并监督其业务活动。

FMC制定的《美国航运法实施细则》第515节“远洋运输中介人许可、经济责

---

① 参见 http://www.asba.org,访问日期2009年3月5日。

② ASBA: code of ethics,来自 http://www.asba.org,访问日期2010年3月5日。

任担保要求和一般责任”[1]，是关于国际货运代理人和无船承运人的规定，其中涉及经纪人。该实施细则所称的经纪人是国际货运经纪人(Ocean Freight Broker)，是指受承运人委托为承运人揽货、销售或者协助销售远洋运输服务，并且在托运人或收货人与承运人之间就运输服务的买卖、销售、条件和条款进行协商谈判的人。[2] 按照该定义，国际货运经纪人属于船东经纪人，佣金由船舶所有人支付。

《美国航运法》对于国际货运代理人和无船承运人实施市场准入许可制度，要求经营者提供经济责任担保，由 FMC 颁发许可证后才能从事经营活动。但是，该法第 515 节第 4 条规定，对于国际货运经纪人不要求经营许可。[3]

因此，在美国联邦政府层面上，船舶经纪市场准入没有特别条件，只需要考虑经营地所在州有关法律要求即可。

(二) 美国州有关航运经纪市场规范管理的规定

美国佛罗里达州法规(2009 年版)第 24 卷“船舶”中的第 326 章是关于“游艇和船舶经纪人”(Yacht and Ship Brokers)的规定，于 1988 年 10 月颁布生效。该章是专门关于游艇经纪人的规定，不涉及其他类型的船舶经纪人。

第 326 章第 4 条第 1 款规定了船舶经纪人许可证制度：“成为船舶经纪人需要获得主管机构颁发的许可证。许可证每两年更新一次。”没有得到该许可证就不能从事航运经纪业务。每一经纪人在该州要有一个主要营业地，且可以设立分支机构。每个分支机构需要单独的许可证。许可证需要置放在经纪人公司显著位置。

该条第 6,7,8 款具体规定了获得许可证的条件：①申请人需要证明其具有良好的道德品质并且从未犯过重罪；②证明其在该州有住所或在该州开展业务；③提供足额担保或者不可撤销信用证，金额为 25 000 美元；④有连续 2 年从事船舶销售的经历。

第三节 新加坡

一、新加坡航运经纪市场发展现状

新加坡作为第三代国际航运服务中心，之所以能够迅速崛起，关键在于拥有一

---

① 46CFR 515: Licensing, Financial Responsibility Requirements, and General Duties for Ocean Transportation Intermediaries.

② 46CFR 515. 2 Definitions. Ocean freight broker is an entity which is engaged by a carrier to secure cargo for such carrier and/or to sell or offer for sale ocean transportation services and which holds itself out to the public as one who negotiates between shipper or consignee and carrier for the purchase, sale, conditions and terms of transportation.

③ 46CFR 515. 4 License; when not required.

个发达的国际航运交易市场。其中,包括大量的拥有国际运输船舶、提供运输劳务的供给方和相当规模的拥有国际运输货源、需要运输劳务的需求方,以及大量为供需双方提供中介服务的代理经纪机构,如船代、货代、报关、航运经纪、航运金融和保险服务机构等,特别是海上保险、航运融资、船级管理、海事法律咨询及仲裁、航运相关培训等全方位、多层次的航运服务业,为其航运服务功能的完善提供了重要的支持与保障。

在发展航运经纪业方面,新加坡优势十分明显,包括:便捷的通信手段,强大的 IT 基础,便捷的海空联合通道。新加坡的语言优势亦十分突出,英语为其通用语言之一,并且新加坡的商贸环境十分优越。新加坡的油船租赁市场十分发达,其中一个主要的原因是新加坡曾经建造了很多油船码头。同时,新加坡是世界第三大炼油中心。世界排名前列的 Shell, Exon, Mobil, BP 等石油公司均把新加坡作为石油提炼和仓储基地。因此,来往的油船非常多,为新加坡的油船经纪市场发展奠定了基础。

目前,几乎所有的伦敦船舶航运经纪企业都在新加坡设立办事处。新加坡作为新的国际航运中心,正日渐对伦敦在航运业的垄断地位造成冲击。依照来自新加坡航运协会(SSA)的数据,目前新加坡大约有 32 家船舶经纪公司(表 4-3-3)[①]和 19 家保险经纪人公司(表 4-3-4)[②]。

表 4-3-3 新加坡船舶经纪公司

序号	公 司 名
1	Amsbach Marine (S) Pte Ltd
2	Arya Shipping Lines (Singapore) Pte Ltd
3	Bancosta (Oriente) Pte Ltd
4	Braemar Quincannon Pte Ltd
5	Clarkson Asia Pte Ltd
6	Clipper Bulk (Singapore) Pte Ltd
7	CMA CGM International Shipping Company Pte Ltd
8	Ezra Holdings Limited
9	Fearnleys Asia (Singapore) Pte Ltd
10	FELIX Maritime Pte Ltd
11	Hartmann Shipping Asia Pte Ltd
12	HBC Asia Pte Ltd

① 参见 http://www.ssa.org.sg/index.cfm? GPID=227,访问日期 2010 年 3 月 20 日。
② 参见 http://www.ssa.org.sg/index.cfm? GPID=223,访问日期 2010 年 3 月 20 日。

（续表）

序号	公　司　名
13	Island Shipbrokers (Pte) Ltd
14	Island View Shipping International Pte Ltd
15	Jenjosh Energy Pte Ltd
16	Kennedy Marr Offshore (Singapore) Pte Ltd
17	Maersk Broker Asia Ltd
18	Mentz Decker Asia Pacific Pte Ltd
19	Mitsui & Co (Asia Pacific) Pte Ltd
20	Odin Marine (Singapore) Pte Ltd
21	Onsys Energy Pte Ltd
22	OSG Ship Management Asia Pacific Pte Ltd
23	Pacific Crest Pte Ltd
24	R S Platou (Singapore) Pte Ltd
25	SE Shipping Lines Pte Ltd
26	Simpson Spence & Young
27	Singunion Shipping Pte Ltd
28	Star Asia Shipbroking Pte Ltd
29	Stena Bulk AB Singapore Branch
30	Team Shipbrokers (S) Pte Ltd
31	Universal Navigation Pte Ltd
32	Winstonnage Agencies Pte Ltd
来源：新加坡航运协会（无船舶经纪人协会）。	

表 4-3-4　新加坡船舶保险经纪人公司

序号	公　司　名
1	Aon Risk Services Singapore (Insurance Brokers) Pte Ltd
2	Asia Capital Reinsurance Group Pte Ltd
3	AXA Corporate Solutions Marine Division, Asia Pacific
4	Cambiaso Risso Asia Pte Ltd
5	Groupama Transport Singapore Branch
6	HSBC Insurance (Asia) Limited

(续表)

序号	公 司 名
7	Jardine Lloyd Thompson Private Limited
8	L. C. H. (S) Pte Ltd
9	Marsh (S) Pte Ltd
10	North Of England P & I Association Ltd
11	Oriental Special Risk Services Pte Ltd
12	Pandisea Pte Ltd
13	Raetsasia P&I Services Pte Ltd
14	Seasia P&I Services Pte Ltd
15	Shipowners Asia Pte Ltd
16	Swiss Reinsurance Company, Singapore Branch
17	The Standard Steamship Owners' P&I Assn (Asia) Ltd
18	Thomas Miller (South East Asia) Pte Ltd
19	Willis (S) Pte Ltd
来源：新加坡航运协会(无船舶经纪人协会)。	

二、新加坡航运经纪自律管理

(一) 新加坡航运经纪人组织

新加坡航运协会(SSA)的前身为新加坡国家航运协会(SNSA),设立于 1985 年 1 月 29 日,主要成员为新加坡的船舶所有人、船舶经营人、船舶管理人、航运代理人和航运经纪人。该协会由 5 个航运协会合并而成。这 5 个航运协会是新加坡国家船东协会、新加坡航运协会、新加坡国家航运代理人和经纪人协会、新加坡驳船和拖船协会以及新加坡船东协会。

SSA 的主要职责是管理和发展新加坡的航运业,提升航运企业的竞争力,并且作为其会员的代表参与全国性的、国际性的活动,与东南亚国家联盟(ASEAN)、亚洲等地的航运实体合作,实现双赢。

SSA 的组织结构如图 4 - 3 - 2 所示。

SSA 委员会成员共有 7 名,由协会的成员大会选举产生。委员会的委员任期为 2 年,有权指定普通成员或者协会成员成为委员,最多可以指定普通成员 2 名或者协会成员 3 名。

ICS 在新加坡设有分支机构,为新加坡的航运经纪从业人员的质量提供保障,并参照伦敦的从业规范对会员进行审核、管理和处罚。

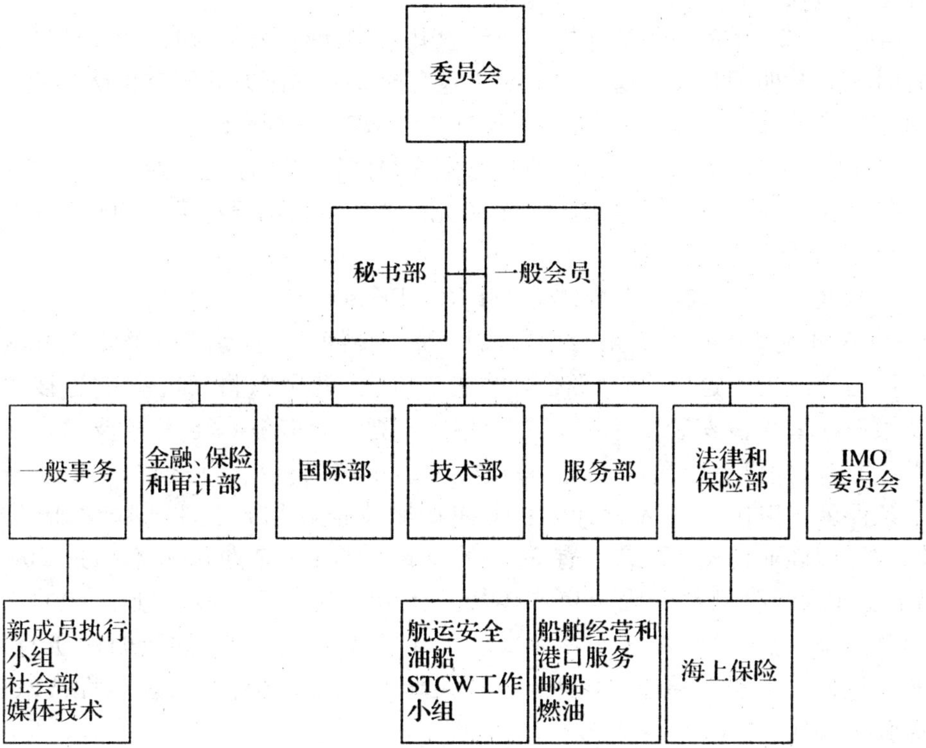

图 4-3-2 新加坡航运协会组织结构

(二) 新加坡航运优惠政策

新加坡为其自身商业的发展出台了很多优惠政策,为企业设立提供了非常宽松的环境。例如,要设立一家新公司,只需通过新加坡商业注册局(ACRA)的登记即可,所有登记材料都可在网上递交,一般只需 15 min 以及 65 新元的登记费,之后即可在新加坡国内税务局进行登记。

除企业设立上的普遍优惠制外,针对航运经纪市场的发展,新加坡出台了针对航运企业的优惠政策。新加坡海事及港务管理局(MPA)是新加坡唯一负责港务及海事事务的管制机构,其主要任务是推动新加坡国际航运中心的建设。因此,MPA 与其他政府机构和航运界合作,推出了多项发展计划。其中,与船舶经纪有关的优惠政策如下。

1. 新加坡海事组合基金(MCF)

2002 年,MPA 花费 8 000 万新元设立该基金,用以加强新加坡的航运关联产业,其中的 5 000 万新元用于发展新加坡的航运人才、完善人才培训设施。这些航运人才主要是指高端的航运服务人才,如船舶管理、船舶融资、航运经纪、海事法律、海上保险、港口管理、港口经济、船舶设计建造以及船舶动力等方面的人才。

目前,该基金的基本框架包括: MCF 费用补贴计划、海事附加计划(MAP)、海外培训附加计划(OTAP)、海事奖学金框架(JMSS)、本国兼职研究生奖学金计划(LMPS)、第三方管理和发展计划(DCTP)以及 MPA 的专家计划。

在该基金的支持下,各航运企业也可把人员派往国外航运企业实习。基金将抵消高达 50%的费用,抵消限额是 5 万新元。该计划目前已经惠及 800 多家公司的 4 000 多名航运从业人员。

2. 海运企业信息科技发展计划(MERIT Programme)

MPA 耗资 2 000 万新元启动了该计划,以帮助中小型航运企业提升其信息科技运用能力。这些企业仅需支付成本费用,就可以将其现有信息技术系统升级换代或直接安装新系统,从而使中小型企业能够跟上信息技术应用的步伐,为客户提供更优质的服务,并获得拓展市场的机会。任何企业只要符合以下条件就可以申请加入该计划: ①在新加坡企业和商业注册局注册;②在新加坡开展商业活动;③最少有 30%的本地股权;④企业员工不超过 200 人(船上工作人员除外);⑤固定资产不超过 1 500 万美元。该计划于 2004 年 2 月启动以来,已惠及航运产业各领域中的中小型航运企业,涉及船舶所有人、船舶经纪人以及船舶建造与修理、船用产品供应、加装燃油、海运工程技术、船舶检验等领域。

3. 海事创新和科技基金(MINT Fund)

MPA 耗资 1 亿新元,用于维持"海事科技人才队伍发展路线图"的正常运作。该基金项目的目标是提升航运业的发展能力,开发在航运产业领域具有商业应用价值的增值科技产品和服务项目。该基金的项目计划和方案包括:

(1) 海事科技教授职位(Maritime Technology Professorships)。海事科技教授职位是利用航运企业的基金供款,在本地大专院校设置的教授职位,用以资助与航运业相关的研发活动。该职位提供给参与企业和大专院校联合组织的海事研发行动项目的知名访问学者和专家。

(2) 航运产业附加计划(Maritime Industry Attachment Programme)。该计划旨在向本地大专院校的学生推介航运产业,介绍航运产业为个人发展能够提供哪些机会,鼓励学生在海事研发项目方面提出观点,并由学生按照本计划要求承担项目的实施,作为其在校最后一年的学年论文或作为毕业设计课题。

(3) 大专院校和研究机构—MPA 联合研发计划(Joint TRI - MPA R&D Programme)。该计划用于扶持大专院校和研究机构与 MPA 和航运界开展联合项目研发。研发项目必须与航运产业息息相关,其技术应用或创新成果应能够转化为具有商业价值的产品、体系或服务项目。

(4) 海事项目启动种子基金(Maritime Start-up Seed Fund)。该基金通过售

股集资(Equity Financing)的方式筹集资金,援助海事相关项目的启动。融资最高限额为 30 万新元,售股集资的资金来源于第三方投资人。

除上述 3 个比较重要的发展计划外,最近 2 年,为吸引航运企业落户新加坡,新加坡不断推出各类优惠政策。其中,为了推动新加坡船务经纪的发展,2006 年推出了“新交所亚洲结算行”(SGX Asia Clear)业务。在 2010 新加坡年度财政预算案中,规定延长“航运业财务鼓励计划”期限至 2016 年 3 月,并扩大对当地船舶经纪公司和船舶管理公司的税务政策优惠覆盖范围。从 2010 年 4 月开始,船舶经纪公司和远期运费协议(FFA)交易商只需向 MPA 提交合格申请,即可获得低至 10%的企业优惠税率,较原来的 17%进一步降低,该措施为期 5 年。

第四节 香 港

一、香港航运经纪市场发展现状

香港是公认的国际航运中心,航运服务业门类比较齐全,是亚洲区域内船舶融资、保险、法律、仲裁、管理和经纪服务中心。航运业一直是香港的经济支柱之一,除港口集装箱贸易外,还包括高增值的航运服务环节,香港在租船与船舶买卖交易方面已十分成熟。

很多世界上颇具规模的航运经纪公司都以香港作为地区总部,如 Clarksons, Simpson Spence & Young, Wallems and Howe Robinson 等,业务范围包括船舶买卖和货物经纪。这足以证明香港作为亚洲区航运经纪中心的地位。但是,航运经纪公司的雇员比较少,大约有 200 名航运经纪人。香港的航运经纪市场主要由 17 家公司支撑,它们雇佣了大约 142 名全职的经纪人和支持人员。香港航运经纪市场中本地公司占 30%~40%,国外公司占 60%~70%。[①] 此外,除专门的航运经纪公司外,在香港,很多大型的航运企业设立了专属的航运经纪部门从事相关事务,如 Noble, Cargill 和 COSCO。香港航运经纪业具备良好的国际商业关系,开拓国际客源的能力较强,加上香港作为国际商贸中心的优越条件,促使其航运经纪业得以发展。

根据 2009 年 12 月发布的《香港航运业统计摘要》,截至 2008 年底,香港航运经纪企业的相关数据见表 4-3-5,图 4-3-3 和图 4-3-4。

从表 4-3-5 可以看出,香港整个航运经纪业的发展渐趋成熟。但是,进入信息时代后,香港的航运经纪公司面临来自伦敦航运经纪公司的巨大挑战,并且大部

① 原香港港口及航运局《巩固香港作为国际航运中心地位的研究》(Study to Strengthen Hong Kong's Role as an International Maritime Centre),2003 年 1 月,http://www.doc88.com/p-799222806048.html。

分香港航运经纪公司仍然依附于波罗的海航运交易所和英国皇家船舶经纪人协会,从这两个组织获得资格认可并开展相应的活动。另外,上海也日渐成为香港的竞争对手。为了应对来自各方的挑战,很多香港航运经纪公司将自己的管理人员转向港外市场,尤其是亚洲地区市场。

表 4-3-5 香港航运经纪企业数目及收益统计

年　份	2006	2007	2008
企业数量/个	32	35	28
企业人数/人	176	184	318
业务收益/百万港元	393	678	1 059
增加价值/百万港元	241	459	643
人均增加价值/百万港元	1.37	2.50	2.02
数据来源：香港统计处。			

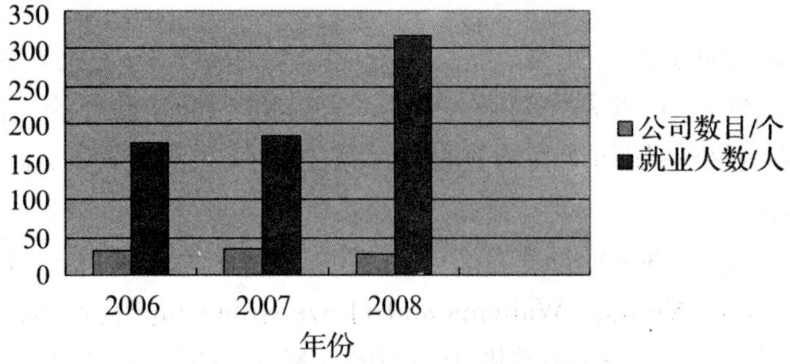

图 4-3-3 香港航运经纪公司数目及就业人数统计①

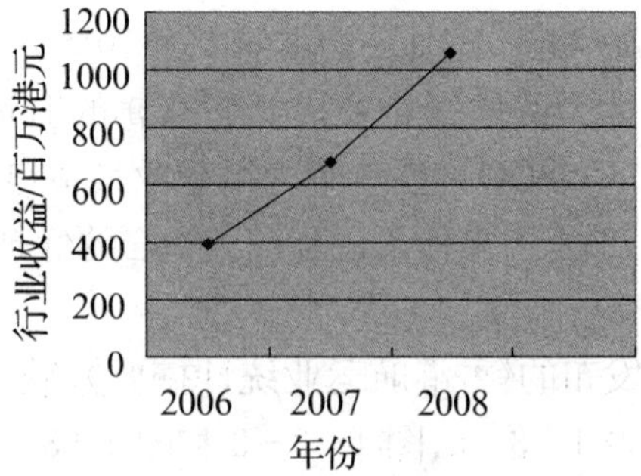

图 4-3-4 香港经纪业收入变化

① 源自：香港航运发展局《香港航运统计摘要》,http://www.mic.gov.hk/chs/home/index.htm。

香港发展航运经纪业存在自身的不足：居住环境恶劣、交通拥挤；市场发展缺乏活力。而上海作为中国的一大窗口，正在吸引更多的航运经纪公司入沪发展，使得香港的地位受到严重威胁。而且，最近两年香港的船东公司逐年减少，使得本港的航运经纪业发展更加困难。因此，"尽管其在亚洲地区的经营网络不断扩张，但香港的航运经纪业仍会保持在一个很小的规模里"。[①]

二、香港航运经纪自律管理

ICS在香港设有分部，称为香港船务经纪专业学会，是培训和发展香港航运经纪人的主要机构，也是香港船舶经纪业主要的自律组织。该分会有自己的章程和规范，并且可以依据自己的规定对会员进行收费、管理和处罚。

该分会的日常活动由其执行委员会负责，执行委员会由1名主席、1名副主席、1名名誉秘书、1名名誉财务主管和其他不少于4人的会员组成，其中6人构成组织的法定人数。执行委员会全体成员不超过20人。委员会成员可以暂代行使委员会的主席办公室成员职责，指定法律顾问和为分会事务服务的顾问小组成员，指定小组委员会成员，同时指定不超过4人的分会成员为小组委员会服务。小组委员会成员的任期可以由执行委员会决定。主席是所有小组委员的当然成员。

该分会有自己的分会年，从每年的6月1日开始直至次年的5月31日。每年的例会在分会年结束之后举行，并在21个工作日之后，每个会员都会收到通知。该例会主要是为了让会员收到主席报告、财务报告、审计员报告以及小组委员会的报告等；选举主席和委员会成员、指定法律顾问和顾问小组成员；指定审计员；讨论由至少2人在例会之前不晚于14个工作日内所上交的书面意见；解决任何其他的事项。

该分会的委员会有权调查关于任何会员失职的书面控告，在调查相关会员后，应及时将调查结果报告给伦敦协会并按协会指示行动。另外，委员会可以审理可能影响分会和(或)协会的事务，或影响分会行业地位或声誉的任一会员的行为，并将其结果报告协会并按照协会指示行动。

第五节　航运经纪人国际组织

一、概述

船舶经纪人和代理人国家协会联合会(The Federation of National Associations of Ship Brokers and Agents，FONASBA)是船舶经纪领域最高的自

---

① 源自：香港航运发展局《香港航运统计摘要》，http://www.mic.gov.hk/chs/home/index.htm。

律组织,成立于1969年,在性质上属于国际非政府间组织。FONASBA由正式会员(Full Membership)、联系会员(Associate Membership)和俱乐部会员(Club Membership)构成。正式会员由代表某一国家的国家协会或类似机构组成,1个国家仅限1个代表;联系会员也由航运国家构成(但也可以包括航运公司);俱乐部会员限于那些为经纪人和代理人提供保险、咨询和信息服务的公司和组织。截至2009年6月,FONASBA正式会员接近40个,覆盖欧洲南部、非洲、美洲、远东地区以及澳洲、新西兰及附近南太平洋诸岛①;联系会员有11个;俱乐部会员有5个。FONASBA的职责是:规范和提高成员之间的专业素养,并与其他国际航运主体合作,为航运界的相关问题提供咨询和建议。

中国船舶代理及无船承运人协会(The China Association of Shipping Agencies and Non-Vessel Operating Common Carriers, CASA)代表我国参加了FONASBA。

欧共体船舶经纪人和代理人协会(European Community Association of Ship Brokers and Agents, ECASBA)是FONASBA在欧盟设立的常设委员会。ECASBA设在伦敦的秘书处负责FONASBA的所有日常管理工作,并且其顾问小组在布鲁塞尔另设了一个办公室,下设数个工作小组,以提供额外的信息帮助。

FONASBA作为船舶经纪和船舶代理行业的代理人的地位,在过去40年里变得越来越重要。FONASBA是国际海事组织(IMO)重要的咨询机构,同时又是欧盟委员会(EC)在海运事项上的主要协商对象。其他的合作对象还包括世界关税组织(WCO)、联合国贸发会(UNCTAD)和联合国国际贸易法委员会(UNCITRAL)。FONASBA的组织结构如图4-3-5所示。

FONASBA各个部门的分工如下:

联合会的代表会由全体正式成员的代表组成,负责作出重要的决策。联合会每年10月份在其中一个正式成员的所在地举行年会。每个国家的代表都有1个投票权;如果1个国家的组织超过2个,则投票权由他们共享。除投票权外,联系会员和俱乐部会员享有正式会员的所有其他权力。

执行委员会的成员由联合会代表会指定,任期为2年,除主席外其他人可连任。执行委员会对联合会负责,管理联合会的日常事务,并且通过地区副主席发展会员。

在操作上,FONASBA是由3个委员会组成的,每个委员会负责船舶经纪和代理的一个特定部门。同时,每个委员会下设立1个顾问小组,以支持其工作。顾问小组的成员都是资深专家,经验丰富,并与委员会负责的事项具有直接的关系。

---

① FONASBA: Annual Report 2009. http://www.fonasba.com.

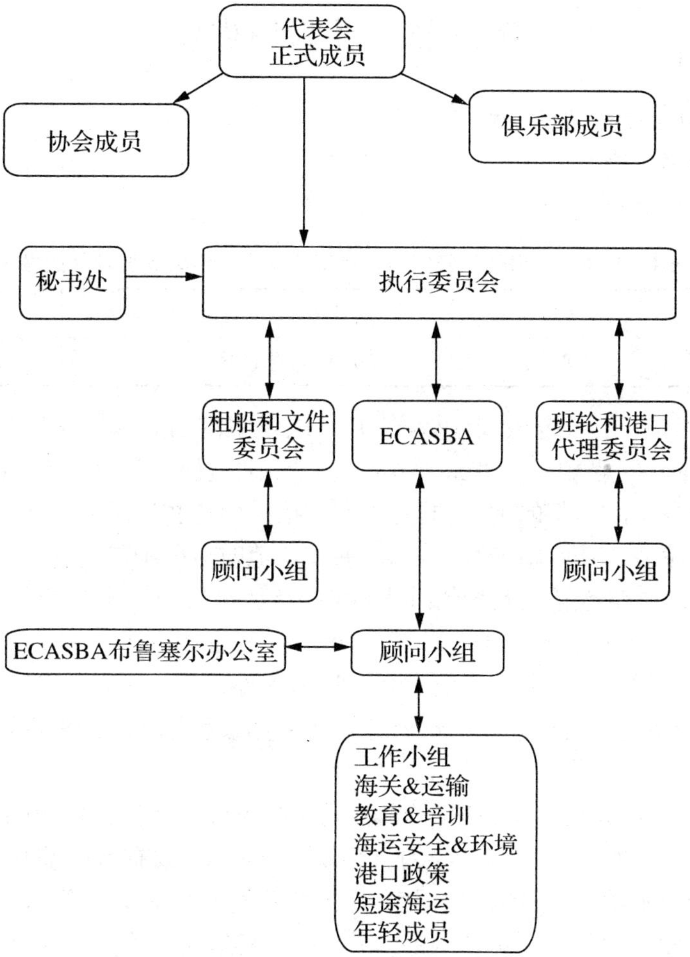

图 4-3-5 FONASBA 的组织结构

二、行为规范

FONASBA 制定了船舶经纪人和代理人应该遵循的《行为守则》(Code of Conduct)和合同范本,并以会员审核的方式保证船舶经纪公司的质量。

《行为守则》由 6 章构成,分别为第 1 章"一般规定"(General)、第 2 章"船舶代理人和船舶经纪人专业资格"(Staff Professional Qualifications Ships' Agents and Shipbrokers)、第 3 章"船舶代理人和船舶经纪人专业行为"(Professional Conduct Ships' Agents and Shipbrokers)、第 4 章"公司责任"(Corporate Responsibility)、第 5 章"财务稳定性"(financial Stability)、第 6 章"纪律"(Discipline)。

FONASBA 的《行为守则》首先约束各国家行业协会,再由各国家行业协会通过国内行业自律规则约束船舶经纪人和船舶代理人。

第六节　经验与借鉴

在借鉴其他国家或地区航运经纪发展经验的问题上，问卷调查设计了一道题目，以听取业界的意见，即"上海船舶经纪市场监管模式可以借鉴哪些地区的做法"，可以多选，结果见表4-3-6。

表4-3-6　上海船舶经纪市场监管模式可以借鉴哪些地区的做法

地区	伦敦	香港	新加坡	美国
比例/%	81.8	50.0	31.8	18.2

主流观点是：上海应该向伦敦学习，其次是香港、新加坡，美国最后。其中的原因不外乎伦敦的船舶经纪业最发达。课题组通过研究还认识到，4个地区各有优势，都有值得上海借鉴的地方，同时不宜直接移植这些地区的做法。

总体上，伦敦、香港、新加坡、美国发展和规范航运经纪市场的主要经验有以下几点：第一，设立航运经纪人和代理人的自治组织（行业协会）；第二，具备完善的航运经纪信息发布和管理平台；第三，航运经纪从业人员有专门的认证和培训机构；第四，对航运经纪公司实行优惠措施，吸引国外经纪公司入境发展。

为发展及规范我国的航运经纪，结合世界各航运经纪发达国家的经验，可借鉴以下做法：

(1) 规范航运经纪市场法规，赋予航运经纪人合法地位。在我国，航运经纪服务还是个新兴行业，至今没有完善的市场规则，尚未形成有效的监督保障机制，其法律地位、业务范围、审批条件和程序、经纪关系建立原则以及经济行为规范都没有具体规定，发展混乱。更重要的是，航运经纪人在我国缺乏合法地位，无法获得正常的营业资格，合法的航运经纪公司注册之门被关死。所以，制定行政法规或者其他规范性法律文件，赋予航运经纪公司合法的地位，应是当务之急。

(2) 完善行业协会立法，设立船舶经纪人自治组织（行业协会）。目前，我国协会立法最主要的是《社会团体登记条例》。"该条例制定得过于原则，而且与社会主义市场经济条件下发展行业协会的要求并不完全适应，因而有必要建立专门的行业协会法律"。[①] 行业协会的立法重点是协会登记、协会及会员的权利义务、人员任免、章程制定和修改程序等内容，涉及的内容应该更加具体详细、便于操作。反观如今的航运经纪市场，制定类似美国《1987年非营利社团示范法》《统一非法人社团法》等行业协会法律，借以奠定航运经纪人协会设立的法律基础，十分必要。

我国将来设立的船舶经纪人协会，其活动和作用可以参照FONASBA和ECASBA等协会的做法。这些协会和组织广泛开展经纪人活动，发展会员，制定

① 徐锦，沈禹均，王学锋. 国外海运行业协会问题初探[J]. 水运管理，2003(12)：19-22.

行业技术标准和规范，制定租船和船舶买卖交易及管理推荐使用的合同格式，完善业内自治制度，制定自律、投诉、处分规范，从而使其真正发挥作为自治组织的作用。

(3) 建立船舶经纪信息平台。在我国，建立全面的航运经纪信息平台可能性不大，但是依靠船舶经纪人建立船舶经纪信息平台是必要的、可行的。《船舶交易管理规定》第 15 条规定："上海航运交易所受交通运输部委托，建立全国统一的船舶交易信息平台，提供船舶交易信息服务。"由于该规定所称船舶交易只限于船舶买卖，不包括租船和船舶修造，因而不能等同于船舶经纪信息平台。

(4) 完善航运经纪人的从业资格认定和培训方案。可以参照和引进 ICS 的培训方法和教材，建立航运经纪从业人员资质认定标准并建立执业资格培训制度、执业审核制度和诚信评审制度。同时，与有关高等院校建立合作项目，定期为从业人员进行职业培训，保持从业人员的高素质水平。

(5) 制定和实施有关船舶租赁、买卖的优惠措施。制定和实施有关航运经纪人的专项政策和优惠措施，为其创造良好的营商环境。在专项政策的制定上，可以考虑新加坡和香港的做法，降低航运服务企业的税率。

第四章　航运经纪市场规范管理的模式与制度

第一节　航运经纪市场规范管理的基本原则与模式

一、航运经纪市场规范管理的基本原则

（一）从实际出发的原则

从实际出发，是我国当代立法的基本思想。对航运经纪市场进行规范管理，要遵循的第一个原则就是必须从我国和上海航运经纪市场的实际出发，尊重实际，务求实效。

就航运经纪市场发展而言，需要考虑以下 7 个方面的实际情况：

第一，国务院文件已经将航运经纪作为现代航运服务业的重要组成部分来发展，这是制定相关政策的前提。

第二，航运经纪包括船舶经纪、海上保险经纪、航运人才经纪和航运技术经纪，不同领域的经纪业务有不同的行业主管部门，或者涉及多个行业主管部门。

第三，对于船舶经纪而言，我国传统做法是政府不干预，完全由市场调节，导致相关立法和行业管理的缺位。

第四，各领域的航运经纪市场发展水平不同，总体上处于相对较低的发展水平。

第五，上海国际航运中心发展航运经纪是在与伦敦、新加坡、香港等发达航运中心的竞争过程中发展自己，这是基本的外部环境。

第六，上海并没有完全建立起现代航运服务业发展的良好环境，航运经纪的发展将受制于该环境。

第七，船舶经纪业的发展与航运公司、进出口贸易公司的发展直接相关，目前存在不利于船舶经纪发展的因素。

（二）遵循国际通行做法的原则

国际航运具有极强的国际性，市场具有国际性，服务提供者来自国内外，服务接受者也来自国内外，基本游戏规则是国际公约或惯例。航运经纪尤其是船舶经纪、海上保险经纪同样具有国际性、全球性的特点。

遵循国际通行做法原则包括两方面的含义：一是业务层次；二是管理层次。前者是指航运经纪企业在业务运作方面需要根据国际通行做法，比如采用标准合同、佣金标准、争议解决方法等；后者是指政府管理机构在航运经纪业方面需要遵循国际通行做法。根据本篇前述几章的研究，以下几方面可以说是政府对待航运经纪业的通常做法：

第一，人才是航运经纪业发展的关键，完善人才培训教育体系是解决该问题的关键方法。

第二，行业自律是基础，政府管理是辅助性的。英美国家航运经纪业具有较悠久的历史，行业发展比较成熟，市场发达，政府作用相对较弱。

第三，行业协会的作用有时甚至超过政府。航运经纪市场行为规范、人才培育等均可以由行业协会负责。政府主要制定市场准入规则和提供优惠政策等。

第四，良好的法治环境是航运经纪发展的前提。

第五，在全球竞争时代，一定的优惠政策是必要的。

（三）适度监管的原则

适度监管原则是针对市场经济条件下相对落后、存在较多问题的市场管理提出的原则。适度监管原则可避免“一管就死，一放就乱”的现象，旨在根据行业发展实际情况，在不同阶段，通过循序渐进方式，实施不同程度的适当管理措施，既实现市场秩序的好转，又促进行业的发展。

适度监管原则是指政府对航运经纪市场的监管既不过分严格又不过分松散的原则。如果政府对航运经纪人监管过严，则可能导致航运经纪行业失去活力，影响航运经纪业的快速发展；若监管不力，则有可能出现航运经纪人违规经营增多、航运经纪市场恶性竞争和混乱的现象。然而，很难确定一个监管适度的衡量标准。

为维护市场的公正和公平，政府应对航运经纪市场进行有效的监督、管理和指导。但由于航运经纪业务基本上是“商家对商家”的商业模式，航运交易双方及各自的经纪人拥有基本对等的实力、技术和信息，不涉及需要对哪一方进行特别保护的问题，因而政府对航运经纪市场的监管应根据航运经纪行业的发展状况、航运经纪市场的发达程度等维持一定的度，以宏观调控为主，适度监管。

航运经纪市场适度监管原则还体现在政府行业管理与行业自律之间的关系方面，强调适度监管意义在于为行业自律留出足够的空间。市场本身和行业自律能够解决并且能够解决好的问题，留给市场和行业协会解决。在政府与市场之间建立互信、界限清楚的关系。

适度监管原则还体现在政府的职责不应该主要集中在管理上,更应该集中在服务上。这种服务主要是制定优惠政策,解决行业存在的发展障碍问题。

(四)以行业自律为基础的原则

行业自律是市场经济体制的必然产物,每个行业只有认真做好行业自律的工作,本行业才能得以在竞争激烈的市场中生存下去,才能有一个健康有序的市场。

自律就是自己约束自己。行业自律包括2个方面:一方面是行业内对国家法律、政策法规的遵守和贯彻;另一方面是行业内的行规行约制约自己的行为。这2个方面都体现对行业内成员的监督和保护的机能。行业自律的内容主要包括5个方面:

第一,严格执行相关的法律、法规、行业管理办法等。

第二,制定和认真执行行规行约。行规和行约是行业内部自我管理、自我约束的一种措施,行规和行约的制定和执行对会员起到自我监督的作用,推动本行业规范健康发展。

第三,向客户提供优质、规范服务。

第四,行业自律可维护本行业和企业的利益,避免恶性竞争,维护本行业持续健康地发展。

第五,行业协会是行业自律的当然监督机构之一。行业自律是建立在行业协会的基础上的,如果一个行业没有一个行之有效的行业协会,行业自律也就无从谈起。

目前,我国并没有航运经纪人行业协会。上海的航运经纪行业已发展到一定程度,在建立航运经纪人行业协会的条件相对成熟时,应尽快建立航运经纪人行业协会,通过会员的行业自律行为起到规范市场交易行为的作用。

二、航运经纪市场规范管理的模式

根据前述基本原则,课题组提出上海航运经纪市场规范管理的模式是:以行业自律为基础,以适度监管为准则,将政府监管与行业自律有机结合起来,实现航运经纪市场有序、快速发展的目标。

该管理模式包括2个层次、3个主体。2个层次是政府监管和行业自律;3个主体是政府行业管理、工商准入管理和行业协会自律管理。政府行业管理和工商准入管理统称为政府管理。航运经纪政府管理和行业协会自律管理关系模式见图4-4-1。

该管理模式在构建具体的相互关系和具体制度时,特别需要处理好以下4个方面的关系:①促进航运经纪市场发展与国际航运中心建设总目标之间的关系;②规范管理与促进发展之间的关系;③政府监管与行业自律之间的关系;④政策与法律之间的关系等。

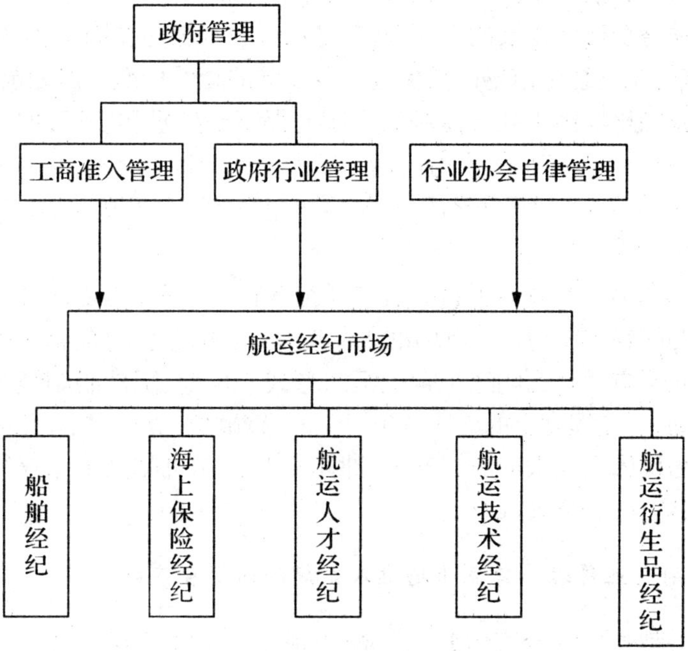

图 4-4-1　航运经纪政府管理和行业协会自律管理关系模式

第二节　航运经纪市场的政府行业管理

一、航运经纪市场政府行业管理的必要性

（一）航运经纪市场存在的问题依赖政府行业管理解决

大力发展航运经纪业的必要性在本篇前面相关部分已作研究。航运经纪市场规范管理的目的在于实现航运经纪市场有序、快速发展这一目标。航运经纪市场规范管理分两方面：政府监管和行业自律。两者各自内容及其相互关系构成航运经纪市场规范管理模式。

我国是国际贸易大国和航运大国，正在向贸易强国和航运强国目标前进，对贸易和航运的需求从量和质两方面都提出新的要求。与航运经纪相关的航运业，如租船、船舶买卖、船舶修建造、海上保险、航运技术、航运人才等都得到很大程度的发展，对于世界航运市场的影响也日趋加大。这些因素都大大激发了我国尤其是上海的航运经纪行业的发展，也打破了原先由在伦敦、香港、新加坡等地的国外船舶经纪公司垄断我国市场的船舶经纪业务的格局。近年来，一些规模较大的国外从事航运经纪业务的公司看到了我国航运经纪的巨大潜力，纷纷在上海、北京等地区设立办事处。有着良好经验和专业知识的航运经纪人使船舶所有人和承租人等更好地洞察市场和把握市场，获得最大的利润。

无论是从整个行业发展的大环境，还是从行业内部功能细化、结构调整的小环境来说，我国的航运经纪市场已具备进一步发展的硬件标准。但如前所述，由于航运经纪人在我国早期由于社会体制的限制而得不到鼓励和发展，加上我国市场经济的整体发展水平还不高，社会对航运经纪人的认识也不够高，尽管近年来航运经纪业发展较快，但无论在组织形式、发展层次还是发挥作用方面都不够理想，仍存在较多的问题。

本篇第二章第二节概括了我国航运经纪存在的问题，需要通过直接完善政府监管来解决的问题主要包括：市场准入制度（包括航运经纪企业市场准入和从业人员市场准入两方面）、船舶经纪企业组织形式不规范、国外船舶经纪企业代表处从事经营活动、一定程度上的无序竞争、行业主管缺位、立法滞后。另外，航运经纪人才教育和培训体系尚未形成、行业自律组织和自律机制尚未建立等问题需要政府引导，由市场、行业等来解决。

（二）政府行业管理是建立市场准入制度的前提和基础

市场准入制度可以分实体制度和程序制度。实体制度是关于市场准入的人员、财产、企业组织形式等实质条件的规定，程序制度是市场准入实体条件的实施制度。前者由行业主管部门通过立法规定，后者由工商管理机构实施。

工商管理机构实施市场准入制度依赖于法律和行业主管部门相关规定。在我国交通运输主管部门尚未建立航运经纪（尤其是船舶经纪）市场准入的实体制度的情况下，工商管理部门无法允许设立主营业务明确为船舶经纪的企业，导致船舶经纪活动市场准入的空白。

（三）政府行业管理是发挥航运经纪作用的必然要求

航运经纪人在我国尚属新生事物，是航运中介市场的重要组成部分。它代表船舶所有人或货主等人的利益，在交易中发挥重要作用，如不对其行为进行有效监管，就难以保证航运经纪人的服务质量，甚至使为追求高佣金而不惜损害委托人利益的情况大量出现。我国航运交易市场出现黑中介、地下经纪人违规甚至欺诈行为，如签订虚假合同、伪造交易凭证、伪造船舶证书的行为就是典型的例子。航运经纪人的行为是否规范，不仅直接关系委托人的利益，也关系到航运经纪市场的正常健康发展。所以，必须对航运经纪人的行为实施有效的监管，建立良好的市场秩序，发挥航运经纪人的效用，从而促使航运经纪人制度本身健康有序发展。

（四）政府行业管理是发展、保护国家航运事业，促进我国航运经纪市场发展的必然要求

随着我国经济日益融入国际市场以及国际贸易和航运的快速发展，我国对航

运经纪服务的需求也越来越大，很多外资航运经纪公司在上海、北京等地设立的机构明是办事处，实际是在从事航运经纪业务，政府如果不对此加以监管，必然对我国航运经纪市场秩序造成巨大冲击。另外，航运经纪属于航运高端服务业领域，我国无论在拥有的经验上、技术上还是在人才上都十分欠缺，所以政府在加强对市场行为监管力度的同时，还有必要对国内航运经纪人进行扶持，培育和发展国内航运经纪人，使我国航运经纪市场平衡协调发展。

二、航运经纪市场政府行业管理的制度设想

（一）确立行业管理的主导地位

在工商管理与行业管理之间，应该确立行业管理的主导地位。理由基于以下三方面：

第一，政府行业管理是建立工商行政管理中市场准入制度的前提和基础。

第二，政府行业管理直接规定航运经纪市场准入基本政策，包括宽严程度、具体条件等。

第三，工商行政管理在市场准入方面发挥重要作用，但航运经纪业基本上是市场化运作，而直接违反竞争法的情况比较少，重要的是通过行业管理促进行业的发展。

（二）确立航运经纪的海运辅助业地位

解决航运经纪行业管理的关键问题是确立航运经纪的海运辅助业地位。《国际海运条例》在规定国际船舶代理、国际船舶管理等国际海运辅助业时，“遗漏”了国际船舶经纪业。在我国目前的行政管理体制下，这一“遗漏”导致了工商管理环节企业注册缺乏法律依据的后果，所以，这一“遗漏”迟早要补。同时，《国际海运条例》不调整国内航运业，而船舶经纪业务既包括国际船舶经纪，也包括国内船舶经纪。国内船舶经纪行业管理和市场准入同样需要纳入国内海运辅助业范围之内。

（三）先行先试，积累经验，探索管理模式

在地方政府与中央政府关于航运经纪市场管理关系的问题上，由上海按照先行先试原则，积累经验，探索地方和全国在航运经纪业的管理模式及其两个层次之间的关系。

虽然国际航运事务立法权在中央政府及其职能部门，但鉴于交通运输部在近期制定全国性航运经纪市场管理制度的可能性较小，而上海国际航运中心是国家战略，代表着我国国际航运发展水平和发展方向，代表国家参与国际航运竞争。因此，上海完全有必要也有可能在全国范围率先制定航运经纪管理制度。

（四）建立合理的不同航运经纪业务监管关系

航运经纪涉及船舶经纪、航运保险经纪、航运人才经纪、航运技术经纪、航运衍生品经纪等，其中涉及不同的政府管理部门，需要处理好相互之间的关系。从行业管理分工角度，船舶经纪与上海交通运输和港口管理局有关。航运保险经纪由保险监督管理机构负责，即中国保险监督管理委员会上海监管局（简称上海保监局）。航运人才经纪与上海市人力资源和社会保障局有关。航运技术经纪与上海市科学技术委员会、上海市技术市场管理机构等有关。航运衍生品经纪与上海市金融服务办公室、中国银行业监督管理委员会上海监管局（简称上海银监局）等有关。

在发展航运经纪业、构建航运经纪行业管理关系的问题上，需要遵循以下三方面基本要求：第一，维持现有行业主管关系不变；第二，通过协调，建立统一的航运经纪发展政策；第三，如果第二种方案实施难度大，近期不具有操作性，则优先考虑船舶经纪的发展政策。

上述设想是在建立统一的航运经纪管理机构或者由现有有关机构统一管理航运经纪可能性不大的情况下的选择。

（五）建立行业信息统计体系，实施有效管理

掌握行业信息是实施有效管理的基础。这些信息包括航运经纪企业数量、从业人员、经营规模、不同类型经纪业务情况、中外资比例等。通过逐年累积，形成行业历史发展数据。

获得经纪行业统计信息的渠道可以有多个，如航运经纪企业、行业协会、统计行政部门、行业主管部门。鉴于航运经纪行业协会尚未成立，统计行政部门的统计很难细到航运经纪行业，最合适的做法是行业主管部门收集统计数据和信息。

为此，上海交通运输和港口管理局应当建立航运经纪业信息统计体系，作为政府决策和行政管理的基础，在必要时将这些信息向社会公众公布。

（六）政府行业管理以实施优惠政策为措施，以促进发展为目标

政府行业管理包含两方面职责：促进和监管。这里的监管是在狭义上使用的，主要是规范管理、建立和维持秩序的意思。促进是为了将市场做大做强，吸引更多有实力的个人和企业从事航运经纪活动，发挥航运经纪对于其他行业和航运中心的服务作用。

在全球配置航运经纪资源的条件下，优惠政策是各国际航运中心提高吸引力和竞争力的重要措施。上海航运经纪发展需要两手抓：一是通过监管实现规范发展；二是通过优惠政策实现快速发展。

（七）政府行业管理需要以优化环境为基本目标

在一定意义上，优惠措施在推动航运经纪发展过程中的作用有限。遵循市场经济发展规律，建立便捷、高效、安全、法治的现代航运服务环境是上海国际航运中心建设的重要任务，也是促进航运经纪发展的根本措施。

航运经纪是知识经济、高附加值服务，靠的是航运经纪人才的知识提供的服务，具有很强的专业性。航运经纪活动一般集中在交通便利、商业集中、通信快捷的区域，因此，其办公成本较高。政府通过行业管理促进和保障航运经纪人才教育、降低航运经纪商务成本，成为优化环境的重要内容。

良好的法治环境，包括有法可依、有章可循、依法办事、违法必究，以及高效的政府服务、具有现代司法和仲裁制度、发达的海事法律服务，对于航运经纪也是非常重要的。

第三节　航运经纪市场的准入制度

一、航运市场准入的模式

（一）市场准入的一般模式

市场准入的一般模式包括自由进入模式和行政许可模式。自由进入模式，是指国家对潜在市场主体进入市场采取不干预政策，任何人以任何方式进入市场从事经营活动，均不为法律所禁止。[①] 行政许可模式，是我国长期以来采用的市场准入模式，指国家采用行政许可方式对主体进入市场进行干预，只有经过行政许可方式，主体才能进入市场从事经营活动。

行政许可模式具体又可分为：①登记模式，即只要满足法律明确规定的主体进入市场的条件，经过登记即可进入市场从事经营活动。这一模式普遍适用于公司或者其他法人的设立，表现为只要满足公司或者其他法人成立的条件，依法经过登记后便可成立，而无须履行其他法律手续。②批准模式，即经国家行政机关审批，才能成立企业或者进入市场从事经营活动。在计划经济体制下，批准是政府干预经济行为中最常见的一个术语，也是最常见的市场准入模式。但是，在法律甚至学术著作中却难以找到审批或者批准的明确定义。③特许模式，即特别许可模式，是指国家以法律或者命令的形式准许主体进入市场。这是市场准入模式中对主体限制最为严格的模式。④混合模式，即指前述登记准入与批准准入或者特许准入并用的市场准入模式，具体表现为行政许可与登记并用，或者特许与登记并用。

---

① 这种模式存在于早期资本主义自由发展时期，在现代社会随着公司和法人制度的产生，已经不复存在。

我国航运领域的市场准入长期采用混合模式，具体表现为行政许可与登记并用，或者特许与登记并用。为了履行我国加入世界贸易组织的承诺，建立社会主义市场经济条件下航运市场准入制度，《国际海运条例》有关市场准入的规定与传统制度相比发生了较大的变化。《国际海运条例》大幅度减少行政审批事项，取消或降低不必要的市场准入限制。除国际船舶运输业务实行许可证制度外，无船承运业务、国际船舶代理、国际船舶管理、国际海运货物装卸、国际海运货物仓储、国际海运集装箱站和堆场等业务均实行登记制。《国际海运条例》对上述业务的许可或登记的程序、条件和审核时间作了明确的规定，并明确规定行政责任追究制，使政府事务规范化、法制化，提高透明度，便于社会公众对政府事务的监督。

《国际海运条例》规定的登记制度，也可理解为是核准制度。核准制度与许可制度的区别主要在于法律法规规定的条件方面，核准制规定的市场准入条件是客观的，只要符合这些客观条件，主管部门应该作出同意的决定。许可制除规定客观条件外，通常还规定主观条件，给主管部门留下了自由裁量的空间。

国际船舶运输业务实行许可制度，表现在两个方面：一是《国际海运条例》规定，国务院交通主管部门对于受理的申请材料进行审核，作出许可或者不予许可的决定，予以许可的，向申请人颁发“国际船舶运输经营许可证”；二是国务院交通主管部门审核国际船舶运输业务申请时，应当考虑国家关于国际海上运输业发展的政策和国际海上运输市场竞争状况。前者是许可制形式上的特点，后者是许可制实质上的特点。

（二）航运市场准入的双层制度体系

同其他市场准入制度一样，航运市场准入制度总的来说是一个双层次的制度体系，表现为：①基于航运市场与其他市场的共性，航运市场准入制度应当符合我国市场准入的一般制度，因而，一般市场准入制度适用于航运市场的准入；②基于航运市场在供求关系和服务性质上所表现出来的特性，并针对航运领域不同的服务，实行航运市场特殊准入制度。

因此，原则上，我国航运市场准入制度体系由一般市场准入制度和航运市场特殊准入制度这两个层次的制度构成。一般市场准入是航运市场准入的必要条件，航运市场特殊准入则是航运市场准入的充分条件。但是，航运领域不同的服务具有各自的特点，使得有的服务需要适用航运市场特殊准入，有的则不需要。即使在需要适用航运市场特殊准入的服务中，市场准入主管机关和具体的准入条件也应当有所差异。

一般市场准入制度，是对任何市场准入普遍适用的条件和程序规则，是国家对任何一个法人或者其他经济组织、自然人进入市场，成为合法的市场经营主体而设立的具有普遍适用效力的市场准入制度。在我国，一般市场准入制度是工商登记制度，属于登记准入模式。任何法人或者其他经济组织、自然人要成为合法的市场经营主体，均必须满足工商登记的条件，履行工商登记手续。

工商登记具有规范市场主体、政府了解市场主体基本情况和社会公示的功能。工商登记主要以《公司法》和《公司登记管理条例》等法律法规为依据。

航运市场准入的实体条件包括：①经营者的组织形式；②经营管理人员及从业人员；③财产。

市场准入的程序条件是主管机关对申请人提交的实体条件进行审查的程序性规定，以确保获得市场准入的经营者符合法律的要求。这种审查可以是形式审查，也可以是实质审查。航运市场的准入程序从审查特点角度可分为 3 种：许可、核准和登记。在审查要求上，呈现逐渐降低的特点。具体而言：①通过许可准入的航运业务有国际船舶运输业务；②通过核准准入的航运业务有国内船舶运输业务、国内船舶管理业务、国内船舶代理业务、国内客货运输代理业务；③通过登记准入的航运业务有无船承运业务、国际班轮运输业务、国际船舶代理业务、国际船舶管理业务。

二、航运保险经纪市场的准入制度

保险经纪人是保险中介之一。从事海上保险经纪活动的经纪人的市场准入适用我国《保险法》和《保险经纪公司管理规定》，基本内容是：

(1) 保险经纪人应当具备国务院保险监督管理机构规定的条件，取得保险监督管理机构颁发的经营保险经纪业务许可证；

(2) 保险经纪人凭保险监督管理机构颁发的许可证向工商行政管理机关办理登记，领取营业执照；

(3) 保险经纪机构应当采取的组织形式为有限责任公司或者股份有限公司；

(4) 保险经纪公司的注册资本不得少于人民币 1 000 万元，且必须为实缴货币资本；

(5) 保险经纪机构从业人员应当符合中国保险监督管理委员会(以下简称中国保监会)规定的条件，持有中国保监会规定的资格证书；

(6) 保险经纪机构应当对本机构的从业人员进行保险法律和业务知识培训及职业道德教育，保险经纪从业人员上岗前接受培训的时间不得少于 80 h，上岗后每人每年接受培训和教育的时间累计不得少于 36 h，其中接受法律知识培训及职业道德教育的时间不得少于 12 h；

(7) 保险经纪机构应当自办理工商登记之日起 20 天内投保职业责任保险或者缴存保证金。

保险经纪公司投保的职业责任保险对一次事故的赔偿限额不得低于人民币 500 万元，一年期保单的累积赔偿限额不得低于人民币 1 000 万元，同时不得低于保险经纪机构上年营业收入的 2 倍。职业责任保险累计赔偿限额达到人民币 5 000万元的，可以不再增加职业责任保险的赔偿额度。

保险经纪公司缴存保证金的，应当按注册资本的5%缴存，保险经纪公司增加注册资本的，应当相应增加保证金数额；保险经纪公司保证金缴存额达到人民币100万元的，可以不再增加保证金。保险经纪公司的保证金应当以银行存款形式或者中国保监会认可的其他形式缴存。

三、上海经纪人制度关于市场准入的规定

（一）概述

上海关于经纪人市场准入制度的规定主要在《上海市经纪人条例》和《上海市执业经纪人注册管理办法》2个基本文件中。

《上海市经纪人条例》第2条将经纪人分为执业经纪人和经纪组织，并分别规定了市场准入的条件。执业经纪人，是指依法取得经纪执业证书，并在经纪组织中从事经纪活动的执业人员；经纪组织，是指依法设立的具有经纪活动资格的公司、合伙企业、个人独资企业及其他经济组织。

2004年国家工商行政管理总局颁布的《经纪人管理办法》规定："经纪人，是指在经济活动中，以收取佣金为目的，为促成他人交易而从事居间、行纪或者代理等经纪业务的自然人、法人和其他经济组织。"对于在经纪人公司从事经纪业务的个人，《经纪人管理办法》中称之为"经纪执业人员"。可见，经纪执业人员不是经纪人，因为经纪执业人员是以其所在经济组织名义而不是个人名义从事经纪活动的。相比较而言，《经纪人管理办法》关于"经纪人"和"经纪执业人员"的称谓，比上海的"经纪组织"和"执业经纪人"的称谓更为合理。本课题采用《经纪人管理办法》的称谓，即"经纪人"和"经纪执业人员"。

从市场准入制度角度，确实需要分2个层次：一是经纪执业人员的准入；二是经纪人（经纪组织）的准入。

（二）经纪执业人员的准入条件

经纪执业人员市场准入的基本条件是：①参加经纪执业资格考核并取得合格证明；②经纪执业注册并取得"经纪执业证书"。

根据《上海市经纪人条例》，经纪执业资格考核由上海市执业经纪人协会组织。考试大纲和考核要求由上海市工商行政管理局（以下简称市工商局）会同有关行政管理部门审定。

市工商局依照《上海市经纪人条例》负责和指导上海市经纪执业人员的执业注册，对经纪执业人员进行监督管理。市工商局委托经纪组织登记地的工商分局办理经纪组织内的经纪执业人员的执业注册。

申请经纪执业注册时，应通过所在经纪组织（或者拟设立的经纪组织）向市工商局或者受市工商局委托的工商分局提交下列文件：①《上海市执业经纪人经纪

执业注册申请书》;②经纪执业资格考核合格证明复印件;③申请人在上海市有固定住所的证明材料;④申请人有效身份证明的复印件;⑤经纪组织的劳动合同(或者拟设立经纪组织的聘用意向书);⑥经纪组织的营业执照复印件(或者拟设立经纪组织的名称核准通知书);⑦申请人1英寸彩色免冠报名照2张。

(三) 经纪组织(经纪人)的准入条件

经纪组织应当依法登记注册,取得经纪活动的资格。经纪组织分公司、合伙企业、个人独资企业及其他经济组织。《上海市经纪人条例》分别规定了市场准入条件,其共同点是要求有若干经纪执业人员,另外,需要符合相应组织形式的一般性法律所规定的条件。

公司从事经纪活动,除应当符合《中华人民共和国公司法》规定的条件外,还应当有5名以上与其经营范围相适应的执业经纪人。

合伙企业从事经纪活动,除应当符合《中华人民共和国合伙企业法》规定的条件外,还应当有2名以上与其经营范围相适应的执业经纪人。

个人独资企业从事经纪活动,除应当符合《中华人民共和国个人独资企业法》规定的条件外,还应当有1名以上与其经营范围相适应的执业经纪人。

非公司企业法人从事经纪活动,除应当符合《中华人民共和国企业法人登记管理条例》规定的条件外,还应当有5名以上与其经营范围相适应的执业经纪人。

经纪组织可以设立从事经纪活动的非法人分支机构,设立分支机构应当有与其经营范围相适应的执业经纪人。

(四) 人才中介服务机构的市场准入制度

根据《人才市场管理规定》《中外合资人才中介机构管理暂行规定》《上海市人才中介服务机构管理暂行办法》等规定,从事人才中介服务的机构的市场准入条件包括:

(1) 主管机构。市政府人事行政部门是人才中介服务机构的行政主管部门,负责本市行政区域内人才中介服务机构及其业务范围的设立审批和监督管理工作。区(县)政府人事行政部门在市政府人事行政部门的指导下,负责本行政区域内人才中介服务机构及其业务范围的设立审批和监督管理工作。未经批准,任何单位和个人不得设立任何形式的人才中介服务机构,开展人才中介服务业务。

(2) 人才中介服务业务包括:人才供求信息的收集、整理、储存、发布和咨询服务;人才信息网络服务;人才推荐;人才招聘;人才培训;人才测评;法规、规章规定的其他有关业务。

(3) 审批机关可以根据申请人所在地区或行业的经济、社会发展需要以及申请人自身的设备条件、人员和管理情况等,批准其开展一项或多项业务。

(4) 申请设立人才中介服务机构,应当在提出申请时如实提供以下材料:申请书;机构名称核准通知书或营业执照正本、副本和公司代码证,事业单位提供编制管理部门同意成立的批复和事业法人登记证书；工作人员的从业资格、学历证明及法定代表人(负责人)身份证明；自有场所的房产证明或不少于1年租赁期的租赁场所协议；注册资本(金)证明材料；人才中介服务机构的工作规范和章程；其他需要提供的材料。

(5) 经过审核，符合规定条件的，由审批机关核发“人才中介服务许可证”，并在该许可证上载明许可开展的人才中介服务业务。

(五) 技术经纪的市场准入制度

根据《上海市技术经纪人管理办法》，技术经纪人是指依照该办法规定在技术经纪活动中，以科技成果转化为目的，为促成他人技术交易而从事活动，并取得佣金的公民、法人和其他经济组织。技术经纪人市场准入条件包括：

(1) 上海市技术经纪资格认定工作由上海市科学技术委员会会同市工商局统一管理。

(2) 技术经纪人应参加技术经纪资格培训，经培训考试合格。

(3) 技术经纪人取得工商行政管理部门颁发的“经纪资格证书”。

(4) 技术经纪人凭取得的“经纪资格证书”并经专门考试合格，取得“技术经纪资格证书”。

(5) 技术经纪组织包括技术经纪人事务所、技术经纪公司和个体技术经纪人。技术经纪人事务所是由具有“技术经纪资格证书”的人员依法合伙设立的经济组织。技术经纪公司是以其全部资产对债务承担有限责任的企业法人。申请领取个体工商户营业执照并符合条件的成为个体技术经纪人。

四、航运经纪执业人员市场准入制度的设想

(一) 存在的问题

1. 多部门管理

就本课题界定的航运经纪种类而言，有关航运经纪执业人员市场准入存在多部门管理的现象。海上保险经纪人由保险监管机构负责，其市场准入条件与上海地方法规无关。由于船员服务机构市场准入由交通运输部规定市场条件和负责实施，航运人才经纪领域分成交通运输部和上海分治的格局。航运技术经纪执业人员应该说可以纳入上海目前有关法规的范围。

2. 没有部门管理，没有明确的市场准入制度

作为航运经纪核心的船舶经纪领域，船舶经纪执业人员尚处于无法可依状态。《上海市经纪人条例》和《上海市执业经纪人注册管理办法》并没有完全适用于船舶经纪业。调查表明，只有部分船舶经纪企业的部分员工持有上海市工商行政管理部门颁发的“经纪执业证书”，这部分企业占调查企业的比例为27.3%，其余

72.7%的企业的执业人员全部没有获得“经纪执业证书”。

3. 航运经纪执业人员市场准入条件不一致

前述分析表明，除船舶经纪执业人员无专门规定外，目前航运保险经纪、航运人才经纪和航运技术经纪等在执业人员市场准入条件方面存在差异。

4. 航运经纪人才短缺

根据本篇第二章的调查研究，船舶经纪人才存在严重的短缺现象，航运保险经纪人才、航运人才经纪和航运技术经纪等方面也存在类似现象。这也反映了上海总体上存在的高端航运人才短缺状况。

人才短缺的原因是：教育体系问题、职业培训体系问题、人才引进机制问题。

（二）业界的立场和态度

如果《上海市经纪人条例》和《上海市执业经纪人注册管理办法》2个规定适用于船舶经纪执业人员市场准入，则船舶经纪执业人员应该遵守上海市的经纪执业资格考核制度。该执业资格考核由上海市执业经纪人协会组织。考试大纲和考核要求由市工商局会同有关行政管理部门审定。根据调查获得的情况是：18.2%的被调查者认为这种制度是合适的；81.8%的被调查者认为这种制度是不合适的。

另外，调查问卷设计了“是否应该将船舶经纪从业人员必须参加执业资格考试作为从业前提”这一问题，得到的结果是：86.4%的被调查者认为没有必要；13.6%的被调查者认为有必要。

对于这2组数据需要理性分析。大部分船舶经纪执业人员认为“由上海市执业经纪人协会组织考核，考试大纲和考核要求由市工商局会同有关行政管理部门审定”的做法不合适，主要是基于船舶经纪行业具有相当强的专业性，这样一种市场准入制度难以承担起考核的重任。大部分船舶经纪执业人员反对将执业资格考试作为从业前提，在一定意义上是从“自利”角度作出的选择，没有考核就意味着自由，意味着无须辛苦地学习和考试，何乐而不为呢？

对于行业管理者以及市场秩序的建立和维护者而言，良好的从业资格考核制度被广泛采用，确实能够起到相当的作用。英国皇家船舶经纪人协会所推行的以自愿为基础参加的培训和资格考核获得市场普遍认可，就证明了其价值。所以，问题不在于考核这种形式，而在于该考核制度是否真正具有价值。

（三）制度设想

1. 不同行业管理部门之间的关系问题

上海已经决定大力发展航运经纪。如果按照课题设想，航运经纪应该包括船舶经纪、海上保险经纪、航运人才经纪、航运技术经纪，那么就需要解决不同行业管理部门在航运经纪执业人员市场准入方面的关系问题。解决办法不外乎两个：一是维持现有的体制，即不同种类的航运经纪执业人员的市场准入以工商管理机构为基础，各行业管理部门分别负责；二是建立单一的航运市场执业人员市场准入管理机构。从目前情况看，第二种方案的可行性不大。按照职权分工，上海交通运输管理部门应当是上海船舶经纪行业最主要的主管部门，建立并实施船舶经纪执业人员的市场准入是当务之急。

但是，上海仍然有必要在四大方面的航运经纪执业人员市场准入制度领域进行协调，以实现航运经纪业的整体发展。

2. 资格考核问题

是否需要建立强制性的考核制度，是完善航运经纪执业人员市场准入制度需要考虑的另一个问题。鉴于航运保险经纪、航运人才经纪和航运技术经纪等都需要以参加一定形式的考核为基础，英国皇家船舶经纪人协会的经验也表明健全的考核制度具有良好的作用，以及根据《上海市经纪人条例》的一般性要求，课题组认为建立船舶经纪执业人员考核制度是必要的。

资格考核制度是否能够满足行业需要、是否适合实际情况、是否具有先进性等，是衡量航运经纪行业管理制度是否有效的重要因素。考核内容需要理论知识与应用知识相结合，不能偏废。在考核知识点构成比例上，应用性知识比例可以高于理论性知识，其目的是使通过资格考核的人员能够真正具有从业的基本知识储备和能力基础。

3. 培训问题

在一定意义上，我国高校培养的能够从事航运经纪业的人才并不缺乏，海事、财经金融等大学中设置的相关专业基本上符合航运经纪业的要求。由于航运经纪从业人员数量有限，设置专门专业没有必要，同时专业设置程序也较复杂。因此，航运经纪企业在职培训、专门行业协会组织举办的培训，将是解决航运经纪执业人员培训的主要途径。

五、航运经纪人（航运经纪组织）市场准入制度的设想

（一）存在的问题

1. 航运经纪组织和航运经纪人的基本概念

如前文所述，从事经纪活动的企业被称为经纪组织还是经纪人，上海地方法规和国家工商行政管理总局法规之间存在不一致。按照惯例，经纪人通常指经纪企业，不包括经纪执业人员。船舶经纪人即指从事租船、船舶买卖等活动的经纪企业，这在国际航运界不存在分歧。

在《上海市经纪人条例》将经纪企业称为经纪组织的情况下，课题组只得提出“航运经纪组织”这一新概念。这样，“航运经纪组织”应该等同于“航运经纪人”概念。

在专门制定船舶经纪或者航运经纪法规时，有必要考虑基本概念的国际通行含义。这也是与国际接轨的表现。

2. 不同类型航运经纪组织市场准入条件的差异

在现有法律、法规、行政规章规定的条件下，航运保险经纪组织、航运人才经纪组织、船员服务机构、航运技术经纪组织等之间存在差异，但仅就上海相关规定而言，则差别不大。

2010年4月1日起施行的《船舶交易管理规定》规定了船舶买卖经纪人市场准入条件。该规定将船舶买卖经纪称为“船舶交易经纪”，是指为船舶交易提供居间、行纪、代理等活动，并获得佣金报酬的经营性活动。从事船舶交易经纪活动的条件是：“应至少配备2名具有从事航运、船舶交易相关行业3年以上工作经验的专业人员，依法取得营业执照，并向所在地地级市交通运输主管部门备案。”

3. 船舶经纪组织市场准入规定的缺位

在国家层次和地方层次，目前都没有关于船舶经纪组织的市场准入规定。目前，上海及其他地方的船舶经纪业务尚处于非公开的“地下”状态，工商管理部门和行业主管部门并没有掌握航运经纪组织数量及其经营的具体情况。从这个角度而言，建立航运经纪组织（航运经纪人）市场准入制度后，获得一些基本的数据和事实就相对容易些。

4. 航运经纪组织形式要求上的差异

保险经纪人组织形式可以是有限责任公司或者股份有限公司。

按照《人才市场管理规定》《中外合资人才中介机构管理暂行规定》《上海市人才中介服务机构管理暂行办法》等，航运人才经纪的组织形式没有明确规定。从一般意义上来讲，个人独资、合伙、公司均可以。

航运技术经纪组织形式可以是合伙形式的技术经纪人事务所、公司形式和个体工商户形式。

5. 中资企业从事船舶经纪业务的问题

调查表明，实际在从事船舶经纪业务的中资企业数量少、规模小、竞争力低，与国外船舶经纪企业难以形成正面的竞争，需要在数量上和规模上实现跨越发展。

（二）业界的立场和态度

课题组就船舶经纪组织形式及相关问题进行了调研。

《上海市经纪人条例》规定，经纪组织可以采用的法律形式包括公司、合伙企业和个人独资企业3种。船舶经纪业采取这3种形式应该没问题。问卷就个人是否可以从事船舶经纪业务进行了征求意见，68.2%的被调查者认为应该可以，31.8%的被调查者认为不可以。课题组认为，个人从事船舶经纪业务以及从事其他航运经纪业务应该是一种不规范的表现，影响到市场秩序的规范，也不利于管理部门的监管。

对于船舶经纪组织在设立时注册资本的要求,大部分被调查者认为,按照现有法律关于企业设立的注册资本要求即可,无须规定更高的条件,这部分占 72.8%,另有 27.2%的被调查者认为有必要规定更高的注册资本要求。

(三) 制度设想

1. 行业分治

在不同航运经纪业务之间,按照行业分治还是统一管理的问题,在航运经纪执业人员与航运经纪组织两方面都同样面临。课题组的基本思路是:按照行业分治原则处理,维持现有基本法律框架不变,弥补其中空缺的制度。

2. 建立船舶经纪组织市场准入制度

上海发展航运经纪业,当务之急是建立船舶经纪组织市场准入制度,内容包括注册资本、组织形式、设立程序、执业人员数量要求等。

3. 船舶经纪组织形式

在船舶经纪组织形式上,应以公司和合伙为基本形式,是否允许个人独资企业从事船舶经纪尚需考虑,但应该禁止个人从事船舶经纪活动。

4. 船舶经纪市场准入门槛

鉴于上海船舶经纪业发展方向是追求质量而不是数量,关于船舶经纪市场准入门槛高低问题的基本原则应该是:适当设置准入门槛,准入门槛不能过低。要使得上海船舶经纪具有国际竞争力,应避免出现大量的低标准船舶经纪组织,出现类似于目前船舶代理公司、船舶管理公司、货运代理公司的局面,这样才能有利于实现全球航运资源配置的目的。在立法上,在现有公司基本准入条件的基础上适当提高准入门槛,鼓励船舶经纪公司采取高标准的用人制度,向高端经纪业务发展。

六、航运经纪业外资准入制度设想

(一) 现状与问题

本篇第二章中显示的调查结果表明,在数量上,国外船舶经纪公司中国代表处在船舶经纪业占主导地位。国外船舶经纪公司通过代表处联系好业务后,在境外由国外船舶经纪公司签订合同,或者中国代表处以国外船舶经纪公司的名义签订合同,间接从事我国的船舶经纪活动。这是对现有法律的规避行为。

原人事部、商务部、国家工商行政管理总局共同颁布的《中外合资人才中介机构管理暂行规定》和《上海市人才中介服务机构管理暂行办法》就中外合资人才中介机构的市场准入进行了规定。

按照我国加入世界贸易组织的承诺以及我国相关法律法规的规定,外资可以在我国设立合资或独资的保险经纪公司。这也同样适用于航运保险经纪领域。目前设立的外资保险经纪企业数量非常有限。

《上海市技术经纪人管理办法》未就外资准入进行规定。

航运经纪业外资准入问题集中在船舶经纪业。根据原交通部、商务部〔2004〕第1号令《外商投资国际海运业管理规定》第2条的规定,允许外商采用以下形式投资经营国际海运业:①设立中外合资、中外合作企业经营国际船舶运输、国际船舶代理、国际船舶管理、国际海运货物装卸、国际海运集装箱站和堆场业务;②设立中外合资、中外合作、外商独资企业经营国际海运货物仓储业务;③设立中外合资、中外合作、外商独资企业为投资者拥有或者经营的船舶提供日常业务服务。该规定没有规定船舶经纪的外资准入制度,但从船舶经纪与船舶代理属于相同类型的航运服务角度可以推论,在船舶经纪业应该只允许设立中外合资、中外合作两种形式的外商投资企业。

本课题的调查数据显示,业界对于我国是否应允许设立外商独资船舶经纪公司的意见见表4-4-1。由于被调查者中国外船舶经纪公司代表处占了相当大的比例,这样一种倾向性集中的意见是正常的。

表4-4-1 我国是否应允许设立外商独资船舶经纪公司

选项	允许	不允许	目前不允许
比例/%	86.4	9.1	4.5

(二) 制度设想

1. 通过立法确立航运经纪业外资准入制度

目前缺少船舶经纪和技术经纪外资准入的立法。虽然现有国际航运立法在对外开放度方面仍然有限制,但就船舶经纪外资准入而言,可以适当再放宽,即允许设立中外合作、中外合资和外商独资的船舶经纪公司。这是规范和发展上海船舶经纪的需要。

2. 将现有外资代表处升格为分公司或子公司

在确立船舶经纪外资准入制度的前提下,允许部分国外船舶经纪公司代表处升格为分公司或子公司,是目前规范和发展上海船舶经纪的一种途径。有些国外船舶经纪公司代表处提出没有独立经营账户,这本身不应被允许,因为代表处没有业务经营资格。

就我国船舶经纪业未来发展而言,必须改变目前国外船舶经纪公司通过间接方式从事经营活动的事实,因为这样的局面既导致国内合法的船舶经纪公司处于不利竞争地位,也导致行业监管的困难。

3. 吸引国际上著名的船舶经纪公司在上海从事船舶经纪业务

目前,已有一些国际上著名的国外船舶经纪公司在上海设立代表处。建立明确的外资市场准入制度,可以吸引这些国际船舶经纪公司在上海合法开展业务,有利于上海租船、船舶买卖和进出口贸易等企业进行交易。这符合上海国际航运中心提高全球航运资源配置能力的需要。

第四节　航运经纪行业的自律

一、航运经纪行业自律组织的概况

课题组调查发现，船舶经纪业认为，制约上海船舶经纪发展的瓶颈主要有 2 个：一是人才短缺；二是缺乏行业自律。同样，上海船舶经纪市场目前急需完善的主要有 2 个方面：第一是行业自律；第二是市场培育。可见，业界非常重视行业自律对于船舶经纪业发展的重要性。

我国目前尚没有保险经纪人协会。近年来，深圳、北京、浙江、湖北、山东等地成立了保险中介行业协会，这似乎成为一种模式，即包括保险代理人、保险经纪人和保险公估人在内的 3 类保险中介共同成立一个行业协会，这样成立专门的保险经纪人行业协会的可能性就很小。上海尚未成立保险中介行业协会。从事航运保险经纪的保险中介更没有可能成立单独的行业协会。

上海市执业经纪人协会是社会团体法人，是执业经纪人的自律性组织。《上海市经纪人条例》第 31 条规定："执业经纪人应当加入市执业经纪人协会。经纪组织可以加入市执业经纪人协会。"上海市执业经纪人协会履行《上海市经纪人条例》规定的职责，并应当建立会员执业信誉档案制度。目前，在上海市执业经纪人协会下设立 2 个专业委员会，即产权经纪专业委员会和技术经纪专业委员会。

上海市执业经纪人协会具有下列几个特点：①以执业经纪人即经纪从业人员为主体，虽然经纪组织也可以加入成为会员，但以个人会员为主；②以协助工商行政管理机构和行业主管机构解决经纪从业人员市场准入为己任，是政府职责的延伸；③包括上海市范围内各种经纪活动，具有综合性行业协会特点。

以上 3 个特点决定了上海市执业经纪人协会在行业市场自律方面所能够发挥的作用非常有限，因为真正的行业自律应该以行业内的企业为主体会员，它们共同制定行业规范和经纪活动准则。从目前上海市执业经纪人协会所发挥的作用上看，其实质上并不是真正的行业自律机构。

二、航运经纪行业自律制度的设想

（一）航运经纪不同行业自律组织之间的关系

上海关于经纪业自律组织的现有模式非常简单，即统一为"上海市执业经纪人协会"。该模式存在的问题是：①难以充分考虑到不同行业经纪的特点，即使在航运经纪领域，船舶经纪、航运保险经纪、人才经纪和技术经纪彼此之间也很少有共同语言；②在全国范围内，行业协会总体上按照行业设立，上海市执业经纪人协会与这些行业协会之间的关系变得复杂。

（二）设立上海船舶经纪人协会的可行性

上海市执业经纪人协会主要是经纪执业人员的协会，不是经纪企业的协会，而且为政府履行市场准入职责。无论是理论上还是实践上，均有必要成立以航运经纪或者船舶经纪企业为主要会员的真正的行业自律组织。而且，这样设立的组织与上海市执业经纪人协会在职能上没有冲突，并有互补关系。同时，也解决了航运经纪尤其是船舶经纪缺乏行业自律组织的问题。

（三）设立行业协会需要以行业管理和市场准入制度建设为前提

设立上海船舶经纪人协会，需要以船舶经纪的行业管理和市场准入制度建设为前提，道理很简单：在船舶经纪企业尚处于“地下”经营状态时，没有可能成立行业自律组织。

在解决船舶经纪行业管理和市场准入制度后，按照《上海市行业协会暂行办法》第 6 条规定，具备以下条件，即可发起成立行业协会：①有 10 名以上的发起人，发起人为在本市取得营业执照、连续经营 2 年以上的企业、个体工商户或者其他经济组织；②拟成立的行业协会应有行业代表性，发起人和其他参加会员应当达到或者承诺在 2 年内达到本市同业组织数量的 20％以上或者同业销售额的 50％以上；③具有符合任职条件的拟任法定代表人和 3 名以上与其业务开展相适应的专职工作人员。

在实现船舶经纪行业协会规范运作以后，再根据船舶经纪市场细分原则，设立专业委员会。

（四）设立中国船舶经纪人协会的可行性

虽然设立上海船舶经纪人协会具有可行性，并为船舶经纪行业所期望，但与上海市执业经纪人协会及《上海市经纪人条例》相关规定存在一定的抵触。如果直接设立中国船舶经纪人协会，则可以回避此种可能遇到的问题。

但是，课题组并不建议采取这种思路，主要是因为国际上主要航运国家都没有专门的船舶经纪人协会。在一些国家，船舶经纪人和船舶代理人共同成立一个协会，在协会名称上也以两者并存为特征。英国皇家船舶经纪人协会实际上是“名不副实”的，因为其同时包含了船舶代理人。而且，即使成立中国船舶经纪人协会，由于中国船舶代理及无船承运人协会已经加入船舶经纪人和代理人国家协会联合会(FONASBA)，根据一个国家一个代表的规则，这样成立的中国船舶经纪人协会不能加入该联合会，将游离在 FONASBA 体制外。

（五）发挥 ICS 在培训等方面的作用

在上海船舶经纪行业自律组织设立之前，甚至在这之后，发挥 ICS 在船舶经纪从业人员培训、资格考核、会员管理、行业自律规范建设等的作用，可以在一定程度上弥补上海船舶经纪自律制度建设落后的缺陷。

从我国现有行业协会运作情况看，设立上海船舶经纪行业自律组织，短期内很难达到高水平的行业自律，包括培训、考核等复杂的活动。ICS 有助于这些问题的解决，也有助于上海船舶经纪行业与国际接轨，但需要我国船舶经纪业甚至行业主管部门有条件地或者无条件地认可 ICS 颁布的证书。

第五节　五大基本关系及其处理

一、促进航运经纪市场发展与国际航运中心建设总目标之间的关系

国发〔2009〕19 号文件提出到 2020 年上海基本形成服务优质、功能完备的现代航运服务体系后，上海相关职能部门以及业界有关人士呼吁大力发展航运经纪。发展航运经纪市场涉及与国际航运中心建设总目标之间的关系。课题组认为，两者密切相关，主要表现为：

第一，上海航运经纪发展，是上海国际航运中心建设的重要组成部分，尤其是现代航运服务体系的重要组成部分，是上海国际航运中心建设迫切需要发展的一项现代航运服务。具有国际影响力的航运经纪市场是上海具有全球航运资源配置能力的国际航运中心的标志之一，航运经纪对现代航运服务体系中的租船、船舶买卖、修造船、保险、技术、人才和信息等相关行业的发展起着重要的推动作用，也即航运经纪的发展将有力地推动上海国际航运中心建设。

第二，上海国际航运中心建设为航运经纪业发展壮大提供了最有利的时机和条件。在上海国际航运中心建设过程中，全球航运资源逐渐向上海集中，即航运经纪业服务的对象不断集聚上海，大量航运交易在上海完成，从而为航运经纪业的发展壮大提供了很好的前景。在伦敦“一家独大”的竞争格局下，无论是香港、新加坡还是上海，在船舶经纪领域要想发展壮大，必须面对来自伦敦的强大竞争压力。如果没有上海国际航运中心建设，上海航运经纪业的发展和规范将几乎是一句空话。

第三，航运经纪的发展要服从和服务于上海国际航运中心建设的总目标。上海国际航运中心建设是要把上海建设成为具有全球航运资源配置能力的国际航运中心。与此目标相适应，上海航运经纪业的发展目标必须是发展具有国际影响力的航运经纪业，具有提供国际水准的高端航运经纪服务的能力。为此，上海航运经纪业在发展起步阶段必须设立高标准、严要求，做到“少而精”，避免出现船舶代理、

船舶管理和货运代理企业数量多、服务质量不高的局面。

二、规范管理与促进发展之间的关系

航运经纪市场的规范包括两方面：一是政府实施的行业管理；二是行业自律组织进行的自我规范。目前，由于缺乏行业自律，航运经纪市场的规范力量应该首先考虑政府行业管理。在规范中促进发展，在发展过程中继续规范，是处理规范管理与发展之间关系的基本准则。在航运经纪不同行业，两者关系处理应该具有一些差别。

政府的规范管理无疑对上海建设国际航运中心、发展航运经纪具有极大的推动作用，也是重要的制度保障。要吸引全球的航运经纪资源在上海集聚，需要政府对航运经纪市场进行规范管理，建立发展航运经纪的制度保障体系。其主要工作包括：

第一，政府应确立发展航运经纪产业的政策，这一点在国发〔2009〕19 号文件中已经确定。这是促进航运经纪发展的需要。

第二，要建立上海发展航运经纪的一系列具体制度，如航运经纪人和航运经纪从业人员的市场准入制度、对航运经纪市场竞争秩序的管理制度等。这是规范航运经纪的需要，也是发展航运经纪的需要。

第三，上海航运经纪政策首先应该以促进发展为目标，在发展过程中求规范。但是，对于对航运经纪业发展明显不利的不规范，必须尽快予以规范。

三、政府监管与行业自律之间的关系

从国际航运经纪业现状看，行业自律是航运经纪业主要的规范和发展模式，航运经纪人协会通常负责执业航运经纪人的教育和培训、制定行约行规、向政府主管部门反映业内诉求，推动维护本行业持续健康发展。

在政府监管与行业自律的关系上，应借鉴国际惯例，以行业自律为基础，以政府适度监管为准则。

处理政府适度监管与行业自律之间的关系，政府和行业自律组织要各自明确地位，摆正位置，掌握分寸。一方面，政府对航运经纪市场应进行适度监管，包括制定航运经纪业的发展政策、市场准入制度和市场行为规则等，营造公平有序的竞争环境，要改变重审批、轻服务的传统观念，实现向服务性政府的转变，给航运经纪人协会比较充分的自主管理权，建立、引导、指导航运经纪人行业协会，真正让行业担负起社会责任，为行业协会的自我发展、自我管理创造条件；另一方面，航运经纪人协会要在政府的引导、指导下切实发挥行业自律作用，制定行业规则，反映行业诉求，为会员单位服务，成为政府与航运经纪人之间的桥梁和纽带，增强市场的自治功能。只有这样建立的规范管理才能有效促进航运经纪市场的发展，从而促进上海国际航运中心建设。

课题组就上海船舶经纪市场如何处理政府监管与行业自律之间的关系进行了问卷调查结果见表 4-4-2。

表 4-4-2 行业自律与政府监管之间的关系

选　　项	比例/%
行业自律为主,政府监管为辅	85.7
政府监管为主,行业自律为辅	9.5
行业自律和政府监管并重	4.8

在航运经纪业缺乏行业自律组织和自律机制的情况下,政府有责任推动航运经纪业建立这种组织和机制。这也是行业管理的一部分。

四、政策与法律之间的关系

政策先行、法律跟进,是许多现代管理制度产生、发展的一般性路子,尤其对于具有创新性、探索性的制度来说,这种方法比较稳妥。对于上海建设国际航运中心、发展航运经纪来讲,这种方法也可以适用。国发〔2009〕19 号和沪府发〔2009〕25 号 2 个文件提出了上海国际航运中心建设的目标、任务和措施,发展航运经纪是其中重要组成部分。在法律层面,我国目前并没有具体法律法规规范航运经纪市场和航运经纪人的行为。应考虑将有关发展航运经纪政策转化为法律法规。这是因为,与法律法规相比,政策较具弹性,缺乏强制力,而法律法规更具有刚性,其实施具有强制力保障。毫无疑问,这种刚性和强制力是实现 2020 年上海国际航运中心建设总体目标、发展航运经纪的有力保障。同时,政策通常较具原则性,而法律法规通常更具体,更具有可操作性。通过法律法规实现政策的法律化和具体化,有利于政策的落实和实现。

五、政府部门之间的职权分工关系

船舶经纪市场的管理,涉及船舶经纪企业和船舶经纪执业人员的市场准入、外资准入、船舶经纪行为规范、对违法行为的调查与处罚等内容。因此,按照政府部门的职权分工,船舶经纪市场的管理涉及多个政府部门。由于船舶经纪业属于海运辅助业,政府交通主管部门理所当然是船舶经纪市场的主管部门。但是,政府交通主管部门需要与其他相关的政府部门围绕上海国际航运中心建议的总目标以及发展和规范船舶经纪市场的具体目标,分工合作、相互协调,既要避免“政出多门”,又要避免出现相互推诿责任的现象。

第五章　上海国际航运中心航运经纪发展对策

第一节　发展目标

上海国际航运中心建设中航运经纪的发展，需要以国发〔2009〕19号文件和沪府发〔2009〕25号文件为指导，以推进国际航运服务体系建设为背景，在借鉴世界上发达航运中心发展航运经纪经验的基础上，以市场准入制度建设为突破口，建立行业管理制度，实施优惠政策，引导成立行业自律组织，形成公平有序的竞争环境，实现航运经纪的跨跃式发展，使航运经纪成为国际航运服务体系建设的一个亮点，优先成为具有全球航运资源配置能力的航运服务业，成为推动国际航运服务体系发展的重要力量。

课题组建议以船舶经纪发展为重点。船舶经纪发展的目标是：以目前上海船舶经纪行业为基础，借鉴世界上发达航运中心发展船舶经纪的经验，以市场准入制度建设为突破口，建立行业管理制度，实施优惠政策，引导成立上海船舶经纪行业自律组织，形成公平有序的竞争环境，将上海建设成为亚太地区船舶经纪中心之一。

上海成为亚太地区船舶经纪中心之一的衡量标准有：船舶经纪人数量、船舶经纪从业人员数量、营业收入、市场细分程度、国际竞争力和国际影响力。

上海船舶经纪的发展在以国际船舶经纪为重点时，也需要大力发展国内船舶经纪市场，为国内租船、船舶买卖和修造船服务，成为国内船舶经纪中心。

课题组围绕船舶经纪发展提出一些对策。这些对策既有国务院交通运输主管部门层次上的，也有上海地方政府层次上的，有的需要通过协调来解决，有的应该积极创造条件、尽快付诸实施。同时，除船舶经纪外的其他航运经纪，相关职能部门也有必要制定和落实发展对策。

第二节 制度建设

一、行业管理与市场准入制度

(一) 行业管理制度

交通运输部是我国船舶经纪业的主管部门。国际船舶经纪业由交通运输部直接主管,地方交通行政管理部门协助。国内船舶经纪业可授权地方交通行政管理部门负责管理。但是,两者都需要通过立法予以确立。

国际船舶经纪业应该作为《国际海运条例》意义上的国际海运辅助业,在管理模式上与现有国际海运辅助业相同。至于国内船舶经纪业管理体制的建立,需要通过修改《水路运输服务业管理规定》来实现,将国内船舶经纪业作为水路运输服务业之一进行管理。

(二) 市场准入制度

1. 船舶经纪企业市场准入一般条件

按照适用范围,市场准入制度可分为国内船舶经纪市场准入制度和国际船舶经纪市场准入制度。国内船舶经纪和国际船舶经纪,虽然各有一定的特点,但共性多于个性,因而可以考虑建立统一的船舶经纪市场准入条件,而不区分国内船舶经纪市场准入制度和国际船舶经纪市场准入制度,但可以在需要的地方作一些区别对待和处理。

船舶经纪业务类型包括租船经纪、船舶买卖经纪和修造船经纪,但不需要建立不同类型经纪业务的市场准入制度,应该建立统一的船舶经纪市场准入制度。

就船舶经纪市场准入条件而言,《船舶交易管理规定》规定了船舶买卖经纪市场的准入条件,其基本要求是"应至少配备 2 名从事航运、船舶交易相关行业 3 年以上工作经验的专业人员,依法取得营业执照,并向所在地地级市交通运输主管部门备案",即强调从业人员数量、从业经验、注册登记和备案 4 个条件。前 2 个是实质条件,后 2 个是程序条件。这种模式具有一定合理性,可以借鉴。但是,2 名从业人员的数量要求明显过低,而且没有从业人员资质的要求。换言之,《船舶交易管理规定》规定的船舶买卖经纪市场的准入门槛过低。

在许可制还是核准备案制上,宜选择核准备案制。

关于市场准入的主管机关,所在地地级市交通运输主管部门级别过低。从事国际船舶经纪业务,主管机关宜规定为国务院交通主管部门(交通运输部);从事国内船舶经纪业务,主管机关宜规定为省级地方人民政府交通主管部门。

如果按照先行先试原则,由上海市人民政府或其交通运输主管机构规定船舶经纪市场准入制度，则需要解决与《上海市经纪人条例》按照经纪企业不同形式对执业经纪人员数量不同要求之间的关系问题。但是“至少2名经纪从业人员”的条件明显过低。

2. 船舶经纪企业形式

《保险经纪机构监管规定》规定，保险经纪机构的形式只限于有限责任公司和股份有限公司。在船舶经纪企业形式上，除有限责任公司和股份有限公司外，可允许合伙企业从事船舶经纪活动，但可考虑不允许个人独资企业从事船舶经纪活动，更不允许个人从事船舶经纪活动。

3. 经济责任担保制度

在经济责任担保制度上，是否需要参照《保险经纪机构监管规定》对保险经纪人要求“投保职业责任保险或者缴存保证金”的做法，建立船舶经纪人的经济责任担保制度，需要主管部门进行充分的研究后再决定。相对而言，船舶经纪市场准入门槛高，设立船舶经纪企业经济责任担保制度的必要性就小，反之就大。

如果设立船舶经纪企业经济责任担保制度，在担保形式和担保金额2个方面都需要创新。

保证金制度是在初级阶段使用的一种担保形式。《国际海运条例》规定无船承运业务经营者提供80万元人民币的保证金。随着市场经济的发展，担保形式可以考虑责任保险、第三人保证等非现金形式的责任担保，尤其应倡导责任保险形式。第三人保证是可以由专业担保公司、银行等金融机构作为担保人。从2010年11月1日起，无船承运人可以选择以购买责任保险的方式替代缴纳80万元人民币的保证金。

在经济责任担保金额方面，《国际海运条例》规定无船承运业务经营者的保证金为80万元人民币，或者责任保险金额为80万元人民币。《保险经纪机构监管规定》规定：“保险经纪公司投保的职业责任保险对一次事故的赔偿限额不得低于人民币500万元，一年期保单的累积赔偿限额不得低于人民币1 000万元，同时不得低于保险经纪机构上年营业收入的2倍。职业责任保险累计赔偿限额达到人民币5 000万元的，可以不再增加职业责任保险的赔偿额度。保险经纪公司缴存保证金的，应当按注册资本的5%缴存，保险经纪公司增加注册资本的，应当相应增加保证金数额；保险经纪公司保证金缴存额达到人民币100万元的，可以不再增加保证金。”课题组认为，《保险经纪机构监管规定》的规定可以参考。

4. 船舶经纪从业人员市场准入条件

课题组认为，鉴于船舶经纪具有很强的专业性，以及为了与国际接轨，提高船舶经纪从业人员的素质，船舶经纪从业人员需通过资格考核而获得从业资格。关于如何实行资格考核，有2种选择：一是由交通运输部交通专业人员资格评价中心（职业技能鉴定指导中心）统一安排船舶经纪从业人员资格考核；二是按照《上海市经纪人条例》的规定实施船舶经纪从业人员资格考核。根据先行先试原则，上述第一种方案比较可行。

船舶经纪从业人员的资格考核内容主要应包括 2 个方面：一是对经纪从业人员的一般性要求的知识；二是从事船舶经纪业务所要求的专门知识。对于第二个方面的知识，由于从事国际船舶经纪业务和从事国内船舶经纪业务所需要的专门知识存在差异，可以有适当的区别对待。对于航运管理等院校毕业生，或者已经取得 ICS 基础证书（The Foundation Diploma，FD）和（或）高级证书（The Advanced Diploma，AD）的人员，可以根据情况规定适当减免考核的内容或科目。

同时，可以规定船舶经纪从业人员参加资格考核之前的培训要求。

5. 市场准入制度实施建议

船舶经纪企业市场准入依赖于制度建设，尤其是以相应的立法为依据。全国性的船舶经纪市场准入立法权属于国家立法机关、国务院或国务院交通主管部门（交通运输部），根据《立法法》规定的程序进行立法。

在国家进行全国性的船舶经纪市场准入立法之前，根据先行先试原则，建议运用上海地方立法权，按照国务院第 19 号文件的精神、企业工商登记一般条件，争取以上海地方立法或规章的形式确立上海船舶经纪企业市场准入制度、外资准入制度和经纪从业人员从业资格制度。

（三）外资准入制度

基于前文分析，课题组认为应当允许外资准入国际船舶经纪市场。但是，从目前情况看，国内船舶经纪市场没有必要对外资开放。

国际船舶经纪市场对外资开放的程度，是一个值得研究的问题，涉及我国外资开放政策。按照《国际海运条例》关于国际海运辅助业对外开放一般准则，国际船舶经纪业仅允许设立中外合资经营企业或者中外合作经营企业，并且外商的出资比例不得超过 49%。但是，这种对外开放程度不利于大力发展船舶经纪政策的实施，有必要在国际船舶经纪市场实行更大的开放度，即允许外商设立独资国际船舶经纪企业，实现将一些国外船舶经纪公司代表处升格为外商独资公司、分公司、子公司的目标。参照设立外商独资航运公司的做法，可以考虑对国外船舶经纪公司经营的时间、国外船舶经纪公司设立代表处的时间作出要求。对于在中国香港设立的船舶经纪公司在内地设立外商独资公司、分公司、子公司，还需要考虑《关于建立更紧密经贸关系的安排》（CEPA）的规定和精神。如果设立中外合资船舶经纪公司，没有必要限定外商投资比例。

另外，鉴于中资国际船舶经纪企业竞争力弱、市场份额低、大部分市场份额被外资占有的现实，在制度设计上是否考虑对中资国际船舶经纪企业一定的政策保护和倾斜，涉及政策层面的问题以及这种政策保护和倾斜是否与将上海建设成为全球航运资源配置中心之一的总目标相符合的问题，必须慎重。原则上，课题组不建议采取这种做法。

外资准入国际船舶经纪市场，其管理事权和程序的安排可以参照设立外商独资航运公司的做法。

二、行业自律机制与制度

（一）成立行业自律组织

建议成立上海船舶经纪行业协会，具体工作需要在建立市场准入法律制度后进行。上海船舶经纪行业协会可以由船舶经纪行业内具有影响力的企业发起成立。

上海船舶经纪行业协会与现有的上海市执业经纪人协会并不矛盾。前者是船舶经纪企业作为会员，后者是船舶经纪从业人员作为会员；前者是行业内企业自律组织，后者是行业从业人员自律组织；前者是专业性的，后者是综合性的。

作为过渡措施，在成立上海船舶经纪行业协会之前，有关船舶经纪从业人员的资格考核工作可以仍由上海市执业经纪人协会负责。成立上海船舶经纪行业协会后，尤其是上海船舶经纪行业协会在组织建设、制度建设、职能履行、行业认可程度、权威性等方面达到预期目标后，经纪从业人员从业资格培训与考核由上海市执业经纪人协会转移到上海船舶经纪行业协会。

（二）建立经纪行为自律规范

上海船舶经纪行业协会成立后，一项基础性工作是制定行业自律规范。船舶经纪行业自律规范包括以下几个文件：协会章程、经纪行为准则、道德规范、标准合同范本等。其中，经纪行为准则和道德规范可以合二为一，标准合同范本可以借鉴国际上著名的船舶经纪协会或船舶经纪国际组织制定的标准合同范本。

（三）建立信用制度

《上海市经纪人条例》第 33 条规定："市执业经纪人协会应当建立会员执业信誉档案制度。"根据上海市人民政府《关于加强本市社会诚信体系建设的意见》（沪府发〔2003〕49 号），上海市航运及辅助业资质信誉评估工作已经纳入上海市社会诚信体系建设基本框架，目前由上海航运交易所负责实施，企业自愿参加。上海航运交易所按照《航运及其辅助业资质信誉评估指标体系》和《信用等级评定标准》组织实施。

上海船舶经纪行业协会成立后，可以考虑船舶经纪企业资质信誉评估工作由上海航运交易所负责实施，或者由上海船舶经纪行业协会负责实施。

《船舶交易管理规定》第 6 条规定："船舶交易服务机构应定期公布进场的船舶交易经纪人名单并建立信用等级档案。"这一规定可以理解为船舶交易服务机构内部管理制度，而不是船舶经纪行业自律范畴。

(四) 建立行业信息统计

船舶经纪行业整体信息是企业经营决策、政府管理、科研等的基础。作为一个“小行业”,政府主管部门不一定拥有完整的信息。因此,建议将来成立的上海船舶经纪行业协会负责船舶经纪行业信息统计工作,遵循统计信息公开的原则。

(五) 建立教育培训体系

船舶经纪从业人员的教育培训分几个层次,宜分别由不同的机构承担:第一,海事高等院校承担一般教育;第二,行业自律组织提供专业和知识更新培训;第三,船舶经纪企业对企业从业人员进行在职培训。

我国船舶经纪从业人员教育培训体系中存在的最大问题是缺乏后两种类型的培训。业界认为缺乏船舶经纪人才,实际上潜在的船舶经纪人才并不缺乏,缺乏的是将这些潜在人才转化为实际船舶经纪人才的职业培训。行业自律组织应当担当这种服务的主要提供者。

三、优惠政策体系

(一) 税收优惠

船舶经纪业属于高端服务、知识经济、高附加值行业。与良好的法治环境和商务环境一样,税收优惠对于促进船舶经纪业的发展具有重要作用。在税收优惠方面,新加坡是一个很好的例子。

税收减税权限一般集中在国务院及其职能部门,并不在地方政府。所以,采取税收优惠政策存在一定的难度。对于上海船舶经纪业而言,可以争取借助“国际航运发展综合试验区”的相关营业税免征政策予以优惠。

虽然国外船舶经纪企业在现阶段占主导地位,但不能因此认为税收优惠都给予了外资企业。上海要参与全球船舶经纪业竞争,这点好处应该舍得给。

此外,应当研究船舶经纪执业人员在个人所得税方面的优惠政策,吸引高端人才,加快船舶经纪业的发展步伐。

(二) 发挥航运产业基金的作用

发挥组建中的上海航运产业基金在发展船舶经纪业方面的作用值得期待。该基金对于船舶经纪业的促进可能比不上税收优惠制度那样具有普遍性,只有小部分船舶经纪企业可获得基金的支持,但可以起到促进船舶经纪业发展,尤其是国内船舶经纪企业发展的作用。

四、竞争力

(一) 吸引国际著名的船舶经纪公司

国际上著名的船舶经纪公司目前主要集中在伦敦,并且其业务已经广泛延伸到香港、新加坡等新兴的航运中心。在上海,部分国外船舶经纪公司代表处也属于这些著名的船舶经纪公司。

吸引国际上著名的船舶经纪公司进驻上海,既是开放的标志,也是发展上海船舶经纪业的直接、有效的途径。同时,这些企业将带来先进的管理经验、高级经营人才、规范的业务运作模式,并且有助于国际航运资源向上海聚集,对于发展上海乃至我国船舶经纪业都具有促进作用。

上海乃至中国的大市场本身对于国际上著名的船舶经纪公司具有足够大的吸引力。所以,在以往未明确开放的情况下,已经有许多国外船舶经纪企业设立了代表处并从事不合法的经营活动。随着船舶经纪市场外资准入制度的建立,上海国际航运服务体系的完善,航运强国战略的实施,将给国际上著名的船舶经纪公司带来更多的机遇,预期会有更多的国际上著名的船舶经纪公司进入该市场。

(二) 鼓励本土船舶经纪公司做大做强

在强调吸引国际著名的船舶经纪公司以提高上海国际船舶经纪市场竞争力的同时,不能忽视本土船舶经纪企业的作用。从一定意义上来讲,应该把扶植和发展本土船舶经纪企业作为优先考虑的目标。发展本土船舶经纪企业主要是就国际船舶经纪市场而言的。本土船舶经纪企业在服务于本国船公司和货主等方面由于语言优势、文化优势、市场信息优势等,能够提供个性化的服务。因此,需要考虑扶持本土船舶经纪企业做大做强。

(三) 发展国内船舶经纪

上海国际航运中心既要成为国际航运资源配置中心,也要成为国内航运资源配置中心。从实现难易程度上看,上海首先应该成为国内航运资源配置中心,然后再逐步成为国际航运资源配置中心。

船舶经纪市场可分为国内船舶经纪市场和国际船舶经纪市场,区分标准是船舶从事国内航运还是国际航运。在租船经纪、船舶买卖经纪和修造船经纪三个领域,同时存在国内市场和国际市场。《船舶交易管理规定》涉及的船舶既有国际航行船舶也有国内航行船舶,该规定有关船舶交易经纪同时涉及国内、国际两个市场。

目前我国航运立法通常将国内和国际分成两部分,分别制定管理制度,如《国际海运条例》和《国内水路运输管理条例》、国内船舶管理和国际船舶管理、国内船舶代理和国际船舶代理。在航运经纪问题上,如果沿用传统立法模式也具有一定的合理性,但如前文所述,考虑到国内船舶经纪市场和国际船舶经纪市场的共性多于个性,以及两个市场存在的互通性,从长远发展的角度可以考虑建立统一的船舶经纪制度。课题组认为,现阶段在管理和立法上,有必要建立相对统一的国内、国际船舶经纪制度。国内船舶经纪制度和国际船舶经纪制度在基本政策、原则和制度框架上实现统一,但在具体管理制度设计上,需要考虑两者之间的区别。

国内船舶经纪市场发展相对落后,规范的竞争秩序尚未建立,企业数量多但规模相对较小,不同地区之间竞争激烈。就规范和发展两个管理目标而言,国内船舶经纪市场首先解决规范问题。在船舶经纪从业人员资格考核要求方面,国际船舶经纪从业人员需要良好的英语水平及国际航运市场、法律和国际惯例等方面的知识,国内船舶经纪从业人员在这方面的要求相对低些。因此,在这方面需要有所区别。在船舶经纪企业市场准入方面,由于经纪业务本身的要求在国内和国际市场两方面并不存在根本的区别,所以,如企业法律形式、注册资本、从业人员数量、办公条件、责任担保等可以没有不同的要求。

(四)控制商务成本

在国际航运服务业,税收制度和商务成本是影响企业竞争力的两个基本因素。多年来上海的快速发展带来了办公、劳动力等方面成本的迅速增加,与伦敦、香港、新加坡等比较,上海已失去后发地区的成本优势。

上海虹口区政府在发展北外滩航运服务集聚区方面积累了许多经验,包括对入住企业办公费用补贴、从业人员租房补贴、提供启动资金等。建议将这些有效的做法推广到整个国际船舶经纪业。这需要政府财政支持,包括前述的航运产业基金应该发挥作用。如果不能推广到整个行业,则可以在陆家嘴、保税港等地区优先实施。

五、发展环境

(一)船舶经纪人才

从事船舶经纪工作一直是国内海事院校毕业生趋之若鹜的选择,并且竞争激烈,有许多高素质人才从事船舶经纪业。但是,由于船舶经纪业务规模小,缺乏合法身份,国内高校在培养船舶经纪人才方面缺乏系统性的教育培训体系。为此,有必要制定有利于船舶经纪人才集聚的政策措施,完善人才公共服务平台功能,提高人才综合服务水平,着力引进海外高层次船舶经纪人才。对于符合条件的人才,给予住房、医疗保障、子女就学、户籍(居住证)等方面的优惠或便利。对于引进的境外人才,简化出入境手续。现阶段可以考虑建立航运人才奖励计划，制定航运人才奖励办法，设立航运人才奖励基金，对于作出显著贡献的人才给予奖励。

（二）现代航运服务体系建设

无论是国内船舶经纪还是国际船舶经纪，其发展都依赖于国内航运、国际航运相关产业的发展，否则将成为“无米之炊”。经纪业是中介服务业，没有被服务的对象，其本身将失去存在的价值。

与船舶经纪业直接相关的行业是租船、船舶买卖和修造船三大行业。其中，国际租船、国际船舶买卖和国际修造船三个市场具有世界性特点，可以在世界上具备条件的任何地方进行交易，所以，上海如果没有足够的吸引力，难以将有关资源吸引到上海来。所以，应该抓住现代航运服务体系中若干重要方面同时建设发展，船舶经纪业只是其中的一个方面。

（三）船舶登记制度

船舶登记制度对于国际航运中心建设具有全方位的影响，香港和新加坡船舶登记制度改革的成功给这两个航运中心带来了极大的利益。船舶登记制度直接影响到船舶融资、船舶买卖、租船、船舶保险、船员服务、船级检验、船舶修理、海事法律服务等相关的多个航运服务业。

中资“方便旗”船特案减免税政策的执行截止日期为 2011 年 6 月 30 日。由于船舶登记的核心依然是严格登记制度，该政策对于建设上海国际航运中心不是有利的因素，也不利于国际船舶经纪业的发展。

（四）国内贸易

投资、出口和内需是我国经济发展的三大动力。随着我国经济促内需政策的不断实施，转型成功后的经济将给国内航运业带来更大的发展机遇。国内船舶经纪业也会有更大的发展空间。

（五）海事法律服务

船舶经纪从业人员无论从事租船还是船舶买卖、修造船的经纪活动，都必须具备基本的海事法律知识。同时，为委托人提供相关的基本法律服务是船舶经纪的延伸服务，而当事人经济利益、风险防范、纠纷预防与解决等都离不开相关的法律知识。

鉴于租船、船舶买卖、修造船涉及的合同相当复杂，有关的法律也涉及多个部门，一般从业人员不可能是法律方面的专家，具有发达的海事法律服务环境是发展船舶经纪的需要。

第三节　立法建议

一、立法说明

（一）必要性和意义

通过前述研究，课题组建议制定我国《船舶经纪业管理规定》，其必要性和意义表现为：

第一，弥补我国《国际海运条例》的空缺，建立我国完整的国际海运辅助业管理体制。

第二，建立我国船舶经纪业市场准入制度，规范船舶经纪市场秩序。

第三，有利于发展我国租船、船舶买卖和修造船业。

第四，为上海大力发展船舶经纪提供政策和法律支持。

第五，为成立船舶经纪行业协会提供法律依据。

第六，为船舶经纪从业人员的教育、培育和考核提供法律依据。

（二）立法层次

建立船舶经纪管理制度，有以下两种基本方案供选择：

第一，鉴于国际海运辅助业立法权在中央（国务院或交通运输部），建议由交通运输部制定《船舶经纪业管理规定》。

第二，如果交通运输部不能在近期制定《船舶经纪业管理规定》，有必要按照先行先试原则，由上海市人民政府制定船舶经纪管理的地方规章，探索监管模式，积累经验。

上述第一种方案符合我国国际海运辅助业管理的事权安排，而且交通运输部水运局对船舶经纪立法非常重视。所以，课题组建议采取第一种方案，并且在交通运输部制定《船舶经纪业管理规定》的过程中，上海有关部门应积极参与，从上海国际航运中心建设需要出发提出具体建议，使船舶经纪制度在考虑到全国一般性内容外，能够考虑到上海国际航运中心大力发展船舶经纪业的目标。但如果考虑到船舶经纪业在全国发展不平衡，交通运输部不能在近期制定适用于全国的《船舶经纪业管理规定》，则宜采用上述第二种方案，为今后交通运输部制定适用于全国的《船舶经纪业管理规定》提供经验。

2010 年 8 月，交通运输部决定重启《航运法》起草工作。原交通部从 1995 年就开始起草我国《航运法》，其中就有关于航运经纪的规定，将“航运经纪”定义为“根据合同约定，办理租船、船舶建造、船舶买卖以及其他航运交易事宜的居间活动”。所以，作为第三种方案，可在将来制定的《航运法》中规定比较完整的船舶经纪法律制度。但是,《航运法》的制定尚未列入国家立法规划,制定《船舶经纪业管理规定》单行法规仍属必要。但无论如何,上海在船舶经纪领域的先行先试将为《航运法》建立船舶经纪制度探索经验。

(三)内容体系

《船舶经纪业管理规定》主要应包括以下几大部分:

第一,立法目的和适用范围。立法目的是加强船舶经纪管理,规范船舶经纪经营行为,维护船舶经纪活动当事人各方的合法权益,促进船舶经纪市场的健康发展。关于适用范围,建议设立适用于国内船舶经纪和国际船舶经纪的相对统一的制度。

第二,国务院交通运输主管部门和地方人民政府交通运输主管部门在船舶经纪业管理上的关系。处理两者之间关系的原则是:国务院交通运输主管部门统一管理与地方人民政府交通运输主管部门属地管理相结合,适当给予地方人民政府交通运输主管部门一定的自主权,发挥地方政府的积极性和作用。

第三,船舶经纪业务范围。建议以租船、船舶买卖和船舶修建造的经纪活动为核心。

第四,船舶经纪企业市场准入。宜采用公司工商登记的一般市场准入与交通运输主管部门行政许可的特殊市场准入相结合的市场准入制度。船舶经纪的服务性质和行业特点,决定了船舶经纪企业和从业人员的数量不需要很多,而是强调从业人员的高素质、企业的高端服务。因此,市场准入条件应当适度,尤其不宜过于宽松,否则,可能出现船舶代理企业、船舶管理企业和货运代理企业"遍地开花"的局面,造成市场混乱、无序和过度竞争。

第五,船舶经纪从业人员市场准入条件。要求从业人员具有专业知识和一定期间的相关从业经验,经过考试或评估取得相应的从业资格。

第六,外资准入市场条件。参照外商独资航运公司的做法,以我国加入世界贸易组织有关承诺为基础,以适度开放为准则。

第七,船舶经纪业务规范。

第八,行业自律组织。鼓励成立行业自律组织。

第九,船舶经纪从业人员教育、培训、考试和评估制度。

第十,船舶经纪企业的信用制度和经济责任担保制度。

(四)立法技术

制定《船舶经纪业管理规定》,需要解决以下一些技术性问题:

第一,使用航运经纪还是船舶经纪的概念。课题研究表明,业界对于航运经纪存在广义的理解,为了避免混淆及与国际接轨,建议使用船舶经纪的概念。

第二,与《船舶交易管理规定》规定的船舶交易经纪之间的关系问题。该规定的船舶交易经纪仅指船舶买卖经纪，并非指各种形式的船舶交易经纪。另外，该规定关于船舶交易经纪的定义、市场准入具有参考意义，但不一定与其保持一致。

第三，与国家工商行政管理总局《经纪人管理办法》之间的关系问题。从法律效力层次角度，《船舶经纪业管理规定》与《经纪人管理办法》之间是并列关系。所以，后者的规定可以参考，但《船舶经纪业管理规定》不一定与《经纪人管理办法》完全保持一致，根据船舶经纪自身的特点和发展船舶经纪的需要，《船舶经纪业管理规定》可作出特殊规定。

第四，与《国际海运条例》之间的关系问题。《船舶经纪业管理规定》应该与《国际海运条例》在原则上保持一致。鉴于《船舶经纪业管理规定》同时规范国内和国际船舶经纪行为，因而与《国际海运条例》可以在适用范围等方面存在一定的区别。

第五，与国际接轨问题。国际船舶经纪业务具有很强的国际性，船舶经纪行业自律是船舶经纪业的国际惯例，在《船舶经纪业管理规定》制定过程中需要考虑船舶经纪业的国际通常做法。但是，船舶经纪市场行业管理、市场准入等问题，应立足于我国的国情和发展我国船舶经纪业的目标。

（五）试点实践

在制定全国适用的《船舶经纪业管理规定》条件不完全具备，《航运法》的出台尚需要很长时间的情况下，在上海国际航运中心建设中就船舶经纪业管理立法进行先行先试是一个最佳时机。先行先试对于上海国际航运中心建设中船舶经纪业发展和将来《航运法》制定船舶经纪制度都将具有极其重要的意义。

课题组也希望通过试点实践，检验研究报告提出的系列设想和建议。课题组建议试点按照以下六阶段进行。

第一阶段：设立船舶经纪企业（已经与课题研究同步实现）。

2010年6月，在课题组完成初步研究报告后，上海市交通运输和港口管理局在获得交通运输部许可的情况下，与上海市工商行政管理局等机构共同启动了船舶经纪试点工作。试点第一阶段主要解决2个方面的问题：一是船舶经纪从业人员资格问题；二是船舶经纪企业工商登记问题。这2个方面都属于市场准入问题，是船舶经纪行业管理优先需要解决的前提性问题，也是我国航运管理法律存在的“盲点”。

2010年6月9日，上海市正式启动第一批船舶经纪从业人员准入试点工作。受上海市交通运输和港口管理局及上海市工商行政管理局委托，上海市执业经纪人协会于2010年7月10日举行了第一次船舶经纪从业人员资格考试，全市共有195人报名参加考试，135人考试合格。7月21日，上海市工商行政管理局向合格者颁发了“经纪执业资格（航运）考核合格证明”。

2010年7月29日，9家公司在上海北外滩航运服务集聚区注册成立，成为中国内地首批获得船舶经纪营业执照的企业，包括克拉克森航运经纪（上海）有限公司、上海辛浦森航运经纪有限公司、百力马航运经纪（上海）有限公司、百利航运经纪(上海)有限公司、毅联汇业航运经纪(上海)有限公司、祥华航运经纪(上海)有限公司、上海菁英航运经纪有限公司、上海津洋航运经纪有限公司和上海海高航运经纪有限公司,其中的大多数是在国外船舶经纪公司代表处的基础上设立的。

第二阶段:解决经营中遇到的问题。

在成立了船舶经纪企业后,需要解决企业经营过程中可能遇到的问题。对于国际船舶经纪企业,收入是美元,支付的也是美元,因而业务经营将受有关外汇管制的影响。可以在试点的企业范围内,确定一个用汇额度,实行相对自由的外汇政策。如果是外资代表处,在指定银行开设账户,可在国内进行消费,支付人民币(工资等),但不能将非法收入汇入该账户。如果允许在国际航运综合试验区内设立离岸账户,由于离岸账户具有避税目的,将给监管带来困难,对于非离岸性质的船舶经纪业务是否具有促进作用不确定,可通过谨慎的试点措施来探索。

第三阶段:推广到其他国际船舶经纪企业,建立行业自律组织。

在初步解决国际船舶经纪企业市场准入制度及成立一定数量的企业之后,成立行业自律组织就具有了现实基础。行业自律组织应成为独立的具有社团地位的组织。另一种思路是在上海市执业经纪人协会下设立专业委员会。

第四阶段:扩大到国内船舶经纪企业。

目前试点主要集中在国际船舶经纪市场,在积累有关经验后,试点工作应该推广到国内船舶经纪市场,实现国内和国际两个市场的相对融合和统一。国内船舶经纪市场试点可以从船舶买卖(交易)经纪开始,以配合船舶买卖(交易)市场的发展,其后推广到租船和修造船市场。

第五阶段:扩大到上海市其他地区。

在试点地理范围上,前述几阶段可能主要集中在上海虹口区北外滩地区。由于现有船舶经纪业务范围分布在上海各地区,尤其是浦东新区作为国际航运中心核心功能区,船舶经纪业务将是浦东新区发展的重点之一。为此,北外滩航运服务集聚区的经验将逐步推广到上海其他地区,尤其是浦东新区。在业务范围上包括国内船舶经纪和国际船舶经纪。

第六阶段:试点总结,建立行业管理制度。

以前述五个阶段试点实践为基础,基本上可以探索出我国尤其是上海船舶经纪市场发展和规范的基本思路和制度,可以为我国制定统一的船舶经纪制度奠定良好的基础。

二、《船舶经纪业管理规定》(建议稿)

第一条　立法目的

为加强船舶经纪管理,规范船舶经纪经营行为,维护船舶经纪活动当事人各方的合法权益，促进船舶经纪市场的健康发展，依据国家有关法律、法规，制定本规定。

第二条 适用范围

在中国境内从事租船经纪、船舶买卖经纪和船舶修理建造经纪活动，适用本规定。

第三条 定义

下列术语的含义为：

船舶经纪，是指受委托人委托，为其办理租船、船舶买卖和船舶修理建造及其相关业务，以收取佣金为目的的居间活动。

船舶经纪人，是指从事船舶经纪活动的企业。

船舶经纪从业人员，是指在船舶经纪企业从事船舶经纪活动的个人。

第四条 业务范围

船舶经纪人接受委托人的委托，可以经营与租船、船舶买卖和船舶修理建造有关的下列业务：

（一）提供信息服务；

（二）提供咨询服务；

（三）提供谈判服务；

（四）与合同起草、订立有关的服务；

（五）处理文件与单证服务；

（六）安排融资服务；

（七）与解决争议有关的服务；

（八）其他相关服务。

第五条 基本原则

船舶经纪人与船舶经纪从业人员从事经纪活动，应当遵守国家法律、法规，遵循平等、自愿、公平和诚实信用的原则。

第六条 行业管理

中华人民共和国交通运输部和省级地方人民政府交通运输主管部门依照本规定，对船舶经纪活动实施监督管理。

第七条 组织形式

船舶经纪人应采取公司形式，符合《中华人民共和国公司法》规定的条件，并依法取得营业执照。

第八条　设立条件

船舶经纪人除符合《中华人民共和国公司法》规定的条件外，应至少具有5名按照本规定第十一条的规定取得船舶经纪人资格的船舶经纪从业人员。

第九条　企业名称

船舶经纪人在企业名称上应当有“船舶经纪”字样。

第十条　分支机构

船舶经纪人可以设立从事经纪活动的非法人分支机构。设立分支机构应当符合《中华人民共和国公司法》的规定，每设立一个分支机构应具有至少3名按照本规定第十一条的规定取得船舶经纪人资格的船舶经纪从业人员。

第十一条　从业人员

船舶经纪从业人员应具有3年以上从事与航运相关行业工作的经历，通过船舶经纪人资格考核，取得船舶经纪人资格。

中华人民共和国交通运输部实施全国统一的船舶经纪人资格考核制度。经中华人民共和国交通运输部授权，省级地方人民政府交通运输主管部门可制定、实施适用于本行政区划的船舶经纪从业人员资格考核制度。

中华人民共和国交通运输部或者省级地方人民政府交通运输主管部门可授权有关的行业自律组织实施船舶经纪人资格考核。

第十二条　申请材料

申请设立船舶经纪企业，应该提供下列材料：

（一）申请书；

（二）可行性研究报告；

（三）企业章程（草案）；

（四）拟注册地方工商行政管理机关签发的“企业名称预先核准通知书”；

（五）办公经营场所产权证明或者租赁协议；

（六）企业负责人姓名、职务和身份证明；

（七）船舶经纪从业人员材料；

（八）国务院交通运输主管部门规定的其他文件。

第十三条　核准程序

经营国内船舶经纪业务，应当向拟经营业务所在地的省级地方人民政府交通运输主管部门提出申请,并附送符合本规定第十二条规定条件的相关材料。省级地方人民政府交通运输主管部门应当自收到申请之日起 15 天内审核完毕。申请材料真实、齐备的,予以登记,并通知申请人;申请材料不真实或者不齐备的,不予登记,书面通知申请人并告知理由。省级地方人民政府交通运输主管部门应当将核准登记的信息报国务院交通运输主管部门备案。

经营国际船舶经纪业务,应当向拟经营业务所在地的省级地方人民政府交通运输主管部门提出申请,并附送符合本规定第十二条规定条件的相关材料,由该部门审核后转中华人民共和国交通运输部审核登记。国务院交通运输主管部门应当自收到申请之日起 15 天内审核完毕。申请材料真实、齐备的,予以登记,并通知申请人;申请材料不真实或者不齐备的,不予登记,书面通知申请人并告知理由。

第十四条　外资准入

设立中外合资、合作经营企业经营国际船舶经纪业务,应当通过拟设立企业所在地的省级地方人民政府交通运输主管部门向中华人民共和国交通运输部提出申请。申请材料应当包括:

(一) 申请书;
(二) 可行性分析报告;
(三) 合资或者合作协议;
(四) 企业章程(草案);
(五) 拟注册地方工商行政管理机关签发的“企业名称预先核准通知书”;
(六) 办公经营场所产权证明或者租赁协议;
(七) 企业负责人姓名、职务和身份证明;
(八) 船舶经纪从业人员材料;
(九) 国务院交通运输主管部门规定的其他文件。

第十五条　外资分支机构

国外船舶经纪公司可以依法设立分支机构,依照本规定第十四条的规定,向国务院交通运输主管部门提出申请,并提交其公司章程、所属国的公司登记证书等有关文件。

第十六条　企业登记

船舶经纪业务申请者经核准或者批准后,应当持予以登记的证明文件,依法向拟设立企业所在地登记机关办理企业登记手续,领取营业执照。

设立中外合资、合作经营企业经营国际船舶经纪业务,或者国外船舶经纪公司设立分支机构,还应根据国家有关外商投资的法律、行政法规的规定向拟设立企业或者分支机构所在地省级人民政府商务主管部门办理“外商投资企业批准证书”。

船舶经纪人领取营业执照后，应到省级地方人民政府交通运输主管部门领取“国内船舶经纪经营资格登记证”或者“国际船舶经纪经营资格登记证”。

第十七条　外资代表处

国外船舶经纪企业按照《关于外国企业常驻代表机构的登记管理办法》，可以设立常驻代表机构。

禁止常驻代表机构从事经营活动。

第十八条　行业协会

鼓励成立中国船舶经纪人行业协会，实现行业自律。具备条件的省、自治区、直辖市可成立地方性船舶经纪行业协会。

第十九条　信用制度

船舶经纪行业协会应当建立船舶经纪人及船舶经纪从业人员的信用记录，对经纪人及经纪从业人员实施信用分类监管，有违法违规行为或参与违法违规活动的经纪人及经纪从业人员应当向社会公示。

第二十条　经济责任担保制度

船舶经纪人应提供 100 万元人民币的经济责任担保；每设立一个分支机构，增加 50 万元人民币的经济责任担保。经济责任担保的形式为投保责任保险、第三人担保或者缴存保证金。

前款规定的保证金应当向在中国境内的银行开立的专门账户交存。保证金用于船舶经纪人清偿因其不履行船舶经纪业务或者履行义务不当所产生的债务以及支付罚款。保证金及其利息，归船舶经纪人所有。

专门账户由国务院交通运输主管部门或者其授权的省级地方人民政府交通运输主管部门实施监督。

第二十一条　业务规则一

船舶经纪人和船舶经纪从业人员在经纪活动中，应当遵守以下规则：

（一）提供客观、准确、高效的服务；

（二）从事经纪服务收取的佣金和费用应明码标价；

（三）将订约机会和交易情况如实、及时报告委托人；

（四）妥善保管当事人交付的样品、保证金、预付款等财物；

（五）按照委托人的要求保守商业秘密；

（六）如实记录经纪业务情况，并按有关规定保存原始凭证、业务记录、账簿和经纪合同等资料；

（七）收取佣金和费用应当向委托人开具发票，并依法缴纳税费；

（八）法律、法规规定的其他行为规则。

第二十二条　业务规则二

禁止下列船舶经纪行为：

（一）未经登记注册擅自开展经纪活动；

（二）超越经核准的经营范围从事经纪活动；

（三）对委托人隐瞒与委托人有关的重要事项；

（四）伪造、涂改交易文件和凭证；

（五）违反约定或者违反委托人有关保守商业秘密的要求，泄露委托人的商业秘密；

（六）利用虚假信息，诱人签订合同，骗取中介费；

（七）采取欺诈、胁迫、贿赂、恶意串通等手段损害当事人利益；

（八）通过诋毁其他经纪人或者支付介绍费、暗中给予回扣等不正当手段承揽和经营业务；

（九）对经纪服务作引人误解的虚假宣传；

（十）法律、法规禁止的其他行为。

第二十三条　活动监管

省级地方人民政府交通运输主管部门应会同相关管理部门在各自的职责范围内采取有效措施，加强对船舶经纪活动的监督管理，依法查处违法、违规行为，维护船舶经纪活动秩序，保护各方的合法权益。

第二十四条　解释

本规定由中华人民共和国交通运输部负责解释。

第二十五条　生效时间

本规定自　　年　月　日起施行。

第五篇　港澳运输研究[①]

① 本项目由广东省交通运输厅资助(2011年)。

引言

按照交通运输部厅水运便〔2010〕68 号文件，由广东省交通运输厅作为牵头单位，福建省交通运输厅、广西壮族自治区交通运输厅、海南省交通运输厅、中国远洋运输(集团)总公司、中国海运(集团)总公司、中国外运长航集团有限公司、上海海事大学、交通运输部水运科学研究院等作为参加单位，按照交通运输部统一部署，就《航运法》第五专题“港澳运输”进行了系统的研究，并提出立法建议。在此专题研究过程中，上海海事大学海商法研究中心成立课题组，全程参与研究。

港澳运输是我国进出口贸易(特别是华南地区)主要的运输通道之一，也是香港国际航运中心、澳门繁荣发展的重要保障。港澳运输为香港国际航运中心提供了 40%以上的货运量，其中珠三角地区占 70%以上。

自香港和澳门主权回归后，我国对港澳运输按照“实行特殊管理的国内航线”进行管理，即在性质上属于国内航线，但在管理上参照国际航线。在珠三角地区，港澳运输主要表现为内河运输。这样，内河航道、内河船舶、一类口岸和二类口岸、国际航线管理体制、国际集装箱支线运输、驳船运输、香港港航管理制度等因素错综复杂地交织在一起。港澳运输在政策上有正确合适的定位，但在具体管理制度和业务运作上是国内航运和国际航运的混合体。

为了保障港澳运输健康发展，针对港澳运输中存在的问题，在总结以往经验教训的基础上，交通运输部和有关地方航运管理部门有必要从政策、管理等角度采取必要措施，规范港澳运输。更重要的是，希望国家通过制定《航运法》，以法律的形式落实港澳运输政策，建立港澳运输特殊管理体制和管理制度。

在本专题完成后，2012 年 11 月 27 日，交通运输部办公厅发布《关于进一步加强港澳航线运输管理工作的通知》(厅函水〔2012〕157 号)，加大对港澳航线市场的监督检查力度与运力调控。该通知规定：经营国内沿海各对外开放港口至港澳航线运输的，船舶载重吨应为 5 000 t 以上；仅限经营广东省、福建省、海南省、广西壮族自治区各对外开放港口至港澳航线运输的，船舶载重吨应为 2 500 t 以上；仅限经营广东省、广西壮族自治区各对外开放港口至港澳航线运输的，船舶载重吨应为 1 500 t 以上。

第一章　港澳运输范围、性质与地位

第一节　港澳运输范围

港澳运输是指香港、澳门与内地口岸之间的货物和旅客运输，包括港澳公路运输、港澳水路运输、港澳铁路运输和港澳航空运输。就现代综合运输体系建设而言，不同运输方式之间具有关联性，在法律政策层面，不同运输方式下的港澳运输也具有共性。作为《航运法》制定的专题研究，本课题仅研究港澳水路客货运输，以下简称"港澳运输"。

在货物运输与旅客运输中，重点研究货物运输。这是因为，从市场份额、市场规模、对经济社会的贡献和影响、运输体系的复杂性等方面，货物运输都要超过旅客运输。随着邮船、游船和游艇的兴起，传统水上旅客运输中的一部分已演变为运输与旅游的结合体，在我国属于新兴产业。

在地理范围上，从货运量、重要性而言，首先需要关注的港澳运输是广东、广西、福建、海南四省（区）与港澳之间的运输，尤其是广东与港澳之间的运输；其次是国内其他沿海沿江省份与港澳之间的运输。我国沿海港口上海、天津、青岛、日照、连云港等与港澳之间也有相当规模的运输。

根据航路性质，港澳运输包括内河运输和沿海运输。两者在性质上都属于实行特殊管理的国内水路运输，其差别在于所使用的船舶不同。前者使用内河船舶，后者使用海船。港澳运输中的内河运输主要是珠江港口与港澳之间的运输，其他港口与港澳之间的运输基本上属于沿海运输。值得注意的是，内河港口与沿海港口的划分并不完全依赖于航路性质。按照《全国沿海港口布局规划》，南京以下长江下游港口属于沿海港口，广州港属于沿海港口。

从经营者角度，港澳运输经营者可分为按照港澳法律设立的经营者、按照内地法律设立的经营者和按照外国法律设立的经营者三类。在数量上，按照内地法律设立的经营者居多，按照港澳法律设立或按照外国法律设立的经营者较少。按照内地、港澳或者外国法律设立，通常只解决水路运输始发港（地）的市场准入问题，目的港（地）的市场准入有可能需要根据目的港（地）的法律确定。另外，在船舶安全、船员、环境保护等方面,始发港和目的港可能有所不同。

从管理角度,港澳运输管理涉及水路运输市场管理和海事管理两方面。港澳运输市场管理分为市场准入、市场秩序管理和市场退出三方面。这三方面存在内在联系。有时从管理措施上看,一项措施可以同时发挥三方面的作用。海事管理涉及水上安全监督管理和防止船舶污染、船舶及海上设施检验、航海保障等。从依法行政角度,无论是水路运输市场管理还是海事管理,都需要以一定的法律法规和标准为前提,立法成为管理的有机组成部分。作为《航运法》制定的专题研究,本课题研究的重点是港澳运输市场管理,同时考虑与此相关的海事管理制度。

海关是对进出口货物、运输工具和物品进行监督管理的机构,港澳运输作为特殊的国内运输,涉及海关监管问题。海关监管是港澳运输制度中相对独立的一种制度,本课题研究在必要的时候予以关注。

第二节 港澳运输性质

一、港澳运输政策变迁

(一) 回归前:作为特殊的国际航运

在香港和澳门主权回归前,港澳运输按照国际海运处理,我国有关国际海运的法律法规适用于港澳运输。

1984 年底,我国开始对国际航运实施改革开放政策,国务院颁布了《关于改革我国国际海洋运输管理工作的通知》(国发〔1984〕152 号),实行“政企职责分开,简政放权,扩大企业自主权,并对船货实行行业归口管理”的体制。原交通部据此制定了《交通部对从事国际海运船舶公司的暂行管理办法》(〔85〕交海字 745 号),其中第 13 条规定:“我国各地区与香港、澳门之间的水上运输,目前按国际海运对待;本办法适用于该航线。”这是完全按照国际海运进行管理的政策。

鉴于广东省各口岸航行至香港、澳门的船舶自新中国成立以来历来是由广东省自行审批的,而且,港澳航线虽有部分是沿海航线,但大部分是内河航线。因此,广东省交通厅于 1985 年 4 月 3 日向原交通部发出了《关于航行港澳线船舶的报批问题的请示》(粤交航〔85〕363 号)。1985 年 7 月 6 日,原交通部《关于与港澳运输管理问题的批复》(〔85〕交海字 1461 号)中认为,港澳运输基本上属地区性运输,有别于通常的国际海运,也不完全相同于国内运输;对于与港澳直接贸易货物运输的单位,原则上可以不按照国际海运轮船公司进行管理,但对经香港转运进出口货物的轮船公司,仍应按照国际海运轮船公司进行管理。

1985 年 8 月 15 日,原交通部发布的《关于对我国从事国际海运船公司管理的通知》(〔85〕交海字 1637 号)规定:“福建、广东、广西三省、区邻近港澳,与港澳间贸易货物点多、批量多、单批运量一般较少，且鲜活货物的比重较大，运距短、时间性强，带有极大地区性运输的特点，有别于通常的国际海运。鉴此，我部于 1985 年 7 月 6 日以交海字 1461 号文件作了变通处理，即这三省、区航行港澳线经营千吨以下小船的船公司，除中外合营的以外，分别由本省、区交通厅根据需要进行审批，代交通部归口管理。”自 1985 年 7 月 6 日开始，福建、广西也可审批港澳线船舶。

1992 年春，邓小平同志南巡。原交通部紧跟形势，由部办公厅发布了《关于授权各省、自治区、直辖市交通主管部门审批航行港澳船舶的通知》（厅运字〔1992〕57 号），授权各省、自治区、直辖市交通主管部门审批航行港澳航线载重吨 1 000 t 以下船舶，代原交通部归口管理。1992 年后，原来只给福建、广东、广西三省（区）的审批权扩大到全国范围。

从 1985 年至 1992 年，原交通部关于港澳运输形成了以下基本政策，并实施到港澳主权回归时为止：

(1) 港澳运输中属与港澳直接贸易的货物运输是外贸运输，属于国际海运，但鉴于其同时属地区性运输，有别于通常的国际海运，按照特殊国际航运进行管理。但是，这种特殊管理下的国际航运不能等同于国内运输。

(2) 港澳运输特殊管理在体制上体现为：授权省级交通主管部门审批航行港澳航线单船 1 000 t 以下船舶和船舶公司的管理。这种授权从最初的广东、福建、广西三省（区）扩大到全国范围。

(3) 根据《广东省水路运输服务业管理办法》（粤府〔1992〕130 号），广东省将港澳运输辅助业纳入水路运输服务业范畴，就船舶代理与货运代理确立了类似国内水路运输的管理体制。

(4) 港澳运输中属经香港转运进出口货物，完全按照国际航运进行管理。

（二）回归后：作为特殊的国内航运

1997 年和 1999 年香港、澳门主权分别回归前夕，原交通部分别发布了《关于香港回归后内地与香港航线有关航运管理问题的通知》（交水发〔1997〕379 号）和《关于澳门回归后内地与澳门、香港航线有关航运管理问题的通知》（交水发〔1999〕683 号）两个文件，其中规定：我国恢复对香港、澳门行使主权后，香港、澳门与内地之间的海上运输航线为实行特殊管理的国内航线。除对港澳运输进行定性外，还规定了以下四方面的具体政策。

第一，在内地登记注册的航运公司和船舶经营香港、澳门与内地对外轮开放港口之间的海上运输，仍按照现行管理规定办理，即经批准取得国际海运、港澳航线经营资格的航运公司、船舶以及经批准经营该航线客货班轮运输的，可继续经营澳门与内地对外轮开放港口间的客货运输业务。

第二，允许在香港、澳门登记注册的航运公司和船舶经营香港、澳门与内地对外轮开放港口之间的海上运输，其中，从事该航线客货班轮运输的仍须按《国际班轮运输管理规定》报原交通部批准。

第三，未经原交通部批准，外国籍船舶不得从事香港、澳门与内地对外轮开放港口之间的客货运输。

第四，经营香港、澳门与内地之间航线的船舶挂旗问题：

(1) 在香港或内地注册的船公司的船舶进入内地或香港港口时，主桅上均不挂旗；在香港注册的船舶进内地港口时，船尾挂五星红旗和香港区旗；在内地注册的船舶进入香港港口时，船尾挂五星红旗。

(2) 在内地或香港注册的船公司的船舶进入澳门港口时主桅上均不挂旗，在内地注册的船舶船尾悬挂五星红旗，在香港注册的船舶船尾悬挂五星红旗和香港区旗；在澳门注册的船舶进入内地和香港港口时，主桅上不挂旗，船尾挂五星红旗和澳门区旗。

(3) 经原交通部批准经营香港、澳门与内地之间航线的外国籍船舶，进入香港港口应在主桅上悬挂五星红旗和香港区旗，进入澳门港口应在主桅上悬挂五星红旗和澳门区旗。

在港澳主权回归后，有关政策和做法一直延续至今，2002 年 1 月 1 日起实施的《中华人民共和国国际海运条例》(以下简称《国际海运条例》)也没有对此进行实质性的改变，但扩大了广东省与港澳间砂石运输船舶管理审批授权。1999 年 5 月 13 日，原交通部发出了《关于广东省与港澳间砂石运输船舶管理问题的批复》(交水发〔1999〕222 号)，授权广东省审批本省 3 000 t 以下航行港澳间的砂石运输船。

值得注意的是，从《关于香港回归后内地与香港航线有关航运管理问题的通知》到《国际海运条例》，多次强调应该制定内地与港澳之间运输特别管理办法，但原交通部和现交通运输部都未完成有关立法工作。

由于港澳运输立法滞后，在港澳运输问题上形成了这样一个现象：在香港和澳门主权回归前，我国对于港澳运输实行特殊的国际航运管理制度；在香港和澳门主权回归后，我国对于港澳运输实行特殊的国内航运管理，而在管理制度上前后没有发生实质性的变化，可以说实行相同的管理制度。两种不同性质的运输之所以能够按照同一种体制进行管理，是由于香港和澳门主权回归后，所谓特殊管理的国内航线实际上是基本按照国际航线进行管理的。

二、作为特殊的国内航运的含义

(一)“特殊管理的国内航线”的含义

如何理解“特殊管理的国内航线”，成为破解港澳运输管理制度的关键。“特殊管理的国内航线”在字面上可以理解为“特殊的国内航运”，再宽泛些可以理解为“特殊的国内运输”。

无论是“特殊的国际航运”还是“特殊的国内航运”，从目前管理制度具体内容上看，是一种介于国际航运和国内航运之间的管理体制。具体而言，港澳运输既不是国际航运，也不是纯粹的国内航运，但在制度层面，港澳运输有些是国际航运做法，有些是国内航运做法。

从政治角度，根据“一国两制”原则，港澳运输是国内运输，是国内航运。这是分析港澳运输现有管理制度和构建未来制度必须把握的前提。依据《香港特别行政区基本法》和《澳门特别行政区基本法》的规定，香港特别行政区和澳门特别行政区是中华人民共和国的一个享有高度自治权的地方行政区域，直辖于中央人民政府；特别行政区享有行政管理权、立法权、独立的司法权和终审权。港澳运输作为特殊的国内航运是“一国两制”的体现，“一国”决定了港澳运输在性质上是国内运输，“两制”决定了港澳运输需要实行特殊管理制度。

作为特殊的国内航运，既需要考虑内地的法律法规，也需要考虑港澳两地的法律法规。依据《香港特别行政区基本法》和《澳门特别行政区基本法》，香港和澳门主权回归后，可以保持原有航运经营和管理体制，包括有关海员的管理制度；经中央人民政府授权继续实施船舶登记，并根据香港特别行政区法律和澳门特别行政区法律以“中国香港”“中国澳门”的名义颁发有关证件；除外国军用船只进入香港特别行政区和澳门特别行政区须经中央人民政府特别许可外，其他船舶可根据香港特别行政区法律和澳门特别行政区法律进出其港口。

“特殊管理的国内航线”是中央政府及其交通运输主管部门从内地行政管理角度对港澳运输的定性，并以此作为建立有关管理制度的出发点和基石。但是，该定性对港澳特别行政区的约束力有限。港澳运输作为“国内航运”是三地的共识，不能动摇。在具体管理制度上，根据特别行政区基本法自行决定。如果将港澳运输作为市场和航线，则由航线两端的政府主管部门分别制定规则。

（二）港澳运输的特点

港澳运输作为特殊的国内运输，其“特殊性”具体体现为以下内容。

1. 港澳运输货物特点

港澳运输货物由两类组成：

第一类是经香港转运的进出口货物。广东、福建、广西、海南的大量进出口货物利用香港国际航运中心开辟的众多国际航运干线实现中转，俗称“驳运”航线货物，以集装箱货物为主。香港作为国际航运枢纽港，大力吸引内地货物中转是其发展的重要方面，也是为内地进出口贸易作贡献的表现。

第二类是港销货和澳销货。这些货物主要包括鸡鸭鹅(俗称三鸟)、鱼肉、水果、蔬菜及生活日用品、建筑工程的建材、基础设施建设的填海基建工程用料等。

还有一类特殊货物，形式上是港销货，实质上是出口货。这类货物运输时名义上是港销货，收货人确实也在香港，但实际上是在香港转运或拼装成集装箱后转运出口的货物。这类货物在香港进行重新包装、更换货物标志等手续，以香港为产地再销售到境外。港澳航线的承运人一般很难分清第二类货中有多少是真正的港销货,有多少又是属于改换包装后的转运出口货。从物流供应链角度,这是香港发挥了流通加工的功能,实现了我国出口货物的增值。从运输和监管角度,只能按照港销货对待。

港澳运输的货物基本上运往香港,去澳门的货物比较少,去澳门的货物部分是通过香港中转的。

2. 港澳运输航线特点

从航路(或船舶)性质而言,港澳运输航线要么是内河运输,要么是沿海运输。结合港澳运输货物的特点,在国内航运的大前提下,港澳运输航线具有下列几种类型:

第一类是纯粹国内航线。这一类服务于港澳与内地之间的双边贸易。

第二类是国际航运支线(外贸支线)运输。国际航运支线服务于经香港中转的内地进口货物或出口货物运输,是港澳运输概念中的重中之重。广东、广西、福建和海南四省(区)是香港中转货的主要来源地。

第三类是国际航线挂靠港运输。我国内地中北部与港澳之间的运输分为两类:一是属于前述的纯粹国内运输,始发港和目的港分别位于内地与港澳两地;二是将港澳作为挂靠港,该航线属于国际航线。这些国际航运主要是近洋航线,兼营港澳运输。

在航运组织形式上,港澳运输既有班轮运输也有不定期运输。从贸易价值量角度,以班轮集装箱运输为主,不定期干货船和液货船运输为辅。

3. 港澳运输船舶特点

在港澳运输市场中,广东、广西的内河口岸至港澳使用的是内河船(A级航区,按照港澳运输的特殊标准检验),沿海各省的口岸到港澳使用的是海船,两者在船舶结构上差异比较大。港澳集装箱驳船运输是港澳运输中作为外贸支线最主要的方式,水上巴士(公共驳船快线)是近几年集装箱驳运发展的新形式。

港澳运输的复杂性在于船舶与货物的多种特性的交叉结合,从而导致管理制度上的多样性。在港澳运输中,内河船舶和海船以不同的方式从事内贸货物和外贸货物的运输,见图5-1-1。

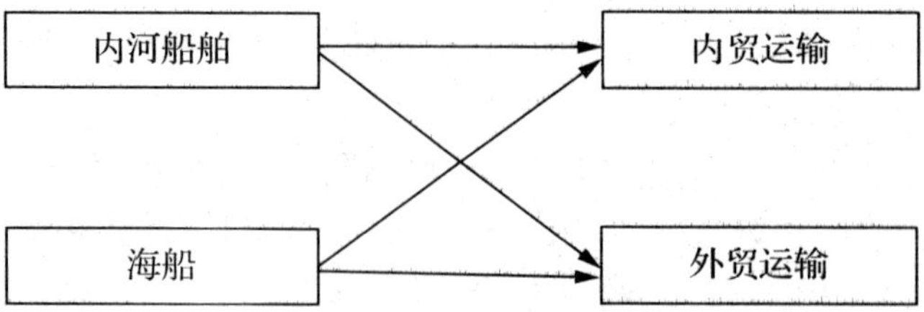

图5-1-1 港澳运输船舶与货物的结合类型

4. 港澳运输经营模式特点

从航线运力供给角度,港澳运输经营模式具有以下特点:

(1) 港澳运输经营主体种类多。港澳运输经营者既有利用自有运力从事运输的航运公司,也有主要依靠承租船舶从事运输的航运公司;既有以船舶经营人身份从事运输的船舶所有人和船舶经营人,也有作为货运代理人替国际集装箱班轮安排支线运输的经营者;既有以托运人身份从事无船承运业务的经营者,也有以船舶承租人身份从事经营的无船承运业务经营者。

(2) 港澳运输经营者既有来自内地沿海各省份的(尤其是珠江流域省份),也有来自港澳的,但来自澳门的比较少。在数量对比上,来自内地的航运公司约是来自港澳的航运公司的 4 倍。

(3) 港澳运输船舶的船舶所有人主要来自内地。在香港、澳门注册的航运公司主要也是利用承租的船舶从事运输的。目前,港澳集装箱运输经营大部分采用租船的模式。这种模式和做法是改革开放 30 年来形成的,在这种模式中的港澳运输实际经营人与船舶所有人相分离。

(4) 港澳运输(尤其是香港与内地之间的运输)的货运代理人主要来自香港或者香港在内地设立的企业。

(5) 在进出口单证操作上存在区别。从内地到香港的出口,除特殊情况外,一般不签发提单,但从香港到广东、广西的进口航线,要求支线公司出港澳支线提单作为报关报检单据,海关直接在港澳支线提单上加盖放行。港澳运输船代的进口货物电子舱单和货代的支线提单必须一致。

5. 港澳运输两端适用法律不同

虽然港澳运输是国内运输,但在"一国两制"下,港澳运输两端适用不同的法律,航运行政管理体制和制度也不同。

香港实行自由港政策,在航运市场准入领域采取比较自由的制度,甚至没有明确的规定,一般采用公司登记(商业登记)制度解决市场准入,也不存在宏观调控制度,完全由市场自我调节。特区政府主要在船舶登记、航运安全、环境保护、港口管制方面进行立法,主要包括《船舶及港口管制条例》(香港法例第 313 章)、《商船(安全)条例》(香港法例第 369 章)、《商船(注册)条例》(香港法例第 415 章)、《商船(防止及控制污染)条例》(香港法例第 413 章)、《商船(油类污染的法律责任及补偿)条例》(香港法例第 414 章)、《商船(班轮公会)条例》(香港法例第 482 章)、《港口管制(货物装卸区)条例》(香港法例第 81 章)等。

6. 港澳运输口岸监管特点

广东是全国拥有水路口岸最多的省份,有海上国际集装箱码头装卸企业 70 多家。广东省水路口岸之多,为内地至港澳的货物运输提供了极为方便之门,也充分说明了由于毗邻港澳,广东对外贸易中港澳运输的特殊地位和重要作用。

无论在港澳主权回归前还是回归后,无论是中转货还是港销货、澳销货,港澳运输一直按照国际航运进行管理,接受海关、边防等联检部门的监管。中国内地籍港澳运输船舶可以进出对外开放一类口岸和二类口岸,但中国香港籍、中国澳门籍以及外籍船舶只能进出对外开放一类口岸。广东、广西的港澳运输大部分经内河口岸(包括一类、二类口岸)至港澳。广东省经国务院批准的一类口岸有 37 个,经广东省人民政府批准的二类口岸(不对外轮开放,只对国轮开放)有 84 个,二类口岸遍布珠江三角洲。数量众多的二类口岸在港澳运输方面发挥了积极的作用。这是粤港澳运输口岸监管最大的特点。

1998 年 10 月 17 日,海关总署发布《中华人民共和国海关关于来往香港、澳门小型船舶及所载货物、物品监管规定》和《中华人民共和国海关关于来往香港、澳门小型船舶登记备案管理办法》。2004 年,海关总署发布《中华人民共和国海关关于来往香港、澳门小型船舶及所载货物、物品管理办法》(自 2004 年 3 月 15 日起施行)。该规定是海关对来往港澳小型船舶及所载货物、物品进行监管的重要法律依据。不仅如此,海关总署为了支持和适应广东的国际海运和港澳运输的发展,在广东设了广州、黄埔、深圳、拱北、江门、汕头、湛江等 7 个厅级海关。设厅级海关的总数在全国省级行政区域中最多,方便货物通过广东的水运口岸进出港澳。

2003 年,海关在广东对港澳运输船舶首先适用“来往港澳小型船舶快速通关系统”,一是进口货物实施电子快速通关(电子舱单),二是应用互联网信息技术和 GPS 监控技术对来往港澳小型船舶实行中途监管,港澳运输船舶运行效率大幅提高。因此,要求船舶代理公司制作进口货物电子舱单。

在内地注册的航行港澳线的船舶,自批准投入港澳航线营运后,可以根据运输实际情况,在港澳添加免税燃油(原交通部、海关总署文件交水发〔1999〕387 号)。

7. 广东在港澳运输中占有特别重要的地位

早在 1985 年,原交通部最先授权广东、福建、广西三省(区)审批港澳航线部分船公司的设立。这是鉴于广东、福建、广西三省(区)与香港、澳门之间的地缘优势及当时特定环境下的历史原因。后来此种授权扩大到全国。

目前,即使在管理体制和管理制度上,广东、福建、广西三省(区)与其他省市相比没有特殊性,但三省(区)仍然是港澳运输最主要的省份(区),尤其是广东省占有特别重要的地位。这是由于香港作为国际中转港,其中转货源地和目的地主要是广东、福建、广西三省(区),有关港澳运输这一实行特殊管理的国内航线的政策主要体现在这三省(区)航运管理制度中。在非中转货运输中,这三省(区)由于具有交通便利优势,也成为主要的供给地。

2010 年,港澳航线共完成货物运输量约 6 000 万t,集装箱运输量约 530 万 TEU,其中:广东至港澳航线完成货物运输量近 4 584 万 t,占 76.4%,集装箱运输量 254 万 TEU(重箱),占 47.9%;福建完成货物运输量 134.5 万 t,占 2.2%,集装箱运输量11.4万TEU,占2.2%;广西完成货物运输量450万t,占7.5%,集装箱运输量11.5万TEU,占2.2%;海南完成货物运输量124万t,占2.1%。四省(区)2010年港澳运输货运量见图5-1-2,其中三省(区)集装箱运输量见图5-1-3。

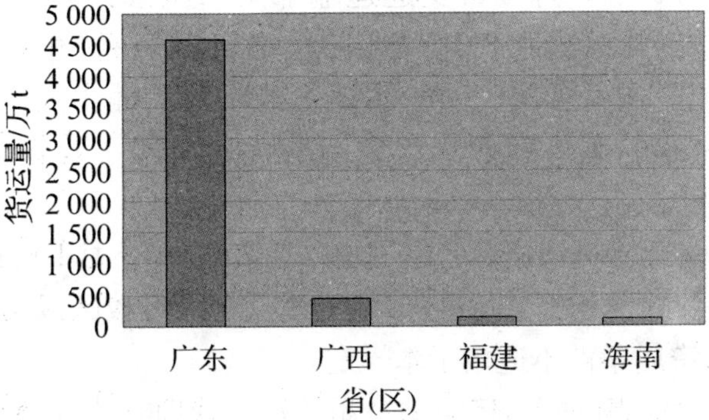

图5-1-2　四省(区)2010年港澳运输货运量

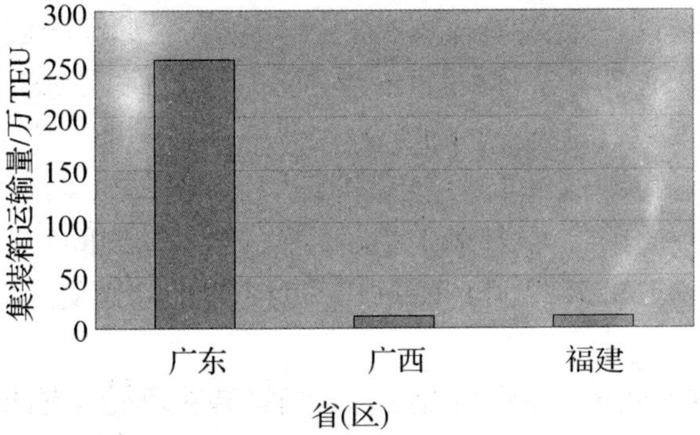

图5-1-3　三省(区)2010年港澳运输集装箱运输量

三、港澳运输立法现状

(一) 水路运输方面

(1) 2004年《国务院对确需保留的行政审批项目设定行政许可的决定》(国务院令第412号)。该决定明确保留"从事内地与港澳间海上运输业务许可"项目(第136项)。

(2)《国际海运条例》及《国际海运条例实施细则》[①]。《国际海运条例》第58条规定:内地与香港特别行政区、澳门特别行政区之间的海上运输,由国务院交通主

① 《国际海运条例实施细则》第67条规定:香港特别行政区、澳门特别行政区和台湾地区的投资者在内地投资从事国际海上运输和与国际海上运输相关的辅助性业务,比照适用《国际海运条例》第4章和本实施细则第4章的有关规定。

管部门依照本条例制定管理办法。

(3)《水路运输管理条例》(1987 年 5 月 12 日国务院发布,2008 年 12 月 27 日国务院第二次修订)及《水路运输管理条例实施细则》(1987 年 9 月 22 日原交通部发布,2009 年 6 月 4 日交通运输部第二次修订)。2013 年 1 月 1 日起实施《国内水路运输管理条例》。《水路运输管理条例》和《国内水路运输管理条例》规定各地交通主管部门主管本地区的水路运输事业。《水路运输服务业管理规定》规定的船舶代理业和客货运输代理业的主要管理权限也主要集中在各地交通主管部门。

(4)《国内水路运输经营资质管理规定》(自 2008 年 8 月 1 日起施行)。该规定第 38 条规定:经营内地与香港特别行政区、澳门特别行政区以及台湾地区之间的水路运输,其经营资质条件不适用于本规定。

(5)《交通部对从事国际海运船舶公司的暂行管理办法》(〔85〕交海字 745 号)(已废止)、《关于对我国从事国际海运船公司管理的通知》(〔85〕交海字 1637 号)、《交通部关于跨省千吨以下小轮港澳航线审批权限问题的复函》(〔88〕交函海字 433 号)、《关于香港回归后内地与香港航线有关航运管理问题的通知》(交水发〔1997〕379 号)(自 1997 年 6 月 26 日起施行)、《交通部关于澳门回归后内地与澳门、香港航线有关航运管理问题的通知》(交水发〔1999〕683 号)、《关于延长〈关于香港回归后内地与香港航线有关航运管理问题的通知〉期限的通知》(交水发〔1997〕880 号)(1997 年 12 月 31 日)、《关于广东省与港澳间砂石运输船舶管理问题的批复》(交水发〔1999〕222 号)(1999 年 5 月 13 日)等原交通部有关港澳运输的规范性法律文件。

(6) 内支线管理法规。《关于加强内支线集装箱班轮运输和国际班轮运输管理的通知》(交水发〔1997〕80 号)、《关于印发关于促进国际集装箱内支线运输发展的若干意见的通知》(交水发〔2004〕729 号)。

(7)《广东省水路运输管理实施办法》(自 1988 年 10 月 15 日起施行)和《广东省水路运输服务业管理办法》(1992 年 9 月 19 日广东省人民政府以粤府〔92〕130 号发布,根据 1997 年 12 月 31 日广东省人民政府令第 33 号修订)。《广东省水路运输管理实施办法》设立单独一章(第 4 章)规范港澳航线管理工作。

(8)《福建省交通厅对从事香港、澳门航线运输船舶公司的暂行管理办法》(闽政办〔1985〕291 号)。该办法对在福建省内从事香港、澳门航线运输进行了专门规定。

(9)《广西壮族自治区经营港澳水路运输管理规定》。该规定对在广西壮族自治区内从事香港、澳门航线运输进行了专门规定。

(10)《粤港合作框架协议》。于 2010 年 4 月 7 日签署,协议"跨界基础设施"强调建设综合交通运输体系,推动建立港口合作交流机制,加强港口发展政策等交流,形成以香港为国际航运中心,深圳港、广州港为枢纽港,其他港口为支线港和喂给港的大珠江三角洲港口群。

(11) CEPA 系列协议。CEPA(Closer Economic Partnership Arrangement)，即《关于建立更紧密经贸关系的安排》的英文简称，包括中央政府与香港特别行政区政府签署的《内地与香港关于建立更紧密经贸关系的安排》、中央政府与澳门特别行政区政府签署的《内地与澳门关于建立更紧密经贸关系的安排》。CEPA 内容由正文、附件和补充协议共同构成。

在内地和香港的海运服务方面，补充协议一规定：①允许香港服务提供者在内地设立独资船务公司，为该香港服务提供者拥有或经营的船舶提供船舶代理服务，包括报关和报检；使用商业通用的提单或多式联运单证，开展多式联运服务。②允许香港服务提供者在内地设立独资船务公司，为其经营香港与内地开放港口之间的驳运船舶提供揽货、签发提单、结算运费、签订服务合同等日常业务服务。③允许香港服务提供者在内地设立独资公司，为该香港服务提供者拥有或管理的船舶提供除燃料及水以外的物料供应服务。④允许香港服务提供者在内地设立独资公司，经营港口货物装卸业务。

补充协议二规定：①允许香港服务提供者在内地设立的独资公司提供船舶保养及维修服务。②允许香港服务提供者在内地设立的独资公司提供国际海运集装箱承租、买卖以及集装箱零件贸易服务。③允许香港服务提供者在内地设立的独资公司为在香港注册的船舶提供船舶检验服务。

补充协议四规定：允许香港服务提供者以合资形式在内地设立企业，提供第三方国际船舶代理服务，其中香港服务提供者的股权不超过 51%。

补充协议五规定：允许香港服务提供者在广东省试点设立独资企业及其分支机构，为广东省至港澳航线船舶经营人提供船舶代理服务。

(二) 海事方面

(1)《中华人民共和国内河交通安全管理条例》(自 2002 年 8 月 1 日起施行)。

(2) 船舶登记和管理方面的法律法规，包括《中华人民共和国船舶登记条例》(自 1995 年 1 月 1 日起施行)、《中华人民共和国船舶安全检查规则》(1997)、《中华人民共和国小型船舶安全检查规定》(2002)、《中华人民共和国船舶最低安全配员规则》(2004)、《中华人民共和国船舶安全营运和防止污染管理规则》(2001)、《中华人民共和国船舶签证管理规则》(1993)、《中华人民共和国高速客船安全管理规则》(1997)、《中华人民共和国内河避碰规则》(1991)、《安全诚信船舶评选规定》和《重点跟踪船舶监督检查管理规定》。

(3)《中华人民共和国船员管理条例》(自 2007 年 9 月 1 日起施行)。

(4)《中华人民共和国船员服务管理规定》(自 2008 年 10 月 1 日起施行)。该规定第 34 条规定：为航行于香港特别行政区、澳门特别行政区和台湾地区的船舶提供船员服务的，按照为国际航行船舶提供船员服务管理，应当取得“甲级海船船员服务机构许可证”。

(5)《中国籍小型船舶航行香港、澳门地区安全监督管理规定》(原交通部发布，自 1996 年 1 月 1 日起施行)。

(三) 海关方面

(1)《中华人民共和国海关法》。1987 年 1 月 22 日第六届全国人民代表大会常务委员会第十九次会议通过，根据 2000 年 7 月 8 日第九届全国人民代表大会常务委员会第十六次会议《关于修改〈中华人民共和国海关法〉的决定》修订，自 2001 年 1 月 1 日起施行。

(2)《中华人民共和国海关关于来往香港、澳门小型船舶及所载货物、物品管理办法》(海关总署发布，自 2004 年 3 月 15 日起施行)。该规定是海关对来往港澳小型船舶及所载货物、物品进行监管的重要法律依据。

(四) 检验检疫方面

(1)《中华人民共和国国境卫生检疫法》(自 1987 年 5 月 1 日起施行，2009 年修订)及《中华人民共和国国境卫生检疫法实施细则》(自 1989 年 3 月 6 日起施行，2010 年修订)。

(2)《中华人民共和国进出境动植物检疫法》(自 1992 年 4 月 1 日起施行，2009 年修订)及《中华人民共和国进出境动植物检疫法实施细则》(自 1997 年 1 月 1 日起施行，2009 年修订)。

(3)《国际航行船舶进出中华人民共和国口岸检查办法》(自 1995 年 3 月 21 日起施行)。

(4)《航行港澳小型船舶动植物检疫管理办法》(自 1996 年 8 月 29 日起施行)。该办法是港澳小型船舶进出口岸实施检疫监督的重要法律依据。

(五) 边防检查方面

(1)《中华人民共和国公民出境入境管理法》(自 1986 年 2 月 1 日起施行)及《中华人民共和国公民出境入境管理法实施细则》(自 1986 年 12 月 26 日起施行，1994 年修订)。

(2)《中华人民共和国出境入境边防检查条例》(自 1995 年 10 月 1 日起施行)。

第三节 港澳运输地位

一、港澳运输与内地港澳贸易

2010 年,内地与香港贸易额为 2 305.8 亿美元,同比上升 31.8%。其中,内地对香港出口为 2 183.2 亿美元,同比上升 31.3%;自香港进口为 122.6 亿美元,同比上升 40.9%。2010 年,内地与澳门贸易额为 22.6 亿美元,同比上升 8.0%。其中,内地对澳门出口为 21.4 亿美元,同比上升 15.7%;自澳门进口为 1.2 亿美元,同比下降 49.8%。[①] 2006—2010 年内地与港澳之间贸易额见表 5-1-1和表 5-1-2。

表 5-1-1 2006—2010 年内地与香港贸易额 亿美元

年份	2006	2007	2008	2009	2010
出口	1 553.9	1 844.3	1 907.4	1 662.3	2 183.2
进口	107.9	128.2	129.2	87.1	122.6
合计	1 661.8	1 972.5	2 036.6	1 749.4	2 305.8
资料来源:商务部网站。					

表 5-1-2 2006—2010 年内地与澳门贸易额 亿美元

年份	2006	2007	2008	2009	2010
出口	21.8	26.4	26.0	18.5	21.4
进口	2.6	2.8	3.1	2.5	1.2
合计	24.4	29.2	29.1	21.0	22.6
资料来源:商务部网站。					

内地与港澳之间贸易的运输通常包括内河水路、海运、公路、铁路和航空等多种运输方式。其中,内河水路和海运发挥着重要的作用。香港特别行政区政府统计处公布的《香港船务统计》,比较系统地说明了香港与不同国家和地区之间经过水路进行贸易的货物运输情况。

图 5-1-4 是香港港口货物运输中主要装卸国家/地区以重量计所占的比例,图 5-1-5 是香港集装箱运输中主要装卸国家/地区以 TEU 为单位计所占的比例。

① 商务部"大陆与台港澳经贸交流"统计,http://www.mofcom.gov.cn/static/column/tongjiziliao/fuwzn/。

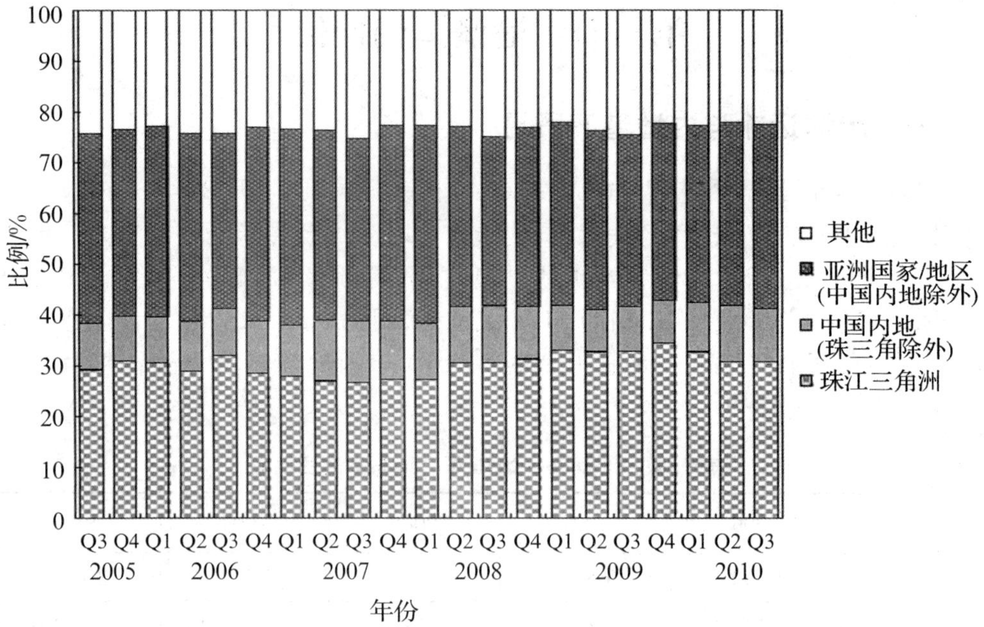

图 5-1-4　香港港口货物运输中主要装卸国家/地区以重量计所占的比例

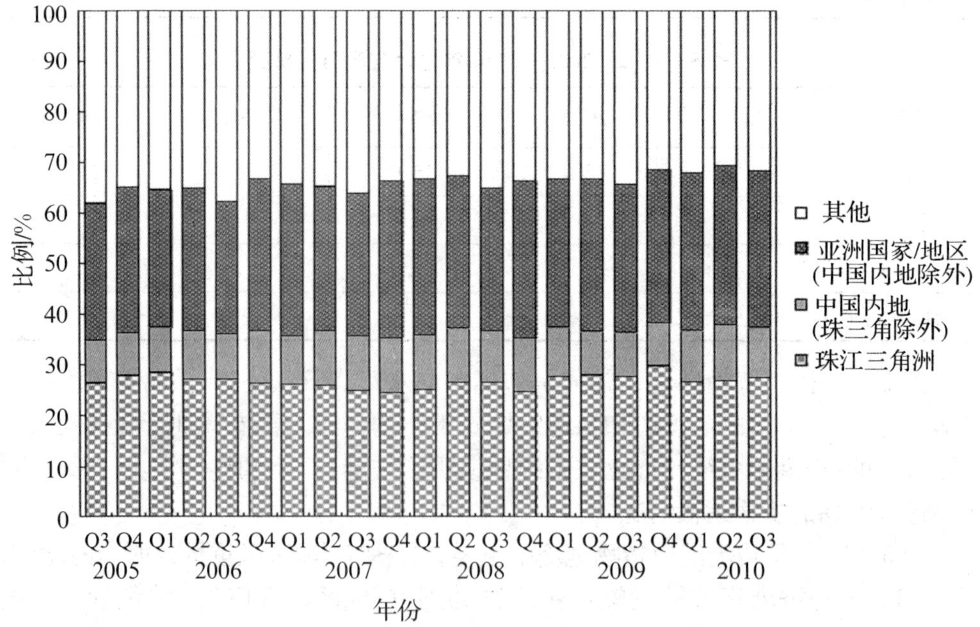

图 5-1-5　香港集装箱运输中主要装卸国家/地区以 TEU 为单位计所占的比例

根据图 5-1-4，2005—2010 年，包括珠三角在内的中国内地与香港之间的水路贸易占香港港口总货运量的比例在 40％左右。2005 年、2006 年和 2007 年在

40%以下，2008年、2009年和2010年超过了40%。6年间，珠江三角洲与香港之间水路货物贸易总量有涨有跌，但幅度不大，基本上维持在30%左右。

根据主要卸货国家/地区的货物以重量计所占的比例(见图5-1-6)，包括珠三角在内的中国内地与香港之间货运量占香港总货运量的46%。在这46%的货运量中珠江三角洲占据了68%，主要分布在黄埔、珠海、中山、蛇口/妈湾/赤湾、江门/新会、佛山、番禺、南海(见图5-1-7)。

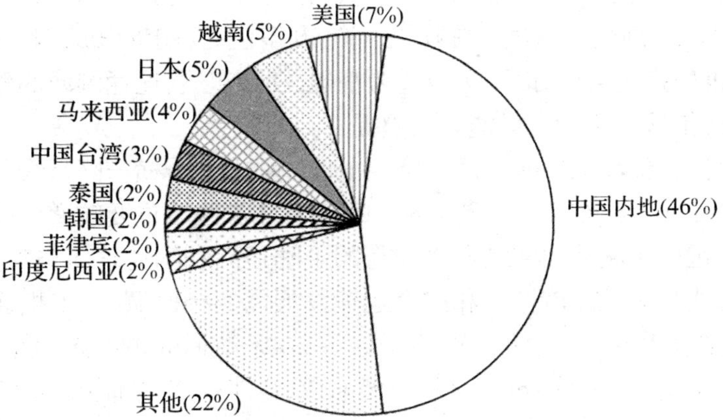

图5-1-6 主要卸货国家/地区的货物以重量计所占的比例

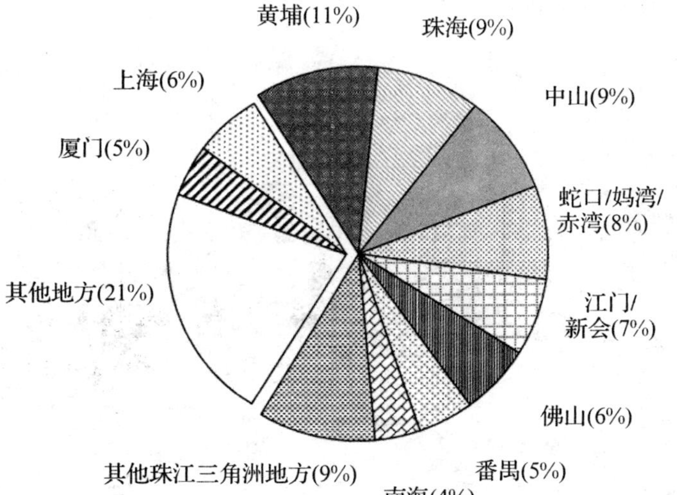

图5-1-7 中国内地港口所卸货物以重量计所占的比例

图5-1-5以集装箱为统计对象，中国内地与香港之间的集装箱货运量占香港集装箱总货运量的35%左右。这表明，内地与香港之间的贸易中包含了相当一

部分非集装箱货。相反，其他国家和地区在这方面的比例却相应提高了。按照集装箱标准统计，珠三角与香港之间的货运量在香港集装箱总货运量中的占比接近30%。

二、港澳运输与珠江航运

珠江是我国仅次于长江的内河水运大动脉。珠江水系现有通河航道865条，通航里程8 010 km，其中，珠江三角洲河网通航里程5 823 km，四级以上航道里程901 km，东江、北江已形成六级或七级航道，榕江和韩江分别形成三级和七级航道。10多年来，珠江内河航运基础设施建设投资40多亿元，初步形成了以通航1 000吨级及以上标准航道为骨干，以四级航道为基础，江海直达，连通港澳的航道运输网，与西南等省区衔接的省际航道能力大幅提高。

最新修订的《珠江水系航运规划修编报告》规划以"一横一网六线"国家高等级航道为核心，以西、北、东江的主要支流和珠江三角洲区域重要航道为基础，以一般航道为补充，远景实施从北部湾直接出海的平陆运河和沟通珠江与长江水系的赣粤运河等，形成与区域经济社会和综合运输发展需要相协调，干支相通、通江达海的珠江水系航道体系。规划西江航运干线等23条航道3 926 km为高等级航道，南盘江等18条航道1 833 km为区域重要航道，连江等27条航道1 317 km为一般航道。共规划航道里程7 076 km，占珠江航道通航里程的45.5%。以佛山港、梧州港等主要港口为骨干，以柳州港、黔西南港、富宁港、清远港等港口为基础，一般港口为补充，形成布局合理、层次分明、功能明确的珠江内河港口体系。广州港和珠海港列入沿海港口发展规划，见图5-1-8。

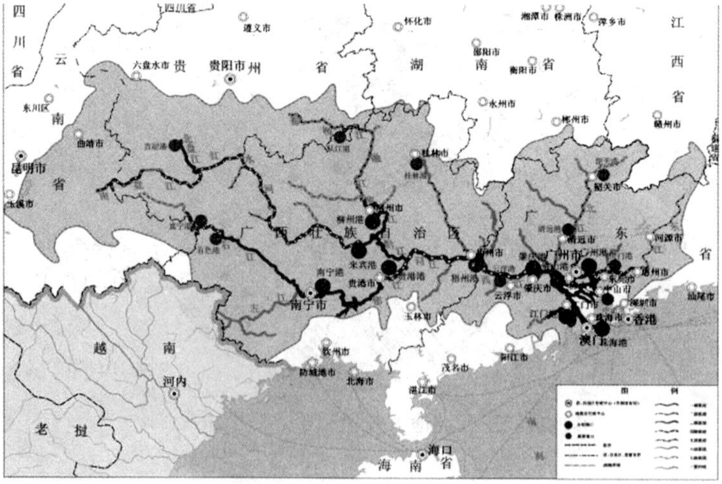

来源：交通运输部珠江航务管理局网站。

图5-1-8 珠江水系航道港口

珠江流域地跨滇、黔、桂、粤、湘、赣六省(区)和港澳地区共 63 个地州市以及越南部分地区，总流域面积 45.4 万 km^2，其中我国境内面积 44.2 万 km^2，占全国总面积的 4.6%。珠江流域是一个复合型流域，由西江、北江、东江及珠江三角洲 4 部分组成。西江流域面积 35.3 万 km^2，占全流域面积的 77.75%；北江流域面积 4.7 万 km^2，占全流域面积的 10.35%；东江流域面积 2.7 万 km^2，占全流域面积的5.95%；珠江三角洲及流入区内中小河流流域面积共计约 2.7 万 km^2，占全流域面积的 5.95%。珠江水系港口分布主要集中在广东、广西、贵州、云南四省(区)。

珠江水系的航运主要集中在西江干线和珠江三角洲地区：西江干线运量占 36%，珠江三角洲地区占 57%，北江占 4%，东江占 3%。从目前珠江水路运输总架构看，以珠三角为中心汇集了内河水运、海运 2 个航运扇面，发挥着经济动脉功能。珠江的水运量约占流域综合运输总货运量的 12%，其中：珠江三角洲进口粮食的 66%，进口油气的 50%，调进煤炭的 33%均通过内河运输；广州港约 1/3 的吞吐量由珠江内河承担集疏运。①

2010 年 1—6 月，珠江水系完成的货运量和货物周转量分别为 1.8 亿 t 和 255 亿 t·km，同比分别增长 15.7%和 6.8%，呈现出双增长的良好局面。数据还显示，珠江水系 2010 年上半年共完成客运量和旅客周转量 820 万人次和 4.6 亿人·km，同比分别增长 3.5%和 1.3%；主要港口完成货物吞吐量 1.43 亿 t，同比增长 18%，其中外贸货物 3 580 万 t，同比增长 15.8%；完成集装箱吞吐量 412 万 TEU，同比增长 21%。

三、港澳运输与香港国际航运中心

自香港主权回归以来，香港同内地贸易更加频繁。自 2003 年 CEPA 签署以来，为中国内地和香港带来全面的发展契机。香港与内地之间的港口货运量占香港总货运量的比例逐年提高，2008 年内地与香港之间货运量首次超过亿吨。受金融危机影响，2009 年虽然比 2008 年有所降低，但仍然维持在亿吨以上。“香港与内地货运量占香港港口总货运量百分比”这一指标表明内地进出口贸易与香港国际航运中心之间存在的紧密关系。

根据香港方面的统计，2010 年香港通过河运完成的货运量是 8 581 万 t，比 2009 年增加了 443.5 万 t，增长 5.5%。可见，2010 年，港澳运输在内地与香港、澳门之间的运输中继续保持 80%的比例。河运是香港港口集疏运体系中的重要方式之一，其中主要是香港与珠江之间的运输。表 5 - 1 - 3 列出了香港通过河运完成的货运量，呈现逐年增长的态势。

---

① 赵刚. 从珠江水运看中国内河水运发展[J]. 世界海运，2010(10)：38 - 40.

表 5-1-3 内河运输在香港与内地水路运输中地位

年份	香港与内地之间港口货运量		通过河运完成的货运量	
	数量/万 t	占香港港口总货运量的百分比/%	数量/万 t	占香港与内地港口货运量的百分比/%
2000	6 062.4	35	4 370.6	72.1
2001	6 516.9	37	4 753.4	72.9
2002	7 249.3	38	5 421.0	74.8
2003	7 935.9	38	5 899.4	74.3
2004	8 206.3	37	6 226.2	75.9
2005	8 881.5	39	6 867.2	77.3
2006	9 422.9	40	7 203.1	76.4
2007	9 476.8	38.6	6 808.6	71.8
2008	10 594.6	40.8	7 942.8	75.0
2009	10 159.6	/	8 137.6	80.1

按照香港港口统计口径，港口货物包括海运货物和河运货物。海运是指由远洋船舶载运的货物，河运是指由内河船舶载运的货物。远洋船舶是指越过内河航线行驶的船舶，内河船舶则指仅在内河航线内行驶的船舶。

港澳运输既是香港集疏运的组成部分，也是内地与港澳贸易水路运输的组成部分。香港与内地之间的水路货物运输主要集中在珠三角地区，2008 年达到了 73.5%。

表 5-1-3 和表 5-1-4 从不同角度说明了港澳运输(尤其是珠三角运输)在香港与内地水路运输中的地位。两表中有一列是相同的，即关于“香港与内地之间港口货运量”。

表 5-1-4 香港与珠三角货运量占香港与内地总货运量的比例

年份	香港与内地之间港口货运量/万 t	香港与珠三角之间港口货运量	
		数量/万 t	占香港与内地之间港口货运量的百分比/%
1999	5 357.3	3 868.5	72.2
2000	6 062.4	4 324.0	71.3
2001	6 516.9	4 745.0	72.8
2002	7 249.3	5 417.5	74.7
2003	7 935.9	6 014.6	75.8
2004	8 206.3	6 249.9	76.2
2005	8 881.5	6 823.1	76.8

（续表）

年份	香港与内地之间港口货运量/万 t	香港与珠三角之间港口货运量	
		数量/万 t	占香港与内地之间港口货运量的百分比/%
2006	9 422.9	7 158.0	76.0
2007	9 476.8	6 692.2	70.6
2008	10 594.6	7 781.8	73.5
2009	10 159.6	/	/

从表 5－1－3 中可以得出以下结论：①通过水路完成的货物运输(货运量)占香港港口总货运量的百分比在 2008 年达到约 40%；②在内地与香港水路货物运输中，通过河运完成的比例在 2009 年达到了 80%。

从表 5－1－4 中可以得出以下结论：①香港与内地之间、香港与珠三角之间水路货运量逐年增长；②香港与珠三角之间货运量占香港与内地之间总货运量的比例并没有同步增长，2005 年达到最高值(76.8%)，总体上在 70%与 75%之间徘徊；③在比例没有明显提高的情况下，由于总货运量的增长，港澳运输市场总体上在扩大。

香港建有专门的内河货运码头，服务于珠三角与香港之间的货物运输。香港内河货运码头的营运范围包括重组和合并往来香港和珠江三角洲的货柜、散装货物。码头位于屯门望后石，由内河货运码头有限公司经营。码头占地 65 万 m^2，提供 3 000 m 的堤岸，于 1999 年 11 月全面落成运作，见图 5－1－9。

来源：谷歌地图。

图 5－1－9 香港内河货运码头

四、港澳运输与澳门经济社会发展

澳门自由港的功能优势是内地任何港口所不及的。外港位于澳门半岛的东面，为往来香港的定期客轮所专用。外港航道宽为 120 m，其海图深度维持4.4 m。

内港位于澳门半岛西面，由 34 个码头组成，货物的装卸都在此运作，而内港 14 号码头只供获得澳门港务局批准的船只上落乘客。南舢板码头位于内港 8 号与 9 号码头之间，供锚泊于内港之船舶上的人员登岸及离岸，且只限持有澳门居民身份证、葡籍认别证或有权限当局批准的人才可以登岸及离岸，并应事前向该处的水警稽查分站报备。往内港航道及内港航道均为 55 m 宽，两者的海图深度都维持 3.5 m。九澳港位于路环岛的东北面，九澳港包括油库码头、水泥场码头、集装箱货运站码头及发电厂码头，通往九澳港的共同航道宽为 75 m。

2000—2010 年，澳门港集装箱与非集装箱吞吐量见表 5-1-5。与我国其他港口相比，澳门港货物吞吐量表明其属于小港性质和地位，这与澳门经济性质有直接关系。港澳运输中与澳门有关的首先是客运，其次才是货运。旅游业是澳门的支柱，来自内地和香港的旅客运输构成澳门运输业的核心，货运更多的是为澳门居民提供生活用品，其次才是生产型的。另外，涉澳运输中，香港与澳门之间运输的重要性要超过内地与澳门。内地与澳门之间的货运有时需要通过香港中转。

表 5-1-5 澳门港货物吞吐量

年份	货柜/TEU			一般货物/kg			
	内港	九澳货柜码头	总计	内港	九澳港	其他港口	总计
2010	81 476	9 845	91 321	439 853 422	1 190 831 379	139 905 371	1 770 590 172
2009	74 797	13 750	88 547	446 425 696	1 159 923 345	81 757 798	1 688 106 839
2008	77 273	49 061	126 334	816 101 218	2 012 718 409	183 494 266	3 012 313 893
2007	88 473	50 214	138 687	1 081 286 834	2 745 047 976	107 034 874	3 933 369 684
2006	81 880	50 857	132 737	1 001 529 432	2 639 743 543	43 128 750	3 684 401 725
2005	74 618	42 864	117 482	629 655 913	2 051 741 291	5 909 361	2 687 306 565
2004	79 683	51 019	130 702	505 845 730	1 227 694 554	9 507 394	1 743 047 678
2003	69 782	42 353	112 135	447 383 645	1 121 899 639	12 574 058	1 581 857 342
2002	60 008	46 168	106 176	333 130 384	831 882 926	9 560 997	1 174 574 307
2001	57 271	37 414	94 685	305 156 583	1 152 581 471	27 413 214	1 485 151 268
2000	59 429	42 684	102 113	322 134 674	73 102 077	1 057 436 865	1 452 673 616

第二章　港澳运输市场现状

第一节　港澳运输业务流程

一、国际中转货出口业务

港澳运输业务按照以下分类，其做法有所不同：①港销货、澳销货与国际中转货；②集装箱货与非集装箱货；③珠三角地区港澳运输与内地其他地区港澳运输；④进口与出口。

图 5-2-1 是港澳运输中属于国际中转货物的出口业务流程，以说明港澳运输不同于国内其他水域运输的一些特点。该模式的主要业务环节和特点包括：

(1) 我国从事国际出口贸易的企业作为托运人自己或者通过国际货运代理人向国际集装箱班轮公司订舱，或者与无船承运业务经营者订立运输合同，无船承运业务经营者再向国际集装箱班轮公司订舱。

(2) 托运人的出口货物通过水路、公路、铁路等方式运至从事港澳航线的一类口岸或二类口岸码头，在性质上属于国内货物运输。

(3) 货物在开放口岸完成货物出口报关和检验检疫等通常的货物出口环节。

(4) 货物从开放口岸码头通过海运或内河运输至港澳。通过珠江水系完成的港澳运输属于内河运输，其余的属于海运。

(5) 国际中转集装箱运至香港后，根据情况可以经三种方式装上国际集装箱班轮公司的船舶(国际海运船舶)：一是从事港澳运输的船舶直接将货物运至香港国际大码头；二是在中流作业区通过“水过水”方式完成，即通过香港的驳船过驳；三是在公共卸货区先卸船，然后通过拖车、货车等方式转运至香港国际大码头，这种方式成本比较高。

(6) 由国际海运船舶将集装箱运至海外目的港(目的地)。

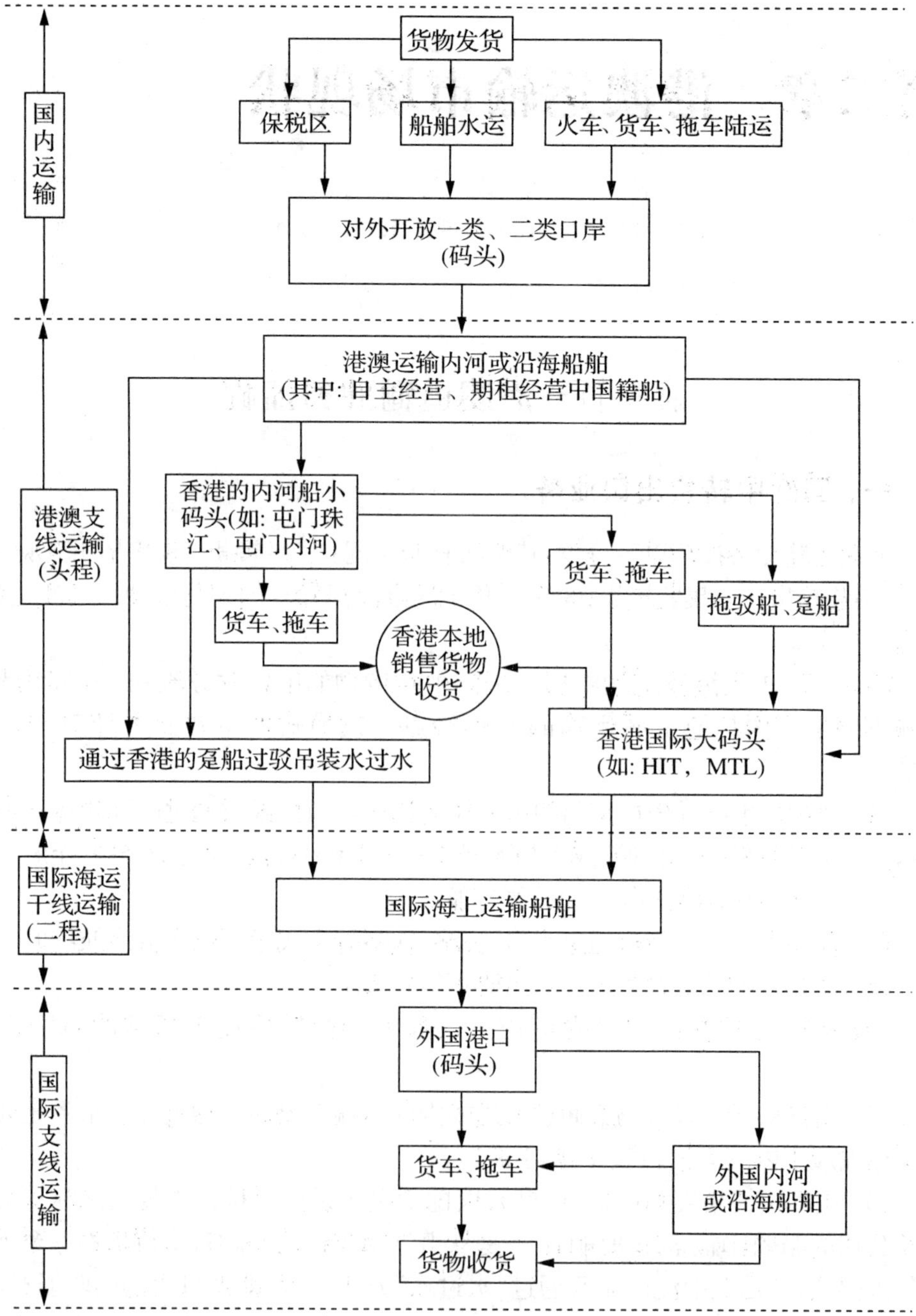

图 5-2-1　港澳运输国际中转货物出口流程

需要说明的是:

(1) 港澳运输,是指从前述一类口岸和二类口岸装上港澳运输船舶开始,至香港目的地(内河集装箱码头、内河船小码头、中流作业区过驳等)为止。

(2) 港澳运输经营者、港澳运输船舶、港澳运输航线等是经交通运输部、各省交通运输主管部门批准的特定经营者和特定的船舶。如果无船承运业务经营者从事港澳运输,则其承运的货物需交由港澳运输船舶经营者运输。

(3) 从事港澳运输的驳船经营人虽然承运的是出口货物,但不需要签发提单。提单由国际集装箱班轮公司自己或委托船代签发。

(4) 港澳运输主要是驳船运输。这种驳船属于机动货船,以集装箱驳船为主。另外,还有一部分属于件杂货、干散货、液体货的运输。驳船运输经营者大部分是利用承租的船舶从事港澳运输,也有一部分经营者拥有自己的船舶。

(5) 港澳运输承运的货物分两大类:一是目的地是港澳(港销货、澳销货);二是经香港中转。如果是港销货,则在内河集装箱码头、内河船小码头卸船,经货车或拖车运至香港市内。如果是澳销货,则经香港澳门航线转运至澳门。

二、国际中转货进口业务

图 5-2-2 是港澳运输船公司经营国际中转货物进口流程,其中,作为港澳运输承运人的是内地船公司,用自己拥有的或者租赁的中国籍船舶进行运输。在这种模式下,进口货物环节和特点包括:

(1) 国际集装箱班轮公司将内地进口的货物在香港国际大码头卸船,完成进口货物的国际海运运输,接下来是通过珠江和我国沿海运输将货物运至最终目的地。

(2) 在港澳运输进口业务中,国际集装箱班轮公司作为"托运人",与港澳船舶运输承运人成立运输合同关系。

(3) 国际集装箱班轮公司通过设在香港的船务公司签发电子舱单。

(4) 港澳船舶运输承运人签发港澳支线提单作为报关报检单据。

(5) 港澳运输船舶到达对外开放一类、二类口岸(码头)后,收货人可以在船边提货,也可以在码头仓库提货。部分货物还需要通过国内公路、铁路等运至最后目的地。这时国际集装箱班轮公司承担的是门到门运输。

(6) 货物在对外开放口岸(码头)卸船,履行报关报检后,进口货物港澳运输阶段全部完成。

(7) 在提货环节上,经港澳运输进口的货物收货人无须换取提货单提货,海关直接在港澳支线提单上加盖放行。港澳运输船代的进口货物电子舱单与支线提单必须一致。

三、香港船务公司期租港澳运输船经营模式

图 5-2-3 是香港船务公司期租港澳运输船经营模式业务流程。在该模式中,从事港澳运输的香港船务公司在身份上有时显得复杂,包括在公司名称上。按照内地法律法规,这些船务公司可能是船舶代理公司、无船承运业务经营者、船务

经纪公司、货物代理人等。目前，许多公司同时拥有多种业务资格，业务范围广泛，能够以不同身份从事类似的业务。以下统一简称为香港船务公司。

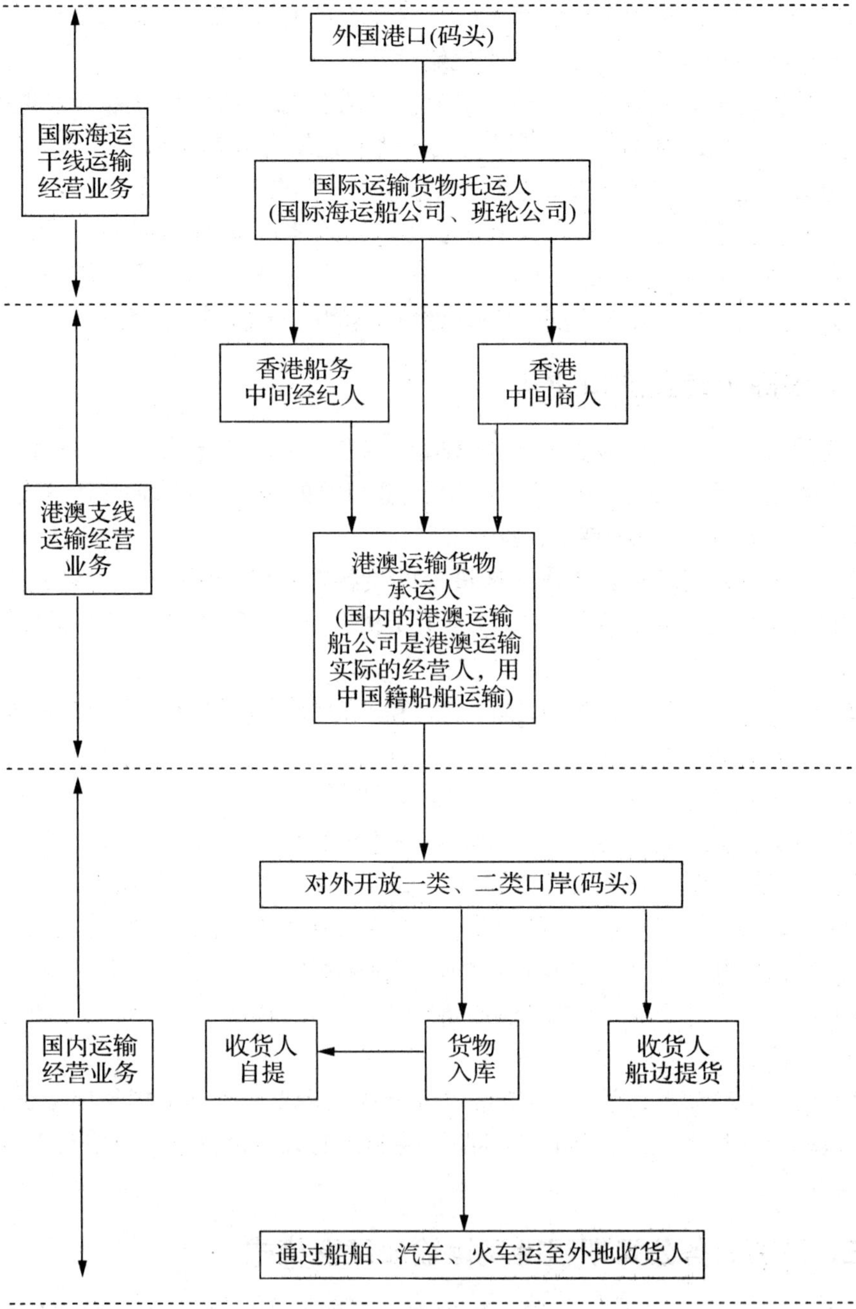

图 5-2-2 港澳运输船公司经营国际中转货物进口流程

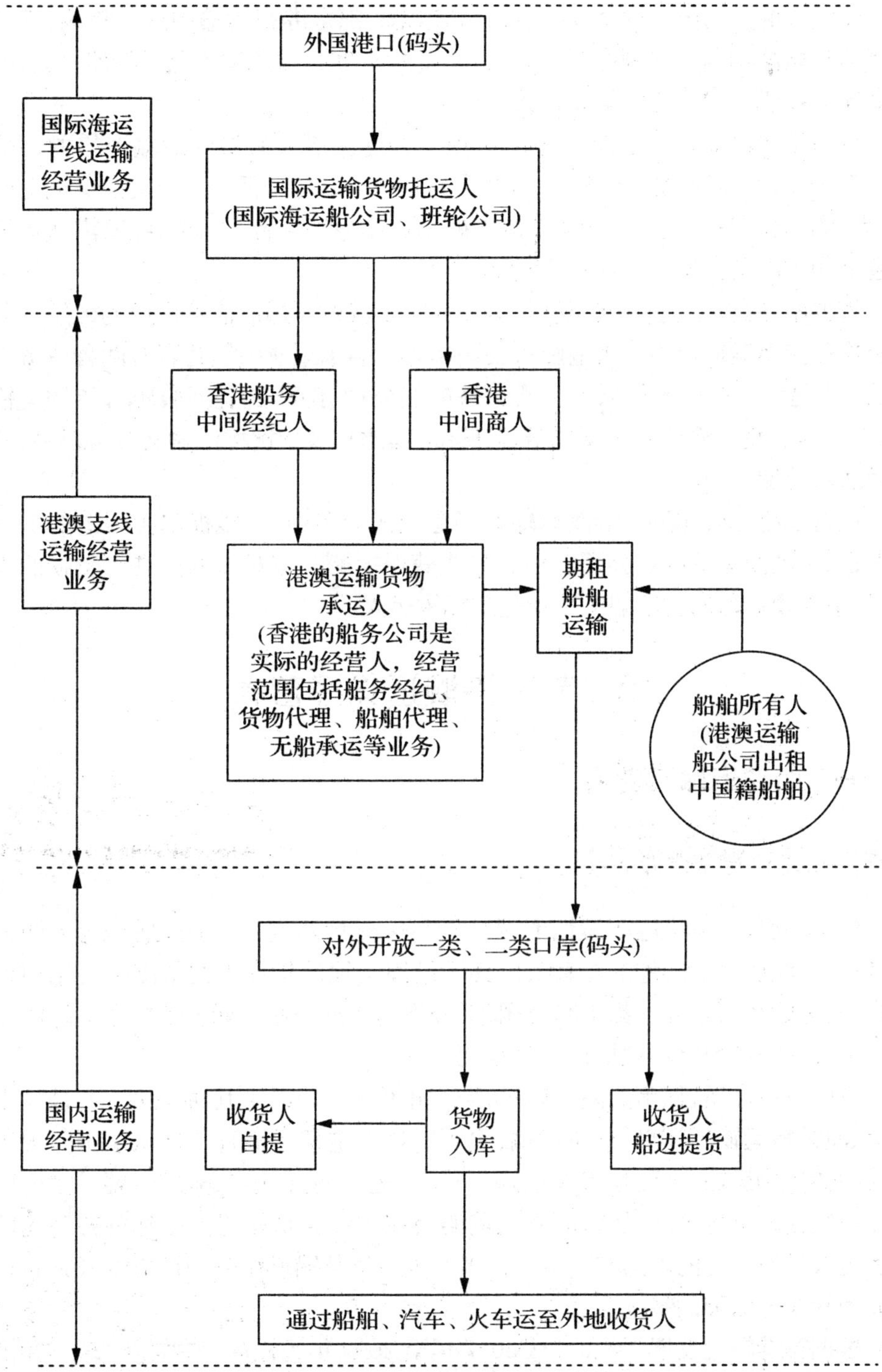

图 5-2-3 香港公司期租港澳运输船经营模式业务流程

在经香港中转的内地进口货物中，部分货物至内地目的地的运输是由香港船务公司完成的。与图 5-2-2 比较，共同点是：都是港澳运输中进口货物，部分业务环节和做法相同。差别在于：图 5-2-3 中港澳运输承运人是香港船务公司，内地港澳运输船公司成为实际承运人。

从事港澳运输的香港船务公司是指在香港注册具有港澳运输资格的运输企业。理论上，按照我国内地法律，这些香港公司可以分为两类：一是自身拥有船舶(运力)的船公司；二是不经营船舶的无船承运业务经营者。目前，经营港澳运输的香港公司主流是无船承运业务经营者。

香港船务公司经营港澳无船承运业务需要获得交通运输部许可的无船承运业务资格和港澳运输资格。香港船务公司作为无船承运业务经营者有两种业务操作方法：一是作为托运人与从事港澳运输的船公司订立运输合同，履行货物运输义务；二是向港澳运输船公司期租船舶(舱位、箱位)，履行货物运输义务。目前，第二种做法较普遍。

在香港船务公司期租港澳运输船经营模式业务中，支线提单由香港船务公司签发，从事港澳运输的船公司以租金形式获得报酬。相对于内地进口货物的收货人，从事港澳运输的香港船务公司是实际承运人。

第二节　港澳运输经营者

一、船舶运输经营者

（一）港澳运输经营者概况

按照注册地，从事港澳运输的船公司可以分为两类：一是注册地为港澳的经营者；二是注册地为内地的经营者。由于港澳运输的货物主要是国际进出口贸易货物，实际的经营者并非都是船公司，部分货运代理企业实际上承担了运输组织角色。下文的统计数字不包括这部分企业。

按照业务性质，从事港澳运输的船公司可以分为以下几种类型：一是从事港销货、澳销货运输(可以是班轮运输，也可以是不定期运输)；二是从事国际进出口贸易中转货物运输(主要是班轮运输)。从货运量而言，第二类最主要。由于国际远洋航线由大班轮公司经营，港澳运输船公司实际上是作为大国际班轮公司的支线承运人身份出现的。港澳运输经营者与国际集装箱班轮公司订立的长期货运协议成为其业务保障的基础。

根据香港航运发展局统计，从 2007 年至 2009 年，香港往来香港与珠三角港口的船舶所有人及经营人数逐年上升，2007 年的增长率为 18.2%，2008 年的增长率为 3.1%，2009 年的增长率为 7.5%，但是，受 2008 年底发生的国际金融危机的影响,2008 年和 2009 年的营业额有所下降(见表 5-2-1)。

表 5-2-1　香港往来香港与珠三角港口的船舶所有人及经营人数

年　份	2007	2008	2009
数量/家	65	67	72
营业额/百万港元	6 673	6 223	5 871
增加值/百万港元	537	93	431
数据来源:《香港航运业统计报告》。			

与香港从事港澳运输的经营者数量比较,内地尤其是珠江水系省份的经营者数量远超港澳。内地从事港澳运输的船公司大部分集中在广东、广西、福建、海南四省(区)。四省(区)从事港澳运输的船公司数量见表 5-2-2 和图5-2-4。

表 5-2-2　截至 2010 年底四省(区)从事港澳运输的船公司

省(区)	海南	福建	广西	广东	合计
数量/家	6	26	49	204	285
占四省(区)总数的比例/%	2.1	9.1	17.2	71.6	100

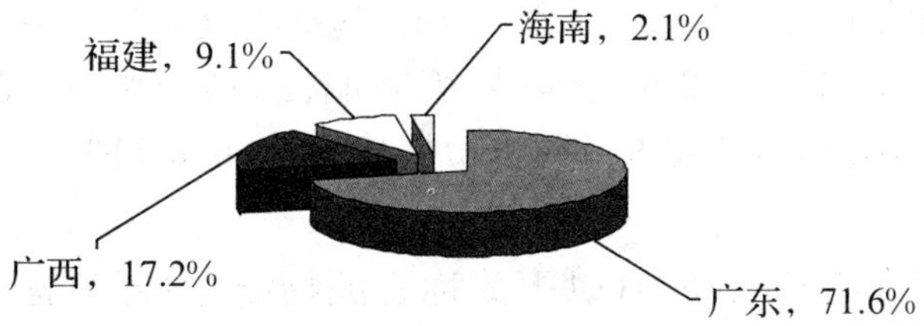

图 5-2-4　四省(区)船公司比例

从表 5-2-2 可知,广东的船公司是港澳运输主力军,占四省(区)船公司总数的 71.6%。广西相对于福建和海南而言,经营者数量也不少,但远少于广东。

从近几年发展趋势而言,四省(区)从事港澳运输的船公司呈现稳定增长的特点。以广西为例,从 2007 年初到 2010 年底,增加了 10 家企业(见表 5-2-3)。船公司在各港口的分布(见表 5-2-4)主要由货运量这一因素决定。

表 5-2-3　广西从事港澳航线运输的企业　　家

截止年月	2007 年 2 月	2008 年 1 月	2009 年	2010 年 12 月
数量	39	41	—	49

表 5-2-4 广西船公司港口分布(以 2008 年为例) 家

港口	贵港	北海	梧州	南宁	防城港	柳州	钦州	合计
船公司数量	9	8	8	7	5	2	2	41

港澳运输作为国内航线,外资国际班轮公司不得从事经营,但是,外资班轮公司依然存在对港澳运输产生影响的经营活动。这主要是外资国际班轮公司在内地港口和香港都有挂靠,这时,对于内地进出口的货物没有经过香港中转,而是由外资国际班轮公司船舶自己履行。对于珠三角而言,主要是外资国际班轮公司船舶挂靠南沙港等深水港,从而分流了部分港澳运输货物。

从现有法律法规看,外资国际班轮公司这种行为是合法的,条件是必须同船,如果运输过程中转船,则不属于允许之列。这种行为也不同于外轮捎带。外资船公司利用国际航线运输船舶在中国港口之间"捎带"外贸内支线货物是被禁止的。

(二) 港澳航线主要经营者简介

1. 广州中货

广州中远国际货运有限公司(以下简称广州中货)主要从事国际集装箱货运出口代理业务,拥有国际货运代理、国际船舶代理、无船承运业务等资格。广州中货的上级单位是中远集运运输有限公司。上海泛亚航运有限公司(以下简称上海泛亚)是中远集运运输有限公司的全资公司,主要专业化经营包括中日航线内贸航线及公共支线在内的中国近洋集装箱运输业务,包括港澳运输。在港澳运输方面,广州中货(上海泛亚)期租 12 艘全集装箱驳船,总载重吨 15 524 t,标准箱位 869 TEU。2010 年,港澳航线货运量 270.7 万 t,305 666 TEU。

2. 五洲物流

深圳市五洲物流有限公司(以下简称五洲物流)主要为五洲航运有限公司(以下简称五洲航运)提供货运代理、船舶代理、单证、结算等服务。五洲航运是中海集团于 1999 年在香港注册成立的从事珠江三角洲及华南沿海、环北部湾地区集装箱驳船支线运输的公司。五洲航运是中海集运进出珠江三角洲及华南沿海内外贸集装箱货物的总承运人。五洲航运同时也为其他国际集装箱班轮公司提供服务,成为公共支线承运人。2010 年底,五洲物流租用 59 艘船舶,9.5 万总吨位,完成127 万 TEU货运量。

3. 中外运广东有限公司

中外运广东有限公司在港澳运输方面由驳运事业部统一经营,以香港和深圳大港口为枢纽港,以广东公司珠三角自有码头为基本港,开通 10 多条驳船航线,自有港澳运输驳船 11 艘、承租经营近 47 艘。中外运广东有限公司共有 3 家下属企业经营港澳航线,其中一家在香港注册,主要从事集装箱运输。2010 年,中外运广东有限公司驳船运输完成货运量约 83.6 万 TEU。

4. 珠江中转物流有限公司

珠江中转物流有限公司是珠江船务(企业)集团有限公司在香港的上市公司珠江船务发展有限公司的合资子公司。公司于1989年在香港注册,以现代物流业务为主,提供广东省内往来香港及世界各地的货运代理及有关的物流运输配套服务,是粤港地区最大的货运代理和支线航商之一。据统计,2010年珠江中转物流有限公司大约完成货运量80万TEU。

5. 盈高航运

盈高航运成立至今已有15年,现全资拥有集装箱船舶17艘,总载重吨位41 268 t,主要航线是往来香港—黄埔,目前已与8家国际班轮船公司和3家船务公司签有运输协议,每月箱运量约30 000 TEU,载货量每月约为27万t。2008年建造了节能、环保、安全的新型内河集装箱船,打破了20多年来内河港澳集装箱船长度不超过50 m的限制。据统计,2010年,盈高航运大约占据6.8%的港澳运输市场份额,是民营企业中从规模到赢利状况都位于前列的一家企业。

二、无船承运业务经营者

按照《国际海运条例》的规定,无船承运企业是无船承运业务经营者,其业务只限于国际航运,在国内航运市场中不存在无船承运企业。根据交通运输部公布的数据,截至2011年4月8日,我国无船承运业务经营者有3 686家(包括分公司),其中四省(区)和港澳的无船承运业务经营者数量见表5-2-5,广东和福建的无船承运业务经营者数量分别见表5-2-6和表5-2-7。

表5-2-5 四省(区)和港澳的无船承运业务经营者数量

注册地	广东/家	福建/家	海南/家	广西/家	香港/家	澳门/家	合计/家	占全国比例/%
数量	751	231	5	1	142	1	1 131	30.7

表5-2-6 广东无船承运业务经营者数量 家

注册地	深圳	广州	中山	汕头	佛山	珠海	东莞	江门	顺德	湛江	茂名	肇庆	合计
数量	443	216	30	14	12	11	8	7	4	4	1	1	751

表5-2-7 福建无船承运业务经营者数量 家

注册地	厦门	福州	惠州	福清	泉州	漳州	合计
数量	183	43	2	1	1	1	231

表5-2-5至表5-2-7的数据表明,四省(区)和港澳无船承运业务经营者数量呈现以下特点:①不同地区之间发展的不平衡性。广东、福建和香港相对发达,尤其是广东。在同一省内,广东的深圳和广州比较集中,福建的厦门和福州比较集中。海南、澳门、广西在无船承运业务经营者数量上甚至可以忽略不计。②四省

(区)和港澳的无船承运业务经营者合计数量将近全国的1/3。这与泛珠江三角洲在我国对外贸易中所占的重要地位直接有关。

虽然《国际海运条例》将无船承运业务经营者作为国际海上运输经营者,而没有作为国际海运辅助业务经营者,但实际上其地位介于货主与船公司之间,属于运输中介。在美国航运法中,即将无船承运业务经营者与国际货运代理人共同称为远洋运输中介。

无船承运业务经营者由于不经营船舶,需要通过船公司完成与托运人签订的运输合同所承诺的运输义务,其通常方式是作为托运人向船公司订舱。国内也有一种观点认为,无船承运业务经营者可以通过期租方式经营业务,从事港澳运输的无船承运业务经营者通过期租港澳航线船舶的方式经营业务。这是由于《国际海运条例》在无船承运业务经营者规定上的模糊所致。

在市场准入制度上,经营者只要缴纳保证金或者投保责任保险,并且登记提单格式,即可取得无船承运业务经营者资质。至于其具体业务中与船公司之间的关系,或者说在运输合同关系上,《国际海运条例》作为管理法,不直接涉及这一私法领域的问题。这导致无船承运业务经营者相对于船公司而言,既可以是托运人,也可以是船舶承租人,履行与托运人订立的运输合同。但是,美国航运法明确规定无船承运业务经营者与远洋公共承运人之间的关系是托运人与承运人之间的关系,从而明确了无船承运业务经营者相对于船公司而言只能是托运人而不能作为租船合同下的承租人,相对于托运人而言只能作为公共承运人。在《国际海运条例》实施过程中,我国无船承运业务经营者实际上不只是作为公共承运人,而且作为非公共承运人提供运输服务。

三、运输辅助业务经营者

按照《水路运输服务业管理规定》,水路运输服务业是指接受旅客、托运人、收货人以及承运人的委托,以委托人的名义,为委托人办理旅客或者货物运输、港口作业以及其他相关业务手续并收取费用的行业,分为船舶代理业和客货运输代理业。由于"水路运输服务业"容易导致误解,建议我国未来立法将其修改为"水路运输辅助性活动"。按照《国际海运条例》规定,则称为"与国际海上运输相关的辅助性经营活动"。但两者业务范围有差异,国内水路运输将货运代理作为辅助性活动,而国际海运则不包括货运代理。

2008年,内地分别与香港和澳门特别行政区政府签署了内地与香港、澳门《关于建立更紧密经贸关系的安排》(CEPA)补充协议五,从2009年1月1日起港澳服务提供者可以在广东省设立独资公司,为从事港澳航线运输的船舶提供船舶代理服务。目前,港澳船舶代理基本上是集装箱驳船代理。这类业务实际上是国际集装箱班轮公司的支线业务,属于国际集装箱班轮在珠三角其他地区的补充航线。

按照《国际海运条例》的规定，国际船舶代理业务中的第 4 项是“承揽货物、组织货载，办理货物、集装箱的托运和中转”。港澳运输船舶代理企业在其中扮演的角色是货物中转，即将国际班轮集装箱公司承运的需要经香港中转的我国内地进出口货物从香港运至内地的目的港(地)交付给收货人，或者从内地的始发港(地)运至香港中转，再由国际班轮船舶运输至国外目的港(地)。

由于“自船自代”制度的广泛存在，许多国际集装箱班轮公司通过设立专门的子公司从事“自船自代”业务。“自船自代”业务占据了国际班轮船舶代理相当大的市场份额。这是公共船代企业在集装箱班轮运输代理市场领域竞争激烈的原因之一。

就港澳运输而言，大部分港澳运输船舶都是“自船自代”，如中远、中海、中外运、珠江中转等企业。由于港澳运输船舶代理门槛低，市场上公共船代公司数量多。随着珠三角其他地区加大发展海运业务的力度，国际集装箱班轮航线逐渐向其他地区延伸，如广州南沙、东莞、湛江、惠州、汕头、珠海等，导致港澳运输船舶代理业务日益减少。但另一方面，随着当地通关环境的改善和粤港驳船水路网络的完善，经深圳转运的货物相对减少，其他珠三角码头往往不需要再经过深圳中转，而是直接去香港进行进出口转运，使得港澳运输船舶代理业务增加。总体而言，公共船代业务开展得并不理想。

据统计，广东省有国际船舶代理企业 277 家，以一类口岸为主兼营港澳航线的船舶代理。广东省批准的港澳航线水路运输服务企业有 112 家，以二类口岸为主做港澳航线的船舶代理。中外运广东有限公司在广东区域共有 17 家分公司，船代事业部具有国际船代资格证并从事国际船舶代理业务，其中一类口岸：广州区域有广东船代、东莞分公司、南沙分公司等 3 家；深圳区域有深圳船代、蛇口分公司、盐田分公司、惠州船代、汕头船代、潮州船代等 6 家；珠海区域有珠海船代、新会分公司等 2 家；湛江区域有湛江船代、茂名分公司、海南船代和洋浦分公司等 4 家。二类口岸有：广东船代江门、中山分公司等 2 家。

需要注意的是，在从事港澳运输船舶代理业务的企业中，既有按照《国际海运条例》设立的作为国际海运辅助业的国际船舶代理企业，也有按照《水路运输服务业管理规定》设立的作为水路运输服务业的船舶代理企业。在广东省，《广东省水路运输服务业管理办法》规范部分港澳运输船舶代理企业。

在港澳运输经营者中，有一点值得引起关注，即经营者在法律上的身份界限实际上并不是很清晰。船舶代理人、货运代理人、租船从事运输业务的无船承运业务经营者、没有租船的无船承运业务经营者、拥有自己船舶的经营者，以及租船从事运输业务的航运公司、船舶经营管理公司等在一定意义上都是港澳运输的经营者。除国际班轮业务经营者在资格上相对单一外，其他经营者大都拥有两个甚至多个相关业务的经营资质。

第三节　运力与运量

一、运力

（一）运力规模

2010年，广东、广西、福建、海南四省（区）经营港澳航线的船舶共有1 654艘，载重吨共计247.5万t，集装箱位共计78 946 TEU（见表5－2－8）。港澳运输中以国际集装箱班轮支线为主，港澳运输船舶以集装箱驳船为主，此外还有部分干散货船舶、油船、自卸砂船等从事不定期运输、件杂货运输等。在广东省从事港澳运输的1 368艘船舶中，有集装箱船983艘，占72%。

将表5－2－8与表5－2－5结合起来，即从事港澳运输的船公司数量与总载重吨结合起来，可得到表5－2－9。

表5－2－8　经营港澳航线的船舶（2010年）

省（区）	广东	福建	广西	海南
数量/艘	1 368	61	210	15
总载重吨/万t	198	15.3	33	1.2
集装箱位/TEU	69 325	3 421	6 200	—
平均载重吨/（t/艘）	1 447.4	2 508.2	1 571.4	800

表5－2－9　从事港澳运输船公司平均载重吨

省（区）	广东	福建	广西	海南	合计
船公司数量/家	204	26	49	6	285
总载重吨/万t	198	15.3	33	1.2	247.5
平均载重吨/（t/家）	9 706	5 885	6 735	2 000	8 684

表5－2－8和表5－2－9表明，四省（区）从事港澳运输的运力结构具有下列特点：

第一，与珠江现有深水航道比较，现有船舶平均载重吨仍然有较大的提升空间，单船规模经济没有充分体现出来。

第二，每个经营者拥有的平均运力普遍偏低，企业规模经济难以体现。

第三，以海船从事港澳运输的福建船公司，每艘船舶平均载重吨要远超珠江水系内河船从事港澳运输的平均载重吨。

根据广西交通运输厅公布的港澳水路运输信息公告，2007年2月底，全区在册港澳水路运输企业有39家,与上年同期相比增加3家。全区港澳航线营运船舶为161艘,总载重吨约为16万t,平均载重吨约为996 t/艘,与2006年同期相比分别增加15艘,17 000 t,10 t/艘。运力规模最大的企业的载重吨约为1.4万t。2008年1月底,全区在册港澳水路运输企业有41家。全区港澳航线营运船舶为168艘,总载重吨约为17.6万t,平均载重吨约为1 048 t/艘,与上年同期相比分别增加7艘,16 000 t,52 t/艘。运力规模最大的企业的载重吨约为1.4万t。

(二)船舶标准化

在船舶标准化方面,珠江水系要落后于长江水系。长江航运的货运量在我国几大内河水系中最大,航道条件也较好,国家在政策上非常重视。船舶标准化和大型化工作在我国几大内河水系中走在前列。

船舶标准化制度,是指航运市场船舶的类型、材质、主要尺度等必须符合国家或者航运主管部门规定的标准的一种制度性措施。船舶标准化是水运市场准入的门槛之一,也是水路运输市场运力调控措施之一。船舶标准化制度的意义在于通过对市场船舶的类型、材质、主要尺度等方面的规范,优化船舶的运力结构,提高内河和其他水域通航的效益。同时,这一制度有助于提高船舶技术水平,从而对船舶航运安全和水域环境保护具有促进作用。

2001年10月11日,原交通部颁布《内河运输船舶标准化管理规定》,该规定自2001年12月1日起施行。该规定从船舶的类型、材质和主要尺度方面,对内河运输船舶进行规范。

从事港澳航线运输的船舶主要包括客船和货船,船质结构实现了钢质化。但是,在船型方面,由于受到香港避风塘有关船舶长度的限制等原因,目前总体上并没有达到中华人民共和国交通行业标准《珠江干线货运船舶船型主尺度系列》(JT/T 559—2004)(表5-2-10)规定的船型尺度。

表5-2-10 珠江三角洲代表船型尺度

船舶类型	船型	L/m	B/m	D/m	d/m	功率/kW	载重吨载箱量	备注
货船	1 500干货船	67	14	4.5	3.2	339×2	1 500	江海直达
	1 000干货船	49.9	10.7	3.65	3.0	255×2	80	江海直达
	1 000 t散装粉煤炭船	49.9	12.8	3.8	2.8	237×2	950	江海直达
	900 t多用途集箱船	49.98	12.8	3.8	2.65	163.9×2	900	江海直达
	600 t散装水泥船	45.2	12	3.2	2.2	135×2	600	
	500 t散装水泥船	49.9	10.6	3.6	2.5	136×2	500	
	300 t多用途货船	49.2	8.4	3.4	2.2	92×2	300	

（续表）

船舶类型	船型	L/m	B/m	D/m	d/m	功率/kW	载重吨载箱量	备注
集装箱船	1 500 t 集装箱船	69.8	15.6	5.2	3.7		1 586	江海直达
	1 300 t 集装箱船	68.8	12.8	5.2	3.5		1 586	江海直达
	1 000 t 集装箱船	49.98	15.6	4.2	2.3		998	
	80 箱/900 t 集装箱船	49.9	13.4	4.5	3.1	330×2	900	江海直达
	198 箱/900 t 集装箱船	49.98	15.6	4	2.6	236.8×2	900	
	96 箱集装箱船	49.9	13.0	4.1	3.0	220×2	900	江海直达
散化船	2 000 t 散化船	63	12	4.2	3.6	330×2	1 710	江海直达
	1 500 t 散化船	67.0	13.6	4.5	3.2	339×2	1 500	江海直达
	900 t 液体散化船	48.7	13	4.3	3.5	236.8×2	900	江海直达
	250 t 化学品船	36.8	7.8	2.45	1.9	129×1	250	
油船	1 400 t 运油船	65.8	11.4	4.40	3.5	236.8×2	1 400	江海直达
	1 200 t 运油船	60.10	10.60	4.4	3.9	288×2	1 250	江海直达
	1 000 t 运油船	59.2	11.2	3.9	3.1	236.8×2	950	江海直达
	500 t 运油船	49.4	9.8	3.5	2.7	184×2	500	
自卸砂船	500 t 砂船	47.8	11.3	2.25	2.1	368×2		
	1 000 t 砂船	54.6	12.2	3.2	2.55	368×2	950	
	1 200 t 砂船	65.8	13.4	3.2	2.6	436×2	1 200	
	1 500 t 砂船	57.8	13.8	3.5	2.8	440×2	1 600	江海直达
	1 500 t 砂船	59.8	13.0	4.2	3.2	440×2	1 500	江海直达
	2 000 t 砂船	68.0	14.3	5.3	4.1	440×2	2 520	江海直达
	2 000 t 砂船	69.8	15.0	5.0	4.0	440×2	2 200	江海直达
	3 000 t 砂船	69.8	15.8	5.0	4.0	588×2	2 900	江海直达
客船	350 客位客船	44.8	9.2	2.2	1.3	147×2		1
	250 客位区间客船	38.5	10.0	2.30	1.6	163×2		2
	218 客位区间游船	42.6	8.5	2.5	1.7	163×2		3
	628 客位区间游船	42.2	14	3.9	2.9	294×2	4	双体船
	380 客位高速船	42	12.0	3.7	1.5	1 915×2	5	喷射推进
	354 客位高速船	38.0	11.50	3.8	1.25	1 915×2		螺旋推进
	80 客位高速船	30	3.24	7.78	1.06	735×2		螺旋推进

二、货运量和吞吐量

历史上，港澳航线货运业务以件杂货、散货运输为主。广东省在1980年9月后开始内河港澳航线集装箱运输。香港是国际航运中心以及全球大的国际集装箱枢纽港之一。在深圳港、广州港兴起之前，华南地区的大部分进出口货物都经香港中转。港澳运输已变成以香港转运进出口集装箱运输为主。目前，虽然深圳港和广州港等发挥越来越大的作用，但相当部分货物仍通过香港中转。广州南沙港深水码头的建成将对香港中转货产生较大的影响，一部分从香港中转的货物变成直接从南沙港进口或出口，从而在性质上不再是港澳运输。

根据香港港口发展局公布的数字，2008年由于国际金融危机的影响，港澳货物量出现了下降，但随着经济的回暖，2010年货运量超过了2009年(见表5－2－11)。

表5－2－11 香港进出口总货运量 万t

年份	海运	河运	道路货运	铁路货运	空运	合计
2000	13 093.7	4 370.6	3 993.3	45.1	224.1	21 726.8
2001	13 067.6	4 753.4	3 691.8	37.0	207.4	21 757.2
2002	13 830.1	5 421.0	3 937.3	38.5	247.9	23 474.8
2003	14 861.8	5 899.4	3 994.3	33.0	264.2	25 052.7
2004	15 861.7	6 226.2	4 047.4	27.2	309.0	26 471.5
2005	16 146.7	6 867.2	3 871.9	21.5	340.2	27 247.5
2006	16 620.8	7 203.1	3 732.0	18.4	358.0	27 932.3
2007	17 734.7	6 808.6	3 613.9	14.1	374.2	28 545.5
2008	17 997.4	7 942.8	3 173.4	10.9	362.7	29 487.2
2009	16 159.1	8 137.6	2 671.6	8.4	334.7	27 311.4
2010	18 200.4	8 581.1	3 022.7	3.5	412.9	30 220.6

备注：海运是指越过内河航线操作的船舶运输，而河运是指仅于内河航线内操作的船舶运输。内河航线是指香港邻近水域，包括珠江、大鹏湾和澳门，以及其他在广东和广西与香港邻近水域相连的内陆水域。

从2000年至2010年，香港港口吞吐量情况见表5－2－12，集装箱吞吐量见表5－2－13。

表5－2－12 香港港口吞吐量 万t

年份	抵港	离港	合计
2000	10 693.5	6 770.7	17 464.2
2001	11 047.2	6 773.8	17 821.0

(续表)

年份	抵港	离港	合计
2002	11 972.9	7 278.2	19 251.1
2003	12 855.4	7 905.8	20 761.2
2004	13 485.4	8 602.5	22 087.9
2005	14 095.6	8 918.3	23 013.9
2006	14 154.2	9 669.6	23 823.8
2007	14 132.4	10 410.9	24 543.3
2008	14 597.7	11 342.5	25 940.2
2009	13 929.3	10 367.3	24 296.6
2010	15 426.3	11 355.2	26 781.5

表 5-2-13 香港集装箱吞吐量 万 TEU

年份	葵青货柜码头			中流作业及其他码头			合计
	远洋轮船	内河货船	小计	远洋轮船	内河货船	小计	
2000	1 066.4	93.8	1 160.2	303.3	346.2	649.5	1 809.7
2001	1 015.4	113.1	1 128.5	301.1	353.1	654.2	1 782.7
2002	1 058.4	130.8	1 189.2	332.6	392.6	725.2	1 914.4
2003	1 062.5	144.5	1 207.0	390.4	447.5	837.9	2 044.9
2004	1 127.1	215.4	1 342.5	420.4	435.5	855.9	2 198.4
2005	1 225.0	203.4	1 428.4	325.7	506.1	831.8	2 260.2
2006	1 368.5	236.3	1 604.8	232.6	516.5	749.1	2 353.9
2007	1 508.3	223.9	1 732.2	183.0	484.6	667.6	2 399.8
2008	1 531.3	241.3	1 772.6	176.3	500.6	676.9	2 449.5
2009	1 295.7	220.2	1 515.9	112.8	475.3	588.1	2 104.0
2010	1 441.0	268.8	1 709.8	183.9	476.3	660.2	2 370.0

香港的集装箱(货柜)码头坐落于葵涌一青衣港池,一共有 9 个码头,由 5 家营运商管理和营运。这 5 家营运商是现代货箱码头有限公司、香港国际货柜码头有限公司、中远-国际货柜码头有限公司、杜拜环球港务和亚洲货柜码头有限公司。9 个码头提供 24 个泊位共 7 694 m 深水堤岸。葵涌一青衣港池水深达 15.5 m,集装箱码头总处理能力每年逾 1 900 万 TEU。

香港中流作业区主要提供驳船与货柜车/货车之间的货物装卸服务,货物包括远洋货物和内河货物。目前,中流作业区位于香港 12 个不同地点,共占地

34.6 万 m^2,提供 3 513 m 的堤岸,而作业区的租约分为长期和短期 2 种。

香港内河货运码头的营运范围包括重组和合并往来香港和珠江三角洲的货柜、散装货物。码头位于屯门望后石,由内河货运码头有限公司经营。码头占地 65 万 m^2,提供 3 000 m 的堤岸。

表 5-2-12 和表 5-2-13 表明内河运输在香港货运综合体系中的重要地位。这部分运输与港澳运输是分不开的,在一定意义上可以将大部分内河运输归结为港澳运输。港澳运输货物在香港内河货运码头和香港中流作业区进行装卸。2010 年,河运船舶货运量占香港水路运输货运量的 32.0%,占总货运量的 28.4%。在集装箱吞吐量方面,通过内河货船完成的占 31.4%。

第四节 港澳货运经营模式

一、模式分类

按照经营者运力性质,从事港澳货物运输企业的经营模式可分为 2 类: ①港澳运输经营者使用自有运力从事经营;②港澳运输经营者承租船舶从事经营。

按照《国际海运条例》运输业务经营者的划分标准,港澳运输经营模式也可以分为 2 种: ①航运公司经营港澳货物运输;②无船承运业务经营者(无船承运人)经营港澳货物运输。

船公司从事港澳运输可以利用自有运力,也可以期租船舶从事经营,甚至可以承租舱位(箱位)从事经营。在承租舱位(箱位)情况下,可以是单方承租,也可以互相承租。承租舱位(箱位)与整船承租在合同性质上类似,尤其是在承运人识别规则上相同。但在航运管理领域,承租舱位(箱位)一般属于航运法规范的领域,即属于《国际海运条例》规定的运营协议范畴,因而需要获得反垄断豁免才具有合法地位。

按照《国际海运条例》的规定,无船承运业务经营者从事货物运输应该签发提单。但在港澳运输中,从内地到香港的出口,除特殊情况外一般不需要提单。但是,从香港到广东、广西的进口航线,要求支线公司签发港澳支线提单作为报关报检单据,海关直接在港澳支线提单上加盖放行。在无须签发提单的情况下,无船承运业务经营者不能称为《国际海运条例》规定的无船承运业务经营者。

港澳运输主要是作为国际集装箱干线班轮运输的支线运输,而且是作为联运中的支线运输,即与国际集装箱干线班轮运输属于同一运输合同下的运输。一些国际货运代理企业也从事港澳运输。我国国际货运代理企业一般同时具有无船承运业务资格,有时分不清是以哪种身份从事业务。如果签发进口支线提单,则应该将这些企业认定为无船承运业务经营者。

由于在港澳运输市场中,大部分是国际集装箱干线班轮运输的支线运输,各国际集装箱班轮公司成了港澳航线运输企业竞相争夺的大客户。部分国际集装箱班轮公司单独或者联合安排港澳运输这一支线运输，使得公共港澳运输市场竞争更加激烈。

二、租船经营模式

从货运市场经营一般要求而言，前述从事港澳货物运输企业的 4 种主要经营模式中，本应以港澳运输船公司使用自有运力从事经营为主，其他模式为辅，但事实上刚好相反，形成了以租船模式为主的经营格局。在整船承租与舱位(箱位)承租之间，港澳运输船舶以整船承租为主。因此，形成了"船舶所有人(出租人)—港澳运输船公司(承租人)—国际班轮干线船公司(承运人)—货方(托运人或收货人)"的经营运作模式。

目前港澳运输市场竞争激烈，行业利润逐渐分薄，很多实力不是很雄厚的船公司被逼慢慢退出港澳运输市场。据海关的调查数据反映，2010 年在香港注册的船公司租用港澳运输船舶的共有 58 家。目前在港澳运输市场上的租船公司大致可以分为 3 类。第一类是有着班轮公司大背景的公司，实力较强，抗风险能力强。2010 年市场占有率比较大的公司承租港澳线船舶开展驳运业务的情况是：中海集团的驻港企业租用 59 艘；广东省航运集团的驻港企业大约租用 56 艘；中外运集团的驻港企业大约租用 47 艘；中远集团的下属国内企业租用 19 艘。这些公司靠业务量和市场占有率保住市场，业务保持了较为稳定的增长。第二类有外国大班轮公司的股份在里面，其往往是为固定的大班轮公司提供服务的香港企业。为大班轮公司提供服务的目的是保持固定的客户和业务，薄利多销，赚取少量利润。第三类是珠三角其他港口的本地企业，为当地的货主提供运输服务。

在航运市场，无论是国内航运市场还是国际航运市场，无论在近洋航线还是远洋航线，船公司租船从事经营是普遍的现象。但是，作为船公司而言，首先应该建立自己一定规模的船队，并使用自己的船舶从事经营，在自身运力不足的情况下，再租船或者向该航线上的其他船公司承租舱位(箱位)。港澳运输市场存在的租船情况并不完全正常，部分经营港澳线的船公司实际变为出租船舶的公司，另外一部分船公司则在很大程度上甚至完全依赖租船从事运输。当然，更多的情况是自己拥有一部分运力，另外租进一部分或者租出一部分。

导致港澳运输普遍存在租船现象既有市场因素，也有港澳运输本身的性质原因。不仅是内地船公司这样做，在港澳注册的船公司也实行类似的经营策略。在市场因素方面，租船租金和船舶价格是主要因素，在港澳船舶运力供给大于需求的情况下，航运公司采取租船的方法可能比自己购买船舶更具经济性，而且免除了船舶管理、船员管理、海事安全等许多复杂事务。在港澳运输本身性质方面，虽然港澳运输市场具有相对稳定性，并一直处于稳定发展的态势，但市场竞争比较激烈，珠江水系内地深水港的发展、周边其他沿海港口对货源的竞争等因素，使一些企业不敢投入,避免存在过高的沉淀成本。租船经营模式主导港澳运输市场,容易导致经营行为的短期化,不利于建立竞争有序、服务优良的市场环境。

第五节 旅客运输

一、港澳客运概况

根据香港政府统计处的统计,来自珠江口岸的客轮在2007年以前持续增长,净注册吨位也随之增长。但是,2008年和2009年抵港船次和离港船次连续下降,净注册吨位也随之下降,2010年恢复正常增长(见表5-2-14和表5-2-15)。

表5-2-14 进出香港的旅客运输

年份	客轮往来自珠江口岸				客轮往来自澳门			
	抵港		离港		抵港		离港	
	船次	净注册吨位/10^3	船次	净注册吨位/10^3	船次	净注册吨位/10^3	船次	净注册吨位/10^3
1999	25 900	4 130	25 890	4 129	34 030	4 674	34 040	4 674
2004	34 090	5 462	33 860	5 424	37 890	5 664	38 080	5 696
2005	35 440	6 164	35 060	6 130	39 750	6 096	40 150	6 163
2006	35 480	5 577	35 360	5 553	40 330	6 262	40 760	6 340
2007	37 310	5 842	36 970	5 780	42 580	6 663	43 150	6 758
2008	31 680	4 869	31 290	4 808	49 220	8 425	49 880	8 503
2009	28 420	4 418	28 450	4 426	54 180	10 052	54 380	10 088

数据来源：香港政府统计处《香港统计年刊》。

表5-2-15 香港全港抵港客船艘次统计 艘次

年份	远洋客船	内河客船	合计
2000	2 780	59 810	62 590
2001	2 700	61 200	63 900
2002	2 790	63 340	66 130
2003	3 010	62 790	65 800
2004	3 360	71 980	75 340
2005	3 440	75 190	78 630
2006	3 520	75 810	79 330
2007	3 690	79 890	83 580

（续表）

年份	远洋客船	内河客船	合计
2008	3 010	80 900	83 910
2009	2 480	82 600	85 080
2010	2 310	88 130	90 440

香港是全球著名的国际邮船中心。2010 年，2 310 艘国际邮船挂靠香港。内河客船在数量上远远超过远洋客船，2010 年达到 88 130 艘次，可见港澳客运市场巨大。

澳门特别行政区政府对于来澳旅客人数按照入境渠道进行统计，2008—2010 年数据见表 5-2-16。

表 5-2-16　按入境渠道统计之来澳旅客　人次

年份	入境渠道			合计
	海路	陆路	空路	
2008	9 173 206	12 094 752	1 665 227	22 933 185
2009	8 684 809	11 448 843	1 619 099	21 752 751
2010	10 244 087	13 087 262	1 634 062	24 965 411

二、粤港澳客运概况

旅客运输业是港澳运输中的重要方面。由于相互之间距离较短，水上旅客运输为广东、香港、澳门三地之间的往来提供了便利。高速客轮是香港、澳门主要的旅客运输工具。

广东省经营港澳航线的客运企业有 16 家，客船（高速客船）55 艘，15 590 客位，181 540 kW。经营的港澳客运航线有 23 条，其航线分布和航班以及经营的情况如下：

（1）粤港航线。内地至香港市区航线共 13 条（深圳蛇口、深圳福永、珠海、中山、顺德、莲花山、南沙、江门、高明、鹤山、新会、台山、斗门），每天航班约 80 班。内地至香港机场航线共 5 条（珠海、中山、深圳蛇口、深圳福永、东莞虎门），每天航班约 56 班。该航线首创了海空客运联运服务，使经由香港来往于内地和世界各地的旅客无须再入境香港，可直接上国际空运的航班。

（2）粤澳航线。内地至澳门航线共 5 条（深圳蛇口、深圳福永、珠海湾仔、江门、南沙），每天提供约 110 个航班。

（3）2010 年港澳航线完成进出口旅客运输量 5 670 915 人次。

三、珠江客运有限公司

珠江客运有限公司是经营粤港澳客运的主要公司，成立于 1985 年，是香港珠江船务集团的全资子公司。公司以香港为中心，经营管理珠三角、香港、澳门之间的 20 多条往返航线，形成了粤港澳船舶代理、客票销售、旅客运输、码头运作和行李处理的完整产业链。目前，公司运作管理 54 艘高速客船，16 000 多客位，是世界上规模最大、客位最多、技术最先进的高速客运船队，每年运送旅客超过 1 000 万人次。

公司经营香港市区往返珠三角 8 条航线，覆盖了珠三角各主要城市，每天开行 80 多个航班。20 多年来，累计运送旅客超过 1 亿人次。

2003 年，公司与香港机场管理局合作，推出世界首创的“海天联运、无缝连接”的海空接驳过境业务，在香港机场与珠江三角洲之间开通 6 条航线，每天 70 多个航班，旅客在深圳机场、蛇口、东莞虎门、珠海九洲、中山和广州番禺莲花山登船前，可预先办理香港机场的登机及行李托运手续，在搭乘高速客船到香港机场码头后，直接进入机场候机大楼，无须办理香港出入境手续就可以直接前往世界各地。

2007 年底，公司成功切入香港往返澳门航线，由金珠船务公司运作的金光飞航高速客运船队，每天 120 余航班 24 h 不间断运作，旅客可以随到随走。

2009 年底，公司将香港机场海天联运的模式成功复制到澳门国际机场，依托澳门氹仔客运码头开展过境澳门海天联运业务，旅客在香港、珠海、深圳蛇口和江门等地乘坐珠江客运的高速客轮到达澳门后，无须办理澳门出入境手续就可以直接到达澳门机场登机前往世界各地。

2010 年 1 月，公司成功获得澳门政府颁发的水上客运准照，成功开通了澳门往返深圳蛇口、江门、深圳机场福永码头等 3 条新航线，使公司的航线网络进一步完善。

2010 年 4 月，珠江客运有限公司的全部资产成功注入珠江船务发展有限公司，成为香港上市公司的一部分，公司业务和管理迈上一个新台阶。

2010 年 7 月，公司成功获得香港市区及机场往返澳门外港码头的水上客运准照，进一步完善了港澳水上客运网络的板块。

珠江客运有限公司经营的珠港澳航线情况分别见图 5－2－5，图 5－2－6，图 5－2－7 和图 5－2－8，其中标出了各航线大致所需要的时间。与陆路旅客运输比较，珠港澳之间高速客船具有极大的效率优势。在我国其他水系国内水路运输市场逐渐萎缩的今天，珠港澳客运市场呈现出极大的生命力。但是，珠港澳大桥建成后，将对水路客运产生极大的冲击。

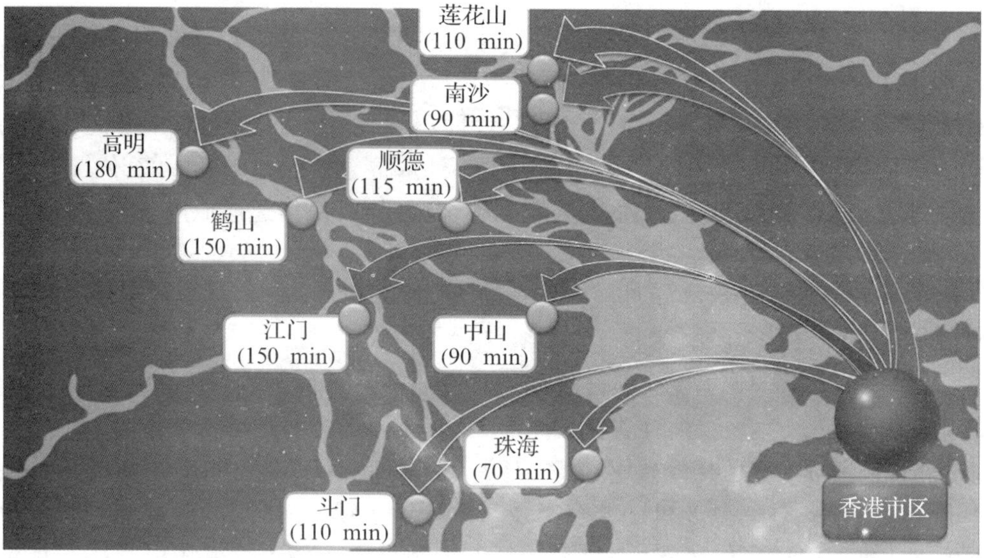

图 5－2－5　香港市区与珠三角之间客运航线

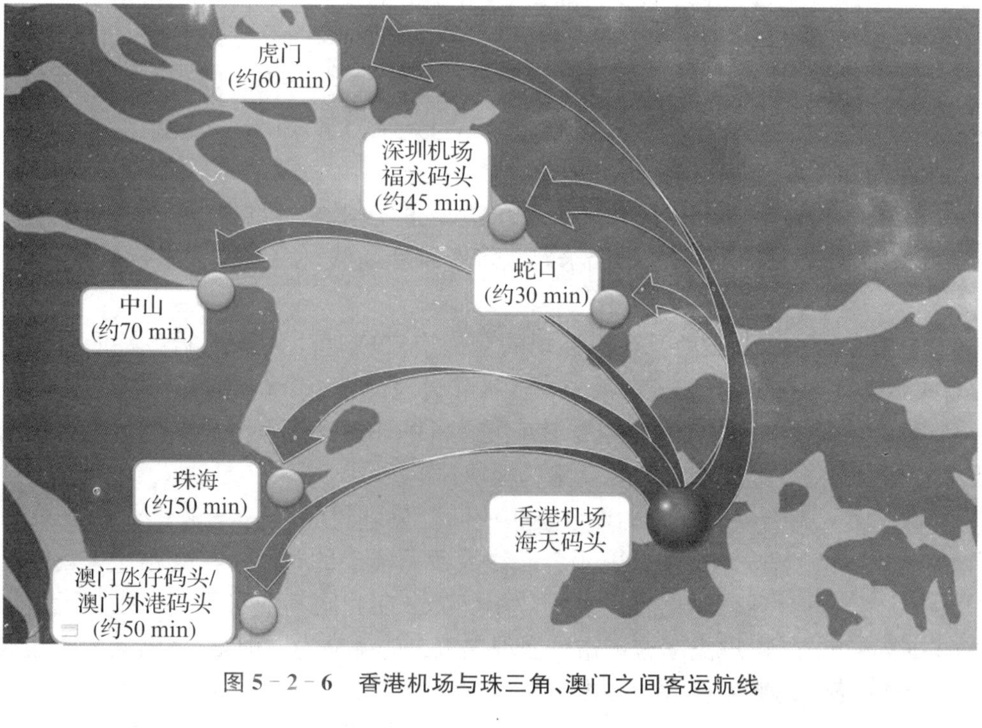

图 5－2－6　香港机场与珠三角、澳门之间客运航线

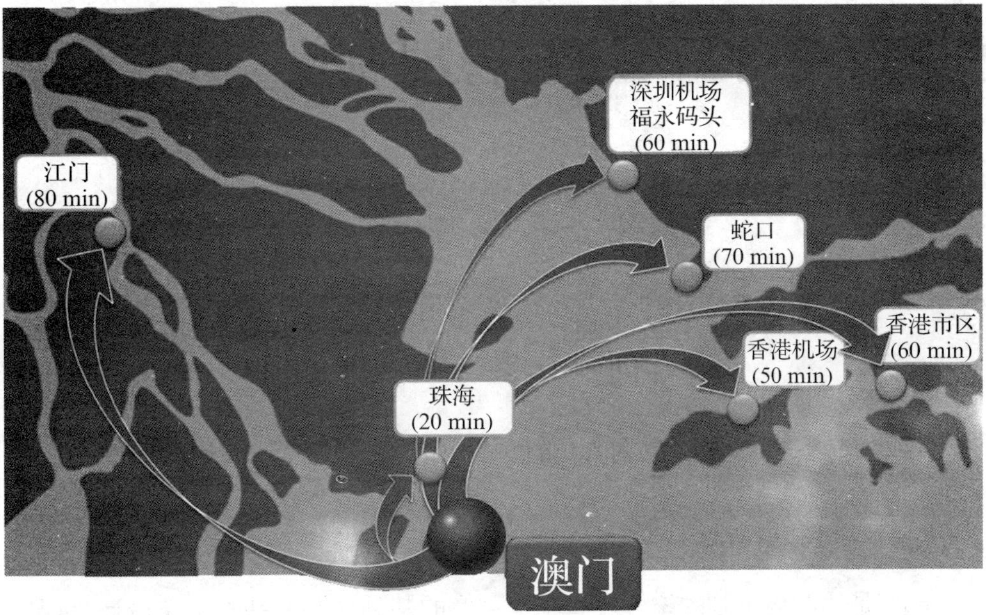

图 5-2-7 澳门与粤港之间客运航线

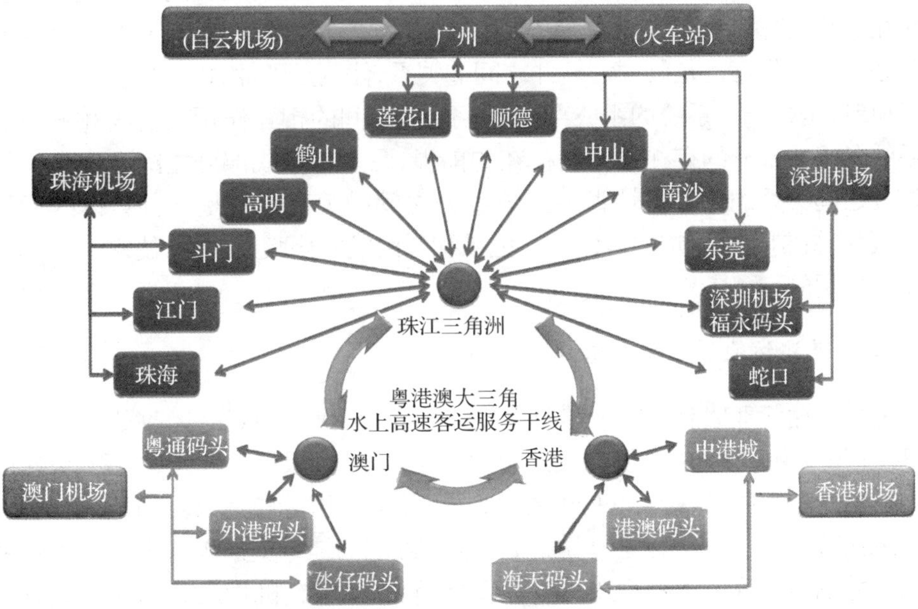

图 5-2-8 粤港澳大三角客运干线

第三章　港澳运输管理制度

第一节　港澳运输管理体制

一、港澳运输管理体制的演变

（一）管理体制的含义

制度是体制与机制的统一。体制是制度的基础、硬件、基本框架设计；机制是制度运转的动力、软件。

体制，是指机构设置和管理权限划分及其一般关系的制度。体制强调管理机构与管理规范的结合或统一，但这种管理规范该机构的一般性内容，如职责、功能与作用、上下级关系等。体制的有效运作或者功能的发挥依赖于建立有效机制，两者关系在一定程度上是硬件与软件之间的关系，体制是硬件，机制是软件。

机制，是指一个系统的组成部分（子系统）之间的相互作用的过程和方式。一个系统各组成部分的存在是机制存在的前提，因为各组成部分之间有一个如何协调相互之间关系的问题。协调各组成部分之间的关系一定是一种具体的运行方式。因此，机制是以一定的运作方式把系统各组成部分联系起来，使它们协调运行而发挥作用的。

（二）港澳运输管理体制形成的原因

港澳运输管理体制形成于港澳主权回归之前、我国国际海运改革开放之初的20世纪80年代，至今没有发生大的变化。在总体上，根据港澳运输是特殊管理的国内运输这一性质，实行特殊的管理体制，既不同于国际航运，也不同于国内航运。港澳运输管理体制的核心是国务院交通主管部门与地方交通主管部门之间的关系问题。港澳运输管理体制不涉及机构设立，而涉及现有机构之间的职权划分。这种划分实质是上下级之间的关系问题。

现有港澳运输管理体制的形成既有历史的原因，也有现实的原因；既有政治的原因，也有体制改革的原因。

1. 历史原因

新中国成立至改革开始时，广东省各口岸航行至香港、澳门航线的船舶一直由广东省自行审批。1985 年《国务院关于改革我国国际海洋运输管理工作的通知》(国发〔1984〕152 号)规定："交通部制定办法，对一切从事国际海洋运输的船舶公司(包括在中国注册的中外合营船舶公司)实行归口管理。凡成立从事国际运输的船舶公司，须经交通部审核，并报工商行政部门登记注册，才能正式营业。"原交通部根据国发〔1984〕152 号文制定的《交通部对从事国际海运船舶公司的暂行管理办法》(〔85〕交海字 745 号)将港澳运输界定为国际海运。国务院和原交通部这 2 个文件表明，港澳虽然是我国领土，但当时属于英葡殖民地，不能按照国内航运处理。

问题是，如果按照国务院文件和《交通部对从事国际海运船舶公司的暂行管理办法》，港澳运输审批权应划归原交通部，地方航运管理部门无权管理。这将改变新中国成立后几十年形成的历史做法，而该方法被证明是行之有效的，因为面对港澳这样的特殊地区，需要采取特殊的管理体制。后经广东省交通厅与原交通部协商，1985 年 7 月 6 日原交通部颁发的《关于与港澳运输管理问题的批复》(〔85〕交海字 1461 号)部分认可了广东省交通厅的立场，即与港澳之间的直接运输不按照国际海运管理，但经港澳中转的货物运输按照国际海运管理。

2. 现实原因

原交通部之所以将部分港澳运输不作为国际海运对待，是为了保持港澳的繁荣稳定这一现实目的。港澳经济发展、民众生活一直与内地存在紧密联系，内地成为港澳稳定发展的大后方。广东省交通厅于 1985 年 4 月 3 日向原交通部发出的《关于航行港澳线船舶的报批问题的请示》(粤交航〔85〕363 号)认为，与港澳直接贸易的货运点多、批量多、单批运量又较少，且鲜活货物的比重大，基本上属地区性运输，有别于通常的国际海运。港澳运输的这种特点，表明由地方管理更有效、更灵活，能够及时了解实际情况，及时解决问题。

3. 改革原因

1985 年开始，我国对航运业开始管理体制的改革。改革首先从国际航运开始，几乎也同时开始改革国内航运管理体制。1987 年，国务院发布《水路运输管理条例》。国际航运改革的重点是政企分开，逐步放开船舶运输业和海运辅助业。国内航运改革首先针对管理体制，建立以省级地方交通管理部门管理地方航运、跨省航运由原交通部管理的体制。

在这一过程中，如何处理港澳运输显然是个难题。1985—1992 年，原交通部首先允许广东省交通厅管理港澳运输，再将这种体制扩大到广东、福建和广西三省(区)，最后于 1992 年扩大到全国，完成了港澳运输管理体制改革的三部曲。

为了贯彻邓小平同志南巡重要谈话精神，原交通部发布了《关于深化改革、扩大开放、加快交通发展的若干意见》(交办发〔1992〕586 号)，其中规定："航行港、澳航线的 1 000 载重吨以下货物(包括油船、危险品船)和客船,由省、自治区、直辖市交通主管部门审批。"同年,原交通部发布《关于授权各省、自治区、直辖市交通主管部门审批航行港澳船舶的通知》(厅运字〔1992〕57 号),实际上赋予各省交通主管部门管理港澳运输中部分外贸运输的权力,完成了从内贸运输改革向外贸运输改革的转变。

4. 政治原因

港澳主权回归后,"一国两制"是基本国策,是处理港澳问题的基本原则。在港澳主权回归前后,从港澳运输管理体制变化看,主要是定性的变化,界定为"实行特殊管理的国内航线"。在港澳主权回归前,从管理体制上,实际已经按照特殊的国内航线进行管理。所以,在港澳主权回归后,没有必要改变其做法。

根据前述港澳运输管理体制演变过程的分析,目前港澳运输管理体制是一种介于国际航运与国内航运管理制度之间的特殊管理体制,是由国务院交通运输主管部门、省级航运主管部门实施共同管理的体制。

二、港澳运输管理体制的内容与特点

(一) 部分属于国内航运管理体制

水路运输企业和水路运输经营审批权是国内航运管理体制的核心。按照《水路运输管理条例》及其实施细则,水路运输市场分省际和省内两种情况,并分别建立了不同的审批制度。2003 年开始实施的《国内水路运输管理条例》不再区分省际和省内两种情况。

设立水路运输企业或者以运输船舶经营沿海、内河省际运输,应当报交通运输部批准。其中,经营长江、珠江、黑龙江水系干线运输,报交通运输部派驻水系的航务管理局批准;设立水路运输企业或者以运输船舶经营省内地(市)间运输的,应当报省交通运输厅(局)或者其授权的航运管理部门批准;经营地(市)内运输的,应当报所在地的地(市)交通运输局或者其授权的航运管理部门批准。

另外,中华人民共和国沿海、江河、湖泊以及其他通航水域中的旅客、货物运输,必须由中国企业、其他单位或者个人使用悬挂中华人民共和国国旗的船舶经营。未经中华人民共和国交通运输部批准,在中国注册登记的外资企业、中外合资经营企业、中外合作经营企业或者船舶,不得经营上述水域的旅客运输和货物运输。在沿海运输权问题上,港澳运输实施的是国内航运管理制度。

按照《国内水路运输管理条例》的规定,港澳运输应属于省际运输,归交通运输部审批,而实际上目前并没有完全按照这种体制运作。交通运输部授权省级交通运输主管部门审批辖区 1 000 载重吨以下船舶从事港澳运输。但是,广西部分从事港澳运输的企业由于船舶跨省驻点广东航行港澳航线,因而需要交通运输部审批。

（二）部分属于国际航运管理体制

既然将港澳运输定位于特殊的国内航运，按理有关港澳运输的法律法规应该出现在水路运输管理法律法规中，但事实上没有。目前，有关港澳法律法规要么是单行法规，要么是在国际海运管理法律法规中出现的。

《国内水路运输经营资质管理规定》第 38 条规定："经营内地与香港特别行政区、澳门特别行政区以及台湾地区之间的水路运输，其经营资质条件不适用于本规定。"

《国际海运条例》坚持港澳运输是国内运输这一基本原则，第 57 条规定："外国国际船舶运输经营者未经国务院交通主管部门批准，不得经营中国内地与香港特别行政区、澳门特别行政区之间的船舶运输业务，不得经营中国内地与台湾地区之间的双向直航和经第三地的船舶运输业务。"但是，《国际海运条例》又不能更多地直接规定港澳运输，否则，就可能被人误解为是国际航运。

《国际海运条例》第 56 条规定："香港特别行政区、澳门特别行政区和台湾地区的投资者在内地投资经营国际海上运输业务以及与国际海上运输相关的辅助性业务，比照适用本条例。"可见，《国际海运条例》采取了间接的方式规定港澳投资内地航运业的问题，但没涉及港澳运输本身。《外商投资国际海运业管理规定》也有类似规定。

（三）结论

以上分析表明，从管理体制角度，"特殊管理的国内航运"这一概念的实际含义不是很明确。即使从部分按照国内航运做法、部分按照国际航运做法来理解，在立法上建立其具体管理制度也可能会遇到许多难题，在操作性上比较差。具体而言：

第一，立法定位问题。即港澳运输管理制度在国内航运立法中规定比较合适，还是在国际航运立法中规定比较合适。这个问题目前没有完全解决，似乎倾向于后者。但是，这有违作为国内航运的定性。如果作为国内航运立法来规定，则其过于具有特殊性，与国内水路运输其他制度差距太大。虽然将来《航运法》综合规定国内航运和国际航运，似乎不存在这个难题，但《航运法》在具体制度设计上仍然会有国内航运与国际航运之别，问题将仍然存在。因此，在《航运法》中单独规定港澳运输比较合适。如果不能完成《航运法》立法任务，应该通过单行条例规定港澳运输管理制度。

第二，航线性质问题。广东、广西、福建、海南四省（区）省级地方人民政府交通运输主管部门对经批准经营港澳运输的船公司颁发批准文件并发给运输许可证，对经批准航行港澳航线的船舶颁发批准文件并发给船舶营运证，在性质上直接界定为港澳运输。北方沿海各省（市）航行港澳航线的船舶基本上是以国际海运船舶（近洋船）兼营港澳运输，属于国际航线的一部分，没有颁发运输许可证和船舶营运证。

第三,审批权问题。在管理体制上,目前交通运输部与省级地方人民政府交通主管部门之间的审批权划分并不是非常明确。形成于20世纪80年代的审批权划分标准,尤其是1 000载重吨的划分标准是否仍然适应目前港澳运输的需要,也是一个值得考虑的问题。

第四,地区差异问题。在广东等四省(区)事实上已经成为港澳运输的主体的情况下,是否需要考虑有别于国内其他省份的港澳运输管理体制的问题。

三、港澳运输的海关监管体制

(一) 中央层面

中华人民共和国海关是国家的进出关境(以下简称进出境)监督管理机关。海关依照《中华人民共和国海关法》和其他有关法律、行政法规,监管进出境的运输工具、货物、行李物品、邮递物品和其他物品,征收关税和其他税、费,查缉走私,并编制海关统计和办理其他海关业务。国务院设立海关总署,统一管理全国海关。国家在对外开放的口岸和海关监管业务集中的地点设立海关。海关的隶属关系不受行政区划的限制。海关依法独立行使职权,向海关总署负责。

(二) 地方层面

根据《中华人民共和国海关关于来往香港、澳门小型船舶及所载货物、物品管理办法》第2,3,4条的规定,经交通运输部或者其授权部门批准,专门来往于内地与香港、澳门之间,在境内注册从事货物运输的机动或者非机动船舶应当在设有海关的口岸或者经海关批准的可临时派出海关人员实施监管的监管点进出、停泊、装卸货物、物品或者上下人员,并办理相关手续。其中,来往于香港与珠江水域的小型船舶向大铲岛中途监管站办理舱单确认和关封制作手续;来往于香港、澳门与磨刀门水道的小型船舶向湾仔中途监管站办理舱单确认和关封制作手续;来往于香港、澳门与珠江口、磨刀门水道以西广东、广西、海南沿海各港口的小型船舶向桂山岛中途监管站办理舱单确认和关封制作手续;来往于香港、澳门与珠江口以东广东、福建及以北沿海各港口的小型船舶向大三门岛中途监管站办理舱单确认和关封制作手续;来往于香港与深圳赤湾、蛇口、妈湾、盐田、大铲的小型船舶,直接在口岸海关办理进出境申报手续。

(三) 内外贸集装箱同船运输

内外贸货物同船运输,是指向海关办理注册登记、从事承运海关监管货物的境内船舶,同时承载内贸和外贸集装箱货物的运输。内外贸货物同船运输使内支线船舶在主要承担外贸货物运输时,能够同时充分利用运力,从事部分内贸货物的运输。内外贸货物同船运输问题主要涉及海关监管制度。

2005 年 3 月 8 日，海关总署发布《关于开展内外贸集装箱同船运输以及中国籍国际航行船舶承运转关运输货物试点工作》(2005 年第 3 号)，其中规定：港口企业、船运公司拟开展同船运输试点业务，需事先分别向主管地直属海关提出书面申请，港口企业和船运公司根据海关审核同意的意见向交通运输部提出开展同船运输试点业务的备案申请，主管地直属海关凭交通运输部核准备案的文件，为其办理备案登记相关手续后，准予开展同船运输的试点业务。

港口企业在存储内贸和外贸集装箱货物时，应划分区域、分别堆存、不得混放，并设置明显标志；对于装卸同船运输集装箱货物的港区码头，应按照海关对监管场所的管理要求，实施封闭式卡口管理，并与海关计算机联网传输相关数据。

第二节　港澳运输市场准入制度

一、港澳运输市场准入的主管机关

对于港澳运输市场准入，存在两类主管机关，即国务院交通主管部门和省级地方人民政府交通主管部门。其中，前者是指交通运输部或者其派驻水系的航务(运)管理局，但珠江航务管理局至今未获此授权；后者是指省级地方人民政府交通主管部门或者其授权的航运管理部门、地(市)级人民政府交通局或者其授权的航运管理部门。目前两者的事权划分是：

(1) 属于交通运输部许可的港澳运输业务有：内地至香港、澳门航线水路单船载重 1 000 t 以上船舶和船舶公司；“三资企业”经营港澳运输业务。

(2) 属于省级地方人民政府交通主管部门许可的港澳运输业务有：内地至香港、澳门航线水路单船载重 1 000 t 以下船舶和船舶公司。此外，广东省交通厅根据《关于广东省与港澳间砂石运输船舶管理问题的批复》(交水发〔1999〕222 号)，负责载重 3 000 t 以下砂石运输船、工程船申请港澳航线业务。[①]

(3) 属于地(市)级人民政府交通主管部门初审的港澳运输业务有：内地至香港、澳门航线水路单船载重 1 000 t 以下船舶和船舶公司。[②]

(4) 1988 年 6 月 24 日原交通部发出的《关于授权珠海市代批航行港澳小船问题的批复》(〔88〕交海函字 427 号)授权珠海市代批航行港澳航线 50 总吨以下运

---

① 参见 http://www.gdcd.gov.cn/xzspsx/page7.htm。

② 例如：珠江政务服务网 http://www.zhzw.gov.cn/zwfwdt/blsx/rzbm/sjtj/bszn/200912/t20091209_93290.html；福州市地方海事局_国际(含港澳台)船舶营运许可 http://www.fuzhou.gov.cn:8080/LangChao.ECGAP.outPortal/ViewSource/SrcNotice.aspx?infoflowId=01131；柳州市关于港澳航线水路货物运输企业设立或改制、重组材料的审核 http://220.173.61.251:7001/ApproveWeb/OuterNet/ItemDetail.jsp?approveItem=730006。

输船。

可见,港澳运输市场准入不全是交通运输部的事权。原交通部 1985 年文件授权广东、福建、广西省(区)人民政府交通主管部门实施至香港、澳门航线水路单船载重 1 000 t 以下船舶和船公司的市场准入管理,1992 年原交通部将此授权拓展到全国省级地方人民政府交通主管部门,体现了一定程度上的属地管理原则。

二、港澳运输市场的审批制与核准制

《国际海运条例》和《国际海运条例实施细则》采用的准入途径是以登记为原则,以许可为例外。产生于计划经济时期的《水路运输管理条例》《水路运输管理条例实施细则》和《水路运输服务业管理规定》一概采用审批制,国内船舶运输业务、国内船舶管理业务、国内船舶代理业务、国内客货运输代理业务等航运业务主要通过批准准入,并且在很大程度上保留了计划经济时期审批的理念,即存在审批的条件不透明,政府主管机关随意性大,甚至即使符合条件亦可不批准,而且无须告知不批准的理由的问题。作为特殊的国内航线进行管理,港澳运输市场准入途径是以审批为原则的。

《水路运输管理条例》第 8 条规定:"设立水路运输企业、水路运输服务企业以及水路运输企业以外的单位和个人从事营业性运输,由交通主管部门根据本条例的有关规定和社会运力运量综合平衡情况审查批准。"《水路运输管理条例实施细则》第 13 条规定:"各级交通运输主管部门在审批时,应当根据被审批的水路运输企业和其他从事营业性运输的单位和个人的管理水平、运输能力、客货源条件以及社会运力和运量总的平衡情况,审批其经营范围。"随着《国内水路运输管理条例》的实施,对于船舶管理外的其他水路运输辅助业务实行备案制,这对于港澳运输是否产生影响尚不明确。当然,对于水路运输企业则仍然实行许可制。

港澳运输经营企业和行业主管部门反映的港澳运输市场在竞争秩序、规模经济等方面存在的问题表明,审批制并没有从根本上解决港澳运输市场运力供求之间的平衡问题。在水路运输其他领域,包括长江航运等也存在同样类似问题。从这一点可以看出,将来《航运法》是保留目前的审批制,还是改成核准制,是一个需要探讨的问题。

三、港澳水路运输业务市场准入条件

与国际海上运输业务市场的特殊准入制度的范围不同,港澳水路运输业务市场准入制度仅规制港澳水路运输业务的市场准入,而没有规制无船承运业务市场准入和班轮运输市场准入。

鉴于目前我国尚未出台有关内地与港澳之间航运的具体管理办法,且港澳运输市场准入很大程度上由交通运输部授权给地方省级交通部门办理,目前关于港澳水路运输业务市场准入主要依据地方规章,而各地规定有所不一。

(一) 交通运输部关于港澳运输市场准入条件

经查交通运输部网站,交通运输部许可的港澳运输市场准入条件并没有明确规定,网站上写明“待定”。例如:从事中国内地与港澳间海上运输业务许可条件,待定;从事中国内地与港澳间海上运输业务许可数量,待定;从事中国内地与港澳间海上运输业务,申请人需要提交的全部材料,待定;从事中国内地与港澳间海上运输业务的行政许可申请审批时限,待定。

(二) 广东省关于港澳运输市场准入条件

(1) 管理人员中半数以上的人员应取得交通运输部认可机构颁发的从业资格证书或取得航运、航海、船舶、船机等专业中等专业(内河运输的,职高)以上学历;

(2) 企业海务、机务管理人员持有与所经营船舶种类的海船、河船相对应的不低于大副、大管轮的适任证书;

(3) 企业应有 4 名以上专职管理人员,且管理人员与企业签订劳动合同在 2 年以上;

(4) 经营液货危险品船运输的,最高管理层(是指企业副经理或与副经理相同级别的总船长、总轮机长)中至少 1 人取得相应客船、危险品船船长或轮机长适任证书,海务、机务主管还应持有与所经营船舶种类的海船、河船相对应的船长、轮机长适任证书。①

(三) 福建省关于港澳运输市场准入条件(申报材料)

(1) 开办企业的可行性研究报告和有关的经济技术资料;

(2) 企业名称和注册地点;

(3) 经营范围、经营方式、经营航线(包括承运到港澳的直达货物运输或经港、澳转口货物运输);

(4) 资金的数额、来源和船舶资料;

(5) 企业的章程、机构和主要负责人。

地(市)交通局应提供本地区内贸和外贸运输的运力安排及承担能力的情况。

《厦门市水路运输管理规定》第 14 条规定,航运企业具备以下条件,可申请从事港澳航线运输:①具有经营国内沿海水路运输 1 年以上资历,且企业经营行为端正,经济效益良好;②在港澳地区有客货运输代理机构,及有效稳定的客源、货源;③船舶依法在中国登记,悬挂中华人民共和国国旗。

---

① 参见 http://www.gdcd.gov.cn/xzspsx/page7.htm。

（四）广西壮族自治区关于港澳运输市场准入条件

(1) 经营港澳水路运输应取得企业法人资格；

(2) 设立企业的控股股东具有3年以上的水路运输资历；

(3) 设立企业的海务、机务主管人员持有与所经营船舶种类和航区相适应的船长/轮机长适任证书；

(4) 设立企业应有4名以上专职管理人员，管理人员中半数以上应取得交通运输部认可机构颁发的从业资格证书；

(5) 设立企业应拥有与经营区域范围、船舶种类相适应的船舶；

(6) 经营运输的船舶应按规定取得“船舶检验证书”“船舶国籍证书”“船舶最低安全配员证书”“光船承租登记证证明书”和“船舶所有权登记证书”；

(7) 企业有固定办公场所，建立有一套安全管理制度；

(8) 有符合国家规定的注册资本。[①]

（五）海南省关于港澳运输市场准入条件（申报材料）

(1) 申请书；

(2) 可行性分析报告；

(3) 企业商业登记文件复印件(拟设立企业的，主要投资人的商业登记文件或者身份证明复印件)；

(4) 企业安全管理制度；

(5) 船舶所有权证书和法定检验证书复印件；

(6) 公司高级业务管理人员的港澳航线适任证书复印件；

(7) 从事危险品运输及旅客运输的企业还应当提供符合国家规定的船舶安全营运和防止污染管理规则的证明文件。[②]

由此可以得出以下2个结论：

第一，在港澳运输市场准入条件方面，虽然从交通运输部到省级地方人民政府交通主管部门都实行许可制，但许可的条件不一致，要求提交的材料也不一致。

导致这种现象的原因是我国至今未制定完整的港澳运输市场管理制度，包括市场准入制度。虽然部分港澳运输授权省级地方人民政府交通主管部门负责审批，但港澳运输作为统一的市场，审批条件应当相同，不能由于审批条件的明显差异影响其市场的统一性和公平竞争。为此，国家制定统一的港澳运输市场准入条件供地方执行，是必要的。

第二，在港澳运输许可证式样和名称方面，各地方交通主管部门有不同做法。

---

① 参见 http://220.173.61.251:7001/ApproveWeb/OuterNet/ItemDetail.jsp?approveItem=730006。

② 参见海南省政务中心网站 http://www.hizw.gov.cn/hisp/Html/ServView/?2077_113_1001。

广东、广西、福建、海南四省(区)省级地方人民政府交通主管部门对经批准经营港澳运输的船公司颁发批准文件、运输许可证。但是,对经批准航行港澳航线的船舶颁发的批准文件、船舶营运证的式样和名称并不相同。例如:关于船舶营运证,广东省的名称是“广东省交通运输厅港澳航线船舶营运证”,福建省的名称是“福建省国际航线船舶营运证”。

在许可证名称上,鉴于港澳运输的特殊性,不能简单等同于国内航运或国际航运,取名“港澳航线”“港澳运输”等,可使之具有中性特点,比较合适。但是,该方法也不能解决所有问题,因为在船舶等方面依赖于现有的管理制度,在有些省份,港澳运输与国际航运分不开,这样在有关证书方面需要兼顾几方面的特性。

四、港澳水路运输辅助业市场准入条件

我国水路运输辅助业包括水路运输船舶代理业、水路运输客货运输代理业和国内船舶管理业。前 2 个方面由《水路运输服务业管理规定》及其实施细则规定,国内船舶管理业由《国内船舶管理业规定》专门规定。《国内水路运输管理条例》实施后,《水路运输服务业管理规定》和《国内船舶管理业规定》都要作相应的修改。

根据我国《水路运输服务业管理规定》的规定,设立水路运输辅助企业(代理类),应当具备下列条件:①有稳定的水路运输客源、货源和船舶业务来源。②有与经营范围相适应的组织机构和专业人员。③有固定经营场所和必要的营业设施。④有符合下列规定的最低限额的注册资本:经营船舶代理业务,为 20 万元人民币;经营客货运输代理业务,为 30 万元人民币;同时经营船舶代理和客货运输代理业务,为 50 万元人民币。

根据《国内船舶管理业规定》,经营船舶管理业,应当具备下列条件:①有符合国家规定的注册资本;②有符合规定的管理人员;③有与经营业务相适应的设备、设施;④有符合国家规定的船舶安全管理和防止污染管理体系;⑤法律、行政法规规定的其他条件。

在港澳运输市场中,水路运输辅助业的市场准入立法与港澳船舶运输市场准入一样有着不确定性,存在立法空白。在国内水路运输辅助业立法中将港澳运输辅助业排除在外,在国际海运立法中采取参照适用办法,导致港澳运输市场中的船舶代理业、客货运输代理业和船舶管理业的市场准入存在无明确法律可依的状态。

目前,除广东省根据《广东省水路运输服务业管理办法》,就省内至香港、澳门航线水路运输辅助业作了比较简单的规定外,其他省级地方人民政府没有关于港澳水路运输辅助服务企业的市场准入条件的直接规定。虽然广东省将港澳运输辅助业纳入水路运输辅助业的方式值得商榷,但在国家有关立法滞后的情况下为港澳运输辅助业市场准入提供了法律依据,仍然值得肯定。

五、港澳水路运输市场外资准入条件

《入世后我国水运行业对外开放承诺》中,我国政府对外资准入我国国内水路运输业务市场和水路运输辅助业务市场没有作出承诺,因而不受世界贸易组织(WTO)文件的约束。

对于外资准入国内水路运输业务市场问题,原《水路运输管理条例》第 7 条规定:“未经中华人民共和国交通部准许,外资企业、中外合资经营企业、中外合作经营企业不得经营中华人民共和国沿海、江河、湖泊及其他通航水域的水路运输。”《国内水路运输管理条例》第 11 条规定:“外国的企业、其他经济组织和个人不得经营水路运输业务,也不得以租用中国籍船舶或者舱位等方式变相经营水路运输业务。香港特别行政区、澳门特别行政区和台湾地区的企业、其他经济组织以及个人参照适用前款规定,国务院另有规定的除外。”第 16 条第 2 款规定:“在香港特别行政区、澳门特别行政区、台湾地区进行船籍登记的船舶,参照适用本条例关于外国籍船舶的规定,国务院另有规定的除外。”

关于外资准入国内水路运输辅助业务市场,《水路运输服务业管理规定》第 8 条第 2 款规定:“外资企业、中外合资企业、中外合作企业(以下简称‘三资企业’)经营水路运输服务业务,应当经国务院交通运输主管部门批准。”第 10 条第 2 款规定:“申请设立经营水路运输服务业务的‘三资企业’,申请人应当向拟设立‘三资企业’所在地的县级交通运输主管部门提出申请,经各级交通运输主管部门逐级审核后由省级交通运输主管部门转报国务院交通运输主管部门审查批准。”

但是,《水路运输管理条例》《水路运输管理条例实施细则》和《水路运输服务业管理规定》均没有规定“三资企业”准入我国水路运输业务市场或者水路运输辅助业务市场的条件以及具体程序。《国内水路运输管理条例》也没有具体规定,有待于将来的实施细则来完成。

港澳运输属于国内水运,原则上对外不开放。《航运法》应该坚持这一原则。“三资企业”从事国内港澳船舶运输业与辅助业的问题,需要在《航运法》中明确许可机关、许可条件和许可程序,或者作出授权性规定,例如:授权国务院交通运输主管部门作出规定,报国务院批准后施行。

第三节　港澳运输竞争秩序制度

一、港澳运输竞争制度的特殊性

建立和维护社会主义市场经济竞争秩序的基本法律是我国《反垄断法》和《反不正当竞争法》。前者从预防和制止垄断行为角度加以规范,后者从制止不正当竞争行为角度加以规范,目的都是保护市场公平竞争。《反垄断法》规定的垄断行为包括：①经营者达成垄断协议；②经营者滥用市场支配地位；③具有或者可能具有排除、限制竞争效果的经营者集中。就目前港澳运输市场实际情况而言，很难说该市场具体存在何种典型的垄断行为或不正当竞争行为，但相对而言，不正当竞争行为在一定程度上对港澳运输市场的危害可能较大些。

政府航运主管部门负有建立、维护港澳运输市场竞争秩序的职责。这种职责既是主管部门正常执法活动的内容，也是发展航运市场的需要。长期以来，我国各行各业普遍存在重准入管理、轻市场监管的倾向。国内航运市场管理也不例外。导致这种现象的原因，主要是体制性的因素。第一个体制性因素是促进与监管存在一定程度的冲突。航运主管部门的职责是促进与监管相统一，在实际行政管理过程中，通常将促进作为第一位，监管作为第二位，甚至轻视监管。第二个体制性因素是我国有专门的反垄断执法机构和反不正当竞争执法机构，但总体上尚未建立行业主管部门与竞争法专门执法机构在维护行业竞争秩序方面的协调体制。

总体上，港澳运输市场竞争秩序与我国国内航运一般市场秩序类似，存在一些问题，但属于发展过程中的问题，具有阶段性。当航运市场进入新的发展阶段后，目前存在的其中一些问题可以得到解决。但是，需要政府和企业共同努力，实现航运发展结构升级和转型。这是解决目前存在问题的治本之道。

港澳运输市场在一定范围内存在的不正当竞争行为主要有两个因素：第一是企业规模；第二是运力供求关系。具体而言：

第一，企业规模与市场竞争秩序之间的关系。本篇第二章第二节的数据表明，目前港澳运输企业远未达到规模经济所要求的运力水平，离单船规模经济和企业规模经济都有一定距离。在企业数量多、货运量一定的情况下，市场竞争激烈。船公司在服务差异性上比较小，服务水平类似，最终导致通过价格竞争来扩大市场份额。

港澳运输市场存在的这一问题，在整个珠江航运市场、长江航运市场和京杭运河市场同样存在，而且已经持续多年。但是，随着长江航运船舶标准化、大型化的进程，在长江航运市场中有所好转。早在 2007 年，有研究得出以下船公司数据：在从事珠江水系省际运输的企业中，运力在 1 万 t 以下的有 146 家，占 60.1%；运力在 1～5 万 t 的有 84 家，占 34.6%；运力在 5 万 t 以上的有 13 家，占 5.3%。从经济类型看，在珠江水系 243 家省际运输企业中，民营企业有 138 家，占 56.8%；集体企业有 102 家，占 42%；国有企业有 3 家，占 1.2%。大部分民营企业由个体户组建形成。[①] 在 2008 年《国内水路运输经营资质管理规定》实施前，存在大量的小规模个体经营者，导致国内航运市场竞争秩序难以根本好转。虽然该规定不适用于港澳运输，但港澳运输属于珠江航运的组成部分，对港澳运输无疑有间接影响。由于港澳运输主要是国际集装箱班轮运输的外贸内支线运输，小规模船公司很难

① 吴彩英. 加快推进珠江航运结构的升级和转型[J]. 珠江水运，2008(5)：19－21.

进入该市场。

第二,运力供求与市场竞争秩序之间的关系。《国内水路运输经营资质管理规定》是从市场运力结构调控运力供求关系的。另外,政府航运管理部门需要根据航运市场的周期性来调控运力,这是保证航运竞争秩序的重要保障。在社会经济状况较好时,运力增加,但如果增加速度过快,则会超过市场需求。在社会经济状况不好时,船舶难以及时撤出,航运企业面临财务困难,行业竞争力下降。因此,"政府就要干预市场;当航运企业的社会经济环境发生变化时,政府要采取措施使其竞争力不受影响,如制定相关政策进行控制,以减少负面影响"。①

建立良好的港澳运输市场竞争秩序所遇到的问题,除需要处理前述市场客观条件外,还面临适用什么样的竞争规则。正如在港澳运输市场准入制度领域存在立法空白,在港澳运输市场竞争规则领域,也存在类似问题。其中,主要的问题是:适用国内航运市场竞争规则还是国际航运市场竞争规则。其区别在于:国际航运存在反垄断豁免,允许运营协议反垄断豁免,运营协议在港澳运输市场中主要以船舶舱位(箱位)承租形式存在;国内航运不存在反垄断豁免制度。当然,对于船公司之间舱位(箱位)承租是否合法、是否符合我国《反垄断法》关于豁免的规定,目前尚无明确的说法和定论。

港澳运输由内地与港澳之间的运输及国际外贸运输两部分构成,对于后者可以适用国际航运竞争规则。但对于前者,存在较为复杂的情况,不能说其性质完全属于国内航运并因而与其他水域国内航运实施相同的竞争规则。这是由港澳运输是实施特殊管理的国内航运的性质决定的。

二、港澳运输竞争秩序与珠江航运市场秩序之间的关系

港澳运输市场与珠江运输市场既有共性,也有明显差异。如果不考虑我国北方沿海省份与港澳之间的运输,港澳运输与珠江航运之间是不可分的。作为特殊管理的港澳运输与作为内河航运管理的珠江航运之间存在着交叉关系,彼此之间是"你中有我,我中有你"的关系。因此,也导致有关政策与法律问题的复杂性。

建立和维护港澳运输市场竞争秩序,需要将港澳运输作为珠江航运的一部分进行考虑,但同时需要考虑港澳运输的特殊性。反过来,珠江航运市场秩序建设的重点应该是港澳运输,将促进港澳运输作为珠江航运发展的重点。

理论界、实务界和管理部门对于珠江航运存在的问题基本上形成了共识,存在的主要问题有:

(1) 船舶技术性能差,船型结构不合理。船舶严重老化,10 年以上船舶仍为运输主力军;船舶机型繁多,达十几种之多;船型落后,专业化、标准化船舶少;能耗

---

① 王金文.荷兰及欧盟内河航运的发展[J].珠江水运,2002(7):8-9.

高、污染大的船型仍然存在，营运效率低，资源浪费严重。

(2) 企业散弱小，经营粗放，效益差。企业规模普遍偏小，运力规模在1万t以下的企业超过50%，经营主体分散，产业集中度不高，不利于企业集约化经营，不利于结构调整的推进。

(3) 运输结构不合理，运输效率低。集装箱、散装水泥、散装化学品运输的市场潜力大，但市场上大部分为普通货船，改建船舶比例过高，不利于安全运输和提高运力，并且与船舶配套衔接的港口专业化、机械化装卸运输方式需要进一步发展，运输结构不合理。

(4) 企业经营困难，技术改造资金不足。珠江水系航运企业普遍效益不好，自我发展能力脆弱，大多数营运船舶存在吨位小、船龄长、性能差、油耗高等问题，要增强竞争力，必须更新换代，但由于企业普遍缺乏更新改造资金，心有余而力不足，使珠江运力结构调整很难取得实质性的进展。

(5) 运力盲目发展使航运企业效率下降。缺乏有效的运力调控政策，运力发展缺乏信息引导。运力的盲目发展，造成运输供给与需求的失衡，形成资源浪费和市场秩序混乱状况，产生恶性竞争，使航运企业效益下降。①

2009年，由于金融危机，国际集装箱班轮公司普遍亏损，2010年和2011年处于恢复周期。由于这些大班轮公司处于有利的市场地位，存在着将一部分成本和风险转嫁给支线运输的经营者的情况。另外，近几年，港澳运输成本的提高对市场产生了一定的影响。燃油、人工、原材料等成本上涨，人民币持续升值等的影响，导致港澳航线船舶营运成本高涨。以广东省为例，根据广东省船东协会统计，2009年广州各口岸至香港，每个标准集装箱重箱运价从2008年10月前的人民币250～300元降为190～210元，每个40英尺集装箱重箱从550～600元降为380～400元，降幅高达30%以上；2010年随着粤港经济持续回暖，运价基本恢复到2008年的水平，但面临成本的高涨，集装箱的运价实质还是下降的。在本课题研究中举行的由14家港澳运输企业参与的调研会上，绝大部分企业认为经营成本过高，具体见表5-3-1。

表5-3-1　港澳运输经营成本高低问题

选项	过高	合理	不高
比例/%	97.7	2.3	0

港澳运输市场准入门槛相对低，不利于营造良好的经营竞争环境。目前，港澳航线运输市场大多以期租方式租用中国籍船舶的方式运营。这种投入相对较低的运营模式，在一定程度上降低了市场准入门槛。出租港澳线船舶的企业有很多是民营企业，其中大部分船舶所有人是个体企业，企业没有能力经营管理船舶，只能

① 吴彩英. 加快推进珠江航运结构的升级和转型[J]. 珠江水运，2008(5)：19-21.

将其船舶委托他人代管经营,任由代管船舶的企业选择租船的经营人,大部分船舶出租给无船承运企业或货运代理企业以及香港的船务企业。委托他人代管船舶,不利于船公司积聚成规模,规模化竞争就存在问题,因而也就没有运输市场的运价话语权,投资大的港澳线航运企业也只能当配角。从 2010 年年底开始,交通运输部开始研究解决国内航运市场中存在的不规范的船舶委托经营管理问题,有关的解决对策应该同时考虑到港澳运输市场存在的类似问题及其特殊性。

第四节　港澳运输运力调控制度

一、国内航运市场船舶船龄调控制度

(一) 航运市场船舶船龄调控的含义

航运市场船舶船龄调控,是指政府对船舶进入国内航运市场的船龄和退出航运市场的船龄进行统一的、强制性的限定。因此,这种调控的对象包括船舶进入航运市场的最大船龄和退出航运市场的最大船龄。通过这种船龄的限定,不但有助于提高航运市场中船舶的技术状态,也有助于保障航运市场中船舶数量限定在一定的范围内,从而使航运市场的运力规模得到相应的控制。换言之,通过对船舶进入航运市场的船龄和退出航运市场的船龄的限定,可以起到控制航运市场运力规模、优化运力结构的作用。①

船龄是船舶新旧程度的体现,也是船舶技术状态的相对反映。船龄小,船舶的技术状态相对好;船龄大,船舶的技术状态相对差。航运市场船舶的技术条件直接影响到船舶航行安全和水域环境保护。因此,对航运市场船舶船龄的调控,具有航运市场运力调控的直接功效,以及船舶航运安全和环境保护的间接功效,兼具技术调控手段和行政调控手段的特点。

(二) 航运市场船舶船龄调控的运作和实践

1. 航运市场船舶船龄调控的运作

航运市场船舶船龄调控的运作,是指对船舶进入市场的最大船龄和强制退出市场营运的最大船龄分别作出规定,并付诸实施。具体而言,船舶的船龄超过规定的进入市场的最大船龄,便不得进入市场从事营运;船舶的船龄超过规定的退出市场的最大船龄,便必须退出营运。根据某一时期运力供求情况,结合保障海上和其他水域航行安全和环境保护的需要,政府适时地调整船舶进入市场营运的最大船

① 2001 年 3 月 29 日,原交通部发布的《关于实施运输船舶强制报废制度的意见》中指出:"实施船舶强制报废制度,有利于优化运力结构,推动航运业结构调整,提高运输服务质量和竞争力,促进航运业健康有序发展。"

龄和退出市场的最大船龄，以促进运力供求关系的平衡。

在航运市场中，国内运输市场和国际运输市场、海上运输市场和内陆水域运输市场、货物运输市场和旅客运输市场、一般货物运输市场和特殊货物运输市场，均具有相对的独立性，并且，各运输市场对船舶技术条件的要求、历史发展和现状各不相同，即各运输市场有各自的特点。因此，对营运船舶船龄的限制，应根据不同运输市场的特点和要求分别作出规定。例如：客船、油船和其他散装液体化学品运输船舶、干散货运输船舶的技术条件比普通件杂货运输船舶的技术条件要求高，因而，前者退出市场的最大船龄应比后者退出市场的最大船龄小。又如：内陆水域运输船舶的正常寿命比海运船舶的正常寿命要长，因而，前者退出市场的最大船龄应比后者退出市场的最大船龄大。

此外，国际运输市场开放性的特点决定了采用对船舶退出市场的船龄限制，如果仅针对中国籍船舶，而不是同时针对挂靠中国的外国籍船舶，并不能实现对运力进行宏观调控的目的。因此，在国际上没有统一或者普遍采用这种制度的情况下，不宜对中国籍国际运输船舶采用退出市场的船龄限制制度。否则，将不利于中国籍船舶在国际航运市场中的竞争，因为老旧船舶的营运成本通常低于新船。

2. 航运市场船舶船龄调控的实践

2001 年 3 月 29 日，原交通部发布经国务院同意的《关于实施运输船舶强制报废制度的意见》，作为对老旧运输船舶进行严格管理的措施，规定对已达到强制报废船龄的船舶实施强制报废制度，强制退出水路运输市场，不得在中华人民共和国登记从事水路运输，并具体规定各类运输船舶强制报废船龄。① 其中，客船类运输船舶强制报废从 2001 年 5 月 1 日起施行，其他类运输船舶强制报废自 2002 年 1 月 1 日起施行。该意见还规定了实施的保障措施。②

2001 年 4 月 9 日，原交通部发布《老旧运输船舶管理规定》③，并同时废除了 1993 年发布的《老旧船舶管理规定》④，实施进入航运市场和退出航运市场的船龄限制。老旧运输船舶，是指船龄在规定的最低船龄以上的运输船舶，但不属于报废船舶。2006 年 7 月 5 日，原交通部发布新的《老旧运输船舶管理规定》(2006 年第 8

---

① 共分为 4 类：①客船类，包括高速客船、客滚船、客货船、客渡船、客货渡船、旅游船、客船，报废船龄为 30 年(含)以上(其中高速客船为 25 年)；②液体货船类，包括油船、化学品船、液化气船，报废船龄为 31 年(含)以上；③散货船类，包括散货船、矿砂船，报废船龄为 33 年(含)以上；④杂货船类，包括滚装船、散装水泥船、冷藏船、杂货船、多用途船、集装箱船、木材船、拖/推船、驳船(含油驳)等，报废船龄为 35 年(含)以上。

② 对达到报废船龄的运输船舶，海事管理机构不予签证和办理运输船舶登记手续，船检机构不予核发船舶检验证书，交通主管部门不予核发船舶营运证件；报废船舶违反规定擅自从事运输，视情节轻重，予以扣留封存或者强制拆解，所发生的费用由船舶所有人或经营人承担。

③ 原交通部令 2001 年第 2 号。

④ 原交通部于 1993 年 4 月 9 日颁布《老旧船舶管理规定》，对老旧船舶进行系统性管理。但是，这一文件只是强调对老旧船舶进行安全管理，并没有规定进入航运市场和退出航运市场的船龄限制。

号),该规定自2006年8月1日起施行,2001年《老旧运输船舶管理规定》被废止。修改2001年《老旧运输船舶管理规定》的基本理由是:为了加强对客船、危险品船和老旧运输船舶的管理,以保障我国水域运输安全,部分种类船舶的技术标准应按照国际公约新规定的要求予以调整。同时,根据航运市场发展的情况和特定水域运输船舶的特殊性,原交通部制定并出台了一些政策和措施,需要通过修订法规将这些政策和措施补充进规章,以利于交通主管部门依法履行职责,加强水路运输行业管理。

2006年《老旧运输船舶管理规定》的主要内容包括:①适用于拥有中国国籍、从事水路运输的海船和河船,国家对老旧运输船舶实行分类技术监督管理制度,对已达到强制报废船龄的运输船舶实施强制报废制度;②将老旧海船和老旧河船按照船龄和船舶类型分为五类;③有关船舶购置、光租、改建管理的规定;④船舶营运管理,包括达到规定的强制报废船龄的船舶,应予以报废;⑤监督和处罚。2009年,交通运输部对《老旧运输船舶管理规定》再次进行了修改,但修改内容不是很多,增加了单壳油船方面的规定:"为保护水域环境,对已投入营运但未达到强制报废船龄的单壳油船实行限期淘汰。"

二、国内航运市场船舶标准化制度

(一)航运市场船舶标准化制度的含义和意义

航运市场船舶标准化制度,是指航运市场船舶的类型、材质、主要尺度等必须符合国家或者航运主管部门规定标准的一种制度性措施。这一制度的意义在于通过对市场船舶的类型、材质、主要尺度等方面的规范,优化船舶的运力结构,提高船舶营运的效益。同时,这一制度有助于提高船舶技术水平,从而对船舶航运安全和水域环境保护具有促进作用。在欧盟主要内河莱茵河,由于实行船舶标准化制度,船舶的类型、材质、主要尺度基本相同,不但提高了莱茵河的使用效益,而且极大地促进了船舶航行安全和水域环境保护。

(二)航运市场船舶标准化制度的运行

这一制度主要适用于江河等内陆通航水域。这是因为,内陆通航水域受到航道宽度、水深等地理条件的限制,同时可容纳的航行船舶有限。因此,要充分发挥内陆通航水域的作用和使用效益,需要对营运船舶的类型、材质、主要尺度等加以规范。相反,在海上运输中,航道宽度、水深等地理条件的限制小,船舶的类型、主要尺度等因素对于海域的使用效益几乎没有影响,从航运市场经济效益角度,无须采用法律制度进行调整,靠市场机制本身即可实现适当的调节。至于船舶的类型、主要尺度等对海上航行安全和海洋环境保护的影响,由航运市场船舶技术条件调控制度进行调整。

由于历史的原因,我国内陆水域船舶标准化程度很低,突出表现为船型杂乱,机型庞杂，材质多样，单船吨位小。① 这种状况不但严重影响内陆通航水域的使用效益，而且妨碍水上运输安全、危害水域环境。因此，实行内河船舶标准化制度具有重要的意义。而且，随着市场经济体制的建立，内河航运市场主体中个体和私营企业的成分不断增加，受到市场主体自身财力的限制和经济利益的驱动，如果不对投入营运的船舶实施标准化，更多的造价低廉、水域使用效益低、不利于水运安全和水域环境保护的船舶将投入营运。因此，实行内河船舶标准化制度是一项紧迫的任务。为此，原交通部于 2001 年 10 月 11 日发布《内河运输船舶标准化管理规定》(以下简称《规定》)②，其中第 1 条指出："为加强内河运输船舶标准化管理，提高内河运输船舶技术水平，防止船舶污染水域，优化内河运输船舶结构，促进水路运输事业的发展，制定本规定。"

《规定》从船舶的类型、材质和主要尺度方面，对内河运输船舶进行规范。主要表现为：①禁止任何组织和个人新建、改建水泥质船舶、总长 5 m 以上的木质船舶从事内河运输，以及总长 20 m 以上的挂桨机船舶从事内河运输，并禁止新建、改建挂桨机船舶在长江干线、珠江干线、黑龙江干线、京杭运河及太湖水域从事运输(第 4 条)。②新建、改建的内河运输船舶的总长、总宽和吃水应当符合交通运输部制定的内河货运船舶船型主尺度系列标准(第 5 条)。③新建、改建内河运输船舶前，应当向县级以上地方人民政府交通主管部门提出增加运力申请，并报有审批权的交通主管部门批准(第 6 条)。④新建、改建内河运输船舶，应当按国家有关规定的海事管理机构认可的船舶检验机构申请建造检验，船舶检验机构应当按照交通运输部制定的内河货运船舶船型、主尺度系列标准和国家其他有关规定进行建造检验，对符合有关规定的，签发船舶检验证书(第 7 条)。⑤使用新建、改建的船舶从事内河运输经营，应当按照《国内水路运输管理条例》和有关规定报经县级以上人民政府交通主管部门批准，主管部门对符合交通运输部制定的内河货运船舶船型主尺度系列标准船舶，颁发船舶营运证，并注明船舶营运区域(第 9 条)。内河运输船舶所有人、船舶经营人、船舶管理人应当在规定的航行区域和经营范围从事内河运输(第 10 条)。⑥内河运输船舶所有人、船舶经营人、船舶管理人应当按照国家有关规定，向海事管理机构认可的船舶检验机构对营运中的水泥质船舶、木质船舶和挂桨机船舶申请定期检验。经检验不合格的，不得从事内河运输(第 11 条)。对已经投入营运的水泥质船舶、木质船舶和挂桨机船舶实行限期淘汰制度，具体时间、航区另行公布(第 12 条)。

---

① 据统计，全国内河运输船舶的船型有 300 余种，机型 150 多种。存在大量造价低廉的水泥质船舶、木质船舶和挂桨机船舶，其中挂桨机船所占比例大。全国内河船舶平均吨位仅 105 t。

原交通部. 全国内河航运发展战略[M]//原交通部水运司. 水路客货运输专刊(2001 年第 4 期). 北京：人民交通出版社，2001：55.

原交通部. 2001—2010 年公路水路交通行业政策蓝皮书[M]. 北京：人民交通出版社，2001：217－218.

② 原交通部令 2001 年第 8 号，自 2001 年 12 月 1 日起施行。

（三）内河船型标准化发展纲要

2006 年 2 月，原交通部发布《全国内河船型标准化发展纲要》，主要内容包括：

（1）指导思想。树立和落实科学发展观，坚持以人为本，保障内河运输航行安全。坚持内河航运可持续发展的原则，充分利用航运资源和通航设施，保护周边环境和水资源。正确把握船型发展的总体趋势，提高内河水上运输工具的技术水平，促进内河航运结构调整。

（2）原则。适应性原则：坚持船型标准化与流域社会经济发展和内河运输市场的需求相适应；与安全、环保的需求相适应；与通航设施相适应；与航道、港口发展相适应。系列化原则：坚持船型标准系列化，坚持标准船型形式多样化。从船舶所有人和经营者的利益出发，满足不同的市场需求，满足船型个性化和共性化的需求。先进性与经济性相结合的原则：坚持科技兴航，积极采用先进技术，并兼顾经济发展与市场承受能力，使技术进步和市场经济发展紧密地结合起来。循序渐进原则：坚持远近结合，突出重点，先易后难，整体推进，分步实施。引导与强制相结合原则：对重点航区、重点船型和影响公共安全、环境的内河运输船舶船型标准化实施强制推进；其他内河运输船舶船型标准化实施市场调节、引导为主。

（3）全国内河船型标准化总体目标。到 2010 年，川江及三峡库区、京杭运河、长江、珠江三角洲及其干流基本实现船型标准化、系列化，平均吨位较 2004 年提高 1 倍，通航设施利用率较 2004 年提高 15%，船舶安全技术性能得到进一步提高，对水环境的污染得到基本改善；到 2020 年，内河船舶实现标准化和系列化，平均吨位较 2004 年提高 2 倍，通航设施利用率较 2004 年提高 30%，船舶安全技术性能向国际先进水平靠拢，对水环境的污染得到根本改善，运输成本明显降低。

（4）保障措施。第一，组织保障。第二，制度保障。第三，经济鼓励措施。通过建立科学合理的补贴（补偿）机制，明确补贴资金渠道、补贴标准和补贴对象，保证补贴基金专用账户，专款专用。实行差别规费、优先过闸等措施，通过行政手段和经济措施鼓励和推广标准船型，加快淘汰非标准船型。研究符合地方实际情况的新造船贷款融资政策，积极发挥地方政府的协调作用，为航运业者贷款建造标准船型提供便利条件。第四，资金保障。中央政府和地方政府对推进内河船型标准化工作和标准船型的研究开发给予资金支持；地方政府对落后船型的淘汰和退出市场工作给予资金支持。第五，配套措施。第六，宣传与推介。

三、国内航运市场运力主动退出和运力调节基金制度

（一）航运市场运力主动退出和运力调节基金制度的含义

国内航运市场运力主动退出和运力调节基金制度，是指设立专门基金，用于对主动退出航运市场的船舶的所有人进行补贴，并对新增运力船舶的所有人征收基

金摊款或者用船舶退出市场换取新增运力的航运市场运力调节制度。

国内航运市场运力主动退出和运力调节基金制度的目标是改善运力结构,减少船舶运力长期严重过剩的影响,促进船舶生产力和技术水平的提高,从而提高航运市场经济的效率,并有利于水上运输的安全。

在一国范围内,运力调节基金制度的适用限于相对独立的船舶运输市场,而不适用于开放性的市场,除非这项制度在全球范围内统一实施。因此,在我国,这一制度的实施限于内陆水路运输船舶。沿海船舶运输市场一旦与国际船舶运输市场互通,不存在这一制度实施的客观条件。国际船舶运输市场对各国船舶开放,也无法适用这一制度。

运力调节基金制度是为了弥补航运市场运力供求关系的严重失衡,由政府采取的针对特点阶段,以经济手段为主的航运市场宏观调控措施,其设立和实施需以法律为依据,并体现为国家对航运市场的干预。

与前述航运市场船舶船龄调控制度、船舶标准化制度具有的抑制市场主体经营行为的特征不同,运力调节基金制度虽然也属于调节性的运力调控制度,但其体现的主要是经济调节手段产生的鼓励市场主体经营行为的作用,从而具有更大的经济上的合理性。但在另一方面,这一制度的实施成本要大于前述制度。

我国是否应该建立运力调节基金,目前在业界、理论界、管理部门等层次尚未取得一致意见。《国内水路运输管理条例》并未写入运力调节基金的内容,《航运法》在该问题上无疑需要进行系统的调研。

有时,理论研究存在不可克服的缺陷,实践更能说明问题。港澳运输是一个相对独立的市场,具有国内水路运输的全部特征,包括运力结构上存在的问题。租船成为港澳运输主要的经营模式,与港澳运输经营成本比较高有直接的关系。这种高成本不是由市场因素和自然条件导致的,而是管理因素导致的。目前,港澳运输界定为特殊管理的国内运输,这种特殊管理的核心是“国际海运”管理模式。无论是货物、船舶还是港口等,国际海运规费标准要高于国内水运,从目前看,为港澳运输制定特别的规费较低的管理制度的可能性不大。

从这个角度,建立港澳运输市场(尤其是珠三角地区)运力调节基金,具有特殊的意义,表现为:第一,改变目前以租船为主的经营模式,促进经营者建立自有船队;第二,消除经营行为的短期化倾向,促进经营长期化;第三,改善现有运输船舶规模小、运输效率低等状况;第四,避免市场价格战,消除不正当竞争的根源;第五,为设立全国水路运输运力调节基金积累经验。

(二)航运市场运力主动退出和运力调节基金制度的主要内容

1. 航运市场拆船和运力调节基金制度实施的时机

运力调节基金制度的实施需以内陆水路运输市场运力出现严重过剩,及这种状态在短时间内无法通过航运市场自身的调节和其他政府宏观调控手段予以克服为前提条件。运力过剩及其程度应通过政府航运信息系统获得的市场信息，科学地加以统计、分析和确定。

2. 航运市场运力主动退出和运力调节基金制度适用的船舶

根据我国内陆水路运输市场的实际情况，这一制度应适用于内陆水路运输市场现役的船舶，包括自身没有动力的驳船，且不论船舶从事定期船运输还是不定期船运输，但不以营利为目的、从事公共服务的船舶除外。内陆水域不从事运输的船舶不受这一制度的制约。

内陆水路运输船舶，原则上需根据船舶登记加以识别，即这一制度适用的是登记为内河船舶或者其他内陆水路运输船舶的船舶。在某些内陆水域，如长江和珠江下游，一些海船亦可从事运输。为了发挥这一制度对航运市场运力的调控作用，这一制度应适用于完全或者主要从事内陆水域运输的海船，但从事江海联运的海船除外。

在内陆水路运输市场中，各个内陆封闭可航水域各自形成相对独立的市场，且受自然条件等约束，船舶的类型和尺度各异，因而在这一制度对其的适用上应特殊考虑。

3. 航运市场运力调节基金的设立

在全国统一的内陆水路运输市场格局下，需在全国范围内形成统一的航运市场运力调节基金，即该基金的设立和使用应属于国务院交通主管部门的事权，以避免地方性基金可能带来的地方保护等妨害航运市场公平竞争的后果。但是，并不排除根据实际需要，为了降低管理成本、提高使用效益，由国务院交通主管部门授权或者委托省级地方人民政府交通主管部门负责这一制度在该行政区域的内陆水路运输市场的实施。

基金来自于每一艘适用的现役船舶或者新投入市场营运的船舶的所有人按照国务院交通主管部门规定的费率所支付的摊款。如果基金所适用的船舶因改建或者拖船因主机更换而增加运力，则船舶所有人需就增加的运力向基金支付摊款。为使这一制度得以迅速建立和实施，应从中央财政中预付建立基金的前期启动款项。该启动款项事后在基金正常运作中得以偿还。

国务院交通主管部门确定基金的摊款率，应当考虑的因素包括：①根据市场运力过剩程度和对市场今后一个时期的预测而确定的运力削减目标；②对拆船补贴金额的预算；③船舶所有人的承受程度；④基金的管理成本。货船的摊款按照载重吨计算，客船的摊款按照载客定额计算，拖船的摊款按照功率计算，以年度为单位支付。

由于不同类型船舶，如货船和客船，以及货船中的油船和干货船，各自的市场供求关系存在差异，在同一时期运力过剩的程度也不同。而且，不同类型和吨位的船舶，运输成本和效率不同，对水上安全和水域环境的影响也不同。因此，以提高船舶营运效率、促进水上运输安全和水域环境保护为原则，对不同类型的船舶，基金的摊款率应当分别确定，并分别设立收支账户。同时，随着市场供求关系的不断变化，运力削减目标需要作出适时的调整，基金的摊款率应当是一个具有相对稳定性的变量。

4. 航运市场运力调节基金的使用

基金仅用于对削减的市场运力的补贴,即对拆除、闲置、改变用途而实际退出市场的船舶的所有人进行补贴,及基金管理的成本支出。补贴率的确定需以基金的收支平衡为原则。

获得基金补贴的船舶所有人,其船舶必须已经实际退出市场。因此,船舶所有人申请基金补贴时,应提供由船舶检验机构签发的其船舶已实际退出市场的证明,并上缴船舶营运证。

在下列情况下,船舶所有人不能获得基金的补贴:①不符合营运船舶技术条件的船舶退出市场;②已经达到强制退出市场船龄的船舶退出市场;③不符合营运船舶标准的船舶退出市场;④船舶已成为残骸、沉没而没有打捞价值,或者受损而不能修复或者没有修复价值;⑤船舶不具有船舶营运证或者其他船舶营运所必备的证书。

船舶所有人获得基金补贴,应根据规定的程序向基金主管部门提出申请,并附具规定的证明和文件。基金主管部门应在规定的时限内进行审核。如申请符合规定的条件,基金主管部门应在规定的时限内向申请人支付补贴;如申请不符合规定的条件,基金主管部门应在规定的时限内作出不予支付补贴的决定,并告知申请人具体理由。对于基金主管部门作出的不予支付补贴的决定,申请人可以依法提出行政复议或者行政诉讼。

5. 航运市场运力的"以旧换新"

船舶所有人新投入船舶进行营运,如果其所有的与新投入的船舶吨位相当的船舶退出市场,则无须向基金支付摊款,同时也不能得到基金的补贴。如果退出市场的船舶吨位小于新投入的船舶的吨位,则应向基金支付按照新投入市场的船舶吨位与所退出市场的船舶吨位之差计算的摊款。如果退出市场和新投入市场的船舶是拖船,则按照船舶的功率计算。这一规定也适用于因船舶改建或者拖船主机更换而引起的运力增加。如果退出市场的船舶与新投入市场的船舶属于不同的类型,则按照国务院交通主管部门确定的等同吨位的调整系数进行"以旧换新"。这一调整系数的确定,应体现提高船舶营运效率、促进水上运输安全和水域环境保护的原则。

(三)航运市场运力主动退出和运力调节基金制度的保障机制

为保障这一制度发挥航运市场运力宏观调控的作用,应采取适当措施,禁止没有向基金支付摊款或者没有因运力的"以旧换新"而免于支付摊款的船舶从事营运。为此,参照欧盟的有效做法,营运船舶上应随船携带政府航运主管部门签发的用于证明向基金支付摊款或者因运力的"以旧换新"而免于支付摊款的证书,供海事主管部门在船舶办理离港签证时查核。如果驳船上没有配备船员,则由拖船携带。如果船舶没有这一证书,则海事主管部门应当禁止船舶离港。对没有这一证书而从事营运的船舶所有人，应当根据情节严重程度，处以罚款、吊销船舶营运证件等行政处罚。

四、国内航运市场运力紧急调控措施制度

（一）航运市场运力紧急调控措施的含义

航运市场运力紧急调控措施，是指在紧急情况下，政府航运主管部门根据航运管理基本法的规定对航运市场运力采取的临时性控制措施。

（二）采取航运市场运力紧急调控措施的场合

航运市场运力紧急调控措施，是在非正常情况下采取的应急措施，而不是正常情况下的航运市场运力宏观调控措施。因此，采取这种措施的场合应当严格限定在特殊情况的出现，包括：①航运市场运力供求关系出现严重的急剧失衡，采取正常的运力宏观调控手段不能有效和及时地使供求关系在短时间内恢复平衡；②因国家安全、抢险救灾以及其他特殊情况，从国家整体利益出发，需要临时性使用特定的市场运力；③由于水上运输安全或者水上环境保护的紧急要求，需要对特定的市场运力的投入作出限制或者禁止。①

航运市场运力紧急调控措施应当是一种临时性措施。一旦这种措施所基于的特殊情况消失或者其影响程度减缓，通常正常的运力宏观调控手段能有效地使供求关系恢复平衡，这种措施就应当停止实施。

（三）航运市场运力紧急调控措施的实施主体

航运市场运力紧急调控措施，是一种特殊情况下的航运市场运力宏观调控措施，其影响的程度往往是国家整个航运市场，或者具有很强的政策性，因而《航运法》宜规定由国务院交通主管部门决定实施。

（四）航运市场运力紧急调控措施的形式

《航运法》应规定，根据具体情况的需要，航运市场运力紧急调控措施可以包括以下形式：①对中国籍船舶的船龄、船舶种类作出限制性或者禁止性规定；②调整

---

① 主要表现为：①船舶总运力相对严重过剩，据统计，内河货运运力富余量达30%以上，客运运力则更高；②船舶技术状态落后，船龄大，挂桨机船、机动驳船在内河船舶中艘数和总载重吨分别占总量的71.4%和56.1%，其中挂桨机船又占绝对比重，内河老龄、超龄船的比重达43%；③运力结构不合理，干散货船居多，约占总运力的88%，而特种运输船舶仅占总运力的10.27%；④单船吨位小，全国内河船舶平均吨位仅105 t。

原交通部. 全国内河航运发展战略[M]//原交通部水运司. 水路客货运输专刊(2001年第4期). 北京：人民交通出版社，2001：55.

原交通部. 2001—2010年公路水路交通行业政策蓝皮书[M]. 北京：人民交通出版社，2001：217－218.

中国籍船舶的技术标准；③为了国家安全、抢险救灾以及其他特殊需要，征用中国籍船舶，但对被征用船舶的所有人、经营人或者其他因船舶征用而受到损害的利益方应当给予适当的补偿。目前《航运法》草案规定的紧急调控措施包括：①对中国籍船舶的船龄、船舶种类作出限制、禁止性规定；②调整船舶技术标准；③调整与船舶建造、购置、营运相关的税收；④其他必要的干预措施。

五、港澳运输市场运力调控问题

改善港澳运输市场经营状况和竞争状况需要从运力调控角度进行，而不是直接从实施《反垄断法》或《反不正当竞争法》角度进行。我国目前在船龄和船舶标准化两个方面有专门的立法，但在运力主动退出和运力调节基金、运力紧急调控措施等方面尚未建立相应的制度。港澳运输市场运力调控主要考虑以下几个方面因素：

第一，《老旧运输船舶管理规定》如何适用于港澳运输。《老旧运输船舶管理规定》第 2 条规定："本规定适用于拥有中华人民共和国国籍，从事水路运输的海船和河船。"因此，该规定同样适用于港澳运输，应该没有疑问。在具体适用时，由于港澳运输既有沿海运输也有内河运输，需要分别按照海船和内河船考虑。至于港澳运输的货物是属于国际中转货还是港销货，或港货内销等，对该规定的适用没有影响。当港澳运输属于国际航线的一部分时，《老旧运输船舶管理规定》不应适用。

第二，船舶标准化。2001 年《内河运输船舶标准化管理规定》和 2006 年《全国内河船型标准化发展纲要》同样适用于珠江航运和港澳运输。2004 年原交通部发布的《珠江干线货运船舶船型主尺度系列》(JT/T 559—2004)是港澳运输船舶标准化的主要技术标准。虽然珠江航运和港澳运输已有船舶标准化方面的法律和技术标准，但其实施效果与理想目标之间尚有很大差距，与长江航运船舶标准化工作比较，珠江航运船舶标准化尚需要大力推进。船型标准化是港澳运输实现"畅通、高效、平安、绿色"目标的重点。目前，珠江流域"九龙治水"的行政管理格局尚未被打破，航道、船闸、水利工程、岸基设施、海事等与航运市场的发展尚未实现综合协调，而这种协调是实施珠江航运和港澳运输船舶标准化的重要保障。

第三，运力调节基金和运力紧急调控措施。在港澳运输市场或珠江航运层次，要建立和实施这两方面的制度，目前还有很多困难。《国务院关于加快长江等内河水运发展的意见》(国发〔2011〕2 号)在内河水运发展主要任务和保障措施中也未曾提及这方面的措施。

第五节 香港航运管理若干制度及其影响

一、避风塘制度

香港法例第 548 章《商船(本地船只)条例》制定的实施细则第 548E 章《商船

(本地船只)(避风塘)规例》规定:“本地船只的总长度如超过附表第3栏内于与提述该附表第2栏内所指明的某避风塘相对之处就该避风塘而指明的允许总长度,则不得进入该避风塘或在其内停留,但获处长允许者除外。”具体见表5-3-2。

表5-3-2 避风塘内本地船只的允许总长度

编号	避风塘名称	允许总长度/m
1	香港仔南避风塘	30.4
2	香港仔西避风塘	30.4
3	铜锣湾避风塘	30.4
4	长洲避风塘	50
5	喜灵洲避风塘	75
6	观塘避风塘	50
7	新油麻地避风塘	50
8	蓝巴勒海峡避风塘	50
9	三家村避风塘	30.4
10	筲箕湾避风塘	30.4
11	船湾避风塘	30.4
12	土瓜湾避风塘	50
13	屯门避风塘	50
14	盐田仔避风塘	30.4

在前述14个避风塘中可分为3类:①允许船舶总长度30.4 m的有7个;②允许船舶总长度50 m的有6个;③允许船舶总长度75 m的有1个。

公众货物装卸区,是指以短期租约形式分配泊位和堤岸地方给营运者从驳船装卸一般货物、散装货物和集装箱。全香港目前有8个公众货物装卸区,提供6 672 m堤岸,由香港特别行政区海事处管理。其中,观塘、新油麻地、蓝巴勒海峡、屯门装卸区位于避风塘之内,船舶进出这些装卸区也需要遵守避风塘船舶长度的要求。香港公众货物装卸区在未来将由8个减少到6个,但官方尚未正式公布有关政策。

二、领港制度

在香港,引航被称为领港。《领港条例》(第84章)及其4个实施细则共同构成领港制度。这4个实施细则分别是《领港规例》(第84A章)、《领港(纪律研讯程序)规例》(第84B章)、《领港令》(第84C章)和《领港(费用)令》(第84D章)。

(一) 需要接受强制领港的船舶

(1) 总注册吨位为 3 000 t 或以上的船舶。

(2) 驶往或驶离《危险品(船运)规例》(第 295 章,附属法例 C)附表 1 第Ⅰ部指明的货运码头及附表 3 指明的货柜终点码头的总注册吨位为 1 000 t 或以上的船舶。

(3) 运载《危险品(适用及豁免)规例》(第 295 章,附属法例 A)附表中第 1,2 及 5 类指明的危险品的总注册吨位为 1 000 t 或以上的船舶(由 2005 年第 10 号第 208 条修订)。

(4) 驶往或驶离政府系泊浮标的总注册吨位为 1 000 t 或以上的船舶。

(5) 有以下情况的总注册吨位为 300 t 或以上的船舶:

(a) 由于任何理由而不能凭本身的动力前进,或不能以本身的操舵工具操纵,或不能操作本身的锚;

(b) 船体结构有任何部分已拆去或正在修理,以致可能影响该船舶的水密完整性;

(c) 该船舶的状况或其货物的性质或状况有对人造成伤害或对财产、任何其他船舶或环境造成损坏的危险。

(6)《商船(安全)(气体运输船)规例》(第 369 章,附属法例 Z)第 2 条所界定的气体运输船(由 1995 年第 160 号法律公告增补)。

根据以上规定,需要接受强制引航的船舶可归纳为 3 类。

第一类:总吨位 3 000 t 或以上的船舶或运载危险品且总吨位为 1 000 t 或以上的船舶,或气体运输船舶。

第二类:总吨位为 1 000 t 以上的船舶需要靠离葵涌货柜码头、油船码头及政府系泊浮标。

第三类:其他总吨位为 300 t 或以上的船舶,由于任何理由而不能凭自身的动力前进,或不能以本身的操舵工具操纵,或不能操作本身的锚;或船体结构有任何部分已拆去或正在修理,以致可能影响该船舶的水密完整性;或该船舶的状况或其货物的性质或状况有对人造成伤害或对财产、任何其他船舶或环境造成损坏的危险。

(二) 领港费标准

每艘获领港服务的船舶,需支付 4 100 港元的基本领港费,并在此基础上,另需支付以下金额:

(1) 总注册吨位少于 30 000 t 的船舶,另需支付每吨(按该船舶的总注册吨位计算)0.065 港元的领港费(2002 年第 234 号法律公告,2008 年第 70 号法律公告)。

(2) 总注册吨位为 30 000 t 或以上、但不超过 60 000 t 的船舶,另需支付 1 950

港元或每吨(按该船舶的总注册吨位计算)0.062 5 港元的领港费(两者以款额较大者为准)(2002 年第 234 号法律公告,2005 年第 111 号法律公告,2008 年第 70 号法律公告)。

(3) 总注册吨位超过 60 000 t,但不超过 120 000 t 的船舶,另需支付 3 750 港元或每吨(按该船舶的总注册吨位计算)0.06 港元的领港费(两者以款额较大者为准)(2002 年第 234 号法律公告,2005 年第 111 号法律公告,2008 年第 70 号法律公告)。

(4) 总注册吨位超过 120 000 t 的船舶,另需支付 7 200 港元的领港费(2008 年第 70 号法律公告)。

需要说明的是：①领港费包括领港员因往返船舶而引致的一切费用;②将船舶领进海港所收取的领港费,包括将船舶碇泊在检疫碇泊处和将船舶由该碇泊处移往浮标、货运码头或其他碇泊处的领港费;③军舰根据规定所需支付的领港费,需按排水吨位而非按总注册吨位计算。

三、香港航运管理制度对港澳运输的影响与对策建议

如果港澳航线内河集装箱船舶长度超过 50 m,则到达香港后会遇到 3 个难题：一是不能进入香港避风塘内的公共装卸区码头进行装卸作业;二是在其他装卸区作业期间,如遇到台风挂 3 号风球,则在香港海域难以方便找到合适的避风锚地;三是若运送内地到港货物并已在内地海关办理相关清关手续,货物未卸完不便返航内地避风,使船舶处于进退两难的境地。

由于受香港避风塘、公众货物装卸区、领港收费等有关规制影响,90%以上的内地现有港澳航线集装箱船的长度小于 50 m,吨位小于 1 000 总吨。这些船舶到香港水域无须引航,可以进入避风塘,船舶靠泊无须交纳靠泊费。船公司从经济效益等因素考虑,基本将粤港航线的集装箱船长度限制在 50 m 以下,吨位控制在 1 000总吨以内。要增加载箱量主要靠增加船宽和吃水,因而形成了较为典型的港澳航线集装箱船型。目前,具有代表性的船型是“L 49.99 m,B 15.8 m,H 5.5 m,T 4.3 m”,外表上给人以肥胖的“火柴盒”形象。这样的集装箱船一般可堆装 5 层,下面是重箱,上面是轻箱或空箱。这样的集装箱船重心高,受风面积大。为了装箱量大、稳性好,粤港航线的集装箱船基本上是短、宽、深,船型主要是平底、方形。

肥胖船型存在的主要问题是：不利于低碳节能、不利于安全操纵。由于船体太宽甚至超过码头吊机作业长度,船舶需调头完成装卸,大大影响了船舶装卸效率,也影响到船舶装卸作业时的稳性,存在较大的安全隐患。

从粤港澳三地未来经济发展的需要和保持香港国际航运中心地位的需要看,需要实现港澳运输船舶大型化,提高水路运输竞争力,完善港澳运输船舶船型,降低航行阻力,降低油耗与减少碳排放,提高运输效率,提高航行安全。为此,需要考虑以下几个方面：

(1) 香港特别行政区政府尽快规划建设适合内地船舶在香港水域避风的专用避风锚地。

(2) 香港主要公众货物装卸区船长限制修订为允许船长 55 m 及以内的船舶进行装卸作业。

(3) 香港适当降低或减免对内地抵港船舶所收取的相关费用,包括领港费。

第四章 港澳运输市场发展与规范建议

第一节 基本原则与发展目标

一、基本原则

我国现有航运发展政策、规划、法律、法规等就航运发展基本原则从多个角度进行了规定。这些政策、规划、法律、法规主要包括：①《国务院关于加快长江等内河水运发展的意见》(国发〔2011〕2 号)；②《公路水路交通结构调整指导意见》(交规划发〔2008〕86 号)；③《公路、水路交通发展三阶段战略目标》(交规划发〔2001〕265 号)；④《全国内河船型标准化发展纲要》(交水发〔2006〕56 号)；⑤《全国内河航道与港口布局规划》(2007 年 6 月原交通部综合规划司发布)；⑥《全国沿海港口布局规划》(2006 年 9 月原交通部发布)；⑦《内地与香港关于建立更紧密经贸关系的安排》及补充协议；⑧《内地与澳门关于建立更紧密经贸关系的安排》及补充协议；⑨《珠江三角洲地区改革发展规划纲要(2008—2020)》(2008 年 12 月国家发展和改革委员会发布)；⑩《珠江三角洲高等级航道网规划》(2005 年 5 月原交通部发布)；⑪《粤港合作框架协议》(2010 年 4 月广东省人民政府和香港特别行政区政府发布)等。

国内航运与国际航运在发展原则上有所区别。港澳运输作为特殊管理的国内航运，究竟是适用国际航运发展原则，还是国内航运发展原则，是一个值得研究的问题。从港澳运输市场的实际情况和航道、船舶的自然属性角度，港澳运输更接近于国内航运，或者说，从国内航运发展原则出发更有利于解决目前港澳运输中存在的问题以及达到促进港澳运输长远发展的目的。国务院交通运输主管部门制定的政策和规划也更多是针对国内航运发展。因此，可以将国内航运发展原则适用于港澳运输市场，在必要的时候考虑国际航运发展的原则。

在前述各项政策和规划中，2011 年《国务院关于加快长江等内河水运发展的意见》和 2008 年交通运输部发布的《公路水路交通结构调整指导意见》尤其需要重视。根据这两个政策性文件，港澳运输市场发展和规范应该坚持以下原则：

第一,明确特殊管理的国内航线的含义与范围。在性质上,港澳运输无疑属于国内航线。但是,在具体管理制度设计上,目前是以国际航线模式进行管理的,直接体现国内航线管理模式的内容很少。鉴于港澳航线涉及的船舶、货物、经营者、管理等在不同程度上具有国内与国际双重因素,所以,未来港澳运输管理制度必须明确哪些领域实施国内航线管理制度,哪些领域实施国际航线管理制度。

第二,完善港澳运输立法作为首要任务。港澳运输中存在的各种问题的源头是有关立法滞后。通过立法建立具体的管理制度,明确港澳运输作为特殊管理的国内航运的真正含义,是解决港澳运输市场准入、市场竞争规范、船舶标准化和运力调控等一系列问题的前提。

第三,坚持发展与规范并重,在发展中实现规范的原则。港澳运输市场中存在的问题,是由于国内航运市场整体上出现的企业规模小、现代企业制度建设落后、船舶标准化程度低、运力结构不合理、投融资环境不佳、航道等基础设施现代化水平低、安全管理体系不完善、综合运输体系有欠缺、市场信用体系待完善等因素所引起的。其中大部分问题不是简单地通过依法治理、规范经营行为就能解决,需要在发展的动态过程中逐步实现规范目的。

第四,推动运输结构调整原则。我国运输发展进入结构调整时代,这是解决各种运输问题的基础。《公路水路交通结构调整指导意见》提出的水路运输结构包括以下种类:沿海港口结构、内河水运结构、支持保障系统结构、水路运输装备结构、水路运输服务结构等。

内河船舶结构调整的重点是加快推进长江干线、京杭运河、西江等内河船型标准化工作,重点发展顶推船队、江海直达船、集装箱船和滚装船,优化运力结构,规范和促进船舶大型化,提高船闸通过效力,控制和减少船舶污染,提升航运竞争力。依靠市场机制和准入条件调控沿海、内河运力规模,优化运力结构。加强船舶检验与入籍技术标准管理,运用技术手段调控运力。

水路运输服务结构调整的重点是优化运输组织结构,促进运输组织的规模化和网络化发展。不断拓展货物运输服务功能,加快传统运输业的改造和升级,推进专业化运输,积极发展增值服务,推进运输服务业向现代物流产业链上下游延伸和拓展。全面提升客运服务品质,积极发展国际邮船运输和旅游客运。

第五,营造公平、公正、规范的市场环境原则。通过制定《航运法》,修订完善现行法规、规章,解决法规之间的冲突,建立和完善市场竞争规则。要消除地方和部门壁垒。强化执法监督,规范市场主体的行为,打击无序竞争、违法经营,保证市场公平交易,创造有利于市场机制有效发挥作用的外部环境。设置控制安全、环保等负外部性影响的准入限制。消除各地歧视性地方规章,消除地区间政策差异所形成的制度障碍和不公平竞争,促进市场的统一和开放。加强政府对市场的调控,建立运输市场信用体系和以市场准入、营运、退出三大环节为管理重点的运输安全管理体系。建立船舶技术性能、污染物排放的动态检测制度，实施有效政策，促进运输经营者重视安全、自愿使用清洁能源。

第六，创新管理体制与机制的原则。实现科学发展观和依法行政，推动运输结构调整，营造公平、公正、规范的市场环境都需要以管理部门自身建设为前提。管理体制创新依赖于港澳运输立法，解决目前管理体制存在的问题，主要是明确国务院交通运输主管部门与地方交通运输管理部门之间职能分工的问题。管理机制创新是重点，要在管理方法、管理技术、管理信息等方面得到发展，提高管理水平。

二、发展目标

从行业管理角度，港澳运输管理应该将《国务院关于加快长江等内河水运发展的意见》提出的“畅通、高效、平安、绿色”作为首要的综合性的努力目标。在具体任务上，按照国务院的这一文件，可分为以下具体内容：

(1) 全力推进内河水运发展方式转变，提高内河水运发展质量和效益，形成航道、港口、船舶和支持保障系统协调发展、功能完善、技术先进、运转高效的港澳运输体系。

(2) 发挥港口枢纽作用，加快内河主要港口和部分地区重要港口专业化、规模化、现代化港区建设。实施船型标准化，严格船舶更新报废制度，加快西江航运干线船舶运力结构调整。

(3) 优化船舶运输组织，促进干支直达和江海直达运输，发展专业化公共运输，引导水运企业走规模化发展道路，建立健全现代企业制度。

(4) 加强水运行业人才培养，不断提高从业人员素质，提升水运科技与管理水平，开展航道整治、船型标准化、节能减排等关键技术攻关，推进水运信息化，建设水运公共信息服务系统。

(5) 加快“电子口岸”建设，推进航运要素集聚和大通关信息资源整合，提高口岸综合服务效率。

(6) 加强内地与香港政府航运管理部门之间的及时联系、沟通、协商与协调，促进内地和香港航运共同发展。

除前述内容外，还需要考虑港澳运输的特殊性，增加以下几方面的目标：①促进香港国际航运中心建设；②保障和促进我国华南地区进出口贸易发展；③保障港澳居民生活供应，促进港澳稳定与发展。

第二节　港澳运输市场发展政策建议

一、降低港澳运输综合商务成本

通常，综合商务成本包括税费成本和经营性成本。经营性成本受许多因素影响，其中的办公成本、生活成本、交通成本等主要受市场因素制约，从总体趋势上看是上升而不是降低。在发展政策上，可以采取一定措施抵消这种成本上升对企业经营的不利影响。从政府管理角度，降低政府收费是关键。这要求政府实施制度创新，减少或取消不合理的收费。

港澳运输行政收费项目比较多，在港澳运输企业成本中占较大比例。港澳运输按外贸运输管理，涉及政府的有交通、海事、船检、海关、边检、检验检疫等多个部门，向船公司、港口、货主等收(税费)的项目大约有 45 项，港澳运输企业负担重，是长期困扰港澳运输企业的一个问题。

二、发展公共驳船航线

公共驳船航线已经被证明是一种经济、有效的港澳运输组织形式。公共驳船航线于 2001 年开始实践，旨在改变珠江流域各货主单一的陆路拖车及驳船水路至香港中转的物流运输模式，提供更加经济、高效、便捷、环保的集疏运水路内支线运作服务。

华南公共驳船快线联盟是由 SCT 和 CCT 这 2 家深圳专业集装箱码头联合 12 家驳船公司共同组成的联盟组织。SCT 是深圳蛇口集装箱码头有限公司，CCT 是赤湾集装箱码头有限公司。公共驳船快线服务于深圳港西部港区 110 多条国际班轮航线、40 多家船公司。

2003 年，随着"快线"服务覆盖范围逐渐发展到华南沿海各主要码头，"珠三角公共驳船快线"改名为"华南公共驳船快线"。华南公共驳船快线在过往几年取得了可喜的成就及长足的发展。经过几年的发展，至 2010 年，华南公共驳船快线在华南地区 20 个城市、49 个港口码头，开辟了 37 条定期定班的航线。华南公共驳船快线建立了"华南公共驳船快线联盟管委会"作为协调机构和管理机构。

华南公共驳船快线是市场自发形成的，并形成了一定的规模，其作用值得肯定。公共驳船航线为珠江航运探索出一条高效的现代集装箱运输经营模式。但是，目前的公共驳船航线存在一个致命缺陷，需要政府介入才能解决问题。

目前所谓公共驳船航线的"公共"，是指该航线对所有相关地区的驳船公司、码头、货主等而言，但对于中转港来说，则不是"公共航线"。目前的华南公共驳船快线服务于深圳港西港区，不是服务于泛珠三角和香港所有中转港的"公共航线"。因此，华南公共驳船快线只是局部的公共驳船航线。

广州港集团于 2008 年 4 月开辟了南沙至香港公共驳船快线，主要停靠香港的 HIT 和 MTL 码头。

香港、深圳港(尤其是西港区)、广州港(尤其是南沙港区)等在国际中转中的货源竞争关系，是决定着该地区港口能否健康发展的主要因素之一。货源是港口之间竞争的焦点，如果主要的中转港都建立自己的公共驳船航线，将导致资源的浪费和更大程度的市场竞争。因此，未来公共驳船航线应该实现两个"公共"：一是覆盖主要的中转港，为它们提供驳船运输服务；二是对所有驳船公司和码头开放。在只有华南公共驳船快线的情况下，加入该快线联盟的驳船公司只能将部分货物经由该联盟驳船运输，服务于其他中转港的货物仍然是独自经营的。

为此，政府航运主管部门需要在华南公共驳船快线的基础上引导建立一个更大平台的公共驳船航线。一方面，同时服务于几个国际中转港；另一方面，将珠江水系、华南沿海等主要的码头连起来。这样一个公共平台需要船舶所有人、中转港、驳船公司、码头、货主、政府、口岸等的共同努力，才能实现相互之间的协调，实现共赢。

从现有航运政策和法律角度，公共驳船航线是现有国内水路班轮航线之间的合作关系。如果该公共驳船航线只服务于个别中转港、部分内河和沿海码头、部分驳船公司，无正当、合理的理由而排除其他的中转港、内河沿海码头和驳船公司的加入，就可能构成不正当竞争或者垄断。

由政府来引导，搭建各方广泛参与的公共驳船航线平台，实现中转港、驳船公司、内河沿海码头经营人、货主等利益方的共赢，是必要的，也是可行的。这样一个公共驳船航线平台仍然是以市场为基础的，与目前华南公共驳船快线一样，是基于合作共赢的。政府只是引导其发展方向，不是直接的指挥者，更不是直接参与者。政府需要制定引导性的、规范性的政策。

三、发展集装箱江海联运

随着珠江高等级航道网的形成，港澳运输具备了集装箱江海联运的条件，尤其是西江和东江都具备江海联运的条件。江海联运可以改变珠江以内河运输为特征的功能形态，推动港澳集装箱运输的集约化。随着珠三角加工型产业向中上游转移，腹地外向型经济要求港澳运输进一步向珠江中上游延伸。在这个过程中，实现更大程度的江海联运是外贸和运输两方面发展的需要。

发展江海联运船舶技术，推广江海联运也是发展公共驳船航线的需要，尤其是服务于香港和深圳盐田港等需要江海联运实现直达运输。

江海联运不同于海船进江。由于珠江航道深水航道不长，海船进江意义不是很大。但是，江海联运能够将珠江与香港、深圳等海港直接联系起来，降低运输成本，提高运输效率。

四、解决港澳航运企业融资难题

相当部分的港澳运输企业规模小、融资担保能力低，商业银行专业性不强、贷款门槛过高，船舶融资产品较少、手续繁杂等原因，导致航运企业船舶更新和运力优化受到制约。港澳航运企业融资难问题已成为制约企业发展的瓶颈，从而严重影响港澳航运的持续发展。政府要出台一定的优惠或鼓励政策，有针对性地着力解决这一难题。

五、发展港澳客运尤其是高速客运

随着内地与港澳经济合作日趋深化，广深港高铁建设、珠港澳大桥建设和CEPA协议的进一步落实，内地与港澳水上客运发展将面临新的发展形势。但是，随着公路客运和铁路客运速度、运能、服务等方面的提高，粤港澳之间水路客运竞争力有所下降。珠港澳大桥建成后，对港澳之间的水路旅客运输冲击将最大。但是，无论是货物运输还是旅客运输，港澳运输不仅仅是市场问题和经济问题，同时涉及"一国两制"与港澳特别行政区长治久安问题，从国家安全、经济安全出发，保持一定规模的水路客运是重要的。

港澳水路客运(尤其是高速客运)具有的便捷、高效、绿色是公路客运无法比拟的，在寸土寸金的珠三角地区，充分发挥水路客运潜力是低碳经济的需要。在具体措施方面，可以考虑：

(1) 提高船舶技术装备水平，发展单船规模经济和客运企业规模经济。目前粤港之间营运的客船在技术水平上比不上香港、澳门之间营运的客船，有必要加大投入。

(2) 改善陆上设施，提高水陆衔接水平，包括对香港机场旅客运输的支持。

(3) 规范市场竞争行为，走合作、联营之路，变水路客运企业之间的竞争为水路与陆路之间的竞争。

(4) 争取国家有关部门在燃油税等政策上对水路客运实行倾斜。

(5) 除发展传统的旅客运输业务外，还需要大力促进邮船、游船和游艇等运输与旅游、休闲结合的水上旅客运输。

为了促进和规范邮船产业发展，我国有关政府部门先后出台了《国家发展改革委关于促进我国邮轮业发展的指导意见》(发改交运〔2008〕1675号)、《关于外国籍邮轮在华特许开展多点挂靠业务的公告》(交通运输部2009年第44号)。另外，《深圳市加快邮轮游艇产业发展若干措施》(深府〔2009〕50号)属于比较早的发展邮船产业的地方政策。

邮船港可分为挂靠港和母港，鼓励有条件的港口发展邮船母港。重点是推动邮船配套产业的发展和口岸服务。促进邮船代理机构的发展，为邮船经营、港口挂靠等提供代理服务的机构，包括邮船票务代理、邮船船舶代理等。

当然，邮船、游船和游艇在管理上已经超出一般意义上的旅客运输，有关立法、政策制定和管理涉及多个部门。《航运法》或者港澳运输管理单行条例可能只涉及其中某些领域。

六、发展低碳航运

航运较之公路、铁路等运输方式本身可以说是低碳经济。为了进一步降低航运成本，提高效率，发展绿色经济和低碳经济，航运业本身也需要向低碳航运发展。

下文以深圳蛇口至肇庆之间水路与公路集装箱运输为例，比较内河水路与公路运输节能减排情况。

（一）基本条件

（1）货量：120 个标准集装箱，单箱 20 t。

（2）运输工具：一艘载货量 2 400 t，120 TEU（标准箱），700 kW 内河集装箱船；一辆 200 kW 拖头车，可载 2 个 20 英尺集装箱（标准箱）或 1 个 40 英尺集装箱。

（3）运输路线：深圳蛇口至肇庆，公路 230 km，水路 108 n mile（196 km）。

（二）项目比较

（1）水路运输：由深圳蛇口将 120 TEU 运至肇庆，由一艘载货量 2 400 t，120 TEU 的船舶运输需要 15 h，耗油约 1 695 kg，1 TEU 耗油约 0.072 kg/km。

（2）公路运输：由深圳蛇口将 120 TEU 运至肇庆，至少需要 60 辆拖头车运输一次，行驶时间 3 h，单车耗油约 99 kg，合计耗油约 5 940 kg，1 TEU 耗油约 0.215 kg/km。

以单箱 20 t 计算，水路、公路各项指标对比见表 5-4-1。

表 5-4-1　水路与公路能耗对比

运输方式	单箱油耗/(kg/km)	单箱运输耗时/h	单箱平均耗时/h	1 t · km 耗油量/g	换算标准煤用量/kg	二氧化碳排放量/kg
水路运输	0.072	15	0.125	3.60	2 499	6 547.38
公路运输	0.215	3	1.5	10.76	8 758	22 945.96

（三）结论

水路运输与公路运输相比，具有占地少、成本低、能耗小、污染轻、运能大、效益高、维护成本低，且运费可节省 1/5～2/5 等优势，适宜运输规模性货物，但单位货物运输时间较长。

水运、铁路、公路的基建投资比例为 1∶3∶7。公路长期载重运输对路面、桥梁损毁严重，维护成本高。水运每马力运量是铁路的 2～4 倍，公路的 50 倍。水运成本仅约为铁路运输成本的 1/2，公路运输成本的 1/5。水运是国际公认的最环保的运输方式。

以上对比表明，水路运输在“节能减排”中潜力巨大，是 5 种运输方式中“节能减排”特性最好的方式，被称为“绿色运输方式”当之无愧。

航运本身是低碳的。低碳航运要求进一步提高航运效率，降低二氧化碳等有害气体的排放。发展低碳航运要求推进船型标准化，提高船舶营运效率，提高货运船舶平均吨位，发展干支直达、江海联运，加快形成集装箱等专业运输体系。实行低碳航运需要靠 2 种手段：一是技术水平低碳；二是运输效率低碳。

舱位(箱位)利用率、船舶积载率是衡量运输效率的主要指标。在运输技术保持在一定水平的条件下,通过有效的货源组织和运输组织、高效的信息系统、合适的航班密度、合理载重吨的船舶、合理的航速等,可以在最大程度上实行低碳航运。

第三节　规范港澳运输市场建议

一、提高市场准入门槛

现行港澳运输市场基本上持开放的态度,准入门槛(标准)比较低,主要体现在:

(1) 外国船公司不能自营港澳运输,但存在采用租船经营方式变相经营的情况。

(2) 对市场主体没有规模要求,即应拥有多少条船或多少载重吨才能投入运营。

(3) 各类船舶进入市场门槛总吨位偏小。

(4) 船舶技术标准执行不一致。

(5) 无责任保险要求。

结合港澳运输市场的现状和健康发展需要,应采取适度开放、优胜劣汰的规范管理,适当提高准入门槛,统一准入条件和标准,审批机构严格执行有关的准入条件和标准,并在进入市场后加强监管、维持相关条件和标准。为此,可以考虑采取以下措施:

(1) 适当设置准入门槛,准入门槛不能过低。使进入港澳运输市场的经营主体具有一定的竞争力,避免出现大量的低标准的经营主体,发挥规模经济的效用。

(2) 确立四省(区)乃至全国统一的港澳运输市场准入制度,包括准入条件、许可程序、报送资料、许可证颁发等内容。

(3) 完善并实施从事港澳运输船舶的建造规范、检验技术规则。对于投入港澳运输的船舶不管其制造地处于何处,适用相同的检验标准。

(4) 进一步明确无船承运人经营港澳运输的条件。

(5) 进一步明确对港澳运输船舶代理、货物代理等水路服务企业的管理制度。

(6) 明确国际集装箱班轮公司可否单独或者联合租用中国籍船舶在港澳航线运输集装箱中转货物。

(7) 建立对香港注册的租用港澳运输船舶的公司在国内的报备制度。在香港注册公司的门槛相对大陆要更低,建立报备制度有利于港澳运输市场的规范管理。

外资市场准入门槛体现了我国航运市场开发度的基本政策。有一种观点认为,我国国际航运市场过度开放,在我国航运公司竞争力不强的条件下,导致外资市场份额不断提高。也有观点认为,外资航运公司市场份额提高是由于内资航运公司不能从根本上提高市场竞争力所致，限制开放或过度保护从长远看并不一定有利于提高内资航运公司的竞争力。在港澳运输市场上，在港澳注册的运输企业不仅能够直接从事港澳运输，而且还可以在内地设立各类经营机构从事港澳运输。这些企业不仅享有通常的我国国际航运对外开放的政策和条件，而且根据CEPA等协议，享有更大的开放度。这对于内地港澳运输企业构成了较大的竞争压力。同时也需要认识到，在港澳注册的部分运输企业是内地企业在港澳注册的，是完全的“中资”企业。

二、建立规范的市场竞争秩序

规范的市场竞争秩序是提高经营效率、减少或避免无谓消耗的重要外部环境条件。在一个充满价格战，忽视服务质量，片面追求市场份额的市场中，经营者难以实现经济效益，而且容易导致进入恶性循环的竞争陷阱中。

从一般意义上说，由于市场结构本身的特点，加强竞争法律法规的执法有时并不一定能够真正建立规范的市场竞争秩序。目前，港澳市场中市场份额相对较高的有几家，绝大多数市场份额较低。在国际集装箱班轮公司数量有限的情况下，对于国际中转支线运输，国际班轮集装箱公司具有较大的主动权和选择权，进一步导致港澳运输经营者之间的竞争。所以，规范港澳运输市场竞争秩序需要从市场结构本身找解决对策：

第一，鼓励国际集装箱班轮公司与港澳运输经营者之间建立长期的运输协议，稳定双方之间的合作关系。

第二，发展公共驳船航线，实现港澳运输经营者之间的有效合作，避免相互之间不必要的竞争。

第三，以公共驳船航线为基础，建立港澳运输经营者之间的合作联盟，形成与国际集装箱班轮公司集体议价的机制，提高议价能力。

在实施以上三方面对策时，需要注意不要违反我国《反垄断法》的有关规定。

三、加快推进企业结构调整，引导企业向集约化方向发展

根据现代航运业的发展要求，按照现代企业管理制度，促进航运企业结构调整，建立规模、能力与资源、目标市场相匹配的航运企业。鼓励航运企业与大型货主、港口企业、其他运输企业的联合，淘汰和整合经营规模小、成本较高的中小航运企业和个体经营主体等一系列政策手段，实现港澳运输企业组织的整合和优化，进而推进珠三角内河航运现代化的发展。

如果能够通过立法提高市场准入，通过资本纽带建立现代企业制度，不仅能够极大改善港澳运输市场竞争结构，而且对于运力结构、安全和环境保护都具有积极的促进作用。

在目前情况下，建立运力总量控制制度虽然有其客观的必要性，但根据我国目

前国内水路运输法律法规,建立运力总量控制制度的条件并不完全具备。在港澳运输中,涉及沿海不同省份、珠江水系不同省份。如果实施运力总量控制,目前没有相应的机制确定不同省份之间的运力配额。在同一省份内,不同的经营者之间如何分配配额等也是一个难题。从行政管理角度,实施直接的行政措施管理市场一般是不得已而为之的,只有在间接措施、市场机制等不能实现预期目的的情况下才予以考虑。

四、加快推进船型标准化,促进运力结构优化升级

推进船型标准化工作的重要意义在于通过加强行业引导和监管,加快船型大型化、专业化、标准化步伐,顺应航运的发展方向,提高水域利用效益和行业竞争力,促进水上航行安全和水域环境保护。推进港澳运输船型标准化,需要将其作为珠江船型标准化工作的一部分来进行。

珠江船型标准化需要按照"政府引导、企业为主"的原则,积极推进西江干线船型标准化工作,引导船舶向大型化、专业化、系列化方向发展,淘汰落后船型,提高航道及船闸资源的有效利用率和促进珠江航运的有序发展。广东和广西在珠江船型标准化方面已经做了多年的工作,取得了许多积极的成果。到 2020 年,全面实现船舶标准化的总体目标,进一步推进内河船型标准化工作的任务仍很艰巨。

五、加快建设港澳水运管理信息系统,建立港澳运输统计制度

目前,我国内地没有一个权威的港澳运输统计数据机制,统计数据收集没有法定的、规范的渠道,不同部门从不同渠道收集的数据差异很大,港澳运输市场的运力(各省、区)、运量(各租船公司)情况往往都很难搞清楚,运力和运量之间的平衡问题就变得很难解决。香港在运输数据统计方面做得比较好,值得内地借鉴。香港特别行政区政府统计处每月对相关数据进行整体统计,出版《香港统计月刊》。内地在港澳运输信息和统计方面存在的问题主要是港澳运输管理体制未理顺和机制不健全造成的。

在理顺港澳运输管理体制的前提下,加快港澳水运管理信息系统建设,建立港澳运输统计制度,建立港澳航运信息综合加工中心和港澳航运信息网络,集中力量尽快建立港澳航运行业基础数据采集网络,全面、准确、及时地集散高质量的港澳运输信息,使各级政府交通主管部门及时了解港澳运输行业动态,及时发布港澳航运市场信息,包括港澳运输运力供求信息、市场货源变化信息、运价指数,发布港澳运输航运发展报告,定期发布港澳运输运力统计数据。总之,应当利用现代通信技术和手段,为各级政府港澳航运主管部门的宏观决策提供参考依据和支持,提高管理的科学性和合理性。

此外,通过建立一个有效的定期市场信息发布机制,定期发布港澳运输运价指数及信息,对企业制定发展目标和减少盲目发展运力是非常有帮助的。

六、加强与港澳之间合作，建立内地与港澳协商机制

港澳运输是两岸三地之间的共同市场，经营者来自三地，运输服务于三地，具有共损共荣的关系。应当建立广东、广西等四省(区)之间协商机制，按照CEPA基本原则和规定，在港澳运输问题上加强与港澳之间的联系，尤其是与香港之间的联系。内地与港澳之间就港澳运输建立的协商机制应该是常设性的、定期性的、综合性的沟通平台。在这方面，官方之间就港澳运输船舶的船舶尺度、香港避风塘条件、引航等方面进行沟通协调，目前具有重要意义。此外，可以建立类似于“长江论坛”那样的高层协调机制。

2011年上半年，广东省交通运输厅与香港有关职能部门就引航(领港)问题达成2 000 t以下船舶不需引航的协议。这对于降低经营费用、提高运输效率无疑是很重要的。这一协议也开创了内地与港澳进行协商解决问题的新思路。

七、健全航运行业组织，充分发挥行业自律

在港澳运输领域，行业协会等民间社团组织不够健全，在行业中不能有效发挥企业(经营者)与政府之间的桥梁作用。这些行业协会在本行业中，可以从不同角度沟通情况，协调关系，提供信息和情报等。为进一步发展港澳运输，应充分发挥行业协会广泛联系企业的作用，认真做好行业统计工作，及时提供行业统计数据和行业发展动态信息，并与有关政府主管部门共同研究建立港澳运输行业综合评价体系，科学评价行业发展状况，为制定行业政策、引导行业发展提供参考依据。

另外，通过行业协会，可以有效加强行业自律，在维护港澳运输企业合法权益的同时督促企业依法合规经营，规范行业秩序，制定并组织实施行业职业道德准则和行规行约，构建行业自律管理的长效机制。

2009年底，珠江水系西江港口企业联盟(以下简称西江港口联盟)在珠海成立。西江港口联盟在推进西江流域港口合作和一体化进程，推进西江航道整治，提高西江通航能力和服务水平，推进构建西江流域的江海联运网络，建立有效的港口管理协调机制，推进港口集疏运体系建设，建立西江黄金水道港航信息共享平台等领域发挥作用。

虽然西江港口联盟在港澳运输领域也能发挥一定作用，但其成员以港口经营企业为主。为此，建议在相关主管部门的倡导和支持下，成立港澳运输行业协会，广泛吸收两岸三地的航运企业、港口企业、船舶代理企业、研究教育机构参与。

香港航运行业协会数量多，专业性强，涵盖面广，在发挥行业自律和保护协会成员合法利益、促进行业发展方面发挥着重要作用，值得内地借鉴。香港影响最大的航运行业协会是香港船东协会(Hong Kong Shipowners Association)。另外，还有以下行业协会：①香港货柜码头经营人协会(Hong Kong Container Terminal Operators Association Ltd)；②香港班轮协会(Hong Kong Liner Shipping

Association)；③香港托运人委员会(Hong Kong Shippers Council)；④香港物流协会(Hong Kong Logistics Association)；⑤香港物流管理人员协会(Hong Kong Logistics Management Staff Association)；⑥香港中流作业商会(Hong Kong Mid Stream Operators Association Ltd)；⑦香港领港员协会(Hong Kong Pilots Association Ltd)；⑧物流理货员协会(Logistics Cargo Supervisors Association)；⑨香港海运物流协会(Hong Kong Sea Transport & Logistics Association)；⑩英国皇家物流运输协会香港分会(The Chartered Institute of Logistics & Transport in Hong Kong)；⑪英国皇家经纪人协会香港分会(The Institute of Chartered Shipbrokers, HK Branch)；⑫香港货船业总商会(Hong Kong Cargo-Vessel Traders Assn Ltd)；⑬香港集装箱货舱及物流服务联会(Hong Kong CFS & Logistics Association)；⑭香港商船高级船员协会(Merchant Navy Officers' Guild, Hong Kong)；⑮香港海员工会(Hong Kong Seamen's Union)；⑯香港航业海员合并工会(Amalgamated Union of Seafarers, Hong Kong)。

第五章 港澳运输立法建议

第一节 港澳运输立法必要性

一、港澳运输立法工作严重滞后

1997年6月26日香港主权回归前夕，原交通部发布了《关于香港回归后内地与香港航线有关航运管理问题的通知》（交水发〔1997〕379号），明确了我国恢复对香港行使主权后，香港与内地之间的海上运输航线为"实行特殊管理的国内航线"。根据该通知第5条，当时正在研究制定《祖国内地与香港地区之间航运管理办法》，在该办法未颁布实施前，即1997年7月1日至1997年12月31日期间，香港与内地对外轮开放港口之间的客货运输暂按照此通知办理（按照当时的现行管理规定办）。1997年12月31日，原交通部发布《关于延长〈关于香港回归后内地与香港航线有关航运管理问题的通知〉期限的通知》，决定延长交水发〔1997〕379号通知至港澳运输新的办法正式颁布实施后止。

2001年，《国际海运条例》施行。该条例第58条规定：内地与香港特别行政区、澳门特别行政区之间的海上运输，由国务院交通主管部门依照本条例制定管理办法。

但是，时至今日，关于内地与香港、澳门之间航运的管理办法迟迟没有出台。故而，目前港澳航线运输管理仍然沿用改革开放初期原交通部发布的有关通知以及各省制定的地方性规章，如福建省主要按照1985年《福建省交通厅对从事香港、澳门航线运输船舶公司的暂行管理办法》[①]，广东省主要按照1988年《广东省水路运输管理实施办法》[②]。

改革开放至今已30多年，内地与港澳之间的运输事业蓬勃发展，而我国当前

---

① 福州海事局对于港澳经营运输许可的审批依据主要是《福建省交通厅对从事香港、澳门航线运输船舶公司的暂行管理办法》，参见 http://www.fuzhou.gov.cn:8080/LangChao.ECGAP.outPortal/ViewSource/SrcNotice.aspx? infoflowId=01131。

② 广东省交通厅关于港澳航线单船1 000载重吨以下水路货运企业及其船舶和3 000载重吨以下砂石运输船舶航行港澳航线的审批的法律法规依据，参见 http://www.gdcd.gov.cn/xzspsx/page7.htm。

的港澳运输立法仍然停留在20世纪后期,在很多方面难以适应现在港澳运输的管理。特别是《行政许可法》实施后,各级政府和部门都强化依法行政,应当抓紧制定关于内地与香港、澳门之间航运的管理办法。

二、港澳运输相关法规效力层次低

现行港澳运输相关法规效力层次较低,主要表现为部门规章和规范性法律文件。从前文关于港澳运输相关法律规定中可以看出:①我国当前尚没有专门调整和规范港澳运输的基本法律;②涉及港澳运输的行政法规,如《国际海运条例》《国内水路运输管理条例》,并没有调整和规范港澳运输的实质性规定,其规定主要是授权交通运输部制定关于港澳运输的专门规章;③当前调整和规范港澳运输航运管理的法规主要以原交通部的规范性文件和地方性规章为主,其法律效力层次较低。

三、港澳运输相关立法不具系统性

(一)港澳航线定性在不同法律法规中有所区别

原交通部在1997年《关于香港回归后内地与香港航线有关航运管理问题的通知》中将港澳运输确定为"实行特殊管理的国内运输",但在另外一些法规规章中更倾向于将港澳运输视同为国际海上运输。例如:2001年《国际海运条例》第58条规定港澳运输依照《国际海运条例》制定管理办法;《中华人民共和国船员服务管理规定》第34条规定,航行于香港特别行政区、澳门特别行政区和台湾地区的船舶提供船员服务的,按照为国际航行船舶提供船员服务管理,应当取得"甲级海船船员服务机构许可证";上海市交通运输和港口管理局在对经营中国内地与香港、澳门之间船舶运输业务进行审核时,其法律依据为《国际海运条例》及其实施细则。[①]

(二)港澳运输行政许可制度不完备,各地做法不统一

对港澳运输经营许可制度缺乏统一规定,国家对许可程序、资质条件、报送资料、颁发许可证等没有规定,由各省(区)、直辖市自行规定,导致各地做法不统一。

(三)港澳运输统计制度缺失,不利于主管部门对港澳运输的决策和管理

由于缺乏一套完整的港澳运输统计制度,在本专题调研过程中,难以收集到有关港澳运输的权威统计数据,不同部门从不同渠道收集的统计数据差异很大。这使得弄清楚港澳运输市场上的运力(各省、区)、运量(各租船公司)情况,掌握港澳运输最新发展情况变得十分困难。港澳运输统计制度的缺失,不能给政府主管部

---

① 参见 http://www.jt.sh.cn/wsbs/wsbs/gjhy/B7.html。

门的决策和管理提供科学的依据。

(四)港澳运输立法中有关规范市场竞争秩序的规定十分有限,难以针对港澳运输市场特点进行有效规制

港澳运输受限于航道,多以小型船舶为主,市场准入门槛低,竞争非常激烈。不少船舶所有人甚至以低于成本价承接业务,市场过度竞争现象十分严重。然而,针对这一现状,现有的法律法规由于有关规范市场竞争秩序的规定十分有限,而且没有针对港澳运输的性质和特点,难以对港澳运输市场过度竞争加以有效规制。

(五)对于港澳运输船舶是否可以航行香港至澳门航线的规定不明确

从实践上看,内地与澳门之间的运输业务不多。港澳运输以针对香港业务居多,而且去澳门的集装箱货物往往是经过香港中转到澳门的。目前法律法规中对于港澳运输船舶是否可以航行香港至澳门航线的规定不明确,亟待明确。

第二节 港澳运输立法形式

港澳运输立法由于涉及香港和澳门两个特别行政区,国务院交通运输主管部门在这方面的立法权受到一定限制。这也导致以往有关立法只能采取"参照"这种方式。

建议《航运法》设立专章对港澳运输作出特别规定。这是因为,前文已经分析过,港澳运输作为"实行特殊管理的国内运输",不能直接完全适用国内航运管理制度,也不能直接完全适用国际航运管理制度。在适用上,《航运法》的特别规定有规定时,适用特别规定;没有特别规定时,适用《航运法》的其他规定。

鉴于《航运法》制定的时间存在不确定性及港澳运输立法的复杂性,制定单行管理条例应该是一个更可行且合理的做法。单行条例可命名为《港澳运输管理条例》,或《港澳运输管理暂行条例》,或《港澳运输管理条例(试行)》,或《港澳运输管理办法》等。制定单行管理条例有两方面价值:第一,解决目前港澳运输中存在的急需解决的问题;第二,为《航运法》相关规定积累立法经验和管理实践经验。在内容上,单行管理条例应该比较详细,《航运法》相关规定比较原则。在《航运法》通过后,单行管理条例经过修改,可以成为《航运法》有关港澳运输的实施细则。

第三节 港澳运输立法内容

建议《航运法》中港澳运输专章包括以下主要内容:

第一,本章适用范围与调整对象。明确本章规定适用于中国内地对外开放港口与香港、澳门港口之间的船舶运输和船舶运输辅助。其中，船舶运输是指在中国内地港口与香港或澳门港口间，根据合同约定经营或承担租船舶，运输旅客、货物的行为；船舶运输辅助是指为在中国内地港口与香港或澳门港口间运输的船舶或货物（旅客），提供的船舶代理、货物运输代理、船舶管理等服务。

第二，本章与《航运法》其他章的关系。明确中国内地对外开放港口与香港、澳门港口之间的船舶运输和船舶运输辅助，本章有规定的，适用本章的规定；本章没有规定的，适用本法的其他规定。

第三，航线属性。明确内地对外开放港口与香港、澳门港口之间的水路运输为实行特殊管理的国内运输，从事该航线的经营人及其营运船舶应向交通主管部门申请取得经营资格。

第四，港澳运输管理体制。建立科学的中央与地方分统结合、共同管理的体制，包括有关跨省运输的管理体制，明确：①国务院交通主管部门主管中国内地对外开放港口与香港、澳门港口之间的水路运输；②省级地方人民政府交通主管部门负责本行政区域对外开放港口与香港、澳门港口之间水路运输的管理，负责本行政区域内对外开放港口与香港、澳门港口之间水路运输的准入管理、对违反有关水路运输法律法规和规章行为的调查、实施行政处罚，维护港澳运输市场秩序；③省级地方人民政府交通主管部门根据需要，可以委托地级市人民政府交通主管部门负责本行政区域内对外开放港口与香港、澳门港口之间水路运输的日常监督管理。

第五，设立市场准入制度。分别从船舶运输业务和船舶运输辅助业务角度，规定许可机关、准入的条件和程序、证书。市场准入标准应当在现行规定的基础上适当提高。

第六，从事港澳航线运输的船舶。从事港澳航线运输的船舶包括在中国内地登记的船舶和在港澳登记的船舶。规定从事港澳航线运输的船舶应当符合国务院交通主管部门制定或认可的船型、尺度和其他技术标准，以及老旧船舶管理的规定，并取得省级地方人民政府交通主管部门颁发的“港澳航线船舶营运证”。

第七，港澳企业。规定在香港、澳门地区注册的企业从事中国内地各对外开放港口至香港、澳门之间船舶运输业务或者船舶运输辅助业务，应当向国务院交通主管部门申请办理经营资格许可，并明确申请材料和许可程序。可以规定申请人通过拟开设业务所在地的省级地方人民政府交通主管部门向国务院交通主管部门申请。获准从事船舶运输业务或者船舶运输辅助业务的港澳企业应取得“中华人民共和国内地与香港、澳门之间船舶运输业务许可证”“中华人民共和国内地与香港、澳门之间船舶运输辅助业务许可证”。

第八，增加运力。从事港澳运输的经营人增加港澳航线运营船舶，应当事先向省级地方人民政府交通主管部门提出申请并提交相应的材料，取得省级地方人民政府交通主管部门颁发的“港澳航线船舶营运证”。

第九，对外国公司和外国籍船舶的禁止性规定。①外国籍船舶不得从事中国内地各对外开放港口至香港、澳门之间的水路运输；②不得使用光船承租并临时取得中国国籍的外国籍船舶从事港澳航线水路运输；③外国法人或者其他组织不得经营或变相经营港澳航线船舶运输业务和船舶运输辅助业务。

除《航运法》对港澳运输作出具体规定外，另一种方案是《航运法》对港澳运输只作原则性的规定，并授权国务院交通主管部门制定专门的实施细则。

第四节 港澳运输立法建议条文

按照《航运法》对港澳运输作出具体规定方案，提出建议性条文如下：

《航运法》第X章 港澳运输

（建议稿）

第一条 ［适用范围与调整对象］

本章规定适用于中国内地对外开放港口与香港、澳门港口之间的船舶运输和船舶运输辅助。

船舶运输是指在中国内地港口与香港或澳门港口之间，根据合同约定经营或承担租船舶，运输旅客、货物的行为。

船舶运输辅助是指为在中国内地港口与香港或澳门港口之间运输的船舶或货物（旅客），提供的船舶代理、货物运输代理、船舶管理等服务。

第二条 ［与本法其他规定的关系］

中国内地对外开放港口与香港、澳门港口之间的船舶运输和船舶运输辅助，本章有规定的，适用本章的规定；本章没有规定的，适用本法的其他规定。

第三条 ［航线属性］

内地对外开放港口与香港、澳门港口之间的水路运输航线为实行特殊管理的国内航线，从事该航线的经营人及其营运船舶应向交通运输主管部门申请取得经营资格。

第四条 ［管理体制］

国务院交通运输主管部门主管中国内地对外开放港口与香港、澳门港口之间的水路运输。

省级地方人民政府交通运输主管部门负责本行政区域内对外开放港口与香港、澳门港口之间水路运输的准入管理，负责本行政区域内对外开放港口与香港、澳门港口之间水路运输中违反有关水路运输法律、法规和规章行为的调查，实施行政处罚，维护港澳运输市场秩序。

省级地方人民政府交通运输主管部门根据需要，可以委托地级市人民政府交通运输主管部门负责本行政区域内对外开放港口与香港、澳门港口之间水路运输的日常监督管理。

第五条　[从事运输的船舶]

从事港澳航线运输的船舶应当符合国务院交通运输主管部门制定或认可的船型、尺度和其他技术标准，以及老旧船舶管理的规定，取得省级地方人民政府交通运输主管部门颁发的"港澳航线船舶营运证"。

第六条　[船舶运输业务条件]

从事港澳航线船舶运输业务应当符合下列条件：

(一) 拥有与经营港澳航线船舶运输业务相适应的船舶，其中必须有中国内地登记的船舶。

(二) 经营旅客运输的，应当落实客船沿线停靠港(站)点，并具备相应的服务设施。

(三) 高级专职业务管理人员中至少 3 人具有 1 年以上从事水路运输经营活动的经历，且管理人员应与企业签订 1 年以上劳动合同；经营客运、液货危险品船运输的，高级专职业务管理人员上岗前取得相对应的上岗资质证书。

(四) 具有满足安全管理需要的组织机构，实施并保持安全管理体系，并取得相关证书。

(五) 提单、其他运输单证或客票样本。

航次承租或定期承租港澳航线运输船舶，从事港澳航线运输经营业务，必须具备从事港澳航线船舶运输业务应当符合的条件或取得《中华人民共和国国际海运条例》登记无船承运业务经营资格，并明确船舶经营者、承租人与船舶所有人三者之间的安全及防油污责任等。租用的港澳航线营运船舶，实行报备制度。出租船舶的港澳运输企业必须报送出租船舶的运输生产统计情况。

建立资质培训机构和资质评估体系，向许可机关提供的申请材料应当经过资质评估。

第七条　[船舶运输辅助业务条件]

从事港澳航线船舶运输代理业务、旅客或货物运输代理业务，应当具备下列条件：

(一) 具有法人资格；

(二) 有与经营范围相适应的组织机构，高级业务管理人员至少 3 人持有国务院交通运输主管部门认可的水路运输业务资格证书；

（三）有固定的营业场所和必要的营业设施；

（四）经营船舶运输代理业务的最低注册资本为30万元人民币。

第八条 ［许可程序］

申请经营对外开放港口至香港、澳门港口之间的船舶运输业务、船舶运输辅助业务程序：

（一）申请经营跨不同省级行政区域对外开放港口至香港、澳门港口之间的船舶运输，应当向企业所在地省级人民政府交通运输主管部门递交申请材料，向国务院交通运输主管部门提出申请。省级人民政府交通运输主管部门应当初步审查申请材料是否齐全、符合规定形式，自收到申请材料之日起10个工作日内向国务院交通运输主管部门提出初步审查意见。国务院交通运输主管部门经审核，申请材料齐全、符合规定形式的，应当自收到申请材料之日起20个工作日内作出许可，颁发“中华人民共和国内地与香港、澳门之间船舶运输业务许可证”或者“中华人民共和国内地与香港、澳门之间船舶运输辅助业务许可证”；不予许可的，书面通知申请人并告知理由。

（二）申请经营本省级行政区域对外开放港口至香港、澳门港口之间的船舶运输，应当向企业所在地市交通运输主管部门递交申请材料，向省级人民政府交通运输主管部门提出申请。省级人民政府交通运输主管部门经审核，申请材料齐全、符合规定形式的，应当自收到申请材料之日起20个工作日内作出许可，颁发“中华人民共和国内地与香港、澳门之间船舶运输业务许可证”或者“中华人民共和国内地与香港、澳门之间船舶运输辅助业务许可证”；不予许可的，书面通知申请人并告知理由。

申请人持“中华人民共和国内地与香港、澳门之间船舶运输业务许可证”或者“中华人民共和国内地与香港、澳门之间船舶运输辅助业务许可证”向企业登记机关办理企业登记，并向当地海关、海事、边防、检疫检验等有关部门办理相关手续。

第九条 ［增加运力］

中国内地经营人增加港澳航线运营船舶的，应当于投入运营前20天内向省级地方人民政府交通运输主管部门提出申请并提交下列材料：

（一）申请书；

（二）“中华人民共和国内地与香港、澳门之间船舶运输经营许可证”复印件；

（三）船舶所有权证书、国籍证书和法定检验证书复印件，以及船舶符合本法第五条规定的证明文件；

（四）符合国家规定的船舶安全营运与防止污染管理规则的证明文件。

省级地方人民政府交通运输主管部门收到齐全、符合规定形式的申请材料后，应当在10个工作日内颁发“港澳航线船舶营运证”；不予颁发的，书面通知申请人并告知理由。

第十条　［港澳企业］

在香港、澳门地区注册的企业从事中国内地各对外开放港口至香港、澳门的船舶运输业务、船舶运输辅助业务，应当向国务院交通运输主管部门申请办理经营许可。

申请材料包括：

(一) 企业名称、注册地、商业登记证明、主要出资人；

(二) 企业主要管理人员的姓名及其身份证明。

申请从事船舶运输业务的，还应当提交：

(一) 运营船舶资料；

(二) 拟开航的航线、班期及停靠港口；

(三) 提单或其他运输单证样本。

国务院交通运输主管部门应当在收到申请材料之日起20个工作日内进行审核。申请材料齐全、符合规定形式的，予以登记并颁发“中华人民共和国内地与香港、澳门之间船舶运输经营许可证”；申请材料不齐全或者不符合规定形式的，不予许可，书面通知申请人并告知理由。

第十一条　［外国公司和外国籍船舶］

外国籍船舶不得从事中国内地各对外开放港口至香港、澳门之间的水路运输。

不得使用光船承租并临时取得中国国籍的外国籍船舶从事港澳航线水路运输。

外国法人或者其他组织不得经营港澳航线船舶运输业务和船舶运输辅助业务。

第十二条　［统计信息］

港澳航线经营人或其代理人应按要求向交通运输主管部门报送经营客、货运输的有关统计信息。

第十三条　［市场调控］

为优化港澳航线水路运输市场运力结构，维持港澳航线水路运输市场运力供求关系的相对平衡，国务院交通运输主管部门可以在水路运输市场运力供求严重失衡或者有特殊需要时，采取下列水路运输市场调控措施：

(一) 对中国籍船舶的船龄、船舶种类作出限制、禁止性规定；

(二) 提高节能减排、安全、防污染等船舶技术标准；

（三）调整与船舶建造、购置、营运相关的其他必要的干预措施；
（四）采取经济的手段实行运力供给调控。

第十四条 ［市场监管］

为规范水路运输活动，保护公平竞争，维护水运市场秩序，各级行业主管部门应加强企业经营资质和诚信动态管理以及加强船舶的现场监管。

第十五条 ［行政处罚］

违反本规定未经批准，擅自经营中国内地对外开放港口与香港、澳门港口之间水路运输的，由交通运输部或其授权的省级人民政府交通运输主管部门责令停止经营，并处1万元以上、3万元以下的罚款……
（其他处罚条款建议参考《航运法》国内水运部分的罚则）

第十六条 ［退出机制］

有以下情况的企业和船舶必须退出港澳运输市场：
（一）不符合从事港澳运输船舶经营资质条件的企业；
（二）不符合国家规定的船舶安全营运、防止污染、节能减排、行业信息化等管理规则的船舶；
（三）船长参与走私犯罪的港澳运输船舶。

第十七条 ［香港与澳门间航线］

经批准于中国内地对外开放港口与香港、澳门港口之间航行的船舶，允许航行香港与澳门间航线。

第六篇　中国航运保险业的法律保障研究[①]

① 中国人民财产保险股份有限公司2012年度灾害研究基金项目。

引言

自《国务院关于推进上海加快发展现代服务业和先进制造业建设国际金融中心和国际航运中心的意见》(国发〔2009〕19 号)提出“加快发展航运保险等高端服务”并实施系列优惠措施后,我国航运保险业进入了近几十年来的黄金发展时期。保监会《中国保险业发展“十二五”规划纲要》(保监发〔2011〕47 号)与交通运输部《关于促进沿海港口健康持续发展的意见》(交规划发〔2011〕634 号)两个文件是行业主管部门发展航运保险政策的机制体现。

总体上,我国航运保险初步形成了专业化、集约化的市场布局,航运保险保费的收入处于稳定增长阶段,从发展阶段上看,仍处于发展的初级阶段,潜力巨大。航运保险经营者之间的险种趋同度高、市场结构不平衡,航运保险服务体系集群化和质量有待于进一步提高,航运业对航运保险有效需求外溢,保源流失严重。保险产品同质化导致价格竞争激烈,导致国内货运险费率与船舶险费率逐年下降。保险费率偏低直接影响了保险服务品质的提高,使市场陷入非良性的循环。英国、美国、日本等航运保险发达国家在市场份额、规则制定等方面将继续占据主导地位,世界航运保险市场结构的不平衡性问题对于后起国家发展航运保险既是机遇更是挑战。

航运保险所承保的风险无论是自然风险还是意外事故风险、责任风险等均与货运客运法律法规公约、海事法律法规公约、保险法律法规公约、保险产品和保险条款等直接有关,“风险”是通过法律规则进入保险的。因此,航运保险的法律保障问题需要基于范围广泛的法律法规公约层面来考虑,而不限于海上保险合同特别规则和保险合同一般规则。

航运保险的发展既是法律问题,也是政策问题;既是市场问题,也是监管问题;既是竞争问题,也是规范问题;既是法律规则问题,也是保险条款问题;既是立法问题,也是司法问题;既是经济贸易问题,也是航运海事问题;既是国内问题,也是国际问题。本课题研究从法律保障入手,从多角度、多层面探讨我国航运保险发展问题。

第一章 航运保险法律保障研究综述

第一节 概念界定

一、海上保险

海上保险(Marine Insurance)历史悠久,是一切保险的鼻祖。现代意义上的海上保险产生于14世纪的意大利,发展于17世纪的英国。“从中世纪后期开始直至文艺复兴前期,海上保险的法律也随着海商法主体的发展而形成”。①

根据《英国1906年海上保险法》第1条海上保险定义,海上保险合同是指保险人根据约定的方式和范围,对被保险人因从事海上风险活动所遭受的海上损失负赔偿责任的合同。② 该法第3条规定,任何合法海上冒险活动都可以成为海上保险合同的对象,且列出了相关的保险标的,主要包括船舶、货物、其他动产、运费、佣金、日常营运开支、船员工资及对第三人的责任。

日本《商法》将海上保险定义为:海上保险合同以对航海有关的事故而发生的损害予以补偿为目的。日本《商法》还规定:“除本章另有规定或合同另有订立外,保险人应就保险标的在保险期间,因航海有关事故所发生的一切损失负赔偿责任。”③

美国对海上保险的定义为:海上保险是被保险人按照约定向保险人支付保险费,保险人按照约定,在被保险人所拥有的处在海上危险中的特定利益受到损失时承担赔偿的合同。③

我国《海商法》第216条规定:“海上保险合同,是指保险人按照约定,对被保险人遭受保险事故造成保险标的的损失和产生的责任负责赔偿,而由被保险人

---

① G·吉尔摩,C·L·布莱克.海商法(上卷)[M].北京:中国大百科全书出版社,2000:69.

② “Marine Insurance defined A contract of marine insurance is a contract whereby the insurer undertakes to indemnify the assured,in manner and to the extent thereby agreed,against marine losses,that is to say,the losses incident to marine adventure.”

③ 应世昌.新编海上保险学[M].上海:同济大学出版社,2006:6.

支付保险费的合同。”该定义需要结合保险事故和保险标的来理解。保险事故，是指保险人与被保险人约定的任何海上事故，包括与海上航行有关的发生于内河或者陆上的事故，海上货物运输保险期间因此约定为“仓至仓条款”。海上保险合同的保险标的包括：船舶、货物、船舶营运收入、货物预期利润、船员工资和其他报酬、对第三人的责任、由于发生保险事故可能受到损失的其他财产和产生的责任、费用。

海上保险具有下列特征，这些特征也决定了海上保险与其他保险业务在经营上的区别：承保风险的综合性、承保标的的流动性、被保险人的可变性、险别的多样性、国际性。① 通过与其他保险比较可知，海上风险和海上保险标的是海上保险的基本特征。

以上海上保险的定义更多是从保险合同角度理解的，也是基本角度。可以从更广的角度分析海上保险，不同角度具有不同意义，概括而言包括：

(1) 从法律角度，海上保险概念强调的是保险合同法律关系，侧重的是基于海上保险合同的订立及其履行等基本内容。

(2) 从经济行业角度，海上保险作为保险业的基本组成部分，成为金融业的重要部分。

(3) 从保险公司角度，海上保险是其经营的一项业务、一种产品，更是一种服务。

(4) 从保险固有的功能角度，海上保险是投保人、被保险人通过支付规定的一笔保险费，对于具有高风险的海上活动中存在的各种风险实施管理的一种基本方法。

(5) 从市场角度，海上保险市场具有国际性，投保人、被保险人和保险人及保险中介人建立了频繁的跨国业务关系。但是，也不能否认在一定范围内存在的国内市场。

(6) 海上保险并不都是商业性保险，保赔保险也是海上保险，并且是不可或缺的组成部分。

(7) 从海上保险与国家政策之间的关系角度，海上保险市场基本上由市场机制调整，国家干预较少，但是，世界上国际航运中心建设之间的竞争，使有些航运中心推出了促进海上保险的政策。

(8) 从保险的经济作用和社会作用角度，海上保险是国际航运和国际海上贸易的基础，也是国内航运和国内贸易的基础，见图 6-1-1。海上保险也服务于非贸易性质的货物运输，如展览、援助等。

---

① 张湘兰. 海上保险法[M]. 北京：中国政法大学出版社，1997：2-3.

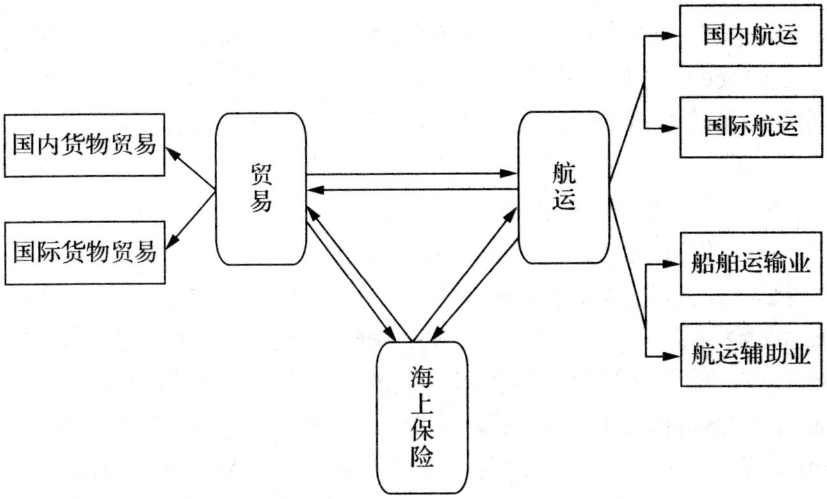

图 6-1-1　海上保险与贸易、航运之间的关系

二、航运保险

《国务院关于推进上海加快发展现代服务业和先进制造业建设国际金融中心和国际航运中心的意见》(以下简称国发〔2009〕19 号文件)提出了几个新概念,包括航运保险、航运金融、航运经纪、专业性航运保险机构、国际航运发展综合试验区等。国发〔2009〕19 号文件规定:“完善现代航运发展配套支持政策。加快发展航运金融服务,支持开展船舶融资、航运保险等高端服务。”此后,航运保险这个概念就在业界被广泛使用。

目前,业界对于“航运保险”这个概念与“海上保险”概念之间的关系主要存在两种观点:

第一种观点,航运保险等于海上保险。这种观点认为航运保险在我国国内具有政策性的概念,按国际上的习惯称之为海上保险,是世界上最古老的险种。①

第二种观点,航运保险大于海上保险。这种观点认为,在我国,有关航运保险的业务范围目前尚无权威定义,仍属学术探讨范围。最为传统的海上保险主要包括船舶保险、货运保险和保赔保险等,其中:船舶险以各类船舶本身为保险标的;货运险针对船上所运输的各类货物;保赔险则主要针对旅客和船员个人损伤、油污或与其他船及物体碰撞引起的赔偿损失。但是,国际航运中心框架意义下的航运保险单靠传统的海上保险业务是远远不够的,从航运保险的名称和服务对象来看,所有为与航运有关的财产、利益或责任提供风险保障的保险都应属于航运保险的范围。② 在一定

① 孙鸣岐.航运保险是建设上海国际航运中心重要内容[J].航海,2010(2):20-21.

② 李冰.太平洋航运保险部“试水”[J].中国物流与采购,2010(1):26-28.

意义上，第二种观点并没有完全明确航运保险大于海上保险的理由。

在航运保险范围或者从保险业务角度，本课题组赞同第一种观点，航运保险与海上保险是同义的，并不存在本质的区别。现代海上保险与传统海上保险相比有了较大的发展。随着国际贸易的发展、运输方式的改进，以及各种现代化运输工具的日新月异，新的海上保险险种不断出现，海上保险承保的风险已不仅仅局限于海上水域，承保的标的也逐步扩展到与有形财产有关的各种利益和责任，如责任险。现代海上保险已发展成为多险别，每个险别又细分，业务范围甚广的大类。所以，不存在用航运保险代替海上保险解决现代海上保险业务范围扩展的问题。

"航运保险"概念的翻译问题。海上保险在国际上通用的英文是"Marine Insurance"，该词的含义和范围是相对确定的。"航运保险"这个概念如果按照字面应该翻译为"Shipping Insurance"。但是，这种翻译在国际上不通用，在我国国内用得也不普遍。我国目前三大财产保险公司（中国人民财产保险股份有限公司、中国太平洋财产保险股份有限公司、中国平安财产保险股份有限公司）承保的航运保险，在英文上仍然称为"Marine Insurance"。在国际层面，应该遵循与国际接轨原则，不应该过分强调中国特色。毕竟海上保险是国际性很强的一项保险业务。

尽管如此，"航运保险"这个概念的提出仍然具有一定价值。首先，"航运保险"是政策上的一个概念，可以与法律上和业务上的用语有所不同，前提是不应该导致歧义。"海上保险"源于这种保险承保的是海上风险，区别于陆上保险。如果将"航运保险"约定俗成为"与航运有关的风险"，其含义基本上与"海上保险"相当，毕竟，没有航运与航海活动，海上客观存在的灾害及意外事故对船舶、货运经济活动没有影响，也不成其为保险意义上的风险。其次，"海上保险"通常等同于国际海上保险，强调其国际性。"航运保险"这个概念的价值之一在于航运分国内航运和国际航运，因此，航运保险自然可分为国内航运保险和国际航运保险，"航运保险"这个概念可提升国内航运保险市场的地位。再次，英国联运保赔协会的成功表明，港口经营人、货运代理人、场站经营人等也需要通过保险机制实现风险管理，这种保险在传统上不属于海上保险范畴，但可以包括在航运保险范畴内。最后，"航运保险"这个概念符合国人用语习惯，易被大家接受。"海上保险"较具专业性和西方特点。正如我国"国际航运中心"在新加坡、我国香港地区被称为"国际海事中心"，翻译成英文则是"International Shipping Center"与"International Maritime Center"之间的差异。严格上说，"国际航运中心"概念是不合适的。

"航运保险"这个概念虽然具有一定价值，但也存在不足。航运（Shipping）通常有狭义和广义之分。在国际上，一般是在狭义上使用"Shipping"的，即利用船舶通过水路运输旅客和货物。我国则同时在两种意义上使用"Shipping"，港口、集装箱场站、船舶代理、船舶管理、船舶经纪等都可以包括在广义的"航运"概念内。因此，有必要从广义上理解"航运保险"中的"航运"。

课题研究的是航运保险问题，根据以上分析，航运保险与海上保险基本上具有相同含义，但是，在特定情况下，航运保险概念可能具有海上保险概念所不具有的内容。课题以下的讨论统一使用航运保险概念。

三、法律保障

本课题名为“中国航运保险业的法律保障研究”，所以，首先需要明确其中的“法律保障”的含义。法律保障的一般含义是：通过法律方式、法律手段、法律途径等建立维护良好的市场秩序，促进行业发展，维护合法利益。法律保障即通过法律手段、途径保护合法权利。法律对于航运保险业的保障作用需要从广义上理解，具体包括以下含义：①通过法律规定航运保险业的市场准入条件；②确立航运保险市场竞争规范，建立良好的市场竞争秩序；③确立航运保险市场监管体制、监管职责、监管方式等，对航运市场进行有效管理，制裁违法行为，促进航运保险业的发展；④建立航运保险企业经营准则，进行风险控制，实现审慎经营；⑤保护航运保险合同当事人合法权利，根据最大诚信原则，防范道德风险；⑥通过诉讼与仲裁等方式，公正、高效解决当事人之间的合同纠纷；⑦确立我国航运保险发展政策、改善发展环境，在对外开放的同时保护本国航运保险业，提高国际竞争力。

航运保险业法律保障的特点是基于航运保险本身的复杂性和特点，主要有：①风险因素。航运保险以海上风险为主要承保范围，海上风险具有种类多、遭遇危险可能性大、造成损失巨大、施救困难等特点。②技术因素。由于航运市场具有较大的不确定性和周期性、航运业的高风险性和高技术性、航运事故的严重性等，航运保险中的船舶险、货运险等属于技术密集型险种，风险控制成为航运保险的核心技术。这涉及航运保险人经营的各环节。③竞争因素。航运保险竞争存在国际与国内两个市场，各自又有船舶险、货运险、责任险、离岸能源险、海上旅客保险、船舶建造修理险、保赔保险等子市场，相互之间既有区别又有关联。④法律因素。航运保险与贸易、航运等紧密联系，贸易、航运领域的法律、技术、市场、惯例的变化直接或间接影响到航运保险。所以，航运保险法律不仅仅是保险法与海上保险法的问题，而是涉及范围广泛的海上货运法律与海事法律。

第二节　研究背景

一、航运保险发展迎来快速发展时代

国发〔2009〕19号文件规定“加快发展航运保险等高端服务”“优化航运金融服务发展环境，对注册在上海的保险企业从事国际航运保险业务取得的收入，免征营业税”。目前，国际航运保险业务免征营业税政策已扩大到天津东疆保税港区、深

圳前海新区等。

《关于促进沿海港口健康持续发展的意见》(交规划发〔2011〕634 号)要求“积极发展现代航运服务业”,强调“以国际航运中心为重点,大力发展航运金融、保险、海事仲裁、信息、航运交易等现代航运服务业务,延伸航运服务产业链,探索建立国际航运发展综合试验区”。

在 2009 年国务院政策的引导下,我国航运保险进入快速发展时代。2011 年,全国货运险业务收入约 91 亿元,船舶险业务收入约 63 亿元,合计为 154 亿元。2012 年,我国船舶险与货运险保费收入约 157 亿元人民币(约合 25 亿美元)。① 在上海,航运保险作为航运金融市场组成部分,是国际金融中心和国际航运中心“两个中心”建设的共同任务,是金融业和航运业的连接点,具有非常重要的地位。航运保险也是上海国际贸易中心建设的需要,为进出口货物运输提供风险保障。2011 年,上海地区货运险业务保费收入 12.65 亿元,同比增长 16%,保费收入占全国的 13.9%;船舶险业务保费收入 20.29 亿元,同比增长 1.1 倍,保费收入占全国的 32%。② 2012 年,上海航运保险保费合计达 36.01 亿元,其中,船舶险保费收入为 22.62 亿,货运险保费收入为 13.39 亿元。

二、航运保险发展面临许多挑战

我国已成为全球第二大经济体,正从贸易大国向贸易强国发展,从航运大国向航运强国发展。改革开放以来,这本来应该是我国航运保险发展的黄金时期,可客观数据表明,我国航运保险仍然处于发展初期,在经济全球化和市场一体化背景下,我国部分航运保险保源流失海外。贸易和航运优势并没有转化为航运保险优势,在全球比例、国际化程度、条款现代化、服务水平、可持续发展能力、国际竞争力、全球话语权、定价权等方面均存在不同程度的问题与不足。

国发〔2009〕19 号文件提出,上海应该建设成为具有全球航运资源配置能力的国际航运中心。在航运保险领域,我国应该具有一定水平的全球航运保险资源配置能力。在国际社会,航运保险是一个比较成熟的市场,货运险、船舶险、保赔保险等形成了相对稳定的市场竞争格局。在这样的国际竞争环境下,要获得更多的航运保险资源并不是件容易的事。

三、海事法律变革加快的时代

基于安全与环境两个基本因素,主要航运国家国内立法和有关国际组织公约在技术、管理等方面的要求越来越高。我国学者认为,未来国际海事公约将呈现逐

① 上海航运交易所. 再谋首家航保公司[EB/OL]. (2013-03-12)[2013-05-17]. http://www.sse.net.cn/info/0-318669-27909316635226207571.html.

② 胡宇慧. 2011 年上海金融业运行情况及展望[J]. 统计科学与实践,2012(5):9-11.

渐走向系统化、全球统一、强制性、参与成员增加、主动预防事故等趋势。这些公约对各成员国的影响主要有：①如何适应未来国际海事公约发展的问题；②在技术领域面临巨大的挑战；③各国的海事活动成本压力增大；④如何争取更大话语权的问题。①

为了提高船舶航行安全和海洋环境保护的要求，我国近几年不断修改航运法律、海事法律，以满足有关国际公约的要求。海事法律在技术、管理上的高要求对于航运保险业产生的影响有：第一，减少人为事故风险和意外事故风险，有利于航运保险业的稳健经营，提高效益；第二，增加航运保险新业务，尤其在责任保险领域，航运保险人可以通过修改条款或制定新条款予以应对；第三，如果航运保险人不能有效应对，则增加的航运风险可能会不合理地转嫁给航运保险人。

四、航运保险法律改革的时代

直接调整我国航运保险的法律主要有《中华人民共和国保险法》和《中华人民共和国海商法》。《保险法》于 1995 年通过，经过 2002 年和 2009 年两次修改。《海商法》于 1992 年通过，至今未曾修改。就航运保险法律而言，《保险法》是一般法，《海商法》是特别法。

司法解释是法律的重要补充，构成航运保险法律的一部分。最高人民法院已发布《关于适用〈中华人民共和国保险法〉若干问题的解释（一）》（法释〔2009〕12 号），最高人民法院就《关于适用〈中华人民共和国保险法〉若干问题的解释（二）》（征求意见稿）目前正向社会公开征求意见。在航运保险领域，2006 年，最高人民法院发布了《关于审理海上保险纠纷案件若干问题的规定》（法释〔2006〕10 号）。

2001 年，原交通部就我国《海商法》修改问题委托上海海事大学与大连海事大学分别进行理论研究。目前，交通运输部正在组织全国力量成立《海商法》修改课题组，在我国民商事法律有了重大发展、国际海事公约不断升级的条件下，全面探讨《海商法》修改对策。与此同时，我国正在制定《中华人民共和国航运法》，该法将建立统一的国内航运和国际航运管理制度，与《海商法》《港口法》《海上交通安全法》共同成为我国航运基本法。

2012 年 4 月，时任国务院副总理王岐山在上海主持召开保险业改革与发展座谈会，会议指出："一个良好的外部环境也是市场发展的基础，需要建立能够指导航运保险实践的法律体系。"

五、经济、贸易、航运与航运保险关系的复杂化

经过 30 多年的发展，我国经济进入一个新的历史转折点，高速发展让位于稳

① 邱其，陈海清. 未来国际海事公约的发展趋势与影响[J]. 世界海运，2010(12)：51－53.

健发展，管理体制与机制改革进入深水区，产业结构调整举步维艰，国际经济竞争环境压力加大。

风险机制是四大市场机制之一(另外三个是供求机制、价格机制和竞争机制)，保险是经济、社会的稳定器。经济、贸易和航运的发展都离不开航运保险的作用；反过来，航运保险的发展也依赖于经济、贸易和航运的发展。

经济周期性导致贸易的周期性和航运的周期性，从而使航运保险业具有周期性。航运保险法律是相对稳定的，航运保险法律应对航运保险的发展与周期性是从大的历史阶段出发的，是从宏观角度把握的。

在自然、经济、社会、技术、法律等的各种风险中，相当部分风险将转嫁给保险人，通过保险风险分散机制予以消化。因此，法律对于航运保险的保障作用需要从更广的角度进行考虑。

第三节 研究现状

一、航运保险地位问题的研究

2009年以后，航运保险成为保险业发展最快的业务之一，同时，航运保险作为航运金融业的组成部分，推动了我国金融业的发展。我国作为贸易大国与航运大国，航运保险业的重要性获得了广泛的认可。国发〔2009〕19号文件要求上海国际航运中心“加快发展航运金融服务，支持开展船舶融资、航运保险等高端服务。积极研究有实力的金融机构、航运企业等在上海成立专业性航运保险机构。优化航运金融服务发展环境，对注册在上海的保险企业从事国际航运保险业务取得的收入，免征营业税”。除上海外，天津、宁波等地也在大力促进航运保险业的发展。学者们纷纷从理论上分析了航运保险业的重要地位。① 航运保险是一个国家国际金融中心的重要组成部分，可以提高金融规模，提高金融效率，提高金融的安全性，提高金融的开放度。②

二、航运保险市场问题的研究

国内一些学者专家对我国航运保险发展问题进行了分析。徐惠林(2006)认

---

① 孙鸣岐. 航运保险是建设上海国际航运中心重要内容[J]. 航海，2010(2)：20-21.
吴文斌. 发展航运金融推动上海国际航运中心建设的思考[J]. 江西金融职工大学学报，2010，23(2)：41-44.
梁叶. 航运保险在建设上海国际航运中心的重要性[J]. 经济研究导刊，2010(11)：94-95.
秦诗立. 高水平建设宁波航运金融集聚区[J]. 浙江经济，2011(24)：48-49.
王勉，罗艳华，胡泊，等. 天津航运保险发展问题和对策建议[J]. 华北金融，2011(12)：16-18.
黄晓军，苏伟灿. 发展航运保险在厦门东南国际航运中心建设中重要性探讨[J]. 商场现代化，2012(16)：93-95.

② 邢炜. 基于两个“中心”建设的上海保险市场发展[J]. 上海金融学院学报，2009(6)：31-35.

为，保源流失、条款差异、保费下降、技术和服务体系不完善、人才短缺、保险公估作用不足、法律法规不完善是我国航运保险业面临的问题；梁叶(2010)也提出类似观点。郑海明(2010)从航运保险的法律、税收、港口综合、金融监管环境方面总结航运保险外部环境中存在的问题，并提出对应的建议。孙鸣岐(2010)认为航运保险条款、保赔协会、再保险方面存在的问题限制了航运保险的发展。王学锋等(2009)提出保险中介方面的不足。

通过近几年研究，就我国保险市场发展水平问题，学界与业界达成了以下共识：

第一，我国航运保险初步形成了专业化、集约化的市场布局，航运保险保费的收入处于稳定增长阶段。[①] 但是，与发达国家比较而言，我国航运保险业在全球占比并不高。我国航运保险企业在专业能力上较国外著名航运保险公司有很大差距。[②]

第二，我国航运保险业处于发展的初级阶段，潜力巨大。保监会副主席周延礼曾在 2010 年 6 月 26 日陆家嘴论坛航运金融专题研讨会上表示，中国的航运保险还处于起步阶段，发展相对滞后。[③] 航运保险的发展滞后是相对于保险需求和发展潜力而言的，就我国目前所处的全球经济地位、贸易地位和航运地位而言，保险需求和发展潜力都很大，但尚未完全转化为现实的航运保险市场份额和市场竞争力。所以，我国航运保险业有着良好的发展前景，同时，也会面临以前未曾遇到的困难。

第三，我国航运保险在国际与国内两个市场中的竞争环境恶劣。在国际市场，由于我国企业在国际贸易中处于弱势地位，贸易价格容易受制于贸易外方企业，往往进口时以到岸价格成交，出口时则以离岸价格成交，从而导致海上货运险等出现大量境外投保的现象，国内航运保险市场竞争加剧。在国内市场，由于本土航运保险公司提供的保险服务主要为传统的保险产品，保险产品同质化较为严重。价格竞争比较激烈，导致国内货运险费率与船舶险费率逐年下降，而且远低于国际市场的水平。保险费率偏低，直接影响了保险服务品质的提高，而且过低的费率往往会给再保险带来困难，使市场陷入非良性的循环。[②]

第四，世界航运保险市场结构的不平衡性问题。世界航运保险市场需求的重心在亚太地区，世界航运中心正转向亚洲乃至中国，但是，航运保险供给却由欧洲主导。这样一种市场机构对于我国航运保险业而言既是机遇也是挑战，总体而言，航运产业巨大的市场规模为航运保险提供了难得的发展契机。[④]

---

① 郑庆寰. 航运保险"瓶颈"与"突围"[EB/OL]. (2012－10－16)[2013－05－24]. http://www.dfdaily.com/html/8762/2012/10/16/877761.shtml.

② 张学华，任声策. 我国航运保险业的发展对策研究[J]. 浙江金融，2011(9)：66－68.

③ 何惠珍. 我国航运保险的发展现状、制约因素及对策建议[J]. 学术交流，2012(1)：92－95.

④ 何惠珍. 我国航运保险发展问题探析[J]. 国际经济合作，2012(1)：89－94.

第五，我国航运保险发展主要的瓶颈是：在高端航运保险产品和服务以及航运保险中介体系上难有突破。具体包括：①险种趋同度高、市场结构不平衡；②航运保险服务体系集群化程度低；③航运业对航运保险有效需求外溢。[①]

三、航运保险法律问题的研究

总体而言，近几年航运保险成为研究热点，形成对比的是，航运保险法律研究却不温不火，直接从法律对于航运保险业发展的保障角度进行的研究则更少。航运保险法律制度的研究可分为具体制度研究和整体法律研究两个层次。

在航运保险具体法律制度领域，研究重点是：①海上保险法基本原则，涉及最大诚信原则[②]、保险利益原则[③]、补偿原则[④]等；②海上保险基本制度，涉及代位求偿权[⑤]、保证制度[⑥]等；③海上保险条款及其法律问题，涉及海上保险条款比较[⑦]、海盗风险[⑧]、适航条款[⑨]、保险价值[⑩]、事故处理[⑪]等。

航运保险整体法律制度领域是本课题关注的重点，所研究的问题及其基本观点涉及六大方面：

(1) 海上保险法修改问题。汪鹏南认为，在船舶保险中，我国的争议焦点有：海上灾害、潜在缺陷与船舶适航；告知义务；保险利益；船舶碰撞责任；保证和推定全损等。在海上货物运输保险中，争议焦点主要有：保险标的与保险利益；一切险、甲板货与责任范围；"仓至仓"条款与保险期间；预约保险；代位求偿；丧失追偿时效等。对《海商法》中"海上保险法"一章的修改，主要集中于：明确保险合同的专业术语，尽量减少解释方面的困难。[⑫] 邢海宝认为，《海商法》"海上保险合同"一

---

① 郑庆寰. 航运保险"瓶颈"与"突围"[EB/OL]. (2012-10-16)[2013-05-24]. http://www.dfdaily.com/html/8762/2012/10/16/877761.shtml.

② 葛延珉. 英国海上保险法最大诚信原则的发展概况[J]. 大连海事大学学报：社会科学版，2004，3(1)：14-18. 黎青. 论最大诚信原则的存废[J]. 金田，2011(11)：207.

③ 李敬. 海上保险的保险利益相关问题研究[J]. 天津航海，2007(3)：40-42.

④ 朱作贤. 海上保险法补偿原则及其在当代的新发展[J]. 深圳大学学报：人文社会科学版，2009，26(4)：73-78.

⑤ 朱作贤. 代位求偿权与被保险人剩余赔偿请求权何者优先——兼对英国《海上保险法》中相关规则的反思[J]. 中国海商法年刊，2009，20(4)：62-68.

⑥ 蔡福军，俞建林. 海上保险保证条款的法律适用——刘某诉中国人民财产保险股份有限公司某分公司船舶保险合同纠纷案[J]. 中国海商法年刊，2011，22(1)：98-101.

⑦ 张国玲. ICC(A)条款与 PICC 一切险条款之比较[J]. 中国水运，2007，7(8)：261-262.

⑧ 蔡艳艳. 船舶反海盗袭击的预警与自卫措施[J]. 中国船检，2010(1)：106-108.

⑨ 吕鸣. 论海上保险法中的适航[J]. 社科纵横，2007，22(3)：99-100.

⑩ 宋春财，陈海鸥. 关于保险价值若干问题的研究——兼析某船舶保险 2200 万元诉讼案[J]. 上海保险，2008(8)：35-38.

⑪ 孙鸣岐. 关于我国船舶保险和事故处理[C]//第五届长三角科技论坛航运分论坛暨 2008 年苏浙闽沪航海学会学术研讨会论文汇编. 2008.

⑫ 汪鹏南. 对我国海上保险法的思考与展望[J]. 中国海商法年刊，2003，14：199-214.

章的修改,应考虑国际海事立法的发展趋势,借鉴国外先进的立法,并协调其与《保险法》和《合同法》的关系,重在突出海上保险合同的专业性,具体规定海上保险法的原则,细化有关规则,使其具有更强的可操作性。①

(2) 海上保险与国内海事法律法规之间的关系。海上保险与海事法律法规、海事公约有着紧密的联系,船舶所有人、船舶经营人、船舶管理人与保险人都会密切关注海事法律法规、公约的变化。例如《国际船舶安全营运与防止污染管理规则》颁布实施以来,其虽然不直接涉及船舶保险,但对船舶保险产生了深远的影响,甚至现在船舶保险人和船东互保组织已将其作为船舶投保的必要条件之一。② 又如《2007 年内罗毕国际残骸清除公约》,该公约对船舶保险提出了更高要求,要求缔约国主管机关向船舶签发已维持强制保险或其他财务担保的证明,我国应加快在航行国际航线的中国籍船舶中推行残骸清除强制保险制度。③

(3) 共同海损制度与海上保险之间的关系。现代航运业中,船货风险主要通过转嫁给保险人承担来解决,这大大减少了共同海损的适用范围。即使按照共同海损处理,分摊人仍然可以获得保险赔偿,将损失转嫁给保险人。但是,共同海损制度仍然有其存在的价值,共同海损制度的变化对于航运保险的影响也将继续。④

(4) 油污损害、环境保护与海上保险之间的关系。1999 年修订的我国《海洋环境保护法》要求建立船舶油污保险制度,2010 年 3 月国务院颁布的《防治船舶污染海洋环境管理条例》正式施行油污强制责任保险制度。我国油污强制责任保险尚处于起步阶段,从长远来看,该责任保险的范围将逐步扩大。⑤

(5) 航运保险法律司法问题。苏江认为,船舶保险合同中约定受益人有其必要性。⑥ 赵晓梅认为,船舶引起油污损害的受害人直接诉讼保险人制度在我国仍亟需完善,应通过最高人民法院的司法解释先行对《海事诉讼特别程序法》第 97 条进行解释,将其扩大适用《1969 年国际油污损害民事责任公约》之外的油污损害,将责任保险情况下受害人直接向保险人的请求权加以明确,以期最大限度地保护受害人的利益,同时又能使公众利益与保险人的利益达到一种平衡。⑦ 山东省高级人民法院民四庭就海上保险诉讼相关问题进行调研,

---

① 邢海宝. 中国海上保险法律的修改[J]. 法学家,2004(3): 149 - 154.

② 王海光. ISM Code 对船舶保险除外责任的影响[J]. 中国海事,2008(3): 34 - 37.

③ 周浩.《2007 年内罗毕国际残骸清除公约》的通过对我国的影响及其实施对策[J]. 上海海事大学学报,2008,29(1): 78 - 82.

④ 胡华敏. 论共同海损制度的发展趋势[J]. 决策与信息: 下旬,2010(3): 21 - 22.

⑤ 杨艳艳. 海上油污强制责任保险扩大化的必要性和作用[J]. 珠江水运,2007(3): 29 - 32.

⑥ 苏江. 船舶保险合同中的受益人制度及审判实践[J]. 人民司法,2011(21): 55 - 58.

⑦ 赵晓梅. 船舶碰撞引起油污损害的受害人直接诉讼保险人的法律问题[EB/OL]. http://www.ccmt.org.cn/showexplore.php?id.

得出海上保险诉讼有以下几个特点，并就海上保险案件中存在的主要问题及其解决办法提出了建议：第一，海上保险案件影响较大；第二，案件调解率低，上诉率高，二审维持率高；第三，原告胜诉率较高；第四，被保险人起诉保险人的案件争议焦点较多。①

(6) 海上保险法的国际统一问题。傅廷中等认为，海上保险业务的国际化是海上保险立法国际协调的根源，各国海上保险法共同的历史渊源为海上保险立法的国际协调奠定了基础，两大法系的日益融合为海上保险立法的国际协调创造了条件，标准保险条款的使用和趋近为海上保险立法的国际协调减少了阻力。但是，海上保险立法国际协调也存在许多障碍，各国海上保险法律制度仍存在着相当大的差异。虽然如此，海上保险立法的国际协调仍势在必行。②

第四节 研究思路

一、目前研究存在的不足

本课题的研究思路是在我国理论界对于航运保险法律保障研究现状基础上进行的：一方面，需要充分吸收利用现有研究成果；另一方面，从课题研究目的角度，进行研究思路的创新，克服现有研究的不足。

目前研究存在的不足体现在：

第一，对于航运保险市场存在的问题有了较清晰的认识，但从法律保障角度提出解决之道的很少。

第二，具体研究航运保险法律制度及保险条款的多，从宏观上整体研究航运保险法律和航运保险发展的少。

第三，研究航运保险发展政策、对策的多，从法律保障角度研究的少。

第四，微观研究多，宏观研究少。

第五，国内法律制度研究多，对于航运保险法律国际趋势的研究少。

二、课题研究思路

航运保险具有复杂性，体现在：①包括船舶保险、货运保险、保赔保险三个基本险种，且各自有许多具体的业务种类；②既包括国内立法，又要考虑国际公约；③国际航运立法、国际贸易立法都对航运保险产生影响；④国内、国际两个航

---

① 山东省高级人民法院民四庭. 关于海上保险诉讼相关问题的调研报告[J]. 山东审判，2007(6)：43-47.

② 傅廷中，谷浩. 海上保险立法的国际协调：基础、现状和障碍[J]. 中国海商法年刊，2006，16：129-142.

运保险市场做法存在差异;⑤航运保险市场具有开放性,面临国际竞争压力;⑥航运保险法律稳定性与航运市场动态发展和海事法律、公约不断变化之间存在复杂关系等。基于这些特点,本课题提出以下研究思路,作为宏观指导原则与指导思想。

思路一:从保险法与海上保险法,国际海上货运法与国内水路货运法,国际海事公约与国内海事法律法规,航运保险条款与航运保险市场竞争等角度,探讨航运保险法律保障机制、现状和问题,并据此提出解决对策。

思路二:航运保险条款在航运保险业与航运保险法律之间起着中间桥梁的作用,是法律的具体化。保险条款成为当事人之间的合同条款后,即成为当事人之间的法律。当航运保险法律处于滞后状态时,可以弥补法律的不足。保险条款的修订是处理法律静态性与保险市场动态性的最有效方式。

思路三:从法律保障视角,分析经济、贸易、航运、保险之间的内在关系,使航运保险法律保障基于更广阔的经济社会背景和历史维度。

思路四:航运保险发展政策既具有促进作用,也具有保障作用。航运保险政策与航运保险法律需要同时予以研究。发展与监管应该作为航运保险法律保障的两翼。

思路五:国内航运保险市场与国际航运保险市场,国内航运保险法律与国际航运保险法律,两者有时有明确的区别与界限,有时则呈现统一与共性。

思路六:货运保险、船舶保险与保赔保险三者之间在业务经营上相对独立,但在风险分布、政策、法律等方面出现了高度的关联性和互通性。航运保险法律保障制度既要考虑其中的差异,也要考虑其中的共性。

思路七:进出口贸易经营者和航运经营者在经营过程中遇到的自然、政治、经济、社会、法律等的各种风险,最终都会转化为保险承保的风险,因此,航运保险业需要不断关注有关行业各种风险的变化并作出应对。

思路八:我国航运保险市场发展阶段、发展现状、存在的问题及其原因、发展战略等问题的分析,是回答航运保险法律保障问题的前提,但是,限于研究视角,课题对此问题的研究将不会很深入、系统。

思路九:在历史上,保险合同承保的风险决定于当事人之间的合同约定;在当代法律环境下,风险是通过海商法、海事法等法律制度进入保险合同的,保险合同约定的风险由相关法律制度规定或受其影响。

思路十:航运保险市场具有国际性,主要的发达国家之间存在激烈的竞争,我国航运保险法律保障需要站在国际高度审视现有制度和未来发展,采取措施提高本国(本地区)航运保险资源配置能力,提高话语权。

本课题不能研究航运保险市场及航运保险法律的所有问题,研究航运保险业的法律保障和法律风险防范是两个基本任务。为了探索这两个问题,课题研究的逻辑思路见图 6-1-2。

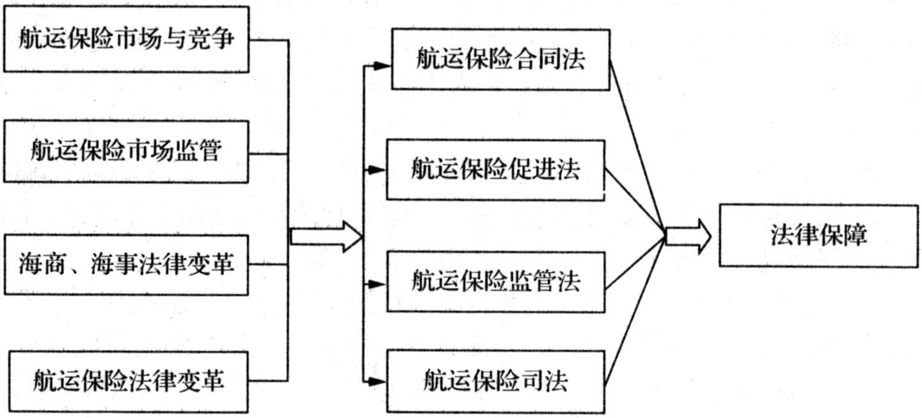

图 6－1－2　课题研究逻辑思路

第二章　国际社会航运保险法律保障制度

第一节　航运保险发展简史

一、航运保险的起源与发展

（一）共同海损是海上保险的萌芽

公元前2000年，地中海一带就有了广泛的海上贸易活动，当时由于船舶构造非常简单，航海是一种很大的冒险活动，要使船舶在海上遭遇风浪时不致沉没，一种最有效的抢救办法是抛弃部分货物，以减轻载重量。为了使被抛弃的货物能从其他受益方获得补偿，当时的航海商人提出了一条共同遵循的原则："一人为众，众为一人。"这个原则后来被公元前916年的《罗得海法》所采用，并正式规定为："凡因减轻船只载重投弃入海的货物，如为全体利益而损失的，须由全体分摊归还。"这就是共同海损制度的起源。

3 000年前的扬子江上，水流湍急，暗礁丛生，当时在长江上行商的船帮组织，为避免货物因同载一条船致使危险集中，就将同类或同一人的货物，分装在同一船帮的其他船只当中，以求危险分摊，减轻损失。这种"分舟运米"的办法体现了现代保险分散风险的原理，可以说是具有现代保险意义的保险雏形，是水险起源的最早实例。①

（二）船货抵押借贷是海上保险的雏形

这种做法最早出现在古希腊的海商活动中，通过航海及贸易之间的交流被传入当时海上贸易活动发达的地区，最后盛行于意大利及地中海沿岸的一些地区。早在公元前8世纪至公元前7世纪，海上抵押借贷已经被从事海上贸易的腓尼基人所采用。

---

① 成继跃.外资保险在中国的历史沿革[N].中国保险报，2011－07－08.

最先的船舶抵押借款起源于船舶航行在外常遭遇海难，使货物受损无法经营，为继续经营，船长以船舶和船上的货物向当地商人抵押借款，提供继续航海之资金。由于航海在当时是一种很大的冒险行为，在办理抵押借款时，船长必须以本航程的船舶或货物作为抵押品，并付给债权人一笔比一般借款约高出一半的利息。这种抵押贷款中比一般借款高出的那部分利息，实质上就是最早形成的海上保险费。①

（三）意大利是现代海上保险的发源地

现代意义上的海上保险发生于 14 世纪的意大利。当时在意大利的一些港口城市，海上保险已成为一种普遍的商业活动，商人和高利贷者将他们的贸易、汇兑票与保险的习惯做法带至他们足迹所到之处，并已经开始使用保险单。最古老的一张船舶航程保险单是一个名叫乔治·勒克维伦的热那亚商人于 1347 年 10 月 23 日出立的一张承保“圣·克勒拉”号从热那亚至马乔卡的船舶航程保单。1393 年在佛罗伦萨出现的保险单已经承担“海上灾害、天灾、火灾、抛弃、捕捉”等危险。这些规定已与现代保险单的内容相似。

（四）我国现代保险业的肇始

1685 年，清政府设立广东澳门、福建漳州、浙江宁波、江南云台山四榷关②与外国通商。开放海禁之后，来华贸易的国家为数众多，沿海各地的商业极为兴盛。当时的广州处于开放最前沿，那时广州还没有保险公司，于是一些外国商人在 1801 年在广州组织起临时的会社组织，承保海运船只及其运载的货物。外商在中国设立的第一家保险公司是由英国东印度公司的商人达卫森于 1805 年在广州设立的“谏当保安行”，即“Canton Insurance Society”，亦称为广州保险协会或广州保险社。这是在中国出现的第一家具有现代意义的保险公司。该行由宝顺洋行和怡和洋行轮流担任经理，公司每隔 5 年结算并改组一次。1835 年，这 2 家洋行决定结束这一协定，由怡和洋行独家经营谏当保安行。退出谏当保安行的宝顺洋行于 1835 年在广州创办了于仁洋面保安行，又称友宁保险行，这是外商在中国创办的第二家保险公司。③

19 世纪 60 年代，美商、德商、日商洋行不仅开始代理本国保险公司的业务，而且和英商一样，开始在中国设立保险机构。他们利用各种特权，不断扩张业务领

---

① 李广辉，李钧. 试论海上保险的历史发展[J]. 史学月刊，1998(4)：96－98.

② 榷关，又称钞关，晚清改称常关，是明清时期我国政府设置的对过往关卡的船只、商品征税的一个专门机构，主要设在运河、长江、沿海等的交通枢纽处，有户部关和工部关之分。户部关在明代时称钞关，工部关则是明代的工部抽分。到清代时，榷关所征税收成为继田赋、盐税之后的第三大国家财政收入，其地位日显重要。

③ 成继跃. 外资保险在中国的历史沿革[N]. 中国保险报，2011－07－08.

域,利用买办招揽业务,中国的保险市场被外商完全垄断。

20世纪二三十年代,上海已发展成为远东第一大都市,也是远东保险中心。1919年,美亚保险公司在上海成立。1921年,友邦人寿保险公司成立。

二、航运保险立法简史

随着海上新航路的开辟,海上贸易范围不断扩大,促进了海上保险的迅速发展。但与此同时,与保险有关的纠纷也相应增多,从而引发了规范海上保险的要求,一些国家相继制定有关的法令对海上保险的做法进行统一规定和管理。

1435年,意大利颁布最早的海上保险法典《巴塞罗那法典》,其目的是防止欺诈及给予本国船舶所有人以优先待遇,使西方海运界的保险业务系统化。1468年,威尼斯制定关于法院如何保证保单实施及防止欺诈的法令。1523年,佛罗伦萨制定一部比较完整的条例,该条例将《巴塞罗那法典》作为附则附于其中,并规定了标准保险单格式。

1556年,腓力二世颁布法令对保险经纪人加强管理,规定经纪人不得在保险业务中认保份额,确立了保险经纪人制度。1563年,安特卫普通过法令规定海上保险及保险单格式。1575年,由英国女王特许在伦敦皇家贸易所内设立保险商会,办理所有保险单的登记,并制定了标准保险单。1601年,伊丽莎白女王颁布了第一部有关海上保险的成文法即《涉及保险单的立法》。

到了19世纪,欧洲主要海运国家都把海上保险作为海商法的重要组成部分编入商法典内。其中,具有代表性的是1807年的《法国商法典》和1861年的《德国商法典》。

从历史上看,对现代海上保险法制的发展影响最大的还是英国的海上保险法。1906年,英国参照世界各国的规定,制定了《1906年海上保险法》,该法是迄今为止世界上最全面的、最权威的保险法。之后,许多国家制定了海商法,将“海上保险”作为其中一部分予以规定。在内容上,许多国家海上保险立法受英国《1906年海上保险法》的影响。

第二节　航运保险发展现状

一、总保费规模

根据国际海上保险联盟(International Union of Marine Insurance,IUMI)统计,2011年,全球航运保险保费达到319亿美元,其中,船舶保险为84亿美元,货运保险为172亿美元,海事责任险为18亿美元,离岸能源险为45亿美元。2009—2011年全球航运保险保费发展情况见表6-2-1。

表 6-2-1 全球航运保险保费

险种	船舶保险 Global Hull	货运保险 Transport/Cargo	海事责任险 Marine Liability	离岸能源险 Offshore/Energy	合计
2011 年/10 亿美元	8.4	17.2	1.8	4.5	31.9
2010 年/10 亿美元	7.5	12.8	1.63	3.37	25.3
2009 年/10 亿美元	6.6	11.8	1.5	2.9	22.8
2011 年与 2010 年对比增长率/%	12.0	34.4	10.4	33.5	26.1
2010 年与 2009 年对比增长率/%	13.6	8.5	8.7	16.2	11.0
数据来源：国际海上保险联盟(IUMI)。					

2008 年开始的金融危机对 2009 年和 2010 年的货运保险、海事责任险、离岸能源险都有明显的影响，2011 年有所恢复。但是，对于船舶保险而言，其影响具有滞后性，随着全球运力增长速度的下降，其影响将逐渐显现。

在各航运保险险种中，货运保险仍占有 50%左右的市场份额(见图 6-2-1)，是各航运保险公司的主要业务之一。值得注意的是，离岸能源险作为航运保险市场新型业务，其增速明显快于传统的船舶险业务和货运险业务。人类开发海洋资源步伐加快，离岸能源险市场需求不断提高。

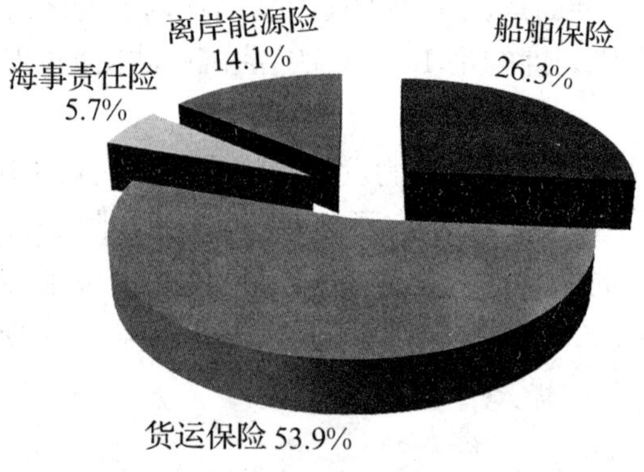

图 6-2-1 2011 年全球海上商业保险市场保费规模

从地区分布看，全球商业性航运保险仍然主要集中在欧洲，但其市场份额近几年处于下降趋势，2011 年降至 50%以下，为 49.7%(见表 6-2-2)。考虑到全球贸易中心、航运中心转向亚太地区，欧洲在航运保险市场份额的下降趋势具有一定的必然性。

亚洲地区航运保险增速高于其他地区，呈现良好的发展态势，这与我国近 4 年航运保险快速发展有直接关系。周边的我国香港地区和新加坡等航运保险市场也呈现良好的发展趋势，共同促进了亚太航运保险业的振兴。

表 6－2－2　全球航运保险保费地区分布

地区	保费/10 亿美元			市场份额/%		
	2011 年	2010 年	2009 年	2011 年	2010 年	2009 年
欧洲	15.9	13.7	14.0	49.8	54.2	61.1
亚太	9.2	7.6	4.9	28.9	30.0	21.4
北美	2.2	2.1	2.2	6.9	8.3	9.6
其他地区	4.6	1.9	1.8	14.4	7.5	7.9
合计	31.9	25.3	22.9	100	100	100
数据来源：国际海上保险联盟(IUMI)。						

可以预见，亚欧在航运保险市场领域的竞争将逐渐展开，这种竞争会在市场份额、保险条款、公司经营、行业自律、国家立法等多层面进行。一个国家希望在全球航运保险市场上获得更多的份额，必须多方面、多层次共同努力，形成一个整体，提高国际竞争力。

二、按险种保费规模

（一）船舶保险

根据国际海上保险联盟和海上保险人中央联盟公布的统计数据，2009—2011 年全球船舶保险市场保费总额分别为 66 亿美元、75 亿美元、83 亿美元(与 IUMI 有差异)。其中，英国船舶保险市场保费总额(包括英国国际保险协会和劳合社的船舶保险市场保费之和)分别为 11.88 亿美元、12.75 亿美元、15.189 亿美元，分别占全球船舶保险的 18.0%，17.0%，18.3%(见表 6－2－3，图 6－2－2，图 6－2－3，图 6－2－4)。3 年间，美国船舶保险市场分别为 3.3 亿美元、3.75 亿美元、3.569 亿美元，分别占全球船舶保险市场保费总额的 5.0%，5.0%，4.3%(见表 6－2－3，图 6－2－2，图 6－2－3，图 6－2－4)。

表 6－2－3　2009—2011 年英美船舶保险保费份额

年份	英　国		美　国	
	保费/亿美元	份额/%	保费/亿美元	份额/%
2011	15.189	18.3	3.569	4.3
2010	12.75	17.0	3.75	5.0
2009	11.88	18.0	3.3	5.0

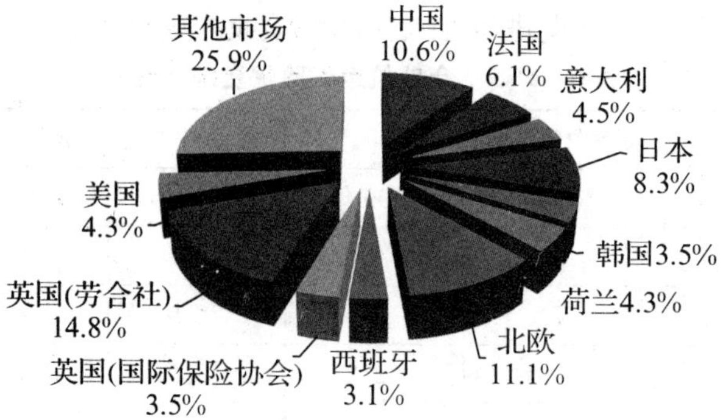

图 6-2-2　2011 年全球船舶保险保费各国份额

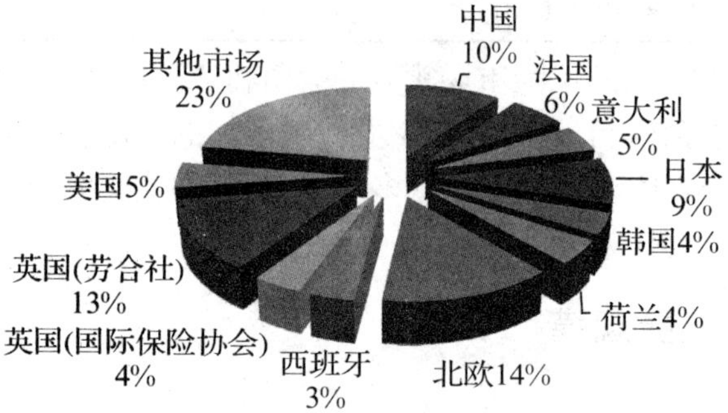

图 6-2-3　2010 年全球船舶保险保费各国份额

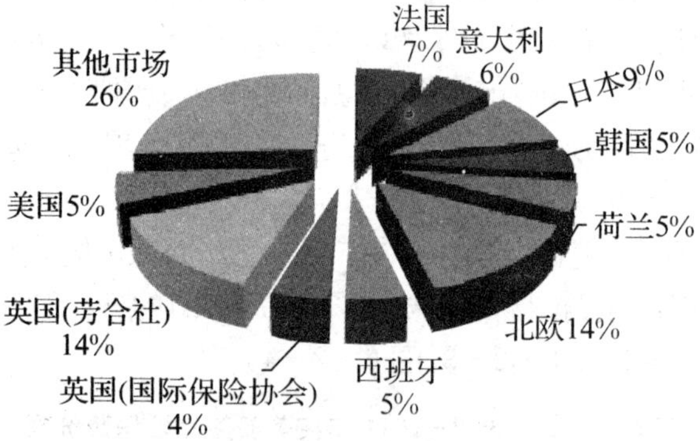

图 6-2-4　2009 年全球船舶保险保费各国份额

2011 年与 2009 年相比，全球主要船舶险市场有以下一些特征：①英国市场份额保持稳定，美国略有下降；②北欧国家从 14%下降到 11.1%；③日本、韩国、意大利、西班牙等都有少许下降；④其他市场份额降低。总的特征是：全球船舶险市场仍然主要集中在传统的航运保险发达国家中。

按照大洲划分，全球船舶险市场份额：欧洲为 54.1%，亚太为 33.3%，拉丁美洲为 5.0%，北美洲为 5.3%，中东为 1.4%，非洲为 0.9%(见图 6-2-5)。

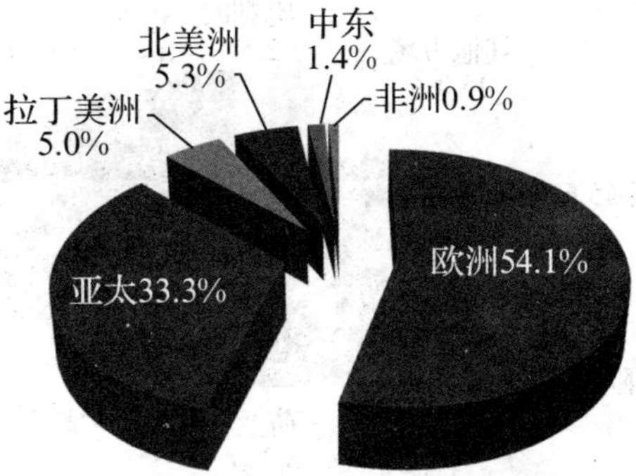

图 6－2－5　2011 年船舶险市场各大洲份额

（二）货运保险

根据国际海上保险联盟（IUMI）的统计数据，2009—2011 年全球货运保险市场保费总额分别为 118 亿美元、128 亿美元、172 亿美元。其中，英国货运保险市场总额（包括英国国际保险协会和劳合社的货运保险市场）分别为 10.62 亿美元、10.24 亿美元、15.65 亿美元，占全球货运保险市场份额分别为 9.0%，8.0%，9.1%（见表 6－2－4，图 6－2－6，图 6－2－7，图 6－2－8）。3 年间，美国货运保险市场保费总额分别为 8.26 亿美元、7.17 亿美元、7.74 亿美元，占全球货运保险市场份额分别为 7.0%，5.6%，4.5%（见表 6－2－4，图 6－2－6，图 6－2－7，图 6－2－8）。

表 6－2－4　2009—2011 年英美货运保险保费份额

年份	英国		美国	
	保费/亿美元	份额/%	保费/亿美元	份额/%
2011	15.65	9.1	7.74	4.5
2010	10.24	8.0	7.17	5.6
2009	10.62	9.0	8.26	7.0

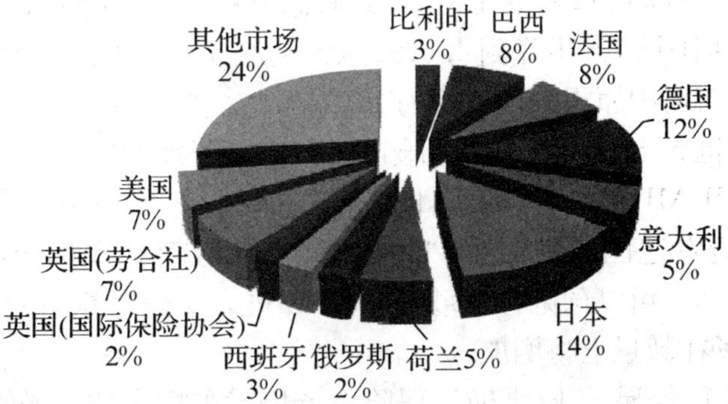

图 6－2－6　2009 年全球货运保险保费各国份额

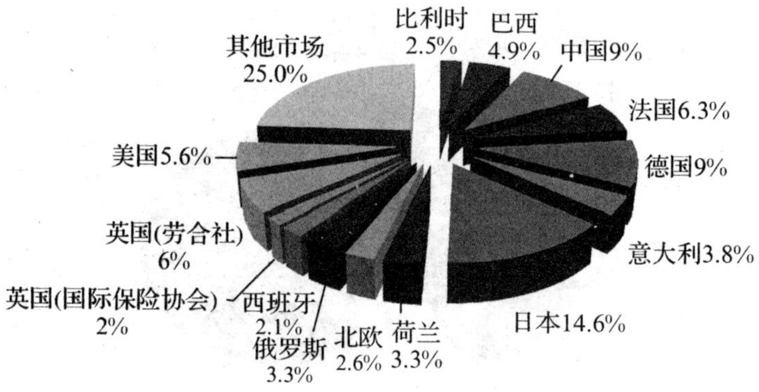

图 6-2-7　2010 年全球货运保险保费各国份额

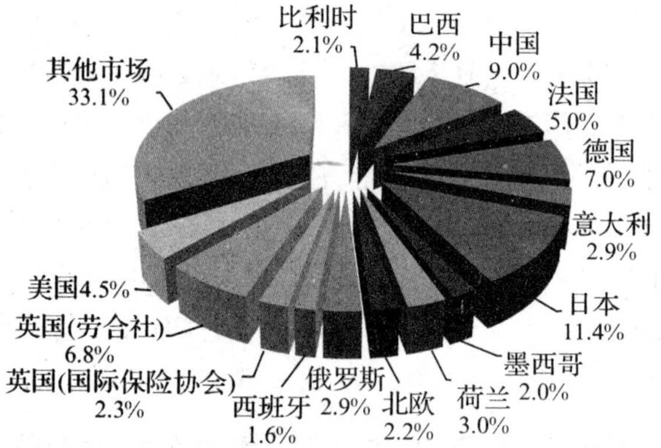

图 6-2-8　2011 年全球货运保险保费各国份额

2009—2011 年,全球货运保险市场保费总额处于稳步增长的状态。根据表 6-2-1的数据,2008 年金融危机后,货运险市场的恢复力度要比船舶险大。相对于金融危机前,这几年世界贸易增长速度明显降低,这制约了货运险的发展速度,但是,保费总额与进出口贸易额一样呈现增长态势。

与 2009 年相比,在 2011 年全球货运险保费市场份额上,多个发达国家的市场份额比例下降。日本从 14%下降到 11.4%,德国从 12%下降到 7.0%,法国从 8%下降到 5.0%,美国从 7%下降到 4.5%,意大利从 5%下降到 2.9%。英国基本保持不变,在发达市场中属于表现最好的。

另一方面,世界上许多新兴货运险市场却获得了发展机会。我国获得了国际海上保险联盟(IUMI)的重视,从“其他市场”中单列出来。如果将我国包括在内,在传统的货运险发达国家外,这些“其他市场”的份额从 2009 年的 24%增加到 2011 年的 42.1%。可以预见,世界货运险市场进入了全球竞争的时代,起重要作用的地区性市场在数量上将增加。

表 6-2-2 已经显示,欧洲航运保险市场仍然占据全球市场的最大份额。图 6-2-3 至图 6-2-8 表明,英国保险市场完成的航运保险保费收入在各国中排名

第一,接近排名第二的日本市场份额的 2 倍,美国、德国和法国紧随其后。但近年来,亚太地区的港口、航运产业快速发展,航运保险信心提升,虽然日本在全球航运保险市场的地位有所下降,但是,中国内地、新加坡、中国香港等新兴区域市场开始形成,并不断提升其市场份额。这一点在货运险市场中尤其明显。

按照大洲划分,全球货运险市场份额:欧洲为 42.3%,亚太为 32.9%,拉丁美洲为 10.5%,北美洲为 5.1%,中东为 6.1%,非洲为 3.1%(见图 6-2-9)。

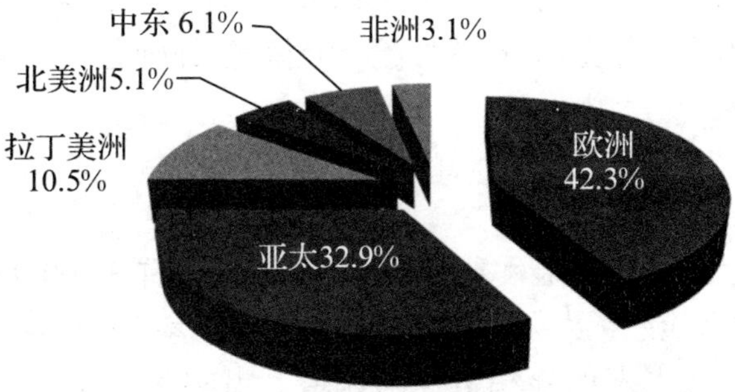

图 6-2-9 2011 年货运险市场各大洲份额

（三）保赔保险

根据国际海上保险联盟(IUMI)有关航运保赔保险市场发展的统计(表6-2-5),从 2009 年至 2011 年,发达国家在航运保赔保险市场中的份额有所下降,但是,从全球范围看仍然占主导地位。伦敦集中了世界上数量最多、规模最大的保赔保险机构,使其成为当之无愧的世界保赔保险中心。2009—2011 年,英国保赔保险市场总额分别为 24.7 亿美元、20.7 亿美元、20.9 亿美元,占全球保赔保险市场的 67%,62%,61%。同期,美国保赔保险市场总额分别为 1.4 亿美元、1.1 亿美元、1.1 亿美元。

北欧是传统的保赔保险市场,占有较高的市场份额,仅次于伦敦保赔保险市场。日本在保赔保险市场上也具有一定的影响力,其保费远高于美国。

表 6-2-5 2009—2011 年航运保赔保险市场

国家/地区	2009 年/亿美元	2010 年/亿美元	2011 年/亿美元	2011 年与 2009 年相比的差额/亿美元	2011 年与 2009 年相比的变动率/%	2011 年排名
英国	24.7	20.7	20.9	−3.8	−15.4	1
北欧	8.6	9.2	9.9	1.3	+15.1	2
日本	2.1	2.3	2.5	0.4	+19.0	3
美国	1.4	1.1	1.1	−0.3	−21.4	4
总计	36.8	33.3	34.4	−2.4	−6.5	

三、保险中介

（一）基本情况

英国是世界现代保险制度的发源地，国民的风险观念和保险意识强，英国的保险中介市场是以经纪人为主体、代理人和直销渠道等多种形式并存的体系。美国保险市场上保险公司众多，达到5 000多家，其保险代理人、经纪人也有70多万人。美国采取保险代理人、经纪人共存的保险中介模式，并确立了以保险代理人为主体的中介体系。

（二）保险经纪与保险代理

英国是保险经纪人市场最发达的国家，资料显示有3 200多家独立的保险经纪公司，近8万名保险经纪人，其业务活动主要是为客户提供保险咨询服务，业务范围涉及财产保险、人寿保险和再保险领域。事实上，2/3以上的财产险业务、20%以上的一般人寿保险业务、80%以上的养老金保险业务、所有的再保险业务以及劳合社保险业务都是由经纪人完成的。根据法律要求和管理的不同，英国保险经纪人有寿险经纪人与非寿险经纪人、经手客户保费经纪人与不经手客户保费经纪人、一般保险经纪人与劳合社经纪人之分。在组织形式上，英国保险经纪人可以是个人、合伙企业或有限责任公司，不论以哪种形式存在，都要求必须具备最低营运资本金，参加职业责任保险或交纳营业保证金。保险代理人的活动空间则主要是在寿险领域。

美国的保险经纪人可分为财产意外险经纪人和人寿保险经纪人。在寿险领域，保险经纪人可以分为剩余业务经纪人和独立经纪人：所谓剩余业务经纪人，在正常情况下，他们把业务安排给自己所代理的公司，只有当被保险人的条件不能满足保险公司的承保要求，或者保险公司不能满足投保人的特别需要时，经纪人才把业务安排给其他公司以解决问题；独立经纪人专门从事特定品种的经纪业务。由于各州法律的不同，各州对保险经纪人的市场准入要求并不完全相同，大多数州都要求对注册申请人的道德和保险知识水平进行考查，即要参加培训和考试，而其难易程度却各有不同，但都要履行注册手续并取得从业执照。根据保险代理业务的不同，美国的保险代理人可区分为人寿保险代理人、事故及健康险代理人和财产责任险代理人；根据保险代理人与保险公司的关系和代理地位不同又可以分为专用代理人和独立代理人。在美国的联邦体制下，各州对保险代理人的准入要求有所不同，但都必须取得展业活动所在州的许可执照。一般地，保险代理人按照代理业务的不同来分类，所以代理人必须通过相应考试以获取从业资格，方可经营人寿保险代理、事故及健康险代理或财产险代理业务。

（三）保险公估

英国是保险公估业的发源地，发展至今，主要有两类保险公估人活跃在评估与理赔业务市场。常见的是一般意义上的保险公估人，他们基于保险人的利益，受聘于保险人从事评估、理赔等相关业务活动；另一类是基于被保险人利益的公估人(Assessor)，接受被保险人的委托，从事有关估价和索赔工作。

美国的保险公估人可以分为代表并服务于保险人的独立理赔人和理赔事务所，以及代表公众利益的公共理赔人。独立理赔人往往是理赔专家，可以是个人或者公司，专门从事特定险种的理赔工作，理赔事务所的理赔人员均受过专门训练以确保公正地对待保险供求双方利益，并面向所有保险公司提供火险、车船险等方面的理赔服务。公共理赔人则受聘于被保险人并代表其利益参与理赔过程的谈判，以避免保险公司方面的理赔人员作出偏向保险公司利益的不公正赔偿处理。大多数州规定保险公估人必须通过资格考试，在符合各州保险监管部门关于从业人员的年龄、品质、从业时间要求才能领取执照营业。而且，除非另有规定(出现灾难性损失或当地没有所需技术)，公估人不得跨州展业。

第三节　国际社会航运保险立法现状与趋势

一、英国

（一）英国海上保险法修改背景

对于英国海上保险法的研究大致集中在：①基本原则研究，如最大诚信原则、保险利益原则、近因原则等；②海上保险条款整体研究，如协会 ABC 条款、协会船舶险条款等；③海上保险法具体制度研究，如保证制度、代位求偿制度等。本课题从宏观角度分析近一二十年英国航运保险立法领域的重要事件及其进展。

为了应对联合国贸发会(UNCTAD)于 1982 年提出的《海上保险合同法律与单证问题》(Legal and Documentary Aspects of the Marine Insurance Contract)的研究报告[①]，英国海上保险发生了两个重要变化：第一，伦敦保险人协会[②]启用新保险单，代替使用了数百年的 S. G. 保单；第二，1982 年 1 月 1 日启用新的协会货物保险条款，代替 1963 年协会货物保险条款。船舶险条款则于 1983 年启用。1982 年新的协会货物保险条款以协会 A，B，C 命名，取代了旧条款的一切险、水渍险和平安险，协会 A，B，C

① TD/B/C. 4/ISL/27/REV. 1.

② “伦敦保险人协会”(TLU)因于 1998 年 12 月 31 日与“伦敦国际保险与再保险市场协会”(the London International Insurance and Reinsurance Market Association, URMA)合并为“伦敦国际保险人协会”(the International Underwriting Association of London, IUA)而不复存在。

条款都包括19条名称完全相同的条款。2009年,英国伦敦国际保险人协会颁布新的协会货物保险条款。国际船舶保险条款则经历了1983,1995,2002,2003等各版本。

英国称其海上保险的这种变化为"悄悄的革命"。[①] 第一,这场革命是由英国海上保险民间组织进行的,英国海上保险法律基本制度并没有因此发生变化,所以是"悄悄的";第二,这场革命使英国在海上保险条款方面继续保持领先的、统治的地位,避免因第三世界等国家的反对失去其领导地位,其影响深远,所以是"革命"。

但是,英国海上保险条款与保险单的修改并没有触及英国海上保险法的根本,国际航运保险市场对于英国《1906年海上保险法》的不满并未因其保险条款的修改而停止。保险条款的修改本质上是改革而不是革命,只有从法律上作出回应,才是解决问题的根本出路。部分学者认为,"以英国为代表的海上保险法反映的是19世纪以来的国际海上强权国家的市场秩序,此系基于海上贸易的发展多赖先进的航海工业以及外向型的海运政策的支持需求。在这个背景之下,海上保险更主要的是反应其对船舶所有人以及海上保险人(Underwriters)利益的倾向"。[②] 这种判断基本上符合事实。在航运市场和航运保险市场中,船货双方之间、保险人与被保险人之间一直遵循自由市场经济原则,由于历史的、市场的、法律的等各种原因,双方之间的地位在形式上平等的同时,在实质上也存在某些不平等的现象。这种不平等现象是推动法律变革的积极动力。

英国为了继续保持其海上保险法律的领导地位,必然反对国际社会努力改革海上保险规则的企图。这也导致联合国贸发会、国际海事委员会等在统一海上保险法律制度方面的努力难以取得实质性的成果。但是,这不能排除个别国家(如挪威)改变本国法律,制定有别于英国海上保险法的尝试。

海上保险条款的修订使英国暂时保持了其海上保险法(可延伸到司法、仲裁等领域)与海上保险市场两个领域的话语权与领先地位。随着英国在海上保险市场上份额的降低,以及其他国家海上保险改革的成果、海商海事法律的发展等因素,英国修改其海上保险法律的压力并没有完全解除。

(二)英国海上保险法律修改重点

英国对保险法律制度的重新审视开始于2006年,这一活动有以下几个特点:第一,以保险合同法修改为直接目的,不限于海上保险法;第二,以消费者保险合同法律制度的完善为重点;第三,涉及保险合同基本制度的修改,包括诚信义务、可保利益、保证、先合同义务与后合同义务、如实告知义务、保险单、保费支付、经纪人、合同第三人等。

2006年,英国法律委员会(The Law Commission)与苏格兰法律委员会(The

---

① 杨良宜,汪鹏南.英国海上保险条款详论[M].2版.大连:大连海事大学出版社,2009:3.

② 张国圣.海上保险及其国际立法之趋势[J].财政金融,2007(8):429-437.

Scottish Law Commission)联合发布《保险合同法修改范围问题的报告》。[①] 该报告将保险合同法修改事项分消费者保险合同与商业保险合同两个领域,就可能需要修改的法律问题征求各方意见和建议。此后,两委员会发布了系列咨询报告,就其中涉及的主要法律问题分别征求意见和建议。比如:①《误述与未披露》(Misrepresentation and Non-disclosure)(2006);②《保证》(Warranties)(2006);③《中介人与前合同信息》(Intermediaries and Pre-contract Information)(2007);④《被保险人误述、未披露与违反保证》(Misrepresentation, Non-disclosure and Breach of Warranty by the Insured)(2007);⑤《可保利益》(Insurable Interest)(2008);⑥《在前合同信息披露与不公平条件领域,小企业是否可作为消费者?》(Micro-businesses-should micro-businesses be treated like consumers for the purposes of pre-contractual information and unfair terms?)(2009);⑦《消费者保险法:前合同披露义务与误述》(Consumer Insurance Law: Pre-contract Disclosure and Misrepresentation)(2009);⑧《迟延支付损害赔偿》(Damages for Late Payment)(2010);⑨《被保险人基于诚信原则应履行的后合同义务》(The Insured's Post-contract Duty of Good Faith)(2010)、《经纪人有关保费的责任》(The Broker's Liability for Premiums)(2010);⑩《正式海上保险单的要求》(The Requirements for a Formal Marine Policy)(2010);⑪《保险合同法:后合同义务与其他事项》(Insurance Contract Law: Post Contract Duties and other Issues)(2011);⑫《保险合同法:商业被保险人披露义务与保证法》(Insurance Contract Law: The Business Insured's Duty of Disclosure and the Law of Warranties)(2012)。

目前,英国国会已经通过了 2 个法律:①《2010 年第三人对抗保险人权利法》(Third Parties (Rights against Insurers) Act 2010),该法针对在被保险人出现破产等情况下,第三人合法权利保护问题;②《2012 年消费者保险合同法(披露与陈述)》(Consumer Insurance (Disclosure and Representations) Act 2012),该法对航运保险影响不大,因为航运保险中的投保人、被保险人一般不属于消费者范畴。[②]

根据英国法律委员会计划,通过的前述 2 个法律属于第一阶段工作,英国保险法律修改工作还有第二、第三 2 个阶段:第二阶段,就迟延支付的损害赔偿、欺诈性索赔、可保利益和海上保险单与保费等问题进行修改;第三阶段,就商业保险制

---

① The Law Commission and the Scottish Law Commission: INSURANCE CONTRACT LAW: A Joint Scoping Paper. http://www.lawcom.gov.uk/insurance_contract.htm.

② 1 Main definitions In this Act—"consumer insurance contract" means a contract of insurance between—(a) an individual who enters into the contract wholly or mainly for purposes unrelated to the individual's trade, business or profession, and (b) a person who carries on the business of insurance and who becomes a party to the contract by way of that business (whether or not in accordance with permission for the purposes of the Financial Services and Markets Act 2000); "consumer" means the individual who enters into a consumer insurance contract, or proposes to do so.

度与保证制度进行修改。可以说,后 2 个阶段的法律修改将对海上保险产生直接的影响,值得关注。2006 年发布的《保险合同法修改范围问题的报告》建议取消《1906 年海上保险法》第 22 条和第 53 条,基本理由是这 2 条已经过时。

《1906 年海上保险法》第 22 条"海上保险合同应以保险单来体现"(Contract must be Embodied in Policy)规定:"依据其他法律规定而订立的海上保险合同不得作为海上保险合同的证据,除非体现该合同的海上保险单符合本法的规定。保险单可以在合同订立时或订立后完成和签发。"

《1906 年海上保险法》第 53 条"经纪人办理的保险单"(Policy Effected through Broker)规定: ①除另有约定外,海上保险单由经纪人代被保险人投保的,经纪人应承担直接向保险人缴纳保险费的义务;而对于损失的赔款或退还的保险费,应由保险人直接支付给被保险人。②除另有约定外,经纪人就其缴纳的保险费及其投保的费用,享有留置被保险人的保险单的权利;雇佣经纪人的人为本人时,经纪人就保险账目上该人拖欠的任何余款也享有留置保险单的权利;但当债务发生时,经纪人有理由认为雇佣他的人仅为代理人的情况除外。

(三) 英国海上保险业监管体制

20 世纪 70 年代以前,英国传统的金融监管以金融机构自律管理为主、英格兰银行监管为辅,其监管主要依靠监管者与被监管者之间的相互信任与合作,对被监管者的监管主要采取"道义劝说""君子协定"等方式。在保险业,由英国贸易工业部下属的保险局专门负责保险监管的日常工作。

1986 年英国通过《金融服务法》,根据该法设立了证券与投资局(SIB)。《金融服务法》实行金融业混业经营的改革使英国金融业获得了快速发展,另一方面也导致金融机构破产、金融欺诈等严重事件,迫使英国政府改革进入监管体制。1997 年,英国政府剥离英格兰银行的银行监管职能,将金融业监管和投资服务业的监管并入新成立的金融服务局(Financial Service Authority, FSA)。英国金融服务局以原证券与投资局为基础进行改制而成。

2000 年,英国制定《金融服务与市场法》(Financial Services and Market Act, FSMA),1986 年《金融服务法》确立的"成文法框架下的行业自律"体制转变为"成文法规范的单一监管机构"(Statutory Single Regulator)体制,并确立了金融服务局融监管与自律于一体的体制。

英国金融服务局作为独立的非政府组织,已成为英国金融市场重要的监管机构,行使 2000 年《金融服务与市场法》赋予的职责,直接向英国财政部负责。其法定职责包括: 确保英国金融市场信心(Market Confidence)、金融稳定(Financial Stability)、消费者保护(Consumer Protection)和减少金融犯罪(Reduction of Financial Crime)。

金融服务局继承了证券与投资局对证券投资业务、英格兰银行对银行金融机构、财政部对保险机构的监管职能,监管范围涵盖了全部金融 39 个领域,包括证券、银行、保险以及各类互助会。金融服务局设有董事局，是最高权力机构；在董事局领导下，设有金融监管部，审批、执行与消费者关系部，行政部等三大职能部门。在金融服务局内，设有“保险和友谊协会”(Insurance & Friendly Societies)机构，负责监督保险及其相关协会等机构，监督劳埃德和伦敦保险市场、政策制定。

在2008年金融危机后，2009年2月，英国议会通过《2009年银行法》(Banking Act 2009)。2009年7月8日，英国财政大臣公布《改革金融市场》(Reforming Financial Markets)白皮书。根据《2009年银行法》和《改革金融市场》白皮书，英国金融监管体制又发生了一次重大变化。

《2009年银行法》明确规定英格兰银行作为中央银行在金融稳定中的法定职责和所处的核心地位，并强化了相关的金融稳定政策工具和权限。在英格兰银行理事会下面成立金融稳定委员会(Financial Stability Committee, FSC)，与英格兰银行已有的货币政策委员会(MPC)平级。

根据《改革金融市场》白皮书，则建立“金融稳定理事会”(Council for Financial Stability, CFS)，全面负责监控金融业的风险和稳定。金融稳定理事会由英格兰银行、英国金融服务局和财政部共同组成，由财政大臣担任主席。英国金融监管体系[①]见图6-2-10。

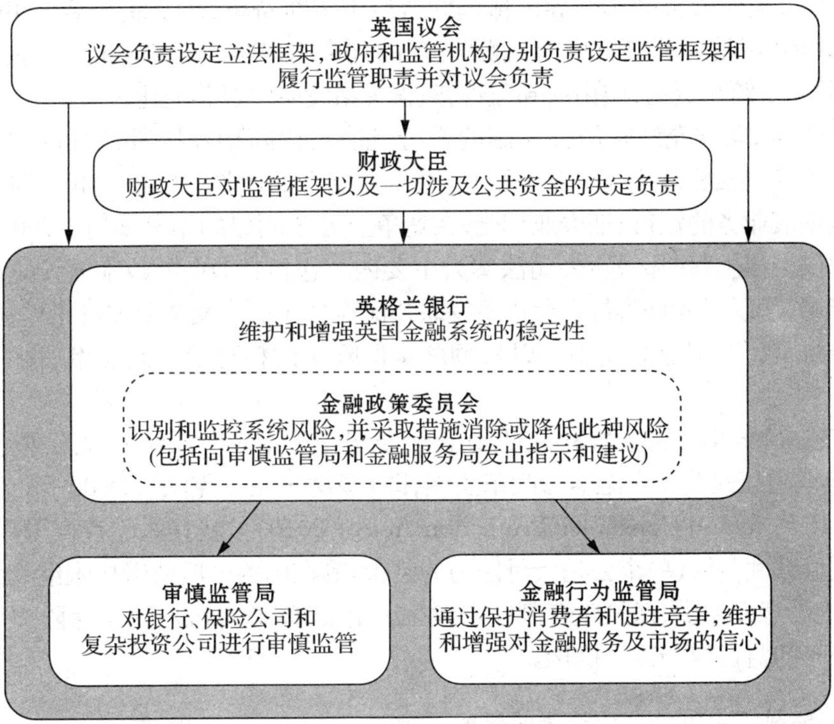

图6-2-10　英国金融监管体系

① 乔海曙. 金融监管体制改革：英国的实践与评价[J]. 欧洲研究，2003(2)：117-129.

航运保险作为金融业，经营航运保险业务的保险公司必然受英国金融监管体制调整的影响，相比较而言，财产保险业务受到的影响要比寿险业务小，财产保险业务监管规则相对稳定。航运保险业务及其市场具有极大的国际性，在服从国内法建立的监管制度下，其业务经营规则通常具有相对稳定性，海上保险合同法、行业自律、保险条款等构成了航运保险自我稳定机制，并不随着金融监管体制的变化而变化。

二、美国

（一）美国保险业监管制度

美国保险业、保险公司和保险产品原则上由各州监管，在联邦层次没有专门的保险监管机构。这是美国保险业监管体制的特点之一。但是，在保险市场反垄断与消费者保护领域，联邦立法及其执法机构则介入保险领域。

各州对保险公司进行监管的依据最早源于 1869 年联邦最高法院的判决（Paul v. Virginia）。该判决指出，调节跨州贸易关系的联邦法不适用于保险业务。由此开始，在较长的一段时期内，美国沿用了州监管的保险监管体制。但进入 20 世纪 40 年代，火灾保险公司等业界团体因联合设定垄断费率，违反联邦垄断法而遭到起诉，联邦最高法院于 1944 年推翻了先前的判决(即 Paul v. Virginia)。根据新判决，保险属于跨州贸易，应由联邦监管，监管关系发生了显著变化。

1999 年，美国允许股份公司制的银行、证券、保险相互控股，实行混业经营。相互控股导致相邻行业间的竞争激烈化，受州监管的保险业与仅受联邦监管在全美境内拓展业务的银行、证券业相比，在竞争上处于明显的不利地位。2006 年，美国联邦议会提出《联邦保险公司法案》，主要内容包括：①在财政部内设立联邦保险监管局；②联邦保险监督官负责签发联邦保险公司执照及全面监管工作；③联邦保险监督官可以制定必要规章以贯彻落实保险法的精神等。此法案后来未正式通过。

但在 2008 年金融危机发生后，强化分业监管体系应对系统性风险成为共识。2010 年 7 月正式公布金融监管改革法案，即《多德·法兰克法》(Dodd-Frank Wall Street Reform and Consumer Protection Act of 2010)。就具体监管权限而言，包括微观稳健性监管（单个公司偿付能力的监管）等在内的一般监管权限继续保留在州，从这个意义上讲，保险监管制度未发生大的变革，联邦政府对于保险业仍然不具有统一的监管权与监管机构。

（二）制定美国海上保险法的研究

1995 年 9 月 30 日，美国海商法协会（The Maritime Law Association of the United States, MLA）发布《美国海上保险法建议特别报告》（THE MLA

REPORT：SPECIAL ISSUE on Proposed U. S. Marine Insurance Act)。

2001 年夏天，美国海商法协会内的海上保险与共同海损委员会船壳与保赔保险分委会(Subcommittee on Hull and P&I Insurance Committee on Marine Insurance and General Average Maritime Law Association of the United States)发布一个补充报告——《海上保赔保险政策含义特别报告》(MLA Special Report Marine Protection & Indemnity Policy Annotations Project)，就保赔保险对 1995 年报告进行补充说明。

美国海商法协会建议制定美国海上保险法有以下几个背景(考虑因素)：

第一，20 世纪八九十年代，海上保险制度的变革成为全球关注的焦点，联合国、国际海事委员会等国际组织相继探讨海上保险制度。

第二，美国希望遵循英国《1906 年海上保险法》的成功之路，使美国海上保险法律制度更加明确，避免在一些问题上的争论(由于不同案件判决结果不同所致)。

第三，美国最高法院在"威尔伯恩船舶公司诉消防员保险公司"(Wilburn Boat Co. v. Firemen's Insurance Co.)一案[①]的判决中认为："在美国海商(海事)法没有规定的情况下应该适用州法律。"而美国海商(海事)法并未专门规定海上保险制度，因此，海上保险合同法律领域一直以州法院判例为规则来源。

第四，美国海商法协会认为，如果美国制定成文的海上保险法，那将是对海上保险制度全球统一的贡献。

第五，英国《1906 年海上保险法》有些内容已经过时，美国可以通过制定新法解决这些问题，避免继续遵循英国的传统习惯做法。

第六，美国邻居加拿大已于 1993 年制定《海上保险法》，该法遵循英国《1906 年海上保险法》确立的基本原则。

美国海商法协会详细比较了美国海上保险领域的判例法所确立的规则与英国《1906 年海上保险法》的异同，从海上保险的定义开始，到海陆风险、道德风险、可保利益、保险价值、保费等共有 91 个主题。最后的结论是，美国非常有必要制定一部成文的海上保险法。但是，时间已经过去近 20 年，至今没有结果。

美国在威尔伯恩案前后，其海上保险的大部分判例都与大不列颠的海上保险成文法和普通法相一致。在威尔伯恩案以后的判决中强调英国法律的重要性，特别是在"西北互助人命保险公司"一案中，美国第二巡回法院指出，在海上保险领域，英国的判决极具影响力。在"伦费斯特诉科德韦尔"一案中，法院指出，在海上保险领域美国法院应参照英国法的解释或定义。总之，美国海上保险方面的裁决经常遵循英国《1906 年海上保险法》所确立的原则。[②] 在美国正式制定海上保险法之前，目前的做法仍将在相当时期内保留下去。

---

① Wilburn Boat Co. v. Firemen's Insurance Co. ,348 U. S. 310,1995 AMC 467 (1955) .

② 张湘兰. 美国海上保险的立法走向[J]. 武汉大学学报：哲学社会科学版，1997(3)：62－65.

三、挪威与北欧

（一）挪威海上保险立法简史

1871 年，挪威制定了第一个海上保险纲要（the Norwegian Marine Insurance Plan），其后经历了 1881 年、1894 年、1907 年修订。此后，在 1930 年、1964 年和 1996 年分别进行大的修订，制定了《1930 年挪威海上保险纲要》《1964 年挪威海上保险纲要》和《1996 年挪威海上保险纲要》。

目前实施的是《1996 年挪威海上保险纲要》，该纲要分别于 1997 年、1999 年、2002 年、2003 年、2007 年和 2010 年进行了小修改。目前最新版是 2010 年版。

《1964 年挪威海上保险纲要》与《1996 年挪威海上保险纲要》只适用于船舶保险，不包括运输货物保险。就货物保险而言，先后有《1967 年挪威货物运输保险条款》和《1995 年挪威货物运输保险条款》（Conditions relating to Insurance for the Carriage of Goods of 1995, Version 2004）。货运保险条款的最新版本是 2004 年版。

挪威货运保险在其基本条款外，还有 5 个附件，分别是：

（1）《挪威货运保险条款解释》（Commentary to Norwegian Cargo Clauses, Version 2004），北欧海上保险人协会（The Nordic Association of Marine Insurers, CEFOR）编号为：Cefor Form No. 261A。

（2）《挪威货运保险条款补充：来往于高风险国家或地区船舶货运安全规则》（Supplement to the Norwegian Cargo Clauses: Safety regulations for the carriage of goods by vehicle to, from and within risk-prone countries and areas）。

（3）《战争险保险》（Insurance of War Risks, Revised 2006）。

（4）《与货运有关的经营损失保险的特别条款》（Special Clauses for Insurance of Operational Loss Relating to the Carriage of Goods），北欧海上保险人协会编号为：Cefor Form No. 255。

（5）《计算机设备运输保险特别条款》（Special Clauses for the Carriage of Computer Equipment），北欧海上保险人协会编号为：Cefor Form No. 256。

（二）《挪威海上保险纲要》内容与特点

1.《挪威海上保险纲要》内容

《1996 年挪威海上保险纲要》包括 19 章，4 个部分，内容非常丰富。

第一部分“各种保险的一般共同原则”（Rules Common to All Types of Insurance）。第一部分包括前 9 章，主要内容有“一般规定”“与保险范围有关的一般规定”“订立保险的人以及被保险人的义务”“保险人的责任”“争议解决”“保费”“抵押权人的共同保险”“第三人的共同保险”“索赔代表人与共同保险人之间的关系”。

第二部分“船壳险”(Hull Insurance)。第二部分包括第10～13章,主要内容是“与船壳保险范围有关的一般规定”“全部损失”“损害”“碰撞、搁浅条件下被保险人的责任”。

第三部分“海运船舶的其他类型保险”(Other Insurances for Ocean - Going Ships)。第三部分包括第14～16章,即“针对全部损失而产生的单独保险”“战争风险保险”和“租金损失保险”。

第四部分“其他保险”(Other Insurances)。第四部分包括第17～19章,即“渔船和小船的特殊规定”“离岸装置保险”和“建造风险保险”。

2.《挪威海上保险纲要》特点

(1) 融海上保险合同条款与海上保险合同法律于一体。《挪威海上保险纲要介绍》(An Introduction to the Norwegian Marine Insurance Plan)①认为,《挪威海上保险纲要》不仅仅是关于船壳保险条款内容的规定,同时,它也包括了成文法调整海上保险的一般性规则。

1989年挪威修改《保险合同法》。该法律规定,如果海上保险合同受《挪威海上保险纲要》调整,则海上保险合同原则上不受该强制法的约束。这是基于海上保险合同与一般保险合同存在区别,国家法律赋予挪威海上保险业实行行业自律的授权条款。因此,“那些在挪威对海上保险持有浓厚兴趣的人只需关注海上保险纲要,而不必考虑《保险合同法》。但有一个例外,即《保险合同法》规定有关受损害的第三人责任险的规定强制适用于一切海上保险,即不能通过海上保险纲要的规定加以排除适用”。②

(2) 较好地处理了不同类型船舶保险之间的关系。《挪威海上保险纲要》不仅仅是关于船壳保险条款内容的规定,它包括各种标准类型的保险,如离岸保险、船舶修理保险等,但不包括保赔保险。其目的是避免不同类型船舶保险在承保范围上存在空白或不必要的重叠,建立一个协调的、综合性的海上保险体系。

(3) 具有较强的现实性、时效性。《挪威海上保险纲要》在风险范围上采取一切险原则,除了列明的排除的风险外,包括所有的各种风险。这些大大小小的风险是通过海上保险人协会与船东协会友好协商确定下来的,不是单方面决定的。《挪威海上保险纲要》被认为在公平、合理的原则上很好地保护了船舶所有人的利益,因此,其不仅获得了挪威所有船舶所有人的认可,也获得了其他国家船舶所有人的支持。《挪威海上保险纲要》在一定意义上已经获得与英国协会船舶险条款一样的国际影响力,成为海上船舶保险条款的基础条款之一。

(4) 船舶险条款含义具有更大的确定性。《挪威海上保险纲要》试图在最大程度上确保海上保险合同条款含义的确定性,在纲要外,还有一个关于解释纲要的文

---

① http://www.cefor.no/Clauses/Norwegian-Plan-1996/.

② 郭萍. 挪威1996年海上保险方案[J]. 当代法学,2002(3):157-158.

件。经历了140多年的实践与发展,可能导致争议的条款解释问题逐步获得了解决,因此,实际上争议很少发生。如果发生争议,则由官方的挪威共同海损理算人和独立的法律专家通过仲裁方式解决,只有很少的一部分纠纷通过诉讼解决。《挪威海上保险纲要》也允许船舶所有人委托非北欧国家的共同海损理算人进行仲裁。为了适应不断变化的航运市场和海上保险市场,《挪威海上保险纲要》设立了一个常设的机构负责及时修订,该常设机构由各方利益代表构成。

(5) 适应海上保险市场国际化的能力。1964年海上保险纲要出台时,普遍存在的现象是挪威船舶所有人以及在挪威注册登记的船舶所有人往往选择挪威的保险公司,依据挪威的保险条款进行投保。后来,出现了挪威船舶所有人或在挪威注册登记的船舶,全部或部分地在国外保险公司投保,但仍然依据挪威保险条款。《挪威海上保险纲要》具有这种跨国界使用的机制。

(6) 建立起富有特色的挪威(北欧)海上索理赔模式(Nordic Claims Handling Model)。《挪威海上保险纲要》第一部分"各种保险的一般共同原则"中有多章涉及索理赔程序的规定,这是船舶所有人在处理与保险人之间索理赔事项时的首选方案。

(三)《北欧海上保险纲要》

北欧海上保险人协会(The Nordic Association of Marine Insurers, CEFOR)的宗旨是:进一步提高北欧在海上保险市场上的领导地位,促进协会成员的共同利益。为此,协会努力的工作重点有:①与保险客户、贸易协会和其他有影响的当事方一起,不断推进北欧海上保险市场保险条款的竞争力;②为成员提供有关统计信息,支持成员经营活动;③就涉及海上保险业发展的有关事件或活动施加影响;④从事人才培训项目。

制定、修改、管理《北欧海上保险纲要》是北欧海上保险人协会最基本的职责。目前,该协会已经推出《2013年北欧海上保险纲要》(Nordic Marine Insurance Plan of 2013)。《2013年北欧海上保险纲要》以《1996年挪威海上保险纲要》(2010年版)为基础制定,由以下五方签署:北欧海上保险人协会(CEFOR)、丹麦船东协会(The Danish Shipowners' Association)、芬兰船东协会(The Finnish Shipowners' Association)、挪威船东协会(The Norwegian Shipowners' Association)、瑞典船东协会(The Swedish Shipowners' Association)。

四、日本

(一)日本财产保险业现状

至2010年10月,日本有51家财产保险公司,其中26家比较大的财产保险公司是日本损害保险协会(General Insurance Association of Japan, GIAJ)的会员。2011年,日本财产保险公司净保费收入为71 161亿日元,比2010年增加1 451亿日元。保费增加主要来自汽车强制责任保险、汽车保险和地震保险。2011 年赔偿额为 55 058 亿日元，比上年增加 11 871 亿日元，主要原因是泰国水灾、2011 年日本大地震和台风等自然灾害。①

在 2009—2010 年财政年度，日本财产保险市场中约 84%为三大保险集团控制，分别是 the MS&AD Group, the NKSJ Group 和 the Tokyo Marine Group。在一个成熟的财产保险市场中，这样的市场集中度是相当高的。从中也可以看出，日本反垄断法执法机构对于财产保险公司之间的合并持比较宽容的态度。MS&AD 保险集团控股公司是 2010 年组建的，由三井住友海上集团控股公司与爱和谊、日生同和产物保险公司，通过股权交换进行合并，MS&AD 集团成为全球第七大国际保险集团。2012 年 3 月，NIPPONKOA 保险公司与 Sompo Japan 保险公司合并，组建 Sompo Japan Nipponkoa 保险公司。这 2 次合并行为将进一步导致市场集中度的提高。这种大保险集团之间合并的原因主要是在外部经营环境遇到困难的情况下，通过合并等方式降低经营成本。2011 年，日本财产保险公司经营成本和一般行政管理成本为 11 627 亿日元，比上年下降 295 亿日元。②

（二）日本航运保险法律制度与监管体制

日本航运保险法律主要受 2 个法律调整：一是《日本商法典》中关于保险与海上保险的规定；二是《日本保险业法》。前者是关于保险合同与海上保险合同的规范，后者是关于保险业的监管法，航运保险作为财产保险业务受该法有关财产保险业经营规定的调整。

《日本商法典》借鉴了德国、法国等欧洲大陆法系各国的商法典，于 1899 年制定。《日本商法典》第 4 篇为“海商”，第 4 篇第 6 章为“保险”，共有 27 条。内容比较简单，主要是由于这章规定属于商法典有关保险规定的特别法，只需规定海上保险特殊规范即可。在代位制度上，《日本商法典》规定：“在因第三人的行为发生损害的情形下，保险人已经向被保险人支付其负担的金额时，在其已经支付金额的限度内，取得保险合同人或被保险人对第三人所有的权利。”

目前的《日本保险业法》版本是 1995 年颁布的，其后于 2003 年、2005 年、2006 年、2012 年等经多次修改。1994 年 6 月，日本保险审议会向大藏大臣藤井呈送了题为《关于保险业法等的修正》的报告书，形成了 1995 年版《日本保险业法》修改的主要内容。修改主要内容包括：①将当时的《保险业法》《保险展业管理法》和《关于外国保险人的法律》等 3 个法律合为一体；②关于保险业的定义，除原有的寿险、非寿险外，在法律上又明确规定了“第三领域保险”，即包括伤害、疾病、护理保险；③通过子公司的方式实现寿险与非寿险业务间的相互交叉经营；④寿险与非寿险

① Japan's Insurance Market 2012, www.toare.co.jp/english/html/pdf/2012_insurance.pdf.

② Japan's Insurance Market 2011, www.toare.co.jp/english/html/pdf/2011_insurance.pdf.

业务经营的相互交叉实现后,再逐步实行与其他行业间的业务相互交叉;⑤对偿付能力标准实行法制化;⑥对社员代表的控诉权进一步实行民主化,加强相互间的监督;⑦逐步向股份公司的组织形式转化;⑧实行经纪人制度;⑨为保护破产保险公司的投保人利益,设立"资金援助法人";⑩改革部分保险商品及费率的申报制度;⑪放宽对部分保险展业宣传的限制规定。①

2003年7月18日,日本通过了《日本保险业法》修改案,新法案规定,如果将来寿险公司预计可能会发生经营失败的情况,可以提前采取下调预定利率的举措。日本有关方面此次修改保险业法,目的在于以法律的形式正式确认寿险公司在经营失败前可以下调预定利率的措施,以此来回避公司濒临破产的局面。2005年,为了保护保单持有人的利益,保险业法监管范围扩大到日本相互保险公司领域,相互保险公司在此之前被认为是互助社团,缺乏适用保险业法的基础。2005年修改使互助保险机构成为通常意义上的保险公司,但属于"小额且短期的保险提供者",同时为此规定了这种保险的最高保额限制。因此,1995年以后,《日本保险业法》的修改与航运保险无直接关系。

1998年以前,大藏省是日本保险业的监管部门,下设银行局,银行局下设保险部,具体负责保险监管工作。20世纪90年代以后,由于经济泡沫破灭,日本金融危机加剧,金融机构倒闭频繁。为了消除泡沫经济的消极影响,摆脱金融危机,日本政府进行了一系列金融改革,建立起跨行业的金融监管机制。1998年6月,日本成立了金融监督厅,取代大藏省对银行、保险和证券的监管工作。金融监督厅下设保险监管课,具体负责对保险业的监督管理。

20世纪七八十年代,欧美国家出现了金融自由化浪潮,金融创新层出不穷,日本金融监管却没有跟上这一趋势,在金融领域仍然实施传统的行政干预体制。直到20世纪90年代,通过修改《日本保险业法》,才逐渐改变传统监管体制。日本保险业监管政策主要有:

(1) 严格的市场准入制。日本堪称世界上保险监管最严的国家,其保险业长期遵循着严格的市场准入约束。无论是日本国内资本还是外国资本都很难进入日本保险市场,这一状况至今未发生实质变化。

(2) 放松费率监管。1998年以前,保险公司只能使用日本费率算定委员会订立的费率标准。1998年以后,保险公司在费率算定委员会提供的纯费率基础上,可以依据公司的经验数据和管理水平拟定附加费率。

(3) 实行以偿付能力为中心的监管。1995年《日本保险业法》实施后,日本仿效美国对保险公司实行以偿付能力为中心的监管,引入早期改善措施,促进有问题的保险公司及时解决问题。在此之前,日本一直以保险条款和保险费率的监管为中心。新监管体制将保险条款和保险费率留给保险公司、保险市场,政府监管则侧

① 霍凤楼. 日本保险业法的改革简介[J]. 保险研究,1994(6):45.

重于行业安全、风险控制、投保人与被保险人保护等。市场准入的严格审批制的重要性也因此降低。[①]

(4) 实行信息披露制度。1995 年《日本保险业法》实施以前，日本保险监管机构出于稳定保险市场的目的，往往不公开保险公司的内部信息，以防负面信息扩散引起市场混乱，同时限制保险公司过分宣传各种保险产品性质和差异。1995 年《日本保险业法》实施后，要求保险公司应将自己从事的业务内容、财务状况等编制成经济信息资料，并公之于众。

(5) 允许实行一定程度上的混业经营。1995 年《日本保险业法》第 271 条规定，保险控股公司的子公司的业务范围可涉及生命保险公司、损害保险公司、银行、长期信用银行、证券专门公司、从事保险业的外国公司、经营银行业的外国公司、经营证券业的外国公司等。[②]

(6) 行业自律发挥重要作用。日本保险行业协会不是统一的协会，而是按照寿险、非寿险、中介等业务种类组成各自的行业协会，除本国的寿险行业协会、损害保险行业协会、保险代理协会外，还有外国财产保险协会等。成立于 1946 年的日本损害保险协会(GIAJ)是日本最大的财产保险行业协会，其主要职能是：维护行业和会员合法权益；制定行业标准和行业指导性条款，约束不正当行为；开展行业调查研究，参与决策论证，反映行业呼声，提出有利行业发展的建议；加强对非寿险从业人员教育和管理；协调协会会员间的关系，与国内外非寿险业和其他行业进行交流与合作，收集国内外行业信息，反映业内动态，为协会会员公司提供信息交换服务。[③]

五、国际海事委员会(CMI)

(一) CMI 研究海上保险法的背景

在全球化、市场一体化背景下，国际贸易、国际航运、国际投资等领域不断实现法律的统一，有关国际组织制定(达成)了大量公约或协议。但是，在海上保险领域，至今仍由各国国内法调整，没有统一的公约或惯例。虽然有《1906 年英国海上保险法》作为模板和榜样，借鉴英国法律制定本国海上保险法，减少了各国之间的分歧，但是，鉴于《1906 年英国海上保险法》本身存在的缺陷、各国在海上保险具体法律制度上的分歧，以及为了提高本国海上保险竞争力，海上保险法律的不统一成

① 赵新华，徐永青. 日本保险业监管制度对我国的启示[J]. 金融理论与实践，2006(3)：73－76.

② 根据《日本保险业法》第 2 条定义，保险控股公司是指依照该法第 271 条设立的，以保险公司为子公司的的持股公司。子公司包括：被另一公司持有有表决权股份超过 50％的公司(狭义的子公司)；子公司的子公司(孙公司，视同子公司)；母公司和子公司共同持有另一公司的有表决权股份超过 50％之时该被持股公司。

③ 李鸿敏，庹国柱. 日本保险行业协会的发展模式及其启示[J]. 保险研究，2009(10)：109－117.

为国际海事委员会、联合国及一些国家关注的重点问题之一。

1998 年 6 月，国际海事委员会和挪威斯堪地那维亚海商法学院(Scandinavian IML)在奥斯陆联合举办了海上保险研讨会，会后成立了海上保险问题国际工作组(IWG)，并于 1999 年向各国海商法协会发出问卷单，由斯堪地那维亚海商法学院的威尔海默森教授(Trine - Lise Wilhelmsen)对反馈信息进行汇总形成分析报告。工作组同时决定将其审议领域集中在最为重要的 5 项议题：最大诚信、告知义务、风险变更、保证和对他人行为的责任。

国际海事委员会第 37 届大会批准工作组继续研究工作，但同时也承认这一进程未必会形成具体的法律协调文件，大会要求工作组的研究形成有利于海上保险业的切实可行的法律协调措施，或者将研究成果提交国际海事委员会分发，使人们能更好地理解各国海上保险法的差异。

在国际海事委员会第 38 届大会上，受工作组委托，斯堪地那维亚海商法学院的威尔海默森教授、剑桥大学的克拉克教授(Malcolm Clarke)、美国海商法协会前任主席斯达林先生(Gray don Staring)和澳大利亚菲利浦福克斯律师行的图拉克律师(Andrew Tulloch)，分别就被保险人的不当行为、风险变更、保证和最大诚信这 4 个最具争议问题提交了研究报告。大会决定 1998 年开始的海上保险法审议工作暂时告一段落，但设立一个海上保险法常务委员会来跟踪各国海上保险法的发展，特别是美国、澳大利亚等国的海上保险法改革进程。

（二）CMI 的观点与立场

2004 年，国际海事委员会第 38 届大会在加拿大温哥华召开，海上保险问题国际工作组向大会提交了最终研究报告，报告构成 2004 年国际海事委员会年报(CMI YEARBOOK 2004)的一部分予以公布。CMI 报告中以下内容值得关注：

第一，海上保险法律和保险条款的主要焦点问题集中在：①保险利益；②保险价值；③通常磨损与潜在缺陷；④保养不周，设计、建造或材料错误；⑤合同成立前和保险期间被保险人所负的告知义务；⑥失去船级、不适航和违反安全规章的后果；⑦保证，包括明示保证和默示保证，违反保证的后果，保证与风险改变的关系；⑧船旗、所有权或管理变更；⑨保险期间被保险人的不当行为；⑩被保险人对他人行为的责任——被保险人本人的识别；⑪诚信义务；⑫管理问题，特别是 ISM Code 的影响。其中，诚信原则、告知义务、风险改变、保证、识别等 5 个问题被认为是核心。①

第二，国际海事委员会对前述这些问题的研究目的是：①确定国内法在这些问题上立法的相似性；②确定国内法在这些问题上立法的差异性；③基于竞争目的，这些立法差异的存在是合理的，并且寻求相互之间的统一并非是理想之举；④这些差异的存在是深刻的，寻求统一是不现实的。①

---

① CMI YEARBOOK 2004，p. 250.

第三,国际海事委员会的研究考虑了海上保险法的以下因素:①考虑海上保险法在实现国际社会普遍接受的、高水平的航海安全方面的作用;②考虑当前世界经济结构,尤其是不同地区之间在一定的管制体制下进行的相互合作又相互竞争的关系;③考虑大陆法系与英美法系海上保险制度在实体法、程序法两方面的差异与共性。[①]

第四,国际海事委员会研究成果的形式。国际海事委员会最初确定了三种成果形式,即公约、示范法和条款。经过研究,很早就否定了公约形式,主要是由于不现实、不可行。示范法形式也行不通,联合国关于船壳和货运保险示范法的失败提供了前车之鉴。第三种曾经被认为是最佳选择,通过制定标准的承保风险条款,并且纳入保险单,使其发挥作用。后来,随着英国海上保险条款的修订、国际社会对于现有海上保险法律和条款认识的不一致,以及不同国家立场的差异等原因,也没能实现第三个方案。虽然如此,国际海事委员会对于促进海上保险法律制度的统一仍然作出了很大的贡献,尤其是梳理了现有各国海上保险法律制度所存在的差异与共同点。

六、联合国贸发会

1982 年,联合国贸发会发布《海上保险合同法律与单证问题》(Legal and Documentary Aspects of the Marine Insurance Contract)的研究报告。[②] 该报告以海上保险基本原理、国际性特点、产业基本结构、海上保险国家监管与发展政策等为基础,重点分析了英国海上保险一般法律制度、船舶保险法律制度、货运保险法律制度,最后对国际社会海上保险法律制度的发展提出了建议。作为报告的结论,联合国贸发会认为,各国所实施的海上保险法律制度并不统一,呈现出多样化的格局。鉴于统一的海上保险法律制度的重要性,因此,有必要寻求海上保险合同领域具有国际性的法律基石。

以 1982 年研究报告为基础,联合国贸发会在 1989 年公布了《联合国贸发会船舶与货运保险示范条款》(UNCTAD Model Clauses on Marine Hull and Cargo Insurance,以下简称《示范条款》)。[③]《示范条款》前言指出,该《示范条款》包括商业性的船舶保险与货运保险,不包括保赔保险。这些条款是指导性的,不具有约束力,主要是为发展中国家制定本国海上保险条款提供示范性条款。《示范条款》没有涉及国内法问题,也没有考虑海上保险实践中各国的不同做法。

联合国贸发会《示范条款》中有些条款包括了几种选择方案,供当事人或有关国家立法机构选择。同时,《示范条款》只是就海上船舶保险或货运保险的基本的、

---

① CMI YEARBOOK 2004, p. 251.

② TD/B/C. 4/ISL/27/REV. 1.

③ TD/B/C. 4/ISL/50/REV. 1.

必需的保险条款提供建议，没有包括海上保险所有条款，所以，又是不够全面的。如果有当事人选择《示范条款》作为保险合同内容，仍然需要援引有关国家国内立法，赋予其法律效力。

七、世界贸易组织(WTO)

加入 WTO 前，外国保险公司被获准可以在北京、上海和广州等大城市设立代表处。自 2001 年 12 月 11 日加入 WTO 后，我国承诺对外开放金融市场，经过 3 年的过渡期后，保险业是金融业中对外开放最早、力度最大的行业，促进了外资保险公司的迅速发展。截至 2011 年年底，已有 14 个国家和地区共计 56 家外资非寿险和寿险公司在中国市场经营业务。在市场开放与义务承诺方面，航运保险作为财产险与其他财产险相同，没有特别要求。

普华永道 2011 年底发布的《外资保险公司在中国》认为，外资保险公司在中国的市场份额与亚洲其他 11 个国家或地区市场份额相比是最低的，人寿险约为 5%，非人寿险约为 1%。①

总体上，包括航运保险在内，在保险公司和保监会的共同努力下，我国经受住了加入 WTO 给保险业带来的冲击，并在新的竞争环境下不断壮大。

在经营业绩上，中资保险企业的航运保险利润率与外资相比并不低。在 2009 年市场占比前 8 位的保险企业中，按赔付率从低到高排列，中资保险企业分别位于第一、第四、第六和第七(见表 6-2-6)。②

表 6-2-6　2009 年上海货运险市场赔付率比较　　%

市场占比前 8 位的保险企业	赔付率
中国人民保险公司上海市分公司	37.4
中国太平洋财产保险公司上海分公司	52.3
中国平安保险股份有限公司上海分公司	57.4
华泰财产保险股份有限公司上海分公司	20.3
美亚保险有限公司上海分公司	41.5
东京海上火灾保险株式会社上海分公司	76.9
三井住友海上火灾保险公司	31.9
日本财产保险株式会社	25.8
数据来源：根据 2010 年上海保险年鉴数据计算而得。	

① 参见普华永道《外资保险公司在中国》(2011)，第 6 页。

② 徐美芳. 入世对上海航运保险业的影响[J]. 世界贸易组织动态与研究，2011，18(6)：37-43.

第四节 国际海商海事公约对航运保险法律制度的影响

一、《鹿特丹规则》的影响

（一）《鹿特丹规则》的制定背景

1. 三大公约之间的不统一

国际海上货物运输法律制度尚未实现统一目标，目前有 3 个国际海上货物运输公约，分别是 1924 年《统一提单若干法律规定的国际公约》①（简称《海牙规则》）、1968 年《修改统一提单若干法律规定的国际公约议定书》②（简称《海牙-维斯比规则》）、1978 年《联合国海上货物运输公约》③（简称《汉堡规则》）。一般认为，由于《海牙规则》和《海牙-维斯比规则》偏重保护船舶所有人利益，对于广大货主国尤其是发展中国家的进出口贸易不利，导致代表货主利益的《汉堡规则》的出台。这使得国际海上货物运输领域的国际立法变得非常复杂。

2. 国内立法与国际公约的不统一

世界各国除参加上述 3 个国际公约之外，还存在部分国家，包括中国在内，没有加入任何一个国际公约而适用本国法，即采取国内法混合制度，以 1～2 个公约为基础，加上本国具体情况，制定本国的海上货运法律。尤其是在《汉堡规则》生效后，一些国家对其国内法作出修改，在《海牙规则》和《海牙-维斯比规则》的基础上，一定程度地吸收了前 2 个规则所欠缺而《汉堡规则》新增的先进部分，加剧了国际上各种法律制度的差异。

3. 国际航运发展对立法提出的新要求

在公约层面上，国际货物运输立法并没有跟上现代经济贸易、现代技术发展的步伐。国际货物运输立法仍然局限于单一运输方式体制，没有真正形成国际多式联运法律制度。传统运输单据制度以安全为导向，与现代物流要求高效率的目的发生冲突。网络时代奠定了电子商务的重要性，但是，传统国际海上运输法律不能直接吸收利用电子商务这种新的商务方式。过错原则甚至无过错原则是现代合同法和侵权法基本的归责原则，以现代技术武装起来的国际航运业是否还需要不完

---

① "International Convention for the Unification of Certain Rules of Law Relating to Bills of Lading", signed at Brussels, August 25, 1924 and in force as of June 2, 1931, better known as the "Hague Rules".

② "Protocol to Amend the International Convention for the Unification of Certain Rules of Law Relating to Bills of Lading", adopted at Brussels, February 23, 1968, and in force as of June 23, 1977, better known as the "Visby Rules". The Visby Rules do not stand alone but are amendments to the Hague Rules and the resulting rules are known as the "Hague/Visby Rules".

③ "United Nations Convention on the Carriage of Goods by Sea", signed at Hamburg on March 31, 1978, and in force November 1, 1992, better known as "Hamburg Rules".

全过失责任作为其发展的基石？这些因素导致：一方面，现代技术和商业习惯不能及时反映到国际海上货物运输法律制度上来；另一方面，现有国际海上货物运输法律规则不统一和复杂性又进一步加剧了航运交易和贸易的成本。

4. 电子商务发展对立法提出的新要求

自1985年以来，联合国国际贸易法委员会制定了一系列调整电子商务活动的示范规则，主要包括：《关于电脑记录法律价值的建议》(1985年)、《贸易法委员会电子商务示范法及立法指南》(1996年)、《贸易法委员会电子签字示范法》(2001年)、《联合国国际合同使用电子通信公约》(2005年)。1990年6月24—29日，国际海事委员会在巴黎召开的第34届大会上通过了《国际海事委员会电子提单规则》。但是，这些公约或规则并没有获得广泛的实际使用，其中既有技术原因，也有安全、法律原因。

(二)《鹿特丹规则》与海上保险

1. 承运人责任基础变化对保险业的影响

《鹿特丹规则》第17条规定：如果索赔人证明，货物灭失、损坏或迟延交付，或造成、促成了灭失、损坏或迟延交付的事件或情形是在第4章规定的承运人责任期内发生的，承运人应对货物灭失、损坏和迟延交付负赔偿责任(第1款)；同时，在免责事项中废除了航海过失免责，火灾免责也仅限于船上发生的火灾(第3款)。从以上规定可以看出，《鹿特丹规则》规定的承运人责任基础为完全过失责任制。又根据第17条第2款的规定，如果承运人证明，货物灭失、损坏或迟延交付的原因或原因之一不能归责于承运人本人的过失或第18条述及的任何人的过失，可免除承运人根据本条第1款所负的全部或部分赔偿责任。由此推知，《鹿特丹规则》下承运人的归责原则为推定过错责任制。

不完全过失责任制是1924年《海牙规则》确立的制度，距今已有将近1个世纪的历史。《海牙规则》施行以来，航海事业迅猛发展，航行技术不断进步，使得人类克服海上风险的能力大大提高。虽然海难事故仍频频发生，但大部分事故都是船员在驾驶或管理船舶中的个人疏忽所致，单纯是因为海上风险的不可预见、不可克服性而导致的海难事故已经越来越少。承运人面临的海上风险成本已逐步降低。因此，从公平角度出发，为平衡船货双方利益，逐步取消承运人的过失免责已成为大势所趋。《鹿特丹规则》采用推定过错责任制是顺应国际航运发展实际，更好地平衡船货双方利益的表现，从长远来看，对于促进航运技术进步和国际贸易的均衡发展具有积极意义。

但也应当清醒地认识到，实行推定过错责任制，将打破长期形成的船货双方风险分担机制，无疑使得承运人的责任加重，既增加了承运人的赔偿风险，也使其运营成本大大提高。那些航海技术发达、管理水平先进的航运发达国家受到的影响比较小，而对于那些新兴的航运国家来说，这种制度的调整，必将对其航运业的发展带来较大冲击。另外，船货双方利益的重新分配，可能会在短期内对国际航运市场的安全和稳定带来影响。

对于保险行业来说，在《鹿特丹规则》下，船货双方的保险人的责任也会随着船货双方责任的变化而发生变化。尤其是与船货双方利益相关的货主保险人以及船舶所有人的责任保险人保赔协会的保险责任也会发生一些变化。货主保险人会随着货主的责任发生变化，而保赔协会的责任会随着承运人的责任发生变化，对此，货主保险人以及保赔协会需要加以重视。

2. 承运人航行过失免责对保险人的影响

《鹿特丹规则》第5章第17条全面地规定了承运人对货物灭失、损坏或者迟延交付所负的赔偿责任。与《海牙规则》相比，最明显的变化是《鹿特丹规则》取消了承运人的航行过失免责。

承运人与货主之间的风险分摊是运输法的核心。航行过失免责制度从1893年的美国《哈特法》开始至今已有100多年的历史，在货主与承运人之间已经形成较为固定的风险分摊的模式，对于承运人免责的航行过失所造成的货损，由货主承担，货主把这种风险在保险人那里进行保险。而保险人对于货主的这种损失在保险中予以赔偿。

但是，如果取消了承运人航行过失免责制度，则因承运人航行过失造成的货损，承运人应当承担责任。而货主就不再需要承担这种货损的风险。因此，保险人在赔偿了货主的损失之后，就可以依据《鹿特丹规则》第17条的规定，向承运人进行追偿。

就承运人而言，对于航行过失所造成的货物损失予以赔偿，加重了承运人的责任，承运人就需要把这种风险投保责任险。这无疑使承运人的责任保险人——保赔协会增加责任。保赔协会在承担了这种风险之后，就会部分增加会费的收取。

航行过失免责的规定，从保险业总体上来看，并没有给保险业带来风险的变化，因为保险行业承担的海上货运风险并没有发生变化，还是原来的这些风险。但从保险行业内部来看，不同的保险行业所承担的风险会发生变化。货主保险人因为承运人承担了航行过失免责而减少了对货物风险的承担，而原来不承担该风险的承运人的保赔协会则因此增加了风险的承担，使得原来由货物保险人承担的风险转移给了保赔协会。由此在整个保险行业内部，保险人与保赔协会的风险会发生一些变化：即由原来货物保险人承担的货损风险最终转由保赔协会承担。

3. 火灾免责对保险人的影响

《鹿特丹规则》采取火灾免责制度，但仅限于船上发生的火灾，且删除了"除非火灾系由承运人的过失或私谋所造成"这一例外情形。《鹿特丹规则》火灾免责的规定模式有其道理：首先，兼顾船、货双方的利益平衡，在取消航海过失免责的情况下，进一步取消火灾免责，会在形式及实质内容上加重承运人的责任，从而导致船、货双方利益的过分不平衡；其次，虽然随着航海技术的进步，船舶设备的升级，船上对于火灾的预防及消防能力已有很大提高，但造成火灾的原因复杂，且在火灾发生后，难以取证的现实仍无法改变。因此，仍有保留火灾免责的必要。

火灾免责对于保险行业有一定的影响，主要表现在：对于承运人的受雇人、代理人的过失引起的火灾所造成的货损，承运人仍然应当负责赔偿，这样货物保险人在赔偿了货主的损失之后，便可以向承运人追偿。而如果承运人在保赔协会投保，则保赔协会对于该项货损向承运人承担赔偿责任。可见，火灾免责对于保险人与保赔协会之间的风险分摊也会带来一些影响。

4. 有关无单放货规定对保险人的影响

一般认为，按照现行的法律和公约的规定，无单放货是承运人的一种违约行为，承运人对货主应当承担责任。但是，鉴于船舶到港时间早于提单到达时间的现实，《鹿特丹规则》在“货物交付”一章中的第 47 条第 2 款中有条件地规定了承运人可以无单放货。第 47 条第 2 款第 2 项规定，承运人根据本条第 2 款第 1 项按照托运人或单证托运人的指示交付货物的，解除承运人在运输合同下向持有人交付货物的义务，而不考虑是否已向承运人提交可转让运输单证，也不考虑凭借可转让电子运输记录主张提货的人是否已按照第 9 条第 1 款述及的程序证明其为持有人。第 47 条第 2 款第 4 项规定，在承运人已根据本条第 2 款第 2 项交付货物后成为可转让运输单证或可转让电子运输记录的持有人，仍根据此项交货前的合同安排或其他安排取得对承运人除主张提货权以外的运输合同下的权利。这是对《海牙规则》《海牙-维斯比规则》《汉堡规则》以及我国《海商法》等国内法作出的改变。

就保险方面而言，在我国，由于无单放货被认为不是一项承保风险，因而保险人不承担赔偿责任。在现行法律规定下，承运人对于无单放货基本上应当承担赔偿责任，中外很多判例均说明了这个问题。而承运人投保责任保险的保赔协会对于无单放货造成的货损也不承担责任，因此，无单放货造成的货损只能由承运人本人承担。

在《鹿特丹规则》规定承运人有权无单放货的情况下，如果无单放货造成了货方的损失，承运人是否应承担责任？有学者认为，当《鹿特丹规则》生效后，合法的无单放货，保赔协会就应当赔偿。① 换句话说，承运人对于无单放货还是应当承担赔偿责任的。如果承运人对无单放货承担责任，则承运人需要在保赔协会那里投保该风险，现行的保赔协会责任条款也需要作相应的修改。但是，如果承运人对合法的无单放货造成的货损不承担责任，则保赔协会不需要承保此种风险。如果货物的保险人对于合法的无单放货造成的损失不承担责任，而承运人及其责任保险人又不需要对无单放货承担责任，那么该损失只能由货主本人承担。看来，保险人及保赔协会有必要对于合法的无单放货造成的损失的保险进行研究。

---

① 司玉琢. 海商法专论[M]. 北京：中国人民大学出版社，2007：651.

5. 承运人责任限额的变化对保险人的影响

《鹿特丹规则》明显提高了责任限额。第 59 条第 1 款规定:"除须遵循第 60 条以及第 61 条第 1 款的规定外,承运人对于违反本公约对其规定的义务所负赔偿责任的限额,按照索赔或争议所涉货物的件数或其他货运单位计算,每件或每个其他货运单位 875 个计算单位,或按照索赔或争议所涉货物的毛重计算,每千克 3 个计算单位,以两者中较高限额为准,但货物价值已由托运人申报且在合同事项中载明的,或承运人与托运人已另行约定高于本条所规定的赔偿责任限额的,不在此列。"《鹿特丹规则》的这一规定提高了承运人的赔偿责任,反映了货方的呼声。

就货主保险人而言,在赔偿货主的货损以后,其有权向承运人追偿。与《海牙规则》《汉堡规则》以及我国《海商法》的规定相比,货主保险人可以获得更多的代位追偿所得。

6. 诉讼时效延长对保险人的影响

《鹿特丹规则》第 62 条规定:"2 年时效期间届满后,不得就违反本公约下的一项义务所产生的索赔或者争议提起司法程序或者仲裁程序。"也就是说,运输法公约草案规定的诉讼时效是 2 年。与《海牙规则》、我国《海商法》规定的 1 年的诉讼时效相比,该时效规定较好地满足了货主对承运人的索赔要求。同时,第 63 条进一步规定:"第 62 条规定的时效期不得中止或中断,但被索赔人可以在时效期内的任何时间,通过向索赔人声明而延长该时效期。该时效期可以经再次声明或多次声明进一步延长。"

对货主保险人来说,如果货损索赔时效太短,则在保险人与货主之间保险合同解决之前,货主向承运人索赔的时效已经到期,会妨碍保险人的代位求偿权的行使。因此,现行法律规定,货主被保险人要保护保险人行使代位求偿的权利,否则,保险人可以减少或拒绝赔偿被保险人的损失。在实践中,保险人与被保险人发生纠纷时,保险人很多时候会利用这样的法律规定。这样在保险人与被保险人之间会产生一种紧张的气氛。

现在,《鹿特丹规则》将向承运人索赔的诉讼时效延长到 2 年,一方面对保险人行使代位追偿权有利,另一方面,也有利于被保险人保护保险人的代位求偿权。这是一种保险人与被保险人均满意的规定。

7. 举证责任的规定对保险人的影响

根据《鹿特丹规则》第 17 条的规定,举证责任由船货双方共同分担,而且是分层次的,在举证顺序(Order of Proof)的引导下,某些事实的举证责任归于承运人,而有些事实的举证责任归于货方。这种设置可操作性更强一些。举证责任的分配是举证责任制度的核心。这主要是因为,负有举证责任的一方要面临缺乏证据的风险,而一旦因证据无法获得或证据不足而使待证事实模糊不清或真伪不明,承担举证责任的一方就要承担诉讼不利的后果。

《鹿特丹规则》下的举证责任的规定对保险人的影响主要体现在货主保险人对承

运人进行追偿时，货主保险人要履行《鹿特丹规则》规定的货主的举证责任。因为在我国，保险人行使代位求偿权时，法院只审理货主与承运人之间的法律关系。[①] 因此，保险人对于《鹿特丹规则》规定的举证责任应加以了解并在实践中运用。

8. 承运人责任期间的变化与保险人责任期间的关系

随着海运的集装箱化和全球物流服务的发展，"门到门"运输在整个货物运输中占有越来越高的比重。《海牙规则》《海牙-维斯比规则》和《汉堡规则》的调整范围已经越来越无法满足集装箱运输发展的需要。[②] 调整"门到门"运输也成为《鹿特丹规则》应有的题中之义。

《鹿特丹规则》第 1 条第 1 款对"运输合同"下定义：运输合同是指承运人收取运费，承诺将货物从一地运至另一地的合同。此种合同应当就海上运输作出约定，并且可以对海上运输以外的其他方式的运输作出约定。从该定义中可以看出，《鹿特丹规则》的调整范围为包括至少一段海上运输的"门到门"服务。即《鹿特丹规则》的适用不仅局限于海运区段；还包括海运前后其他运输方式的区段，即"海运＋其他"(Maritime Plus)的模式。换言之，只要某多式联运中包括海上运输方式，则《鹿特丹规则》也将调整之。

从保险行业来看，保险人早就对货主提供了"门到门"的保险服务。英国《1906年海上保险法》第 2 条早就对保险人承保的风险从纯粹的海上风险扩大到与海上航程有关的内河或陆上风险。现行的货物保险条款均规定了"仓至仓"的责任期间。因此，在这一点上，承运人的责任期间与保险人的责任期间实现了重合。那么，承运人责任期间的延长对保险人有什么影响？

在《鹿特丹规则》实施之前，对于发生在非海运阶段的货损，货物保险人在承保范围内予以赔偿的，保险人有权依据其他的法律规定对承运人进行追偿，而追偿所得会大于按照海上运输法律的追偿所得，因为承运人不享有海上运输法律所规定的免责和责任限额。如果依据《鹿特丹规则》，保险人对于发生在非海上运输阶段的货损向承运人进行追偿，则承运人有权依据《鹿特丹规则》的规定免责或享受较高的赔偿责任限额。而对于货物保险人来说，其依据《鹿特丹规则》的代位追偿所得会少于依据其他法律的代位追偿所得。这一点，应引起货物保险人的重视。

二、《国际船舶安全营运与防止污染管理规则》(ISM 规则)的影响

(一) ISM 规则概述

ISM 规则是国际海事组织(IMO)在船舶安全管理方面非常基础、非常重要的

---

① 《最高人民法院关于审理海上保险纠纷案件若干问题的规定》第 14 条规定："受理保险人行使代位请求赔偿权利纠纷案件的人民法院应当仅就造成保险事故的第三人与被保险人之间的法律关系进行审理。"

② 在《海牙规则》和《海牙-维斯比规则》下，承运人的责任期间为自货物装上船时起至卸下船时止。《汉堡规则》下承运人的责任期间是"在装货港、在运输途中以及在卸货港，货物在承运人掌管的全部期间"。

一个文件。ISM 规则通过实施体系管理原理、过程控制原理和人本原理三个基础原理,实现船舶安全营运与防止污染,保证海上安全,防止人员伤亡,避免对环境特别是海洋环境造成危害以及对财产造成损失。

20 世纪 80 年代前后,随着船舶开放登记国的增加,悬挂方便旗的船舶急速增多。因方便旗国缺乏管理能力,船检标准低,而且船舶管理公司低薪招募船员,配备低水平或多民族船员,导致语言交流困难,均给航运安全带来严重的威胁,造成方便旗船的事故率高。此外,船舶老龄化,船体结构有不同程度的损伤,发生海难事故逐年增加。船舶方便旗化和老龄化,对船舶检验和保险界产生巨大压力,社会公众舆论强烈,如任其发展,将导致海上事故率的急剧增加,船公司就难以在国际航运市场上生存与发展。发生于 20 世纪 80 年代前后的几起震惊世界的重大海上事故案例,几乎全部是由人为因素造成的,沉痛的教训使国际海事组织(IMO)认识到加强公司管理对船舶安全营运的重要性。过去国际海事组织(IMO)制定的公约、规则,主要是针对船舶、设备和船员的技术标准作出的,而对已暴露出的公司管理问题却很少涉及。

从 1979 年到 1993 年,国际海事组织(IMO)先后针对人为因素和管理问题通过了 9 项大会决议。这些决议的通过,为 ISM 规则的制定奠定了基础,并最终形成 ISM 规则。1994 年 5 月 17—24 日,72 个缔约国正式通过 ISM 规则,并将这一规则纳入《国际海上人命安全公约》(International Convention for the Safety of Life at Sea,SOLAS)第 9 章,命名"船舶安全营运管理"。ISM 规则作为该章的附件列出了安全管理的具体要求,作为一个统一的国际标准并按 SOLAS 第 9 章载明的适用范围和实施期限要求,对国际航运船舶分批强制性实施,如此,ISM 规则也就成为强制性规则。

国际海事组织(IMO)海安会(MSC)第 73 次会议于 2000 年 11 月在伦敦总部召开。会议讨论通过 ISM 规则 2000 年修正案,根据 IMO RESOLUTION MSC. 104(73)规定,该修正案经默认程序后将于 2002 年 7 月 1 日生效。2002 年 7 月 1 日生效后的 ISM 规则有 16 章内容,划分为 A 和 B 2 篇内容。A 篇为原 ISM 规则第 1 至第 12 章内容;B 篇将原 ISM 规则第 13 章内容进行修改,新增加了第 14 章"临时审核"、第 15 章"审核"、第 16 章"证书格式"。这样,ISM 规则由 3 部分构成:前言、A 部分——实施和 B 部分——发证和审核。

最近的 ISM 规则修正案已于 2008 年 12 月 4 日在第 85 届海安会上以第 273 号决议通过,并于 2010 年 7 月 1 日起强制实施。

(二) ISM 规则对海上保险的影响

1. 总体影响

导致海上事故的因素有许多,如船舶老龄化、船员素质、船员配备、方便旗船和单船公司非标准化管理、通信技术使用不恰当等。从与人的关系角度,则可分为人为因素与非人为因素。根据历史统计,其中人为因素导致海上事故的比例非常高。ISM 规则的核心是要求公司和船舶建立和保持安全管理体系。船旗国政府不仅对公司的安全管理采取措施,而且要管到一种非常具体的程度,具体到部门、岗位的职能分配,甚至具体到一些程序和方案。因此,ISM 规则的核心不是船舶设备标准本身,不是设备维护标准本身,也不是船员标准本身,而是由公司建立和实施安全管理体系,以便落实这些标准,按照有关公约、规则、规定的要求去营运船舶。ISM 规则的实施可以减少海上事故的发生,尤其避免重大人为事故的发生,减少、避免海洋污染事件。对于海上保险人而言,可直接降低保险事故发生概率,降低保险赔偿。对于投保人和被保险人而言,则可以得到保险费的优惠。如果能够从总体上减少海上事故及其损失,则在这个意义上甚至可以降低保险费率。ISM 规则的实施使船舶所有人、船舶经营人和船舶管理人承担了更多的理应承担的责任,改变了传统上船公司将各种主要风险都转移给商业保险人和保赔协会的做法。

2. 明确事故调查程序、事故原因鉴定程序、责任认定程序

ISM 规则内容本身具有很强的程序性和可操作性,有非常具体的程序、权利、义务、证书等规定。在发生海上事故后,对照 ISM 规则,通过分析船公司、船舶经营人和管理人是否履行 ISM 规则,基本上可以判断事故的原因及责任划分问题。国际海事组织还制定了更详细的事故分析程序规则(Casualty Analysis Procedure)和事故调查规则(Casualty Investigation Code)。我国交通运输部发布文件要求贯彻《海上事故或事件安全调查国际标准及推荐做法规则》。该规则规定,海上事故系指与船舶营运直接相关,并导致以下任何后果的一个情况或一系列情况: ①人员死亡或重伤;②船上人员失踪;③船舶全损,推定全损或弃船;④船舶实质性损害;⑤船舶触礁、搁浅或丧失航行能力,或船舶碰撞;⑥船舶外部的基础构造实质性受损,导致有可能危及到本船、他船或人员的安全;⑦船舶受损造成严重环境污染或潜在的严重环境污染。海上事故不包括意在造成对船舶、人员的安全或环境损害的故意或放任行为。

3. 适航性判断更客观、标准化

适航与否,是保险人是否给予赔偿的一个重要因素。判断是否适航既涉及事实认定,也涉及法律问题,保险人与被保险人经常为此发生纠纷。ISM 规则使妥善配备船员、配备船舶、配备供应品、是否适货等适航因素判断相对显得容易,在谨慎处理与举证问题上也有很大的改善。保险人要想免责还要证明被保险人在开航时知道或应该知道船舶处于不适航状态。也就是说,即使证明了船舶存在不适航的情况,保险人如果想拒赔还是不够的,有两个要件必须满足: 一是被保险人知道或应该知道;二是不适航与损失的发生存在因果关系。前一个问题涉及谨慎处理与适航的关系,后一个问题涉及举证问题。

谨慎处理与适航的关系。在实践中,关于谨慎处理到底是指船公司哪一级人

员的行为一直存在着争议。如果是董事长或总经理等高级管理人员作出的错误决定，则都可以说承运人违反了这一规定；但是如果公司中的低级职员这样做了，又未上报，就很难认定这一点。依照ISM规则的规定，为保障船公司与船上人员的联系，每个公司应根据具体情况指定一名或多名岸上人员使之能与公司最高级管理人员直接联系，因此，该指定人员知晓的事情即可视为船公司知晓的，如果该指定人员未履行其职责，船公司就会被认为有疏忽或故意行为而难以摆脱责任。

以往发生船舶安全和污染事故后，在原因调查时，常强调客观原因和归咎于当事人违规操作，如"船舶维修保养不善""海图资料不齐全""导航设备无法正常使用"等原因。这样，船公司很容易把责任推给船长和船员，辩称自己不知情，是船长的疏忽而非船舶所有人本人没有履行谨慎处理之义务，船公司据此免责。ISM规则的实施要求船公司对船舶的状态进行动态监控，对事故进行原因分析、纠正和验证，并形成一套完整的程序，同时对船岸之间的沟通要保留相应的记录。所以，保险人有详细的资料可查并作为证据使用。

举证与适航问题。索赔人若要证明船舶不适航，需举证说明船舶所有人有实际过失，但由于船舶的流动性，船舶所有人往往不直接控制船舶，索赔人也就很难获得直接的证据，只好望洋兴叹了。ISM规则针对这方面问题规定船公司对船员制定的政策和指示都要以书面的形式发出，而且船岸之间要有明确的联络通道保证信息的沟通，所有船岸之间的文件、报告和通信联络都要记录在案。这样一来，单纯的船员过失造成事故和损害而船舶所有人不知情或无法控制的情形将大大减少，有关利益方将会很容易取得这些文件、记录，也就更容易举证船舶所有人是否真的做到了恪尽职责。①

ISM规则的实施使适航的判定真正拥有了全球统一的、明确的标准，即ISM规则，也就是说，将船公司的行为与之相比较，即可判断承运人是否谨慎处理使船舶适航。凡是建立和实施ISM规则的安全管理体系的船公司都将得到合格证明。

4. 保险公司介入船公司日常安全管理有更明确的标准

ISM规则强调船公司对船舶状态的连续动态监控，船舶管理者应及时提供船舶所需的维修保养，确保其处于适航状态；应定期到船上检查，确保公司规章制度完善并执行，保证船舶安全操作和防止污染方面的程序符合要求并严格执行；保证船长有足够资格胜任岗位和规定的授权；保证足数的船员且其业务水平合格，有理解和执行各种有关文件的能力；保证对任何缺陷、不足采取了纠正措施；保证对任何的不符合有向指定人员报告的程序并执行；保证所有的指示、程序、行动有书面记录且按要求归档保存。

对于被保险人的船舶及其经营活动，保险公司进行日常的安全检查是预防风险的有效办法。保险人有权提出被保险人在安全管理上的不符合项，并要求被保

① 王海光. ISM CODE对船舶保险除外责任的影响[J]. 中国海事，2008(3)：34－37.

险人改正。对于已经发生的不符合项,被保险人有义务告知保险人。

三、《2007 年内罗毕国际残骸清除公约》的影响

(一) 概述

2007 年 5 月,国际海事组织(IMO)在肯尼亚首都内罗毕召开外交大会,来自 64 个成员国的代表和联系会员、政府间组织以及非政府组织派出的观察员参加会议,会上通过《2007 年内罗毕国际残骸清除公约》(Nairobi International Convention on the Removal of Wrecks, 2007, NAIROBI WRC 2007)(以下简称《公约》)。按照约定,该《公约》自 2007 年 11 月 9 日起 1 年内开放供成员国签字和批准,并在 10 个成员国批准 1 年后生效。该《公约》通过在世界范围内建立统一的国际规则和程序,使沿岸国水域内的船舶残骸得以迅速有效地清除,达到促进船舶海上航行安全、船舶保安和保护海洋环境的目的。至 2012 年 10 月 30 日,批准加入《公约》的国家有: Bulgaria, India, Iran (Islamic Republic of), Nigeria, Palau。目前《公约》未生效,我国也尚未加入。

《公约》所指的"残骸",是指发生海上事故后: ①一艘沉没或搁浅的船舶;②沉没或搁浅船舶的任一部分,包括当时或曾经在该船上的任何物品;③船舶在海上灭失的并在海上搁浅、沉没或漂浮的任何物品;④即将或合理预期将沉没或搁浅的一艘船舶,若尚未为救助该船或处于危险中的任何财产采取有效措施的话。残骸所造成的"危害"可能包括: ①对航行构成威胁或妨碍的任何情况或威胁;②合理预期会对海上环境造成重大有害影响,或是损害一国或多国的海岸线或相关利益的任何情况或威胁。

《公约》要求悬挂某缔约国国旗的船舶的船长和经营人在该船舶被卷入导致残骸的海上事故时毫不延误地向受影响国家报告。受影响国家基于残骸的类型、大小和结构,所在区域的水深,所在区域的潮汐范围和水流等 15 个因素,决定该残骸是否构成危害。如果受影响国家确定残骸构成危害,则其须立即通知船舶登记国和登记所有人,并就对残骸采取的措施与船舶登记国和受到残骸影响的其他缔约国进行协商。如已确定残骸构成危害,登记所有人或其他利益方须向受影响国家的主管当局提供保险或其他经济担保证明。

登记所有人有义务清除被确定为构成危害的残骸。如果登记所有人在受影响国家设定的期限内没有清除残骸,或是无法联系到登记所有人,则受影响国家可以采取现有最切实可行、最迅速且符合安全和海洋环境保护的办法对残骸进行清除。登记所有人承担有关费用。

(二)《公约》对海上保险的影响

长期以来,我国海事管理机构为维护公共安全和公共利益,每年花费大笔费用

进行残骸的定位、标志和清除，但得不到偿付。《公约》为残骸的定位、标志和清除费用提供法律上的保障；同时，也运用风险管理的方法为及时、有效地清除残骸制定程序。无论我国是否加入《公约》，其有关制度都值得借鉴。

按照性质，广义的打捞包括救助打捞、强制打捞、指令性打捞、商业打捞和文物打捞等类型。我国有多个法律法规涉及打捞的规定，如《中华人民共和国海商法》《中华人民共和国海洋环境保护法》《中华人民共和国海上交通安全法》《中华人民共和国打捞沉船管理办法》《关于外商参与打捞中国沿海水域沉船沉物管理办法》《中华人民共和国防止船舶污染海域管理条例》《沉船沉物打捞单位资质管理规定》等。

强制打捞是国家主管机关负责的，我国由海事局负责。强制打捞的责任主体包括船舶所有人、船舶经营人、船舶管理人等。由于涉及多个法律法规，我国在强制打捞制度上存在强制打捞的责任主体不统一或不明确、打捞费用的支付没有保障、打捞人责任限制不明确等不足。

《公约》要求缔约国主管机关向船舶签发已维持强制保险或其他财务担保的证明。主管机关或经其授权的组织可以向已维持强制保险或其他财务担保的船舶签发证书，而对于未在缔约国登记的船舶，此类证书可由任一缔约国的有关主管机关签发或核证；缔约国应确保所有进出其领土内港口的船舶具有有效的保险或其他财务担保。

《公约》将强制责任保险制度引入残骸清除领域，虽然在一定程度上增加船舶营运成本，但对航运业来说是一种保护和促进。航运业是高风险行业，在残骸清除过程中，对残骸进行定位、标志和清除的费用巨大，船舶所有人往往因无力承担而破产。保险制度的引入既可以增加海上保险业务来源，同时又可以通过保险机制分散残骸清除风险。

《公约》规定的制度是否适用于缔约国领海，由缔约国自己选择决定。如果我国推广实施残骸清除领域强制责任保险，鉴于在我国沿海和内河水域内也存在大量残骸的事实，可以在国内航行船舶中适当地、逐步地推行强制保险制度。我国海事主管机关可以通过行政文件的形式首先要求事故率较高、风险较大的船种先进行船舶残骸清除保险，然后对实施的效果进行评估，在此基础上逐步将船舶残骸清除保险推广到所有的船舶种类。①

第五节　法律与公约对三大险种的不同影响

一、船舶险

航运保险条款可以按照船舶、货物、责任等不同保险标的制定各自条款，但是，

---

① 周浩.《2007 年内罗毕国际残骸清除公约》的通过对我国的影响及其实施对策[J].上海海事大学学报，2008，29(1)：78－82.

在立法上，各国通常按照统一立法模式，先考虑船货保险共同规则，然后考虑各自适用的特殊规则。有些规则虽然同时调整船货保险，但可能有所侧重。总体上，适航、重复保险、不足额保险、风险改变条款、保证、委付等规则与船舶保险联系更紧密。保险利益、保险价值、实际全损和推定全损、被保险人一般义务、保险代位等规则同时适用于船货保险。预约保险合同等一般只针对货运保险。

根据前述对于英国、美国、挪威等具有代表性国家的航运保险法律制度的分析，以及国际海事委员会、联合国贸发会对航运保险法律制度的研究表明，虽然英国《1906 年海上保险法》仍然具有极大的影响力，但是，在全球航运保险市场上毕竟也存在与英国法律不同的其他法律。这之间的差别不仅仅在条文上，而且体现在大量的判例、条款、业务惯例中。在最大诚信、保险利益、告知义务、风险变更、保证等制度上的差别尤其明显。

英国《1906 年海上保险法》在其制定之初基于当时的航运业和航运保险市场现实，并考虑普通法系的特点，确实是一部非常优秀的法律。以船舶保险而言，通过最大诚信、告知义务、保证等规则很好地平衡了保险人与被保险人之间的利益。虽然保证制度对于被保险人而言比较严厉，但是，考虑到保险人固有的风险，该制度仍然被广泛接受。我国理论界有一种观点认为，最大诚信原则不符合大陆法系的立法要求，与我国《海商法》关于告知义务的规定不协调。[①] 在保证制度上，英国法中的保证制度从诞生到长时间的存续有其深刻的法律文化背景，普通法系国家与大陆法系国家的法律文化有很大的差异，导致保证制度在具体内容上的区别，但是，作为保险人风险控制的重要制度设计仍然具有生命力。[②]

评价一个国家航运保险法律对于航运保险业的保障作用，法律只是一个视角，还要考虑条款、司法、执法、仲裁、保险公司竞争力、体制、文化等许多因素。这也是本课题的核心思想之一。英国航运保险法律被许多国家直接或间接采纳，但是，世界航运保险中心只有伦敦一个，即可说明问题。其中保险条款起着尤其重要的作用。英国航运保险法律将来会继续保持其特色，同时，其船舶保险条款由于英国法律的稳定性、含义的确定性、高水平的司法、保险公司服务水平等获得广泛的认可。虽然英国航运保险法律和条款比较倾向于保险人利益，但是，鉴于英国保险条款、英国判例法和司法水平在国际上的权威性等原因，船舶所有人仍然愿意接受英国法律的适用。

挪威及北欧对于航运保险的影响主要不是法律，而是其保险条款的特殊性。挪威及北欧海上保险纲要虽然本质上是保险条款，但融合了法律与条款两方面内容，既具有法律规则形式，也具有保险条款内容，在处理保险当事人关系时可以不依赖于其他法律规则。保险纲要具体规定了许多新型险种，保险人与被保险人双

---

① 司玉琢，李志文. 中国海商法基本理论专题研究[M]. 北京：北京大学出版社，2009：682－684.

② 同上注，第 702 页。

方参与制定等特点，也使得保险纲要更能够满足当事人的需求。

挪威及北欧应该说选择了一种极具策略的做法。无论如何，挪威及北欧国家的航运保险法律难以超越英国《1906 年海上保险法》，这不仅仅是法律条文起草的问题，也不是条文详略问题，而是法律制度与法律传统背后深层次的问题。挪威及北欧保险纲要在国际上获得的普遍好评是基于其独具特色的保险条款设计而不是法律。

英国航运保险法律对于现代航运与海洋经济活动产生的新型保险的应对能力存在不足，如海事责任保险和离岸能源保险，对于船舶修造领域的保险也是如此。英国航运保险法律在一些基本原则上实行强制性规定，另一方面则按照合同自由原则允许当事人约定，原则性与灵活性结合保证了英国法律的生命力。

二、货运险

与船舶保险法律相比，货运险法律的分歧相对较小。在法律适用上，货运险纠纷当事人可能适用与进出口贸易有关国家的法律。如果进出口国家没有专门的海上保险法，或者使用英国协会条款，那么适用英国法律的可能性较大。

与船舶险相比，全球货运险市场相对比较分散，主要的贸易国家在货运险市场上都占有一定的市场份额。保险条款也允许当事人选择有密切联系国家的法律。由于下列原因，英国航运保险法律的影响仍然很大。

第一，部分国家航运保险立法直接照搬英国《1906 年海上保险法》，这既可以是部分内容，也可以是将英国法律整体纳入本国法律。

第二，适用英国协会货运险条款，该条款规定适用英国法律。

第三，英国法律允许保险合同自由转让，在其他国家法律中，则受制于保险人同意或经过司法机构程序。[①]

第四，法律规定强制适用英国航运保险法。根据 2000 年英国《金融服务与市场法》(Financial Services and Market Act, FSMA)的规定，如果保单持有人是在欧洲经济区内国家的，风险也发生在这些国家内，那么，货物起运地国家的法律即准据法。这意味着保险合同不能选择其他国家的法律。

第五，如果保险人是劳合社市场的保险公司，在保险条款没有明确适用法律的情况下，则推定适用英国法。

在一般保险领域，对于被保险人的保护力度在各国保险法及相关法律中不断加强，部分已经将被保险人上升到消费者这样一种地位，予以特别保护。在航运保险领域，鉴于投保人、被保险人不是个人，航运保险不是为生活消费，因此不适用有关规定。但是，从货运保险法律实践看，对于被保险人保护的力度在司法层面获得加强，有关法律的修改意图也体现出这一特点。英美部分判例为了保护被保险人

① 杨良宜. 海上货物保险[M]. 北京：法律出版社，2010：175.

的利益，对保险人援引保证条款予以拒赔进行一定的限制及为了防止保险人利用保险利益原则做技巧性的抗辩来规避赔偿责任。[①]

在船舶保险领域，许多概念的含义解释以及被保险人的义务依赖于有关法律规定。在货运险领域，保险条款的作用有时超过法律。所以，在货运险市场竞争中，其背后的法律保障是一个因素，更重要的因素是保险人的保险条款。通过获得更大的货运险市场份额，更多采用本国保险条款等是发挥本国航运保险法律的重要途径。

三、保赔险

英国《1906 年海上保险法》第 85 条规定：①两人或两人以上彼此同意互相承保海上损失，称为相互保险；②本法有关保险费的各项规定，不适用于相互保险，但各方达成的担保或其他类似安排可以代替保险费；③本法的各项规定，可基于各方协议进行修改，在适用于相互保险时，可由保赔协会签发的保险单的条件或协会的规则和章程加以修改；④除本条所提及的例外，本法的各项规定适用于相互保险。各国关于保赔险的规定相对较简单，英国《1906 年海上保险法》允许保赔协会通过章程或条款自由约定外，可以适用该法，在保赔险问题上解决了法律适用问题。

与 1964 年保险方案不同，1996 年保险方案没有包括 P&I 保险及其他相关的保险，如罢工保险和特殊费用保险。在方案修改过程中，挪威 P&I 保赔协会、GARD 和 SKULD 三家保赔协会提出，因为保赔协会及国际保赔集团已经就船舶所有人责任保险方面的问题作出明确规定，因此，建议保险方案不应再对此作出规定。但是，保险纲要第 15 章(战争险保险)第 1 条 § 15 - 2 款(Losses Covered)和第 7 条(Owner's Liability, etc. (P&I)) § 15 - 20 款(Scope of Cover)涉及商业保险与保赔险之间的关系。

虽然保赔险是一种相互保险，不以营利为目的，但不同保赔保险协会之间形成了与商业保险类似的竞争机制。保赔协会联盟等组织也发挥重要作用。所以，市场竞争力量和行业自律成为国际社会保赔险市场重要的规范来源，在一定意义上弥补了法律的不足。世界保赔保险市场中心位于伦敦，一方面是由于英国对于保赔保险进行了最先立法，另一方面是由于保赔保险协会组织位于伦敦，这是更重要的因素。

① 司玉琢. 国际海事立法趋势及对策研究[M]. 北京：法律出版社，2002：369.

第三章　我国航运保险业法律保障制度现状与问题

第一节　我国航运保险市场的发展现状

一、保费水平

（一）2010 年

中国航运保险市场近年来发展较快。2010 年，在世界经济反弹和中国经济复苏的带动下，中国航运保险市场同比增速达 25.67%，市场总体规模达到 129.54 亿元。其中，全国船舶保险费规模为 50.80 亿元，比上年增长 21.5%；货运险保费规模为 78.74 亿元，比上年增长 28.5%。从地区来看，上海市、江苏省和广东省分别位列全国航运保险费规模前 3 名。从保险人来看，船舶险方面，人保财险、太平洋保险和平安保险 3 家公司占据全国船舶险 79.6%的市场份额，较上年提升1.2个百分点；货运险方面，上述 3 家公司占 70.3%的市场份额，较上年提升 0.4 个百分点。[1]

（二）2011 年

据中国保监会统计，2011 年全国船舶险保费规模为 55.87 亿元，同比增长 10.0%；货运险保费规模为 97.83 亿元，同比增长 24.3%。分地区来看，上海市、北京市和江苏省分别位列全国航运类保险费规模前 3 名，保费规模分别为 34.45 亿元、13.95 亿元和 13.46 亿元，同比分别增长 57.0%，29.7%和 7.9%。船舶险方面，上海市、江苏省和浙江省分别位列全国前 3 名，保费规模分别为 20.85 亿元、5.73亿元和 4.92 亿元，其中，上海市同比增长 109.71%，江苏省和浙江省同比分别下跌 5.9%和 3.2%。货运险方面，上海市、北京市和江苏省分别位列全国前 3 名，保费规模分别为 13.60 亿元、13.23 亿元和 7.73 亿元，同比分别增长 13.3%，

---

① 转引自交通运输部：《2010 中国航运发展报告》。

36.2%和21.1%。[①]

值得注意的是,国际组织对于我国航运保险市场的统计数据与我国官方的统计数据存在较大的差距,尤其是船舶保险,这主要是由于有关国际组织的数据并未全面反映我国航运保险市场。但是,无论是船舶保险还是货运保险,国际组织统计信息中有关我国航运保险保费占世界航运保险市场份额的比例可以在一定程度上说明问题,具体保费金额则应该以我国官方公布的为准。

根据国际海上保险联盟的统计数据,在2011年的全球船舶保险保费(83亿美元)中,我国船舶保险保费占10.61%(见图6-3-1),已经超过作为亚洲国际航运中心的新加坡和我国香港地区等。2011年,我国香港地区船舶保费为16.34亿港元,约2.11亿美元。[②] 2011年,新加坡商业船舶保险保费为0.55亿美元,比2010年增长了0.3%;货运险相对高些,为0.76亿美元,增长了4.1%。[③]

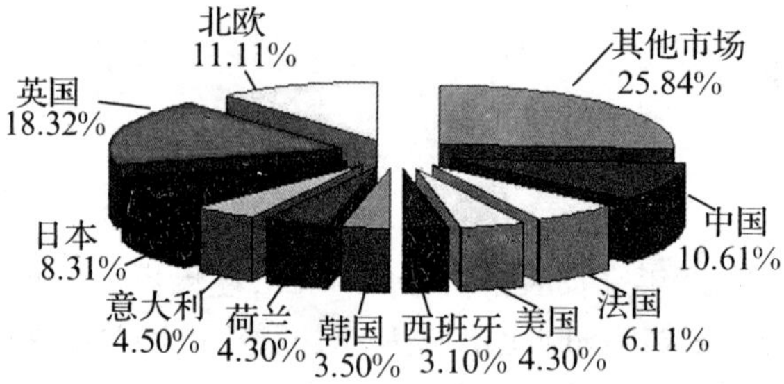

图6-3-1 2011年世界船舶保险市场份额[④]

另据中国保监会统计,2011年全国船舶险保费规模为55.87亿元,约8.87亿美元,占全球船舶保险保费(83亿美元)的10.7%。根据CEFOR数据,在图6-2-3中,2010年我国船舶保险占世界船舶险份额为10%。这2年数据表明,我国船舶险约占世界船舶险市场的1/10。

根据国际海上保险联盟统计,2011年全球货运保险市场保费总额为172亿美元。我国的货运保险是15.48亿美元,占9.0%。其他国家的情况:日本为19.608亿美元,占11.4%;德国为12.04亿美元,占7.0%;法国为8.6亿美元,占5.0%;英国为15.652亿美元,占9.1%,其中劳合社市场保费占其6.8个百分点,而英国国际保险协会市场则占其2.3个百分点;巴西为7.224亿美元,占4.2%;其他国家为56.932亿美元,占33.1%(见图6-3-2)。

① 转引自交通运输部:《2011中国航运发展报告》。

② 香港航运发展局:香港航运业统计摘要,http://www.mic.gov.hk/docs/mic_report.pdf。

③ GENERAL INSURANCE ASSOCIATION IN SINGAPORE: ANNUAL REPORT 2011,http://www.gia.org.sg/pdfs/AnnualReports/GIA_AR2011.pdf.

④ 数据来源:IUMI。

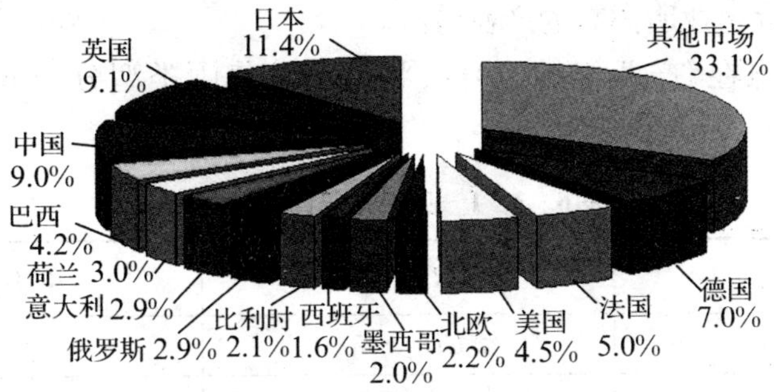

图 6-3-2　2011 年世界货运保险市场份额[①]

根据以上数据，从我国航运保险保费规模可以看出：

(1) 2009—2011 年 3 年，我国航运保险发展提速，呈现良好的发展态势。2012 年，我国船舶险与货运险保费收入约 157 亿元人民币，受全球经济复苏缓慢的影响，航运保险业发展有点减速。

(2) 2011 年，船舶险和货运险共 153.7 亿元人民币(约 24.65 亿美元)，占世界保费 255 亿美元的 9.67%。其中船舶险占 10.7%，货运险占 9.0%。但是，如果考虑保赔保险，则我国航运保险在全球的比例要低得多。

(3) 我国运力规模在世界各国排名中列第四，船舶险市场份额比例与此不相适应。

(4) 我国出口额占世界第一，进口额占世界第二，如果以此为标准，我国的货运险还有很大发展空间。

二、市场结构

(一) 市场集中度指标

反映市场结构的主要指标是市场集中度。常见的市场集中度指标(Concentration Index)有集中率(CR)、赫芬道赫指数(Herfindahl - Hirschman Index, HHI)等。对整个行业市场集中度的测算一般同时使用两种测算方法——CR 指数和赫芬道赫指数，分别用以分析与度量市场的绝对集中度和相对集中度。

1. 绝对集中度指标(CR_n)

绝对集中度指标是最基本的集中度衡量指标，通常用 CR_n 表示，即规模处于前 n 位的企业的市场份额之和占总市场的比例。

$$CR_n = \sum_{i=1}^{n} S_i$$

其中，$CR_n \in [0,1]$，企业 i 按其市场份额排序，即企业 1 是最大的企业，依次类

---

① 数据来源：IUMI。

推。如4家厂商集中率CR_4表示4家最大企业所占有的产业份额，8家厂商集中率CR_8表示8家最大企业所占有的产业份额。

1981年，贝恩在《产业组织论》中，将产业的集中类型分为6个等级，如表6－3－1所示。[①]

表6－3－1 贝恩市场结构分类

市场结构	CR_4值/%	CR_8值/%
寡占Ⅰ型	$CR_4 \geqslant 85$	—
寡占Ⅱ型	$75 \leqslant CR_4 < 85$	$CR_8 \geqslant 85$
寡占Ⅲ型	$50 \leqslant CR_4 < 75$	$75 \leqslant CR_8 < 85$
寡占Ⅳ型	$35 \leqslant CR_4 < 50$	$45 \leqslant CR_8 < 75$
寡占Ⅴ型	$30 \leqslant CR_4 < 35$	$40 \leqslant CR_8 < 45$
竞争型	$CR_4 < 30$	$CR_8 < 40$

注：CR_4是指行业中规模最大的前4位企业的集中度；CR_8是指行业中规模最大的前8位企业的集中度。

2. 相对集中度指标（*HHI*）

赫芬道赫指数是度量产业部门的市场集中度的指数。其计算方法是把某一部门的每一家企业在市场上的份额平方后求和。

$$HHI = \sum_{i=1}^{n} S_i^2$$

其中，S_i是第i家企业在某一部门中的份额百分数；*HHI*介于0和10 000之间，数字越小说明集中度越低，反之则说明集中度越高。当*HHI*为10 000时，说明市场中只有1家厂商。该指数侧重于从宏观上测算整个产业部门的集中度，从而掌握某行业在某一时期的市场集中状况。按照赫芬道赫指数与市场竞争结构之间的关系，可得出市场结构状态。即*HHI*不足1 000的，视为没有市场集中，市场竞争较充分；*HHI*在1 000与1 800之间的，视为中度集中的市场，市场处于垄断竞争状态；*HHI*超过1 800的，则认为这个范围的市场构成高度集中的市场，属于寡头垄断状态的市场。

就发达国家的经验做法来看，科学地测算市场集中度是反垄断执法的基础。美国司法部和联邦贸易委员会《1997年兼并指南》将赫芬道赫指数作为一个重要的参数进行考虑，规定了企业兼并的一般标准：①兼并后市场的*HHI*不足1 000的，视为没有市场集中，不需要进一步审查分析。②兼并后市场的*HHI*在1 000与1 800之间的，视为中度集中的市场。在这种情况下，如果兼并后的*HHI*提高

① 苏东水. 产业经济学[M]. 2版. 北京：高等教育出版社，2005：101.

值不到 100 点的话，则认为不具有反竞争效果，一般也不进行进一步审查；如果兼并后的 *HHI* 提高值超过 100 点的话，兼并就可能造成影响竞争的行为，是否进一步审查还需取决于其他因素。③兼并后的市场 *HHI* 超过 1 800 的，则认为这个范围的市场构成高度集中的市场。在这种情况下，如果兼并造成的 *HHI* 提高值不足 50 点的话，也不认为具有反竞争的效果，可以不进一步审查；如果兼并造成的 *HHI* 提高值超过 50 点的话，则应结合其他因素考虑是否开展进一步审查。

（二）船舶保险市场结构

根据不同的标准，船舶保险可以有不同的分类。①按照市场，船舶保险分为国内船舶保险（沿海内河船舶保险）和国际船舶保险（远洋船舶保险）；②按照航线水域不同，将船舶保险分为沿海内河船舶保险和远洋船舶保险；③定期船舶保险和航次船舶保险；④运营船舶保险、在建船舶险、船舶停航险、船舶修理责任险和拆解险等；⑤运输船舶保险、渔业船舶保险、工程船舶保险和工作船舶保险等；⑥财产险和责任险；⑦基本险和附加险。2009 年，我国航运保险公司对于有关船舶保险及其附加险的条款进行普遍的修改，形成了 2009 版系列条款。

海事责任险与离岸能源险已经成为航运保险中相对独立的业务。广义的海事责任险既包括与船舶运营直接有关的责任险，也包括其他独立险种的责任险。一般从狭义上理解海事责任险，仅指下列责任险：①码头营运人责任保险；②物流责任保险/物流综合责任保险；③修船责任险；④油污责任险。

离岸能源险（Offshore Energy Insurance）一般也称为海上石油开发保险，它是承保近海石油勘探开发全过程的一种专业性的综合保险，涉及财产险、责任险和工程险的内容。

2011 年，我国船舶保险保费收入主要集中在人保财险、太保产险、平安产险以及大地等几家保险公司。其中，人保财险船舶保险保费收入为 254 952 万元人民币，占全国船舶保险市场保费总额的 49.01%；太保产险船舶保险保费收入为 89 878万元人民币，占全国船舶保险市场保费总额的 17.28%；平安产险船舶保险保费收入为 59 728 万元人民币，占全国船舶保险市场保费总额的 11.48%（见图 6-3-3和表 6-3-2）。

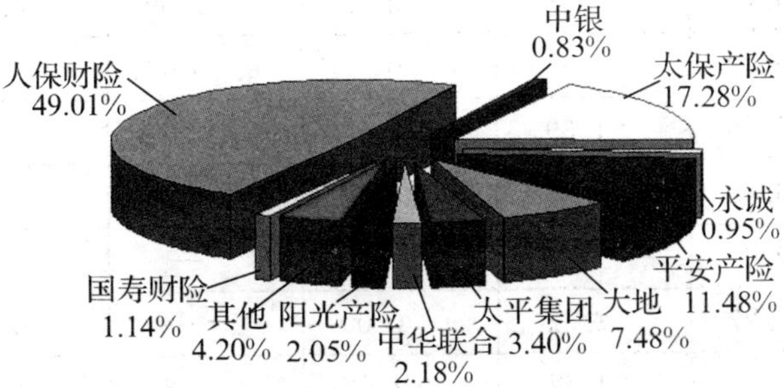

图 6-3-3　保险公司船舶保险保费收入份额

表 6-3-2 保险公司船舶保险保费收入及赔付支出 百万元

保险公司	保费收入			赔付支出		
	2011 年	2010 年	2009 年	2011 年	2010 年	2009 年
人保财险	2 549.52	2 142	2 109.22	1 028.33	1 146	726.87
太保产险	898.78	716.96	688	404.79	389.13	279
平安产险	597.28	428.61	290.93	221.34	78.96	63.7
大地	389	363	297.67	117	111	84.31
太平集团	177	—	—	87	—	—
中华联合	113.41	120.59	154.4	192.52	99.85	76.78
阳光产险	106.69	61.53	32.96	27.34	7.65	6.1
国寿财险	59.31	44.3	34.87	19.26	15.53	2.88
华泰产险	19.97	12.75	10.01	24.46	1.44	0.12
天安保险	19.07	17.84	15.21	3.01	0.44	0.06
大众	12.59	17.65	24.32	10	7.24	9.09
华安	10.35	2.17	0.79	0.44	0.22	1.71
永安	29.04	18.11	13.18	5.35	5.98	4.03
永诚	49.42	53.25	53.07	2.6	8.68	2.71
安信农险	5.91	5.86	5.02	1.26	3.02	2.64
安邦产险	2.49	3.58	8.49	2.38	1.91	1.54
渤海	10.28	9.25	11.42	5.15	3.67	5.17
华农	1.52	1.74	1	0.05	0.19	1
民安	33.47	27.93	24.66	5.52	10.82	0.96
安诚	0	1.33	1.64	1.1	0.32	0.18
中银	43.05	36.46	28.03	10.31	4.33	15.71
英大财险	2.67	—	—	0.01	—	—
长安责任	9.75	6.02	3.52	1.69	0.47	0.12
鼎和	0.32	—	0	0.03	—	—
紫金	15.58	1.39	—	1.64	—	—
浙商	6.92	0.57	—	0.26	—	—
信达	0.6	—	—	—	—	—
中意财险	3.27	2.32	0.09	—	0	0
太阳联合	0.77	1.52	1.66	0.3	1.27	0.17

(续表)

保险公司	保费收入			赔付支出		
	2011 年	2010 年	2009 年	2011 年	2010 年	2009 年
三井住友	18.37	0	16.81	0.73	0	0.06
三　星	8.54	0.43	1.95	159.89	0.43	0
安　联	7.42	3.4	0.66	0.1	0	0.01
日本财险	0.18	0.27	0.58	17.77	0.02	0.01
现　代	0	0.45	6.15	124.45	0	—
数据来源：中国保险年鉴。						

2011 年，前十五大船舶险保险公司的市场份额见表 6-3-3，其中的市场比例按照 2011 年全国船舶险保费规模为 55.87 亿元计算。

表 6-3-3 前十五大船舶险保险公司市场份额

保险公司	保费收入/百万元	市场比例/%
人保财险	2 549.52	45.63
太保产险	898.78	16.09
平安产险	597.28	10.69
大　地	389.00	6.96
太平集团	177.00	3.17
中华联合	113.41	2.03
阳光产险	106.69	1.91
国寿财险	59.31	1.06
永　诚	49.42	0.88
中　银	43.05	0.77
民　安	33.47	0.60
永　安	29.04	0.52
华泰产险	19.97	0.36
天安保险	19.07	0.34
三井住友	18.37	0.33

根据《中国保险年鉴》统计，2011 年全国有 34 家保险公司从事船舶保险业务。经计算，我国船舶险市场中前 3 家、4 家、5 家、8 家、10 家和 15 家集中度指标如下：$CR_3=72.41\%$；$CR_4=79.37\%$；$CR_5=82.54\%$；$CR_8=87.54\%$；$CR_{10}=89.19\%$；$CR_{15}=91.34\%$。

按照表 6－3－1 贝恩市场结构分类，目前船舶险市场前 4 家集中度指标反映出的市场结构是寡占Ⅱ型，按照前 8 家集中度指标，也属于寡占Ⅱ型。在船舶险市场中，人保财险属于一枝独秀，第二梯队有太保产险、平安产险，第三梯队有大地、太平集团、中华联合、阳光产险、国寿财险等。

（三）货运保险市场结构

按照不同标准，货运保险市场可以划分为许多子市场：①按照市场地域，分为国内货运保险市场和国际货运保险市场；②按照运输方式，分为水路货运保险市场、公路货运保险市场、航空货运保险市场、铁路货运保险市场等；③按照险别，分为基本险和附加险。在远洋运输货物保险中，基本险分为平安险、水渍险和一切险。2009 年，我国大多数从事货运保险业务的保险公司完成了各种货运险条款的修订。其中废除了“国内水路、陆路货物运输保险条款”，分别按照水路货运、公路货运或陆路货运设计条款，是一个很大的进步。

根据《中国保险年鉴》统计，2011 年，我国从事货运保险业务的保险公司有 51 家。2006—2011 年保费收入与保费赔付情况见表 6－3－4 和表 6－3－5。从表 6－3－4可以发现，有近 15 家保险公司是在近一二年才进入货运保险市场的，尤其是 2009 年以后增加了多家公司。2011 年主要货运保险公司保费收入占全国的比例见图6－3－4。

表 6－3－4 保险公司货运保险保费收入 百万元

保险公司	2011 年	2010 年	2009 年	2008 年	2007 年	2006 年
人保财险	3 350.9	2 680	3 210.93	2 978.79	2 773.67	2 803.67
国寿财险	104.96	68.46	56.22	8.93	—	—
大　地	172	154	187.83	171.47	140.43	103.47
太平集团	203	—	—	—	—	—
太平财险	101.73	—	—	—		—
阳光产险	104.1	81.95	89.84	71.77	23.24	0.8
中华联合	101.97	107.28	142.46	149.45	138.99	124.55
太保产险	1 199.68	869.58	958	895.06	785.65	756.2
平安产险	981.79	735.02	820.92	641.81	584.36	541.41
华泰财险	288.46	233	238	196.24	192.8	123.87
天安保险	58.28	51.24	75.17	85.37	94.45	86.69
大　众	27.79	16.67	40.1	44.83	70.28	43.06
华　安	8.16	4.78	3.53	10.49	34.4	19.57

(续表)

保险公司	2011年	2010年	2009年	2008年	2007年	2006年
永　安	34.77	31.11	32.77	36.67	32.07	27.48
永　诚	41.79	22.25	17.3	11.76	5.25	1.98
安信农险	1.08	0.26	0.13	0.25	0.16	0.05
安邦产险	36.21	53.81	80.05	46.65	19.46	1.33
安华农险	0.38	0.5	0.35	0.7	0.42	0.39
天平汽车	0	0.25	0.3	—	0.29	0
阳光农险	—	0.16	0.24	0.09	0.03	0.04
渤　海	3.99	6.2	10.08	4.57	1.44	0.01
都　邦	53.92	48.67	42.68	34.55	8	—
华　农	1.3	0.84	0.65	0.57	0	—
民　安	18.68	19.95	16.68	9.31	13.64	5.47
安　诚	3.53	13.66	6.74	0.42	—	—
中　银	43.03	34.84	34.92	18.94	7.52	
英大财险	1.27	1.86	—	—	—	—
长安责任	15.61	10.85	4.79	—	—	—
国元农险	0.05	0.01	0.03	—	—	—
鼎　和	0.99	—	0	—	—	—
紫　金	13.41	0.23	—	—	—	—
浙　商	3.17	0.1	—	—	—	—
信　达	1.71	—	—	—	—	—
中意财险	25.46	9.76	4.1	0.04	—	—
国泰产险	7.31	2.65	—	—	—	—
美　亚	230.86	186.03	196.65	187.27	168.96	159.03
东京海上日动	203.32	151.06	205.3	195.18	144.89	113.32
丰泰上海	45.04	27.29	30.06	16.01	14.22	12.4
太阳联合	39.27	33.8	30.69	22.91	20.81	16.98
丘　博	28.88	18.28	25.48	—	—	—
三井住友	189.18	138.63	136.98	128.52	96.6	82.04
三　星	170.59	128.44	149.81	130.37	84.53	67.9
安　联	41.97	31.67	25.4	12.17	8.7	4.4

（续表）

保险公司	2011年	2010年	2009年	2008年	2007年	2006年
日本财险	88.22	63.43	66.1	51.05	40.52	37.91
利　　宝	6.91	7.47	4.54	2.84	2.61	1.16
安盟成都	0.31	0	—	0	0	0
苏黎士北京	18.27	10.43	21.32	4.88	—	—
现　　代	15.28	8.47	8.74	4.25	—	—
爱和谊	9.08	6.79	5.5	0.49	—	—
日本兴亚	16.27	4.35	—	—	—	—
乐爱金	10.63	0.01	—	—	—	—
数据来源：中国保险年鉴。						

表6-3-5　保险公司货运保险保费赔付　　百万元

保险公司	2011年	2010年	2009年	2008年	2007年	2006年
人保财险	1 351.88	1 277	1 446.06	1 220.28	1 136.48	1 206.65
国寿财险	15.07	21.69	7.12	0.05	—	—
大　　地	51	39	65.42	42.93	42.02	19.19
太平集团	61	—	—	—	—	—
太平财险	35.24	—	—	—	—	—
中国信保	—	—	—	—	—	—
阳光产险	39.02	39.79	43.9	16.74	3.97	0
中华联合	60.91	56.35	116.16	63.17	42.47	33.53
太保产险	474.05	347.42	339	333.87	303.99	214.71
平安产险	337.16	305.93	260.34	190.79	187.92	165.75
华泰财险	67.69	60.55	72.91	48.24	43.12	49.01
天安保险	14.06	24.58	37.85	38.06	25.46	17.59
大　　众	6.88	7.61	8.13	21.59	27.16	13.62
华　　安	9.88	0.12	5.02	4.53	4.76	6.01
永　　安	10.96	43.44	12.54	11.71	5.95	3.95
永　　诚	10.21	7.48	2.6	1.19	0.26	0
安信农险	0.21	0.11	0.04	0.03	0.07	0.03
安邦产险	4.95	8.9	7.9	7.33	3	0

(续表)

保险公司	2011 年	2010 年	2009 年	2008 年	2007 年	2006 年
安华农险	0	0.06	0.97	0.13	0	0.01
天平汽车	0	—	0	—	0.02	—
阳光农险	0.05	—	0.32	0.24	0.17	0
渤　海	5.87	1.43	1.43	0.58	0.11	—
都　邦	41.09	14.62	28.68	6.38	5	—
华　农	0.12	0.15	0.19	0.14	0	—
民　安	10.11	5.21	4.18	−0.33	1.48	0.75
安　诚	1.12	1.85	0.39	0.01	—	—
中　银	10.42	9.02	8.18	3.66	0.47	—
英大财险	—	—	—	—	—	—
长安责任	4.38	1.67	0.4	—	—	—
国元农险	0.01	0.09	0.21	—	—	—
鼎　和	0	—	—	—	—	—
紫　金	1.27	—	—	—	—	—
浙　商	0.59	—	—	—	—	—
信　达	0.03	—	—	—	—	—
中意财险	6.22	0.22	0.46	—	—	—
国泰产险	0.6	0.02	—	—	—	—
美　亚	79.23	84.35	75.99	73.75	86.22	62.59
东京海上日动	75.74	116.24	82.4	79.95	75.56	46.95
丰泰上海	14.88	9.4	5.6	9.1	3.21	4.33
太阳联合	12.42	11.96	9.94	5.98	4.52	4.04
丘　博	15.18	7.21	13.05	—	—	—
三井住友	70.95	40.49	53.69	40.76	22.7	20.72
三　星	37.88	37.35	39.22	27.54	25.12	28.97
安　联	13.52	11.31	12.24	2.01	0.64	0.26
日本财险	18.39	19.71	12.36	8.77	9.97	4.17
利　宝	3.06	3.01	1.02	1.22	0.2	0.12
安盟成都	0.07	0	—	0	0	0
苏黎士北京	3.84	1.19	3.05	0.16	—	—

（续表）

保险公司	2011 年	2010 年	2009 年	2008 年	2007 年	2006 年
现　　代	2.29	1.93	1.36	0.44	—	—
爱和谊	2.57	1.07	1.54	0	—	—
日本兴亚	3.24	0.01	—	—	—	—
乐爱金	1.9	—	—	—	—	—
数据来源：中国保险年鉴。						

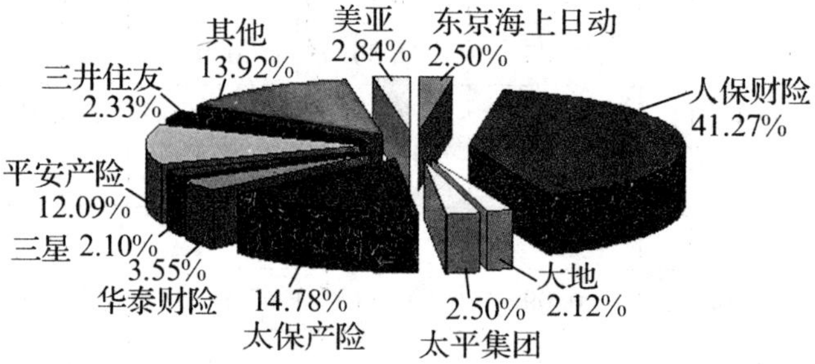

图 6-3-4　保险公司货运保险保费收入份额

（四）船舶险与货运险市场结构比较

2011 年，人保财险、太保产险、平安产险在我国货运保险市场中占有较高的比例，有 14 家公司保费收入超过 1 亿元人民币。为了全面反映我国货运险市场结构及其竞争状况，按照市场绝对集中度指标（CR_n），计算得出我国货运保险市场前 15 家保险公司市场份额（见表 6-3-6）。

表 6-3-6　前 15 家货运险保险公司市场份额

保险公司	保费收入/百万元	市场比例/%
人保财险	3 350.90	34.25
太保产险	1 199.68	12.26
平安产险	981.79	10.04
华泰财险	288.46	2.95
美　　亚	230.86	2.36
东京海上日动	203.32	2.08
太平集团	203.00	2.08

（续表）

保险公司	保费收入/百万元	市场比例/%
三井住友	189.18	1.93
大　　地	172.00	1.76
三　　星	170.59	1.74
国寿财险	104.96	1.07
阳光产险	104.10	1.06
中华联合	101.97	1.04
太平财险	101.73	1.04
日本财险	88.22	0.90

根据《中国保险年鉴》统计，2011年全国货运险保费规模为97.83亿元。经计算，我国货运险市场中前3家、4家、5家、8家、10家和15家集中度指标为：$CR_3=56.55\%$；$CR_4=59.50\%$；$CR_5=61.86\%$；$CR_8=67.95\%$；$CR_{10}=71.45\%$；$CR_{15}=76.56\%$。

按照表6-3-1贝恩市场结构分类，依据CR_4数据，我国货运险市场属于寡占Ⅲ型，依据CR_8数据，则属于寡占Ⅳ型。因此，属于寡占Ⅲ型与寡占Ⅳ型的混合市场结构。由于新加入货运险市场的保险公司将不断分享货运险市场，目前的市场结构有可能从寡占Ⅲ型向寡占Ⅳ型发展。

在船舶险与货运险2个市场中，我国货运险市场的集中度明显低于船舶险市场集中度(见表6-3-7)。主要理由是：①货运险市场经营技术低于船舶险；②货运险市场利润率高于船舶险；③货运险市场竞争主体数量多于船舶险；④价格战使保费流向部分新进公司。

表6-3-7 船舶险与货运险市场集中度比较(2011年) %

CR_n	CR_3	CR_4	CR_5	CR_8	CR_{10}	CR_{15}
船舶险	72.41	79.37	82.54	87.54	89.19	91.34
货运险	56.55	59.50	61.86	67.95	71.45	76.56

在市场结构与市场行为的关系问题上，形成了哈佛学派和芝加哥学派。“结构方法主要涉及合并以及独占或者市场支配地位。行为方法指向的内容涉及诸如固定价格和其他勾结行为、垂直限制以及滥用市场支配地位之类的行为。尽管竞争政策的结构方法和行为方法倾向于分别适用，但市场结构和商业行为之间是相互影响的”。①

① 孔祥俊.反垄断法原理[M].北京：中国法制出版社，2001：240.

现代竞争理论更看重市场竞争的实际效果，而不是简单的结构分析或行为分析。芝加哥学派相信市场具有自我调节的能力，认为市场障碍的存在具有暂时性，并且对于拥有一定实力的潜在竞争者而言，其影响是有限的。施蒂格勒认为，大企业和集中反映了规模经济和市场的相对大小，并不存在阻止进入的障碍，被阻挡在市场之外的唯一竞争者，就是那些没有效率的竞争者。[①]

三、保赔保险

（一）世界保赔保险市场

保赔保险(P&I)是保障与赔偿保险(Protection and Indemnity Insurance)的简称，是指船舶所有人（船舶经营人、租船人等）根据保赔保险合同的约定，向保赔协会支付会费（保险费），保赔协会对入会船舶所有人所有（或者租用、管理）的船舶潜在责任风险、与营运有关的可能的损失以及由此引起的费用所提供的保障与赔偿。[②]

20 世纪 20 年代初，英国有 9 家保赔协会通过签订联营协议和相互间分保协议而组成伦敦保赔协会分保集团，简称伦敦集团(London Pool)，后来又有几家北欧保赔协会和日本保赔协会加入，伦敦集团发展成为今天的国际保赔协会集团(International Group of P&I Clubs)。国际保赔协会集团目前有 13 个成员，承保了 90%以上的世界海船吨位。

除了传统的船东互保协会外，现代保赔保险已经扩展到其他航运经营人，典型的是英国联运保赔协会(TT Club)。联运保赔协会成立于 1968 年，以多式联运经营人的设备风险和责任风险为承保对象，参与投保经营者包括班轮公司、港口经营人、国际货运代理人、无船承运人、场站经营人等。联运保赔协会业务主要以物流责任保险为主。

根据国际海上保险联盟统计，在不考虑其他小的保赔保险市场情况下，2008 年底，世界保赔保险市场总额为 29 亿美元左右。其中，英国保赔保险市场总额超过 17.9 亿美元，占 61.7%；北欧国家保赔保险市场总额超过 7.4 亿美元，占 25.5%；日本保赔保险市场总额超过 2.3 亿美元，占 7.9%；美国保赔保险市场总额超过 1.4 亿美元，占 4.8%。

至 2011 年底，世界保赔保险市场总额达到 34.4 亿美元。其中，英国保赔保险市场总额超过 20.9 亿美元，占 61%；北欧国家保赔保险市场总额超过 9.9 亿元，占 29%；日本保赔保险市场总额超过 2.5 亿元，占 7%；美国保赔保险市场总额超过 1.1 亿元，占 3%（见图 6-3-5）。

---

① G·J·施蒂格勒. 产业组织和政府管制[M]. 潘振民，译. 上海：上海人民出版社，上海三联书店出版社，1996：71.

② 艾素君. 保赔保险合同法律制度研究[D]. 武汉：武汉大学，2005：4.

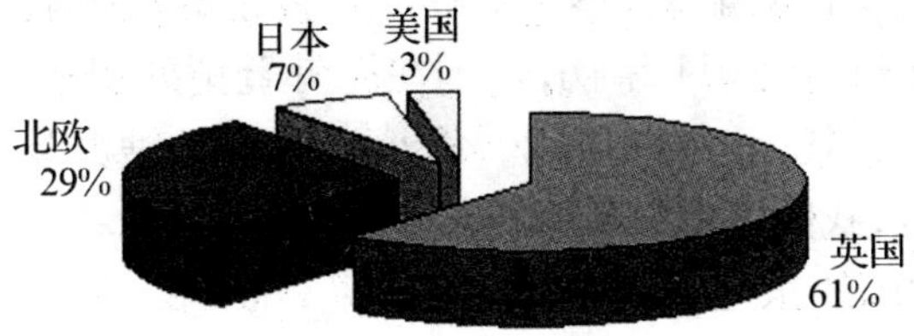

图 6-3-5 2011 年世界主要航运发达国家航运保赔保险市场份额[①]

北欧保赔保险市场份额在这 3 年中提高了 3.5 个百分点,而其他 3 个市场均有不同程度的下降。美国保赔保险不仅市场占有率下降,而且在保费绝对额上也有所下降。日本近 3 年保赔保险市场变化不大,发展缓慢。

(二) 我国保赔保险市场

中国船东互保协会(China Ship Owners Mutual Assurance Association, CPI)是经中国政府批准的船舶所有人互相保险的组织,于 1984 年 1 月成立。协会向会员提供保赔保险(P&I Cover)、船舶保险(Mutual Hull Cover)、战争险(War P&I)、租船人责任保险(TCL)和抗辩责任险(FD&D)等。协会的费率原则是:依据会员所提供的其公司船舶的详尽资料、赔付记录、投保风险来厘定费率。中国船东互保协会保赔保险的承保条款与国际保赔协会集团各成员协会基本一致。[②]

2006—2011 年,中国船东互保协会承保情况见表 6-3-8。2011 年底,中国船东互保协会会员有 146 家,入会船舶为 1 112 艘,入会船舶达 3 134 万总吨。除 2008 年外,其余各年吨位增长率均达到 2 位数。

表 6-3-8 中国船东互保协会承保情况

年度	协会会员/家	入会船舶/艘	吨位/万总吨	较上年吨位增长率/%
2011	146	1 112	3 134	12.73
2010	135	1 043	2 780	15.79
2009	130	996	2 401	34.28
2008	120	885	1 788	8.30
2007	128	939	1 651	14.18
2006	120	892	1 446	12.26

根据交通运输部统计,2011 年底,全国拥有水上运输船舶 17.92 万艘,净载重量 21 264.32 万 t。其中沿海运输船舶 10 902 艘,净载重量 5 780.47 万 t;远洋运输船舶 2 494 艘,净载重量 6 703.86 万 t。[③] 需要注意的是,这里的远洋运输船舶是

① 数据来源:IUMI。
② 中国船东互保协会:http://www.cpiweb.org/baoxiantiaokuan/10.jsp。
③ 交通运输部:《2011 年公路水路交通运输行业发展统计公报》。

指在我国船舶登记机关登记的船舶，不包括在海外登记的我国航运公司拥有所有权的船舶。按照联合国统计，2011 年初，我国在海外登记的船舶有 1 607 艘，净载重量 6 176.20 万 t，占我国总运力的 57.20%。[①] 入会船舶艘数及净载重吨与我国拥有的船舶总运力比较，我国保赔保险尚有较大的发展空间。

2009—2011 年，中国船东互保协会理赔情况见表 6-3-9，每总吨净基金与保赔基金近 10 年发展情况见图 6-3-6。每总吨净基金与保赔基金反映一个保赔协会的经营成果及其抗风险的能力。

表 6-3-9　中国船东互保协会理赔情况

序号	风险类型	案件数量/件			风险责任	索赔金额/万美元		
		2009 年	2010 年	2011 年		2009 年	2010 年	2011 年
1	协会旨意费	424	620	802	货物责任	2 109	1 564	2 869
2	货物责任	475	432	601	财产灭失	77	251	1 027
4	船员伤亡	204	292	277	残骸处理	15	643	377
4	人员伤亡	17	21	28	船员伤亡	127	985	351
5	财产灭失	39	43	27	碰撞责任	381	3 368	239
6	碰撞责任	19	36	24	人员伤亡	38	14	62
7	污染风险	18	18	15	罚款	—	8	22
8	罚款	11	12	13	污染风险	44	173	17
9	共同海损费	—	2	6	入会船财产	—	4	14
10	残骸处理	6	6	4	损害防止费	6	15	13
11	其他	5	26	11	其他	5	60	11
合计		1 218	1 508	1 808	合计	2 802	7 085	5 002

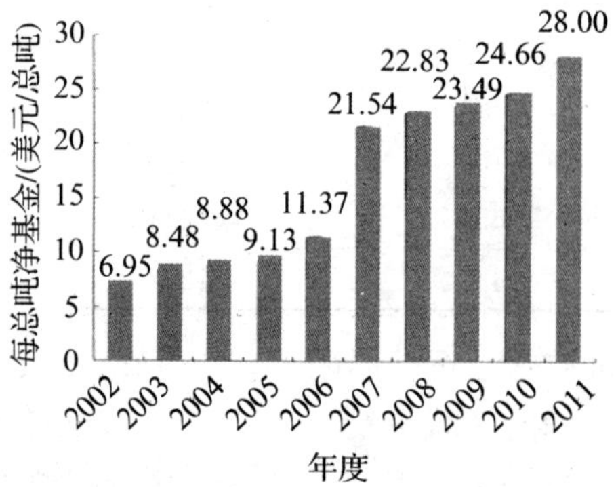

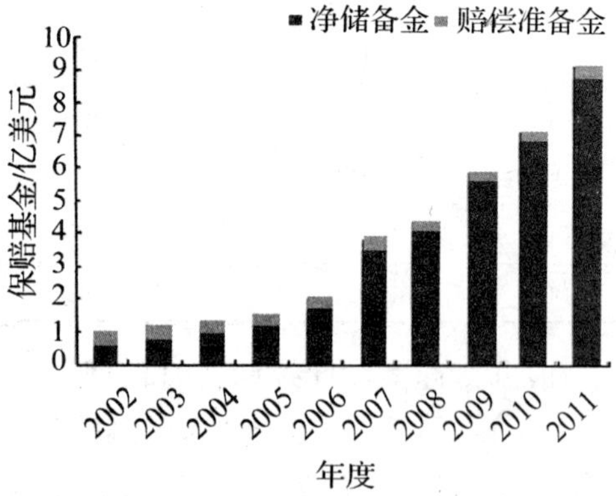

图 6-3-6　保赔保险基金发展情况[②]

---

① UNCTAD: Review of Maritime Transport 2011, p. 43.

② 数据来源：中国船东互保协会。

表 6-3-9 从案件数量、索赔金额、风险类型、风险责任 4 个方面反映互保协会索赔情况，索赔不等于最后实际的赔偿。

从近 3 年情况看，索赔案件呈现逐年增加趋势，但是，索赔金额则是 2010 年最高。事故的发生具有偶然性，损失金额与索赔金额因此也具有不确定性。但是，在入会船舶艘数、船舶净载重吨以比较高的速度增加的情况下，案件数量和索赔金额出现总体增加的现象是正常的。

我国保赔保险主要问题有 3 个：第一，保赔保险资源流失，许多远洋船舶在国外保赔协会投保，这是导致我国保费总额在全球保险市场比例低的主要原因；虽然国内只有 1 家保赔协会，但就远洋船舶而言，由于方便旗广泛存在，各国保赔协会之间存在竞争关系。第二，国内船舶保赔保险比例相当低，大多数内河运输船舶和沿海运输船舶没有加入保赔协会。但是，这为商业船舶保险提供了机会。第三，保赔保险性质和法律地位不明。

我国《保险法》和《海商法》有关保险的规定是针对商业保险的，保赔保险属于非营利性的互保性质。这导致了许多法律问题，如保赔协会只能按照社会团体方面的法律登记成立，保赔协会不属于中国保监会监管，保赔保险条款无须向保监会备案等。另外，中国船东互保协会推出的保险条款中包含保赔险、抗辩险和船舶险，其中部分内容与商业性保险类似。商业保险与保赔保险应该具有互补关系，相互之间不应该是替代关系。

第二节　我国航运保险的立法沿革与体系

一、航运保险立法沿革

（一）准用保险条款阶段

由于特殊的经济体制，我国保险立法起步晚，但是，新中国保险业于 1949 年起步，1949 年 10 月 20 日，中国人民保险公司在北京正式成立。没有保险条款，是无法从事保险业务的。为此，制定保险条款先于立法，按照私法自治精神，将保险条款纳入合同后，即成为当事人之间的法律。

最初，中国人民保险公司没有自己的船舶保险条款，使用英国协会条款或其他国家条款。1972 年，中国人民保险公司制定了自己的船舶保险条款，在 1974 年、1976 年、1986 年进行了修订。其中，中国人民保险 1986 年条款参考了 1983 年英国协会船舶定期保险条款，形成了使用长达 20 多年的 1986 年《远洋船舶保险条款》。1986 年条款为我国国内保险公司普遍采用，成为事实上的标准条款，直到 2009 年新的船舶保险条款制定为止。

1951 年，中国人民保险公司以伦敦协会货物条款为蓝本，首次制定了我国自己的海洋货物运输条款。1963年对1951年海洋货物运输条款进行了修订。1981年对条款进行再次修订。1981年版货运险条款一直使用到2009年。2009年,国内部分保险公司推出了2009年版货运险条款。

(二) 过渡立法阶段

在我国确立建设社会主义市场经济体制之前,经历了有计划的商品经济阶段,这阶段的立法按照社会主义市场经济体制的要求已经过时,具有过渡性立法的性质。《中华人民共和国经济合同法》(1981)第25条有关保险合同的原则性规定、国务院制定的《财产保险合同条例》(1983)都是这时期的立法。

(三) 航运保险基本法确立阶段

航运保险法律首先体现为海上保险合同法律制度,该制度是由1993年颁布的《中华人民共和国海商法》第12章"海上保险合同"建立的。

1995年,《中华人民共和国保险法》通过,建立起一般保险合同制度与保险业经营规则、保险业监管制度等。该法于2002年和2009年经过2次修订。《海商法》关于海上保险合同的规定作为《保险法》财产保险的特别规定发挥作用。

1999年,《中华人民共和国合同法》通过,海上保险合同和保险合同作为《合同法》一般规则的特别规定发挥作用。

(四) 司法解释完善阶段

2006年11月13日,最高人民法院审判委员会通过《最高人民法院关于审理海上保险纠纷案件若干问题的规定》(法释〔2006〕10号),成为我国海上保险领域唯一的一个司法解释。

在《保险法》司法解释方面,2009年9月14日,最高人民法院审判委员会通过最高人民法院《关于适用〈中华人民共和国保险法〉若干问题的解释(一)》(法释〔2009〕12号)。最高人民法院就《关于适用〈中华人民共和国保险法〉若干问题的解释(二)》尚处于征求意见稿阶段。

二、航运保险法律体系

(一) 概述

狭义的航运保险法律体系包括《保险法》和《海商法》第12章2个部分。但是,从广义上理解航运保险法律体系时,可以将与航运保险有关的法律包括在内。这样,航运保险法律体系由基础法、核心法、相关法和外围法构成(图6-3-7)。

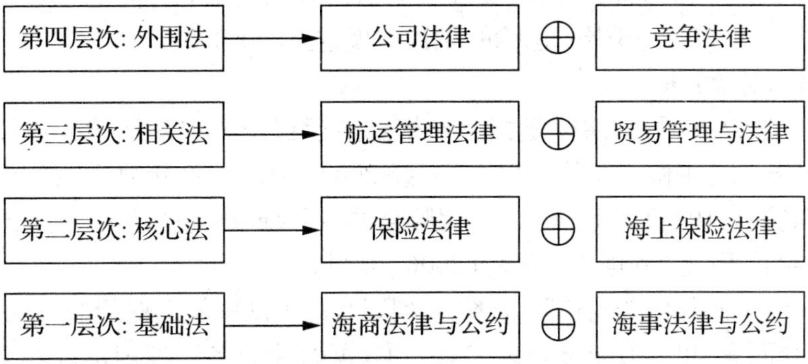

图 6-3-7　广义航运保险法律体系

（二）各层次主要法律法规

1. 第一层次：基础法

海上保险承保海上风险，在联运、多式联运情况下，风险范围扩展到陆上风险。海上风险是由于人类从事海上航运及油气开发等活动而发生联系的，海商海事法律即调整海上经济活动的基本法。所以，海上风险是通过海商海事法律进入海上保险的，海上风险范围及其经济影响是由海商海事法律决定的，不具有经济意义的纯粹的自然现象不称其为风险。因此，海商海事法律成为海上保险法律体系的基础法。

通常将海商法分为海商和海事 2 部分，船舶物权、海上货物运输、海上旅客运输、船舶租用、海上拖航和海上保险等方面的法律属于狭义的海商法。共同海损、船舶碰撞、海难救助、海事赔偿责任限制、沉船沉物打捞清除和船舶海域污染损害赔偿等方面的法律属于海事法。《中华人民共和国海事诉讼特别程序法》(1999)是我国海商海事案件审理的特别程序法。

海商海事法律既包括国内法也包括国际公约。国际公约在此不予列举。除《海商法》基本规定外，最高人民法院司法解释是对现有海商海事法律的重要补充，主要有：①《最高人民法院关于审理船舶碰撞纠纷案件若干问题的规定》(法释〔2008〕7 号)；②《最高人民法院关于审理无正本提单交付货物案件适用法律若干问题的规定》(法释〔2009〕1 号)；③《关于审理海事赔偿责任限制相关纠纷案件的若干规定》(法释〔2010〕11 号)；④《最高人民法院关于适用〈中华人民共和国海事诉讼特别程序法〉若干问题的解释》(法释〔2003〕3 号)。

在海洋环境保护和船舶安全方面，主要包括：①《中华人民共和国海洋环境保护法》(1982)；②《防治船舶污染海洋环境管理条例》(2009)；③《中华人民共和国船舶油污损害民事责任保险实施办法》(2010)；④《船舶油污损害赔偿基金征收使用管理办法》(2012)；⑤《中华人民共和国船舶及其有关作业活动污染海洋环境防治管理规定》(2010)；⑥《中华人民共和国船舶安全营运和防止污染管理规则》

(2001);⑦《中华人民共和国海上交通安全法》(1983);⑧《中华人民共和国船舶安全检查规则》(2009);⑨《老旧运输船舶管理规定》(2009)等。

2. 第二层次:核心法

如前所述,核心层的法律是指直接规定航运保险或保险法律的法律,列举如下:①《中华人民共和国保险法》(1995,经 2002 年和 2009 年修订);②《中华人民共和国海商法》(1993)第 12 章"海上保险合同";③《最高人民法院关于审理海上保险纠纷案件若干问题的规定》(法释〔2006〕10 号)

另外,航运保险作为财产险业务,下列规章对于从事航运保险业务的保险机构与保险中介而言,也具有重要意义。如:①《再保险业务管理规定》(2005);②《保险公司偿付能力管理规定》(2008);③《保险专业代理机构监管规定》(2009);④《保险经纪机构监管规定》(2009);⑤《保险公估机构监管规定》(2009);⑥《保险资金运用管理暂行办法》(2010);⑦《再保险业务管理规定》(2010);⑧《财产保险公司保险条款和保险费率管理办法》(2010)等。

3. 第三层次:相关法

航运保险是为航运、贸易服务的,航运保险的发展因此依赖于航运业与国际国内贸易的发展规模和发展质量。

前述的海商、海事、海洋环境保护、船舶安全等领域的法律都属于广义的航运法律制度。但是,习惯上将航运市场管理法律称为狭义的航运法。我国在这方面的法律法规有:①《中华人民共和国国际海运条例》(2001);②《中华人民共和国国际海运条例实施细则》(2003);③《国内水路运输管理条例》(2012);④《国内水路运输经营资质管理规定》(2008);⑤《关于试行无船承运业务经营者保证金责任保险的通知》(2010);⑥《中华人民共和国船舶登记条例》(1995);⑦《中华人民共和国港口法》(2003)等。

在贸易领域,既包括国内贸易也包括国际贸易,就保险业务而言,国际贸易占有更重要的地位。在国际贸易领域,有关管理的法律法规主要有:①《2000 年国际贸易术语解释通则》(1999);②《中华人民共和国对外贸易法》(1994,2004 年修订);③《中华人民共和国货物进出口管理条例》(2002);④《中华人民共和国国际货物运输代理业管理规定》(1995);⑤《国际货物运输代理业管理规定实施细则》(2004);⑥《中华人民共和国海关法》(1987,2000 年修订)等。

4. 第四层次:外围法

社会主义市场经济法律环境在整体上构成航运保险的外围法,公司治理、市场竞争、反垄断、反不正当竞争、违约责任、侵权责任、诚信市场环境构建等都依赖于这些法律。其中特别重要的是:①《中华人民共和国公司法》(1993,1999 年、2004 年和 2005 年修订);②《中华人民共和国反垄断法》(2007);③《中华人民共和国反不正当竞争法》(1993);④《中华人民共和国合同法》(1999);⑤《中华人民共和国侵权责任法》(2009)等。

(三) 航运保险法律体系特点

(1) 我国已经形成体系完整、层次清楚、内容全面的航运保险法律体系。以《保险法》和《海商法》的海上保险合同法为核心,以船舶、货物运输为基础的物权关系、合同关系和侵权关系为主要内容,通过合理界定有关当事人的权利、义务,建立航运经济活动中各种风险的分配机制与分配制度,为航运保险提供了基本的法律基础。

(2) 在法治体制上,形成了航运保险法律的立法、执法、司法、仲裁各环节的制度建设,从内容上看,实体法与程序法并重。在执法制度上,有航运行政管理、航运保险行政管理、贸易行政管理、海事安全行政管理、环境保护行政管理等各种管理机构设置与管理制度。

(3) 构建起航运领域有关安全、环境保护的基本法律框架。人命财产安全和环境保护是航运法律追求的基本价值目标,航运经济活动不可避免地对人命财产和环境构成危害,航运法律需要在制度设计上尽可能预防、避免这些危害。航运保险是保障人命财产和环境安全的一个基本制度。航运法律关于人命财产安全和环境保护为航运保险提供了业务来源,航运保险则为实现航运法律追求人命财产安全和环境保护提供一种渠道、一个机制。

(4) 在航运保险一般性法律环境方面,形成了以《合同法》和《侵权责任法》为基本内容的行为环境,以《公司法》和《反垄断法》为基本内容的公司治理与市场规范的经营环境。

(5) 单行法的合理性与法律整体协调性之间关系考虑不足。航运保险是航运业各种风险最后的汇集处,通过保险机制将风险、责任、费用等进行重新分配。保险相当于计时滴漏器中间那根细管。航运和贸易等各种法律对风险的分配需要通过保险再次进行调整,这样,航运保险特别依赖于航运、贸易等有关法律对风险的分配。为此,从航运保险角度看,有关航运、贸易等法律应该作为一个整体来考虑,单一法律的合理性可能无法实现法律整体的协调性。

(6) 在原则性与操作性之间的关系上可操作性不够。我国立法机关立法以原则性为特色,这是以牺牲操作性为代价的。即使是国务院行政法规和行业主管的部门规章,在操作性上也存在不足。在保险领域,保险条款在一定意义上承担了解决法律法规可操作性的任务。

(7) 在稳定性与时代性之间的关系上时代性不足。法律需要稳定,法律也需要追随时代脚步不断进步。过于强调稳定性,法律就会失去进取心,趋于保守,无法适应时代发展。我国部分海商海事法律已经到该修改的时候。

第三节　我国航运保险法律制度存在的一般性问题

一、分析思路

本课题是从最广意义上理解航运保险法律制度这一概念的，前述航运保险法律体系将与航运保险直接或间接有关的法律均包括在内，也是从广义上理解，但偏重于立法上的法律形式。其中基础法、核心法、相关法、外围法之间的协调关系可以作为一个思考的角度。除此之外，还应该考虑航运保险业发展政策、航运保险业监管机制、航运保险业市场竞争秩序监管、海上保险合同法律规则、航运保险条款、航运保险公司治理、航运保险法律司法、我国航运保险法与国际公约之间的关系等角度。目前，理论界研究的重点是《海商法》第 12 章“海上保险合同”有关规定方面，所谓航运保险法律制度存在的问题，即等同于该章存在的问题。从航运保险业发展、航运保险业法律保障角度，仅仅关注海上保险合同规则显然是不够的。前述各种分析角度可用图 6－3－8 表示。

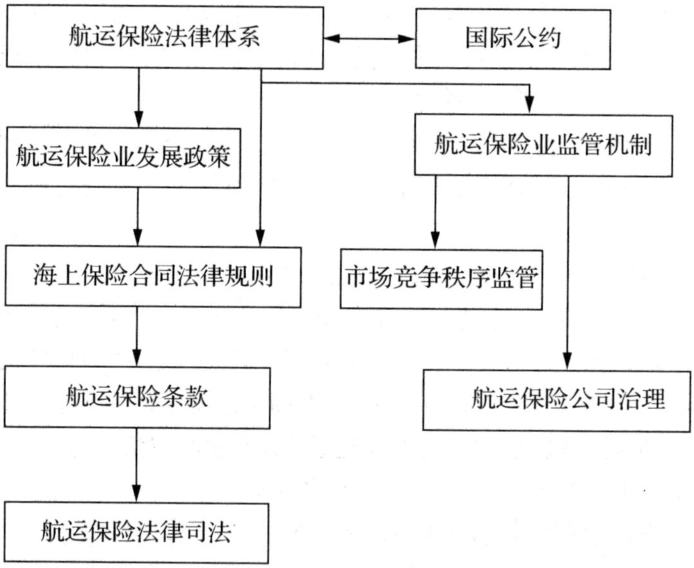

图 6－3－8　分析航运保险法律制度存在问题的角度

二、航运保险法律体系协调性问题

航运保险法律体系协调性，是指所有与航运保险有关的法律在法律效力、规则内容等方面是否具有合理的关系。航运保险法律体系协调性好不好是在立法阶段确定的，如果立法没有解决好该问题，那么，航运保险法律体系即先天不足。后天弥补办法通常有两种：一是司法解释；二是主管部门实施规章。总体上，我国航运保险法律体系协调性不够。航运保险法律体系协调主要考虑以下层面之间的关系问题。

(1) 上位法与下位法之间的关系。上位法与下位法之间的关系通常按照一般法与特别法之间的关系处理，主要是《保险法》与《海商法》第12章之间的关系，《合同法》一般规则与保险合同、海上保险合同之间的关系。上位法与下位法之间的关系在内容上是全方位的，如《保险法》关于保险、财产保险的各种规则与海上保险之间的相应规则都存在这种关系。在立法、司法等领域，都需要考虑这种关系。在立法领域，是否需要制定特别规则是一个重点；在司法领域，是适用特别规则还是一般规则是一个重点。

(2) 平行法之间的关系。《海商法》第12章与《海商法》其他章节之间的关系是平行法之间的关系。海上保险合同中投保人、被保险人和保险人的权利义务、承保风险、责任认定等是以《海商法》关于船舶、船籍、船级、安全管理、运输合同、拖航合同、碰撞、责任限制、油污责任等规则有关当事人权利义务责任的规定为基础的，相互之间具有影响、制约、促进等关系。航运法律中承运人责任加重趋势，是以现代航运保险业高度发达，为承运人解决风险管理为前提的。

(3) 相关法之间的关系。航运保险法律与航运管理、海洋环境保护、贸易惯例和管理等之间也有内在联系，在业务上具有共生关系，在法律规则上需要协调发展，考虑彼此的需要。

三、航运保险法与国际公约之间的关系

航运保险领域至今没有具有约束力的国际公约，这里所指的航运保险法与国际公约之间的关系，即航运保险法律与航运国际公约之间的关系。

国际公约对于航运保险法律的影响一般是通过国内法律法规这一中间途径进行的。国内法律法规为了实施国际公约，需要在规则上与国际公约接轨，可以直接将公约整体纳入国内法，或者将公约内容进行二次立法转化为国内法。航运保险法则根据国内立法作相应的调整。

只有我国加入的国际公约才对我国具有约束力，尚未加入的国际公约则作为未来是否需要加入的问题进行考虑。即使我国没有加入，但世界上其他国家加入，成为航运业、航运保险业的法律规则后，鉴于航运保险市场的国际性，对我国航运保险业同样有影响。

一个国家是否加入一国际公约本质上是基于利益考量的。与航运有关的国际公约涉及的利益主要有航运利益、贸易利益、环境利益。在航运利益里，包括船舶所有人、船舶经营人、船舶管理人、港口经营人、航运中介人等。贸易利益主要是进出口经营人。环境利益涉及公众利益、国家利益、海洋渔业利益等。基于前述航运法律体系内容，航运保险与航运法律及相关法律之间存在密切的关系，所以，保险人利益在航运利益、贸易利益、环境利益三方面中都是一个需要考虑的因素。

在程序上，我国是否加入一国际公约由全国人民代表大会常务委员会决定，实际的决定权则在政府及其行业主管部门。如果航运国际公约涉及航运与贸易两个方面，如我国是否加入《鹿特丹规则》问题，则交通运输部与商务部都具有重要的发言权。但是，《鹿特丹规则》对于航运保险业也具有非常大的影响，如果加入，则国内的航运保险法律、航运保险条款都要为此进行修订。所以，我国在是否加入《鹿特丹规则》问题上，应该有航运保险业的声音。

四、航运保险业发展政策

在一定意义上，法律是以实现政策目的为其使命的。反过来，在法治社会里，政策的制定与内容需要有法律依据。由于法律中有政策，政策指导法律内容与发展方向，航运保险业的发展既需要法律保障也需要政策保障。

《国务院关于保险业改革发展的若干意见》(国发〔2006〕23 号)提出我国保险业发展的总体目标是：建设一个市场体系完善、服务领域广泛、经营诚信规范、偿付能力充足、综合竞争力较强，发展速度、质量和效益相统一的现代保险业。这也是航运保险业的发展目标。国务院文件提出大力发展责任保险，推进自主创新，提高开放水平，建立现代保险监管制度，完善法规政策等措施，对于航运保险业的发展都有直接的指导意义。

《中国保险业发展"十二五"规划纲要》提出，"大力发展航运保险""推动完善支持政策。加强与政府有关部门、地方政府的协调与合作，进一步研究支持保险业发展的政策措施，加大对农业保险、科技保险、责任保险、出口信用保险的支持力度。积极推动建立由国家支持的巨灾风险保险制度"。

上海国际航运中心以及天津、宁波、厦门、深圳、武汉等航运中心近几年的跨越式发展，使航运保险业的重要性获得了广泛的认同与支持，国家以免除航运保险业营业税作为支持，这是非常罕见的力度。

厦门市政府发布的《关于鼓励金融业发展若干意见实施细则的通知》(厦府办〔2012〕36 号)，涉及保险业多项鼓励政策：一是对保险法人机构到异地设立分支机构进行货币补贴；二是对保险机构高级管理人员和保险精算师给予个人所得税部分返还；三是对争取在厦门试点具有广泛影响的国家重点金融创新政策和两岸金融先行先试政策给予奖励。

航运保险作为航运、贸易和金融三者的交汇点，其重要性不言而喻。我国正在建立航运强国、贸易强国和金融强国，航运保险业虽然份额不大，但地位显赫。如果从这个角度看待目前政策对于航运保险业的保障作用，现有政策存在的问题主要有：

(1) 缺乏系统性。目前主要是税收优惠政策，对于制约航运保险业发展的其他问题没有一个系统的发展对策。

(2) 层次比较低。航运保险政策总体上停留在地方层次，保监会层次尚没有一个完整的方案。

(3) 比较优势不明显。与国内其他行业获得的国家支持相比,航运保险业获得的支持不是很多,力度也不够大。在国际市场竞争中,还需要具有国家层面的竞争优势,这一点更缺乏。

(4) 受相关行业政策制约严重。银行、外汇、航运、贸易等发展是航运保险发展的条件,但是,这些领域有些措施有时也会成为航运保险发展的制约因素。

五、航运保险业监管机制

航运保险业监管属于保险业监管组成部分,通常没有特别的监管做法。监管体制与监管机制是保险业监管制度的两个重要方面,监管体制主要监管机构的设置及其职责,监管机制则是监管机构实现监管目的的程序、方法、手段等。监管机制是理解航运保险业监管的重点。

1998 年,中国保监会成立,监管部门提出了“市场行为监管和偿付能力监管并重”的目标监管模式。自 2004 年以来,中国保监会积极借鉴国际保险监管者协会(IAIS)的保险监管核心原则,将公司治理结构监管纳入监管体系,开始把偿付能力监管、公司治理结构监管和市场行为监管列为我国现代保险监管体系的三大支柱。航运保险业务经营监管也是围绕这三大支柱进行的。

按照《财产保险公司保险条款和保险费率管理办法》(保监会令 2010 年第 3 号),中国保监会遵循保护社会公众利益和防止不正当竞争原则,遵循与偿付能力监管、公司治理结构监管、市场行为监管协调配合原则,对关系社会公众利益的保险险种、依法实行强制保险的险种的保险条款和保险费率,实行审批制。其他保险险种的保险条款和保险费率,实行备案制。因此,航运保险中的强制保险险种的保险条款和保险费率实行审批制,普通的船舶保险、货运保险等险种的保险条款和保险费率实行备案制。

航运保险中属于强制保险的险种有:①承运人旅客责任保险(我国尚未实施);②船舶残骸清除责任保险(我国尚未实施);③有毒有害危险物损害责任保险(我国尚未实施);④船舶油污损害民事责任保险(有限范围实施)。另外,目前实施的无船承运业务经营者保证金责任保险,不具有强制性。就保监会对于强制责任保险的监管机制而言,本身不存在问题。问题主要在于:①《海商法》没有规定有关强制责任保险;②在强制保险险种实施过程中,保监会、航运主管机构、保险公司、受害人等相互关系未理顺。

相对于商业保险,我国保赔保险的监管体制与监管机制存在较多问题,且一直未能解决。船东互保协会是相互保险的一种形式,目前游离于保监会监管体制外,依靠自律实施管理。《中国保险业发展“十二五”规划纲要》提出“规范发展相互保险组织”。在“规范”与“发展”两个目标中,发展应该作为首要目标。值得注意的是,保赔保险与商业航运保险具有互补关系,另外,也具有竞争关系。所以,保赔保险发展问题不仅仅是保赔协会自身的问题，应该作为航运保险业整体中的一个部分来解决。

六、航运保险业市场竞争秩序监管

在社会主义市场经济初级阶段，我国保险业改革开放发展的时间尚不长，保险公司服务水平同质化，市场竞争行为规范化监管机制不健全的情况下，保险公司为了提高市场占有率，出现各种不正当竞争是避免不了的现象。

2008年8月29日，中国保监会发布《关于进一步规范财产保险市场秩序工作方案》(保监发〔2008〕70号)，指出我国财产保险市场存在的主要问题是：①公司业务财务基础数据不真实问题；②保险公司条款费率报行不一，未经申报擅自改变条款费率或以各种手段变相降低费率的行为；③保险公司恶意拖赔、惜赔、无理拒赔等行为。

2012年4月28日，中国保监会发布《关于进一步加大力度规范财产保险市场秩序有关问题的通知》(保监发〔2012〕39号)，指出：近年来，经过不断加强综合治理，财产保险市场秩序得到较大程度的改善。但是，近一段时间以来，一些财产保险公司采取高成本政策冲规模、抢业务，业务规划明显超出市场承载能力及公司实际承担能力，致使财产保险市场违法违规非理性竞争有所加剧。虚列费用、虚挂中介等传统的违规形式仍普遍存在，虚假电销、输送不当利益开展不正当竞争等新的违规形式不断涌现。这些问题严重破坏保险资源，扰乱市场秩序，损害消费者利益，加剧行业风险，侵蚀行业可持续发展的基础。

不正当竞争在我国许多行业都存在，是一个非常普遍的现象，现有法律无法有效防止各种不正当竞争行为，为此，我国考虑修改《中华人民共和国反不正当竞争法》(1993)。对于保险业(航运保险业)而言，《反不正当竞争法》的修改并不一定能够发挥实质性的作用，更多需要从保险业(航运保险业)自身的市场结构和竞争行为等角度分析原因，找对策。

行业自律是完善市场竞争秩序的重要力量。鉴于航运保险的特殊性，有必要成立航运保险行业协会。目前，上海在成立航运保险行业协会方面的工作进入了实证性的阶段。2013年1月10日，上海保监局、上海市金融服务办召开上海航运保险协会筹备工作会议，召集人保、太保、平安航运保险运营中心等发起单位商讨上海航运保险协会筹备工作。

七、海上保险合同法律规则

(一) 保险标的

《海商法》不调整“军事的、政府公务的船舶和20总吨以下的小型船艇”。这部分船舶的保险在海商法律适用上存在空白，只能直接适用保险法。

《海商法》调整的船舶“是指海船和其他海上移动式装置”，不包括离岸能源险中的部分保险标的。离岸能源险具有综合保险性质，在《海商法》制定时尚难以作为独立险种考虑。

建造中的船舶与修理中的船舶作为保险标的具有特殊性，《海商法》没有予以特别规定。

（二）保险利益

英国普通法权威案例将保险利益限于被保险人对保险标的具有普通法或衡平法上的某种直接的权利。这一限定已不适合现代海上保险的实际，美国、加拿大、澳大利亚和新西兰等其他普通法系国家早已突破这一限制。① 部分人认为可以取消保险利益原则，这是不妥的。

《保险法》第 12 条规定："财产保险的被保险人在保险事故发生时，对保险标的应当具有保险利益。"第 48 条规定："保险事故发生时，被保险人对保险标的不具有保险利益的，不得向保险人请求赔偿保险金。"但是，在部分货物运输中，保险利益原则成为一个棘手问题。在海上货物运输保险中，FOB 或 CFR 货物买方对货物越过装货港船舷前发生的损失，在向海上保险人索赔时碰到障碍。由于在货物越过装货港船舷之前，货物损失的风险在卖方一方，未转移给买方，故即使买方已支付货款并且保险合同中有"无论是否损失"条款，买方对货物在越过装货港船舷之前发生的损失，也因没有保险利益而无权向保险人索赔。"仓至仓"条款对买方并无实际价值，承担了保费但不能获得保险保障。

（三）告知义务

《海商法》第 222 条规定："合同订立前，被保险人应当将其知道的或者在通常业务中应当知道的有关影响保险人据以确定保险费率或者确定是否同意承保的重要情况，如实告知保险人。保险人知道或者在通常业务中应当知道的情况，保险人没有询问的，被保险人无须告知。"

《保险法》第 16 条规定："订立保险合同，保险人就保险标的或者被保险人的有关情况提出询问的，投保人应当如实告知。投保人故意或者因重大过失未履行前款规定的如实告知义务，足以影响保险人决定是否同意承保或者提高保险费率的，保险人有权解除合同。"

《海商法》采取主动告知原则，《保险法》则是询问告知原则。从发展趋势与合理性上看，《保险法》规定更可取。

（四）保证

关于保险合同成立后的风险改变，被保险人应该履行告知义务，这是强制性法

---

① 汪鹏南. 对我国海上保险法的思考与展望[J]. 中国海商法年刊，2003，14：199－214.

律规定。如《保险法》第 52 条规定:“在合同有效期内,保险标的的危险程度显著增加的,被保险人应当按照合同约定及时通知保险人。”《海商法》没有类似规定,可以适用《保险法》。但是,在普通法系国家没有此种规定,而主要借助保证制度来保护保险人的利益。保证制度在英美海上保险法中是一项非常重要的制度。

《海商法》第 235 条规定:“被保险人违反合同约定的保证条款时,应当立即书面通知保险人。保险人收到通知后,可以解除合同,也可以要求修改承保条件、增加保险费。”

《海商法》及航运保险业中的保证不能完全等同于英美航运保险法中的保证制度。《海商法》对此没有具体规定,英美法中违反保证的严厉后果也不能直接照搬过来。如果修改法律,是否继续保留保证制度是一个值得考虑的问题。在船舶保险条款中,可能将船级、船旗、船舶所有权和安全管理等规定为保证条款,同时规定违反这些保证的后果,以弥补法律的不足。

保证分为明示保证和默示保证。默示保证是指保单上虽无文字记载,但为法律、惯例或行业所公认的保证,其中船舶适航是默示保证的重要内容之一。我国学者普遍认为《海商法》未有默示保证的规定,《海商法》第 224 条规定的船舶不适航是一项除外责任,而非一项默示保证。① 在海上保险案例中,保险人抗辩被保险人违反船舶适航默示保证因此拒赔。

(五)受益人

《保险法》规定的受益人只限于人身保险合同。《保险法》第 18 条规定:“受益人是指人身保险合同中由被保险人或者投保人指定的享有保险金请求权的人。”

在船舶融资抵押情况下,如果抵押人未对被抵押船舶进行保险,则抵押权人有权对该船舶进行保险。在抵押人投保情况下,抵押权人是否应该被确立为受益人的问题,由于我国财产保险未建立受益人制度而受影响。类似的问题出现在住房抵押贷款保险合同中,通常是通过双方协议解决问题的。

(六)保险合同转让

《海商法》第 230 条与《保险法》第 49 条不一致。《海商法》第 230 条规定:“因船舶转让而转让船舶保险合同的,应当取得保险人同意。未经保险人同意,船舶保险合同从船舶转让时起解除。”《保险法》第 49 条规定:“保险标的转让的,被保险人或者受让人应当及时通知保险人,但货物运输保险合同和另有约定的合同除外。”

(七)代位求偿权

《海商法》第 252 条规定:“保险标的发生保险责任范围内的损失是由第三人造

---

① 张贤伟,吕越瑛,吴传红. 论海上保险中的保证[J]. 中国海商法年刊,1997,8: 200 - 214.

成的,被保险人向第三人要求赔偿的权利,自保险人支付赔偿之日起,相应转移给保险人。”《保险法》第 60 条规定:“因第三者对保险标的的损害而造成保险事故的,保险人自向被保险人赔偿保险金之日起,在赔偿金额范围内代位行使被保险人对第三者请求赔偿的权利。”《海商法》采取“债权的法定转移”规则。在实务中,代位求偿权制度仍然存在不少问题,如保险人以自己的名义还是以被保险人的名义,是基于法定权利还是被保险人权利转让,保险人向第三人索赔的时效起算,法院是否应该审查保险合同及其履行合理性等。

(八)预约保险合同的效力

《海商法》第 231 条、第 232 条和第 233 条未明确规定预约保险合同的效力和对双方的约束力,这可能导致实务纠纷。尤其在被保险人出现漏报或者误报时,预约保险合同是否具有一般保险合同的效力存在争议。

(九)责任保险

《海商法》规定海上保险合同以船货为基本保险标的,虽然规定了“对第三人责任”作为保险标的,但没有将其与船货并列作为独立的重要的保险标的对待。

《海商法》第 206 条规定:“被保险人依照本章规定可以限制赔偿责任的,对该海事赔偿请求承担责任的保险人,有权依照本章规定享受相同的赔偿责任限制。”如果海事请求人不向保险人提出诉讼,则保险人是否享受责任限制存有疑问。另外,第三方直接诉责任保险人缺乏制度性规定。

《保险法》和《海商法》均没有规定责任保险的给付时效期间。被保险人在保险事故发生时如果不知晓自己是否应当负有赔偿责任,因此也就无法确定被保险人是否可以行使保险金的给付请求权,如果这样,责任保险的被保险人便缺乏计算保险给付时效期间的基础。

(十)用语准确性问题

对于“保险事故”“承保风险”“承保危险”“部分损失”“定值保险”“险别”等法律用语和实务用语的准确性不够。[①]

举“部分损失”为例:保险标的的损失包括全损(Total Loss, TL)和部分损失(Partial Loss, PL);全损包括实际全损(Actual Total Loss)和推定全损(Constructive Total Loss);部分损失包括单独海损(Particular Average, PA)、共同海损(General Average, GA)和特别费用(Particular Charges)。救助费用(Salvage or Salvage Charges)属于单独海损的一种,虽然它常常可作为共同海损的一部分。而特别费用实际上就是指施救费用(Sue & Labour)。《海商法》

① 汪鹏南. 对海上保险法若干问题的探讨[J]. 中国海商法年刊,2001,12: 281-297.

第 247 条规定“不属于实际全损和推定全损的损失,为部分损失”,显得过于简单。

八、航运保险条款

(一) 航运保险条款体系

海上保险条款存在的问题可以从两个角度分析：一是条款体系；二是条款内容。

2009 年,国内从事航运保险的保险公司推出了新版条款：

(1) 船舶保险方面的条款：船舶保险条款、船舶保险附加战争险条款、船舶保险附加罢工保险条款、沿海内河船舶保险条款、沿海内河船舶保险附加险条款、船舶建造保险条款、沿海内河船舶建造保险条款、沿海内河船舶保险附加船东对船员责任保险条款、修船责任保险条款、沿海内河渔船保险条款、远洋渔船保险条款等。

(2) 货物运输保险方面的条款：海洋运输货物保险条款、海洋运输货物战争险条款、海洋运输货物罢工险条款、海洋运输冷藏货物保险条款、海洋运输散装桐油保险条款、水路货物运输保险条款、国内水路陆路货物运输保险条款等。

(3) 海事责任保险方面的条款：沿海船舶燃油污染责任保险条款、船舶污染责任保险条款等。

(4) 离岸能源险方面的条款：海上石油开发工程建造险条款、井喷控制费用条款、钻井船一切险条款、钻井平台一切险条款、渗漏污染保险条款等。

(5) 物流保险方面的条款：物流货物保险条款、物流货物保险附加险条款、物流责任保险条款、物流责任保险附加险条款、集装箱保险条款、集装箱保险附加战争险条款、国际货运代理人责任保险条款、国际货运代理提单责任保险条款等。

(6) 港口经营保险方面的条款：码头营运人责任保险、码头综合保险条款、港口财产基本险条款、港口财产基本险附加险条款、港口财产综合险条款、港口财产综合险附加险条款、港口财产一切险条款、港口财产一切险附加险条款、港口机器损坏险条款、港口机器损坏险附加险条款等。

从以上列举的航运保险条款看,可以得出以下几点：①我国保险公司已经制定系统的航运保险条款；②航运保险条款获得了及时的更新,改变了过去条款老化的问题,但实质内容与以前条款差别不大；③货物运输保险条款分类不够细,特种货物运输保险条款较少；④保险公司在类似保险的条款名称上总体相似,但个别险种存在区别；⑤保险公司在航运保险产品数量上存在差异,几家主要保险公司之间差别较少,小规模保险公司在航运保险领域产品数量较少。

(二) 航运保险条款内容

1. 概述

在条款具体内容上,《财产保险公司保险条款和保险费率管理办法》规定,保险公司的保险条款和保险费率,应当符合下列要求:①结构清晰、文字准确、表述严谨、通俗易懂;②要素完整,不失公平,不侵害投保人、被保险人和受益人的合法权益,不损害社会公众利益;③保险费率按照风险损失原则科学合理厘定,不危及保险公司偿付能力或者妨碍市场公平竞争;④保险费率可以上下浮动的,应当明确保险费率调整的条件;⑤《中华人民共和国保险法》等法律、行政法规和中国保监会规定的其他要求。以下选择几个典型问题加以探讨。

2. 碰撞责任条款

《船舶保险条款》(2009 年版)"碰撞责任"条款规定:"本保险负责因保险船舶与其他船舶碰撞或触碰任何固定的、浮动的物体或其他物体而引起被保险人应负的法律赔偿责任。"

我国《海商法》第 165 条规定:"船舶碰撞,是指船舶在海上或者与海相通的可航水域发生接触造成损害的事故。"《最高人民法院关于审理船舶碰撞纠纷案件若干问题的规定》(法释〔2008〕7 号)坚持《海商法》船舶碰撞概念的定义。

保险条款碰撞概念与法律规定的碰撞概念在核心要素上是相通的。但是,在保险实务中,经常因为碰撞认定发生纠纷。在"德跃"案中,广东高院判海上拖带的拖船保险人对被拖船与他船碰撞不承担保险赔偿责任,因为本保险所承保的拖船未与他船发生碰撞。在"浮山"案中,山东高院判他船为了避免与保险船舶碰撞而搁浅是间接碰撞,也在保险船舶"人保 1986 年条款"碰撞责任条款承保的范围内。但海仲在"振兴"船案中持相反看法。此外,在"泰白海"船案中,海仲裁定船舶在航行中触碰珊瑚礁在"人保 1986 年条款"碰撞责任条款范围之内,"固定或浮动物体"不限于人工建造者。[①] 有人认为,对船舶与人造卫星、航空器、直升机或类似装置及从其上坠落的物体触碰发生的损失未予提及,只是笼统地说明"触碰任何固定或浮动物体或其他物体或其他海上灾害"。不清楚保险公司所说的此类"固定或浮动物体或其他物体"可否包括现在发生频率逐渐增多的其他有关危险。

《海商法》定义的"船舶碰撞"是狭义的、典型的碰撞,并没有包括全部与碰撞类似的事故。司法解释规定:"非因船舶碰撞导致船舶触碰引起的侵权纠纷,依照民法通则的规定确定触碰船舶的赔偿责任。"所以,保险条款上的碰撞概念可以与法律相同,也可以不同,但需要确定,以不至于引起当事人之间的分歧为准。

3. 适航条款

船舶保险条款将"不适航"作为除外责任。所谓不适航,包括人员配备不当、装

---

① 汪鹏南. 对我国海上保险法的思考与展望[J]. 中国海商法年刊,2003,14: 199-214.

备或装载不妥，但以被保险人在船舶开航时，知道或应该知道此种不适航为限。《海商法》第 47 条规定："承运人在船舶开航前和开航当时，应当谨慎处理，使船舶处于适航状态。"两者差别在于：①保险条款没有适航条款；②保险条款关于不适航规定中未涉及"谨慎处理"的要求。

4. 货运"一切险"条款承保范围

货运"一切险"承保风险范围是"除包括上列平安险和水渍险的各项责任外，本保险还负责被保险货物在运输途中由于外来原因所致的全部或部分损失"。其中，"外来原因"和"全部或部分损失"的含义存在不确定。1997 年 5 月 21 日，中国人民银行在《关于〈海洋货物运输保险"一切险"的条款的请示〉的复函》(银函〔1997〕210 号)中，将一切险中的外来原因解释为"仅指盗窃、提货不着、淡水雨淋险、短量、混杂险、沾污、渗漏、碰损、破碎、串味、受潮受热、钩损、包装破裂和锈损"。

由此产生了两种针锋相对的观点：第一种观点认为，法定或者意定除外责任以外的任何风险，只要该风险具有意外的性质，都属于一切险的承保范围，即一切险承保的是"开放式"风险，与平安险和水渍险的"列明式"承保范围存在根本区别；第二种观点认为，从中国人民银行的复函看，一切险承保范围仅限于平安险、水渍险及 11 种附加险，也就是说，一切险与水渍险、平安险无根本区别，其承保的仍旧是"列明式"风险，仅仅是列明的范围大于水渍险与平安险而已。

九、航运保险公司治理

在治理结构、偿付能力和市场行为三大支柱的监管模式下，保险公司治理结构监管问题的解决相对而言比较难，我国各行各业均存在不同程度的公司治理问题，这是大环境决定的。公司治理结构是三大支柱的基础，决定着偿付能力和市场行为两方面的监管。保监会为此颁布了《关于规范保险公司治理结构的指导意见》(试行)(保监发〔2006〕2 号)，并于 2009 年 8 月成立"保险公司治理监管委员会"。

航运保险业是财产保险公司的一项业务，是在现代保险业监管体系下运作的，服从整个监管体系的要求。但就航运保险业务而言，可以设立专门机构负责。国务院《关于推进上海加快发展现代服务业和先进制造业建设国际金融中心和国际航运中心的意见》(国发〔2009〕19 号)建议"成立专业性航运保险机构"。在航运保险专业机构做法方面，除了以航运保险业务为主业的保险公司外，我国目前以财产保险公司设立航运保险业务运营中心模式为主。至 2013 年 3 月，在上海已经有 5 家航运保险运营中心，其中 2 家处于筹建阶段尚未开业。由宁波人保集团、宁波港、上海港共同投资的东海航运保险公司正在积极筹备报批过程中，这是另一种形式的"专业性航运保险机构"，目前还没有实质性的进展。当然，我国并不缺乏从事航运保险业务的公司，主要问题是在国际航运保险市场中我国保险公司的竞争力相对较弱。

（一）人保财险航运保险运营中心

2010年7月，保监会批准（保监产险〔2010〕918号）人保财险公司在上海设立中国人民财产保险股份有限公司航运保险运营中心。

人保财险航运保险运营中心是我国第一家专营航运保险业务的专业机构，由中国人保财险总部直接管理和授权。人保财险航运保险运营中心目前经营的是涉外船舶保险，货运险尚未纳入经营范围。从长远发展看，有必要将授权范围扩大到国内船舶保险、船舶建造保险、货物运输保险、集装箱保险等业务，就航运保险业务探索新型的管理模式。

（二）太平洋财险航运保险事业营运中心

2010年7月，保监会批准（保监产险〔2010〕919号）太平洋财险公司在上海设立中国太平洋财产保险股份有限公司航运保险事业营运中心。

航运保险事业营运中心是太保集团公司总部设立的航运保险事业部，对于航运保险业务实行全面的、相对独立的营运。航运保险事业部被赋予航运保险业务经营管理责任中心和利润中心的职责，对太平洋财险航运保险业务实施一体化管理，实行纵向到底的航运保险业务经营体制，根据总公司的授权，在全国范围内经营船舶、货运、海上能源、码头财产、海事责任等全系列航运保险业务。

（三）平安财险航运保险运营中心

2011年11月，保监会批准（保监产险〔2011〕1768号）平安财险公司在上海设立中国平安财产保险股份有限公司航运保险运营中心。

（四）阳光财险航运保险运营中心

2012年12月，保监会批准（保监产险〔2012〕1463号）阳光财产保险股份有限公司在上海设立航运保险运营中心。

（五）永安财险航运保险运营中心

2012年12月，保监会批准（保监产险〔2012〕1480号）永安财产保险股份有限公司在上海设立航运保险运营中心。

十、航运保险法律司法

司法和仲裁是解决航运保险业务法律纠纷的两个基本方式，通过司法和仲裁裁决可反映出现行航运保险法律及航运保险业务中存在的问题，并反馈到立法层面予以解决。本篇在后面以专章予以分析。

第四节 现有规定对三大险种的影响

一、船舶险与货运险

本篇在第三章第三节第七部分“海上保险合同法律规则”中，从 10 个方面分析了我国《海商法》第 12 章关于海上保险合同规则存在的不足。有些不足可以通过《保险法》、司法解释、保险条款等获得解决，有些不足则会影响航运保险市场的发展，不仅仅是法律问题。这些不足有些影响船舶险，有些影响货运险，在多数情况下会同时影响船舶险和货运险。从保险人经营角度，现有航运保险法律的影响主要体现在：

第一，损失补偿原则缺失导致保险合同有效性及赔偿金额的不确定性。财产保险赔偿以实际损失为限，以保险金额为限，以保险利益为限。《海商法》对于保险利益、损失补偿原则等没有直接规定，哪些利益是法律承认的存在不确定性。法律对于利益主体和内容的确认具有滞后性，所以，有些国家将保险利益扩大到“确定的经济利益”。

第二，投保人概念缺失依赖于《保险法》补充。保险合同的订立、告知义务的履行等属于投保人，《海商法》仅规定被保险人，未规定投保人，虽然可以依据《保险法》补充，但使得该法内容缺乏逻辑严谨性。《船舶保险条款》(2009 年版)遵循《海商法》做法，也没有投保人概念，在投保人与被保险人不一致时，容易陷入条款解释的困境。

第三，在保证制度上，保险人可以行使的范围具有不确定性。我国保证制度不具有普通法系的文化背景与司法背景，其具体范围不能完全照搬英美做法。这也导致《船舶保险条款》(2009 年版)和《海洋运输货物保险条款》(2009 年版)均未出现“保证条款”，使用“保险自动解除”做法，其效果有点类似保证制度。

第四，《海商法》与《保险法》不协调导致法律适用的问题。《海商法》第 223 条关于被保险人违反如实告知义务的后果采用“故意”“非故意”为主观标准。《保险法》在多个场合使用“重大过失”概念，实际上是对被保险人的保护。如《保险法》第 16 条关于投保人如实告知义务的规定，第 21 条关于投保人、被保险人、受益人通知义务的规定，第 61 条关于被保险人协助保险人行使代位求偿权的规定。两者发生矛盾时，适用一般法还是特别法，适用旧法还是新法，免不了有分歧。

第五，代位权制度的不完善导致保险人索赔困难。在被保险人未经保险人同意放弃向第三人要求赔偿的权利，或者由于过失致使保险人不能行使追偿权利时，保险人只有通过扣减保险赔偿保护自己。代位权只有在保险人赔偿以后才能行使，所以，有效的保护办法是规定被保险人的行为无效，已经获得赔偿的，应该要求返还。另外，保险人按照《海商法》行使代位权受一年诉讼时效限制，该时间显然过短。

第六,新型航运保险缺乏法律规范。现代航运业产生了许多海事责任保险与离岸能源险种,《海商法》以船货为主要保险标的,使这项新型险种基本上以条款为依据,不能获得法律的支撑。在建船舶保险目前更多依靠地方规章的规定,不利于在建船舶保险业务的全国统一。

第七,预约保险缺乏系统性法律规定。随着进出口贸易规模的不断扩大,进出口贸易对许多企业而言是常规业务,需要预约保险合同予以总括保险,《海商法》以单笔贸易为基础的货运险与现实存在脱节。

二、保赔险

保赔险与船舶险的区别在于两个层次:一是保险条款;二是市场监管。在经营主体上,前者是保赔协会,后者是商业保险公司。在承保风险范围上,一种观点认为:"船舶的责任风险主要由船东互保协会承保,在我国,从事船舶责任风险保险业务的主要是中国船东互保协会,中国人民财产保险股份有限公司作为商业保险公司也从事船舶责任保险业务,这应该说是一种例外。"[①]该观点并不完全合理,现代保赔险与船舶险既有分工,也有交叉重叠。责任险既可以由保赔协会承保,也可以由商业保险公司承保。

我国在保赔险方面存在的法律空白导致的问题主要是市场监管缺失。在保险条款、业务运作等领域可以通过私法自治来解决,但是市场监管需要以立法为前提。在形式上,中国船东保赔协会是我国唯一的保赔险主体,但部分外国保赔协会在我国设立了代办处等机构,该市场将逐渐形成一定程度上的竞争。由于保赔险与船舶险业务存在一定程度的交叉,事实上存在一定的竞争关系,因此,立法空白带来两者在市场竞争关系上的复杂化。

---

① 许俊强.船舶保赔保险热点法律问题研究[J].福建政法管理干部学院学报,2005(3):20-28.

第四章 航运保险司法问题探讨

第一节 案件样本

一、样本选择标准

本章的目的是通过司法层面探讨航运保险法律保障问题。司法领域的案例能够反映航运保险法律在实施环节存在的问题，尤其是其中的航运保险合同规则问题、航运保险条款问题。至于其他方面的问题，如航运保险业监管体系、航运保险市场秩序、航运保险法律整体性问题等，则不能通过司法案例以小见大进行分析，起码目前缺乏这方面的案例。司法程序本身是为了解决当事人之间的纠纷，然后才是通过司法实践反映出有关法律存在的不足，再上升到立法层面予以完善。司法机构也可以直接通过司法建议推动法律、管理制度的革新。所以，一方面需要看到司法案件对于航运保险法律保障问题研究的重要性；另一方面，也要将其重要性限定在一定范围内，看到其局限性。

航运保险是我国海事法院受理案件中重要的组成部分，本课题组选择了 2002 年 2 月至 2012 年 6 月我国海事法院受理并审结的 41 件航运保险案件作为研究样本。案件选择标准有以下几方面考虑。

第一，典型性。尽可能从一二审、争议焦点、裁判调解等各个角度选择案件，期望能够从中反映我国航运保险司法总体面貌。

第二，全面性。尽可能包括航运保险各种基本险的纠纷案件，目前以船舶险和货运险为主，其中包括了部分责任险。保赔险纠纷相对少些，离岸能源险也很少进入司法程序。

第三，时效性。案件选择时间跨度前后有 10 年，更早前的案件没有包括在内。当然，由于航运保险基本法律没有大的变化，早期的案件同样具有分析价值。

第四，完整性。为了进行比较，选择了内容比较完整的案件。在样本中没有包括仲裁案件，这是由于仲裁是私人解决纠纷方式，具有一定的保密性，少数公开的案件在内容上不完整。

二、样本总体分析

按照险种划分，在所选择的41件案件中，涉及船舶险的案件有18件，涉及货运险的案件有21件，涉及保赔保险的案件有2件。

在41件案件中，根据原被告争议焦点进行划分的情况见表6-4-1。由于有些案件争议焦点有1个以上，总数会超过41。航运保险纠纷属于合同纠纷，所以，其中争议焦点大部分围绕保险合同当事人之间的权利义务展开。从表6-4-1可以看出，适航、被保险人如实告知义务、保险人代位求偿和保险利益的认定，这4类纠纷比例最高。在船舶险中，是否适航是首要争议问题；在货运险中，保险人代位求偿权是首要争议问题。

表6-4-1 全国海上保险纠纷案件中涉及的争议焦点 件

争议焦点	船舶险	货运险	保赔险
适航	7	2	1
船员资格	3		1
赔偿数额的确定		3	
保证		1	1
被保险人如实告知义务	5	2	
保险人代位求偿		10	
保险公司赔付行为正当性		3	
间接碰撞	2		
保险利益的认定	2	4	
追诉时效		3	
提单背书转让后保险人的追索权		3	
保险合同条款的解释	3		1
保险合同有效性		1	1
被保险人协助保险人追偿		1	
油污损害赔偿责任			1

第二节 审判情况

一、总体情况

在41件样本案件中，船舶险纠纷占18件。船舶险纠纷通常是由于被保险人向保险人索赔遭拒而发生的。18件纠纷中，保险公司胜诉的案件有8件，被保险人胜诉的案件有10件。其中，有8件属于涉案数额超过200万的大额案件。这些案件中，船龄较小的案件有9件，船龄较大的案件有9件。在这些老船案件中，有5件保险事故是由于船舶的潜在缺陷。

在21件货运险案件中，涉及被保险人因索赔遭拒的案件有10件，保险公司胜诉的案件有3件，被保险人胜诉的案件有7件；保险公司赔付后，代位求偿遭拒的案件有11件，保险公司胜诉的案件有4件，被保险人胜诉的有5件，达成调解协议的有2件。其中，涉案数额超过100万的案件有6件，数额特别巨大、超过600万的案件有3件。

根据以上统计，在39件案件(不包括保赔险案件)中，除了其中2件调解结案外，另外37件中，保险公司胜诉15件，被保险人胜诉22件，比例分别为40.5%和59.5%。

从法院一二审情况看，在以上样本案例中，一审法院审结的案件有15件，占36.6%；二审法院撤销原判，驳回诉求的案件有2件，占4.8%；依法改判的案件有4件，占9.7%；二审法院驳回上诉，维持原判的案件有20件，占48.9%。

与船舶险和货运险相比，保赔险则相对少很多，本样本案例中只有2件。这是由保赔险的性质决定的。保赔保险，是船舶所有人资源组织起来的、以自保为原则的民间组织，是以非营利为目的的互助团体，而非官方机构。目前，我国保赔险的开展情况还比较滞后。综上，我国国内发生的保赔险案例零星可数是可以理解的。在本课题涉及的保赔险案件中，主要争议的问题包括合同条款的理解、适航和油污损害赔偿责任问题。

二、航运保险诉讼的特点

(一) 案件调解率低，上诉率高，二审维持率高

在本文涉及的41个案例判决中，一审法院审结的案件占36.6%；二审法院撤销原判，驳回诉求的案件占4.8%；依法改判的案件占9.7%；二审法院驳回上诉，维持原判的案件占48.9%。一审法院审结和二审法院驳回上诉两者合计为85.5%，即一审法院判决中有85.5%是属于结论性的。

究其原因，是因为我国海上保险相关法律规定比较原则性。保险条款在某些问题上比较具体，有些比较原则。许多法律概念，如保险价值、间接碰撞、保险人赔付行为的正当性等问题，在法律条文和保险条款的规定比较原则的情况下，一方面容易发生纠纷，另一方面给诉讼当事人解释留下了较大空间。诉讼双方当事人都当然地从自身的利益出发来选择对其有利的法律条文和学术观点来为自己辩护，并希望借助于上诉审改变对自己不利的一审判决。这样，导致了较高的上诉率。

另外，海上保险案件大多比较复杂。许多保险事故发生的原因认定比较困难，尤其涉及是否存在管船过失、管货过失等问题上，双方争执的概率比较大。因此，也有可能在事实认定上存在分歧，这也会导致较高的上诉率。

虽然上诉率比较高，但是，二审维持原判的概率较高，达到 48.9%。这说明两审法院对案件事实的认定以及对法律的理解比较一致。

（二）保险人胜诉率略低于被保险人

在船舶险案件中，被告几乎都是保险公司；在货运险案件中，有一半案件的原告是保险公司。当保险公司作为原告时，其胜诉率较高，而且法院调解率较高；而在保险公司作为被告的案件中，保险公司胜诉率稍低。由此看出，在船舶险案件中，由于保险公司拒赔而发生诉讼，这说明保险公司对保险赔付条件的审查极为严格、谨慎。而其较低的胜诉率(44%)，表明保险公司对部分索赔案件的保险事故或有关法律的理解不够到位，比较容易偏向于自己的立场去解释法律，该赔的没有赔。在货运险案件中，情况也类似。因保险人拒赔导致诉讼的，10 件案件中法院判保险人应该赔偿的有 7 件，另外 3 件，法院支持保险人拒赔。

（三）保险事故中人的因素占有重要地位

航运保险合同纠纷必然伴随有保险事故的发生。从保险事故类型角度，可以对样本进行分类，同时，有关数据和比例也反映出航运保险领域各种保险事故发生的概率。其中，完全出于自然灾害的保险事故有 13 件，出于管货过失的保险事故有 8 件，出于管船过失的保险事故有 4 件，为了避碰而导致的保险事故有 3 件，由于船舶碰撞导致的保险事故有 4 件，个别案件涉及 2 个或以上的事故(见表 6－4－2)。

表 6－4－2　全国海上保险纠纷案件中的保险事故　　件

保险事故	船舶险	货运险	保赔险
自然灾害	8	5	
管货过失		8	
管船过失	3	1	
避碰	2	1	
船舶碰撞	3	1	
触碰水下物体	3	1	1
船舶自身潜在缺陷	3		
意外事故		2	1
无单放货		1	

如果将保险事故分为自然灾害和人为事故，则表 6－4－2 表明，与人有关的因素导致的保险事故超过纯自然灾害。其中，部分保险事故发生的原因既有自然灾害也有人为过失。本课题虽然是小样本分析，但这一结论与国际海事组织等国际组织的分析结论是一致的。因此，国际海事组织在船舶技术、航海安全等方面不断提高要求，尤其从航运公司管理、船员管理等角度减少人为过失，以期减少事故的发生。

第三节　典型纠纷分析

一、船舶险典型案例分析

根据表 6－4－1 的数据可以看出，在本课题所分析的船舶险案例中，争议焦点涉及船舶适航、被保险人的如实告知义务、船员资格、保险合同条款的解释以及间接碰撞的问题较多。在此根据这些情况作出相应的分析。

（一）间接碰撞的责任问题

巴拿马浮山航运有限公司诉中国人民保险公司船舶保险合同纠纷案中，大型船舶“继承者”轮为躲避“浮山”轮的碰撞而转向，却受落流影响而被迫搁浅。后“继承者”轮船舶所有人与“浮山”轮方达成和解，“浮山”轮作出赔偿。后“浮山”轮向保险公司提出索赔，保险公司认为本案之情形不属于保单上所规定之“碰撞”。由此，双方诉至法院。

无独有偶，本课题组分析的样本案例“‘振兴’轮船舶碰撞责任保险赔偿争议案”的当事人也围绕“间接碰撞”问题相持不下。为何“间接碰撞”问题会引来这么严重的分歧？本课题组将其原因归结为以下两点：第一，我国法律仅规定了船舶碰撞的概念，没有规定船舶保险条款中碰撞责任条款的含义，故对碰撞责任条款的解释没有直接使用的法律，保险人和被保险人甚至业界都对这个概念及其处理的理解存在很大分歧；第二，有关船舶保险合同中的碰撞责任条款的国际惯例还不存在，而国际上主要海运国家的船舶保险条款中的碰撞责任条款的承保范围存在很大差别，因此只能给我国法院解释保险合同碰撞责任条款提供参考，而无法律约束力。

我国海事法院在处理间接碰撞纠纷案件的思路大体如下：《海商法》第 165 条规定“船舶碰撞，是指船舶在海上或者与海相通的可航水域发生接触造成损害的事故”，这是关于接触碰撞的规定。《海商法》第 170 条规定“船舶因操纵不当或者不遵守航委规章，虽然实际上没有同其他船舶发生碰撞，但是使其他船舶以及船上的人员、货物或者其他财产遭受损失的，适用本章的规定”，这是关于间接碰撞的规定。1995 年《最高人民法院关于审理船舶碰撞和触碰案件财产损害赔偿的规定》第 16 条对“船舶碰撞”作广义的释义，即“船舶碰撞是指在海上或者与海相通的可航水域，两艘或者两艘以上船舶之间发生接触或者没有直接接触，造成财产损害的事故”。这样的广义解释不合理，违背了《海商法》关于船舶碰撞的本义。所以，《最高人民法院关于审理船舶碰撞纠纷案件若干问题的规定》（法释〔2008〕7 号）回归《海商法》关于船舶碰撞的定义。由于保险条款对船舶碰撞本身没有定义，在司法实践中，按照我国《海商法》关于船舶碰撞的定义对保险条款进行解释。

（二）船舶适航性问题

在“浙普渔油31”船船员证书与船舶适航争议案中，涉案船舶发生全损，原告请求保险人赔付损失。保险公司拒赔，理由是：“浙普渔油31”船事故航次的值班驾驶员虽然持有C类船长证书，但是不能胜任该渤海湾航次的二副职务，属船员配备不适航。除此之外，船舶强度与结构上也不适航。被保险人违反合同的诚实信用原则，故意不履行如实告知义务（船舶建造年月），具有欺诈性。被保险人没有向肇事船主张索赔的权利。

一审法院的观点是：保险合同成立且有效，在事故发生的航次，主要职务船员都是适任的，原告的诉讼请求应予支持。而二审法院观点却恰恰相反，认为原告在本案事故发生地渤海湾海域航行，违反了交通运输部的有关规定，属超区航行，船员配备不合格导致船舶不适航。判决撤销一审判决，驳回被上诉人的诉讼请求。

在本课题组分析的样本案例中，与该案类似的有关船舶适航性认定的案例为数不少。例如，“雪峰岭”船潜在缺陷与船舶适航争议案；上海中福轮船公司诉中国人民保险公司案；“琼临6”船船员证书与船舶适航争议案；“廉机0036”船内河船舶按规定保险费率退费争议案等。因此，对被保险人而言，非常有必要充分了解并熟悉船舶适航性的认定标准。只有这样，才能更大限度地预防保险事故发生，即便发生了保险事故，也不致被置于船舶不适航的不利境地。

我国《海商法》采用与《海牙规则》一致的适航标准。《汉堡规则》将承运人的适航义务扩大至掌管货物的整个期间。我国《海商法》第47条规定：“承运人在船舶开航前和开航当时，应当谨慎处理，使船舶处于适航状态，妥善配备船员、装备船舶和配备供应品，并使货舱、冷藏舱、冷气舱和其他载货处所适于并能安全收受、载运和保管货物。”这条规定本身很清楚，发生的纠纷主要围绕着船舶在开航前和开航当时是否已经谨慎处理，做到适船、适员和适货三方面基本要求。

在船舶适航性纠纷案件中，如果保险人以不适航理由拒赔，保险人不仅要证明船舶不适航，还须证明船舶不适航与损害后果有因果关系。通常而言，这对于保险人属于比较困难的举证事项。例如，在上海中福轮船公司诉中国人民保险公司案中，吴淞海事局已经认定“仲宇”轮系触碰水下障碍物而沉没，虽然船长或船员在航行中有“瞭望疏忽，对流压估计不足及操纵不当”的过失，但这些均与船舶不适航无关。因此，虽然能够充分地证明船舶确属不适航，但船舶不适航不是造成损害结果发生的原因，保险人仍应对损害结果承担赔偿责任。

（三）危险增加时的通知义务

在青岛霸奇船务工程有限公司诉中国太平洋财产保险股份有限公司船舶保险合同纠纷案中，原告诉称原被告双方之间存在合法有效的沿海船舶保险合同，原告投保的船舶在保险单载明的期限内发生搁浅事故，被告理应全额支付保险金；被告认为原告本为内河船舶,后改为沿海船舶,但原被告双方之间不存在航行区域为沿海的特别约定,原告未履行法定的危险增加通知义务,被告有权解除合同并拒赔。

对于保险标的增加时被保险人的通知义务问题,我国的相关规定如下:

根据《海商法》第 222 条第 1 款的规定:"合同订立前,被保险人应当将其知道的或者在通常业务中应当知道的有关影响保险人据以确定保险费率或者确定是否同意承保的重要情况,如实告知保险人。"《海商法》第 223 条第 1 款规定:"由于被保险人的故意,未将本法第 222 条第 1 款规定的重要情况如实告知保险人的,保险人有权解除合同,并不退还保险费。合同解除前发生保险事故造成损失的,保险人不负赔偿责任。"

《保险法》第 16 条第 4 款规定:"投保人故意不履行如实告知义务的,保险人对于合同解除前发生的保险事故,不承担赔偿或者给付保险金的责任,并不退还保险费。"

《海商法》与《保险法》的规定是一致的。在英美法系下,危险增加时的通知义务一般作为保证事项。被保险人违背保证义务,保险人可以解除合同。我国《海商法》和《保险法》以"故意"为条件,比英美法系下的保证制度宽松得多,是对被保险人有利的规定。本案中,内河船舶改建沿海船舶,无疑是重要情况,被保险人负有通知义务。

在本课题组分析的样本案例中,争议焦点涉及保险人如实告知义务的案件也较多。例如,"浙普渔油 31"船船员证书与船舶适航争议案;"潍洋"船保险利益与危险增加通知义务争议案;"TONY BEST"船告知义务争议案等。因此,被保险人投保之前充分了解合同约定以及投保后对变化了的情况予以充分注意和全面考虑,对于需要告知保险人的情况要及时告知保险人,这样才能确保其营运行为都在保险合同保护的范围内。

二、货运险典型案例分析

本课题所分析的货运险案例中,争议焦点涉及较多的是保险人代位求偿、保险公司赔付行为正当性、提单背书转让后保险人的追索权、保险利益的认定、追诉时效、适航、赔偿数额的确定以及被保险人如实告知义务的问题。除去其中与船舶险相重合的部分后,着重对保险赔付正当性问题、提单转让后保险代位求偿问题以及保险利益认定问题作出相应的分析。

(一) 保险赔付正当性问题

保险人赔付行为正当是保险人取得代位求偿权的前提。由于法律规定不明确,现实中发生否认保险人赔付行为正当性,进而否定保险人的代位求偿权的状况。在本课题组分析的样本案例中,就有一些涉及这个问题。例如,上海中福轮船公司诉中国人民保险公司案;中国人民财产保险股份有限公司诉上海浦江联运有

限公司 & 福州金帆船务有限公司案等。接下来,着重对中国人民财产保险股份有限公司诉上海浦江联运有限公司 & 福州金帆船务有限公司案涉及的争议焦点进行分析。

在中国人民财产保险股份有限公司诉上海浦江联运有限公司 & 福州金帆船务有限公司案中,华昌公司向保险公司投了货运险,后由于承运人的过错,货物全损。保险公司进行了赔付,后向承运人索赔。但承运人以原告与华昌公司延长保险合同的行为无效、涉案事故明显超出保险范围、原告提供的保险单不具有合法形式等理由辩称保险公司的赔付行为属不当赔付。对于保险赔付正当性的要求及判断标准,理论界和司法实践存在三种不同观点。

第一种观点认为,保险人赔付正当性为取得代位求偿权之必要条件。保险人的保险给付必须符合保险合同的约定,出于自愿或通融的保险赔付不能使保险人取得对第三人的代位求偿权。该观点依据的是《保险法》第 60 条"因第三者对保险标的的损害而造成保险事故的,保险人自向被保险人赔偿保险金之日起,在赔偿金额范围内代位行使被保险人对第三者请求赔偿的权利"以及《海商法》第 252 条"保险标的发生保险责任范围内的损失是由第三人造成的,被保险人向第三人要求赔偿的权利,自保险人支付赔偿之日起,相应转移给保险人"。

第二种观点认为,在保险人行使代位求偿权时,保险人的给付是否源于保险合同约定的保险给付义务,可不予考虑。第三人不得以保险人赔付不当为由进行抗辩。该观点的理由是,被保险人以权益转让书的形式转让了其对于第三人的债权,从普通的债权转让角度看,保险人有权以自己的名义向责任人进行追偿。同时,这既没有让第三人不当得利,也没有加重其原有责任,更为合理。

第三种观点认为,保险人赔付的正当性仍为取得代位求偿权之必需,但对于是否正当赔付的判断应区别情况对待。如果保险人的保险赔付明显超出保险合同约定的保险责任范围,按照法律规定,保险人不能取得保险代位求偿权。如果只是对是否超出保险责任范围存有争议,则可以将保险赔付视为保险责任范围内的赔付,保险人可以取得代位求偿权。

《最高人民法院关于审理海上保险纠纷案件若干问题的规定》(法释〔2006〕10 号)第 14 条规定:"受理保险人行使代位请求赔偿权利纠纷案件的人民法院应当仅就造成保险事故的第三人与被保险人之间的法律关系进行审理。"理由是:保险人依据保险合同赔付被保险人取得代位请求赔偿权利后,向造成保险标的损失的第三人提起追偿诉讼,其与第三人之间的关系应当是另外的法律关系。根据司法解释,类似的纠纷应该可以避免。

(二) 提单转让后保险代位求偿问题

在"启通 6"提单转让与代位求偿权案中,湖南省进出口公司出卖的货物由于承运人的过失而全损。进出口公司向保险公司索取赔付。保险公司赔付后,向承运人提起诉讼,要求其支付保险金损失及利息。承运人辩称,进出口公司已转让提单及货物所有权,对承运人不具有诉权,相应地,保险公司也不具有诉权。法院的最终意见是:进出口公司在对提单做了空白背书后交给了GYIT,构成了提单的合法转让,提单项下的货物所有权随之转让给GYIT。尽管保险公司已实际支付保险赔偿金,并取得进出口公司出具的权益转让书,但因进出口公司不具有承运人的索赔权,保险公司并没有有效取得代位求偿权,不能向承运人提出货损索赔。因此,驳回保险公司的诉讼请求。

与上述案件争议焦点一样的案件还有中国人民保险公司诉日本株式会社商船三井海上货物运输合同货损赔偿纠纷案等。在该案中,中国茶叶股份有限公司(以下简称中茶公司)作为买方与荷兰CONTINAF B. V. 签订500 t可可豆销售合同,被告日本株式会社商船三井为承运人。涉案货物在目的港交付前,提单已由中茶公司背书给兴光公司,而货物运输期间发生部分海损,共计105 835美元。此时提单所证明的运输合同的权利义务已经转让,中茶公司已经不是提单的合法持有人,其再以提单所证明的运输合同为依据,要求被告承担违约责任已无法律依据。故本案原告不能向被告主张货损赔偿。而原告作为保险人行使代位求偿权,不能取得被保险人在法律上已丧失的权利,因此,其依据提单请求承运人承担货损赔偿责任的诉请同样缺乏事实与法律依据,不能得到支持。

提单转让,究其本质来说,是指"提单所包括或证明的合同的让与"。而合同让与的结果,便是让与人脱离原合同关系,受让人取代让与人成为当事人。根据我国《海商法》的规定,指示提单须经过背书并交付转让。而提单背书转让后,受让人继受取得了收取货物、货损索赔等权利,而原出让人便从原本的合同关系中脱离出来,丧失了以上权利。这时,保险公司作为原出让人的保险人,如果进行了保险赔付,则不得再以代位求偿权请求第三人赔偿。

我国《海商法》只规定了保险标的发生保险责任范围内的损失是由第三人造成的,被保险人向第三人要求赔偿的权利,以及被保险人的协助索赔义务,但是未明确规定被保险人丧失索赔权时保险人的索赔问题。对于这个问题,保险人向被保险人实际赔付以后,必须满足的硬性条件是:其所代位的被保险人对造成保险标的物损坏的第三人依法具有损害赔偿请求权。

(三)保险利益认定问题

在样本案例中,有6件涉及被保险人是否具有可保利益的案件。例如,"潍洋"船保险利益与危险增加通知义务争议案;平安保险公司代位诉实际承运人海上货物运输合同货物锈损赔偿案;上海中福轮船公司诉中国人民保险公司等。在此,我们将着重对上海中福轮船公司诉中国人民保险公司一案所涉及的保险利益认定问题进行分析。

在该案中,保险人辩称船舶经营人不是船舶所有人,对船舶不具有保险利益,因而拒赔。课题组认为,中福轮船作为"仲宇"轮的船舶经营人,对该轮有事实上的管领之权,可以进行占有、使用、收益,同时在一定程度上承担着船舶毁损带来的风险。以下是船舶经营人的法律地位和权利介绍:①船舶经营人依合同约定管理船舶,与船舶所有人之间形成一定的法律关系,享有一定权利,承担一定义务;②船舶经营人有权以自己的名义经营管理船舶,并独立承担由此产生的法律后果;③船舶为船舶经营人实现经营目的、获得预期利润的物质基础。[①] 由此可见,船舶的状况与船舶经营人息息相关。若船舶完好,那么船舶经营人可获得船舶所生之利益;相反,若船舶有毁损,那么船舶经营人的经营权当然地受到阻碍,甚至还可能引起船舶经营人对船舶所有人的赔偿等责任。因此,可以说,船舶的完好和损毁与船舶经营人有十分密切的利害关系,由此可以认定船舶经营人对船舶具有可保利益。需要注意的是,船舶经营人的保险利益不同于船舶所有人的保险利益。

三、保赔险典型案例分析

在本课题所分析的保赔险案例中,争议焦点涉及较多的是有关合同条款的解释、船员资格以及船舶适航性的问题。除去其中与船舶险相重合的部分后,着重对合同条款的解释、船员资格问题作出相应的分析。

(一)关于保赔险条款的解释问题

"隆伯6"轮触礁沉没保赔保险争议案就是一起典型的涉及保险合同条款解释问题的案例。2001年1月16日,被告所属的"隆伯6"轮加入原告(中国船东互保协会),原告向被告颁发入会证书,附件载明协会承保油污责任险。2001年1月23日,"隆伯6"轮在上海办妥离岗签证手续后,在离泊前船上大副、二副、三副、二管轮、三管轮相继离船。在没有配齐船员的情况下,该轮于1月24日离泊开往广东东莞。1月27日,"隆伯6"轮于福建省平潭海域触礁沉没。事故发生后,原告为被告向上海救捞局、平潭打捞公司支付了打捞费、清污费,共计380万元。

原告向法院提起诉讼称,"隆伯6"轮配备船员不足,违反了原告2000年协会保险条款中保险保证条款的约定,原告据此不承担保险赔偿责任。被告辩称,入会证书中没有记载相应的协会保险条款,被告不知道这些免责条款的存在,因此,协会保险条款对被告没有约束力。法院意见:被告主张其在订立合同前不知道原告协会保险条款的存在和内容的理由,无事实依据,与情理相悖,法院不予采纳。

对于以上争议问题,课题组认为,中国船东互保协会是船舶所有人互相保险的非营利性组织,其向入会会员颁发的入会证书及附件,是两者之间签订的一种特殊形式的保险合同,证书上载明的船东互保协会的章程和保险条款是该种保险合同

---

① 中国涉外商事海事审判网. 可保利益、适航性与船舶保险人的抗辩[EB/OL]. (2005-01-19)[2013-05-24]. http://www.ccmt.org.cn/shownews.php? id=5695.

的组成部分。中国船东互保协会自成立以来,其章程(即保赔条款)始终依国际惯例对外开放,各船舶所有人也正是依据其章程及其中所包含的保险条款申请加入该会,成为该会会员的。被告向原告提交的"隆伯 6"轮入会申请书和原告向被告颁发的入会证书中都明确记载了协会保险条款的适用,且原告向被告颁发入会证书时,被告也未对入会证书及附件上载明的保险条款提出异议,加之被告在"隆伯 6"轮加入原告前,已有其所有的多艘船舶加入原告,其理应了解原告保险条款的内容。既然被告投保、原告承保了油污责任险,则原被告不仅要受该油污责任险条款的约束,还要受全部协会保险条款的约束。

(二) 关于船员资格的问题

上述"隆伯 6"轮触礁沉没保赔保险争议案中,还存在着另外一个争议较大的问题——船员资格的问题。

被告所属"隆伯 6"轮船员配备不符合《沿海船舶最低安全配员证书》的要求,海事局调查报告也认定事发时配员不足的事实,被告对此不持异议,同时也不能说明大量重要职务船员在船舶离泊前离船的具体原因。根据原告 2000 年保险条款第 7 条通则第 1 款的规定,只要原告的会员不履行或未能履行协会保险条款中有关保险基本条件的规定,原告就对在此期间发生的任何索赔都不承担赔偿责任,而不论原告会员的不履行或未能履行行为与索赔之间是否存在因果联系。综上,法院判决被告向原告返还垫付款项 380 万元及支付相应的利息。

第四节 建　　议

一、明确保险条款重要概念的含义

在以下 4 种情况下,需要明确保险条款重要概念的含义:①保险条款含有许多专业用语,由于理解分歧导致纠纷。当然,保险条款不可能通俗,理论上,在航运保险领域,保险人、投保人、被保险人、保险代理人、保险经纪人等都是专业人士,能够理解专业用语。虽然如此,从保险条款的可操作性角度,有些专业用语有必要增加定义条款,或者条款内容规定得很具体。②当法律法规规定比较原则时,保险条款有必要针对这些原则性的法律法规内容进行具体化。③在航运保险业界或司法界对于现有法律法规规定存在争议的情况下,有必要通过条款具体化消除这种理解上的分歧。④当法律法规内容存在过时现象时,如果法律允许保险合同当事人自由约定,则保险条款完全可以先于法律法规实施创新。

根据前述样本案例分析,目前比较容易发生纠纷的如船舶碰撞事故中的间接碰撞、适航性判断、危险增加时负有通知义务的重要情形等,对于这些内容,航运保险条款有必要予以具体规定或解释。

二、需要通过修改法律解决的问题

虽然《海商法》第 12 章、《最高人民法院关于审理海上保险纠纷案件若干问题的规定》(法释〔2006〕10 号)、《海事诉讼特别程序法》和《保险法》等对于保险人代位求偿权都有规定,但是,现有法律仍然存在不足。在第三人侵权或违约造成保险事故的情况下,需要有完善的法律制度来保障保险人代位求偿权的实现。代位求偿权制度存在的问题难以通过保险条款予以解决,即使保险条款予以详细规定,仍可能会遭遇第三人或司法机关的否定而不被认可。所以,完善有关法律是根本出路。

在保险利益问题上,2009 年《保险法》的规定可以取代《海商法》第 12 章有关规定,但是,2009 年《保险法》关于保险利益的规定本身存在不足,难以处理贸易术语关于保险利益与风险转移挂钩带来的问题。所以,未来《海商法》修改是解决这个问题的机会,可以就国际货运保险的保险利益制定特别规则。

三、全方位采取措施,预防保险事故的发生

法律的作用首先在于通过权利义务的规定预防纠纷,其次是当纠纷发生后解决纠纷。航运保险法律还有一项特别的作用:通过保险机制,使保险人介入被保险人常规管理,使被保险人建立完善的风险管理体系,减少和避免风险的发生,提高应对风险的能力。即使在保险人承担赔付责任后,保险人仍然应该要求被保险人提高风险防范能力或者直接提供建议。

应对海上风险不仅仅是保险机制,国家海上搜救体制建设和搜救能力也是风险控制的重要组成部分。我国海上人命搜救条例尚处于起草过程中,由于搜救体制涉及国家许多部门,建立一个什么样的搜救体制是该条例起草的难点。

在船舶风险防范方面,保险人需要充分利用现有国内法律法规和国际公约中有关船舶安全营运和防止污染管理规则,敦促被保险人完全履行有关规则规定的管理职责,避免人为事故造成的损失。

虽然集装箱化运输条件下货运风险大大降低,但是,仍然有一部分件杂货、大量的散货和液体货运输是没办法实现集装箱化的,相对而言风险较大。冷藏集装箱运输的风险高于普通集装箱,保险条款和风险防范对策应该有所区别。

四、完善保赔保险法律制度

保赔保险法律环境一部分与商业保险类似,另一部分有其特殊性。作为航运保险的一部分,保赔保险所承保的保险标的、风险、理赔、当事人权利义务等与海商

法律、海事法律、保险法律、合同法律等密切联系在一起，并以这些法律为基础。作为相互保险组织，其自律成分高于商业保险，在保险组织成立、投保人、市场监管上与商业保险不同。目前，我国整体上缺乏相互保险领域的立法，在船舶保赔保险和货运保赔保险等相互保险市场监管上尚无法可依。在条件成熟时，应该从相互保险监管角度，建立该领域的法律制度，而不限于航运保赔保险。

第五章 完善我国航运保险业法律保障体系设想

第一节 法律保障的目的与基本要求

一、法律保障的目的

本篇第一章第一节已经对“法律保障”概念进行了初步界定，这里作一些补充。

法律保障，是指通过法律方式、法律手段、法律途径等建立维护良好的市场秩序，促进行业发展，维护合法利益。

法律保障体系，是指系统化、制度化的各种法律保障方法和途径的总和。

航运保险业法律保障体系，既要保障航运保险各方利益，也要保障行业整体发展。航运保险业各方，包括投资人、经营人、保险人、投保人、被保险人、行业主管机构、航运业相关方、贸易行业相关方乃至国家。其中，保险人与被保险人是法律保障的基本主体。

航运保险业法律保障需要有良好的立法为前提，同时也需要有高效公正的执法与司法，自觉守法是法治的基础。

市场经济是法治经济，法律是市场经济规则的主要提供者，法律也是保护经营者和行业发展的基本保障。我国尚不是法治国家、法治社会，也没有建成法治市场经济，这些都处于建设过程中。

航运保险业法律保障体系建设不仅仅是通过现有法律保护各方合法利益(这应该是基本要求)，更重要的是通过法律解决行业存在的问题，促进行业发展，保障整个行业的发展。在这个意义上，航运保险业法律保障应该实现下列目的：①诚实守信；②合法经营；③公平竞争；④行业发展；⑤行业自律；⑥提高效率；⑦分享机会；⑧社会责任。

二、法律保障的要求

(一) 时代性与稳定性

法律是稳定的，因此是相对静止的，但是，市场却一直处于变化之中。法律对于航运保险业的保障需要处理时代性与稳定性之间的矛盾关系。

法律反映时代性的方式可以有：①修改法律法规，废旧立新；②司法解释，确立新规则，适应时代发展；③执法司法过程中发挥自由裁量权。

法律稳定性体现在：①法律颁布实施后，在合理时间内不被修订废止；②保持法律规则含义的相对不变性，这是执法司法公正的基本要求。法律稳定性是实现法律结果可预测性的前提，即人们依法或违法活动的结果是法律预设的。

法律的时代性与稳定性存在一定的矛盾。我国过于强调法律的稳定性，尤其是全国人大及其常委会颁布的法律不轻易修改，从而导致法律滞后于现实发展，也难以发挥其对经济活动、行业发展的充分保障作用。

（二）安全性与效率性

市场交易既要求安全也要求效率，法律规则需要在这两者之间实现平衡。法律保障市场交易的安全体现在债权的安全上，这首先依靠合同当事人基于诚信原则订立、履行合同，在违反的情况下，能够获得法律救济。同时，尽可能减少和避免欺诈、不当竞争、垄断等侵权行为。

法律通过实体规则与程序规则减少交易费用，提高效率。新制度经济学代表人物威廉姆森将交易费用划分为合同签订之前的交易费用和合同签订之后的交易费用。这些分析有个共同的特点：从交易过程的不同阶段来揭示交易费用的外延，交易费用包括搜寻信息费用、讨价还价费用、决策费用以及监管和执行费用。交易费用可分为3类：市场型交易费用、管理型交易费用和政治型交易费用。根据威廉姆森的分析，交易费用存在的原因或决定因素包括：①人的因素；②与特定交易有关的因素；③交易的市场环境因素。[①] 人的因素是指人在经济活动过程中体现的有限理性和机会主义特征。与特定交易有关的因素包括资产专用性、交易的不确定性和交易频率。交易的市场环境因素，是指潜在的交易对手的数量。这是从比较狭窄的意义上而言的。

（三）公正与公平

公正，是指在第三方参与或第三方主导情况下作出决定、解决纠纷时，该第三方应该做到不偏不倚、客观、中立。

公平，则是当事人之间就权利义务进行分配时，按照一定的规则，解决应该享有或不应该享有、应该承担或不应该承担时的准则。公平与否依赖于分配规则及程序的公正性。

公正是对司法机关、行政管理机关的基本要求。他们是裁决者、管理者，是对权利义务进行分配的人，司法权和行政权的行使只有以公正为基础，才能获得权威

① 奥利弗·E·威廉姆森.资本主义经济制度[M].段毅才，王伟，译.北京：商务印书馆，2002：70.

性。公正体现在规则的制定、实施等各环节。

任何公正、公平都以一定的规则为基础，规则本身是人制定的，是各方利益博弈的结果，受制于各种复杂的经济、政治因素，因此，公正和公平具有相对性和局限性。

广义航运保险法律体系需要在航运、贸易和保险三方之间，投保人、被保险人与保险人之间，保险人之间，建立合理的权利义务关系，以实现公正与公平。

（四）竞争力与话语权

航运保险法律体系应该以提高我国航运保险业国际竞争力，在一些领域拥有话语权为目的。我们习惯上通过政策促进行业发展，提高国际竞争力，一直以来忽视了法律在其中起的作用。将法律理解为通过权利义务分配国内资源，解决纠纷，这只是法律的一面。

从航运保险法律近几十年的发展可以看出，英国为了维持其在海上保险市场上的领先地位，一方面反对国际组织制定公约，另一方面修改国内法律和保险条款。挪威与北欧国家为了打破英国的垄断地位，其基本手段是修改法律，制定海上保险纲要。纲要既是法律，也是条款，由非政府组织制定、修改，这些都是为了扩大该纲要在世界其他地方的采用与影响力。

未来我国修改航运保险法律或者相关的法律，应该站在全球视野上，从提高我国航运保险业国际竞争力的高度，从配置全球航运保险资源出发，不能局限于国内小市场。

（五）开放与保护

以我国对世界贸易组织所作出的承诺和权利为基础，对于服务业该开放的要开放，该保护的要保护。当然，在开放与保护之间有许多模糊地带、灵活空间。

除保赔保险外，我国船货保险市场发展水平并不低于许多发达国家，当然，都不能与英国比。从保费水平看，我国与美国、日本、德国、北欧、新加坡等国家比较，总体上不相上下。但就我国航运与贸易规模而言，我国航运保险仍然有很大的发展空间，在内部市场完善、服务质量、国际市场开拓等方面仍存在不少问题。

所以，我国航运保险业应该是开放与保护并举。在航运保险发展政策上体现开放与保护相对容易些，在航运保险合同法律规则与行业监管规则方面体现出开放与保护政策意图，并不是件容易的事。

（六）规范与发展

规范，是规制或者管制，是对市场主体行为的引导、监督，使其符合法律法规要求，对违规者实施惩罚，以维护市场秩序，实现行业整体利益。发展，是从量与质两方面提供行业整体规模与整体水平。

从行业主管机关角度，规范与发展即监管与促进两种职能之间的关系。在行政三分制（决策权、执行权和监督权）未全面实施的情况下，我国行政机构同时肩负监管与促进两种职能。两种职能之间有一致，也有冲突。

航运保险法律体系在内容上需要兼顾规范与发展两方面的任务，航运保险合同法、航运保险业监管法、公司法、税法等从不同层面起着规范与发展的作用。

第二节　法律保障体系建设的基本原则

一、制定航运保险发展政策

为了实现规范与发展并举、监管与促进并举的目标，我国需首先完善航运保险发展政策。目前有关航运保险政策的内容集中在 3 个文件中：《国务院关于保险业改革发展的若干意见》（国发〔2006〕23 号）；《国务院关于推进上海加快发展现代服务业和先进制造业建设国际金融中心和国际航运中心的意见》（国发〔2009〕19 号）；《中国保险业发展"十二五"规划纲要》（保监发〔2011〕47 号）。

3 个文件涉及航运保险的内容不是很多，我国航运保险发展政策尚未形成体系。一个完整的政策应该包括发展目标、目标分解、实施主体、实施路径、实施手段、实施阶段、保障措施等。

我国有条件也有能力将航运保险业建设成为亚太地区航运保险中心之一，成为全球航运保险资源配置中心之一。未来航运保险发展政策以此为目标构建，以提高保险公司在国际航运保险市场中的竞争力为核心，消除船舶登记制度和贸易术语对于保源流失的不利影响，充分运用税收、法律、行政等手段，促进国内航运保险市场结构优化与服务质量提升，抓住世界经济、航运中心向亚太转移的契机，将我国航运保险提升到一个新的发展平台。

应该区别对待船舶险与货运险 2 个市场的发展政策。船舶险（包括商业船舶险和保赔保险）市场主要集中在发达国家，而货运险呈现更广泛的全球竞争，原因是：①世界主要运力集中在少数航运发达国家，进出口贸易则是现代大多数国家努力发展的经济领域；②方便旗登记制度有利于部分运力在发达国家投保船舶险；③世界上主要的船舶保险公司和保赔保险人集中在发达国家；④与货运险业务相比，船舶险业务在经营上要求更高、更复杂，有利于市场集中。

保源流失，这是政策能够发挥一定作用的问题，更主要的是保险公司竞争力问题、市场资源配置问题，法律只起间接作用。当前国际贸易中，出口使用 FOB，进口使用 CIF，导致货运保险保源流向海外市场。这需要客观看待，既有航运保险业自身的因素，也有贸易因素。归根结底，是市场竞争的结果。

我国实施严格的船舶登记制度，近期不会发生根本性的变化。但是，上海国际航运中心试点保税船舶登记，或许能为我国探索主流体制外新型的船舶登记制度。2012 年 3 月，洋山保税港区正式试行保税船舶登记。目前，各国船舶国籍登记大致可分为严格登记、开放登记和介于两者之间的新型开放登记 3 类。传统登记制度是严格登记，“方便旗船”是开放登记的结果。但是，我国香港地区、新加坡实施的是介于两者之间的，开放又比较严格管理的登记制度。保税船舶登记，是为了吸引中资国际航运船舶回归登记，可以为回归登记的中资船舶有条件免除进口关税和进口增值税，相当于船价的 25％的成本。保税船舶登记也是探索建立我国国际船舶登记制度迈出的第一步。对于船舶保险而言，这是利好。

国务院提出上海大力发展航运保险，全国其他地方也积极跟进，在一定意义上，大力发展航运保险已经成为共识。为此，保监会有必要制定具体的航运保险发展政策。另外，我国考虑修改《海商法》，制定《航运法》，一个具体的航运保险发展政策将为航运保险法律修改提供重要的指导意义。此即政策的法律化过程。

营改增政策目前尚处于试点推广阶段，《营业税改征增值税试点方案》规定“保险业原则上适用增值税简易计税方法”。在航运保险实行免营业税的情况下，如何进行营改增是在未来需要明确的一个问题。

政策具有灵活性、暂时性、指导性等特点，但是，缺乏对具体行为进行约束的刚性，是否被执行及执行到何种程度在一定意义上取决于执行机构的自觉性。政策法律化有利于航运保险发展目标政策的具体化及有关职能部门职责的明确化，并通过法律的约束力逐步实现航运保险发展目标。

当基本政策法律化后，具体政策的制定及其实施即可依据法律进行，此即法律的政策化。法律政策化可以较好地解决法律的稳定性与市场的多变性之间的关系。

二、以“风险”为核心构建原则

（一）风险经法律“过滤”进入保险合同

历史上，保险合同承保的风险取决于当事人之间的合同约定；在当代法律环境下，风险是通过法律制度进入保险合同的，保险合同约定的风险由相关法律制度规定或受其影响（见图 6－5－1）。

航运保险合同承保的责任风险完全基于有关法律的规定。在侵权责任领域，是否承担责任，承担责任的条件、大小等都由法律规定。即使是违约责任，海商法规定的海上货物运输合同和旅客运输合同的法律仍具有强制性，当事人自由约定的空间很小。

在自然风险方面，完全符合不可抗力条件的自然灾害比较少，因此，当事人凭此免责的不多。在多数情况下,自然灾害与人为因素结合才导致事故。这时,法律规定了过失、重大过失、故意等情况下的责任制度。

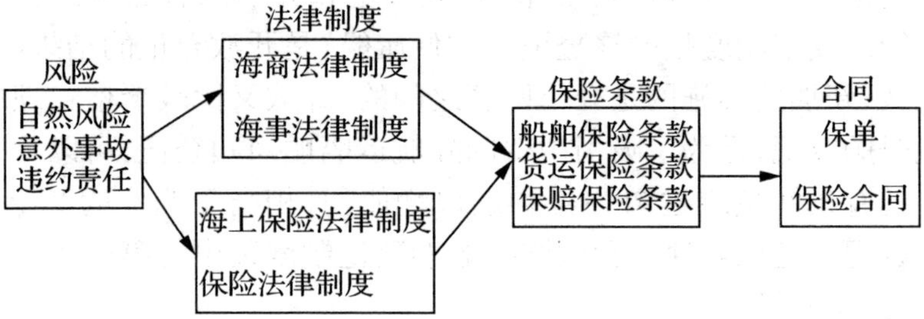

图 6-5-1　法律与风险之间的关系

（二）险种和条款的拟定取决于有关法律

航运保险法律所规定的业务种类、航运管理所建立的管理制度等通常是航运保险险别设立的基础。各险种条款的拟定既要考虑市场因素、投保人需求,也要考虑法律规定。无船承运业务经营者保证金责任保险、船舶油污损害民事责任保险等是近两年我国航运管理机构推出的新的管理制度,有关保险险种及其条款拟定都需要以相关的管理制度为基础。班轮运输、不定期船运输、集装箱货运输、件杂货运输、液体货运输等对于船舶保险、货运保险的要求都是不同的。

（三）法律影响保险对于风险的分摊机制

在航行过失免责制度下,承运人将一部分海上风险转移给货方承担,这增加了货运险承保风险范围。在取消航行过失免责、实施过失责任制度下,承运人责任加重,货方风险降低。在这两种制度下,船舶保险条款与货运保险条款设计应该是不同的,起码应在保费上有所区别。在一定的技术、法律、自然等情况下,假设风险总量是相对固定的,法律的修改会导致风险的重新分配。在现代航运业中,各种风险几乎都通过保险进行转移。保险在其中是一个中介,通过风险分摊机制再次分配风险。在海事法律法规不断提高船舶安全要求的情况下,总体风险会有所降低,这也应该反映到条款上。

三、提高法律体系协调性

在本篇第三章第三节第二部分“航运保险法律体系协调性问题”中,提出了 3 个角度的法律协调问题: ①上位法与下位法之间的关系;②平行法之间的关系;③与相关法之间的关系。协调性问题的意义在于: 航运保险法律体系的完善不仅仅是《海商法》第 12 章“海上保险合同”的完善问题,还涉及上下左右等许多法律之间的关系,也涉及有关主管部门制定的实施规则以及司法解释等。

这种协调是双向性的,即一方面,航运保险合同法需要与其他相关法律保持协调;另一方面,其他相关法律在起草、修订时也要考虑航运保险合同法。海商法律与海事法律之间的关系也会间接影响到航运保险。尤其是与保险直接有关的法律法规不仅要考虑本领域的问题,也要考虑保险的可行性等。《中华人民共和国船舶油污损害民事责任保险实施办法》规定的"①管辖海域内航行的载运油类物质的船舶和1 000总吨以上载运非油类物质的船舶;②国务院交通运输主管部门负责统一管理全国船舶油污损害民事责任保险工作,国家海事管理机构负责组织实施全国船舶油污损害民事责任保险工作;③承担中国籍船舶油污损害民事责任保险的互助性保险机构应当符合的要求等",不完全是海事管理机构的事,与保监会、保险公司、保赔协会、环境保护主管部门、渔业经营者等都有密切的关系。

在我国完成大部制改革前,部门之间利益冲突是客观存在的,这些利益通常反映到立法上,并导致法律实施遇到各种障碍。所以,在法律规则起草阶段,提前考虑相互之间的协调关系尤为重要。

四、积极参与国内法律法规制定、修改

(一)积极参与我国《海商法》修改

我国《海商法》自1993年7月1日生效以来已20年,与《海商法》有关的国内外法律环境发生了许多变化。

(1)国际社会制定了许多新国际公约。如《1992年国际油污损害民事责任公约》(1992 CLC)、《1993年船舶优先权和抵押权的国际条约》、《1996年国际海上运输有毒有害物质损害责任和赔偿公约》、《2001年国际燃油污染损害民事责任公约》、2002年修订《1974年旅客及其行李运输的雅典公约》、《2004年约克-安特卫普规则》、《2007年内罗毕国际残骸清除公约》、2008年《联合国全程或部分海上国际货物运输合同公约》等。

(2)制定了大量新的国内法或修订原有法律法规。《仲裁法》(1994年)、《担保法》(1995年)、《合同法》(1999年)、《海事诉讼特别程序法》(1999年)、《海洋环境保护法》(1999年)、《国际海运条例》(2001年)、《港口法》(2003年)、《对外贸易法》(2004年修订)、《公司法》(2005年修订)、《物权法》(2007年)、《船员条例》(2007年)、《侵权责任法》(2009年)、《保险法》(2009年修订)、《国际赔偿法》(2010年修订)等。

《海商法》本身存在以下不足[①],这些问题使得《海商法》修改有其必要性。

(1)《海商法》制定之时,某些条件尚不成熟的立法内容,由于情势的变化而变得成熟起来,并且成为必要。如海运单、电子提单。

---

① 司玉琢,胡正良.我国《海商法》修改的必要性[J].中国海商法年刊,2002,13:1-9.

(2) 由于受《海商法》起草、论证的局限性影响,使一些问题的考虑不够周全。如《海商法》没有规定船舶或者船载货物造成沿海水域环境损害赔偿责任制度。

(3) 由于当时国内缺乏广泛的司法实践作为基础,国际上也没有相应的条约可借鉴,因此对个别的复杂问题只作了简单规定。如船舶留置权、国际多式联运、托运人制度。

(4)《海商法》使用的一些文字或者表述有待进一步明确统一。如英美法上的质权与我国留置权概念之间的关系。

2000 年 12 月,原交通部批准“修改《中华人民共和国海商法》研究课题”立项,由上海海事大学和大连海事大学各自进行独立研究。两校对于我国《海商法》存在的问题及其他国家相关立法进行了全面梳理,并提出了修改建议,其中包括对《海商法》“海上保险合同”一章的修改建议。

10 年后,交通运输部准备重新启动《海商法》修改工作。2010 年 9 月,交通运输部政策法规司、全国人大常委会法工委立法规划室、国务院法制办工交商事法制司、交通运输部海事局以及交通运输部水运局等部门在上海就《海商法》等法律修改开展调研。2012 年,交通运输部决定以课题研究启动该项工作。

航运保险业界、理论研究者和管理者应该及早、积极、主动参与到我国《海商法》的修改工作中,不仅要关注其中的“海上保险合同”一章,更要从航运保险业发展角度关注整部《海商法》相关制度。

(二) 积极参与我国海事法律法规制定、修改

在数量上,海事法律法规远超海商法律法规。近几年,我国航运管理领域立法重点也是围绕海事进行的,以安全、环境保护、市场秩序等为主要内容,其中相当部分内容与航运保险有直接或间接的关系。在有关法律法规通过后,航运保险业依照这些法律法规的规定,对投保人、被保险人提出经营管理、船舶安全管理、风险管理等方面的要求。保险公司积累了大量的有关安全、环境保护方面的资料,这些资料对于现有法律法规的实施、完善可以起到良好的作用。

近几年颁布的法律法规主要有:《中华人民共和国船舶安全营运和防止污染管理规则》(NSM 规则)(2001 年)、《中华人民共和国船员条例》(2007 年)、《中华人民共和国船舶签证管理规则》(2007 年)、《中华人民共和国国际船舶保安规则》(2007 年)、《中华人民共和国船舶安全检查规则》(2009 年)、《防治船舶污染海洋环境管理条例》(2009 年)、《中华人民共和国航运公司安全与防污染管理规定》(2007 年)、《国内水路运输经营资质管理规定》(2008 年)。

2012 年初,《中华人民共和国海上人命搜寻救助条例》经交通运输部部务会议审议通过后,已报送国务院法制办。

在油污制度方面,虽然有《船舶油污损害赔偿基金征收使用管理办法》《中华人民共和国船舶油污损害民事责任保险实施办法》,但都处于制度探索期,不够成熟,

在适用范围上还可以扩大。

推动中国船级社制定国内船舶分级管理办法。国内船舶分级管理是将国际船舶分级管理引进到国内船舶管理领域，但是，由于我国存在众多的个体船舶所有人、小规模航运企业，在船舶管理规范化上参差不齐，分级管理暂时难以实施。国内船舶分级管理对于航运保险业而言可区别不同船舶和投保人，为实行差别费率等措施提供了条件，应该积极推动。

（三）积极参与《航运法》制定

原交通部于 1996 年组成航运法起草工作小组，开始制定《航运法》，至 2004 年共起草了 11 稿，后来暂停。2009 年，时任国务院副总理张德江考察内河航运，强调要深入贯彻落实科学发展观，科学规划，统筹协调，深化改革，加快建设，促进内河航运快速发展、协调发展、安全发展、绿色发展，为我国经济社会发展提供有力支撑。《航运法》制定工作重新受到社会关注。交通运输部作为国务院交通运输主管部门，适时重新启动了《航运法》的制定工作。2010 年 6 月，交通运输部重新组成航运法制定工作小组继续制定《航运法》，成立了 14 个专题研究小组。据初步计划，到 2012 年底完成该法的起草工作。但是，由于该法涉及面甚广，是对国内航运与国际航运管理制度的重新梳理，更重要的是该法需要确立我国未来几十年航运管理基本制度，预计还需要几年时间才能完成。

《航运法》涉及国内国际航运市场准入、市场运力调控、安全管理、油污防止等基本制度。其中，许多方面与航运保险有直接或间接关系，如无船承运业务经营者保证金责任保险制度、船舶油污损害民事责任保险、运力调节基金等，值得航运保险业关注。

五、跟踪国际立法趋势

航运保险业需要跟着三个领域的国际立法趋势。这里所谓的国际立法趋势，既包括有关国际公约立法、趋势，也包括其他国家国内立法趋势。

（一）航运保险立法趋势

在国际公约层面，国际社会企图统一航运保险法律制度的努力经过几次尝试均告失败。

海上保险立法的国际协调活动始于 1899 年，当时国际法协会(ILA)在美国布法罗(Buffalo)召开会议讨论海上保险法的协调问题，最终通过了《1901 年格拉斯哥海上保险规则》(Glasgow Marine Insurance Rules of 1901)，但英国正在酝酿制定著名的《1906 年海上保险法》，对国际法协会的努力并不感兴趣。该法出台后取得了巨大成功并成为英联邦各国海上保险立法的范本，同时也宣告了《1901 年格拉斯哥海上保险规则》的废止。

联合国贸发会于1989年公布的《联合国贸发会船舶与货运保险示范条款》没有发挥实际的作用。国际海事委员会有关海上保险的工作停留在理论研究阶段，于2004年终结。

鉴于英国、澳大利亚、挪威及北欧国家等都致力于国内法修改，所以，海上保险法领域实现国际统一的愿望在未来较长时间内将不再有可能。但是，国内海上保险法修改活动成为值得关注的领域。

（二）海上货物运输国际公约发展趋势

自《汉堡规则》通过后，《鹿特丹规则》成为海上货物运输领域新的国际公约。至2012年11月底，有24个签字国，2个国家批准加入。签字国中有丹麦（Denmark）、法国（France）、希腊（Greece）、荷兰（Netherlands）、挪威（Norway）、波兰（Poland）、塞内加尔（Senegal）、西班牙（Spain）、瑞典（Sweden）、瑞士（Switzerland）、美国（United States of America）、多哥共和国（Togo）等。其中，西班牙和多哥共和国正式加入。《鹿特丹规则》第94条规定："本公约于第二十份批准书、接受书、核准书或加入书交存之日起1年期满后的下一个月第一日生效。"目前离公约生效尚有很大距离。

本篇第二章第四节第一部分"《鹿特丹规则》的影响"分析表明，《鹿特丹规则》对于航运保险有着广泛的影响，其未来发展趋势值得关注。尤其在美国、欧盟成员国等发达国家已经签字的情况下，如果这些国家批准条约使其生效，即使我国没有加入，《鹿特丹规则》的实施仍将对航运市场、航运保险市场产生全面的影响。

我国全程参与了《鹿特丹规则》的起草工作，对其中条款贡献较多。但是，我国最终没有在公约上签字。官方也没有就此发表评论表明立场，总体上持谨慎态度。《鹿特丹规则》是否生效及什么时候生效存在不确定性，我国可以根据我国航运、贸易等的发展，对《鹿特丹规则》的影响继续进行评估，将是否加入的问题留待以后解决。

（三）海事国际公约发展趋势

在本篇第二章第四节"国际海商海事公约对航运保险法律制度的影响"部分，重点分析了ISM规则和国际残骸清除公约对于航运保险的影响。就航运保险与海事公约关系而言，国际海事组织（IMO）通过的所有公约多多少少都与航运保险有关系。国际海事组织在海上灾难统计、分析程序、分析技术等方面为成员国提供指导，有些数据和信息对航运保险业拟定条款、制定费率也具有重要的参考价值。

目前，国际海事组织管理近40个公约（包括议定书），其中《国际海上人命安全公约》（SOLAS，1974）、《防止船舶造成污染国际公约》（MARPOL，1973）、《海员培训、发证和值班标准国际公约》（STCW，1978）是国际海事组织关于海上安全方面3个极为重要的、基础性的公约。另外，国际海事组织公约还涉及海洋污染防治、海事责任与赔偿、搜救等领域。

第三节　海上保险合同法的修改建议

一、确立整体思维

2000年,上海海事大学和大连海事大学对"海上保险合同"一章的研究存在以下不足:①修改建议建立在单个规则基础上,甚至是个别用语上;②未就该章整体及与其他海商海事法律制度的关系来考虑;③以英国《1906年海上保险法》为模板、标准。其中第3个不足是致命性的,这将导致我国海上保险制度继续永远滞后,继续处于移植他国法律、不能实现自主创新的阶段。何况英国属于普通法,其成文海上保险法有大量的判例作为辅助,这是属于大陆法的我国所不具有的优势。另外,英国近几年也在修改其保险法及海上保险法,我国更不能参照其100年前的法律。根据课题前述研究,从整体上,我国海上保险合同法律制度的完善有必要考虑以下内容:

(1) 以航运、贸易、保险三者互相促进、平衡发展为基本指导思想。

(2) 由于技术进步,纯海上自然风险的危害降低,但人为事故发生率并未因此降低,海上保险法律需对此作出回应。

(3) 现代海上货运法律、安全和环境保护法律加诸承运人、船舶所有人、船舶管理人等身上的责任越来越大,海上保险法律需对此作出回应。

(4) 海上保险合同法律制度的修改需要从提高我国航运保险业国际竞争力的角度对法律规则进行设计,而不仅仅是规范海上保险合同当事人。

(5) 20多年司法实践积累了许多经验,应该将这些经验提炼,上升到法律规则。

(6) 处理好与《保险法》的关系,2009年《保险法》的许多规则比《海商法》合理、先进。

(7) 现代海上保险业务险种和险别越来越多,相应的立法不能再局限于船货保险2类。建议将海上保险合同规则分为5部分,即一般规则、船舶保险规则、货运保险规则、海事责任保险规则、其他海上财产保险(离岸能源险)规则。

(8) 在船舶保险中增加建造中船舶保险、船舶修理责任保险、渔船保险。

(9) 在船舶保险规则中适当考虑国内水路沿海船舶与远洋船舶的区别,客船与货船的区别。

(10) 在责任保险中考虑油污责任险、物流责任险、港口经营人责任险、无船承运人责任险、造船厂责任保险等。

(11) 在货运保险中适当考虑进出口贸易货物与国内贸易货物的区别。

(12) 集装箱作为一种特殊财产,可作为一种独立的保险标的。

在立法技术上,"海上保险合同"作为《海商法》的一章,受制于《海商法》整体风格，基本上会继续传统的以原则性规定为主，很难做到非常具体、操作性强。但是，新的海上保险合同法应该有一个新的框架体系。

二、具体规则修改建议

本篇第三章第三节第七部分“海上保险合同法律规则”分析了我国《海商法》第12章“海上保险合同”一章在具体规则上存在的问题，共有10个方面，包括保险标的、保险利益、告知义务、保证、受益人、保险合同转让、代位求偿权、预约保险合同的效力、责任保险和用语问题等。主要修改建议如下：

(1) 保险标的。按照船舶保险、货运保险、责任保险、离岸能源保险、集装箱保险等分别规定其保险标的。在细分船舶、货物、责任的情况下，可继续细化保险标的，如运输船、渔船、建造中船舶等。

(2) 保险利益。可以适用《保险法》有关财产保险保险利益的规定。但是，在“仓至仓”条款下，保险利益随风险转移而产生的问题是个难题。如果坚持保险利益原则，该问题几乎无解。

(3) 告知义务。改变《海商法》采取的主动告知原则，适用《保险法》告知义务规定，并结合航运实践予以具体化，尤其关于未履行告知义务作为合同解除条件的应该明确规定。

(4) 保证。明确我国是否允许默示保证的问题，以及允许当事人以保证方式约定的主要事项。处理保证与告知义务之间的关系问题。

(5) 受益人。增加受益人的规定，有利于航运金融的发展。

(6) 保险合同转让。适用《保险法》有关保险合同转让的规定更可取。

(7) 代位求偿权。以保险人利益保护为目的，建立以被保险人权利转让为原则、以债权法定转移为补充的制度。

(8) 预约保险合同的效力。明确在被保险人出现漏报或者误报时，预约保险合同是否具有效力的问题。其原则上应该无效。

(9) 责任保险。将海事责任保险作为单独一类保险予以详细规定。

第四节　航运保险条款的完善建议

一、概述

保险条款是保险合同当事人之间的“法律”，有时其作用甚至超过真正的法律。海上保险合同法律规则是任意性规范，通常只是起补充作用。根据《保险法》要求，目前各保险公司使用2009年保险条款。从总体上看，条款形式上是新版本，但内容基本是老版本的。这里难以详细比较分析各种条款，只能从宏观上、从法律保障角度提出若干问题。

本篇第三章第三节第八部分“航运保险条款”,从航运保险的条款体系与条款内容两个角度分析了航运保险条款存在的问题。与航运保险法律比较,我国航运保险条款总体上水平不是很高。我国航运保险法律中的基本制度基本上能够与国际接轨,保持先进性。航运保险条款存在的问题有深刻的历史原因和市场原因,主要有:①航运保险条款的复杂性超过普通财产保险条款,涉及大量的海上风险、责任,也涉及许多海商海事法律法规与公约;②各保险公司现有条款大都是以从前中国人民保险公司老条款为基础的,从而大同小异,优点与弊端共有;③目前航运保险条款在种类上较齐全,各家公司在类似险种条款上风格和内容相似,形成了一种既存格局,要彻底推倒重来不是件容易的事;④我国航运保险市场从一家到几家,再到目前几十家的过程,是在较短时间内实现的,竞争机制不完善;⑤受航运业和国内国际贸易市场秩序、行政管理及其经营水平等原因制约,航运保险人单方推动条款的努力存在一定的困难;⑥保险行业协会在促进条款规范化、合理化等方面的工作做得不够,在保险条款领域没有充分发挥行业自律的作用。

根据以上这些原因分析,现有保险条款的不足有其深刻的原因,在原因继续存在的情况下,目前条款的存在就是合理的。在经济体制改革里要求“顶层设计”,民间的推动力有时很大,有时也会遇到极大阻力。航运保险条款的全面更新也依赖于“顶层设计”。

二、需要解决的问题

(一)海洋货运险的险别问题

我国现有海洋货运险条款是根据 1963 年英国协会条款制定的。1982 年英国放弃传统条款,采用协会货物 ABC 条款,放弃了平安险、水渍险等概念。这 2 个概念含义深奥,平安险实质是单独海损不赔(Free from Particular Average, FPA),水渍险实质是单独海损险(With Average, WA)。改革后,B 和 C 条款与 A 条款最主要的区别是:A 条款是一切险条款,所以不需要列明承保的具体风险种类;B 和 C 条款以列明的风险为承保范围。共同海损条款和“双方有责碰撞”条款在 ABC 条款中相同。

挪威货运险条款(Norwegian Cargo Clauses)与英国一样分为 A,B,C 3 种承保范围,但包含在 1 个条款中,有 59 条,再加上 7 个特别条款,内容详细。

美国的海上保险条款是由创立于 1898 年的美国海上保险人协会(American Institute of Marine Underwriters)制定的。美国协会条款通过驳船条款、平安险条款和共同海损条款等,列出了所承保的各种海上风险。其中,平安险条款规定了平安险承保的责任范围,即负责被保险货物因火灾、船舶触礁、沉没、碰撞,包括与除水以外的任何外界物体的碰撞所造成的损失,以及在避难港时由于卸货所引起的损失,不同于我国平安险条款承保范围。

我国海洋货运险中平安险、水渍险及一切险 3 个险别是否应该继续使用下去是一个问题。主要问题是：①现有 3 个险别使投保人基本上倾向于选择一切险，选择余地不大；②航运保险界对于平安险、水渍险和一切险的划分将越来越陌生；③不利于我国保险公司开展国际业务。

（二）条款的统一与差异化问题

保险公司之间的竞争可以通过条款、费率、服务水平等进行。条款之间的竞争是否值得鼓励是一个问题，英国、挪威及北欧海上保险市场使用统一的标准条款证明是一条成功的道路。但是，我国是否可以在该领域走出一条不同的道路呢？普通投保人是没有能力区别不同公司在条款上的差异的，这种条款差异在竞争上的重要性经常会被忽视。当然，现实中各保险公司推出的条款大同小异。

保险公司之间的费率差异与服务水平是投保人选择保险公司时优先考虑的因素，条款差异化的意义被压到最低。同时，由于竞争，保险公司条款之间存在大的差异很难。如果一保险公司承保的风险范围明显大于其他保险公司，那么其费率通常也应该高出许多，在市场竞争中不一定具有优势。

反之，如果各保险公司的保险条款是相同的，那么，保险公司之间可以通过费率、服务水平、服务网络、声誉与信用展开竞争，不必考虑条款差异，从竞争角度更具有可比性。

反对条款同质化的理由是，目前保险市场中存在的恶性费率竞争与条款基本相同有关。恶性费率竞争原因很多，根本原因不在于条款。

我国保险市场将“促进市场竞争从同质化向差异化转变”作为奋斗目标，如果这里的“差异化”包括了保险条款的差异，那么意味着我国正在走一条有自己特色的道路。

（三）保险条款与国际竞争力的关系问题

目前各种航运保险条款是否需要修改的问题，最根本的动力取决于有无需求。就国内市场竞争而言，这种改革动力不是很足，大家都在类似平台上竞争。但是，在国际市场上，船货投保人选择保险公司时，通常会考虑许多因素，包括保险条款。这样，不同国家和不同保险公司的不同条款就处于被相互比较的地位，新老条款的吸引力自然不同。

我国航运保险市场保源流失问题，部分属于其他领域的制度性原因，部分属于保险公司综合竞争力原因，保险条款应该是其中原因之一。在国际市场中，我国现有条款的竞争力将直接影响我国航运保险市场对于航运保险资源的配置能力。所以，如果要更新条款，有必要站在国际市场竞争高度审查现有条款的不足以及如何修改的问题。

(四)保险条款与有关法律法规的关系问题

自从我国建设社会主义市场经济体制以来,保险业、航运保险业、航运业、贸易等各领域发生了巨大的变化,市场管理体制与机制也有实质性的变化,颁布了大量市场经济条件下的海商海事法律法规,也加入了许多海商海事国际公约。航运保险条款却没有随着这些市场变化、管理制度变化、法治变化作相应调整。

在投保人和被保险人的告知内容、危险增加时通知义务的确定、保险事故的认定、责任的划分、索理赔环节等方面依赖于大量的法律法规,尤其是船舶保险领域。《国际船舶安全营运和防止污染管理规则》(ISM 规则)和《中华人民共和国船舶安全营运和防止污染管理规则》(NSM 规则)等法律法规与国际公约的有关内容完全可以吸收到保险条款中,使保险合同当事人的权利义务更加明确、具体。

(五)挪威北欧模式是否可借鉴的问题

目前,在航运保险法律与条款方面,可以对英国法律与条款构成一定威胁、具有一定挑战能力的只有挪威北欧模式。

挪威北欧模式之所以具有这种能量,是因为:①北欧国家抱成一团,发挥统一市场的集体力量;②挪威北欧模式下的保险条款具有比较优势,被北欧以外的市场认可;③挪威北欧模式下的保险条款详尽,无须借助于法律,具有自给自足的能力;④挪威北欧模式下的保险条款可获得及时修改,应对航运保险市场中出现的新问题,具有很强的生命力和活力。

我国是否可以借鉴挪威北欧模式,尤其是借鉴其融法律、保险条款于一体的特色?目前我国航运保险的现实似乎不具备条件。

(六)专业的航运保险行业协会的成立问题

我国难以借鉴挪威北欧模式,与我国缺乏专业的航运保险行业协会有一定的关系。我国成立专业的航运保险行业协会有两个途径:一是在中国保险行业协会下设立“航运保险工作委员会”;二是成立独立于中国保险行业协会的航运保险行业协会。目前,上海正在筹建航运保险行业协会。希望航运保险行业协会成为推动我国航运保险业发展的一个新平台,成为我国保险业走向国际化的先锋,成为现代保险经营模式的代表。

第五节 航运保险业监管的完善

一、公司治理

《关于规范保险公司治理结构的指导意见(试行)》(保监发〔2006〕2 号)就规范

保险公司治理结构提出的措施包括：①强化主要股东义务；②加强董事会建设，包括明确董事会职责，强化董事职责，建立独立董事制度，建立专业委员会；③发挥监事会作用；④规范管理层运作；⑤加强关联交易和信息披露管理；⑥加强对治理结构的监管。这些措施是按照《公司法》关于公司治理结构建设的基本要求提出的，解决的是所有权与控制权分离的情况下，公司大股东、小股东、经营管理人与公司等之间的关系。现在、将来都需要一直实施，并不断完善。

股权结构是公司治理的基础。在我国，保险公司股权结构的问题趋于两极化，普通的股份制保险公司股权分散度高，而国有控股的保险公司股权集中度高。《保险公司控股股东管理办法》(保监会令 2012 年第 1 号)结合保险业的特点，对保险公司控股股东的行为进行特别规定。保险公司控股股东，是指其出资额占保险公司资本总额 50%以上或者其持有的股份占保险公司股本总额 50%以上的股东；出资额或者持有股份的比例虽然不足 50%，但依其出资额或者持有的股份所享有的表决权已足以对股东会、股东大会的决议产生重大影响的股东。但是，该办法不适用于保险集团公司，保险集团公司适用《保险集团公司管理办法(试行)》(保监发〔2010〕29 号)。

从以上几个关于保险公司治理的规章看，我国保险公司治理规则正从一般向特殊转变，从一般公司治理结构向保险公司治理结构转变。在现代保险业监管体系建设方面，当偿付能力监管成为常规管理后，保监会正转向公司治理结构领域。

二、市场行为

在偿付能力、公司治理和市场行为三支柱监管框架中，市场行为监管是最弱的，也是最难的，所以，将其放在偿付能力与公司治理之后，并以偿付能力与公司治理建设为基础进行监管。

目前，保监会尚未制定专门针对保险业市场行为的监管规则，《中国保险业发展“十二五”规划纲要》也没有专门就市场行为监管进行表述。一般而言，市场行为是指：①基于诚信原则的正当竞争行为。就治理与监管而言，主要是其中违背诚信原则的不正当竞争行为。②公平竞争行为。就治理与监管而言，主要是其中违背公平竞争的垄断行为，包括垄断协议与滥用市场支配地位行为。

第六节　保赔保险监管制度的构建

我国《保险法》调整商业保险，2009 年《保险法》取消了 1995 年《保险法》第 156 条“本法规定的保险公司以外的其他性质的保险组织，由法律、行政法规另行规定”。所以，保赔保险等互保性质的保险组织仍然处于无法可依的地位。《中国保险业发展"十二五"规划纲要》提出"规范发展相互保险组织"，不清楚是否包括保赔保险。船东互保协会按照社会团体登记，是不得已的办法。显然，通过"法律、行政法规另行规定"这条路也是行不通的。相互保险组织在我国尚处于理论研究阶段，有关政策也不明朗。在立法空白的情况下，这些保险组织也难以依法设立。

如果中国船东互保协会能够实现较好自律，获得船舶所有人广泛认可，对于商业保险起到很好的补充作用，则目前的状况未必不可以暂时继续下去。当然，就我国拥有的运力规模而言，保赔保险仍然有很大的发展空间。是否有必要新成立另一家保赔协会在业界已经有人提出来，尤其从中小船舶所有人角度而言，有其必要性。

随着保赔保险业务的多样化，其业务已经不完全是互保性质。船东互保协会提供船舶油污损害民事责任保险，与商业保险公司之间形成了竞争关系。

第七篇　各国(地区)航运法律制度研究[①]

① 2011年度上海市政府决策咨询研究项目(项目编号：2011-Z-01-B)。

引言

《航运法》是我国航运领域四大“龙头法”之一。《航运法》的制定对于促进国内国际贸易、组建中国籍商船队、建立良好的航运市场竞争秩序、建立和维持高效的航运管理体制、保障水路运输业的可持续发展等具有重要意义。同时,《航运法》也将吸收我国境内的国内航运中心和国际航运中心建设的经验,从法律高度确立我国航运发展的基本政策和发展方向。

原交通部于1996年组成航运法起草工作小组,开始制定《航运法》,至2004年共形成了11稿,后因故暂停。2010年6月,交通运输部重新组成航运法制定工作小组继续该项工作。借鉴各国(地区)的先进经验,对于我国《航运法》的制定以及发展我国航运事业具有重要的现实意义。

研究报告主要内容:①欧盟及其主要成员国、美国、日本、韩国、新加坡等国家和中国香港、中国台湾地区的航运立法、管理体制和执法;②与我国立法及相关制度的比较;③上述国家和地区航运立法、管理体制和执法经验在我国《航运法》制定中的借鉴。研究内容主要包括以下9个方面:①立法体系;②调整范围;③管理体制(政府管理部门设置与职权范围);④市场准入规则;⑤市场运行规则(包括竞争规则);⑥市场宏观调控规则;⑦违法行为调查处罚规则;⑧与我国立法及相关制度的比较;⑨值得我国借鉴的内容。

比较法是本专题研究的基本方法。通过比较,可以发现不同国家和地区在相同或类似制度上的异同点,这既是为了更好地认识航运管理法律制度,也是进行借鉴的基础。在进行具体比较时,一方面注重法律规则内容本身的比较;另一方面也特别关注法律规则实施情况及其效果的比较。

第一章　航运法调整范围

第一节　航运法调整范围概述

航运法作为行业经济法，在我国，其调整范围受两大因素影响：一是经济法理论关于经济法调整对象的认识；二是我国航运管理实践对航运法调整范围提出的要求。

在我国，长期以来，经济法学上对经济法调整对象的认识并不统一，并因此产生了很多的观点、学说和学派。从早期的学科经济法说、综合经济法说、经济行政法说、大经济法说，到国民经济运行法说、宏观调控法说、经济管理说、国家干预说、国家协调经济运行说、公私融合说等。[①] 目前经济法学界关于经济法的概念基本上是从市场经济条件下国家与市场之间的关系角度来定义的，强调市场经济应该是有管理的经济，从而确立起政府与市场分别发挥作用的边界。经济法即是国家(政府)管理经济的法律规范的总和，经济法的调整对象是国家(政府)在管理经济过程中产生的社会关系。

上述经济法概念并不认为经济法就是经济行政法。国家管理经济可以通过具有纵向性质的行政强制方式，也可以通过具有横向性质的平等关系的方式进行。在各种市场经济关系中，除了传统民商法律制度调整的经济关系外，基于国家管理经济需要进行调整的横向经济关系也属于经济法调整对象，如消费者与经营者之间的关系、企业之间的竞争关系、政府采购关系等。绝对的公与公之间的非经济关系，经济法一般不予调整；私与私之间的经济关系，只要它们不直接涉及社会整体利益，经济法一般也不调整。经济法主要调整纵向的经济管理关系和与社会整体利益直接相关的一定范围内的横向关系。从构建经济法学科体系出发，一般将经济法的调整对象分为市场准入(比市场主体更合适)、市场规制、宏观调控三个基本组成部分。

就航运法所属学科来说，一方面属于海法[②]，另一方面也属于经济法，是行业

---

① 史际春.经济法[M].北京：中国人民大学出版社，2005：62－67.

② 司玉琢，胡正良，曹冲.试论海法独立学科体系[J].航海教育研究，1997(1)：68－74.

经济法，即研究具体某一行业的经济法问题。就航运法具有经济法范畴的基本属性而言，经济法学在经济法调整对象方面的研究成果，可用于确定航运法的调整对象。

航运法的调整对象应理解为国家管理航运经济过程中产生的特定的社会关系。对这一调整对象，应从以下四方面加以理解：第一，航运法的调整对象是航运经济关系，即航运领域具有经济性质和内涵的人与人之间的特定社会关系，这是航运法的基本调整对象；第二，航运法调整的是属于国家管理范畴的航运经济关系，不包括航运经济活动产生的属于《海商法》和其他民商法调整范围的经济关系；第三，在市场经济体制下，国家管理的航运经济关系包括国家和代表国家的政府对航运市场准入、航运市场秩序的管理关系和对航运市场宏观调控的关系；第四，在市场经济体制下，国家和政府对航运经济的管理，表现为对航运经济及其活动的组织、引导、协调、管理、调整、监督、控制、参与等多种形式。这种管理形式的多样性体现为航运法的调整方式的多重性，包括指令性调整方式、修正性调整方式、引导性调整方式和参与性调整方式。[①]

第二节　各国(地区)航运法调整范围

一、美国

美国航运管理制度集中体现在航运法(Shipping Act)和商船法(Merchant Marine Act)两大法律中。

航运法是美国航运法律体系中关于航运市场管理的法律。现行航运法有两部，即《1916 年航运法》和《1984 年航运法》。《1916 年航运法》是美国第一部航运市场管理法，经历了 1961 年和 1984 年两次重大修订，其中相当部分内容后来规定在商船法中。1984 年修订后，原《1916 年航运法》未修改部分仍然有效，同时产生了专门适用于远洋运输的《1984 年航运法》。《1998 年航运改革法》对《1984 年航运法》进行了修订，自此之后，修改后的《1984 年航运法》一般被称为《1984 年航运法》(经《1998 年航运改革法》修正)。《1984 年航运法》(经《1998 年航运改革法》修正)主要规定国际航运反垄断豁免制度、运价管理制度、受控承运人制度、远洋运输中介制度、禁止的行为与罚则、实施制度等。

商船法是美国航运法律体系中关于航运业促进制度的法律。现行商船法主要有《1920 年商船法》《1928 年商船法》和《1936 年商船法》三部法律。其中，影响最大、内容最全面的是《1936 年商船法》。《1920 年商船法》主要内容包括三部分，即：著名的《琼斯法》(Jones Act)、铁路运费优惠政策、对不利于美国对外贸易运输条件

---

① 这四种调整方式的含义参见：刘瑞复. 经济法原理[M]. 北京：北京大学出版社，2000：125－130.

行为的调查。《1920年商船法》以邮政补贴合同(Contract of Post Allowance)的方法扶持商船队。《1936年商船法》通过政府对航运业全面介入和扶持来发展美国商船队和航运业,是美国对商船队进行全面政府补贴的立法。该法最初内容主要包括营运差额补贴(Operating Differential Subsidy)、造船差额补贴(Construction Differential Subsidy)、联邦船舶融资担保(Federal Ship Financing Guarantee,即船舶融资债券中的本金与利息由政府作担保)、建立运输部海运管理署和海事委员会(Maritime Committee)代替原海运理事会等。2001年"9·11"事件后,美国迅速将航运政策的重心转移到安全上来,在港口安全、海事安全和船队扶持方面明显加大了投入和扶持力度。现行《1936年商船法》取消了传统的营运差额补贴和造船差额补贴等制度,代之以从安全角度对于船舶建造和营运进行补贴的制度。另外,《1936年商船法》还规定了船舶标准制度、商船船员培训支持制度、贷款和担保制度、战争风险保险制度、沿海运输制度、旅客和货载优先制度、近洋运输、船舶转让限制制度、紧急情况下船舶征用、税收制度等。在各国和地区中,美国商船法涉及面最广,内容也最具体。

二、欧盟

欧盟航运法律是欧盟法律的组成部分,目的是实现欧盟内部航运市场和国际航运的统一。从法律内容上,欧盟航运法可分为内河航运法律(Inland Waterway Transport)和海运法律(Maritime Transport)两方面。

欧盟内河航运法律包括促进政策(Promotion)、市场监管(Market Observation)、国家支助(State Aids)和成员国船舶登记(Register of National Authorities)四方面的立法。

欧盟海运法律包括:①内部市场建设立法,分自由市场准入(Free Access)、沿海运输(Cabotage)两方面立法;②安全和环境(Safety and Environment)立法;③海事保障(Maritime Security)立法;④国际合作和协调(International Cooperation and Coordination)立法;⑤船员(Seafarers)立法,分就业和工作条件(Employment and Working Conditions)、教育与培训(Education and Training)两方面;⑥近洋运输(Short Sea Shipping);⑦港口(Ports)立法;⑧国际航运竞争立法。前述各方面立法中有部分法律不属于本专题研究的航运法范畴,如安全和环境立法、港口立法等。

欧盟航运法律有一个特点,即关于成员国之间航运市场准入、成员国对于本国航运业的支助、成员之间的沿海运输等成为内部统一市场立法。这些都涉及欧盟成员国之间的关系,而其他国家和地区的航运法律只调整本国航运事务。

三、日本

日本的广义航运立法包括《海上运输法》《海事代理士法》《海上交通安全法》

《海上事故调查法》《港则法》《航路标识法》《港湾法》《港湾运送事业法》《小型渔船安全规则》《小型船造船业法》《国际航海船舶与国际港湾设施保安规则》《水难救护法》《水路业务法》《船员法》《船东相互保险组织法》《船舶法》《船舶安全法》《造船法》《特殊货物船舶运输规则》《内航海运业法》等。

《海上运输法》(Marine Transportation Law)是日本航运(海运)管理的基本立法。该法调整的海上运输事业,是指船舶航运业、船舶出租业、海上运输经纪业、海运介绍业及海运代理业。

(1) 船舶航运业,是指在海上以船舶送人或物的事业中的港湾运送事业以外者,分为定期航线事业与不定期航线事业。在日本法律中,港湾关系业是指为班轮运输提供服务的港口经营业。

(2) 船舶出租业,是指船舶出租(包括定期租船)或航运委托事业。

(3) 海上运输经纪业,是指以自己的名义代办在海上以船舶运输货物的事业。

(4) 海运介绍业,是指经营货物的海上运输或船舶的出租、买卖或航运委托中介行业。

(5) 海运代理业,是指为经营船舶航运事业或船舶出租事业者代理通常所属该事业的交易的事业。

《海上运输法》主要规定了船舶运输事业,对于辅助业规定比较简单。有关规定准用于江河湖泊运输。日本航运企业转让船舶,应该获得运输大臣的许可。

四、韩国

广义的韩国航运立法主要包括《海上运输法》《船舶法》《船舶安全法》《船员法》《港口运输事业法》《开放港口公共秩序法》《海上交通安全法》《海上事故调查法》《引航法》等。

《海上运输法》(Maritime Transport Act)是韩国航运(海运)管理基本立法。该法调整的海运事业是指海上旅客运输业、海上货物运输业、海运经纪业、海运代理业、船舶租赁业和船舶管理业。

(1) 海上旅客运输业务(Maritime Passenger Transport Business),是指在海上或者通海的内陆水路利用客船(指核定载客人数超过 13 人的船舶)运输旅客或者旅客和行李或者进行与之相关的业务,且不属于《港湾运送事业法》第 2 条第 4 项规定的与港湾运输事业有关的业务。

(2) 海上货物运输业务(Maritime Cargo Transport Business),是指在海上或者通海的内陆水路利用船舶(包括与拖船相结合的驳船)进行运输及与之相关(包括承租和出租船舶)的业务,但不包括水产业者在渔场运输自己所捕获的鱼类或者其产品的行为和《港湾运输事业法》第 2 条第 2 项所规定的与港湾运输事业有关的业务。

(3) 海运经纪业务(Maritime Transport Broking Business),是指海上货物运

输经纪业务、船舶租赁经纪业务和船舶买卖经纪业务。

(4) 海运代理业务(Shipping Agency Business),是指代理海上旅客运输经营者或者海上货物运输的经营者(包括外国经营者)有关交易的业务。

(5) 船舶租赁业务(Chartering or Hiring of A Vessel Business),是指海上旅客运输业务或者海上货物运输业务的经营人之间,或者海上旅客运输业务、海上货物运输业务的经营者与外国人之间,为运输旅客或者货物而承租或者出租船舶的全部或者部分的业务。

(6) 船舶管理业务(Vessel Management Business),是指由海上旅客运输业、海上货物运输业或者船舶出租业的经营人授权,代替其进行的船舶管理、船员管理及海上保险等业务(包括由外国船舶管理者授权代其进行全部或者部分业务)的行为。

另外,韩国《海上运输法》专章规定了海运业促进政策(Fostering A Healthy Maritime Transport Industry),包括制定海运业长期促进规划(Long-term Plan for Fostering Maritime Transport Industry)、海运业援助(Assistance to Maritime Transport Industry)、建立新船建造基金(Establishment of Funds for Planned Shipbuilding)等。

五、新加坡

《商船法》(Merchant Shipping Act)是新加坡航运管理基本法。该法包括以下主要部分:新加坡船舶登记(Singapore Registry)、船员配备与证书(Manning and Certification)、船员(Crew Matters)、检验与安全(Survey and Safety)、询问与调查(Inquiries and Investigations)、货物交付(Delivery of Goods)、船舶所有人与救助海事赔偿责任(Liability of Shipowners and Salvors for Maritime Claims)、沉船打捞(Wreck and Salvage)、法律程序(Legal Proceedings)等。从《商船法》体系结构上看,该法以船舶登记、安全及相关的制度为内容,与其他国家以船舶运输业及辅助业为主要内容的立法体例存在较大的差别。

在新加坡,海事及港口管理局(Maritime and Port Authority of Singapore)是非常重要的管理机构,其具体职能、义务、权利由《新加坡海事及港口管理局法》(The Maritime and Port Authority of Singapore Act)规定。该法具体规定了新加坡港口业和海事管理制度。

《新加坡海事及港口管理局法》由新加坡海事及港口管理局负责实施,另外,该局负责实施的法律还包括《商船法》、《防止海洋污染法》(Prevention of Pollution of the Sea Act)、《商船(油污民事责任和赔偿)法》(Merchant Shipping (Civil Liability and Compensation for Oil Pollution) Act)、《商船(油船油污民事责任和赔偿)法》(Merchant Shipping (Civil Liability and Compensation for Bunker Oil Pollution) Act)。《海事违法行为法》(Maritime Offences Act)对于违法犯罪行为

和其他违法行为及其法律责任进行单独规定。

在国际航运竞争领域,新加坡根据《2004 年竞争法》(The Competition Act 2004)制定了一个特别规则,即《2006 年竞争(班轮运输协议整体豁免)法令》(Competition (Block Exemption for Liner Shipping Agreements)Order 2006)。

在航运税收方面,新加坡法规汇编第 134 章《所得税法》(Income Tax Act)调整企业和个人的应纳税率等,其中第 13A 条规定了航运企业的优惠税率或免税待遇,以法律明文规定的方式鼓励航运业的发展。

六、中国香港特别行政区

中国香港特别行政区航运法律调整范围以港口、海事(包括船舶登记、安全、环境、油污、引航、避风塘等)为主,严格上属于市场运行规则的只有第 482 章《商船(班轮公会)条例》。这是香港实行自由港政策的特点。《商船(班轮公会)条例》基本上适用联合国《1974 年班轮公会行动守则公约》的内容,给予班轮公会反垄断豁免,在管理体制上没有建立有关公会协议备案制度。

七、中国台湾地区

中国台湾地区的航业管理以综合性的"航业法"为"母法",还包括"船舶运送业及船舶出租业管理规则""船务代理业管理规则""海运承揽运送业管理规则""货柜集散站经营业管理规则""'交通部航政局'组织法"等。

在港务管理方面,以"商港法"为"母法",还包括"国际商港港务管理规则""引水法""国际商港栈埠管理规则""商港建设费收取分配基金保管及运用办法""打捞业管理规则""海水污染管理规则""国际商港管理委员会设置要点""海难救护机构组织及作业办法"等。

在船员方面,有"船舶登记法""船舶法""船员法"等。

另外,还制定了"内河航行规则"和"自由贸易港区设置管理条例"。

第三节 各国(地区)航运法调整范围特点

第一,在法律名称上使用"航运法"的少数,美国最早使用航运法。有些国家(地区)的商船法虽然在名称上有"航运法",但其内容则基本上属于海事管理法。

第二,美国航运法和其他国家(地区)商船航运法在内容上存在较大区别。美国航运法以市场监管尤其是市场竞争监管为主要内容,而其他国家(地区)的商船航运法则以商船管理为重点。

第三,大部分国家(地区)将航运市场管理法与港口法、海事管理法区别开来。但是,有些国家(地区)航运市场管理法内容相对少,商船法规定的重点不是航运市场而是海事管理。

第四,船舶、船舶登记、船员等制度一般属于商船法范畴。

第五,在制定商船法的国家(地区)中,其调整范围上存在较大的差别。例如,美国商船法以扶持、促进政策为主,而英国、新加坡等则以海事管理为主。

第六,在实行完全市场经济的国家或地区,航运市场准入制度并不占有重要地位,甚至没有规定,无论是船舶运输业还是辅助业。中国香港特别行政区和新加坡在这方面具有代表性。但是,日本和韩国航运法既规定了船舶运输业的市场准入,也规定了辅助业的市场准入,并作为航运法的主要内容。

第七,欧盟和韩国在航运法律制度中规定了航运业扶持政策,这是航运政策法律化的表现。

第八,内河航运和海上运输两种制度既可以合并立法,也可以分别立法。

第九,除了航运法律对航运市场进行管理外,其他法律直接或间接调整航运市场。

第二章 航运立法体系

第一节 航运立法体系概念

立法体系、立法体制、法律体系等概念既有联系也有区别,需要注意的是,这些概念首先使用在国家层面,用来解释一个国家有关立法方面的特点。

立法体系或称制定法体系,是指规范性法律文件的体系。立法体系也称为规范性文件体系、法的渊源体系。

法律体系,也称为部门法体系,是指一国的全部现行法律规范,按照一定的标准和原则,划分为不同的法律部门而形成的内部和谐一致、有机联系的整体。

法律体系指的是历史地形成的法的内部结构,而立法体系则指法的外在表现形式的系统,两者是内容与形式的关系。法律体系是内容,立法体系则是它的文件表达形式,指的是法的外部结构。

立法体系与法律体系的区别主要表现在:法律体系构成的基本要素是法律规范,法律规范又按照所调整的社会关系和调整方法的不同而划分为不同的法律部门,所以法律体系就是法律部门的体系。法律体系的纵向结构是规范、制度、子部门、部门群;而立法体系的纵向结构则与发布规范性文件的国家等级结构一致。法律体系的横向结构是分为不同的部门制度;立法体系的横向结构则是不同法律部门的规范性法律文件。

立法体制是关于立法权限、立法权运行和立法权载体诸方面的体系和制度所构成的有机整体,其核心是有关立法权限的体系和制度。

立法体系与立法体制之间有着密切联系,但是,法律体系与立法体制并不存在必然关系。立法体系是由立法体制决定的,不同的立法体制产生不同的立法体系。如果使用法的渊源体系,那么更能明确立法体制与法的渊源体系之间的关系。

就一个国家(地区)航运立法体系而言,一方面需要指出立法体制,即航运法律的制定者;另一方面要确定航运法律的表现形式,明确有哪些航运法律规范性文件,及这些航运法律规范性文件之间的内在关系。

航运立法体系与前述航运法律调整范围有内在联系,根据调整范围的相同或不同,可将航运立法体系中有关规范性文件进行分类,从而构建航运法律法规体系。

第二节　各国(地区)航运立法体系

一、美国

美国航运法的表现形式可分为国会立法和执法机构制定的实施规章两类。美国是普通法国家,美国航运法的表现形式也可分为成文法(制定法)和判例法两类。

美国国会制定航运基本法律制度,在各种成文法中具有最高效力。美国国会在航运领域的立法以《航运法》(Shipping Act)和《商船法》(Merchant Marine Act)为主体。《航运法》和《商船法》是美国航运法律体系的核心,主要规定有关国家航运业发展方向、国家对美国籍商船队的总政策,以及美国在航运领域的对外关系等内容,确立商船队管理、航运市场监管、海上安全监督和港口安全等各种基本制度。

按照美国立法体制和惯例,国会一般每隔六年进行一次法律编纂,将国家所有成文法根据所涉领域和调整对象,按照总则、国会、政府部门和联邦各州、商业和贸易、犯罪与刑事程序、航运、交通运输等 50 个门类进行归类整理,形成《美国法典》(U. S. Code,USC)。美国航运法律在内容上非常庞大,共 50 卷的《美国法典》有 4 卷以航运为调整范围或者与航运相关,即第 14 卷"海岸警卫队"、第 33 卷"航行和可航水域"、第 46 卷"航运"、第 49 卷"运输"。其中,第 46 卷是直接调整航运关系的。

2006 年 10 月,美国第 106 届国会通过了公法第 109－304 号法律,该法律的名称是《完成〈美国法典〉第 46 卷"航运"法典化并作为实体法》(To Complete the Codification of Title 46,United States Code,"Shipping",as Positive Law)。第 46 卷"航运"法典化的目的主要有:第一,将原先作为该卷附卷的内容正式纳入法典正式章节的条文中;第二,对第 46 卷所有内容进行整理,包括修改、删除;第三,对法典中其他部分与航运有关的内容进行调整,并入第 46 卷。

属于本专题研究的美国航运法主要体现在《美国法典》第 46 卷,其总体结构是:包含 8 个分卷,分别是第 1 分卷"一般规定"、第 2 分卷"船舶和船员"、第 3 分卷"海事责任"、第 4 分卷"远洋运输管制"、第 5 分卷"商船"、第 6 分卷"清污、吨位税和税收"、第 7 分卷"安全和毒品管制"、第 8 分卷"附则"。

美国成文法的内容通常比较具体,即使如此,国会制定的法律仍然不可能面面俱到,还需制定实施规章。实施规章的制定由实施机构负责,美国与航运法律有关的机构包括联邦海事委员会、运输部海运管理署和海岸警卫队。在实施规章管理制度中,美国将各部门所有的实施规则按照法典形式进行汇编,形成《联邦实施规章法典》(Code of Federal Regulations, CFR)。在体例上,《联邦实施规章法典》与《美国法典》一致,也是 50 卷,在内容上相对应。

美国实施规章内容很多,从实施规章制定方式上,一般是根据国会基本立法分别制定实施规则,即一个国会法律有许多实施规章,而不是制定一个实施规章。比如,《美国法典》第 46 卷第 4 分卷"远洋运输管制"包含 10 章内容,联邦海事委员会就这 10 章中若干重要制度和一般行政程序分别制定实施规章,目前有 22 个实施规章,分别是:

(1) 第 501 节——联邦海事委员会一般规定(The Federal Maritime Commission General);

(2) 第 502 节——行为规则和程序(Rules of Practice and Procedure);

(3) 第 503 节——公共信息(Public Information);

(4) 第 504 节——环境政策分析程序(Procedures for Environmental Policy Analysis);

(5) 第 505 节——行政补偿(Administrative Offset);

(6) 第 506 节——民事经济处罚通货膨胀调整(Civil Monetary Penalty Inflation Adjustment);

(7) 第 507 节——联邦海事委员会在有关规划和活动中队残疾人的非歧视性的实施(Enforcement of Nondiscrimination on the Basis of Handicap in Programs or Activities Conducted by the Federal Maritime Commission);

(8) 第 508 节——雇员道德行为规范和经济情况披露条例(Employee Ethical Conduct Standards and Financial Disclosure Regulations);

(9) 第 515 节——远洋运输中介许可、财务责任要求和一般义务(Licensing, Financial Responsibility Requirements, and General Duties for Ocean Transportation Intermediaries);

(10) 第 520 节——承运人运价本自动公开系统(Carrier Automated Tariffs);

(11) 第 525 节——海运码头经营人收费规则(Marine Terminal Operator Schedules);

(12) 第 530 节——服务合同(Service Contracts);

(13) 第 531 节——无船承运人服务协议(NVOCC Service Arrangements);

(14) 第 532 节——无船承运人可协商运价协议(NVOCC Negotiated Rate Arrangements);

(15) 第 535 节——无船承运人服务协议(Ocean Common Carrier and Marine Terminal Operator Agreements Subject to the Shipping Act of 1984);

(16) 第 540 节——客船财务责任(Passenger Vessel Financial Responsibility);

(17) 第 545 节——政策的解释和声明(Interpretations and Statements of Policy);

(18) 第 550 节——调整或应对不利于美国对外贸易运输条件的规则(Regulations to Adjust or Meet Conditions Unfavorable to Shipping in the

Foreign Trade of the United States);

(19) 第 551 节——对调整或应对不利于美国对外贸易运输条件所采取的行动(Actions to Adjust or Meet Conditions Unfavorable to Shipping in the U. S. Foreign Trade);

(20) 第 555 节——对美国籍承运人构成不利影响而对美国国内外国承运人不存在影响的应对措施(Actions to Address Adverse Conditions Affecting U. S. －Flag Carriers That Do Not Exist for Foreign Carriers in the United States);

(21) 第 560 节——针对不正当妨害美国国籍船舶参与外国港口之间运输的行动(Actions to Address Conditions Unduly Impairing Access of U. S. Flag Vessels to Ocean Trade Between Foreign Ports);

(22) 第 565 节——受控承运人(Controlled Carriers)。

二、欧盟

从广义上讲,欧盟的政策与法律制度根据具体的表现形式、法律效力地位,主要分为以下 6 种表现形式[①]:条约(Treaties)、国际协定(International Agreements)、强制性法规(Legislation in Force)、预备法案(Preparatory Acts)、案例法(Case-law)、议会质疑(Parliamentary Questions)。其中关于欧盟航运政策与法律制度的表现形式则主要包括以下 4 种渊源。

(一) 条约

欧盟目前实施的是《里斯本条约》。欧盟主要条约的发展经历了 1957 年《罗马条约》、1965 年《欧共体条约》、1991 年《欧洲联盟条约》(《马斯特里赫特条约》)、2007 年《里斯本条约》。经各国批准后,《里斯本条约》于 2009 年 1 月生效。该条约在欧盟范围内具有最高的法律效力,体现在欧盟法通常优于各成员国国内法,而且还表现在欧盟法优于欧盟成员国与他国之间缔结的国际条约。

《里斯本条约》第 90～100 条是关于运输的规定,第 101～106 条是适用于企业的竞争规则,第 107～109 条是关于成员国国家支助的规定。这些规定直接或间接适用于航运业。

(二) 条例、指令和决定

这是由欧盟部长理事会和欧盟委员会根据《里斯本条约》或先前条约的基本原则制定的,是欧盟法律体系中的二级或三级立法形式,它们具有不同的约束力。理事会和委员会制定的规则都可以使用“条例”,但是,前者的效力要高于后者。

条例(Regulations)具有普遍适用性,在每一方面均具有约束力并直接适用于

---

① http://eur-lex. europa. eu/en/index. htm.

各成员国的管辖范围。其从本质而言,并非针对限制数量或特定的人,而是针对抽象的一个整体。规则的制定有其确定的程序要求,《里斯本条约》第 250 条规定,规则在制定时应当说明其立法理由,并且要指明根据本条约要求取得的议案和意见。任何不符合该要求的规则将被废止。规则要真正具有法律效力,还必须在欧共体的《欧共体公报》上发布。

指令(Directive)原则上对于成员国具有约束力,但是必须为成员国留出选择的形式和方法。

决定(Decision)的接受对象包括自然人、企业以及成员国。决定在一切方面对它的特定接受对象具有完全的约束力。决定的制定机构一般是欧洲委员会,它可以根据条约或条例的授权制定决定。决定适用最多的是委员会宣布企业违反《里斯本条约》第 101 条、第 102 条规定的竞争政策。

欧盟在 1986 年以后实施的许多规则和指令均涉及欧盟航运政策与法律,例如,用来规范竞争、自由提供服务、不正当定价行为等方面的规则及包含于欧盟航运法律中的指令。这些规则和指令成为欧盟航运法律、政策的主要表现形式。

(三) 非强制性措施

有许多非强制性措施(包括建议和决议)被广泛应用于诸如安全、污染等方面。非强制性措施往往具有政治价值,欧盟部长理事会常常用其作为重大污染和安全事故之后的反应,非强制性措施还常常成为随后在同一领域内制定强制性措施的准备。在这一点上,欧盟部长理事会正改变其原来做法,用强制性措施来代替决议,以影响欧盟的航运政策、法规的制定。

(四) 判例法

这部分主要包括欧盟法院、初审法院的案例和欧盟委员会的决定。而且随着时间的推移,这方面的作用会越来越大。它的作用不仅仅是为了弥补法律上的不足,更重要的是开辟新领域。在欧洲法院的长期司法实践中,欧洲法院通过对无数具体个案的裁判进行事实认定和法律适用,从而抽象形成一系列的法律原则。

除了条约中有关原则性规定外,欧盟航运立法体系主要由单行规则构成。这些单行规则可以分为以下几方面。

1. 航运市场竞争规则

(1) Council Regulation (EEC) No 4055/86 of 22 December 1986 applying the principle of freedom to provide services to maritime transport between Member States and between Member States and third countries;

(2) Council Regulation (EEC) No 4057/86 of 22 December 1986 on unfair pricing practices in maritime transport;

(3) Council Regulation (EEC) No 4058/86 of 22 December 1986 concerning

coordinated action to safeguard free access to cargoes in ocean trades;

(4) Council Regulation (EC)No 1419/2006 of 25 September 2006 repealing Regulation (EEC) No 4056/86 laying down detailed rules for the application of Articles 85 and 86 of the Treaty to maritime transport, and amending Regulation (EC) No 1/2003 as regards the extension of its scope to include cabotage and international tramp services (Text with EEA relevance);

(5) Guidelines on the application of Article 81 of the EC Treaty to maritime transport services;

(6) Council Regulation (EC) No 246/2009 of 26 February 2009 on the application of Article 81(3) of the Treaty to certain categories of agreements, decisions and concerted practices between liner shipping companies (consortia);

(7) Commission Regulation (EC)No 906/2009 of 28 September 2009 on the application of Article 81(3) of the Treaty to certain categories of agreements, decisions and concerted practices between liner shipping companies (consortia).

2. 沿海运输规则

Council Regulation (EEC) No 3577/92 of 7 December 1992 applying the principle of freedom to provide services to maritime transport within Member States (maritime cabotage).

3. 航运市场调控规则

(1) 78/774/EEC: Council Decision of 19 September 1978 concerning the activities of certain third countries in the field of cargo shipping;

(2) Council Resolution of 14 February 2000 on the promotion of intermodality and intermodal freight transport in the European Union;

(3) Council Resolution of 14 February 2000 on the promotion of short sea shipping.

4. 国家资助方面的规则

(1) Council Regulation (EC)No 1540/98 of 29 June 1998 establishing new rules on aid to shipbuilding;

(2) Community guidelines on State aid to maritime transport(2004/C 13/03).

三、日本

日本是个群岛国家,属于典型的海岛型经济,整个经济对海外贸易和运输的依存度很大。日本政府对于国家航运业的发展基本上是采取扶持色彩浓厚的保护主义政策与法规。诸如“二战”前的《船舶素质改善助成金法》《远洋航海助成法》《优秀船舶建造助成法》《造船资金贷款补充及损失补偿法》等,以及“二战”以后对重振海运业采取的计划造船等一系列集约化政策与法规，均对于日本发展成为世界上主要航运大国起了重要的推动和保障作用。

在航运管制方面，日本航运立法形式主要有三类：一是日本国会通过的法律，通常以“法”的形式出现；二是日本政府通过的“政令”，在地位上介于国会法律与航运主管部门实施细则之间；三是航运主管部门通过的实施细则，一般以“运输省令”为颁布形式，在规则中出现“施行规则”等字眼。在本篇第一章日本航运法调整范围中所列举的主要是日本国会通过的法律。

四、韩国

韩国航运立法体系与日本接近，也是由法律、施行令和施行规则构成。施行令由总统发布，施行规则由总理或者长官(部长)发布，施行令是实施规则的上位法，效力依次为海运法、海运法施行令、海运法实施细则。施行规则中又详细规定了各种许可证申请书的样式、具备的条件、具体的处罚等。

韩国《海上运输法》由国会制定，韩国政府和航运主管部门制定相关政令和实施细则。《海上运输法》的实施细则是由 29 个条文和若干附则组成的施行令，以及由 30 个条文和若干附则组成的施行规则。

五、新加坡

新加坡的法律体系属于英美法的大家族，这也就意味着新加坡法律体系在方法论、法律思维和理性、法律制度结构、法律分类和程序的学说方面都跟英国的法律体系有很大的相似性。新加坡的法律体系就是基于英国法，在殖民时期和殖民后新加坡接受了英国法的做法。1993 年，新加坡国会通过制定《英国法适用法令》(Application of English Law Act)，明确英国法在新加坡的实施。其主要规定：英国的习惯法和衡平法仍然是新加坡法的一部分；某些英国法令可以通过修订适合新加坡的本地环境，依然是新加坡法律的一部分；新加坡的部长有权修改或颁布命令对英国法令进行修订，以便去除其在新加坡施行的难度。① 新加坡的公司法主要是借鉴了英联邦国家澳大利亚的公司法制度。当然，以上对英国法的接受是对法律原则的接受，同时新加坡法律也同样受着成文法的影响，特别是在商法方面，因为商法的确定性对经济发展具有非常重要的作用。

新加坡的法律渊源主要包括宪法、法律、补充立法、司法判例和习惯，其中前三者是制定法，而司法判例和习惯是不成文法。在新加坡的立法体系中，宪法是具有最高法律效力的法，法律法规在法律效力上仅次于宪法。

在新加坡，制定法包括立法机关和行政部门制定的法律。立法机关颁布的法律为“Statutes”或者“Acts”，行政部门颁布辅助性立法(Subsidiary Legislation)。通常情

---

① http://statutes.agc.gov.sg/.

况下,一部成文法可以分为几节(Section),有时候规则(Regulations)也包括在内。

新加坡因其普通法系传统,其制定法一般不可能去解决该领域内的所有法律问题,其法律很重要的一方面就是由判例法组成的。新加坡最高法院的判例在全国均有约束力。当然在1994年之前,新加坡的最高上诉法院是英国的枢密院(Privy Council),所以1994年以前的从新加坡上诉到英国枢密院的案件对现在的新加坡法院仍有约束力。此外,因1953至1965年间,新加坡是马来西亚联邦的一部分,所以在1953至1965年间的马来西亚联邦最高法院作出的判决,对新加坡法院也是有约束力的。新加坡仍适用习惯法,由于华人占新加坡总人口的75%左右,所以习惯法主要是来自华人的习惯规则,在新加坡的法律中仍占有重要的位置。同时,新加坡也适用伊斯兰法,主要适用对象是伊斯兰教徒,主要调整婚姻家庭方面社会关系。而新加坡航运法立法体系主要还是制定法,由法律和补充立法构成,主要有:

(1)《新加坡海事及港口管理局法》,此法案主要规定了关于建立和纳入新加坡海事及港口管理局,提供其职能和权力,以及与此有关的事项,这包括在新加坡港口水域提供设施和海洋服务等,并赋予了海事及港口管理局就有关海上运输和海事港口服务及设施的事宜向政府部门提供意见,使新加坡海事及港口管理局吸引船舶所有人和船舶经营人在新加坡设立营运中心,拓宽新加坡海事及港口管理局的服务,为航运业创造良好的经营环境。

(2)新加坡《公司法》,主要对公司的分类和定义、公司法的管理、公司的组成、股票和债券、公司管理、会计和审计、公司重组和合并、官方接管人和管理者、司法管理、调查和清算、各种公司类型和总则等方面作出规定。《公司法》的原则性规定同样适用于航运企业,当然除了《公司法》,对某一具体的公司类型,会有其他的法律加以规定。比如:保险公司和银行,就是由《保险法》(Insurance Act)和《银行法》(Banking Act)分别规定的;有限责任合伙企业由有限责任合伙法(Limited Liability Partnership Act)规定。当然关于公司治理的法律规定有普通法的补充。

(3)新加坡《竞争法》,主要参照了英国《1998年竞争法》,内容包括定义,有关新加坡竞争委员会的成立、组成、功能、职责权力、财务和资产的规定,有关竞争的总则、反竞争协议、决定和做法,滥用市场支配地位,有损市场竞争的兼并行为的规定,义务和执行的规定,有关上诉的规定,对违法行为的规定和其他相关规定。该法的宗旨是为了促进新加坡市场的高效率运作,从而提高新加坡的经济竞争力。该法希望禁止反竞争经营活动,禁止不适当的限制或扭曲竞争行为,其规定的三种主要的禁止活动是:反竞争协议、决定和做法;滥用市场支配地位;有损竞争的兼并行为。新加坡《竞争法》对航运的主要影响是其对航运反托拉斯的豁免。

(4)新加坡《所得税法》是有关所得税的纳税人、税率、扣减项目等的法律,主要内容包括定义,对审计长、会计长的授权所管理、所得税的征收,所得税的豁免,收入的税项扣除,资本津贴,对某些特殊收入的确定,法定收入的确定,纳税收入的确定和个人救济，税率，所得税的扣减，免税额，避免双重征税，纳税人，退税，评估和争议，上诉的规定，税收的收取，违法行为和处罚措施，避免双重征税的安排和其他规定。新加坡《所得税法》与航运业关系最密切的规定是在 13A 下对符合一定条件的航运企业的税收优惠政策。

(5) 新加坡《公司注册(商业登记)法》，其主要内容是有关定义、公司注册管理机构和不适用本法规定的情况的规定，有关注册如申请、申请材料、拒绝、更改等的规定，其他杂项规定。除本法规定的不适用的情况外，在新加坡注册的公司普遍适用其规定，包括航运企业的注册。

六、中国香港特别行政区

中国香港特别行政区保留了英国普通法传统，在主权回归后，香港特别行政区基本法具有最高法律效力。香港法律总体上由基本法、普通法、衡平法及成文法(包括条例)、附属立法(习惯法及香港所参加的国际公约)所组成。

自 1997 年 7 月 1 日香港回归祖国以后，香港法律的基础是香港特别行政区基本法，也就是香港的"宪法"。基本法中重要的部分包括第 5 条、第 8 条和第 9 条。第 5 条规定，香港特别行政区不实行社会主义制度和政策，保持原有的资本主义制度和生活方式，50 年不变。第 8 条规定，香港原有法律，即普通法、衡平法、条例、附属立法和习惯法，除同基本法相抵触或经香港立法机关作出修改者外，予以保留。第 9 条规定，香港行政机关、立法机关和司法机关同时使用中文和英文，而使用中文的时候亦包括繁体字和简体字。

英国法及普通法制是目前全球历史悠久、基础最深厚的法律及法制。英国、美国、加拿大、澳大利亚、新加坡相当多的航运国家均采用普通法制。它也一直影响着欧洲各国的法律。香港在回归后能继续保留英国法及普通法制，也是令香港可以继续保持其航运中心地位的原因之一。普通法包括成文法的条例、规则、法令等，也包括法院的判决。同时香港亦是很多公约的缔约国(地区)，其所参与的公约也是香港法律的一部分。

香港航运法律主要是成文法(制定法)，在形式上体现为单行法，以"条例"为立法形式，其中的《商船条例》集中体现了香港航运法律制度。

香港航运法律法规由两个层次构成：基本条例及其实施细则。一个基本条例有多个实施细则，实施细则名称可以是"规例""令"和"公告"等形式。按照香港"双语法例资料系统"的顺序，香港航运主要法律法规有：

第 81 章　港口管制(货物装卸区)条例

第 84 章　领港条例

第 281 章　商船条例

第 313 章　船舶及港口管制条例

第 369 章　商船(安全)条例

第 413 章　商船(防止及控制污染)条例
第 414 章　商船(油类污染的法律责任及补偿)条例
第 415 章　商船(注册)条例
第 434 章　商船(限制船东责任)条例
第 482 章　商船(班轮公会)条例
第 548 章　商船(本地船只)条例

在实施细则方面,第 313 章《船舶及港口管制条例》实施细则最多,包括:

第313A章　船舶及港口管制规例
第313B章　船舶及港口管制(货物处理)规例
第313C章　船舶及港口管制(住家船只)规例
第313D章　船舶及港口管制(避风塘)规例
第313E章　商船(小轮及渡轮船只)规例
第313F章　商船(杂类航行器)规例
第313G章　商船(游乐船只)规例
第313H章　船舶及港口管制(渡轮终点码头)规例
第313I章　船舶及港口管制(住家船只)(禁区)(综合)令
第313J章　船舶及港口管制(港口)令
第313K章　船舶及港口管制规例(游乐船只航速限制区)公告
第313L章　港澳码头界线令
第313M章　港澳码头限制区域界线公告
第313N章　船舶及港口管制条例(豁免)(1984—1989 年综合)公告
第313O章　船舶及港口管制(范围指明)公告
第313P章　中国客运码头界线令
第313Q章　中国客运码头限制区域界线公告
第313R章　船舶及港口管制(游乐船只)(合格证书)规则
第313S章　船舶及港口管制(本地合格证书期满及重新生效)规则
第313T章　(已废除)
第313U章　(已废除)
第313V章　1994 年船舶及港口管制条例(豁免)公告
第313W章　中国客运码头限制区域界线公告
第313X章　船舶及港口管制(工程)规例

七、中国台湾地区

中国台湾地区港航管理法律制度是台湾在继承旧中国航政法律体系的基础上,应本地区航运的要求,历年来对港航管理法律制度进行废止、修改、增订而形成的。从立法主体的角度看,它是作为台湾地区事实上占统治地位的所谓“国民政府”制定、颁布或修订、认可的。从效力上看,它仅适用于台湾所统辖的区域内,超越这个范围,便不具备任何效力(在国民党退居台湾前,中共中央于 1949 年就明确宣布了《关于废除国民党六法全书和确定解放区的司法原则的指示》)。从性质上看,它已与原来的“中华民国”有关规定有所区别,其性质已不再是半殖民地、半封建的,而是随着岛内政治、经济的变化而转向资本主义了。台湾地区港航管理法律制度是一个相辅相成、彼此协调的大系统,立法比较全面,也比较完备。台湾地区港航管理法律制度基本框架是:航业管理方面,以综合性的“航业法”为“母法”,还包括“船舶运送业及船舶出租业管理规则”“船务代理业管理规则”“海运承揽运送业管理规则”“货柜集散站经营业管理规则”“‘交通部航政局’组织法”等。

中国台湾地区的港航管理法律制度的表现形式有“法律”“命令”。“法律”如“航业法”“商港法”等。仅次于“法律”的表现形式是“命令”,依台湾地区“中央法规标准法”的有关规定,命令是各机关依其法定职权(执行命令)或基于“法律”授权(委任命令)制定的规范,命令应下达或发布。如“交通部”公布施行的“国际商港港务管理规则”“国际商港栈埠管理规则”第 1 条都规定:“本规则依商港法第 51 条第 1 项规定订立之。”说明这 2 个规则是委任性的命令。“法律”和“命令”统称为“法令”。而行政机关的意思表示分为令、呈、咨、函、公告、其他公文等。这些形式在台湾地区的航政规定中较为少用,而常用于具体事务中,政府机关常依据“法令”为意思表示(如行政裁量、行政处分等)。

第三节 各国(地区)航运立法体系特点

第一,各国(地区)航运立法体系由法律与实施规则两个层面的规则构成。

第二,法律由立法机关或者最高权力机关制定颁布,在航运立法体系中起着基本法的作用。

第三,实施规则制定主体通常包含两个,一是政府,二是航运主管机关。

第四,航运主管机关制定的实施规则具有涵盖面广、系统、可操作性强等特点。

第五,实施规则可以针对一部基本法律制定一个完整的实施细则,也可以针对一部基本法律中的一项基本制度制定实施细则。

第六,在实施规则中,程序规则非常重要。既可以单独制定有关的实施程序,也可以与实体制度一起。

第七,部分国家(地区)对于航运立法体系中的基本法和实施规则进行法典化,实现了规范性法律文件的科学管理。

第八,判例法在普通法系国家拥有重要地位,最高司法机关的判决可以形成判例法或者发挥重要作用。欧盟成员国主要是成文法国家,但是,欧盟法院判决具有判例法的地位。

第三章　航运管理体制

第一节　航运管理体制概述

管理体制是指管理系统的结构和组成方式，即采用怎样的组织形式以及如何将这些组织形式结合成为一个合理的有机系统，并以怎样的手段、方法来实现管理的任务和目的。政府管理体制是规定中央、地方、部门、企业在各自方面的管理范围、权限职责、利益及其相互关系的准则，它的核心是管理机构的设置、各管理机构职权的分配以及各机构间的相互协调，它的强弱直接影响到管理的效率和效能，在中央、地方、部门、企业整个管理中起着决定性作用。

航运管理体制，是指作为政府管理航运业的管理机构及其相互关系，主要包括：①中央政府航运管理机构与地方政府航运管理机构的设置；②上下级机构之间职权划分；③各级管理机构的职能；④管理目标；⑤其他，如人员配备、经费保障、与其他政府职能部门之间的关系等。

管理体制与管理机制是两个不同的概念。机制，是指一个系统的组成部分（子系统）之间的相互作用的过程和方式。一个系统各组成部分的存在是机制存在的前提，因为各组成部分之间有一个如何协调相互之间关系的问题。协调各组成部分之间的关系一定是一种具体的运行方式。因此，机制是以一定的运作方式把系统各组成部分联系起来，使它们协调运行而发挥作用的。

政府管理机制是政府管理机构运作的机制。管理体制的有效运作或者功能的发挥依赖于有效的机制，两者关系在一定程度上是硬件与软件之间的关系，管理体制是硬件，管理机制是软件。管理体制和管理机制都是制度，是为了实现一定目的的一种规则设计。

各国（地区）航运管理体制呈现出极大的差异性，这与各国（地区）政治、文化等大背景有关，与该国家（地区）经济管理体制有关，与特定国家（地区）航运业发展现状及航运业在该国家（地区）所处的地位有关。

本专题研究的各国（地区）航运管理体制主要是中央政府层次的管理机构及其职能、目标等内容。为了更具体了解各国（地区）航运管理体制，在合适时候也将探讨各国(地区)航运管理机制。

第二节　各国(地区)航运管理体制主要内容

一、美国

(一) 概述

美国航运管理体制在机构上体现为运输部海运管理署(Maritime Administration, MARAD)、联邦海事委员会(The Federal Maritime Commission, FMC)、海岸警卫队(The U.S. Coast Guard, USCG)三个机构。海运管理署致力于建立并维持一支充足、平衡的商船队,使其在平日能承运国内和对外贸易中相当部分水路货物,在战时或者国家非常时期能够服务于海军。一支精良的商船队的运行需要海事安全和国土安全的保障,美国海岸警卫队这一世界海岸警卫队的鼻祖则承担了国家领土安全和领海秩序“守护者”的重要责任。安全的港口环境和精良的商船队为建立美国经济高效的运输系统提供了良好的基础,促进了美国对外贸易的发展。联邦海事委员会在航运市场中积极地发挥了其执法者的作用,规范海运活动参加人的活动,监督外国政府有碍竞争的活动和立法,公开运价,创造了一个公开、透明、健康的航运市场,也在最大程度上保护了本国航运参加人的利益。

(二) 海运管理署

海运管理署是美国运输部负责航运管理的职能机构,其主要职责是促进水路运输的广泛使用以及与其他运输系统的一体化,促进美国商船的生存。海运管理署负责船舶、航运、港口操作、船舶操作、国防安全、环境和安全。海运管理署还负责维持商船的健康发展,因为商船船员、船舶和多式联运的设备对国防安全至关重要。其还维持一支货物运输的船队以在战争时期和国家非常时期能提供充足的补给,同时当这支船队和其他非战斗的政府船舶已废弃时,负责船舶处理。

海运管理署的执法目标是:①商业流畅性(Commercial Mobility),以减少内陆水路、海运和陆地边缘基础设施在运输上的拥堵;②国家安全(National Security),以确保海运能力以支持重大的国家安全利益;③环境保护(Environmental Protection),在各项活动中与有关机构进行合作充分考虑环境保护;④组织优化(Organizational Excellence),通过持续改进提高执法效率。海运管理署具体职能部门及其关系见图 7-3-1。

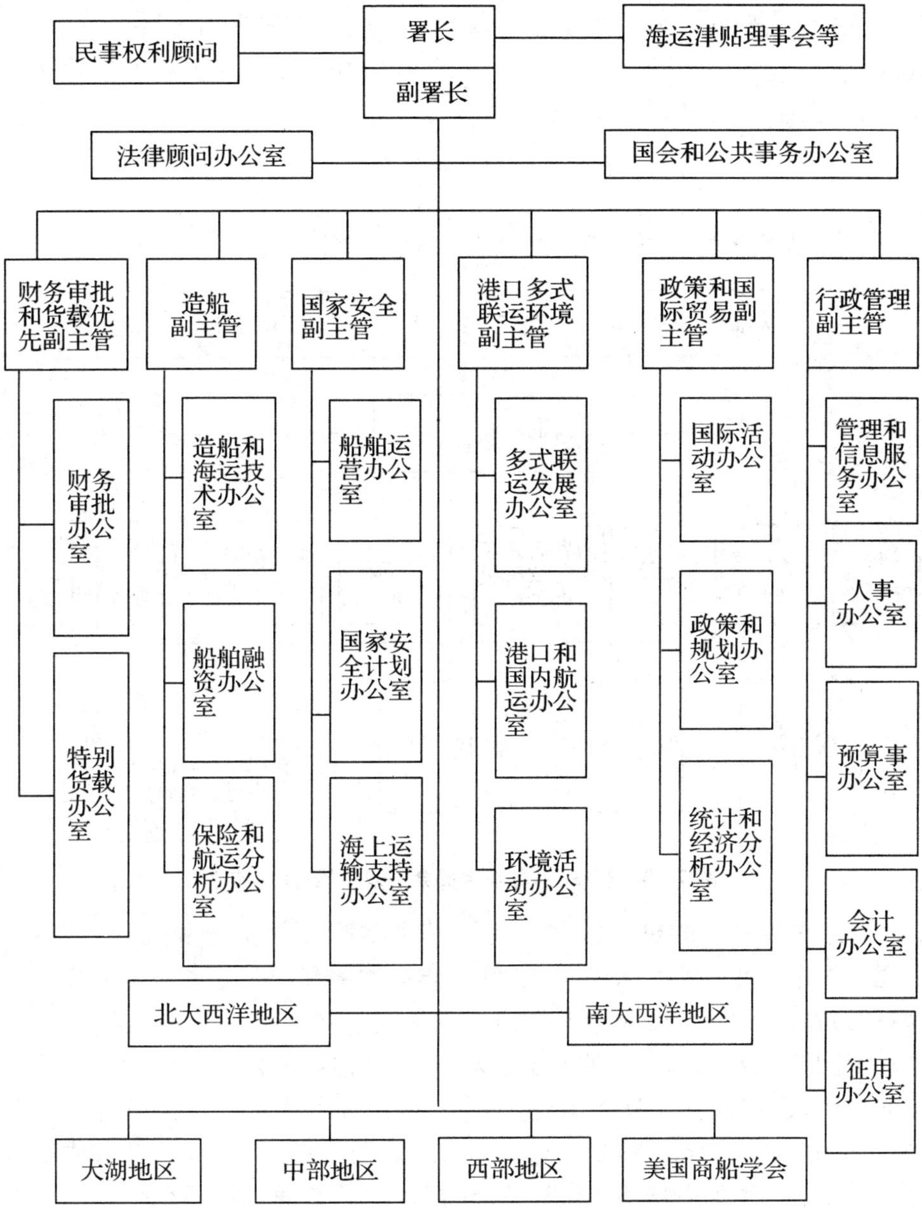

图 7－3－1　海运管理署组织机构

（三）联邦海事委员会

联邦海事委员会建立于 1961 年，独立于联邦政府，直接隶属于国会，负责美国对外贸易中国际航运的管制。联邦海事委员会总部位于华盛顿，全国有 6 个地区办事处(Area Representatives)。

为了适应《1998 年航运改革法》新发展的需要，联邦海事委员会在 2000 年 2 月进行了一次机构改革。此后，在 2004 年和 2010 年，对联邦海事委员会内部职能机构进行了 2 次重组，形成了包括委员会办公室在内的 12 个办公室、3 个署、6 个地区办公室，见图 7－3－2。

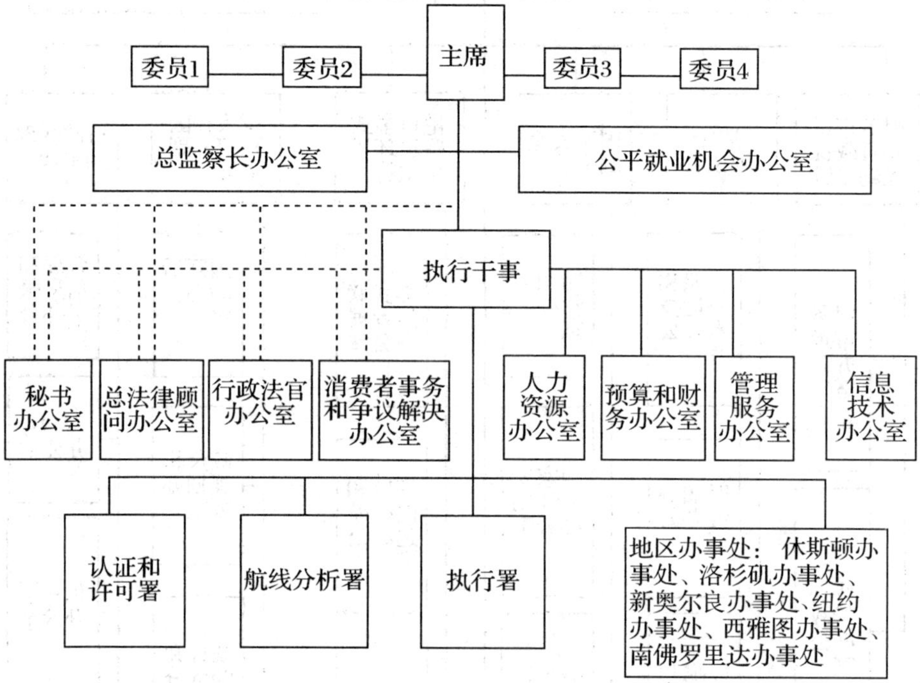

图 7－3－2　联邦海事委员会组织机构(2010 年)

联邦海事委员会的机构性质决定了其主要职能是实施国际航运管制，以促进建立一个公平、高效、稳定的国籍远洋运输系统，防止并惩罚不公平的竞争、欺诈或违法行为。联邦海事委员会的主要职能有：①保护从事对外商业活动的美国托运人和承运人的利益，避免受限制性、不公平的外国法律法规和惯例的损害；②审查远洋公共承运人之间、码头经营人之间的经营性协议和价格协议(Operational and Pricing Agreements)，以确保这些协议不会造成过度的反竞争后果；③建立并监督实施服务合同管理系统，通过该系统防止承运人实施反竞争的行为和被禁止的不公平行为；④保证公众能够以电子形式获得公共承运人的运费率和其他费用标准的信息；⑤对政府拥有或者控制的承运人(Government-owned or-controlled Carriers)的费率、费用和规则实施管制，确保这些费率、费用和规则的公平和合理，避免对私营竞争者造成不公平的损害；⑥为客船签发已提供财务担保的证明；⑦实施远洋运输中介许可制度，避免有关当事人受不合格、无偿付能力、不诚实公司的侵害；⑧确保远洋运输中介维持足够的财务担保；⑨对公共承运人、码头经营人和运输中介实施的歧视性费率、费用、分类和行为进行调查;⑩对提供远洋运输服务的受控承运人提出特别的法律上的要求。

在联邦海事委员会内设机构中,以下几个机构发挥核心的管理作用。

(1) 认证和许可署(Bureau of Certification and Licensing)。认证和许可署负责颁发远洋运输中介和旅客运输业务的经营许可证。主要包括:①向包括远洋货运代理人和无船承运人在内的远洋运输中介颁发许可证,并规范其经营;②在因承运人未实际履行航次义务或在运营过程中发生旅客或他人的人身伤害或死亡的情况下,为旅客运输经营人或船舶所有人作出其已经提供经济保证金承当相应责任的证明;③通过发展政策和指导方针,分析金融工具和经济状况保证远洋运输中介和旅客运输承运人提供足额的经济担保;④发展和维护支持认证和许可署以及联邦海事委员会的其他机构正常运作的信息系统的运行。

(2) 航线分析署(Bureau of Trade Analysis, BTA)。航线分析署主要负责对水运公共承运人达成的协议组织和有关活动进行审查和管理。该署也负责审查和分析服务合同、监督受控承运人费率,根据《1984 年航运法》规定的可获得性和准确性标准对承运人的运价本公布系统进行审查。同时,负责竞争监督(Competition Oversight)和市场分析(Market Analysis),重点是那些违反《1984 年航运法》的规定,实质上构成反竞争(Substantially Anti-competitive)和扭曲市场(Market Distorting)的行为。联邦海事委员会长期密切监督泛太平洋运价协议(TSA)和西行泛太平洋运价协议(WTSA)。

(3) 执行署(Bureau of Enforcement)。在正式的裁定程序(Formal Adjudicatory Proceedings)、非裁定性质的调查程序(Non-adjudicatory Investigations)、制定规则程序(Rule-making Proceedings)及由联邦海事委员会启动的其他程序中,执行署以裁定顾问形式参与和发挥作用。该署通过调查活动,促进远洋公共承运人、远洋运输中介、托运人、港口和码头,以及其他有关人遵守法律法规。该署的调查范围非常广泛,涉及各种违反由联邦海事委员会管理的法律法规的行为,包括:①非法回扣(Illegal Rebating);②对货物的错误描述或者申报(Misdescriptions or Misdeclarations of Cargo);③非法或者未经备案的协议组织(Illegal or Unfiled Agreements);④滥用反托拉斯豁免(Abuses of Antitrust Immunity);⑤未获得许可从事远洋运输中介经营(Unlicensed OTI Operations);⑥未列入运价本货物的运输(Untariffed Cargo Carriage);⑦未提供担保的客船从事经营(Unbonded Passenger Vessel Operations);⑧损害消费者利益的各种行为(Various Types of Consumer Abuses)。

(4) 消费者事务和争议解决办公室(Office of Consumer Complaints & Licensing)。消费者事务和争议解决办公室帮助承运人、托运人、旅客运输经营人以及其他航运业务参加人解决商业纠纷或者与航运活动相关的纠纷。同时对许可证发放申请、放弃或退还运费申请、非正式诉讼和小额诉讼程序作出评价或裁定。该署向消费者提供各种可能的解决问题的方法,包括正式的和非正式的。使用非正式的、没有约束力的方法有利于及早解决冲突,避免诉讼费用。消费者事务和争议解决办公室可以履行下述职责:①担任争议双方的调解人;②对特殊的问题提供相关的解决问题的信息;③对公司和个人提供法律适用上的建议;④在诉请被拒绝的情况下进行调解寻求新的解决方案;⑤对消费者的投诉提出建议;⑥对替代争议解决程序(Program of Alternative Dispute Resolution)进行监督;⑦处理因印刷错误、疏忽或错误引用导致运价本中的费率错误事件。

根据联邦海事委员会发布的年度报告,近几年联邦海事委员会的年预算和雇员编制情况见表7-3-1。

表7-3-1 联邦海事委员会预算情况

年份	2005	2006	2007	2008	2009	2010	2011
拨款/万美元	1 934	2 029	2 043	2 207	2 280	2 414	2 409
实际员工/人	124	121	119	115	120	127	128
编制人数/人	180	180	180	180	180	180	180

(四)海岸警卫队

美国海岸警卫队是世界各国海岸警卫队的鼻祖,是美国海上唯一的综合执法机构,也是当今世界最强大的海上执法队伍之一。美国海岸警卫队隶属于国土安全部,是美国五大武装力量之一。随着对应急能力的需要与日俱增,美国海岸警卫队的作用更加突显,任务覆盖海军、边防、海监、海事、渔政、海关、环境保护等各个方面。

美国海岸警卫队总部设在华盛顿,下设大西洋区、太平洋区,总部最高行政长官是司令和副司令。司令需经参议院的提名并审定,由总统任命。目前美国海岸警卫队具体的组织机构如图7-3-3所示。

美国海岸警卫队的主要使命是在国际水域和国内港口、海岸、内水保护美国的公共利益、环境以及经济和安全利益不受侵犯和破坏。其职能分为三大方面:一是海事安全(Maritime Safety);二是海事保障(Maritime Security);三是海事管理(Maritime Stewardship)。

"9·11"事件不仅使海岸警卫队从运输部转入国土安全部,而且在安全职能上发生了变化,预算也相应逐年增加,以实现美国总统提出的国土安全的国家战略。2010—2012年海岸警卫队的预算经费见表7-3-2。

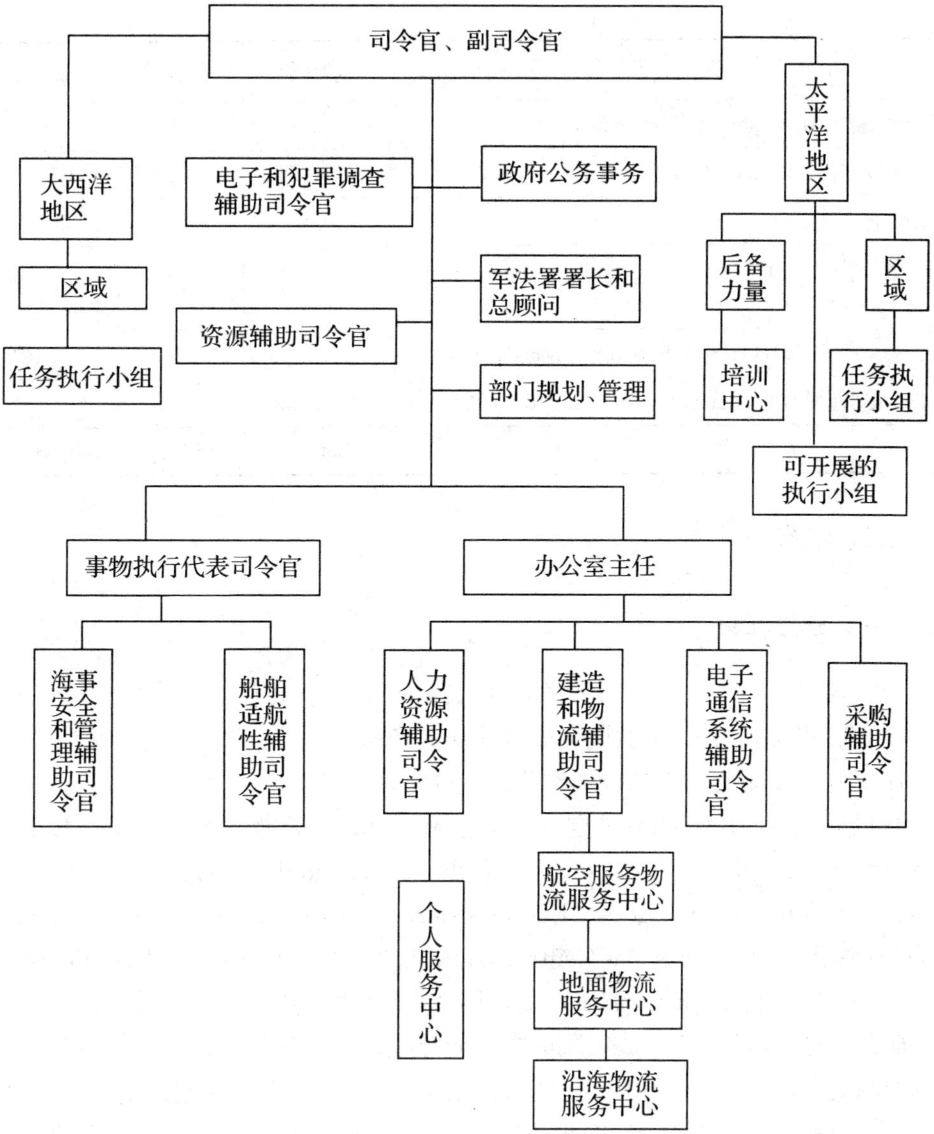

图 7-3-3 美国海岸警卫队组织机构

表 7-3-2 海岸警卫队预算 百万美元

项　目	2010 年	2011 年	2012 年
运作费用(Operating Expenses, OE)	6 563.888	6 650.95	6 819.505
购买、建设和改善(Acquisition, Construction & Improvements, AC&I)	1 536.28	1 381.228	1 421.924
环境符合和恢复(Environmental Compliance & Restoration, EC&R)	13.198	13.329	16.699

（续表）

项　目	2010 年	2011 年	2012 年
桥梁改造(Alteration of Bridges, AB)	4	0	0
退休金支付(Retired Pay)(Mandatory)	1 361.245	1 400.7	1 440.157
储备培训(Reserve Training)	133.632	135.675	136.778
研究开发、测试和评估(Research, Development, Test & Evaluation, RDT&E)	24.745	20.034	19.779
油污恢复(强制)(Oil Spill Recovery)(Mandatory)	91	92	101
船舶安全(强制)(Boat Safety)(Mandatory)	128.889	119	120.752
合　计	9 856.877	9 812.916	10 076.59

二、欧盟

（一）欧盟机构

欧盟作为一个多国联合而成的组织，由各国出让自己的一部分主权赋予其超国家的机构以制定成员国共同遵循的法律并负责执行。欧盟设立了以权力分立形式、互相监督制衡的一系列机构作为欧盟的支持系统。

根据《里斯本条约》规定，欧盟主要机构包括欧洲议会(the European Parliament)、欧盟理事会(Council of the European Union)、欧洲委员会(the European Commission)、欧盟法院(the Court of Justice of the European Union)、欧洲中央银行(the European Central Bank)和审计院(the Court of Auditors)。

欧洲理事会(the European Council)也被称为欧盟首脑会议、欧盟高峰会或欧洲高峰会，是由欧盟 27 个成员国的国家元首或政府首脑与欧盟委员会主席共同参加的首脑会议。它是欧盟事实上的最高决策机构，但不列入欧盟机构序列当中。

欧盟理事会也称欧盟部长理事会，负责准备每次欧洲理事会，并和欧洲议会一起编写把欧洲理事会决策付之实施的法律文件。

欧洲议会就航运市场管理相关立法和执行而言，主要职能有：给予意见的权力，与理事会享有共同决策权；监督委员会的支出；同意新成员国的加入和同意与第三国家签订协议；对某些法案享有第二次审阅权和修改权。

欧盟理事会是最主要的决策机构、协调机构和立法机构。它直接参与欧盟运输法规的制定，具有超国家、超政府特点。欧盟理事会在欧盟中扮演双重角色，即一方面它是代表各自国家利益的部长会议机构，另一方面又负有维护欧盟整体利益的使命，这使得欧盟理事会成为各成员国利益与欧盟整体利益之间直接冲突，并最终实现平衡与妥协的场所。因而许多欧盟的航运政策与法规中均带有这种冲突与妥协的痕迹。而欧盟航运政策与法规的成败与否、效率如何在很大程度上也取决于在具体事项上这种平衡与妥协实现的程度与妥协重心的倾斜。

欧盟理事会下设一般事务(General Affairs),外交事务(Foreign Affairs),经济和金融事务(Economic and Financial Affairs),司法和内务事务(Justice and Home Affairs, JHA),就业、社会政策、健康和消费者事务(Employment, Social Policy, Health and Consumer Affairs),竞争(包括内部市场、产业、研究和空间)(Competitiveness (internal market, industry, research and space)),运输、通信和能源理事会(Transport, Telecommunications and Energy),农业和渔业(Agriculture and Fisheries),环境(Environment),教育、年轻人、文化和体育(Education, Youth, Culture and Sport)等机构。

欧盟委员会是欧盟运输政策与法规的制定者和主要执行者。因为理事会通过立法之前需要得到欧盟委员会的提议。如果没有欧盟委员会的某项立法建议,欧盟部长理事会不能单独自行制定颁布一项政策或法规,欧盟法律主要靠委员会的行动支持。欧盟委员会有权主动提出立法建议;可以以"规则"的方式约束所有成员国直接执行;也可以以"指令"方式,要求成员国完成任务;也可以以"决定"的形式,要求各方面执行。

(二)欧盟委员会内设机构

欧盟委员会下设的机构被称为总署(Directorates - General, DGs),目前具有总署性质的机构包括:

(1) 农业和农村发展总署(Agriculture and Rural Development , AGRI);

(2) 预算总署(Budget, BUDG);

(3) 气候应对总署(Climate Action, CLIMA);

(4) 竞争总署(Competition, COMP);

(5) 经济和金融事务总署(Economic and Financial Affairs, ECFIN);

(6) 教育和文化总署(Education and Culture, EAC);

(7) 就业、社会事务和包容总署(Employment, Social Affairs and Inclusion, EMPL);

(8) 能源总署(Energy, ENER);

(9) 企业和产业总署(Enterprise and Industry, ENTR);

(10) 环境总署(Environment, ENV);

(11) 健康和消费者总署(Health and Consumers, SANCO);

(12) 内务总署(Home Affairs, HOME);

(13) 信息社会和媒体总署(Information Society and Media, INFSO);

(14) 内部市场和服务总署(Internal Market and Services, MARKT);

(15) 司法总署(Justice, JUST);

(16) 海洋事务和渔业总署(Maritime Affairs and Fisheries, MARE);

(17) 迁移和运输总署(Mobility and Transport, MOVE);

(18) 地区政策总署(Regional Policy, REGIO);

(19) 研究和创新总署(Research and Innovation, RTD);

(20) 税收和关税同盟总署(Taxation and Customs Union, TAXUD)。

欧盟委员会内设机构与欧盟理事会内设机构相比,既有相同的,也有不同的,总体上,欧盟委员会内设机构更具体、细化。

与航运管理有关的欧盟委员会内设机构中,主要是竞争总署、迁移和运输总署。两者分工是:竞争总署实施欧盟条约、理事会和委员会制定的适用于航运业的竞争规则,建立和维护市场竞争秩序;迁移和运输总署负责空运、公路运输与安全、铁路运输、海运、内河运输等各种运输方式下的旅客运输和货物运输,也包括运输基础设施建设,实现可持续的、清洁的、智能的运输政策的制定,运输安全和保障,城市运输等广泛领域。

三、日本

土地、基础设施、运输和旅游省(Minister of Land, Infrastructure, Transport and Tourism)是日本的航运主管机构。该机构内设有政策署(Policy Bureau)、河运署(River Bureau)、公路署(Road Bureau)、铁路署(Railway Bureau)、公路运输署(Road Transport Bureau)、海运署(Maritime Bureau)、港口署(Ports and Harbours Bureau)、民航署(Civil Aviation Bureau)、日本海岸警卫队(Japan Coast Guard)、海员劳工关系委员会(Labour Relations Commission for Seafarers)、日本海事事故调查局(Japan Marine Accidents Inquiry Agency)等与运输有关的机构。在土地、基础设施、运输和旅游省内设的21个机构中,与运输管理职能相关的机构占了多数。

海运署负责国际海运、国内海运、船舶建造、安全和保障等。内设机构包括:① General Affairs Division; ② Maritime Human Resources Policy; ③ Safety and Environment Policy Division; ④ International Shipping Division; ⑤ Coastal Shipping Division;⑥Safety Management and Seafarers Labour Division;⑦Shipbuilding and Ship Machinery Division;⑧Safety Standards Division;⑨Inspection and Measurement Office;⑩Seafarers License and Education Division。

在国际航运反垄断及其豁免制度领域,由日本运输省和日本公平贸易委员会(the Fair Trade Commission)共同负责。如日本运输省收到国际航运协议备案申请或者对国际航运垄断行为实施调查时,应该及时通知日本公平贸易委员会。

日本多山地,河流大多短小且流速较快,内河航运不发达。但是,日本运输省仍然设立河运署。河运署不仅负责江河运输管理,还负责洪水控制、陆源污染和滑坡预防等。

四、韩国

韩国航运业的中央管理机构为国土海洋部。该部是根据韩国政府机构改革措施,于 2008 年 2 月将原建设交通部和海洋水产部合并之后新出台的政府机构。国土海洋部第二次官(副部长)分管之下设有 4 个司级机关,即交通政策司、物流港湾司、航空政策司、海洋政策司等。其中物流港湾司是韩国与航运相关的直接主管机构。物流港湾司下又设有物流政策处、海运政策处、海事安全政策处、港湾政策处等 4 个处室。

(1) 物流政策处,下设有物流政策科、物流设施信息科、物流产业科、港口物流企划科及港口运营科等 5 个科。其中港口物流企划科和港口运营科主要负责港口公社法的落实、各港口管理、港口公社的组织管理等业务。

(2) 海运政策处,下设海运政策科、沿岸海运科及船员政策科等 3 个科。海运政策科负责国际海运、海运相关金融、国际海运交流、国际非定期班轮货运、国际客运等业务;沿岸海运科负责海运法的修订、对客运公司的指导管理、沿岸客运许可的发放、运费的定价管理、沿岸货运、对韩国海运组合的管理等业务;船员政策科主要负责船员法的修订、船员福利、船员培养、外国船员的管理等业务。

(3) 海事安全政策处,下设海事安全政策科、海事技术科、航行安全信息科、海洋交通设施科等 4 个科。海事安全政策科主要负责海事安全相关业务,国际海事交流,外国国籍船舶的安全管理,国内船舶的安全管理,海上交通安全法、船舶法、船舶登记法等修订及执行等业务;海事技术科主要负责船舶的检查、对船级社的管理、船舶救助等业务;航行安全信息科负责海上交通管制、海事事故、海上定位系统等;海洋交通设施科主要负责航标的设置和管理、卫星导航等海上交通设施管理。

(4) 港湾政策处,下设港口政策科、港口开发科、港口投资协调科、港口地区发展科等 4 个科。

根据韩国《海上运输法》规定,与海运相关的事务由国土海洋部长官主管,但根据该法第 53 条的规定,国土海洋部长官可以根据总统令的规定,授权或者委托国土海洋部所属部门负责人或者为振兴海运而设立的法人或者团体行使其权限。

在国际航运反垄断及其豁免制度领域,韩国与日本的管理体制类似,由韩国国土海洋部和韩国公平贸易委员会(the Fair Trade Commission)共同负责。国土海洋部需要将采取的重要行为向公平贸易委员会报告。

五、新加坡

（一）运输部

新加坡运输部负责管理和规范新加坡陆路、海路和航空运输。其主要任务是制定政策和促进交通领域的发展，进一步增强新加坡整体的竞争力和提高新加坡的生活质量。目前，新加坡运输部规范和委托4个独立的政府法定委员会，即新加坡民用航空管理局、新加坡陆路交通管理局、新加坡海事与港口管理局和公共交通理事会，来执行运输部的政策和方针。运输部还负责管理航空事故调查局。新加坡运输部负责制定政策，而政策的实施和日常操作由以上的4个独立法定委员会来完成。

（二）海事及港口管理局

新加坡海事及港口管理局（Maritime and Port Authority of Singapore, MPA）的使命是将新加坡港建设成为一流的全球枢纽港（A Premier Global Hub Port）和国际海事中心（International Maritime Centre），确保新加坡战略性的海事利益（Strategic Maritime Interests）。其职责涵盖港口、航运、海事等方面。

在港口设施服务方面：①提升港口的利用、改善和发展；②管理和监控港内航海作业和进出港作业；③在新加坡领水内提供和维持足够的灯塔、信号站、浮标和其他助航帮助；④发布航海信息。

在航运业务的市场准入、市场竞争方面：①在海运和港口服务方面行使发证和规范功能；②保证港内有足够和高效的海运和港口服务和设施；③保证海运和港口服务和设施的提供者能够提供高效的海运和港口服务，但同时又能保持独立的财政支付能力；④在发证方面，尽可能满足实践、被认可的国际标准和公众需求，提高效率、可靠性和经济性；⑤在海运和港口服务和设施的提供方面创设一个经济管理框架来提升和保证竞争以及确保公平和高效的市场产品，或者在缺少竞争的市场环境下，预防垄断和市场支配地位的滥用。

在推动商船队发展方面：①为商船队、海运和港口行业会员提供、提升和管理培训计划；②在商船队会员中发展、提升和管理雇员；③在商船特别是在海上安全、船舶管理和防止海洋油污方面行使管理职能；④推动商船的发展。

为履行以上职能和义务，新加坡海事及港口管理局应该做到：①使海运和港口服务和设施满足所有合理需求；②在与其他国家和国际组织的合作中促进海运和港口服务和设施的发展壮大；③使在新加坡提供海运和港口服务和设施的人能够与在新加坡外提供这种服务的人有效竞争；④完善港口人身安全措施；⑤促进海运和港口服务和设施领域的研究和发展；⑥为在海运和港口服务和设施领域促进技术教育与教育机构合作。

新加坡海事及港口管理局的组织机构如图 7－3－4 所示。

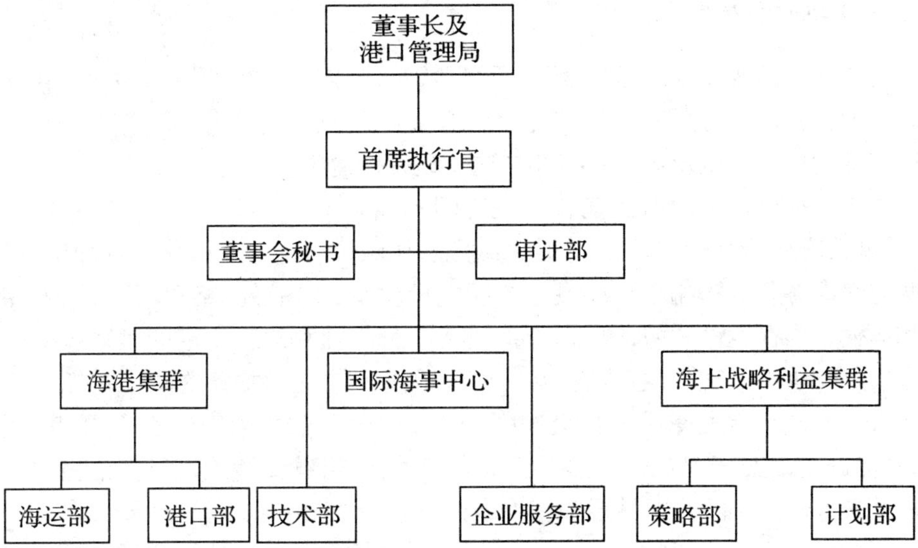

图 7－3－4　新加坡海事及港口管理局组织机构

（三）竞争委员会

新加坡竞争委员会(Competition Commission of Singapore)负责《2006 年竞争(班轮运输协议整体豁免)法令》实施,即有关国际航运反垄断豁免制度的实施由新加坡竞争法执法机构负责。有关竞争政策(包括航运)决定权则在新加坡贸工部。

新加坡竞争委员会于 2005 年 1 月成立。根据《竞争法》,新加坡竞争委员会可以向贸工部部长提出建议,以作出是否豁免某类协议的法令。这就是集体豁免法令。对航运垄断协议的豁免即是新加坡竞争委员会向贸工部部长提出的建议并最终获得了集体豁免。新加坡《竞争法》第 36 条第 1 款规定：新加坡竞争委员会如果认为一项协议很可能属于第 41 条所指的特殊种类的协议,那么基于此条目的,新加坡竞争委员会可以建议部长制定一个法令指定该种协议的类型(即集体豁免的类型)。第 2 款规定：部长可以作出一个使此种建议实施起来的法令(即集体豁免法令)。第 39 条规定：竞争委员会在给出建议之前,必须将豁免建议公布,并考虑各方建议进行修改,而且部长在使这种建议产生法律效力之前,也应听取新加坡竞争委员会对建议的评论。然而,这种特殊种类的协议得到的集体豁免并不是终身的,而是可以变更和废除的。部长可以在考虑新加坡竞争委员会建议的基础上变更或废除集体豁免。

六、中国香港特别行政区

（一）运输和房屋局

香港对航运业实施的是“积极不干预”政策，一方面实行严格的、高度集中的监督与管理，另一方面原则上不参与和不干预企业的具体经营，让其自由发展。香港航运管理的机构设置及运作特点即与这一政策相适应。

香港特别行政区政府运输和房屋局（Transport and Housing Bureau）受政务司（香港政府下设有三司，另两个是财政司和律政司）直接领导，分别管理运输和房屋两方面事务。运输和房屋局设立的职能机构有：民航处、路政署、房屋署、海事处和运输署。在运输领域，履行下列职责：①就兴建和改善本港的运输基础设施，作出规划和予以落实，并着重发展铁路；②改善公共交通服务的质素并加以协调，从而进一步鼓励市民使用公共交通服务；③有效地管理道路的使用，减少交通挤塞，并促进道路安全；④在有关交通运输的范畴内，继续支持改善环境措施；⑤加强和提升香港作为国际及区域运输和物流枢纽的地位；⑥与机场管理局合作，加强香港国际机场的竞争力，并提升香港作为国际及区域航空中心的地位；⑦加强香港港口的竞争力，并提升香港作为国际航运中心的地位。

为加强香港港口的竞争力和吸引力，巩固香港作为主要国际航运中心的地位，特区政府于 2003 年 6 月将原香港港口及航运局分成两个机构：香港港口发展局（The Hong Kong Port Development Council）和香港航运发展局（The Hong Kong Maritime Industry Council）。在物流领域，2001 年 12 月成立香港物流发展局（The Hong Kong Logistics Development Council）。需要注意的是，这三个机构都是由业界及政府官员组成的高层专责咨询组织，英文用“Council”。

（二）海事处

香港海事处（Marine Department）负责香港一切航行事务和所有等级、类型船只的安全标准。海事处主要职能如下：①促进香港水域内船舶航行、客货运输安全快捷；②确保在香港注册、领牌和使用香港水域的船只，均符合国际和本地的安全、海上环保标准；③确保香港船舶注册、订立符合国际公约规定的政策、标准和法例；④确保在香港注册、领牌和使用香港水域的船只所聘用的海员均符合国际和本地规定的资格，并规范管理管香港海员注册和聘用等事务；⑤履行香港应有的国际责任，协调海上搜救行动，并确保行动符合国际公约所订立的标准；⑥对付香港水域内的油污、收集船只产生的垃圾和清理香港水域内特定范围的漂浮垃圾；⑦以最具成本效益的方式，提供并保养大量政府船只，配合各部门的需要。香港海事处组织结构见图 7-3-5。

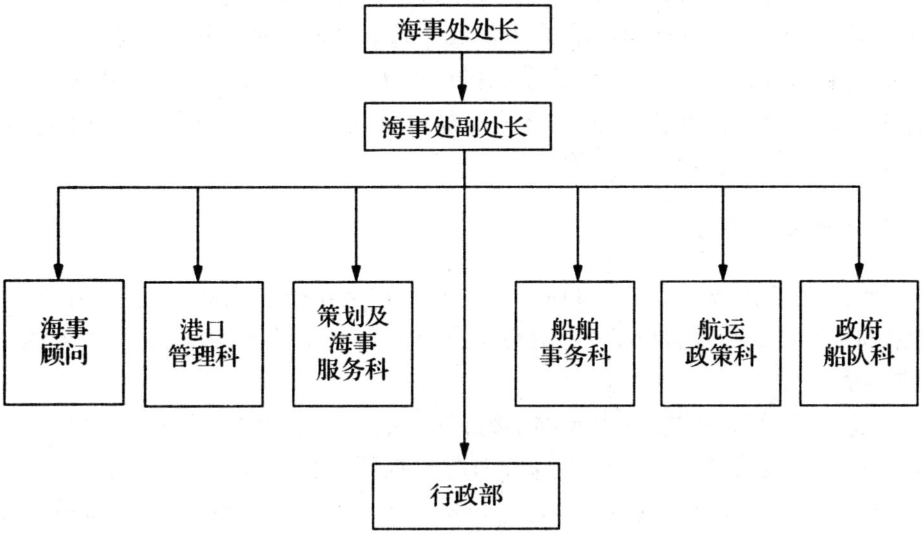

图 7-3-5　香港海事处组织结构

(三) 港口发展局

香港港口发展局由香港特别行政区运输和房屋局局长出任主席,是一个高层专责咨询组织,为私营机构与政府提供议事机制,以便讨论及协调有关港口发展及推广业务。该局负责就香港港口发展策略及港口设施策划以应付未来需求等事宜向政府提出意见,协助政府宣传香港为区域枢纽港和全球首屈一指的集装箱港。

香港港口发展局就一切有关港口规划及发展等事宜,通过运输和房屋局局长向行政长官提供意见。具体而言,该局的职责是:①在顾及对港口设施不断转变的需求,以及港口生产力和表现的情况下,评估香港港口发展的需要,并提升香港相对于区内主要港口的竞争力;②协调政府与私营机构参与规划和发展港口服务的工作;③听取并反映参与香港港口发展或受其影响各方的意见;④举办宣传活动以推广香港港口;⑤制定和建议最佳的港口设施规划及配置策略;⑥在认为有需要时成立专家小组;⑦执行可能由政府转介与上述各点有关的其他工作。

(四) 航运发展局

香港航运发展局是一个由业界及政府官员组成的高层专责咨询组织,负责就制定措施和拟订计划以进一步发展香港的航运服务向政府提出意见,协助政府推广香港的全面航运服务,宣传在港经营航运业务的优势。

香港航运发展局就一切有关维持及进一步巩固香港作为国际航运中心的地位等事宜,通过运输和房屋局局长向行政长官提供意见。职权范围包括:①在顾及对航运服务不断转变的需求,以及其生产力和表现的情况下,评估香港航运业的需要；并提升香港相对于世界各地航运中心的竞争力；②协调政府与私营机构参与巩固和促进香港作为国际航运中心的工作；③听取并反映参与香港航运业发展或受其影响各方的意见；④举办宣传活动以推广香港的航运业；⑤制定和建议措施，以改善航运业的效率和竞争力；⑥在认为有需要时成立专家小组；⑦执行可能由政府或航运业转介与上述各点有关的其他工作。

（五）物流发展局

成立香港物流发展局的目的是：提供一个平台供投资人商讨及协调推进物流发展的事宜。来自公营及私营机构的成员由政务司司长委任，运输和房屋局局长担任主席。

物流发展局辖下成立5个专项小组，分别是：①物流资讯专项小组（专责研讨数码及资讯科技基建事宜）；②物流人力资源专项小组（专责研讨人力资源事宜）；③物流市场推广专项小组（专责研讨市场推广事宜）；④物流基建专项小组（专责研讨基础建设及规管事宜）；⑤支援中小企物流专项小组（专责研讨协助中小型企业事宜）。

七、中国台湾地区

国民党退守台湾之后，基本上沿袭了旧中国的航政行政管理体制，直至今天。中国台湾地区"宪法"第107条第5款规定，航空、国道、国有铁路、航政、邮政及电政，由"中央"立法并执行之。即航政事务的立法与执行均隶属台湾当局。其第108条第6款规定，航业及海洋渔业，由"中央"立法并执行之或交由"省县"执行之。即"航业法"的制定权专属台湾当局，其执行权按性质可分为3种：一是台湾地区一致性的事务，如国际航线，属台湾当局；二是两"省"以上的交通运输事务，应由有关各"省"共同办理，其执行权属于有关各"省"；三是"省"内交通事务，由各"省"执行。

执行权是依法律内容，对特定的、个别的、具体的事务适用法律，发生法律效果。随着行政事务日益繁多，法律的抽象规定不一定都能涵括，因此对法律未规定的事项，执行机关可行使自由裁量权，起到因地制宜、因时制宜、因事制宜的作用。国际航线（指船舶在台湾港口与外国港口间，或在两个外国港口间经营客货运输所航行的线路）的有关业务的执行权，应属"交通部"。"省"际航线（船舶航行于两"省"以上的港口间）的行政业务，可由台湾当局执行或交由有关各"省"共同办理。"省"内航线（船舶航行于同一"省份"的港口间）的行政业务，则专属当地"省政府"执行。如目前台湾本岛的环岛航运，本岛与澎湖、兰屿等离岛间的海运业务为专属台湾省政府执行。

台湾"航业法"第3条规定，航业由"交通部"主管。"交通部""组织法"第1条规定，"交通部"主管交通行政及交通事业。由此可知，台湾地区航政主管机关是

"交通部"。"交通部"内设 5 个司、室，有航政司、路政司、邮电司、总务司、秘书室。航政司管理有关航政的事项有：航业发展计划书的核议；公有及民营航业的监督；航业运输航线及费率的核议；船舶购建、检查、丈量登记、证书核发的监督；船员、引水人的储训及执业证书核发的监督；航业经营及联营的规划策进；海难救护及海事案件的审议；其他有关航业的事项。"航业法"规定的航政管理对象包括船舶运送、船务代理、海运承揽运送、货柜集散站、船舶出租等事业。航政机关管理的业务有：航运企业成立的核准登记与给照、航线的管制、营运中业务及财务的监督、运价核定与监督、违规的处罚等。此外，在第 3 章设专章规定外国籍船舶运送业的管理。

台湾省交通处隶属台湾省政府，第三科掌管少部分与航政有关的事项，如"国内"航运监理、台湾航业公司营运业务督导等。

第三节　各国(地区)航运管理体制特点

第一，不同国家(地区)由于政治、文化和传统等因素，在航运管理体制上体现出各自不同的特点，其存在的差异性有时要大于航运管理实体制度。

第二，大部制是各国(地区)航运管理体制的一个共同点，即通常将水路、公路、铁路、航空等集中在一个交通运输主管部门内。

第三，美国在运输部外另设有联邦海事委员会，并且作为直接隶属于国会的独立机构，在主要航运国家(地区)中是比较少见的一种管理体制。该管理体制的优点是将促进航运发展大主管机构与负责航运监管的主管机构分开，避免了管理职责上的冲突。

第四，在欧盟，国际航运竞争法主要由欧盟委员会竞争署负责，促进航运发展与海事安全管理等由运输总署负责。新加坡将国际航运竞争法的实施交由新加坡竞争委员会负责，与美国有异曲同工之妙，但是区别在于，新加坡竞争委员会属于政府机构，不是独立于政府的机构。

第五，在国际航运竞争法实施体制领域，日本和韩国类似，在一定意义上是由交通运输主管部门与竞争主管部门基于分工为前提共同负责的。

第六，在新加坡和中国香港特别行政区等实行自由港政策的国家(地区)，政府对于航运市场较少直接管理，通常将航运管理与港口管理、海事管理等结合在一起。这时的海事管理或港口管理应该从广义上理解。

第七，海洋事业管理与航运管理通常是由不同的政府部门负责的，随着综合海事政策(Integrated Maritime Policy)与实践理念的确立，许多国家(地区)(如欧洲、美国、日本等)非常强调海洋、海事、航运、渔业等所有与"海"有关的产业之间的协调。

第四章　市场准入规则

第一节　航运市场准入制度概述

一、航运市场准入制度的概念

航运市场准入制度，是国家对航运市场经济进行管理的基本制度之一，是国家和政府准许法人和自然人进入航运市场，从事经营活动的条件和程序等规则构成的各种制度的总称。

航运市场准入制度以法律的形式，规定航运市场经营主体资格的条件及其限制。首先，明确航运市场各类经营主体的最低成立条件；其次，对各类经营主体的权利能力加以必要的限制，明确各类主体可以从事的经营活动范围。

航运市场准入制度可以从法律上分析，也可以从航运政策上分析，两者目的有所不同，各有价值。法律分析侧重于现有法律关于航运市场准入的具体规定、实施效果评价等。从政策上看，航运市场准入问题是市场开放度问题，这既包括对外开放问题，也包括对内开放问题，反应了国家在一定时期对航运业的基本政策。

航运市场准入的主管机关、准入条件和准入程序，是航运市场准入制度的三项基本内容。这一制度既有规定准入条件的实体性规范，又有规定准入程序的程序性规范。从航运市场准入制度确立途径而言，主要是国内立法，部分规则来自于双边海运协定或者国际公约。

二、航运市场准入制度的意义

（一）航运市场准入制度是投资控制和调节制度

通过航运市场准入制度的建立和实施，使得航运市场主体具备进入航运市场从事经营活动的资格，即具有享受市场主体权利的条件及承担市场主体义务和责任的能力。

航运市场准入条件的高低、宽严直接影响到企业或个人能否投资于有关行业或市场，市场门槛高甚至关闭准入大门意味着对市场的严格控制。在市场经济条件下,一般来说尽可能降低准入条件,让市场来决定哪些企业能够在竞争中生存下来。

对于尚未进入航运市场的潜在投资者而言,法律法规规定的市场准入条件构成准入成本的基本因素,其高低、宽严直接影响到这些投资者是否进入特定市场。对于已经进入航运市场从事经营的企业而言,如果市场准入条件要求较高,在一定程度上对这些经营者起到保护作用,避免过多经营者进入,造成过度竞争。

随着市场经济体制不断成熟,市场准入要求将逐步降低,一般情况下不再成为阻止市场进入的障碍因素。但是,在航运安全要求等方面,如果作为市场准入条件,则倾向于逐步提高的过程。

(二)航运市场准入制度是政府航运管理基本制度之一

航运市场准入制度既是国家和政府对航运市场进行管理的起点,也是对具体市场主体进行管理的开端,同时又是一系列后续管理措施实施的基础。

航运主管机关可以通过市场准入制度实现下列管理目的:①确立航运业特定市场对内、对外开放程度的基本政策;②建立和维持航运市场竞争秩序或者一定程度的垄断秩序;③确保市场运行处于较高效率状态;④实现航运业及其子市场应有的功能,为整体经济及相关行业服务。

航运市场准入制度是航运法价值中秩序和效率的要求,因而是航运市场经济的客观需要。航运市场准入条件是为了促进公共利益的实现,这些公共利益包括行业总体发展利益、促进相关行业发展利益、市场秩序利益、竞争利益、环境利益、国家经济安全利益、国防安全利益等。

(三)航运市场准入制度是保证航运服务质量的条件之一

建立和实施航运市场准入制度,对航运市场经营主体资格加以必要和适当的限制,可以有效地避免产生经营主体的无限多样性和大量不合格的经营主体,从而对危及航运交易的安全和造成航运经济秩序的混乱起到有效的预防作用。

航运业属于服务业。当代航运市场经济建立在高度专业化社会分工基础之上,航运市场不同的子市场由不同的人分工经营。经营者提供的服务进入市场领域,通过市场交易,分配到此种服务的用户手中。因此,各种航运市场主体是否具备从事相应的航运经营活动客观上所应当具备的条件,对其以后的市场经营活动中提供的服务的质量具有决定性的影响,进而对后续的生产和消费直接产生影响。例如:船舶运输经营人提供的货物运输服务,将影响到货物买卖双方以至货物最终用户(End-user)的利益。航运服务质量与航运经营者自身的素质和条件有着密切的依赖关系,尤其是航运服务具有高度的专业性和技术性特征,如果不具备特定的专业和技术条件,不但不能为服务的用户提供充分满足其要求的服务,而且会导致用户利益的损害。

（四）航运市场准入制度是保障航运市场交易信用的需要

当代航运已经不再是“船货一家”“商航一体”的商品交换形式[①]，那种“一手交钱一手交货”的简单交易形态几乎不再存在，而是建立在高度发达的信用之上的交易，即信用交易实质上已成为航运市场交易的一般形式。然而，交易双方的利益能否得到充分的保障，在很大程度上取决于交易对方的资信、能力和条件。市场准入制度将缺乏航运交易所应当具备的基本资信、能力和条件的人排除在市场交易之外，能够为交易双方的资信、能力和条件提供初始的、相对的保障。

（五）航运市场准入制度是航运法价值中效率的要求

在市场经济体制下，市场对航运资源的配置具有一定的盲目性。很多市场主体缺乏对航运市场的客观分析而在利益的驱动下盲目“挤”入市场，而航运市场本身具有一定的饱和量。目前，国内航运市场运力严重过剩便是典型的例证。市场主体数量过剩，主体经济规模过小，结构不合理，是产生航运市场无序竞争、效率低下、市场资源浪费的最主要原因。

航运市场准入制度作为主体进入市场的一种有效的外部约束机制，通过适度控制市场主体的数量、规模和结构，对于平衡市场供求关系，尤其是防止市场严重供过于求的局面，减低交易成本，从而保证市场高效率配置资源，实现航运市场效益的最大化，具有重要的作用。

航运市场准入制度有其经济学基础。美国芝加哥大学法学院教授罗纳德·哈里·科斯(Ronald Hery Coase)在其经典著作《企业的性质》中，为了论证企业制度存在的必要性，提出了交易成本(Transaction Cost)范畴，并认为至少包括 2 个方面：①发现贴切价格、获得准确市场信息的成本；②谈判与履约的成本。20 世纪 60 年代以后，威廉姆森拓展了科斯所建立的以交易成本为基础的企业调节资源配置的理论，系统地研究了交易成本，用以说明各种经济问题，形成了交易成本经济学[②]，着力于研究和比较什么样的经济组织体制更有利于节约交易成本、提高经济效率。根据这一要求，市场主体的适度规模，包括市场主体的数量适度和每一主体本身的经济规模适度，可以有效地减少市场交易摩擦，降低交易成本，提高交易效率。从这一意义上看，原则上必须使市场主体以企业制度为基础，而不是以小生产制度为基础。

---

① 在中世纪“商航一体”的时代，船舶所有人和货物所有人为同一人，船舶所有人在一地购买货物，装载于自己所有的船上，运输至另一地出售，海上运输的目的是商品的异地交换，航海只是一种辅助手段。参见：司玉琢，胡正良，傅庭中. 新编海商法学[M]. 大连：大连海事大学出版社，1999：2.

② 交易成本经济学是一种以交易为基本分析单位，研究经济组织的比较制度理论（Comparative Institutional Approach），属于新制度经济学的范畴。参见：陈贻龙，邵振一. 运输经济学[M]. 北京：人民交通出版社，2001：315.

第二节 各国(地区)航运市场准入制度主要内容

一、美国

(一) 船舶准入制度

1. 概述

根据《美国法典》第 1 卷第 3 条,船舶是指拟用作水上运输工具的各种船只或人造设备。从这一点来看,美国法下的船舶范围是比较广的。《美国法典》第 46 卷第 116 条规定,所谓"美国船舶"是指持有该卷第 121 章下所需证书的船舶,或该卷第 12102(C)项无需证书但按照该卷第 123 章编号的船舶,或依美国政府的法律拥有所有权的船舶。而第 46 卷第 110 条规定,"外国船舶"是指在外国注册或由外国主管当局运营的船舶。

《美国法典》第 46 卷第 12102 条规定,在美国,船舶只有取得相应的证书方可从事运输活动,不过如果船舶小于 5 净吨则无需证书即可从事运输活动,除非该船从事特殊运输从而要求满足一定条件。

根据《美国法典》第 46 卷第 12103 条的规定,船舶只有在满足以下条件时才被授予证书:①有 1 个或以上个人或实体所有;②船舶总吨大于 5 净吨;③未持有外国法下的证书。

而只有符合下列情况,才是适格的船舶所有人:如果是个人,则他应是美国公民;如果是协会、信托、合营体或者其他实体,则其每位成员均应是美国公民,并且依据美国联邦法律或者州法律对该船舶享有所有权;如果是合伙,则通常情况下,每个合伙人都必须是美国公民,并且收益控制方应是美国公民;如果是法人,则必须是依据美国法律或者州法律登记的法人,并且其首席执行官、董事会主席均应是美国公民,此外,其董事会人数中非美国公民的人数不得超过法定的最多人数。

在美国,只要运输船舶经船舶检验机构检验达到法律规定的技术标准即可获得证书,只要船检合格,就可以继续营运。对船舶的检测主要是从安全和环保的角度进行的,不符合标准的船舶不得从事航运。效益低下的高龄船舶主要通过市场竞争实现自然淘汰。海运公司"符合证明"、海船"安全管理证书"是海运市场准入的"安全许可"。

美国将船舶所有人分为 3 种类型,其所拥有的船舶也将相应享受不同的待遇。这 3 类船舶所有人分别是:①普通注册登记类公民。被外国人全资控股的美国公司可以成为此类公民,只要其船舶符合注册登记条件,就有权经营美国与外国之间的运输。②具有控制利益的公民。此类公民占所有权多数的船舶,有权享有 1996

年"海运安全船队方案"所提供的优惠。③有权从事沿海运输的公民。只有他们拥有或经营的船舶,才有权从事美国沿海运输。

2. 沿海运输船舶条件

根据《琼斯法》的规定,经营美国境内航线的船舶必须满足以下条件:①由美国建造;②根据美国法律登记并取得船舶证书;③船舶的所有权至少有75%是美国公民拥有的;④船长和船员必须是美国公民。详细内容见美国沿海运输权制度。

根据1996年《海岸警卫队授权法》,美国开始允许外国人的公司拥有符合沿海运输条件的船舶,但要满足下列要求:①该船符合船舶登记的条件;②该船舶的拥有者或其母公司或附属公司必须主要从事租赁或其他融资业务(即"沿海融资租赁条款");③该船须租赁给美国船舶经营人;④过户租赁租约的租期须在3年以上,当事人还须将租约附带船舶登记证书上报给美国海岸警卫队。

有权从事沿海运输的船舶,依照有关规定,应具备独立的压载舱、原油清洗系统和惰性气体消防系统,这些系统必须是在美国境内(不包括托管的领土)进行安装。凡未能满足该条规定的船舶不得从事沿海贸易。

(二)船员准入制度

美国国会严格限制美国籍船舶雇佣外国籍船员的数量,并且管制工作时间、工作条件和最低工资等。《1936年商船法》承袭了这些规定。

美国限制受雇于海运业的外国人数量,主要采取2项措施:其一,授权符合条件的船舶经营美国国内贸易运输或者享受美国政府某些形式的补贴;其二,规定雇佣的外国船员不得超过船员总数的25%,并规定有任职资格证书要求的船员岗位必须由美国公民来担任。

在海运人员方面,美国的政策是,美国商船应由经过专业培训且有能力的美国公民经营,同时美国海军和美国商船应当紧密合作,实现美国海上实力在最大程度上的一体化。美国运输部长有权采取必要的措施为美国公民提供教育和培训,使其在任何时候都能安全高效地运营美国商船。

在美国,商船高级船员是指持有美国海岸警卫队颁发的相关证书的任何人,该证书授予以下资格:

(1) 依据《美国法典》第46卷第14502条规定在超过1 000总吨的船舶上,或由部长依据该卷第14104条授权、第14302条确定在1 000换算吨以上的船舶上,担任船长、大副或引航员,同时,这些船舶应该根据美国法律登记并且航行于海上或者五大湖。

(2) 在根据美国法律登记的,4 000马力以上的非机动船舶上担任轮机长。

此外,船员也必须符合《1978年船员培训、发证和值班标准国际公约》的规定,才能进入航运市场。

(三) 沿海运输市场准入

1. 沿海运输权保留的历史

美国地域宽广,拥有广阔的河流、湖泊和运河,沿海内河航运在美国也占有重要地位,它是粮食、煤炭和石油等大宗散货的一种低成本、高效率的运输方式。由于商船队的重要性以及沿海和内河运输在美国经济中扮演的重要角色,美国政府总是出台政策和法律保护运输体系的完整和水路运输的生命力,保证其公民参加国内运输。这些政策和法律促进了美国商船队的发展,更为重要的是,有关沿海运输权的法律保护了美国国家经济和安全。

早在美国成立之初就存在沿海运输权的法律。1789 年美国国会颁布了一项针对外国船舶进行沿海贸易运输的区别性关税法案,具体规定见表 7-4-1。尽管当时允许外国船舶从事美国沿海运输,但该区别性税收政策同样达到了阻止外国籍船舶从事美国沿海运输的效果。

表 7-4-1 1789 年沿海贸易运输的区别性关税法案 美分/t

船舶类型	美国建造和美国所有	美国建造但非美国所有	外国建造和外国所有
港口吨税	6	30	50

作为《1920 年商船法》一部分的《琼斯法》,是美国沿海运输权法律的主要部分。该法宣称美国拥有最优良的设备、最合适的船舶类型、完全由美国公民私人拥有或者经营的商船队,满足美国商业的大部分货物的运输,在战时或者国家危急时刻可以作为海军或者军事预备力量,对于美国的国防以及国内外贸易增长是必要的,规定美国两地之间的国内运输必须由美国建造、根据美国法律登记且为美国公民拥有的船舶经营。该法目前仍然有效,也是一直受到异议的法律。

迄今为止,美国有关沿海运输权的法律有 30 多部,适用于美国港口之间的客货运输,美国水域内的渔业,美国港口内或者两地之间的拖航,美国水域内所有的疏浚、救助以及 200 海里专属经济区内的矿产和其他能源的开采等作业。

2. 沿海运输市场准入

(1) 沿海运输的界定。美国运输部将“国内商业水运”定义为“民用或军用船只在美国领海、大湖、内河等水域从事的商业性货物运输”,不包括国防部船舶对军事物资的运输。

国内商业水运具体包括国内海运、大湖水运和内河航运等 3 部分。国内海运分为非沿海水运、沿海水运和东西海岸间水运。非沿海水运是指美国本土 48 个州到阿拉斯加、夏威夷、波多黎各岛、维京群岛和其他托管地区之间的运输。沿海水运是指大西洋、墨西哥湾、太平洋海岸的美国沿海运输,或者是五大湖之间、大西洋及墨西哥湾沿海之间的海运。东西海岸间的水运是指美国各州之间的需要通过巴拿马运河的海上运输。大湖水运是指在五大湖区美国水域内的运输。内河航运是指在大西洋和海湾的内海水道、沿海河流、运河上的运输。

(2) 沿海货物运输的准入。出于安全和经济利益的考虑,美国在航运业上的态度一直十分保守。只有美国人才有资格单独从事国内商业性水上运输;在与外资联合或合资的情况下,美国人必须控制75%以上的股份;国内水运公司的经理或其他高级管理人员、董事长也必须由美国人担任,外国人在董事会中不得超过法定少数限额。美国州际商务委员会负责管理沿海运输,向水运公司颁发营运执照。经营租船运输业务则需要取得许可证。

沿海运输只能由"美国船舶"进行。美国船舶是指在美国建造、在美国登记并为美国公民拥有的船舶。《1936 年商船法》第 905 条对包括"美国公民"在内的概念作了定义,即:美国公民,是指符合修改后的《1916 年航运法》第 2 条规定的公司、合伙、协会;对于公司来说,其所有董事都应是美国公民;在北美五大湖和美国的海湾、海峡、河流、港口、内陆湖中经营船舶的公司、合伙、协会,其中有一位美国公民拥有的份额不少于 75%才能被认定为美国公民。另外,公司必须按照美国或者其州、领土、地区或者属地内的法律注册成立。

1920 年《琼斯法》规定从美国港口起航至美国另一个港口的航运货物,无论是直达航线还是中间停靠其他国家港口,无论是水路运输还是水陆联运,均必须装载在美国建造、美国船员操作和美国公民所有的船舶上。

根据《琼斯法》的规定,经营美国境内航线的船舶必须满足以下条件:①由美国建造;②根据美国法律登记并取得船舶证书;③船舶的所有权至少有 75%是美国公民拥有的;④船长和船员必须是美国公民。

如果经美国航运管理局的批准,外国公司可以短期租用美国船舶在美国港口之间从事贸易活动或外国船舶暂时在美国国内航线从事运输,在没有例外的情况下,其他国家和地区难以涉足美国沿海内河的运输。如果违反《琼斯法》的规定,将被处以没收货物的处罚。

《琼斯法》的规定,使得沿海运输船舶保有量一直上升,表 7-4-2 是 2004 年的船舶情况,而截至 2009 年,美国有 40 000 艘符合《琼斯法》规定的船舶,所运输的货物总量能达到 2 亿 t,仅在五大湖区,每年就能运输高达 1.15 亿 t 的货物。

表 7-4-2 《琼斯法》下船舶情况(2004 年)

船舶类型	船舶艘数/艘	船舶吨位/总吨	载重吨/t
油船	53	2 363	3 905
集装箱船	20	527	569
滚装船	15	557	296
化学品船	12	255	401

(续表)

船舶类型	船舶艘数/艘	船舶吨位/总吨	载重吨/t
拖船/驳船(油船)	11	216	449
货轮	3	36	51
拖船/驳船(散货)	5	61	171
散货船	12	335	620
客轮	2	24	8
运车船	1	47	16
运煤船	1	28	33
总计	135	4 449	6 519

美国《琼斯法》将美国港口和美国河流、湖泊与运河之间的客货运输业务留给美国商船，对美国的经济和安全有巨大的促进作用，仅石油产品，美国国内运输行业每年收益就多达 64 亿美元。美国沿海运输的货运量很大，2010 年美国海运航线年均货运量约 25 亿 t，其中 41%或 10 亿 t 属于美国《琼斯法》规定的美国国内航线货运量，其他国家航运公司被严禁涉足。目前受到美国《琼斯法》保护和允许经营的美国国内航线货轮超过 3. 9 万艘，直接从业人员超过 13. 5 万人。

根据《美国法典》第 46 卷第 55102 条的规定，无论是否直接或经由外国港口运输船舶只有符合下列条件才能从事沿海法律适用的港口之间或者水陆联运的商品运输：该船是为适合从事沿海运输的目的并全部为美国公民所有；该船持有第 121 章下沿海运输认可的证书，或者没有这种证书但有权获得此种证书的签注。如果违反这一规定，该船将会被美国政府处以扣押或者没收的处罚，或者处以相当于商品的价值(由美国国土安全部长决定)或运输的实际成本的处罚，以较高者为准。

(3) 沿海旅客运输的准入。外国船舶不得从事美国国内港口或地区之间的旅客运输，不论该运输是在美国国内港口或地区之间直接进行的还是经过一个外国港口的。在沿海旅客运输方面，美国政府在市场准入方面的规定是与货物运输一致的，只是违反成本不同。根据《美国法典》第 46 卷第 55103 条的规定，如果违反上述准入规定，将处以每个旅客 300 美元的运输费用和着陆费用罚款。

(4) 海运辅助企业的准入。在海运辅助服务方面，美国允许外国投资者在美国设立海运公司、经营多式联运业务。对于其他海运辅助行业，除了报关经纪人、船舶修理与挖泥船出租业务外，美国法律没有限制外资进入的专门规定。但美国不允许外国拖船在美国海域拖带美国船，外国救捞船也被禁止在美国海域从事救捞作业。根据美国《船舶抵押法令》《商船法》及《航运法》的规定，只有美国公民和由美国人控制的公司才有资格从事这方面的业务。

《1936年商船法》在沿海疏浚、拖航和救助方面作了以下准入规定：①不准使用外国建造的船舶从事疏浚，疏浚船舶和疏浚物的运输应符合1920年《琼斯法》的有关规定；②除拖带遇难船舶外，美国水域中船舶的拖带，包括在美国专属经济区内的拖带、公海上的拖带，只能由有美国沿海运输权的美国籍船舶进行；③除条约规定或者海关关长认为在特定地点无法获得美国籍船舶的救助服务外，不允许外国籍船舶进行救助。

在《美国法典》第46卷第551章中也有涉及海运辅助服务的规定。第55110条规定，在美国水域中进行疏浚作业，该船必须是为适合沿海疏浚作业的目的并为美国公民所有，其承租人也必须是美国公民，并且该船须持有第121章下沿海运输认可的证书，或者没有这种证书但有权获得此种证书的签注。如果违反这一规定，美国政府有权扣押或者没收该船舶。也就是说，船舶所有人必须是有资格悬挂美国国旗并适合从事沿海运输的船舶的美国公民。另外，挖泥船只能出租给有资格进行沿海运输的美国公民。第55111条规定，在美国水域进行拖航作业，该船必须是为适合沿海拖航作业的目的并为美国公民所有，并且该船须持有第121章下沿海运输认可的证书，或者没有这种证书但有权获得此种证书的签注。如果违反这一规定，美国政府有权对船舶所有人和船长处以至少350美元的罚款，最高不得超过1 100美元。如果未交，还可以留置船舶。此外，对船舶还要处以每吨位60美元的罚款。

3. 沿海运输权保留的作用

首先，沿海运输权制度对美国经济的发展作出了很大贡献。沿海运输权保留促进了美国国民的就业问题的解决，截至2009年，有499 676名美国公民从事与1920年《琼斯法》相关的工作，包括在该法所使用的船舶上当船员、建造和修理该法所适用的船舶等。此外，每年与1920年《琼斯法》所适用的船队有关的经济产值达1 003亿美元，所缴纳的税款高达110亿美元，促使美国经济每年增值460亿美元。

美国内河运输对美国经济的发展有强大的作用。4 000艘现代拖船及其驳船，以及27 000艘以上的驳船，每年运送8亿t的原材料及其成品，而且拖船和驳船行业为美国90%以上的主要城市提供服务，是美国内河运输不可缺少的。

《琼斯法》是美国航运企业的保护伞(见表7-4-3)，在这一保护伞的支持下，美国著名的民族航运企业发展很好。如果没有这一保护伞，这些民族企业的净收益将大大受到影响，甚至有专家称，如果失去《琼斯法》的保护，地平线船公司85%的净收益将化为泡影。

表 7-4-3　受益于《琼斯法》的美国民族航运企业

公司名称	运力/艘	运量/TEU	净收益/亿美元
地平线船公司	20	18 500	11
美森轮船公司	17	23 000	19
克劳雷船公司	30	34 000	

其次,美国的国家安全依赖于沿海运输权法律。1920 年《琼斯法》所适用的船队为维护国家经济安全发挥了重要作用,保证了美国在和平时期和战争时期能够控制国家基础运输以及相关的基础设施。美国拥有并由美国公民担任船员的船舶可以保证美国国内粮食、煤炭以及矿石运输的安全。另外,1920 年《琼斯法》所适用的船舶和该法规定的船员在美国国防中扮演着重要角色。没有它们,美国可能要花费巨资建造和维护军事船舶。现实中发生的战争,譬如越南战争、海湾战争以及伊拉克战争,也证明了该法所适用的船舶的重要性。

最后,沿海运输权法律对美国的环境和安全也很重要。根据沿海运输权法律,美国船队必须遵守美国制定的有关保护水路的法律法规。美国在这方面的标准是世界上最高的,有利于保护美国国内的环境和安全。

总之,美国沿海运输权法律对其国家经济和安全都非常重要。它给美国带来巨额的税收、良好的就业通道,保护国内的造船和修船业,并且这一资源能够在战时被美国政府迅速动员,保证符合美国安全和环境标准的船舶在美国水路进行运输。

(四) 货载保留制度

1. 货载保留概述

总体上,美国的外贸货物运输市场是开放的,因为 95%以上的美国外贸货物由外国籍船舶运输。但同时美国也通过各种贸易保护政策来保护本国航运业的发展。

"货载保留"政策是一种重要的保护主义航运政策。实施"货载保留"政策,可以保证战略物资的安全运输,特别是战时的安全运输。"货载保留"政策是保护主义航运政策的一种重要表现形式,是指通过立法的形式强制规定进出口贸易货物必须全部或部分由本国船队承运或优先承运,是国际上最通行的保护国内航运公司的做法之一。其内容包括货载分配、货载优先和货载保留。

货载保留制度作为美国的一项法律制度,是由于美国联邦政府直接作为国际贸易的当事人或者联邦政府计划中的财政支持、联邦政府提供担保等间接原因,规定将有关国际贸易的全部或者部分海运货物保留给美国籍船舶运输的制度。该制度以美国有关的货载保留法为依据,目的在于促进和推动美国海上运输。法律要求托运人使用美国籍船舶运输任何政府物质。所谓政府物质，是指直接由联邦政府参与或者与某一联邦政府计划中的财政支持或者与联邦政府提供的担保有关的货物。

美国货载保留制度是支持私人拥有和经营的美国籍船舶的所有法定计划中的一部分。它要求政府部门的一部分物质由美国籍船舶运输。这是因为，美国籍船舶有利于美国国家安全，可以在战时提供重要的海上供给。另外，运输这些货物的船舶为美国船员提供重要的就业岗位，而这些船员可以在国家危急时刻作为政府储备船队的船员。美国货载保留法通过保证美国籍船舶的货物来源，对于运营美国籍船舶公司的生存非常重要，进而可以保证船舶、船员以及航运业的继续生存。货载保留法律也可以帮助美国的海上贸易不受外国的控制。

美国是典型的货载保留国家，政府物资的50%，军需物资的100%和粮食援助物资的75%均由美籍船承运。在通常情况下，美国政府对美国的各类外贸货物，均有一些相应的立法来为美国籍船舶保留一定比例的货载或货载优先权。货载保留政策给美国带来了很大好处。目前，美国能源部每年战略石油储备项目中进口的石油运输、100%的军事运输项目、政府因各种原因向发展中国家提供的粮食运输、进出口银行贷款项目下的运输以及与各个签订有双边协议的国家的协议份额的运输都是美国航运企业可靠的货源。在美国籍船舶每年承运的货物中，有40%是依靠货载保留政策取得的。

2. 货载保留制度

《美国法典》第55301条规定，在美国建造的从事沿海货物运输的船舶将在这些港口赋予早于其他在美国建造的从事远洋运输的船舶货载方面的优先权。

在美国旅客运输中，也适用货载优先。《美国法典》第46卷第55302条规定，任何美国官员或者雇员因公务出国旅行、前往或者到达任何美国属地，应当乘坐依据美国法律登记的船舶，并由此种船舶运送行李，除非因公务需要必须乘坐外国籍船舶。

美国的货载保留制度集中体现在《1954年货载优先法》，该法第1条规定：在任何时候，如果美国在其国内或者国外获得、订购或者为其他国家提供的设备、物质或者商品，或者如果美国提供与上述设备、物质或者商品有关的外汇的可兑换性预先支付资金或者担保，那么，相关部门应采取必要和可操作的措施，保证通过海上运输的上述设备、物质或者商品总量中至少有50%应当由私人拥有的美国籍商船运输，前提条件是美国籍船舶公平合理地参加这些货物的运输并以公平合理的费率进行运输。国会可以通过其他同期的决议放弃上述规定。总统或者国防部长在紧急情况下，如果能够证明上述规定的暂时放弃是合法正当的，则可以弃权。

私人拥有的美国籍商船不包括在美国境外建造的船舶、在美国境外改建的船舶和在外国登记的船舶，除非船舶已经根据美国法律登记长达3年。

但是，《1954年货物优先法》不适用下列情况：①《1954年货载优先法》颁布前，船舶所有人或者购买在美国建造、但在国外改建或者已签订在国外改建船舶合同的当事方,已经书面通知海运管理署愿意在美国登记该船舶,而且该船舶在该法颁布后 1 年内第 1 次停靠美国港口时在美国登记;②《1954 年货载优先法》颁布前,在美国登记的船舶所有人已签订在国外改建船舶的合同且已通知海运管理署,并且改建完成后,该船舶在该法颁布后 1 年内第 1 次到达美国港口时在美国登记。

(1) 军事物资。《1904 年军用货资优先法》规定:

1) 只有美国籍船舶或者属于美国所有的船舶才可以从事提供给陆军、海军、空军或者海军陆战队的供给品的海上运输。如果总统认为这些船舶收取的运费过多或者存在其他不合理的情况,可以根据法律规定签订其他的运输合同。运输这些供给品的运费不得高于为私人运输类似的货物时收取的运费。

2) 每一项为运输前述供给品的船舶签订期租合同的提案请求中,国防部长应要求相应提案请求的船舶国籍进行变更或者船舶修理在美国领土之内完成。前述国籍变更或者修理是指使船舶满足适用的标准成为美国籍船舶,或者将船舶按照更有利于军事的结构进行改造。

3) 国防部长可以放弃船舶变更为美国国籍或者船舶在美国领土之内的修理的要求,条件是国防部长认为此种弃权对于美国国家安全是关键的,国防部长应立即将此种弃权以及弃权原因通知国会。

该法要求军事物资必须由美国籍船舶或者属于美国的船舶运输。但是,《1954 年货载保留法》变更为要求 50%的军事物资由私人拥有的美国籍商船运输。

(2) 政府物资。根据《美国法典》第 46 卷第 55304 条关于美国政府资助的出口货物的规定,由复兴金融公司提供贷款或政府提供的任何其他手段支持的农产品或其他产品出口的,合同应规定这些产品只能由美国籍船舶运输。但是,当运输部长经调查认为,美国籍船舶数量不够、吨位不足、船期不合适或运费不合理的时候,在向复兴金融公司或其他政府部门说明理由之后,可以决定将部分或全部此类货物安排由外国船只运输。

该决议要求美国进出口银行提供贷款购买或者出售的所有货物由美国籍船舶运输。海运管理署可以批准一般弃权,允许贷款项目下不超过 50%的货物由认可的国家所有的船舶运输。同时,海运管理署也可以批准法定弃权,即在无法获得美国籍船舶从事合理的运输或者美国籍船舶不适合运输特定的货物的情况下,允许由非美国籍船舶进行运输。

根据《美国法典》第 46 卷第 2302 条的规定,船舶被运输部长认为违反了美国参加的国际安全公约而被扣留并认定为低标准船舶,则该船舶不能运输政府物资。船舶经营者有多次因违反美国缔结的国际安全公约的规定而被部长裁定予以扣留以及被认定为低标准船舶的,亦不能运输政府物资。

根据美国《1936 年商船法》的规定,外国建造的船舶可以运输保留的民用船舶政府货物,只要该船舶在美国登记。

(3) 农产品。《1985 年食品安全法》对《1954 年货载保留法》作了修改,规定美国农业部对外国援助计划下75%的农业货物由美国籍船舶运输。

(4) 阿拉斯加北坡石油。一般情况下,阿拉斯加北坡石油可以出口,除非总统发现这些石油的出口不符合国家利益。如果总统认为石油出口符合国家利益,则他可以适用对于保证出口符合国家利益而必要和合适的条款和条件。阿拉斯加北坡石油出口应当由根据美国法律登记并由美国公民拥有的船舶运输。但是,石油出口到1979年11月26日之前与美国签订了双边国际石油供应协议的国家或者出口到在国际能源署的国际紧急石油分配计划中列明的国家除外。

(五) 远洋运输中介准入

1. 远洋运输中介的准入条件

(1) 远洋运输中介的概念。根据《美国法典》,远洋货运代理人和无船承运人统称为远洋运输中介。在美国从事远洋货运代理业务和无船经营公共承运业务均应符合一定的条件。美国的远洋货运代理人和无船承运人,均应当获得许可证。同时,根据联邦海事委员会制定的实施《1998年航运改革法》的规则,非美国的无船承运人也可以向美国申请许可证。如果不持有联邦海事委员会核发的许可证,任何人不得以远洋运输中介身份从事活动。无论是美国的无船承运人,还是非美国的无船承运人,均必须提交保证金或者其他的财务担保,并纳税。

远洋运输中介(Ocean Transportation Intermediary, OTI)是美国《1998年航运改革法》首次使用的概念,在此之前的《1984年航运改革法》使用的是远洋货运代理人(Ocean Freight Forwarder)和无船承运人(Non-vessel-operating Common Carrier)。

《美国法典》未对远洋运输中介本身下定义,只在第40102条第19款规定远洋运输中介是指远洋货运代理人和无船承运人。第40102条还同时规定:"远洋货运代理人是指从事下述活动的人:①在美国以托运人的名义通过公共承运人从美国发运货物、订舱或安排舱位;②处理有关单据或履行与货物运输有关的活动。"其核心含义是为了托运人的利益为托运人安排运输事务的人。而无船承运人是指符合下列条件的公共承运人:①不经营远洋运输船舶;②在与远洋公共承运人之间的关系中属于托运人。

无船承运人属于公共承运人,有无"公共"一词直接涉及无船承运人的性质和业务范围。公共承运人概念在各种运输方式下均存在,如水路运输、航空运输、陆路运输等。公共承运人受有关法律强制性规定的约束,运输合同内容受有关法律或公约的强制约束。在美国,虽然无船承运人属于公共承运人,却不属于远洋公共承运人(Ocean Common Carrier)。美国法律关于无船承运人的概念,主要强调了如下要素:

第一,无船承运人是公共承运人。作为公共承运人,无船承运人在国际班轮运输活动中具有承运人的身份且仅限于公共承运人。

第二,无船承运人不经营船舶,这是与远洋公共承运人最根本的区别。美国航运法中的远洋公共承运人相当于我国《国际海运条例》中的国际船舶运输经营者,无论是中国还是美国,两者的区别界限在于是否经营船舶,而非是否拥有船舶。

第三,无船承运人与远洋公共承运人的关系属于托运人。即无船承运人与远洋公共承运人之间是运输合同关系,而非契约承运人与实际承运人之间的委托关系。

第四,无船承运人是远洋运输中介之一。之所以确立远洋运输中介的概念,就是为表明无船承运人虽然承担承运人的责任,但在航运法下,其地位不能等同于远洋公共承运人。

(2) 远洋运输中介的准入条件。

1) 概述。《美国法典》第 409 章是关于远洋运输中介制度的一般规定。该条分为 4 款,主要内容是关于远洋运输中介的许可要求、财务责任担保、许可的中止或撤销、公共承运人支付的报酬等规定。该规定及该法第 401 章关于远洋运输中介的定义构成了美国远洋运输中介制度的基础。联邦海事委员会根据《1998 年航运改革法》的规定,制定了 2 个关于远洋运输中介的实施细则:一是《远洋运输中介许可、财务责任要求和一般义务》;二是《无船承运人服务协议》。《美国法典》的出台并未对此进行修改。另外,联邦海事委员会制定的《承运人运价本自动报备系统》与无船承运人运价本管理有密切关系。总体上来说,成为美国航运市场的远洋运输中介的条件有 2 个:①向联邦海事委员会提供财务责任担保证明;②获得联邦海事委员会许可。财务责任担保证明是成为无船承运人的实体性条件,而许可是程序性条件。联邦海事委员会在作出授予远洋运输中介资格的决定时,除了确定申请人已提供符合法律规定的财务责任担保这一核心要件外,尚需要考虑其他条件,比如申请的实体资格、运价本等因素。

2) 准入条件。《美国法典》第 46 卷第 40902 条规定,除非提供了符合联邦海事委员会要求的形式和金额的经济责任担保、保险证明或其他担保,或者由财政部长认可的担保公司所签发的经济责任担保,否则不得作为远洋运输中介。

该条规定的保证、保险或其他担保应用于以下 3 个方面:①用于支付根据该卷第 41109 条规定确定的罚款,或根据该卷第 41305 条作出的赔偿命令。②用于支付针对远洋运输中介从事与运输有关的活动中产生的索赔,其条件是:获得被担保的远洋运输中介的同意并且经过担保的公司复核;或者经适当的通知,远洋运输中介对索赔的有效性没有给予答复,但担保公司认为是有效的索赔。③用于支付对远洋运输中介从事与运输有关的活动作出的损害赔偿的判决,其条件是索赔人首先根据第②项的规定试图解决索赔问题,但是在合理的时间内没有解决。

在实施法院判决的规则方面,委员会应以保护索赔人、远洋运输中介和担保公司的利益为目的,制定有关通过法院判决对远洋运输中介的保证、保险或其他担保进行索赔的程序性规则。该规则应规定:除非是针对被担保的远洋运输中介在运输有关的活动中产生的损害赔偿,否则,对于金钱赔偿的判决不能强制执行。居住地不在美国的远洋运输中介应指定一个在美国有居所的代理人,以代为接收司法和行政程序的送达,包括传票。

3) 财务责任担保的金额与形式。远洋运输中介提供财务责任担保(Financial Responsibility)是获得联邦海事委员会给予远洋运输中介业务许可的前提条件。

根据《联邦实施规章法典》第46卷第515节第21条的规定,经营无船承运业务的人应该提供75 000美元的财务责任能力的证明,作为远洋货运代理人应该提供50 000美元的财务责任能力的证明。对于在国外成立的、不在美国经营但提供进出美国的运输服务的无船承运人应该提供150 000美元的财务责任能力的证明。申请人每增加1个不具有法人资格的分支机构,应增加10 000美元的财务责任担保金额。担保的金额并不大,但问题的关键在于提供保证的保证人或提供保险的保险人必须是经美国财政部认可的公司,这就确保了他们是有能力作为保证人、保险人的,从而从另一方面保护了货主的利益。

如果一个远洋运输中介的团体或者协会愿意承担远洋运输中介根据有关法律在相关运输活动中的财务责任,则远洋运输中介团体或协会在担保的远洋运输中介提供中介服务之前,必须提供一个团体补充性质的财务责任担保,清楚表明担保的每个远洋运输中介。在这种情况下,团体或者协会提供的财务责任担保金额等于每一成员的金额总和与3 000 000美元中较小者。

如果一个以上无船承运人以一共同商号进行经营,那么每一个单独从事无船承运业务的远洋运输中介都应提供相应的、独立的财务责任能力证明。

远洋运输中介提供的财务责任担保有三种形式:保证、保险和担保,可以选择其中之一。远洋运输中介团体或协会提供的团体财务责任担保也是从这三种形式中选择其一。

第一,保证。在美国,保证通常是指在约定的期间内,如果债务人没有履行合同,则由保证人赔偿的合同。为远洋运输中介提供财务责任担保的保证人承担保证责任的条件是:索赔人向远洋运输中介提起的索赔经法院判决或仲裁裁决,或者双方就赔偿达成了和解协议,或者主管机关作出了行政处罚决定。如果保证人或远洋运输中介仍然没有承担保证或履行义务,索赔人可直接起诉保证人。如果远洋运输中介以保证方式提供财务责任担保,则需要填写FMC-48表格,由财政部长认可的担保公司作为保证人作出保证。

第二,保险。以保险方式提供的财务责任担保实质上是保险人提供的一种责任保险。如果远洋运输中介以保险方式提供财务责任担保,则需要填写FMC-67表格。该保险必须承保被保险的远洋运输中介根据《1998年航运改革法》规定进行的相关运输活动产生的损害、赔偿或罚款。保险人必须证明其在美国有足够的、可接受的财产用来赔偿被保险的远洋运输中介根据《1998年航运改革法》规定进行的运输活动中所引起的全部损害。

第三,担保。担保必须涵盖被担保的远洋运输中介根据《1998年航运改革法》规定进行的运输相关活动造成的损害、补偿或罚款。远洋运输中介需要填写FMC-68表格。担保人必须证明其在美国有足够的、可接受的财产用来赔偿被保险的远洋运输中介根据《1998 年航运改革法》规定进行的运输活动中所引起的全部损害。

另外,实践中还存在集体担保方式。财务责任的集体担保不是一种独立的担保方式,是远洋运输中介团体或协会利用前述担保方式,代表它的成员企业建立并在联邦海事委员会报备的一种财务责任担保证明制度。为建立这样的财务责任担保证明制度,远洋运输中介团体或协会应填写不同于前述 3 种格式的 FMC－69 表格。

此外,申请远洋运输中介许可证,除了必须提供财务责任担保外,还要具备其他的资格条件,因为评价一个实体是否具备从事某一行为的资格,仅仅从经济责任能力的角度衡量是不够的。申请人还必须向联邦海事委员会证明下列情况:

第一,其拥有必要的经验。申请人在美国至少有 3 年的远洋运输中介的工作经验,具有进行远洋运输中介服务的必要品质。国外的无船承运人根据规定要在美国获得许可,也必须证明这一点,不过对工作经验的获取地点并不限于美国。

第二,申请人必须是合格的人。合格的人包括下列几种:①独资企业,申请人则为该企业的唯一所有人;②合伙企业,申请人至少是负责该合伙企业事务的合伙人,而且所有的合伙人必须签署申请书;③公司,申请人至少是实际管理该公司的人。

2. 远洋运输中介业务市场现状

美国航运法关于远洋运输中介的规定有两方面的作用:首先是规范远洋运输中介行业,建立该行业的市场准入条件、正当竞争秩序规则、远洋运输中介权利义务等内容;其次是保护托运人的利益。在美国从事远洋运输中介业务,需要缴纳保证金,并获得联邦海事委员会的许可。保证金制度的设立是基于远洋运输中介的财产一般比较少,承担责任的能力较低,有可能对托运人构成损害。所以,远洋运输中介制度实质上也体现了美国对货主的特别保护。

虽然远洋运输中介有较为严格的市场准入制度,但其数量还是不断增长,如图 7－4－1 所示。2010 年,美国远洋运输中介为 4 386 家,2011 年为 4 590 家。

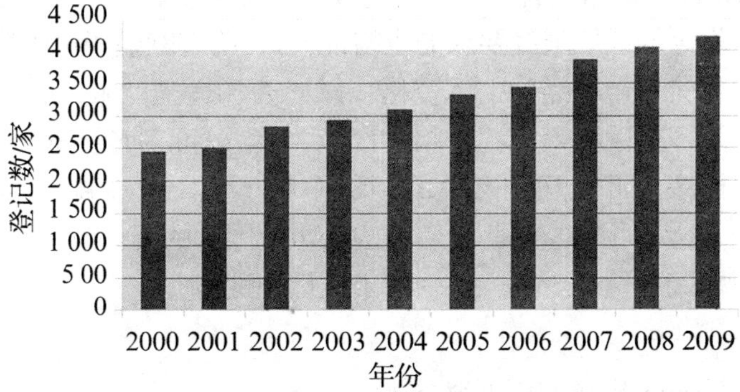

图 7－4－1　远洋运输中介数量

将远洋货运代理人和无船承运人定位于远洋运输中介是美国航运立法的一项创举。上述两个主体是在托运人和承运人之间联系的桥梁，可以提高货物运输服务质量，加速货物流转。随着远洋运输中介的增加，这种作用更加明显。

二、欧盟

(一) 对船员的要求

为确保整个欧共体航运市场竞争的公平性及欧共体共同航运市场的建立和完善，欧共体关于船员及从业人员的准入均有最低的要求。

欧共体关于船员雇佣的一般性或专门性的政策、法规众多，其中大多为关于提高船员素质和标准的要求，而且多为指令。在船员管理方面，欧共体委员会曾于1989年12月公布第48号指令，为高级船员认可确立了一般原则；1992年6月公布关于船员职业培训最低标准的第51号指令；1994年又颁布第58号指令，以在船员雇佣及航行安全之间建立明确的联系。由此可以看出，欧共体从提高船员素质角度提高自身船队的竞争力以及确保航行安全方面的决心是很大的。

欧共体从1989年开始施行的积极开放欧共体航运市场的一系列措施和法令，尤其是委员会第91/672/EEC号指令[①]要求国家间互惠承认船长资格，以实现欧共体内的航行自由和便利。但由于各国对给予航运证书不同的实体和程序要求，考虑到企业和个人可能以此为手段从而导致不当国际竞争，同时亦为提高航运安全标准，1996年7月，另一项规定了颁发资格证书的最低标准的指令出台。即理事会1996年7月23日的第50号指令[②]，作出了关于欧盟各国对水路货物和旅客运输船长资格的授予条件的规定。

第50号指令同第91/672/EEC号指令一样对水域作出了区分，分为A，B两组，A组是欧盟水路和海运区域颁发的特别证书，而B组则是有关欧盟内陆水运的资格证书的颁发。第50号指令适用于所有内河船舶的船长资格证的颁发，无论是自有动力的驳船、拖船、顶推船，还是采用护航或并排队列运送货物或乘客的船舶，但对小于20 m长的货船或者承载不超过12个人的客船的船长资格的授予除外。只要是符合该指令的最低限度要求的资格证书，在所有欧盟成员国均是有效的。

欧盟通过对航运市场经营主体资格加以必要和适当的限制，有效地避免产生经营主体的无限多样性和大量不合格的经营主体，从而对危及航运交易的安全和造成航运经济秩序的混乱起到有效的预防作用。而且也协调了各国之间的一致性，防止因各国准入规则的不同，而带来的欧盟范围内的不当竞争。以一般性最低要求的形式，既保证了航运安全，也维持了航运的秩序。

---

① Official Journal L 373, 31. 12. 1991, p. 29 - 32.

② Official Journal L 235, 17. 09. 1996, p. 31 - 38.

(二) 对船舶技术的要求

长久以来,欧盟关于船舶技术性要求的规定既有《曼海姆公约》,又有联合国欧洲经济委员会的指导,还有欧共体立法。[①] 在 1995 年之前,由于这 3 个机构的技术性要求相同,而使得欧洲大陆三法暂时就运输船舶的技术性要求达成一致。然而在 1995 年,莱茵河航运中央委员会修改了《莱茵河规则》,提高了既存的技术性标准以增强莱茵河上的内河运输安全。这就使得欧盟的法律过时,又因为欧盟的要求低于修正后的《莱茵河规则》,导致只持有欧盟技术要求证书的船舶无法在莱茵河流域进行运输活动。到 1997 年,经过 2 年的实际运用,证明了修正的《莱茵河规则》对于提高内河运输安全、减少船舶碰撞和降低船舶污染等的作用后,联合国欧洲经济委员会也准备将其建议修改为符合修正后的《莱茵河规则》的要求。

联合国欧洲经济委员会可能实施的新标准又引发了更深刻的问题。欧盟委员会需要考虑在欧洲协议的条款中,欧洲内河网络的相关国家(包括保加利亚、捷克共和国、匈牙利、波兰、罗马尼亚和斯洛伐克),必须将之内国法与欧盟法律相适应,这就在水路运输上意味着其内国法应当符合指令要求的技术性标准。然而,它们当中的很多国家又是以联合国欧洲经济委员会的建议为基础来制定现行法的,所以一旦联合国欧洲经济委员会指导的其他欧洲国家采纳了新的联合国欧洲经济委员会的建议,而这些国家又限于欧盟的要求,只能同于欧盟的技术要求,就会导致在某些地区该规则亦不适应当时的发展要求。

在 1997 年 12 月,欧盟理事会提出修订 1982 年欧盟关于船舶的技术性要求以适应《曼海姆公约》。欧盟委员会指出:"建立同最新的《莱茵河规则》相适应的关于船舶技术性要求的修正是合理的,其不仅提供最新的船舶安全标准,而且在实践中也被证明是有效的,并且,联合国欧洲经济委员会也将采纳它。"而如果欧盟仍不采取任何行动制定新规则,那么就将对欧盟的水运产生屏障,最终阻碍欧盟单一市场的进程。另外,欧盟委员会也提议,为防止日后由于《莱茵河规则》的修订而产生类似的问题,应当建立一个配套的机制使欧盟法律根据莱茵河规则更改。所以在观望联合国欧洲经济委员会采纳《莱茵河规则》关于技术性要求做出的行动后,欧盟委员会和欧洲议会在 2006 年才正式废止第 1982/714/EEC 号指令,制定了第 2006/87/EEC 号指令[②],出台了内河水路运输船舶的技术性要求。该指令旨在通过改进统一的船舶技术规范,出台一个和莱茵河流域航运相当的高水平安全要求来促进欧洲水运的发展。要达到这个目标,需要向各成员国引进欧盟内河水路运输船舶的认证标准,由主管当局负责签发,并授权主管当局负责欧盟内水路领域,

---

① 参见 EC Inform - Transport Policies of European Union 第 7 章"single market inland waterways"影印版,第 95 - 96 页。

② 参见[Official Journal O J L 389 of 30. 12. 2006]。

包括莱茵河流域。

该指令要求采取措施建立承运人航行资格认证互认系统，而无须对外籍船舶进行额外的检查。该指令适用于长度大于 20 m，容积至少 100 m^3 的船舶，适用于浮动设备、拖船和助推船，进行旅客运输的船舶除船员外须至少可承载 12 名旅客。欧盟水路被分成了 4 个通航区域外加 R 区域，即莱茵河流域(其由特定的公约规定)。任何成员国都可改变其水路的分类，但须至少提前 6 个月向欧盟委员会通报。同时，允许存在例外情况：任何成员国在与欧盟委员会协商后，都可以批准仅在特定区域航行的船舶降低其技术要求。只在不与其他成员国水域相连的水域航行的船舶或者为地区利益仅在港口区域进行有限范围航行的船舶也可降低技术要求。不过，成员国还可在一定情况下，为在其国内水域航行的船舶出台更高的或者附加的技术要求。

在欧盟水域航行经营的船舶还需带有欧盟颁发的资格认证。在莱茵河流域航行的船舶须拥有欧盟颁发的资格认证或者根据修订的《莱茵河航行公约》签发的资格认证。欧盟颁发的资格认证是针对 2008 年 12 月 30 日以后下水的船舶，并在船舶投入运营前进行技术检查并应检查其是否符合指令附录 2 中规定的技术规范要求。主管当局若发现任何与技术要求不符之处，船舶(假如其没有造成明显的危险)可以继续运营至特殊规定区域(即有例外规定的区域)被改变要求或者船舶转换航行区域。此后，特殊规定区域须按照指令附录 2 中的要求进行规范。

欧盟内部的船舶认证可由任何成员国的主管当局签发。须编制一个主管当局的清单向欧盟委员会报备。第 2006/137/EC 号指令①对第 2006/87/EC 号指令进行了调整，使其与第 1999/468/EC 号欧盟理事会决定一致，将执行权力授予了欧盟委员会。此举十分有必要，因为第 2006/87/EC 号指令授权欧盟委员会更新指令附录中的技术要求。

(三) 对航运企业的要求

关于航运公司的准入，在欧共体层面上作出的原则性的指导是根据欧洲理事会第 87/540/EEC 指令对国内和国际水路货运承运人职业准入的规定。

该指令中有一重点法条，就是明确了对“国内和国际水路货运承运人职业”的界定：是指由自然人或任何企业为取得租金或报酬而提供的水路货物运输活动，即使该行为是非定期的。该指令不适用于净吨位不超过 200 t 的水路运输的船舶，但指令给予了成员国降低这一限制的权利。指令同样也不适用于渡船。②

根据指令，关于职业资格的准入，是指自然人或企业想取得水路货运承运人职业资格，就必须满足专业资格。而关于该专业资格，指令在附件中就有关内容给出

---

① 参见[Official Journal O J L 389 of 30. 12. 2006]。

② Council Directive 87/540/EEC. Official Journal L 322, 12 November 1987, pp. 20 - 24.

了列表,包括法律、企业的商业和财政管理、市场准入、技术标准和运作的技术方面、安全等内容。而关于专业资格的具体认定则由成员国的相关权力主体规定该资格的标准,相关内容则由各成员国具体规定。对于水路货运的必要知识的掌握既可以通过参加课程,也可以通过在内水运输企业的实践,或者以两者相结合的方式取得。

有关航运企业准入的程序性规定则交由各成员国国内法规定。欧共体内部实行市场经济体制,大部分国家法律规定航运企业进入市场不需经过政府许可,只需具备法律规定的条件,到商会办理登记等手续即可。水路运输已完全市场化。

(四) 非成员国居民内河运输准入规则

此方面的规则主要是 1991 年 12 月 16 日欧盟理事会发布的第 3921/91 号 EEC 规则。该规则的目的是通过规定非成员国居民(Non-resident Carriers)的承运人在成员国内河水域提供运输服务的条件,使其能够在成员国内河水域自由提供运输货物和旅客的服务。①

从 1993 年 1 月 1 日起,内河水路货物和旅客运输的承运人可以在没有设立“沿海运输权”(Cabotage)②的成员国内被雇佣进行内河货物和旅客的运输并可以获得报酬。获得在欧盟各内河水域(国际河流)进行运输服务的运输许可的承运人,在遵照经营场所所在地的成员国法律的情况下,可以在设立沿海运输权的成员国临时地享有沿海运输权,而无须建立一个登记注册的办公场所或者其他设立条件。

该规则还规定在从事上述沿海运输权服务时,承运人只能使用下列船舶所有人之一的船舶提供服务:①在成员国定居并有成员国国籍的自然人;②在成员国内有注册机构的法人和成员国掌握有控制利益的法人(in which Member State nationals hold a controlling interest)。

假如承运人向欧盟委员会提出咨询或协商,成员国可以放弃最后的条件,特殊情况除外(Provided that they consult the Commission, Member States may, in exceptional cases, waive this last condition)。承运人须获得由船舶登记的成员国或者船舶所有人成立的成员国签发的资格认证,认证中须声明承运人满足上述条件。

直到 1995 年 1 月 1 日,在法国往返沿海运输权(Two-trip Cabotage)和在联邦德国的单程沿海运输权(One-trip Cabotage)被限于在进行国际货物或旅客运输之后的直接回程中行使(be restricted to the direct homeward route following the

---

① 参见[Official Journal L 373 of 31. 12. 1991]。

② 关于“Cabotage”的翻译,有的翻译为沿海运输权、沿海航行权,也有极个别的翻译为沿海和内河航行权。在此节的上下文中译为沿海和内河航行权似有一定道理。

international carriage of goods or passengers)。在德国,该规则直到 1995 年 1 月 1 日还不适用于 New Länder 港与柏林港之间的运输。

三、日本

(一)沿海运输权

根据日本《内航海运业法》,内航运输是指装货港和卸货港都在日本国内港口的运输,相当于日本国内沿海运输和内河运输。

根据日本《船舶法》第 1,3,4,5 条和其他相关法律,对国内运输有以下方面的限制和津贴措施:禁止悬挂外国国旗的船舶从事国内运输,但与英国和挪威的互惠协定规定在使用同一张提单和客票的情况下,客、货运输可以延伸到国内市场;船队津贴支持(经营、拆船和建造);对船员的要求(除有些例外,要求有 100%的日本人);所有权限制(悬挂日本国旗船舶的所有权只能由日本人拥有);允许日本人所有的船舶再次悬挂日本国旗,但要受到政府的控制。

日本《内航海运业法》第 3 条设定了内航海上运输及船舶租赁许可,即"欲以总吨 100 t 以上或者长度 30 m 以上的船舶经营内航海上运输业及船舶租赁业时,须取得运输大臣的许可。欲以总吨不满 100 t 或长度不满 30 m 的船舶经营内航海上运输业及船舶租赁业时,须将运输省令规定的事项向运输大臣呈报"。第 6 条规定:"运输大臣认为第 3 条第 1 款规定的申请符合下列情形之一者,必须给予同款规定的许可。①该事业的开始符合一般的需要;②经营内航海上运输业的,该事业所使用的船舶的船舱量未超过运输省令规定的船舱量;③有实施该事业的切实可行的计划;④有足够的能力从事该事业。"

(二)国内旅客定期航线事业

日本《海上运输法》第 3 条至第 19 条是关于国内旅客定期航线事业的准入及许可管理的规定。经营旅客定期航线事业者,必须按航线取得运输大臣的许可。运输大臣审查一般旅客定期航线事业的申请时,需要考虑以下标准:

(1) 不因该事业的开始,使该航线整个运力需求失衡;

(2) 该事业所使用的船舶,系船设施及其他运输设施,适应该航线运输需求的性质及该航线的自然性质;

(3) 该事业的计划,在确保运输安全上,切实可行;

(4) 经营该事业者的责任范围,应属明确的经营形式;

(5) 该事业的经营基础有确实性;

(6) 不存在因该事业的开始而产生有碍于船舶交通安全之虞者。

如果经营日本本国港口与外国港口之间,或者外国港口之间的旅客定期航线事业,必须依省令规定的手续按航线,在该事业开始之日 10 天前,将其情况报告运输大臣。

(三) 货物定期航线事业

经营货物定期航线事业者必须依省令规定的手续按航线,在该事业开始之日的10天前,向运输大臣申报。

四、韩国

(一) 海上旅客运输业的准入规则

1. 海上旅客运输业分类

(1) 沿岸客运班轮:在国内港口(指在海上或者与海相同的内陆水路中,旅客和货物随时都可以上下船的场所(下同))与国内港口之间,按一定的航线和时间运行的海上旅客运输业务。

(2) 沿岸非定期客运:在国内港口与国内港口之间,不按一定时间运行的海上旅客运输业务。

(3) 国际客运班轮:在国内港口与外国港口之间,或者外国港口与外国港口之间,按一定的航线和时间运行的海上旅客运输业务。

(4) 国际非定期客运:在国内港口和外国港口之间或者外国港口之间,不按一定航线和时间运行的海上旅客运输业务。

(5) 游船客运:利用总统令规定的,在船内具备住宿、餐饮、娱乐等便利设施的一定规模以上的客船(游船)①,以观光为目的在海上巡回运行(包括在国内外旅游地停靠的情形)的海上旅客运输业务。

(6) 复合海上旅客运输:自第(1)项至第(4)项之一与第(5)项相结合的海上旅客运输业务(《海上运输法》第3条)。

以上旅客运输业务,均需取得国土海洋部或者地方海洋港湾厅长的许可。

2. 许可的种类

(1) 单独许可:从事国际客运班轮和沿岸客运班轮运输的,每一条航线都应当取得单独许可(《海上运输法》第4条第1款)。

(2) 复数许可:从事沿岸非定期客运的,可以取得2条以上航线的许可。

(3) 无限制许可:从事国际非定期客运、游船客运以及游船客运与国内非定期客运、国际非定期客运相结合的运输的,可以取得不限定航线的许可。

(4) 限定许可:对上述3种许可,国土海洋部长官可根据国土海洋部令的规定,限定海上旅客运输业的范围、期间或者定员(《海上运输法》第4条第2款)。

---

① 一定规模以上的船舶是指总吨超过2 000 t以上的船舶(海运法施行令第3条)。

3. 取得许可的条件

(1) 达到运输需求标准：判断运输需求标准时，新申请海上客运许可的航线和被认为同一航线的航线上已经运行的全体客船(包括备用船舶)最近3年间的平均乘船及需求率，在包括新申请许可情况下也要达到35%以上。但若申请国际定期客运班轮许可，其所提出的事业计划书中预计的旅客运输需求为30%以上，货物运输需求为10%以上(《海上运输法》施行规则第4条)即可。发放沿岸非定期客运许可、限定许可、新客运许可以及政府予以补贴的航线时，可以不对运输需求标准进行审查。

(2) 船舶停泊设施和其他运输设施符合该航线的输送需求性质和航线。

(3) 没有妨害海上交通安全的危险。

(4) 制订了方便使用者的航运计划。

(5) 拥有的客船和客船的船龄符合国土海洋部令规定的标准。拥有客船的最低要求为经营沿岸定期(不定期)客运时，要有超过100 t的船舶1艘以上；从事国际定期(不定期)客运的，要有超过500 t(船速超过30 kn的，为200 t以上)的船舶1艘以上；从事游船客运或者复合客运的，要有超过2 000 t的船舶1艘以上。

4. 外国客运经营者的许可

外国海上客运经营人如要经营国内港口和外国港口之间的海上旅客运输业务，应取得国土海洋部长官的许可。申请许可时，应提交附有事业计划书的申请书。对外国客运申请人的许可，应审查下列事项：船舶停泊设施和其他运输设施是否符合该航线的输送需求性质和航线；有无妨害海上交通安全的危险；是否制订了方便使用者的航运计划等。

5. 不得申请的人

下列情况之一的，不得申请许可：

(1) 未成年人或者无行为能力、限制行为能力人；

(2) 被宣告破产后尚未恢复权利的；

(3) 被判处有期徒刑以上的刑罚，执行期满或执行被免除后未逾2年的；

(4) 被判处有期徒刑以上刑罚宣告缓刑后，在缓刑考验期的；

(5) 被吊销海上旅客运输许可后未逾2年的；

(6) 法人的法定代表人存在上述5种情形之一的。

6. 许可的承继

客运经营人转让其业务或者死亡，或者法人合并时，其受让人、继承人或者合并后的法人承继客运经营人的权利义务。另外，按下列程序全部接收海上客运经营人的设施和设备的，承继客运许可上的权利义务：第一，根据民事执行法拍卖的；第二，根据重整及破产法变现的；第三，根据税收征收法、关税法及地方税基本法的规定出售扣押财产的；第四，与前述三项类似的程序。但承继人存在不得申请许可的情形时，不得承继。

7. 许可的撤销

海上旅客承运人存在下列情形之一的,国土海洋部长官可以撤销许可或者处以6个月以内停止全部或者部分营业的处罚,或者处以3 000万韩元以下的罚款。

(1) 海上事故是因客运承运人的故意或者过失,或在选任、监督船长时未尽注意义务而引起的。

(2) 在无正当事由的情形下,客运承运人对旅客的行李或者小件货物未尽必要的保护措施或者不赔偿旅客损失的。

(3) 客运经营人自得到许可后的船舶运营起始日起超过1个月而未开始营运的。

(4) 客运经营人自得到营业变更批准之日起15天内未履行变更事项的。

(5) 未达到前述发放许可条件时(但自未达标时起在2个月内又满足许可条件的除外)。

(6) 外国承运人在国内设立分支机构时应当得到国土海洋部长官的许可而未经许可,或者客运经营人应当将运费备案而未备案,或者变更经营范围应备案而未备案的,或者应该得到海运组合所选派的航运管理人的安全航运相关方面的指导而拒绝接受其指导的,或者应根据国土海洋部长官的要求提交各种报告而未提交的,或者未满足发放许可时所附加的各种条件的。

(7) 客运承运人出现前述不得授予许可的事由之一的。

(二) 海上货物运输业的准入规则

海上货物运输包括沿岸货物运输、国际班轮货运以及国际不定期货运等种类。拟从事沿岸货物运输及从事国际班轮货运、国际不定期货运的经营人,应当向国土海洋部长官登记,未经登记不得从事相关海上货物运输活动。但如有下列情形之一的,可以免于登记:第一,国际定期货运班轮经营人,可以在不进行国内货运登记的情形下,从事国内港之间的空集装箱或者进出口集装箱货物(但本国人之间交易的集装箱货物除外)运输;第二,沿岸货运承运人短期从事国内港口与外国港口之间或者外国港口之间的货运,或者国际非定期货运承运人短期从事国内港口间货运的,可根据国土海洋部长官令的规定,以备案的方式替代登记。即在上述情形下只需备案而无须登记,此时国土海洋部长官应当发给备案证书。

登记时应当提交申请书,并达到登记所要求的条件时,才予以登记。如从事国际航运的承运人应当具备总吨数合计为1万t以上的船舶、注册资本为10亿韩元、公司类型为株式会社(股份公司)等条件;而对沿岸货物运输承运人的登记条件,只对船舶的数量和总吨数有规定,而对资本金及公司类型无限制。

韩国对客运经营人和货运经营人进入市场的要求有所区别,即客运经营人需要进行许可,在政府批准的情况下才可以从事客运经营活动;而货运承运人在具备条件时进行登记就可以从事经营活动。

但韩国《海上运输法》规定，对货运经营人也适用对客运经营人的一些规定，如第 8 条的不得申请许可的规定、第 12 条第 1 款的变更经营范围时需得到国土海洋部长官认可的规定、第 17 条经营业务的承继、第 19 条许可的撤销、第 20 条罚款等。所以在市场退出方面，客运经营人和货运经营人并无太大的区别。国土海洋部长官取消客运经营人的许可或者注销货运经营人的登记时，都要进行听证（《海上运输法》第 51 条）。

（三）海运中介、海运代理、船舶租赁、船舶管理业的准入规定

拟从事上述业务或者变更业务范围，也需向国土海洋部长官进行登记（《海上运输法》第 33 条）。从事上述业务的经营人应当具备国土海洋部令所规定的设施和营业形态，要缴纳经营保证金或者加入保险。

对海运中介等业务，也适用《海上运输法》第 4 条第 3 款需提交申请书的规定、第 8 条不得申请许可的规定、第 17 条经营业务的承继、第 20 条罚款等规定。

（四）港口运输业的准入规则

港口运输业中装卸业、检数、鉴定、检量等都应根据国土海洋部令的规定，向国土海洋部长官提交附有事业计划书的申请书进行登记。国土海洋部长官收到申请后，对申请人是否具备了登记所需的设施、资本金、人员等标准进行审查后决定是否予以登记。上述标准由总统令规定，但对特定客户或者货物提供装卸服务的限定装卸业经营人，则根据其从事的经营内容可以降低登记标准（《港湾运送事业法》第 4 条至第 6 条）。另外，拟从事检数、鉴定、计量业的从业人员，应参加国土海洋部组织的资格考试，经考试合格后向国土海洋部进行登记。上述资格证的考试资格、考试科目和考试方法等由总统令规定（《港湾运送事业法》第 7 条）。

港口运送业经营人停止营业或者死亡时，注销其登记（《港湾运送事业法》第 9 条）。

五、新加坡

（一）企业登记制度

新加坡的航运市场准入方面的法律主要有《公司法》《企业注册法》。一般的航运企业在市场准入模式上属于行政许可模式下的登记模式，即只要满足法律明确规定的主体进入市场的条件，经过登记即可进入市场从事经营活动，即申请注册公司从事商业活动，除了银行、金融、保险、证券、通信、交通等行业和对环境有影响的生产行业需向政府有关行业管理部门申请外，商业机构和公司的设立，只需向注册局登记即可。

新加坡公司注册对资本的要求，主要包括缴足资本和注册费。新加坡《公司

法》规定设立公司注册资本是最低 10 万新加坡元，缴足资本则是 2 新加坡元起。股东可随时决定提高注册资本和缴足资本，只需在注册局填写表格和交纳费用即可。注册资本代表公司可向股东发出股本之限额，公司可在这个额度内发出股票，并要求股东一次或多次交纳所认购的股票之款项。经认购而又缴足了的股票即是公司的缴足资本。注册成立新加坡公司需呈交的文件：新加坡公司章程与细则；守法宣誓书；身份证明书；董事受任书和资格宣誓书；公司注册地址及办公时间报告表。此外，董事经理、公司秘书和审计师详情表和股票发出记录，需于公司成立后 1 个月内呈交。

新加坡《公司法》对董事、审计师、秘书、注册地址和就业准证和工作准证方面有其特殊规定。在新加坡成立有限公司必须有至少 2 名董事，其中 1 人必须是新加坡公民或新加坡永久居民或就业准证持有者。董事人数、退休和连任方法都应在公司细则里加以规定。新加坡《公司法》对委任审计师的要求：新加坡公司成立后 6 个月内，必须委任注册的会计事务所作为公司的审计师。审计师的任务是在公司年终结账时，独立审查公司的财务报告表并提出审计报告。新加坡《公司法》对公司秘书的规定：新加坡公司成立后 6 个月内，必须委任 1 名公司秘书。其职责包括：及时呈交公司法令所规定的报告和表格给商业注册局注册官；妥善保管公司的名称和会议记录；在必要时，签署证实每份契约与董事会决议案；确保公司文件妥善地盖上公司印章。新加坡《公司法》规定公司必须有注册地址。注册地址更改或办公所在地的名称改变，必须于 14 天内通知注册局。新加坡《公司法》对就业准证和工作准证的规定：新加坡公司在新加坡成立后，如有意派遣人员来新加坡负责业务，可向新加坡人力部申请就业准证。就业准证适合大学或以上学历、薪金 2 500 新加坡元/月以上人士申请，工作准证则适合于薪金较低和学历较低人士申请。

（二）航运主管特别许可条件和程序

除了新加坡《公司法》对公司的原则性规定，新加坡的法律较少涉及对某一类航运企业的特殊准入规则。但对于提供港口设施和运输服务的企业，规定在海事及港口管理局法下，实行准证制度。实行准证制度的航运业务主要包括：针对在新加坡港口内运营的船舶实行的服务港口的船舶准证制度，针对经营于新加坡港口外的船舶实行的港口清关准证制度，针对运输货物和旅客的船舶登记准证，针对船员的港口人员配备限制准证，针对超过 15 m 长的新船在新加坡港口下水的新船下水准证，针对在新加坡籍船舶使用的船上雷达系统的船舶电台准证，准许装卸和转运危险物和停泊装有危险货物的船舶的准证，其他有关活动的准证。

对于以上港口内的作业实行准证制度的原因和理由主要是：这些活动关系到港口的安全和发展，必须保证以上活动的经营人具有相关的资格，保证海运和港口服务和设施的提供者能够提供高效的海运和港口服务，但同时又能保持独立的财政支付能力;在海运和港口服务和设施的提供方面创设一个经济管理框架来提升和保证竞争以及确保公平和高效的市场产品,或者在缺少竞争的市场环境下,预防垄断和市场支配地位的滥用,推动港口的健康稳定发展。

(三) 外国企业的准入规则

新加坡对外资准入政策宽松,除国防相关行业及个别特殊行业外,对外资的运作基本没有限制。此外新加坡政府还制订了特许国际贸易计划、商业总部奖励、营业总部奖励、跨国营业总部奖励等多项计划以鼓励外资进入。根据新加坡政府公布的 2010 年长期战略发展计划,电子、石油化工、生命科学、工程、物流等 9 个部门被列为奖励投资领域。对于外资投资方式的规定,外资进入新加坡并无方式上的限制。除金融、保险、证券等特殊领域需向主管部门报备外,绝大多数产业领域对外资的股权比例等无限制性措施。

(四) 船舶和船员的准入规则

在海事及港口管理局的管理下,新加坡已是全世界前十大船舶注册地,有 3 000多艘在新加坡注册的船舶,达到 4 370 万总吨,并且新加坡籍的船舶是船舶所有人和船舶经营人比较偏好的船舶。

与申请新加坡籍船舶相关的法律法规主要有《商船法案》第 2 部分和《1996 版商船(船舶登记注册规范)》,总结以上规定,新加坡主要从船舶所有人和船舶 2 个方面进行准入规范。首先,对于船舶所有人,条件如下: ①新加坡公民或新加坡永久居民;②在新加坡注册成立的公司,包括外资或本地企业。其中外资公司是指在新加坡注册成立,并且由非新加坡公民拥有 50%以上权益的公司。本地公司是指在新加坡注册成立,并且由新加坡公民或其他本地公司拥有 50%以上权益的公司。对于外资公司,船舶还需满足以下条件方可在新加坡登记注册: 该公司的注册资本必须至少为 5 万新加坡元;船舶总吨位必须至少有 1 600 总吨,且为自行推进式船舶。当然,尽管存在以上注册资本的最低要求,但是如果公司和(或)相关企业已经登记注册、申请登记注册,或已通知登记注册官将申请注册,且船舶符合船旗转换优惠政策的吨位标准(船旗转换优惠政策,即适用于满足以下标准,在合理时期内登记注册船舶的船舶所有人: 总计吨位达到 4 万净吨的 2 艘船只,总计吨位达到 3 万净吨的 3 艘船只,总计吨位达到 2 万净吨的 4 艘船只,任意总计吨位的 5 艘船只。船舶所有人须在登记注册首艘船舶之前致函要求适用船旗转换优惠政策,并注明船舶总数、每艘船的净吨位以及每艘船的大致登记注册日期),则登记注册官可以自行决定是否免除该要求。如果船舶在新加坡营运,登记注册官可根据具体情况,自行决定是否免除总吨位要求,当然船舶所有人必须向登记注册官提出免除要求的申请。对于本地公司,满足注册资本的最低要求,本地公司所有船舶即可在新加坡登记注册。对于拥有拖船和驳船的本地公司及其控股公司,注册资本以首次登记注册的拖船或驳船价值的10%或5万新加坡元为限,两者中以较低者为准,但最低不少于1万新加坡元。其次,对于船舶的要求,即一般情况下,只要不满17年的船舶都可以进行登记注册。

登记注册为新加坡籍的船舶对船员的国籍方面没有特殊要求,即作为新加坡籍船舶的船舶所有人,可以雇佣任何国家的船长和船员。当然为了保证质量和能力,所有的船员必须达到1978年STCW的标准。

六、中国香港特别行政区

香港一直实行"积极不干预主义"的自由港政策,自由贸易制度在世界上表现最为彻底,对进出口贸易不设置管制;不设置关税壁垒,一般商品仅征收极低的从价税;进出口手续极为简便,一般商品进出口无须报批,只需14天内向香港海关递交一份报关表即可;外来船舶免办进港申请及海关手续。作为国际主要港口之一,香港港口设施全部由私营公司投资、拥有和经营,这种运作形式全球少见。香港的集装箱码头坐落于水深达15.5 m的葵涌-青衣港池,现代货箱码头有限公司、香港国际货柜码头有限公司、中远-国际货柜码头有限公司、杜拜环球港务和亚洲货柜码头有限公司这5个运营商管理和运营9个码头24个泊位,共7 804 m深水岸线。香港自1994年以来曾11年荣登世界第一大集装箱港的宝座,而今依然是世界上知名的航运中心之一。

香港是世界十大船舶注册地之一,船舶注册服务极具竞争力,能够简单快捷地注册、撤销注册,且对注册船舶船员的国籍无限制,符合资格及富有经验的专业人士可随时提供技术上的支持,船舶吨税税率低。各国港口当局出于对香港海事监督的信任,对挂香港区旗的船舶没有歧视性政策。良好的税制使得航运公司在世界各地的收入全部免税,无须缴纳任何营业税及所得税,且船舶所有人可以选择在港注册成立船公司或光船租赁公司,实际在港营业,也可不在香港设立任何形式的公司,只悬挂香港旗,聘请香港代理代付有关费用。截至2009年12月,中国香港特别行政区已与中国内地、英国、美国等12个国家(地区)签订了避免双重征税双边协定。

香港很少直接针对航运市场进行立法,而由市场机制调节,政府只负责安全、环境等。但对于港口、码头经营有比较多的规定。正如《船舶及港口管制条例》(第313章)的立法宗旨是:本条例旨在就规管与管制香港境内或香港水域内的港口及船只,并就规管与管制香港水域内船只的修理及拆卸、船只上货物的处理、船只导致污染事宜及使用船只进行的建造或填海工程,以及就影响船只、航行及船只在海上(不论在香港水域内或外)的安全的其他事宜而订立条文。

《商船条例》(第281章)规定了航行于香港水域的船舶应该具备的条件,但这些条件不能理解为是市场准入。第3条"所有在香港贸易的船舶须领有证明书或牌照"规定:

(1) 每艘从香港航行出外贸易的船或每艘在香港水域贸易或被用作任何商业用途的船,均须领有:

(a) 根据《商船(注册)条例》(第 415 章)授予的注册证明书或临时注册证明书;

(b) 在香港以外地区授予的注册证明书或其他文件,而该证明书或文件在效力上与(a)段提述的证明书相类似或相同;或

(c)《商船(本地船只)条例》(第 548 章)第 2 条所指的拥有权证明书。

(2) 任何文件应该是:

(a) 第(1)(b)款规定的注册证明书或其他文件;或

(b) 由保管该证明书或文件正本的人或由有责任授予该证明书或文件正本的人核证为真实的副本,须于根据本条进行的法律程序中交出时接纳为证据,除非经证明为并非看来是上述的证明书、其他文件或副本,或证明为并非由看来是将其签署或核证的人所签署或核证(视属何情况而定)的,则属例外;如该文件以上述方法接纳为证据,即为该证明书或文件所述任何事项的足够证据,但并非不可推翻的证据。

七、中国台湾地区

(一) 船舶运送业市场准入

中国台湾地区"航业法"同时调整国内航线和国际航线,但是,"航业法"第 8 条规定,小船从事客货运送或其他业务,依"船舶法"之规定。"船舶法"第 1 条规定,小船为总吨位未满 50 t 之非动力船舶,或总吨位未满 20 t 之动力船舶。小船非经领有船舶所在地之航政主管机关或直辖市、县(市)政府发给执照,不得航行。

"航业法"第 9 条规定:经营船舶运送业,应具备营业计划书,记载船舶购建规范、资本总额、筹募计划,连同其他有关文书,申请当地航政机关核转"交通部"核准筹设。船舶运送业应在核定筹设期间内,依法办理公司登记,置妥自有船舶,具备有关文书,申请当地航政机关核转"交通部"发给船舶运送业许可证后,始得依法营业。船舶运送业之组织,除本规定修正施行前经核准者外,以股份有限公司为限。

"航业法"第 16 条规定:船舶运送业经营"国内"固定航线者,应报请当地航政机关核转"交通部"发给航线证书后,方得经营该固定航线。船舶运送业经营"国内"固定航线业务,应依航线证书所载之航线,从事客货运送。经营"国内"固定航线客货船舶非有正当理由,不得停航。停航时,应先报请当地航政机关转请"交通部"核准。船舶运送业经营旅客运送者,应为旅客投保人身伤害保险。

"航业法"第 34 条规定:外国籍船舶运送业非经委托台湾船务代理业代为执行或处理船舶客货运送业务,不得在台湾境内揽载客货。但在台湾依法设立分公司者,不在此限。

(二) 船务代理业和海运承揽运送业市场准入

"航业法"第 42 条等条文规定：经营船务代理业，应具备有关文书申请当地航政机关核转"交通部"核准筹设。船务代理业应在核定筹设期间内，依法办理公司登记，并申请当地航政机关核转"交通部"核发许可证后，始得依法营业。船务代理业所经营之代理业务，应以委托人名义为之，并以约定之范围为限。

船务代理业所代理之外国籍船舶运送业，在台湾境内揽载之客货，未依约到达目的地或交付受货人前，船务代理业应负责协助处理，至客货到达目的地或交付受货人时为止。

"航业法"第 46 条等条文规定：经营海运承揽运送业应具备有关文书，申请当地航政机关核转"交通部"核准筹设。海运承揽运送业应在核定筹设期间内，依法办理公司登记，并申请当地航政机关核转"交通部"核发许可证后，始得依法营业。海运承揽运送业得兼代理外国海运承揽运送业在台湾之业务，于代理时应检附有关文书，向当地航政机关办理登记。海运承揽运送业经营前项业务，应以委托人名义为之，并以约定之范围为限。海运承揽运送业除船舶运送业兼营者外，不得租佣船舶，运送其所承揽货物。

第三节 各国(地区)航运市场准入制度特点

第一，在市场经济条件下，各国(地区)航运市场准入制度的重点是安全、环境保护等价值目标。

第二，消费者、运输服务使用者、托运人等与船舶运输承运人相对人的利益在市场准入制度上也是考虑的一个目标。

第三，各国(地区)较少通过市场准入制度来调节市场竞争秩序。市场竞争秩序由竞争决定。

第四，国内航运市场与国际航运市场在准入制度上存在较大区别，各国(地区)一般是分别立法，或者是同一法律法规中分别予以规定。

第五，沿海运输权是各国(地区)在国内水路(沿海)运输市场准入的重要制度，中国香港特别行政区和新加坡由于特殊的地理环境是个例外，没有这方面的规定。

第六，各国(地区)在旅客运输和货物运输市场准入制度上有所区别，旅客运输一般实行比较严格的许可制，而货物运输可以是备案制。但对于危险品等特殊货物的运输仍然比较严格。

第七，美国、韩国对于航运辅助业市场准入要求提供经济责任担保或保险。

第五章　市场运行规则

第一节　市场运行规则概述

一、市场运行规则的含义

市场运行规则，也称市场机制运行规则，是确保市场机制正常发挥作用的市场本身固有的规则与国家立法、行业自律规则等的总称。狭义上的市场运行规则一般指国家通过立法确立的规则。

市场机制有四个基本机制：价格机制、供求机制、竞争机制和风险机制。从这个角度，市场运行规则包括价格规则、供求规则、竞争规则和风险规则。价格规则主要是国家对价格进行管理建立的规则。价格分为市场定价、政府指导价和政府定价。对应于这三种定价机制，在规则上有所不同。在市场定价情况下，国家有关规则是指导性的、间接的、引导性的。在供求规则方面也类似，在社会主义市场经济条件下，大多数商品和服务的供求关系由市场调节，政府对供求关系进行宏观调控。少数商品和服务由政府直接或间接确定供求关系。竞争规则包括反垄断规则和反不正当竞争规则两方面。风险规则是预防、避免、减少未来不确定性因素导致经济损失的管理措施。

在简单市场，市场本身能够解决价格、供求和竞争问题，无须从外部引入规则。现代市场经济高度复杂，一个国家所包括的行业(产业)种类众多，不同地区之间由于发展水平、产业特点等存在差异。在经济全球化的时代，大部分商品和服务的市场是跨国界的。在这样复杂的市场体系中，市场机制不能正常发挥作用，或者被各种内在、外在行为所扭曲是免不了的。这是国家制定市场运行规则的基础。

广义的市场运行规则包括：①产权制度，按照新制度经济学，这是市场交易的前提；②市场交易规则；③社会信用制度，主要是合同法律规则；④市场竞争规则，主要是制止垄断和不正当竞争行为的规则；⑤宏观调控规则；⑥政府行为规范规则，如行政许可法、行政处罚法、行政程序法等，是约束政府管理行为的规则；⑦行业自律机制及其规则；⑧风险防范规则。

狭义的市场运行规则，主要是与市场竞争有关的规则。这方面规则在我国经济法理论上被称为市场规制法。市场规制法的调整对象包括市场竞争行为、市场交易行为以及政府规制行为。

(一)市场竞争行为

市场规制法的核心任务是对市场竞争行为的规制,通过竞争政策和竞争法律制度建立起公平有效的竞争秩序。市场规制法规范的市场竞争行为是对市场交易行为规制的前提和基础,一个良好的市场竞争秩序是保护消费者利益、提高产品质量等的重要保障,反之,不正当竞争、垄断等行为普遍存在时,对市场交易行为的规范只能是事倍功半。市场规制法调整的市场竞争行为包括对垄断行为的规制和对不正当竞争行为的规制。

现代竞争法律制度中的垄断一般指订立垄断协议的行为、滥用市场支配地位的行为,另外,反垄断法还规范经营者集中等行为,因为合并是导致垄断的潜在原因。在发达市场经济国家,垄断是损害市场竞争的最主要行为,因此,反垄断法是这些国家对市场规制最基本的法律。不正当竞争有时是与垄断相伴而生的,但有时,不正当竞争与垄断并不一定存在必然联系。

法律对市场竞争行为的规制有一个特点,即从反竞争行为角度进行规制,只要没有实施法律禁止的反竞争行为,经营者的竞争行为即可视为是合法的。

(二)市场交易行为

市场的本质是平等交易,通过交易实现当事人各自的目的。市场交易的种类很多,从而形成不同的市场,有商品市场、技术市场、劳动力市场、金融市场等。对市场交易的直接规范主要是民商法的任务,经济法从规制的角度对交易进行规范。作为民商法和经济法共同调整对象的市场交易行为应该各有侧重,避免冲突。

经济法调整特定范围内的市场交易行为。首先,经济法调整经营者与消费者之间的市场交易行为。经营者与消费者之间的市场交易关系是通过订立消费合同实现的,消费合同在本质上是属于平等地位的市场主体之间的经济关系,但由于双方存在信息不对称、经济地位悬殊等问题导致交易能力的不平等,国家对这类民事性质的交易关系进行特殊立法,其具体规定已超出了传统民法的性质,明显体现了国家对消费关系的规制。因此,对消费者权益的特别保护的法律制度是市场规制法的组成部分。另外,除保护消费者权益一般法外,在保险、金融、房地产等市场的法律制度中也有大量的保护消费者权益的法律规范。其次,经济法也调整经营者之间的市场交易关系中有关产品质量、价格和标准等方面的行为。产品质量、价格和标准方面的法律既调整经营者与消费者之间的交易关系,也调整经营者之间的市场交易关系中的产品质量关系。经营者之间的产品质量等交易内容一方面属于民商法调整的范围,基于意思自治原则由经营者协商约定;另一方面,产品的质量直接影响到人体健康和人身、财产的安全,国家有必要对此进行规制以最终实现消费者的利益。

(三) 政府规制行为

对市场竞争行为和市场交易行为的规制,离不开对规制者的规制。当通过立法确立了基本的市场竞争行为规则和市场交易行为规则后,对政府规制市场行为的执法行为的监督管理将成为首要的任务。政府对市场的规制不是被动的,应该随着经济、社会的不断发展适时地调整规制目的、形式和程序。

二、航运市场运行规则的体系

航运市场运行规则体系的基本目的是建立公平、合理、高效的竞争秩序、交易关系和管理制度。航运市场秩序规则是航运法的核心组成部分,所有这些规则构成航运市场秩序制度。航运市场秩序规则所调整的是航运市场主体在航运市场经济运行过程中发生的特定社会关系,包括航运竞争行为、航运交易行为和航运管理行为形成的社会关系。

航运法是行业经济法,航运市场是整体市场的组成部分,在航运市场秩序规制上需要适用市场规制法一般性规则,同时充分考虑航运市场的特殊性。国内航运市场和国际航运市场在竞争行为、交易行为和管理行为三方面都存在较大的区别,可以说是自成体系的两个市场秩序。

确定航运市场秩序规则所调整的具体关系,需要对规则产生和作用之前业已广泛存在的、并且影响或者构成航运市场秩序的航运经济关系,运用科学的标准、原则加以抽象和归类。根据对航运市场机制的影响,这种原生的航运经济关系可以分为两类:①符合航运市场秩序的关系。这类关系中,航运市场主体在追求个体利益最大化时,所实施的行为不构成对航运市场机制的侵害,从而为市场秩序规则的内在价值所认同和允许。因此,这类航运经济关系不是航运市场秩序规则调整的对象。②侵害航运市场秩序的关系。这类关系中,航运市场主体在追求个体利益最大化时,所实施的行为构成对航运市场机制的侵害,违反社会整体利益,从而为市场秩序规则的内在价值所否定和禁止。因此,这类航运经济关系是航运市场秩序规则调整的对象。

因此,航运市场秩序规则所规制的行为必须对航运市场机制和市场秩序具有实际的或潜在的危害性。这种危害性主要具有两种形态:①歪曲交易和竞争机制,侵害其他市场主体的正当利益,即采用不正当的方法和手段追求个体利益,实现利益从其他市场主体转移到自身,从而构成对其他市场主体利益实际的或潜在的侵犯;②破坏市场机制,违背社会整体利益,即这种行为不仅对具体的其他主体利益构成侵犯,而且使得竞争机制失去效用,从而有违社会整体利益。可见,航运市场秩序规则所规制的行为,是航运市场领域违反市场机制或者可能产生这种后果的行为。

我国《海商法》调整平等主体之间的运输关系和船舶关系，这是一种民商事法律关系。航运法意义上的航运交易关系和航运竞争关系以海商法意义上的运输关系和船舶关系为基础，但是，在内容和范围上不同。航运法调整航运市场准入关系，这是企业、自然人与政府之间的关系，托运人与承运人之间的平等的班轮运输合同关系在航运法上成为需要对托运人进行特别保护的交易关系，国际船舶运输经营人之间的关系不再是民商法意义上的平等合作关系，而是作为航运竞争法及反垄断法意义上的垄断协议关系。在海商法上政府及航运主管部门不是主要的主体，但是，在航运法上永远离不开作为市场管理主体的政府及航运主管部门。

规范的市场秩序和竞争秩序是市场经济的基本特征之一。在航运领域，市场机制同样在航运资源配置中起基础性作用。健全、有序的航运市场秩序是市场机制在航运领域发挥作用的前提条件。没有完善的市场秩序，就难以实现航运资源优化配置的目标。因此，从这种意义上说，航运市场秩序是航运市场经济的核心和灵魂。

市场经济是一种多元化的利益主体通过公平的市场竞争而获取利益的经济体制。竞争是市场经济的本质特征，但自由竞争的结果会抑制或者限制竞争。市场主体在市场竞争过程中必须遵守共同的、公正的市场交易规则，并且，市场交易规则应当具有公正性、普遍性、权威性等特点。这就决定了应将市场交易规则上升为法律规范。市场经济的有序运行离不开法制的力量，运用法律手段维护公平的市场竞争秩序是市场经济发展的内在要求。目前，我国的竞争法由《反垄断法》《反不正当竞争法》《价格法》等法律、行政法规和部门规章所构成。《反垄断法》和《反不正当竞争法》在其中起主导作用，被市场经济国家称为“经济宪法”。

鉴于航运业的特殊性，需要运用反垄断、反不正当竞争法律的一般原理和原则，针对航运市场规制的需要，确立航运市场反垄断、反不正当竞争规则，以及确立对航运市场普遍适用的、对航运市场秩序具有重要影响的其他交易规则，这是维护航运市场健康发展的必要条件，是航运法的重要任务。

航运市场秩序制度建设不仅需要实现市场的公平、公正、效率等价值，而且需要与我国航运发展规划和发展目标结合，通过航运市场秩序的建设实现航运发展目的。建立和维护公平、有效的竞争秩序是各国航运法基本目的之一。

第二节　各国(地区)市场运行规则主要内容

一、美国

(一) 国际航运协议反垄断豁免制度

1. 国际班轮公司合作内容

美国国际航运协议制度规范的对象，以远洋公共承运人之间的协议和海运码头经营人协议为主。根据《美国法典》第 46 卷第 40301 条第(a)项的规定,远洋公共承运人之间就下列内容达成协议的受该法调整:①讨论、确定或调整运输费率(包括联运费率)、货载舱位和其他服务条件;②就货载、收入、利润或亏损进行公摊或分配;③分配港口或对港口之间的航次数量和种类进行调整;④调节货载、旅客的数量或种类;⑤在远洋公共承运人之间,或在远洋公共承运人与码头经营人之间建立排他性的、优惠的或合作的工作安排;⑥控制、调整或者避免国际远洋运输的竞争;⑦就有关服务合同的任何事项进行协商并达成协议。

关于码头经营人之间的合作内容与班轮公司类似。根据《美国法典》第 46 卷第 40301 条第(b)项的规定,海运码头经营人之间,一个或多个码头经营人与一个或多个远洋公共承运人之间就下列内容达成协议的受该法调整:①讨论、确定、调节码头费率或其他服务条件;②在美国对外贸易远洋运输范围内,建立排他性的、优惠的或合作的安排。

2. 国际航运协议分类

(1) 远洋公共承运人之间的协议。根据《美国法典》第 46 卷第 40303 条第(a)项的规定,远洋公共承运人之间的协议不得:第一,禁止或限制协议成员与托运人就服务合同进行谈判;第二,要求协议成员披露关于服务合同的谈判情况,或服务合同中的条款,除非这些条款属于本卷第 40502 条第(d)款规定要求公开的服务合同条款;第三,制定强制性规则或要求,影响到协议成员协商、订立服务合同的权利。

但是,其协议可以就其成员的服务合同条款和程序规定自愿性指导规则,前提是该指导性规则明确规定协议成员有权不遵守这些规则。这些指导性规则应以保密方式向联邦海事委员会备案。

(2) 班轮公会协议。《美国法典》第 46 卷第 40303 条第(b)项规定,每一个班轮公会协议都必须:第一,说明其目的;第二,为愿意在一特定航线上提供服务的任何远洋公共承运人规定加入或重新加入班轮公会的合理、公平的条件;第三,允许公会成员在提出合理的通知之后退出公会,而不予处罚;第四,根据任何成员的请求,聘请独立的中立机构对公会及其成员的义务进行充分的监察;第五,防止公会从事本卷第 41105 条第(1)项或第(3)项所禁止的行为;第六,制定磋商机制,通过商业方式解决争议,与托运人合作,避免和消除不正当行为;第七,建立迅速的、公平的考虑托运人的要求和投诉的程序;第八,须规定任何公会成员在不超过提前 5 天通知的情况下,可就费率或服务条款采取独立行动,并且,除了在公会运价本中未公布的豁免商品外,公会应在收到成员通知后在运价本中将成员新的费率和服务条款包括在内,并于收到通知后不超过 5 天生效。其他成员有权在该运价本生效之时或之后,在通知公会的条件下即可采用该费率或服务条款,以代替现有公会运价本有关费率和服务条款的规定。

(3) 班轮公会之间的协议。根据《美国法典》第 46 卷第 40303 条第(c)项的规定,不属于同一公会成员的承运人之间的协议,都应该规定每一承运人的独立行动的权利;两个公会之间的协议必须规定每个公会拥有独立行动的权利。

(4) 船舶共享协议。根据《美国法典》第 46 卷第 40303 条第(d)项的规定,远洋公共承运人如果是按照第 46 卷第 12103 条或第 12103 条第(c)项登记的悬挂美国旗的班轮船舶所有人、经营人或光船租船人、定期租船人或舱位承租人,有权与本条第(2)项规定的远洋公共承运人订立协议,协议可约定承租或转租后者悬挂美国旗的船舶、舱位,但承租人和转租人不得将其用作根据货载保留法仅由美国旗船舶承运的货物。

3. 国际航运协议备案制度

根据《美国法典》第 46 卷第 40302 条第(a)项的规定,远洋公共承运人之间的协议、海运码头经营人协议(海运码头经营人之间的协议或者海运码头经营人远洋公共承运人之间的协议)都应当向联邦海事委员会报备。但根据该条(b)项的规定,某一外国内或者外国之间履行的与运输有关的协议,以及远洋公共承运人之间为了在美国设立、经营或者维持海运码头的协议,无须报备。

报备协议时应提交真实的协议复印件。联邦海事委员会可以通过规则规定协议报备的格式和方式,并规定用于评价的额外信息和文件。根据联邦海事委员会近 10 年公布的年报统计,2000—2009 年报备的协议数字见表7-5-1。

表 7-5-1 向联邦海事委员会报备的协议种类和数量 项

年份	班轮公会协议	协商协议	联合服务合同	船舶共享协议	码头操作协议	其他合作事项协议	总计
2000	23	47	14	148	434	19	685
2001	21	45	10	150	421	17	664
2002	20	48	8	151	357	18	602
2003	19	43	7	145	335	17	566
2004	15	40	6	157	322	14	554
2005	12	39	6	158	296	15	526
2006	8	37	7	148	280	19	499
2007	8	36	8	159	255	18	484
2008	7	35	7	159	182	18	408
2009	5	35	7	159	164	18	388
2010	4	33	7	168	155	18	385
2011	3	31	6	170	151	17	378

从表 7-5-1 可以看出，尽管班轮公会继续存在，但是却越来越多地以协商协议、船舶共享协议等形式存在。抽取 2000 年和 2009 年的相关数据进行对比，即可发现该情况(见图 7-5-1，图 7-5-2 和图 7-5-3)。

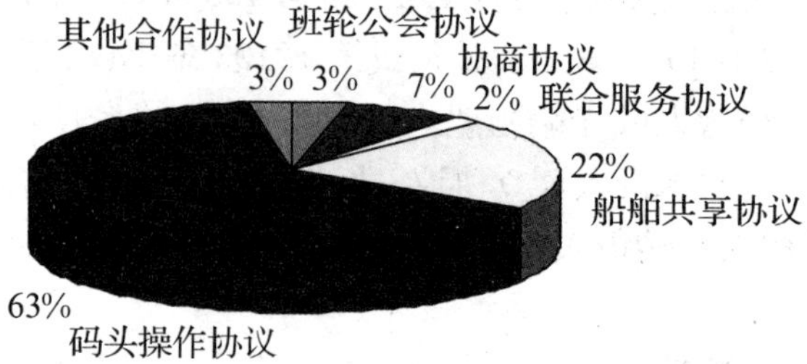

图 7-5-1　2000 年报备的协议比例

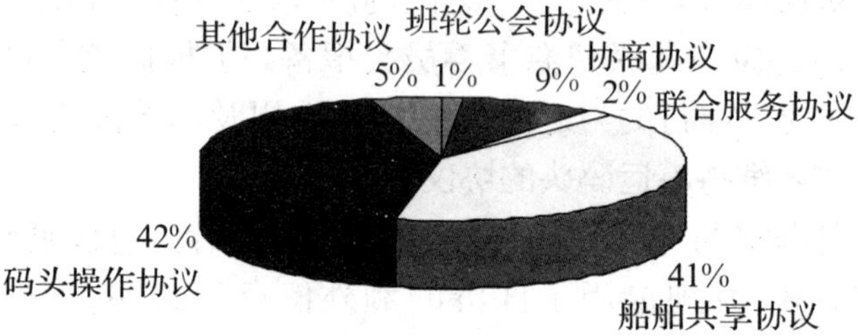

图 7-5-2　2009 年报备的协议比例

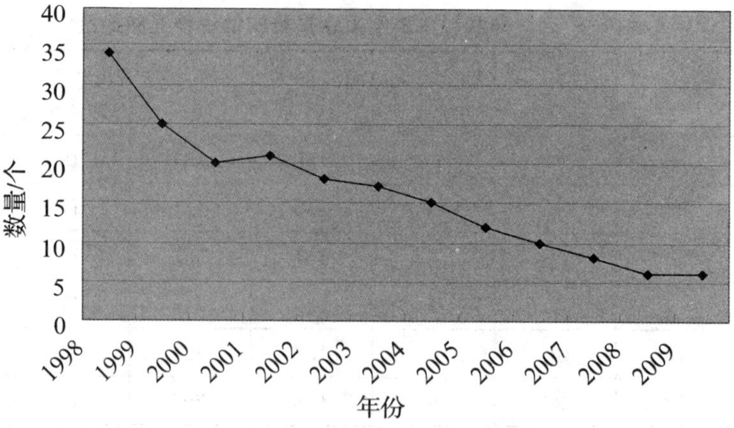

图 7-5-3　美国班轮公会数量

《美国法典》第 46 卷第 40304 条规定，联邦海事委员会在接到报备的协议后，需开展下列工作：

(1) 备案通知。在接受协议备案后，联邦海事委员会应在 7 天内将备案协议情况通知联邦登记局，以便其公布。

(2) 审查。联邦海事委员会接到报备协议后，会进行初步审查，若发现有不符合《美国法典》第 46 卷第 40302 条和第 40303 条规定的要求时，委员会应以书面形式通知协议备案申请人拒绝备案的理由。若无上述不符点，则在协议备案后第 45 天或联邦登记局公布备案通知后第 30 天（两者以晚者为准）生效。如果根据第 40304 条第(d)项的规定，需要补充提供资料和文件的，则在联邦海事委员会收到全部补充资料和文件后的第 45 天生效，或者在委员会收到有关信息和文件不能满足要求的理由陈述之后第 45 天生效。应备案申请人的要求，委员会可缩短审查期限，但是，在任何情况下，该期限不得少于联邦登记局公布申请备案协议的通知后 14 天。委员会根据该法第 41307 条第(c)款的规定提起的民事诉讼中，可以由美国哥伦比亚特区地区法院延长该条第(c)款第(2)项规定的期限。

(3) 强制性救济。如在协议报备或者生效后任何时间，联邦海事委员会认定该协议可能因削弱竞争而导致运输服务的不合理减少或者运输成本的不合理提高，则可在向协议的报备人发出通知后，寻求适当的强制性救济。这种协议被称为"实质性反竞争协议"。联邦海事委员会寻求的强制性救济，是指联邦海事委员会向哥伦比亚特区的美国地方法院提起禁止协议实施的诉讼。该法院对于联邦海事委员会提起的诉讼，可采取下列行动：第一，签发临时性限制令或者初步禁令；第二，如经联邦海事委员会证明所涉及的协议系"实质性反竞争协议"，签发永久禁令。

4. 享有反垄断豁免的协议种类

根据《美国法典》第 46 卷第 40102 条第(2)项的规定，"反托拉斯法律"是指经修订的《1890 年谢尔曼法》(Sherman Act of 1890)、经修订的《1914 年克莱顿法》(Clayton Act of 1914)、经修订的《联邦贸易法》(Federal Trade Commission Act)、经修订的《反托拉斯民事程序法》(Antitrust Civil Process Act)等法律。

一项协议满足反垄断法豁免的实体性条件和程序性条件，则该协议和根据该协议所实施的行为便不受前述反托拉斯法律的约束。

根据《美国法典》第 46 卷第 40307 条第(a)项的规定，前述反托拉斯法律不适用于：

(1) 根据该法规定备案且生效的协议(包括集体福利协议)。

(2) 根据该卷第 40103 条的规定，享有行政适用例外的协议。

(3) 属于该法规定范围内的活动或协议，不论其依照该法是允许的还是禁止的，只要有适当的理由认为所从事的活动或订立的协议是：①以向联邦海事委员会备案的协议为根据，从事的活动是在该协议有效期内；②根据该卷第 40103 条规定享有行政适用例外，并免于备案或公布。

(4) 属于在外国国内或外国之间提供运输服务相关的任何协议或活动，不论其是否经由美国，除非该协议或活动对美国商业具有直接的、重大的、可合理预见的不利影响。

(5) 为美国进出口贸易提供运输服务的联运中有关外国内陆部分的任何协议

或活动。

(6) 在美国境外就码头、仓库或其他码头设施服务达成的任何协议或活动。

(7) 依据《1916 年航运法》第 15 条规定或第 14 条第(b)款的规定,委员会于 1984 年 6 月 18 日前批准的协议、修改或撤销事项,以及为实施这些协议、修改或撤销事项的而经正式公布的运价本、费率、票价、收费、分类以及解释性规则。

但是,根据《美国法典》第 46 卷第 40307 条第(b)项的规定,以下 4 种协议不享有反托拉斯豁免权:

(1) 在美国境内运输中,远洋公共承运人与航空承运人、铁路承运人、公路承运人、不适用该法的水路公共承运人等订立的任何协议以及这些承运人之间订立的任何协议;

(2) 适用该法的各个承运人之间在从事美国境内的联运时就内陆区段费用(区别于陆运运费)进行的任何协商和达成的任何协议;

(3) 适用该法的任何公共承运人之间在美国境内从事海运码头的建立、运营、维护等达成的任何协议;

(4) 任何忠诚合同。

对比以上规定可以发现,承运人就美国境内运输达成的协议是受反托拉斯法规范的,但承运人就远洋运输达成的协议是可以享受反托拉斯豁免权的。这体现出美国对境内运输坚持反垄断行为,对远洋运输则保护本国承运人的两种倾向。

(二) 运价管理制度

1. 概述

美国是世界上对国际航运市场运价直接进行管理的少数几个国家之一。目前的运价管理制度由运价本公开制度和服务合同报备制度构成,在主体上包括单个远洋公共承运人、无船承运人、港口经营人的定价行为,也包括国际航运协议组织的定价行为。

如前文所述,《1916 年航运法》首创了美国的运价报备制度和服务合同报备制度。随着国际形势和美国国内航运业的发展形势变化,运价管理制度历经《1984 年航运法》和《1998 年航运法》2 次修订,形成了现行的运价管理体系。

美国规定运价管理制度,主要是出于 4 个目的:①实现运价稳定;②实现信息公开和可获得性;③对外国竞争者进行监管;④有利于主管机关全面掌握信息。

运价管理体系是美国航运法中一个非常重要的制度,也是联邦海事委员会监管市场的一项重要内容。

根据制定和实施主体的不同,承运人的运价可分为单个承运人运价和承运人之间协议组织的运价(如班轮公会的运价);单个承运人的运价又分为船舶经营人的运价和无船承运人的运价。另外,由于美国对受控承运人的运价进行特别规制,受控承运人运价成为相对独立的一种运价,见图 7-5-4。

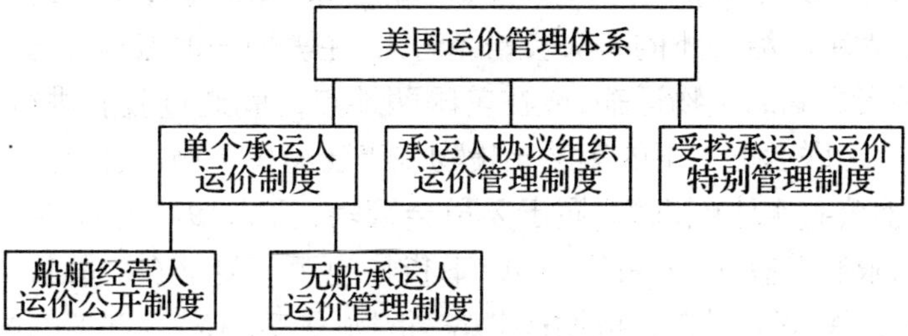

图 7-5-4　美国运价管理体系

根据运价的表现形式,运价可分为运价本的运价和服务合同的运价。在我国,前者被称为公布运价,后者被称为协议运价。运价本的运价是船舶经营人、无船承运人、班轮公会等单方制定的一种公开的运价。服务合同运价是承运人与托运人之间达成的不予公布的运价。《1998 年航运改革法》只允许船舶经营人与托运人(包括无船承运人)订立服务合同,联邦海事委员会在 2004 年通过的第 531 节实施规则修改了《1998 年航运改革法》的规定,允许无船承运人与货主订立服务合同,2005 年对第 531 节的修改进一步允许无船承运人之间可订立服务合同。因此,船舶经营人和无船承运人均可以通过服务合同与托运人订立运输合同。

2. 运价本自动公开制度

运价本自动报备和信息系统(Automated Tariff Filing and Information System)是根据《1984 年航运法》建立起来的。

《1998 年航运改革法》取消了运价本报备制度,保留运价本公开制度,同时由联邦海事委员会负责公开运价本改为由承运人或者班轮公会自己公开运价本制度。这样,原先的运价本自动报备和信息系统已不能适应新的要求。1998 年,联邦海事委员会制定了一个新规则,即《承运人运价本自动公开系统》(Carrier Automated Tariff Systems, CATS),并被编入《联邦实施规章法典》第 46 卷第 520 节。该规则从 1999 年 5 月 1 日起与《1998 年航运改革法》同步实施。这个规则目前已被并入《美国法典》第 46 卷。其规定如下:

(1) 规则的目的。规则的目的是:第一,保证托运人和其他公众获得可靠而有用的费率和收费信息;第二,保证承运人和班轮公会履行《1998 年航运改革法》关于运价本公开性的要求;第三,以利于联邦海事委员会监督承运人公开的运价本的准确性和可获得性;第四,以利于联邦海事委员会审查和监管受控承运人的行为。

(2) 运价本公开性要求。根据《美国法典》第 46 卷第 40501 条第(a)项的规定,除法律规定不必公开运价本的货物外,每一个公共承运人和班轮公会均应在自动运价系统中将运价本公之于众,接受检查,运价本应表明所经营的航线或联运路线所有港口间或两点间的费率、收费、货物分类、规则和惯例。然而,不要求公共承运人单独表明或在运价本中显示联运内陆区段费用。

《联邦实施规章法典》第 46 卷第 520 节第 13 条规定：①以下服务无须公开运价本：设备交换协议(Equipment Interchange Agreement)；享受运价管制豁免的受控承运人；太平洋沿岸州的码头驳船经营人，在美国一地点与外国、不连续州、领土、属地一地点之间的货物运输，或在美国两地点之间通过驳船进行运输，以代替公共承运人承运联运提单下的集装箱货物或集装箱化货物，或作为太平洋沿岸州、自治市或其他公共实体或机构，属于委员会管辖，且是 1975 年 1 月 2 日以后仅仅提供特定的、限制的有关服务的。②以下货物也可享受豁免：散货、林业产品等；对外邮政运输；军民两用二手货物；国防部货物；民政总局计划下的国际家庭用品计划下的二手家庭用品或个人财物。③以下涉外服务可享受豁免：外国之间的服务；在加拿大与美国之间，鲁伯特王子港与阿拉斯加州港口之间通过车辆运输货物和旅客的服务，英属哥伦比亚与普吉特港之间通过有轨汽车运输的服务；印加人优先的公司。

(3) 运价本内容的要求。根据《美国法典》第 46 卷第 40501 条第(a)项的规定，承运人运价本应该包括下列内容：①说明货物运输的始发地和目的地；②列出货物分类；③说明由公共承运人或公会支付给远洋运输中介的报酬水平；④分别表明每一码头的收费或其他费用、优惠，承运人或公会控制的设施，以及可能改变、影响或决定全部或部分费率、收费水平的规则；⑤提单、包运合同或其他证明运输合同的单证的复印件；⑥忠诚合同的复印件，但略去托运人名称。

(4) 运价本生效时间。根据《美国法典》第 46 卷第 40501 条第(e)项的规定，凡是足以引起托运人运输成本增加的新费率、现行费率的改变，其生效时间不得早于其公布时起 30 个日历日。当然，如果联邦海事委员会认为有恰当的理由，可以允许此项费率提前生效。导致托运人运输成本降低的费率改变自公布时起生效。

(5) 运价本的可获得性。对于公布的运价本的格式有以下要求：公布的运价本应当清楚、确定；使用英语为主要的文本语言；除了引用属于同一承运人的作为一般性使用的运价本外，不存在引用其他运价本的情形；不存在与其他运价本完全相同或者冲突的情形。

为了使公众能够方便地获得运价本的信息，应该提供能用于搜索运价本有关内容的搜索技术，比如用始发地、目的地、商品等词汇进行搜索可获得有关的运价本的信息等。同时，承运人和班轮公会应保证通过拨号或者因特网使个人电脑(Personal Computer, PC)能够进入其运价本系统，并保持因特网地址不变。

任何人可以电子方式获得运价本，不受时间、数量或者其他限制，但承运人和班轮公会可以对进入其运价本公开系统的行为收取合理的费用，并在收费标准上不应该存在歧视，但对联邦海事委员会或者其他联邦机构不得收取费用。

承运人和班轮公会应该将其在运价本公开系统中的资料保留 5 年，从这些资料被代替、取消、撤回时起计算，并且应当在 2 年内能够在线提供这些资料。2 年之后，在任何人或者联邦海事委员会提出请求后的合理期间内，仍能够在线或者以其他电子方式获得这些资料。

3. 服务合同报备制度和公开制度

为了适应《1998 年航运改革法》的新规定,联邦海事委员会制定了新的服务合同报备系统,并被编为《联邦实施规章法典》第 46 卷第 520 节,1999 年 5 月 1 日起生效。该规则后来被编入《美国法典》第 46 卷,其主要内容有:

(1) 报备的义务。根据《美国法典》第 46 卷第 40502 条第(b)项的规定,除法律规定无须报备的服务合同外,远洋公共承运人或协议根据本条订立的服务合同应以保密形式向联邦海事委员会备案。

(2) 服务合同的基本条款。根据该条第(c)项的规定,每个服务合同应包括:①始发港和目的港的范围;②在多式联运条件下的启运地和目的地的地理区域;③所涉及的货物;④最低货物数量或部分;⑤长途运费;⑥期间;⑦服务承诺事项;⑧未履行合同时的损害赔偿(如果有)。

(3) 服务合同报备后若干条款的公开和披露。根据该条第(d)项和第(e)项的规定,在服务合同向委员会以保密形式备案后,应该公开第(c)款规定的第(1)项、第(3)项、第(4)项和第(6)项涉及的主要条款的简要说明,并以运价本形式供公众查阅。与劳工组织达成集体谈判协议的当事人,或受该协议约束的远洋公共承运人,应根据劳工组织的书面要求,说明在美国码头区域、港口区域的相关服务合同的货物运输工作是否负责。

(4) 违约救济。根据该条第(f)项规定,除当事人另有约定外,对于违反服务合同的最终救济可以在合适的法院提起诉讼解决。服务合同争议解决机制不能属于承运人控制或与其有任何方式的关联,也不能由拥有或控制该承运人的政府决定。

(三) 美国受控承运人制度

受控承运人制度是美国航运法特有的制度。美国以维护进出口航运市场公平竞争为名,对少数受政府直接或间接控制的航运公司的定价等经营行为实施特别的管制措施,结果导致这些公司在航运市场竞争中处于不利地位。

1. 受控承运人的含义

受控承运人,是指本身或者其营运资本直接或间接由某一政府拥有或者控制的远洋公共承运人。

认定受控承运人的标准有 2 条:第一,承运人中的大部分利益由政府或者任何政府下属机构或者政府控制的任何公共机构或者个人以任何方式拥有或者控制;第二,政府有权任命或者否定任命承运人中大部分董事、首席运营官和首席执行官。

根据《美国法典》第 46 卷第 40706 条的规定,本制度有 2 个适用例外:①根据美国所签订的条约,有权享有国民待遇或者最惠国待遇国家的受控承运人;②仅有受控承运人提供服务的航线。

2. 对受控承运人的监督

这是关于联邦海事委员会对受控承运监管的规定。这种监管主要围绕受控承运人的费率、收费项目、分类、规则或者规定。

(1) 受控承运人的费率。根据《美国法典》第 46 卷第 40701 条的规定,受控承运人不得:①在运价本或服务合同中规定实际收取或核定收取低于公平、合理水平的费率或收费;②在运价本或服务合同中确立、维持或实施导致或者可能导致货物运输和处理以低于公平、合理水平的费率或收费的商品分类、规则或规章。

在根据本条提起的诉讼中,由受控承运人对其费率、收费、分类、规则或规章的公平性、合理性负举证责任。在通知和举行听证后,联邦海事委员会可随时禁止受控承运人公布或使用其未能证明是公平、合理的费率、收费、分类、规则或规章。被委员会中止或禁止使用的费率、收费、分类、规则或规章无效,其使用是非法的。

(2) 费率标准。公平和合理是联邦海事委员会对受控承运人的费率、收费项目及其条件是否进行规制的标准。因此,公平和合理的认定便是这种规则的前提和关键。

根据《美国法典》第 46 卷第 40702 条的规定,在决定受控承运人的费率、收费、分类、规则或规章是否公平、合理时,联邦海事委员的标准有:①受控承运人已经公布的或实际收取的或基于相关分类、规则或规章形成的费率或收费,是否低于对受控承运人的实际成本或推定成本[①]能够充分补偿的水平。②考虑其他合适的因素,包括费率、收费、分类、规则或规章是否与在同一航线的其他承运人公布或将实际收取的相同或类似;是否能够确保该航线中特定货物的运输;是否能够在来往港口之间维持作为公共承运人在运输服务方面的可接受的连续性、水平或质量。

(3) 费率的生效日。根据《美国法典》第 46 卷第 40702 条的规定,尽管有本法第 40501 条第(e)款的规定,但除服务合同外,未经委员会的特许,受控承运人的费率、收费、分类、规则或规章不得早于公布时起 30 天生效。

(4) 委员会的审核。根据《美国法典》第 46 卷第 40704 条的规定,基于联邦海事委员会的要求,受控承运人应该在 20 天内,就现行的或建议的费率、收费、分类、规则或规章的合理性提交声明。该声明应当充分、详细地说明受控承运人有关费率、收费、分类、规则或规章的必要性和目的,以便委员会据此作出其合法性的决定。

在委员会收到该有关合理性声明的信息时起 120 天内,委员会应该决定受控承运人的费率、收费、分类、规则或规章是否不公平、不合理。当委员会认为受控承运人公布或实际收取的费率、收费、分类、规则或规章不公平、不合理时,应当向受控承运人发出命令,要求其表明这些费率、收费、分类、规则或规章不应被禁止的理

---

① 根据 46 CFR 565.7 规定,推定成本是指除受控承运人外的另一承运人在相同或者相似的航线中经营相似的船舶和设备的成本。

由。费率、收费、分类、规则或规章的合法性审查尚处于未决期间,委员会可在费率、收费、分类、规则或规章生效前的任何时候,中止这些费率、收费、分类、规则或规章的实施。如果费率、收费、分类、规则或规章已经生效,委员会可以在至少提前30天通知受控承运人后,在陈述理由的前提下,签发命令,中止这些费率、收费、分类、规则或规章的实施。中止实施的期间最长不超过180天。

当委员会根据本条中止费率、收费、分类、规则或规章的实施后,有关受控承运人可以公布新的费率、收费、分类、规则或规章,并可立即生效,以代替中止的费率、收费、分类、规则或规章,除非委员会认为新的费率、收费、分类、规则或规章是不公平、不合理的,因而拒绝其实施。

(5) 总统审核。根据《美国法典》第46卷第40705条的规定,联邦海事委员会应将其根据第40704条规定对受控承运人的费率、收费、分类、规则或规章作出的中止实施命令或最终命令呈报总统,并同时公布这些命令。在收到委员会命令后10天内或者在命令生效后10天内,基于国防或外交政策的原因,总统可以中止委员会命令的效力,并陈述理由通知委员会。委员会应该立即签署命令陈述总统的要求。在命令中止期间,如果可能,总统应与相关的外国政府代表谈判,解决有关争议问题。

3. 受控承运人名单

2012年8月22日,联邦海事委员会最新公布了4家受控承运人名单,分别是:

(1) 美国总统轮船公司和APL私人有限公司(新加坡)(American President Lines, Ltd and APL Co. ,Pte.)(RPI No. 000240);

(2) 中远集装箱运输有限公司(COSCO Container Lines Co. ,Ltd.)(RPI No. 015614);

(3) 中海集装箱运输股份有限公司和中海集运(香港)公司(China Shipping Container Lines Co. ,Ltd. and China Shipping Container Lines(Hong Kong)Co. , Ltd.)(RPI No. 019270);

(4) 海南泛亚航运有限公司(Hainan P O Shipping Co. , Ltd.)(RPI No. 022860)。

需要指出的是,根据《中美海运协定》,2004年3月31日,美国联邦海事委员会主席宣布,正式给予中国远洋运输(集团)公司、中海集装箱运输股份有限公司和中外运集装箱运输有限公司受控承运人运价管制的豁免,其降低运价的决定一经公布即生效,无须等待30天,且豁免没有时间限制或者终止日期。中外运集装箱运输有限公司与长航集团合并后,组建中国外运长航集团有限公司,停止了在美国航线上作为远洋公共承运人的业务,转为无船承运人业务。在中美航线上,我国主要航运公司获得了相对公平的经营环境,这也表明,中美海运关系进入了一个相对健康和平稳的发展阶段,对促进中美经贸合作、保障中美贸易货物海上运输的正常秩序都有重要意义。

二、欧盟

（一）欧盟国际航运竞争法律制度概述

欧盟一般竞争规则体现在欧盟有关条约中。《欧共体条约》第 81 条和第 82 条(原第 85 条和第 86 条)规定的是有关竞争的 2 项基本原则。第 81 条第 1 款和第 2 款禁止具有阻止、限制或者扭曲共同市场内的竞争的目的或者效果的企业之间的协议、企业团体的决定以及协同一致的经营行为,特别禁止统一固定价格、固定交易条件以及使交易对象处于不利地位等;第 3 款规定符合第 1 款的反竞争同谋行为,可以有条件地豁免其法律责任。第 82 条则禁止占有优势地位的企业滥用这种地位的任何与共同市场不相容的行为。经分析可发现,在《欧共体条约》第 81 条和第 82 条中,只有第 81 条才规定有豁免制度,即企业之间的竞争同谋行为才可能获得豁免;而第 82 条对于企业单方滥用市场优势地位的行为并不给予豁免。作为欧盟整个竞争法体系的基础,第 81 条与第 82 条的规定是航运业竞争法的政策指导和考量标准,在欧盟海运竞争的具体个案中,更是常被用作衡量是否适用或给予豁免的最终判断标准。

欧盟的航运竞争法制定于 1986 年,当时出台了一系列航运法规则,第 4056/86 号条例和第 4057/86 号条例为其中 2 部涉及航运竞争的法律。1992 年,为了解决航运联营体的法律地位问题,欧盟理事会制定了第 479/92 号条例,授权欧盟委员会制定实施规则。从而形成以调整班轮公会和联营体 2 个单行条例为基本内容的欧盟竞争规则体系。

2005 年 12 月 14 日,欧盟委员会经过审议,向欧盟部长理事会正式提交了关于撤销对班轮公会反垄断豁免权的建议书。欧盟部长理事会于 2006 年初开始对建议书进行审议,并于 2006 年 9 月份确定了取消班轮公会反垄断豁免权的时间表,即 2008 年 10 月 18 日起正式终止班轮公会享有的反垄断豁免。

（二）班会公会反垄断豁免及其取消

由于航运业与其他行业有着不同的特点,加之欧共体第 81 条和第 82 条相关规定太抽象,不易执行,在具体案件中适用标准不明确,欧盟理事会于 1986 年制定了关于在海上运输领域适用第 81 条和第 82 条的具体规定的第 4056/86 号条例,将欧共体第 81 条和第 82 条具体适用于航运领域,故人们习惯上将第 4056/86 号条例称为欧盟的“航运竞争法”。该规则规定欧共体第 81 条第 1 款不适用其唯一目的和作用是通过有关途径促进技术进步或合作的协议、决定和协调一致的行为;当以确定运费和条件为目的,并视情况以规定的一项或多项内容为目的时,班轮公会的全体或部分成员之间的协议、决定和协调一致的行为,不受条约的制约。该规则规定下列协议可以得到豁免:

(1) 技术性协议：其内容主要是制定船舶或运输技术标准，互租船舶或舱位，组织与执行海运辅助服务，协调关联航线上的船期表，合并单个的货载，制定对运价的确定起指导作用的规则。

(2) 承运人之间涉及运输的协议：其内容主要是固定运费率和运输条件，协调船期表、航次时间或者停靠日，决定航次的频率和挂靠港，在班轮公会成员之间协调或者确定航次或挂靠港。

(3) 运输消费者与班轮公会签订的涉及班轮运输的协议：主要是指托运人与承运人之间涉及班轮运输服务的费率、条件和质量的协议。

该规则规定的豁免可分为一般豁免和个别豁免，两者的区别在于取得豁免的程序不同。所谓一般豁免是指对当事人符合第 81 条第 3 款等相关某类反竞争同谋行为，无须申报、审查就可给予反垄断法豁免，行为自作出之日起有效。若不能获得一般豁免则启动个别豁免程序。一般豁免具体包括对班轮公会协定运价行为的豁免和对班轮联营行为的豁免。规则同时对享受一般豁免附加了条件，即“不得因原产国或目的地或装卸港的不同而使用不同的费率和运输条件，从而损害港口、运输使用者或承运人的利益，除非这种不同的费率和条件能在经济上证明是合理的”。因此所豁免的行为必须不带有歧视性，方能得到豁免，否则任何协议或条款自动无效。第 4056/86 号条例肯定了忠诚协议的存在，但规定必须使用立即回扣制(即托运人托运货物后能立即获得回扣，取得回扣与下次托运无关)，或者允许托运人在立即回扣制和延期回扣制之间选择其一，但若选择延期回扣制，期间不得超过 6 个月。同时，托运人并不需要完全受到忠诚协议的约束，并且可在合理情况下免除忠诚责任。一般豁免充分考虑航运特点，豁免了公会成员违反条约有关竞争规则的行为。这是协调反垄断和发展规模经济之间的矛盾之举，也是对航运卡特尔的妥协。

2003 年 3 月，欧盟开始考虑班轮公会的一般豁免权去留的问题，这是在“加快在气、电、邮政服务和运输领域的自由化进程”的要求以及欧盟货主协会的请求下作出的。欧盟各成员或竞争主管机构与相关利害关系方共收到 26 份意见，并参考了 3 份独立机构的报告之后，2004 年 10 月 13 日，欧盟委员会公布了第 4056/86 号条例回顾航运领域适用竞争法白皮书(以下简称白皮书)，2006 年 9 月确定了取消班轮公会豁免权的时间，具体时间为 2008 年 10 月 18 日。

欧盟取消班轮豁免权的原因主要是班轮公会被认为不再符合欧盟反垄断豁免的 4 个累积条件。《欧共体条约》第 81 条第 3 款规定了限制竞争的行为可以有条件地予以豁免，但是必须要同时满足以下 4 个累积条件：①有助于改进生产或者销售产品，或促进技术或者经济进步。这是给予反垄断豁免的效益指标，即行为要有可观的社会利益。②消费者获得相当程度的利益。③限制对达到上述有益于社会的目标是必要的且不可缺少的。凡不是出于该目标的限制竞争的行为都不能给予豁免。④在所设计产品的相当范围的领域内，有关企业没有可能排除竞争。

上述 4 个累积条件是航运业限制竞争行为是否应给予豁免的实质性和最终的评判标准,欧盟正是根据这 4 个累积条件决定取消班轮公会的豁免权,详细分析如下:

(1) 效益性分析。承运人若认为其无法合理预期收益,甚至有可能不得不采用毁灭性的边际成本价格进行竞争,则会导致其无法维持船队,无法保证提供稳定可靠的航运服务。而班轮公会能稳定运价以及运力供给并进而保证可靠稳定的航运服务。但是,班轮公会并没有因为种种限制竞争的行为而产生过新的航运服务或是航运服务质量的改进,而仅仅是为了节省成本,对社会而言并未产生任何有益之处;另外,可靠的航运服务是否直接源于班轮公会的协定运价行为也无根据。班轮公会越来越多地以服务合同的形式提供航运服务,运价稳定及服务可靠主要由这些合同加以保证。而且公会内部成员之间、成员与公会外独立承运人之间的价格战,对于班轮运输服务的整体可靠程度并无多大影响。因此固定运价与可靠班轮服务之间不存在直接因果关系,不符合豁免的效益条件。

(2) 消费者受益性分析。班轮公会应将相当部分的收益传递给消费者,让其得益。这是因为,对于限制竞争行为所带来的负面后果,消费者理应受到补偿。在航运业中,可具体体现在船舶靠港频率的提高、航期设计的优化、港口设施的使用以及船舶设备的现代化等方面。横向限价这一限制竞争行为的核心协议并无任何一种能至少平衡托运人因公会固定运价所遭受到的不利影响,因此班轮公会的豁免权不符合消费者受益这一条件。

(3) 必要性分析。班轮公会限制竞争的行为必须要证明除固定运价外,没有其他可替代手段对竞争限制较少、同时又能够一样保障可靠的班轮服务。当初欧盟是基于航运业边际成本小的特点而赋予班轮公会豁免权的。航运业的固定成本高,班轮运输业提供的又是定期航班服务,资金高度密集而投资回报率又很低。若放任自由竞争,则航运经营者根本无法从其经营活动中收回运营成本,为市场提供长期的持续性服务。长此以往,对托运人、对整个社会都极其不利,故允许班轮公会协定运价的行为得到豁免。但近年来独立承运人的重要性逐渐增长,而且船货双方的服务合同日益增多,加上联营体的联合经营模式的成功,都表明在班轮公会体制之外一样可以存在可靠的班轮服务。欧盟认为,自从给予班轮公会一般豁免权以来,独立承运人的班轮市场份额一直在增长,而班轮公会的市场份额则在下降。这个事实证明了独立承运人的班轮服务效率并不比班轮公会低,也证明了没有班轮公会的限制竞争行为,独立承运人一样能促进班轮业的技术经济的发展。另外,服务合同也有助于班轮公会的稳定可靠。与班轮公会的固定运价行为相比,服务合同对竞争的限制更小;承运人还能根据托运人的个别需要提供个性化服务;服务合同提前确定运价对单个托运人而言可以稳定运价。因此班轮公会的豁免权不符合必要性的条件。

(4) 不排除竞争性分析。支持班轮公会豁免权的人认为班轮公会也经常面临来自独立承运人、公会成员独立合同,有时甚至是不定期船的有效竞争压力。2002年以前运费水平曾持续下降,也说明了一般豁免制度的适用不足以使班轮公会滥用其豁免制度,排除竞争。然而欧盟委员会认为班轮公会虽然也会有其竞争压力,但是班轮公会本身的竞争能力就比较强,往往会滥用豁免制度,排除竞争,背离豁免的目的。比如,班轮公会曾设法限制公会成员的独立协商、签约的自由。至于运价水平阶段性的下降并不能直接证明班轮公会协定运价行为不会排除市场竞争。因为运价的降低也有可能是技术进步而非市场竞争的结果。因此班轮公会的豁免权不符合不排除竞争这一条件。

因此,白皮书指出:"使班轮公会固定运价、运力供给及市场规则行为之豁免正当的 4 个累积条件将不再满足。没有令人信服的经济性证据能证明,在目前的市场条件下和条约第 81 条第 3 款的 4 个累积条件的基础上,一般豁免在 1986 年被通过时是正当的假设如今仍然正当。"

需要指出的是,即使欧盟已决定取消班轮公会的豁免权,但这项决定也是符合了欧盟经济一体化发展的需求,从根本上也是为了保证本区域内的航运市场的进一步发展,是为了长远的目标而暂时的严格自律,最终还是为了使航运也能充分享受规模经济和范围经济带来的效益。当然,获利从来都是受限制的,为了保护交易相对人——托运人的利益不会因班轮公会肆意扩大自由权而受到损害,以各种方式来限制交易中占优势地位的承运人滥用垄断力,从而保证航运市场的秩序,有利于促进航运业的发展。①

(三) 取消班轮公会反垄断豁免后通过的一般竞争法适用规则

2008 年 7 月 1 日,欧共体委员会通过《共同体条约第 81 条适用于海运服务业的指导规则》(以下简称《指导规则》)。②《指导规则》第 1 部分"概述"主要规定了新规则制定的背景、适用要求和 5 年有效期。第 2 部分"海运服务"界定了海运服务的范围、新规则对成员国贸易的影响、相关市场(包括班轮运输和不定期运输)的界定、市场份额的计算。第 3 部分"海运业横向合作协议" (Horizontal Agreements in the Maritime Transport Sector)为新规则核心内容,规定了海运业横向合作协议如何适用共同体条约第 81 条的具体规则。

在欧盟取消班轮公会反垄断豁免并颁布新的指导规则后,欧盟航运法完成了放松管制改革的使命,建立起新的航运竞争规则体系。基本特征是:①新的航运竞争规则同时适用于班轮运输和不定期船运输,也不区别国内航运市场和国际航运市场,在规则上实现了统一。②班轮公会不再享有反垄断豁免,因此,在欧盟进

---

① 金婷婷. 对欧盟取消班轮公会豁免权之思考——兼谈我国相关立法之对策[D]. 上海:上海海事大学,2007.

② Commission of the EC: Guidelines on the application of Article 81 of the EC Treaty to maritime transport, Brussels, 1 July 2008, SEC(2008) 2151 final.

出口航线上将不再存在班轮公会。③一般意义上的协商协议在欧盟传统海运竞争规则里本来就不享有反垄断豁免,在新规则体系里,其地位保持不变。④联营体按照联营体规则继续享有反垄断豁免利益。⑤除联营体外,欧盟航运市场上船公司之间的其他合作协议将直接适用《欧共体条约》第 81 条的规定,总体上属于被禁止之列,如果符合该条反垄断豁免条件的,则仍然可以享有反垄断豁免。这种豁免属于个别豁免,基于个案特殊情形和一般规则来确定。⑥技术协议、信息交流协议和国际不定期船联营体将是《欧共体条约》第 81 条适用于海运业需要特别审查的 3 类协议,因为其中包含允许和禁止的 2 种可能。传统的班轮公会成员之间的运价、运力等方面的合作直接违反《欧共体条约》第 81 条第 1 款规定而被禁止。⑦新的航运竞争规则体系的实施目前定为五年,欧盟航运业未来竞争规则尚有可能发生变化。①

(四) 联营体规则

目前,世界上对联营体进行专门立法的只有欧盟。从欧盟联营体规则产生以来,该领域先后有理事会 2 个授权性规则,委员会 3 个基本规则和 2 个修改规则。

1992 年,欧盟理事会制定第 472/92 号条例②,确立联营体享有反垄断豁免的政策,并授权委员会制定联营体反垄断整体豁免的规则。欧共体委员会于 1995 年制定了实施细则,即第 870/95 号条例③,该条例有效期为 5 年。在失效之前,委员会对第 870/95 号条例稍作修改,颁布了第 823/2000 号条例④。在第 823/2000 号条例实施期间,委员会进行过 2 次修改,分别颁布了第 463/2004 号条例⑤和第 611/2005 号条例⑥。第 611/2005 号条例将第 823/2000 号条例的有效期延长到 2010 年 4 月 25 日。在第 823/2000 号条例失效前,理事会重新制定了第 246/2009

① 郑丙贵. 欧盟航运竞争规则新体系探讨[J]. 上海海事大学学报,2009,30(1): 84-88.

② Council Regulation (EEC) No 479/92 of 25 February 1992 on the application of Article 85 (3) of the Treaty to certain categories of agreements, decisions and concerted practices between liner shipping companies (consortia).

③ Commission Regulation (EC) No 870/95 of 20 April 1995 on the application of Article 85 (3) of the Treaty to certain categories of agreements, decisions and concerted practices between liner shipping companies (consortia) pursuant to Council Regulation (EEC) No 479/92.

④ Commission Regulation (EC) No 823/2000 of 19 April 2000 on the application of Article 81(3) of the Treaty to certain categories of agreements, decisions and concerted practices between liner shipping companies (consortia).

⑤ Commission Regulation (EC) No 463/2004 of 12 March 2004 amending Regulation (EC) No 823/2000 on the application of Article 81(3) of the Treaty to certain categories of agreements, decisions and concerted practices between liner shipping companies (consortia).

⑥ Commission Regulation (EC) No 611/2005 of 20 April 2005 amending Regulation (EC) No 823/2000 on the application of Article 81(3) of the Treaty to certain categories of agreements, decisions and concerted practices between liner shipping companies (consortia).

号条例[1],授权委员会制定新的联营体规则。委员会为此颁布了第906/2009号条例[2]取代第823/2000号条例。第906/2009条例自2010年4月26日起生效,至2015年4月25日失效。

2009年规则在运力合作方面有所放宽,班轮公司之间可就应对运力供求关系波动达成协议调整市场运力状况。在此之前,允许班轮公司之间进行暂时的运力调整,通常将其理解为应对季节性原因引起的运力供求失衡采取共同措施调整运力。

在联营体享有反垄断豁免的条件方面,2009年新规则并没有实质性变化,仍然以一定的市场份额为条件。有2处小变化:①规定了联营体市场份额计算的具体规则;②增加了联营体享有反垄断豁免的核心限制(Hardcore Restrictions)。按照新规则确立的联营体市场份额计算方法,其市场份额既包括在一联营体内承运的所有成员的货运量,也包括该联营体成员同时属于另一联营体时,在那个联营体内承运的货运量,还包括在联营体外以该联营体成员自己名义承运的或以第三方船舶名义承运的货运量。所谓联营体的核心限制,是指联营体协议不得包括的内容,否则即构成违法。主要体现为下列3方面:第一,向第三方提供班轮运输服务时固定运价;第二,除了允许的运力调整协议外,限制运力或运输服务;第三,分配市场或客户。

第906/2009号条例前述变化表明欧盟联营体政策一松一紧2方面趋势。运力合作范围上自由度提高了,但是,运价合作绝对禁止。

(五)内河运价和费率的自由化

在国际航运领域,无论是欧盟成员国之间还是成员国与第三国之间,欧盟没有建立直接的运价管理制度。在这方面只有一个规则,即1986年理事会第4057/86号条例,是关于海运不公平定价行为的规则。[3] 所谓"不公平定价行为"(Unfair Pricing Practices),是指在欧盟出口或欧共体内的特定航线上,有关货物的运价在不少于6个月时间内持续低于正常运价的行为,这种低于正常运价行为之所以可能,是由于有关船舶所有人获得了非欧盟成员国的某一国家给予的非商业性优惠(Non-commercial Advantages)。[4] 确定正常运价(Normal Freight Rate)时,需要

---

① Council Regulation (EC) No 246/2009 of 26 February 2009 on the application of Article 81(3) of the Treaty to certain categories of agreements, decisions and concerted practices between liner shipping companies (consortia).

② Commission Regulation (EC) No 906/2009 of 28 September 2009 on the application of Article 81(3) of the Treaty to certain categories of agreements, decisions and concerted practices between liner shipping companies (consortia).

③ Council Regulation (EEC) No 4057/86 of 22 December 1986 on unfair pricing practices in maritime transport.

④ Council Regulation (EEC) No 4057/86 of 22 December 1986 on unfair pricing practices in maritime transport. Article 3 (b).

考虑下列因素：①在同一航线或具有可比性的航线上，不享有非商业性优惠的船公司在通常经营情况下提供类似服务时实际收取的可比运价；或者②根据不享有非商业性优惠的船公司的成本，加上合理的边际利润(A Reasonable Margin of Profit)，依此推定其运价(The Constructed Rate)。这里的成本应该基于船公司正常经营过程中发生的所有成本，包括固定成本和可变成本，再加上合理的管理费用。① 前述规定表明，欧盟理事会第4057/86号条例主要是针对外国航运公司的不公平定价行为，在认定该行为的标准上按照相同情况下其他船公司的正常运价作为参照。对于欧共体内部市场而言，船公司低价倾销行为直接适用《欧共体条约》第82条的规定，直接或间接实施不公平的购买价格或销售价格或其他交易条件的，都是滥用市场支配地位的行为。

在内河运输方面，尽管理事会第3921/91号条例使航运市场的自由化取得了一定成绩，但在运输的定价和货物的可自由获得方面，却没有任何突破。因为该条例里仍明确指出"对运输合同，租船程序及其费率和条件"仍由该国国内法进行规定。1994年6月，在委员会交给理事会的一份报告中指出：由于各国管理制度的不同，依承运人所在国不同，有些承运人只能受限于运输轮转制来签订合同，而有些承运人则可以在相对自由的市场获益，长此以往，是不可能形成一个相对公平的共同运输市场的。然而运输轮转制在如法国、比利时、荷兰这样的国家，因受到了中小型承运人的支持而迟迟不得废除。

在意识到公路和铁路情况，运输安全、环境、能源节约等问题以及公民生活质量的前提下，为了公共利益，有必要在共同体层面上对整个欧洲内河航运市场进行规定，以实现更大的商业自由，并形成一个自由交易和定价的运输市场。同时为配合相关补贴的政策，也有必要在共同体层面上进行逐渐的市场自由化过程，但将具体的时间安排的义务交给成员国自行规定。

由于认识到以上所述的限制，在1995年5月，委员会召开了关于共同政策和一揽子重要提议的交流会，其中就以彻底开放陆水运市场的指令的草案为中心进行讨论。1996年10月19日，通过了理事会96/75/EC号指令，该指令旨在建立交互式的租船服务组织体系(adapt the organization of the turn-by-turn about chartering systems)以达到更高的商业灵活性，从而于2000年1月1日时能组建一个自由交易的体系(to achieve a system of free transactions)。该指令规定了在欧共体内成员国和国际内河水路货物或旅客运输中，各方当事人应自由订立合同，自由商定在租船交易市场中合理的价格(the prices negotiated freely, where appropriate within charter clearing houses)。然而，该指令规定了过渡期限。在此期限内，在自由租船和定价系统最终形成适用之前，交互式租船服务系统的适用范

① Council Regulation (EEC) No 4057/86 of 22 December 1986 on unfair pricing practices in maritime transport. Article 3 (c).

围将被逐步规制(it provides for a transitional period during which the scope of the turn-by-turn about system will be gradually restricted, before the final emergence of a free transport chartering and pricing system)。

尽管有过渡期,指令仍为运输轮转制下的托运人提供了3种合同的选择,以渐渐取消运输轮转制。在该指令生效2年后的2年内,即1999年1月后的2年内,运输轮转制下的托运人应当有从3种合同中选一的机会:单一或多航次的普通合同;以天为单位支付运费、在某段时间内由托运人使用的以时间为基础的合同;吨位合同,即承运人同意以某一运价提供确定吨位或者每一吨位注明运价计算。

由于过渡期的规定,尽管该指令在1997年1月即生效,但真正完全的自由化直到2000年1月才得以实现。

三、日本

(一) 国际航运反垄断豁免制度

日本《海上运输法》(Marine Transportation Law)第28条和第29条是关于国际航运协议反垄断豁免的基本规定。《海上运输法》将国际班轮公司达成的各种经营合作称为协议,具体涉及运价、收费或其他运输条件,航线,船舶使用和货载等。这些协议在符合规定的条件并向MLIT备案后,可享有反垄断豁免。与其他国家相比,日本关于国际航运反垄断豁免的立法相对简单。

受美国《1998年航运改革法》的影响,1999年,日本对《海上运输法》有关国际航运反垄断豁免方面的规则进行了修改①,主要目的是进一步限制航运协议组织对国际海运市场竞争的消极作用。修改的重点体现在3个方面:

首先,享有豁免的条件。日本运输部对不符合以下豁免条件的个别协议可予以修改或取消:①运输服务使用者的利益没有受到不恰当的损害;②没有因此产生不适当的歧视;③对参加或退出协议的行为没有不恰当的限制;④协议仅仅应具有实现其目的的最低内容。

其次,取消豁免的情形。在下列情形下取消航运公司之间协议的豁免:①在交易过程中使用了不公平的方法;②对竞争构成了实质性的限制,对运输服务使用者的利益造成了不正当的损害;③在公平贸易委员会要求运输部采取修改等矫正措施1个月后,运输部未采取措施的。

最后,法律责任。1999年的修改提高了经济处罚的标准,每次处罚最高标准为100万日元。

---

① The Amendment of the Marine Transportation Law by the Law for the Adjustment of the Immunity System from the Anti-Monopoly Law.

（二）内河标准运费及标准收费制度

日本《内航海运业法》第 16 条设定了标准运费及标准收费制度。“运输大臣指定航线及货物，设定内航海上运输业的运费和其他收费标准，并予以公布。前款的标准运费及标准收费必须适应该运输特征，补偿有效经营的适当原价，且包含适当的利润。运输大臣认为标准运费及标准收费不符合前款规定的基准时，可予以变更。运输大臣欲设定、变更标准运费及标准收费时，必须与运输省审议会商议”。

与此相对应，该法同时规定了有关运费和费用的劝告制度。该法第 18 条规定：“运输大臣对于有关依第 16 条设定标准运费及标准收费的航线及货物的运输，出现采用与标准运费及标准收费不同的运费和费收进行交易的情况下，认为该交易有损于内航海运业的健康发展时，有权劝告其应当采取必要的措施纠正该交易。内航海运业者接到前款的劝告时，必须在运输大臣指定的期间内作出是否同意的答复。运输大臣在内航海运业者不作出回答或认为其不同意的理由不适当时，可命令内航海运业者采取第 1 款中劝告的措施。”

与标准运费及标准收费制度类似，该法第 19 条也规定了标准租金制度：“运输大臣认为对促进内航海运业的健全发展有必要时，可以设定标准租金（含标准期间的租船费）。”

四、韩国

（一）海上旅客运输业的运行规则

1. 收费标准

取得海上客运许可的承运人，要将客运航线的运费向国土海洋部进行申报，变更收费标准时亦要申报。国土海洋部长官对垄断经营的沿岸航线，可以制定合理的收费标准（《海上运输法》第 11 条）。

2. 航运管理规则的制定及审查

沿岸客运经营人为确保客船的安全，应当根据国土海洋部令的规定，制定航运管理规则并提交给国土海洋部长官，其变更航运管理规则时亦同。国土海洋部长官应当对航运管理规则进行审查，为确保客船的安全，如有必要修改航运管理规则的，应当向经营人提出修改的意见和需修改的重点内容，责令沿岸客运经营人对航运管理规则进行修改。

3. 航运管理人

沿岸客运经营人应当接受韩国海运组合所选定的船舶航运管理人对航运安全方面所进行的指导与监督。航运管理人的资格条件、选定方法、选定程序、职责范围及航运管理人的指导、监督等相关内容，由国土海洋部令规定。设航运管理人所需费用由沿岸客运经营人承担。航运管理人监督客运经营人遵守和履行航运管理规则的情况,确认进出港口的客船,忠实履行对船员进行教育等安全航运相关的职责。

航运管理人为客船的安全运行,必要时可以向国土海洋部长官提出如下要求:①增加客船的营运航次;②停止出港;③根据事业计划变更营运。

4. 旅客满意度评价

国土海洋部长官为提高海上客运的服务质量,对沿岸客运班轮和不定期客运经营人可以进行旅客满意度调查。[①] 对满意度高的经营人予以奖励,并可根据国土海洋部令的规定,给予优惠待遇;而对旅客满意度低的航线,根据总统令的规定,可采取追加发放新经营许可等的制裁措施[②]。旅客满意度的调查结果,可由国土海洋部长官根据总统令的规定予以公布。[③] 旅客满意度评价的方法、程序等相关事项由国土海洋部令规定;而为进行满意度评价设立的沿岸客运旅客满意度评价委员会的设置和运营,则由总统令规定(《海上运输法》第 9 条)。

(二) 海上货物运输业的运行规则

1. 运价的公示

国际定期货运班轮经营人及从事国内港口和国际港口之间货运的外国人,应当根据国土海洋部令的规定,确定运费后向货主等利害关系人公示,变更运费时亦同。从事货运的外国人除公示运费外,还要制订运营计划向国土海洋部长官申报,变更运营计划时也要申报。国土海洋部长官对运费和运营计划进行审查,如存在过度竞争等有害航运业健康发展的,可以采取必要措施以期变更其内容或者调整运费(《海上运输法》第 28 条)。

2. 运价协议

国际货运经营人可以与其他国际货运经营人(包括外国人)就运费、船期、货物装载及其他运输条件达成协议或者采取一致行动(国际非定期货运经营人就运费的协议或者采取的一致行动除外)。但是,协议当中不得有不当限制参加该协议或者阻碍采取一致行动的内容。国际货运经营人签订前述协议的,应当向国土海洋部长官申报该协议,变更时亦要申报。国土海洋部长官对申报的协议进行审查,如认为存在下列情形之一的,可以采取必要措施以期中止、变更该协议:第一,违反国际公约或者不当限制参加协定的;第二,以不当制定船期、货物

---

① 可以委托民间机构进行顾客满意度调查,调查的方式为对乘客的问卷调查和现场调查相结合的方式。满意度调查之前应公示调查的期间、对象和调查标准(海运法施行令第 4 条)。

② 制裁措施包括:经营人申请变更事业计划书中增减船、改变运行次数和运行时间等事项时不予准许或者进行限制;选定政府补贴航线经营人时减分;对该航线发放新的许可,允许其他经营人参与经营等(海运法施行令第 5 条)。

③ 公布的内容应包括:①各评价项目的评价方法及结果;②沿岸客运经营人及各船的得分情况;③沿岸客运经营人及各船服务质量的提高程度;④为提高海上客运服务质量需要公布的其他事项。国土海洋部长官可以在官报、日报或者网络上公布上述结果(海运法施行令第 7 条)。

装载及其他运输条件的方式扰乱海上货物运输秩序的；第三，不当提高运费或者减少航次而实质性地限制竞争的（对本项行为采取措施时，还应当向公正交易委员会通报）。

签订协议的国际货运经营人应当与总统令规定的货主团体[①]就运费和运输条件互相交换信息，并对运费和运输条件进行协商，当事人不得无正当理由拒绝进行协商[②]（《海上运输法》第 29 条）。

3. 事业改善命令

国土海洋部长官为提高国际竞争力和维持航线秩序，实现货物运输的畅通，必要时可以责令海上货运经营人进行：①变更事业计划；②为保护船员或者渔民等与该船舶航运相关人的措施；③为船舶的安全航行所必要的事项；④履行海运相关的国际公约；⑤加入海上保险（《海上运输法》第 30 条）。

4. 禁止规定

从事国际货物的经营人，不得进行下列行为：①不遵守已公示运费标准，多收或者少收运费；②为收取低于公示的运费而将已受运费退还的行为；③非因经营上的理由而不当歧视货主的行为[③]。

与国际定期货运班轮签订运输合同的货主，也不得利用收取虚假运费单等方式，以比已公示运费更高或者更低的价格运输货物，或者要求退还已支付的运费。

另外，无论是客船还是货船，国土海洋部长官为保持一定的船舶吨数，维持海上安全和航线秩序，必要时可以限制将船舶卖给或者光租给不能拥有韩国国籍的船主，也可以限制租船或者限制船舶在特定航线、特定区域运营。国土海洋部长官作出上述限制时，应事先将限制对象船舶的种类、大小、船龄、航线或者区域等内容予以公示。限制如有例外时，也要公示例外的条件和程序，申请例外的人须经国土海洋部长官的许可（《海上运输法》第 49 条）。

五、新加坡

（一）国际航运反垄断豁免制度的背景

新加坡航运市场的运行规则主要由 2004 年 10 月 19 日议会通过的《竞争法》

---

① 所谓总统令规定的货主团体是指具备下列各项条件的团体中向国土海洋部长官申报的团体：①会员 1 年的进出口总额为全国 1 年进出口总额的 25%以上；②团体的设立目的是为增进全国进出口货主的利益（海运法施行令第 19 条）。

② 所谓无正当理由不予协商是指：①没有正当理由不进行协商的；②协商时无正当理由和其他经营人区别对待的；③提供虚假资料或者信息，使协商不能正常进行的；④其他无正当理由拒绝或者妨害协商的行为（海运法施行令第 19 条 2 款）。

③ 非因经营上的原因而歧视货主的行为是指：①针对特定的人、地区或者运输方式，给予不合理的优先或者不利待遇的；②较外国进出口商而言，对韩国出口商收取不合理的运费和费用的行为；③在货运过程中发生的纠纷及损害赔偿请求权的处理上，不当歧视货主的行为（海运法施行令第 16 条）。

(Competition Act)调整,这部《竞争法》参照欧盟《1998 年竞争法》,以提升新加坡市场功效、加强经济的竞争性为目的。由新加坡竞争委员会作为管理和实施《竞争法》的法定机构。《竞争法》主要规定了 3 种主要的禁止行为:反竞争协议、决定和实践;滥用市场支配、统治地位;损害竞争的兼并行为。

新加坡作为全球班轮运输的中心,不论是地区性的还是超越地区性的,都具有非常广泛的班轮运输网。班轮运输在各种不同的班轮运输协议的框架下经常涉及来自技术、经营和商业层面的不同的操作模式,而这其中很多都潜在地与《竞争法》第 34 条的禁止规定相违背。然而,班轮公会协议有助于保持价格的稳定性、服务的可靠性及简化班轮运输经营者之间的技术和经营商的合作,并且全球其他主要的司法管辖权都从《竞争法》的特定情况下得到了免除。特别是新加坡作为一个重要的集装箱货运中转枢纽,许多集装箱航运公司都加入了航运公会,新加坡也不会去触怒这些航运公司,使其可能将业务转至其他港口。

集体豁免(Block Exemption Order)①最初是由新加坡竞争委员会向贸易和工业部部长提出地从《竞争法》第 34 条的规定中免除特定的班轮运输协议。此项提议在 2006 年 7 月 14 日获得同意,这也是在《竞争法》下获得批准的第一个种类豁免决议。新加坡竞争委员会指出班轮运输业在许多不同的司法管辖权范围内经营,他们必须达成他们之间的协议来遵守某一特定航线上最严格的国家的规定。为了给班轮运输经营者提供确定性和避免过分遵从成本,种类豁免决议的目的是创建一个与其他主要司法管辖盛行做法相一致的竞争监管环境。

在建议种类豁免决议时,竞争委员会致力于达到一个全方位的可以在新加坡提升和维持竞争的规范环境,此种班轮公会协议可以通过技术、经营和商业上的协议来促进班轮运输经营者之间的关系,并能保证发货人可以享受班轮运输经营者提供的足够的频率和可靠性,并且是有竞争力的价格。

(二)反垄断豁免的具体规定和特点

新加坡《竞争法》是分阶段施行的,第一阶段从 2005 年 1 月 1 日开始,这阶段仅仅使那些成立新加坡竞争委员会(Competition Commission of Singapore)的规定生效。第二阶段从 2006 年 1 月 1 日开始,这阶段生效有关反竞争协议、滥用支配地位和新加坡竞争委员会执行权力的规定。最后一个阶段从 2007 年 7 月 1 日

---

① 对于 Block Exemption Order 的翻译参见李国海译的新加坡 2004 年《竞争法》第 6 条第 4 款。
漆多俊. 经济法论丛(第十一卷)[M]. 北京:中国方正出版社,2006:188.
对此也有翻译成"种类豁免"的,参见:
中华人民共和国商务部条约法律司. 欧盟竞争法律制度[EB/OL]. (2004-11-17). http://tfs.mofcom.gov.cn/aarticle/dzgg/gwyxx/200411/20041100306416.html? 2274825299=3792866866.
也有翻译成"整批豁免"的,参见美国律师公会反托拉斯法部、知识产权部和国际法部对中华人民共和国所拟议的反垄断法的共同建议,第 43 页,资料来源:http://apps.americanbar.org/intlaw/committees/business_regulation/antitrust/policy.shtml。

开始，使与合并相关的规定生效。《竞争法》第61条规定，新加坡竞争委员会可以发布指导方针指示新加坡竞争委员会将解释和使《竞争法》生效的方式。到目前为止，新加坡竞争委员会已经发布了以下指导方针。

2006年7月14日发布了2006竞争规则，将班轮公会从《竞争法》第34条的禁止中免除，免除的条件是：此班轮运输协议是在2个或者2个以上的提供班轮运输服务的船舶经营承运人之间，各方一致同意在共同提供班轮运输服务方面在技术、经营和商业安排或价格方面合作。

班轮运输服务被定义为在一个或几个固定的航线上，以既定的港口顺序，根据事先公布的船期表顺序(即使是不经常地发布)，收取运费的货物运输，包括多式联运下的内陆运输。班轮公会成员的总计市场份额不超过50%；班轮公会允许会员基于独自的保密合同提供自己的服务安排，向班轮公会发出通知后从班轮公会中撤出而不受罚款；班轮公会不要求会员遵从价格表或公开有关服务安排的保密信息。班轮公会成员的总计市场份额超过了50%，会员将需要履行额外的与补充和公布信息相关的职责以使班轮公会得到豁免。豁免在特定的情况下可能被取消，如班轮公会产生的效果不满足以上标准。此规定从2006年1月1日起生效，持续5年。新加坡竞争委员会在条件允许的情况下，可以在5年期满前重新检查考虑此规定。2010年12月16日，新加坡贸易和工业部部长签发决定，延长班轮航运协议反垄断整体豁免政策。

新加坡《竞争法》对班轮公会的豁免的规定有其自身的特色。美国和欧盟是对不同形式的班轮运输协议的免除规定了不同的条件，但是新加坡的种类豁免通过一个统一的规定来规范所有从《竞争法》第34条中得以免除的相关形式的班轮运输协议。有效期仍为5年，至2015年12月31日止。

新加坡竞争委员会这么做的合理性在于：在未来的协议可能不能明确地属于现在对班轮协议分类的定义的情况下，在将其归于哪一类免除上避免争议。同时，也避免了不必要的对想创新班轮运输协议同时又不构成违反竞争效果的经营者限制。最后，集体豁免涵盖的范围不仅包括集装箱货物运输，还延伸到各种各样的班轮运输服务。

六、中国香港特别行政区

香港的现行竞争政策颁布于1998年，其主要目的是通过竞争，提升市场效率、促进货物流动，从而使消费者最终受益。作为世界上最大的自由港，香港一直以来都奉行自由的市场竞争政策，政府对市场的干预几乎没有。只有在非常特殊的场合下，比如说在需要大规模投资的情况下，垄断和寡头才可能在香港市场存在。在香港，所有的政府部门都担负着促进竞争的使命。在每一项政策和政府法规制定时，相关部门都要考虑现行的有关政策及新政策实施后对竞争可能产生的影响。香港主要的竞争监督、建议机构是“竞争政策咨询团”(COMPAG)，建立于1997

年。香港公众对妨碍竞争的行为,都有权向所属部门提出异议,如果所涉问题关联到不同部门,异议人也可直接向 COMPAG 提出控告。

由于没有一部统一的竞争法,香港当局对竞争的要求具体体现在每一个部门的规定中,因此很难对所有的、为法律所不容的反竞争行为一一列举。但对下列行为,相关部门会作出严格审定,以排除其对市场竞争的妨碍:①固定价格的行为;②招投标中的舞弊行为,对市场的协议分配,销售和生产中的配额;③联合抵制行为;④旨在限制市场准入或竞争的不公平或歧视性的标准。

香港政府认为上述行为会极大地扭曲市场的正常运作,增加购买者的费用,减少购买者选择的机会,同时对经济效率及自由贸易产生损害性的影响。

香港政府同时认为,规模经营和较大的市场占有率并不是构成该企业违反竞争原则的直接证据。关键的衡量标准是企业是否通过滥用其在市场上的优势地位,以限制相关市场的进入和竞争;同时使经济效率降低,对自由贸易造成障碍,以至于影响到了整个香港的利益。尽管这些行为很难概括,但下述举动会被认为是对竞争的妨碍:①掠夺性行为,诸如为了今后能控制某一市场而进行低于成本的倾销行为;②在没有替代产品的情况下,限制商品或服务的最低价格;③出于保证产品质量等正常目的之外,对某项商品或服务供应限制不合理条件。

在香港,由于其经济存在着高度的竞争,固而政府当局认为没有专门制定竞争法的必要。当地政府只是提供了综合的、透明的和高度概括了的总体竞争政策。在这种情况下,为了提升本地的经济效率和自由贸易的发展,香港政府主要通过以下手段来促进香港的内部市场竞争:①增强公众对竞争重要性的认识程度;②从不同部门的角度来探查政府有关政策对竞争的阻碍,对相关法律加以改进,使之符合促进竞争的要求;③通过立法、监管等合理手段,从各部门角度分析待施行的政策或法律对竞争的影响;④鼓励私人部门自愿接受对竞争重要性的认识;⑤支持消费者协会通过法律实践促进竞争,为 COMPAG 提供监测竞争政策的有利条件;⑥对易于产生垄断的部门或产业加强监管。

香港的生存和发展依赖贸易,而对外贸易量的 90%通过航运实现,因此,与贸易一样,航运是香港经济的重要支柱之一。半个多世纪来,香港航运业的进步、发展和腾飞,已使香港成为世界最大集装箱枢纽港、世界最大独立商船队总部、远东同时也是世界最大的国际航运中心。

与其他产业一样,特区政府对航运业实施的是"积极不干预"政策,即一方面实行严格的高度集中监督与管理,另一方面原则上不参与和不干涉港航企业的经营,让其自由发展。在宏观方面,中国香港政府同时和美国、新西兰、韩国、英国、荷兰和中国内地政府就避免航运方面的双重课税订有协议。根据协议,以香港为基地的船只如在协议国的港口装货,船舶所有人可获税收豁免,反之亦然。这些协议不但令船舶所有人得到财务上的利益,更可牢固香港作为亚洲枢纽港和世界航运中心的地位。

鉴于自由港的地位，香港当局对外资的流入没有任何的限制，在航运业亦是如此。资金在航运领域的自由流动，是香港航运政策的一大特点。不论是在港口、航运服务抑或其他的相关部门，对外资在企业中所占的比例、资金来源国都不过问。这种资金流动的自由度，即使在号称自由市场经济的其他发达国家和地区，也很难得一见。此外，允许任何非本地的航运企业自由进出香港也是其政策的重要特色之一。对外国轮船公司在香港设立分支机构或全资子公司，香港当局不设置任何障碍，完全采取自由登记制度。只要经过合法登记，便能在香港毫无歧视地从事所有业务。

香港虽然实行的是完全竞争的市场经济，但对航运业的反垄断豁免，也构成了香港现行航运政策的组成部分。香港回归以前，英国政府在加入联合国《班轮公会行动守则公约》时已将香港包括在内，并为此颁布了《1985 年商船〈班轮公会〉香港令》。1995 年香港制定了《商船(班轮公会)条例》(第 482 章)。香港回归后，经中方确认，联合国的守则公约依然适用于香港。因此，作为垄断组织性质的班轮公会在香港依然有其存在的法律上的依据。相信随着世界各发达国家对航运保护的逐步减弱，香港政府对班轮公会的态度亦会发生相应的改变。

《商船(班轮公会)条例》(第 482 章)规定，该条例目的是：为了实施 1974 年 4 月 6 日在日内瓦签署的联合国《班轮公会行动守则公约》。因此，其内容与联合国公约基本上没有本质的区别。

七、中国台湾地区

台湾对于航运市场的规定有一套比较完备的体系，主要由“航业法”“海商法”“公平交易法”组成。

“公平交易法”对公司和同业公会的联合行为作了规定。联合行为，是指公司或同业公会以契约、协议或其他方式之合意，与有竞争关系之其他公司和同业公会共同决定商品或服务之价格，或限制数量、技术、产品、设备、交易对象、交易地区，相互约束事业活动之行为，但以事业在同一产销阶段之水平联合，足以影响生产、商品交易或服务供需之市场功能者为限。

“公平交易法”规定公司和同业公会不得联合行为。但也规定，为降低成本、改良品质或增进效率的联合行为，为确保或促进输出而专就国外市场之竞争予以约定者，为加强贸易效能而就国外商品之输入采取共同行为者，作为例外事项。但同时规定，为联合行为时，应由各参与联合行为之事业共同向“中央”主管机关申请许可。同业公会为第 5 条第 3 项之联合行为而申请许可时，应由同业公会向“中央”主管机关为之。

“航业法”将国际班轮公司之间的各种合作关系概括为国际联营组织。国际联营组织，是指船舶运送业间订立协议，就其国际航线之经营，协商运费、票价、运量、租佣舱位或与该航线经营有关之其他事项之组织。由此，国际联营组织包括班轮公会等班轮公司之间的各种合作形式。“航业法”关于国际联营组织的规定有：

(1) 运价备案制度。班轮公司和国际联营组织经营固定航线之客、货运价表，应报请当地航政机关核转“交通部”备查。前项运价，当地航政机关如认为显有不当或不利于台湾进出口贸易或航业发展者，得报请“交通部”责令其修正，必要时得暂停其全部或部分之实施。前二项规定，于国际联营组织适用之。

(2) 国际联营组织备案制度。加入为国际联营组织会员之台湾及外国籍船舶运送业，在台湾有营业行为者，应将其所参加国际联营组织之名称、联营协议内容及会员名录报请当地航政机关转请“交通部”备查。联营组织变更或解散时，亦同。前项国际联营组织，以协商运费票价为其联营协议内容者，其会员公司之运价表，得由国际联营组织代为申报。未依第一项规定办理者，航政机关于必要时，得暂停该船舶运送业全部或部分运价表之实施。

(3) 对国际联营组织内容的规定。国际联营组织所订协议内容有碍航运秩序或经济发展者，航政机关得责令其限期改善；拒绝改善或改善无效者，航政机关得禁止或限制其全部或部分会员公司在台湾营运。

第三节 各国(地区)市场运行规则特点

第一，从美国《1998 年航运改革法》开始，主要航运国家(地区)开始改革国际航运反垄断豁免制度，改革方向是限制班轮公会等具有固定运价的协议对市场竞争的限制作用。

第二，除欧盟取消班轮公会反垄断豁免保留联营体反垄断豁免外，目前主要航运国家(地区)仍然实行比较全面的国际航运反垄断豁免制度。

第三，在班轮公会、协商协议和联营体三类最主要的国际航运协议中，班轮公会和协商协议数量逐年减少，联营体有增加的趋势。

第四，各国(地区)关于国际航运协议的分类非常不一致，用词上各有千秋。

第五，在国际航运反垄断豁免制度下，各国(地区)建立了国际航运协议备案管理制度。通过备案制度对国际航运协议进行监督管理。欧盟竞争法特有的整体豁免制度使其没有相应的联营体备案制度。

第六，有些国家(地区)近几年一直存在主张取消国际航运反垄断豁免制度的力量，尤其是主张取消具有固定运价、协商运价内容协议的反垄断豁免。

第六章　市场宏观调控规则

第一节　航运市场宏观调控规则概述

一、航运市场宏观调控

一国乃至一个行政区域的整个航运经济活动，属于宏观经济的范畴，而航运企业或者其他经营人的航运经济活动，则属于微观经济范畴。航运市场宏观调控，是指国家和政府以航运总供给和总需求的平衡为主要目标，运用各种宏观经济手段，对航运总体的供求关系进行调节和控制，以实现航运领域的社会经济利益。

航运市场宏观调控应以保持航运市场运力和服务供求关系的平衡为主要任务，防止供求关系出现严重失衡，尤其是防止出现运力长期的严重过剩，以及促进市场船舶运力结构的优化，提高航运经济效益，实现航运经济的健康发展。

从宏观调控与市场之间的关系而言，通过宏观调控可以实现航运市场充分发挥市场机制作用的需要，弥补市场机制缺陷的需要。国家发展航运的政策和目的等也可以通过宏观调控来实现。

二、航运市场宏观调控的手段

中共十四届三中全会通过的《中共中央关于建立社会主义市场经济体制若干问题的决定》中指出："政府运用经济手段、法律手段和必要的行政手段管理国民经济。"据此，学者普遍将宏观调控手段区分为经济手段、法律手段和行政手段。但是，对这三种宏观调控手段的内涵，学术界并没有充分和完善的解释。有学者指出："经济手段主要是指利率、汇率、信贷、税收、价格等手段；法律手段则指制定和实施有关经济领域的法律、法规等。"①也有学者指出："经济手段包括：一是经济政策体系，如财政政策、货币政策、产业政策和收入分配政策等；二是经济杠杆体系，如价格、税收、信贷、汇率等。"②在社会主义市场经济体制下，经济手段、行政手段

---

① 沈宗灵．法理学[M]．北京：北京大学出版社，2001：176.

② 孙国华，朱景文．法理学[M]．北京：中国人民大学出版社，1999：134.

和法律手段是三个相对的概念，通常是内容与形式之间的关系，而不是彼此独立的概念。

在航运领域，除了国家宏观调控对航运业产生影响外，航运主管部门的宏观调控主要是利用各种产业政策实施调控，如航运发展规划、运力调控和运价调控等。

有时，航运市场准入制度也可以是宏观调控的一部分或者说是宏观调控规则的一部分，航运业扶持政策业具有航运宏观调控性质。涉及市场准入的规则参见其他章。

第二节　各国(地区)航运市场宏观调控规则主要内容

一、美国

(一) 概述

美国对航运市场进行宏观调控的目的是保卫美国国防安全及促进其内外贸易的发展，促进美国海军和美国商船的紧密合作，实现美国海上实力在最大程度上的一体化。建立与维持强大的商船队最为核心，首先，这能够满足美国国内贸易和绝大部分进出外贸货物水上运输的需要，并能随时为维护国内外贸易的进行提供必需的水上运输服务；其次，在战时或者国家紧急状态时，能作为海军和军队的补充。

调控主体，是宏观调控措施的制定者和实施者。美国对宏观调控的主体是美国政府，而美国航运市场宏观调控的实施主要是由美国国会下的财政部、运输部以及隶属于运输部的海运管理署负责的。调控受体，是宏观调控行为的直接受影响者。美国对航运市场进行宏观调控的受体主要是美国船旗的船舶所有人、船船经营人、修造船经营者、码头经营人等。如建造新船和油船的船舶所有人和船舶经营人，改建、修理或购买对国防和美国商业发展有用的商业船舶的船舶经营人，符合补助条件的小型船坞，并维持美国在国际贸易运输发展的海上安全船队等。

美国对航运市场宏观调控规则主要体现在《美国法典》第 46 卷第 501 章、第 503 章和第 505 章的《商船法》"一般规定"(Merchant Marine General)，还有第 511～541 章的"商船服务"(Merchant Marine Service)的内容。美国对航运市场进行宏观调控的主要措施(制度)有 3 大类：第一类是促进发展方面的补贴措施，主要有贷款担保计划、国防油船建造补助计划、资本储备基金和资本建设基金、小型船坞补助这 4 项补助计划；第二类是满足国防及其他安全要求的补贴，主要有海上安全船队及船队补贴计划、战争风险保险这 2 项补助计划；第三类是老旧船舶处理措施。

(二) 航运发展补贴措施

美国航运市场宏观调控促进发展方面的补贴 措施主要是对造船和船坞的补

贴,以促进船坞的现代化和美国国内外贸易的发展,这一方面的补贴措施主要有贷款担保计划、国防油船建造补助计划、资本储备基金和资本建设基金、小型船坞补助这 4 项补助计划。

1. 贷款担保计划

海运贷款担保计划是由美国国会在《1936 年商船法》中设立的,该计划是通过提供给船舶所有人和船舶经营人建造新船的贷款担保,以鼓励国内船舶建造的发展。贷款担保计划的历史很长且成熟完善,它的违约率很低。国外政府补贴其本国商业性造船业,美国商业造船业因此处于不利的竞争地位,而贷款担保计划有利于促进船坞现代化和美国船舶沿海贸易,以及恢复美国在世界船舶建造市场的竞争地位,是鼓励国内船舶建造业的有效工具,也有利于维持良好的产业运力以保护美国的安全。

《美国法典》第 46 卷第 53702 条规定,部长或署长有权为债务的利息和未支付之本金提供担保或承诺担保义务。对于提交贷款担保申请书的,部长或署长根据有关规则要求进行全面、公平的考虑,其中包括对经济合理性要求及债务人及其关系人适用的财务要求,并达到技术、经济、财政等各方面的全面评估要求。通过评估后,部长或署长才决定是否对其提供担保或承诺担保义务。

(1) 受担保债务的限额(Funding Limits)。根据第 537 章(Loans and Guarantees)的规定,每次担保的未支付债务总额不超过 120 亿美元,其中,所担保的渔船和渔具的债务不超过 8.5 亿美元;所担保的合格出口船舶的债务不超过 30 亿美元。

对于额外限制,对每个财政年度的贷款所作的新的承诺担保可以不设置最高限额,除非此种限额已经提前在年度授权法中予以规定。第 537 章下的任何合格船舶不因其种类不同而被否认合格性。

对根据风险因素确定的限制,首先,部长或署长应该建立一个能对根据第 537 章下提供的担保的相关风险进行分类的债务风险分级系统,并每年对其进行更新;其次,对每种风险类别,每年决定一个相当于该类别债务成本的补贴率,并用该债务担保数额的百分比的形式来表示;最后,通过使用风险分级系统,根据作出债务担保承诺时已知的事实,保证每个风险都由在成本方面相似的、并具有违约和其他成本性质的贷款组成。此种风险类别系统应建立在与贷款有关的可能发生的违约成本或其他成本的历史项目数据分析和数据证据上。

在对债务和每年需要担保的项目提供担保前,部长或署长要运用以下列出的风险因素将债务置于风险类别系统中进行分析。风险因素包括:①如果可能,对合格出口船舶进行或即将进行融资的国家风险;②已经提供或即将提供的担保期限;③考虑资助项目总的成本因素,已被担保或将被担保的债务的金额大小;④债务人或担保申请人的财务状况;⑤如果可能,任何与项目相关的其他担保,但不包括根据规定需要用风险因素来考虑的担保;⑥如果可能,获得资助的船舶或设备的预期就业情况;⑦如果可能,获得资助的船舶或设备用以提供服务的预期市场;⑧为担保所提供的抵押品;⑨债务人和担保申请人的管理和经营资历;⑩根据规定获得担保的被担保人在项目进行阶段是否已经存在或即将设立;⑪风险集中的风险因素,其反映出相当大比例的贷款集中在一个借款人或一组相关的借款人时的情况。

(2) 债务担保的合格性。部长或署长可对债务的本金和利息的支付提供担保,但是该债务依规定须有助于以下情况:

第一,对主要设计用于商业和研究用途,并用于从事以下情形船舶(包括合格出口船舶)的建造、改建或更新的融资,还包括对债务人先前支出的补偿:①沿海和岸际间运输;②在五大湖区域,或美国境内的海湾、海峡、河流、港口或内湖从事运输;③本法定义的对外贸易;④作为一个海洋热能转换装置或船舶;⑤与船舶的建造、改建、更新或修理时的活动船坞有关;⑥合格出口船舶从事全球贸易航行。但是,当交船后一年,或者在改建、更新后交船后一年的,部长不会提供以上规定的担保,除非债务的收益被用于对船舶或海上运营设施或装备的建造、改建、更新。

第二,美国公民所拥有的、设计目的主要用于研究,或者捕渔业或有关贸易的商业用途的船舶的建造、改建、更新或购买融资,包括对债务人先前支出的补偿。

第三,依据第 46 卷接受融资担保的船舶或渔具的建造、改建、更新,应该符合下列条件:①基于这些船舶或渔具产生的并应支付的债务;②由基金资助获得的船舶或渔具;③在部长或署长取消抵押回赎权情况下被出售的船舶或渔具。

第四,为向美国偿还任何第 46 卷规定的船舶所支付的建造差额补贴的款项而进行的融资。

第五,对根据以上第一、二、三或四已产生的债务的再融资,无论其是否获得担保。这包括但不仅限于,为了取得临时基金进行不断再融资而发生的短期债务。

第六,对债务人偿还先前对渔具的建造、改建、更新或购买所支出的融资或再融资,但不仅限于此。

第七,对债务人偿还先前按照《麦格努森-史蒂芬渔业保护和管理法》中对个人捕鱼限额的购买花费的融资或再融资,对在运输方面对增加渔业运力有帮助的行为的融资或再融资,以及对旨在提高征管渔业相关的数据报告,以减少误捕技术或升级,提高选择性渔具或减少不利影响,或改善安全性的融资或再融资。

(3) 有关债务人和经营者的规定。对于部长或署长批准的承担责任的债务人,须要有能力、经验、财务资源和其他必要资格来妥善运营和维护船舶,为部长或署长的担保提供反担保。

对于班轮经营者,除非联邦海事委员会主席证明该船舶经营人在之前 5 年内未被委员会发现违反《1920 年商船法》第 19 条[①]规定或《1988 年外国航运行为法》[②]规定，或者在之前 5 年内未被委员会发现违反《1984 年航运法》[③]中有关对相关的美国托运人、远洋运输中介、远洋公共承运人或港口的不公正的歧视及不适当、不合理的偏见或不利条件的规定，否则海运管理署署长不得再依据《1936 年商船法》第 11 章[④]规定为班轮运输船舶的建造、改造、翻新的贷款债务签发担保或承诺担保。

(4) 所能担保的债务总额。部长或署长能够担保的债务的本金的最高限额和比例为：债务人为建造、改建、更新船舶所支付的款项的总额；如果债务人依《美国法典》第 46 卷第 53715 条的授权建立了一个第三人保管基金，则最高限额为此种船舶的实际成本。

对借款数额，《美国法典》第 46 卷第 53709 条(b)款作出以下的限制规定：

第一，除非有其他例外规定，根据第 537 章的规定，本金总额不应超过作为担保利益的船舶的实际价值或以实际折旧价值的 75%。即使根据部长或署长的要求提供了反担保。

第二，核准船舶。船舶的尺寸和船速已被部长或署长认可，或该船根据第 46 卷规定获得建造抵押资助，或者符合获得建造抵押资助的条件(或根据规定本应能获得抵押资助，除非是在建造差额补贴的支助下建造的且补贴已被偿还)，或抵押人的最低分期付款的首付款是或本应是这样的船舶的成本的 12.5%，债务不能超过实际价值或以实际折旧价值的 87.5%的船舶。

第三，驳船。对于没有或者已经偿还建造差额补贴的驳船的建造，债务不能超过实际价值或以实际折旧价值的 87.5%的船舶。

第四，渔船和渔业设施。在渔船和渔具的情况下，债务本金不能超过渔船和渔具实际价值或以实际折旧价值的 80%，除非联邦融资银行不在这个限制性条件下确定债务。

第五，远洋热能转换设施或船舶。当债务是关于在没有建造差额补贴的资助下建造的远洋热能转换设施或船舶时，债务的本金不能超过实际价值或以实际折旧价值的 87.5%。

第六，合格出口船舶。在合格出口船舶的情况下，债务的本金不能超过合格出口船舶实际价值或以实际折旧价值的 87.5%。同时还规定了多船的反担保，部长或署长将债务担保的本金总额与多艘船舶联系起来的，其本金可以等于但不能超过每艘船舶所准许的债务总额。并且部长或署长不能对担保或承诺实施统一的百分比。

---

① 《美国法典》第 46 卷附卷第 876 条。
② 《美国法典》第 46 卷附卷第 1701a 条。
③ 《美国法典》第 46 卷附卷第 1701 条。
④ 《美国法典》第 46 卷附卷第 1271 条等。

(5) 降低贷款拖欠的措施。针对贷款担保计划,美国国会对《1936 年商船法》进行了一系列修订,要求运输部长作出努力,以降低贷款拖欠的可能性。具体内容包括: 第一,要求建立控制系统,确保在贷款担保的义务人履行其所分担债务的 12.5%～25%之前,不向船舶所有人支付贷款或者部分贷款,扩大"实际费用"的定义,以便于控制系统运作;第二,授权运输部长作出决定,海运管理署可免除申请人提供财政情况,建立透明、独立的程序,确保当事人获得贷款支付前,应证实在建项目的进展情况;第三,要求运输部长在担保期间内,定期监督债务人的财政状况和营运情况,在债务人可能没有能力继续履行义务时,采取额外行动;第四,要求运输部长通过对抵押财产的独立评估,使债务人的财产在出售时实现最大价值,并在有关程序中保证充分竞争;第五,规定运输部长同意或者拒绝贷款担保申请的最后期限;第六,授权运输部长获得第三方对担保申请或者担保承诺相关风险因素的分析,授权其因风险因素的增加而提出额外的补偿要求并且收取一定费用;第七,要求运输部长在提供担保或者承诺担保之前,考虑贷款集中于一个贷款人或者一组有关联关系的贷款人而可能导致的风险。

此外,对《1936 年商船法》的修订还要求运输部长每年向国会报告贷款担保计划的各种细节,并规定了报告的要求;要求运输部长对贷款担保计划的资源需求进行综合评估,发展一套管理计划的组织框架,确保贷款申请与批准、贷款担保项目监督和未偿还贷款管理;要求每年更新风险种类和相关津贴比例。

2. 国防油船建造补助计划

2003 年,为降低对外国建造油船的依赖性,美国国会通过了新的"国防油船建造补助"计划,在不超过 5 000 万美元的金额范围内,直接向作为美国公民的船舶所有人提供船舶实际造价的 75%的援助。国防油船建造资助计划旨为在美国建造的达到 5 艘的私有制成品油船的船队提供财政资助,私有制成品油船应同时在国际贸易中从事商业服务,船舶在战争或国家进入紧急状态的期间可用于国防目的。

申请该计划规定的资助而提交造船计划的人,须满足以下的条件: 第一,计划和说明书中提议建造的载重吨为 35 000～60 000 t 的制成品油船,并且该制成品油船将满足国际贸易的要求,并可运载军用石油制成品,以及在战争、国家进入紧急状态或其他突发军事紧急事件的期间内可用于国防或军事目的,还有符合依据美国法律取得证明文件所必需的建造标准;第二,计划建造船舶的船厂有必要的能力和专业技术以保证其得以在运输部长确定的合理期间内建造预计数量和船型的制成品油船,衡量上述船厂的能力和专业技术时应考虑该船厂在先前建造商用船舶的记录中按时并按照合同约定价格和规定交付船舶的情况;第三,经运输部长确认,将成为建造船舶的经营人的人拥有经营和保养船舶所必需的能力、经验、财政资源和其他资格。该计划对所涉船舶的大小作了限制,以确保这些双壳油船在商业市场上具有竞争力的同时,符合战时或者其他紧急状态下为国防部运输石油的需要。

该计划还在贷款担保和新海上保安计划下签订营运协议方面，给予船舶所有人优先权，允许他们为建造油船而使用其造船基金账户（Capital Construction Fund Account）。

3. 资本储备基金和资本建设基金

《美国法典》第46卷第533章授权建立的“资本储备基金”（Construction Reserve Fund），是一项给美国船旗的船舶经营人提供延期纳税利益（Tax Deferral Benefits）的财政援助计划。“资本储备基金”主要的内容是对正在经营或者全部或部分拥有用于美国国内或对外贸易或渔业的船舶的任何美国公民，或当美国政府购买或征用船舶时，正在经营或全部或部分地拥有前述船舶或为上述营运目的已经取得已在建造该类船舶的任何美国公民，为了鼓励他们建造、改建、修理或购买对国防和美国商业发展有用的商业船舶，他们可以设立资本储备基金。船舶经营人每年需在“资本储备基金”中存入一笔相当于补贴协议所涉及的船舶折旧价值的资金。这一基金也可以接受“船舶买卖收益的存款、船舶灭失的赔偿、船舶营运的收入以及以利息形式的收入”。存入“资本储备基金”的资金可以享受税收庇护，并且只能根据运输部长和财政部长共同制定的规则和规定才能使用。

“资本建设基金”（Capital Construction Funds, CCF）最初是《1936年商船法》提出的，于1970年作了修改。它是在“资本储备基金”的基础上设立起来的，在《美国法典》第46卷第535章“资本储备基金”中作了规定。授权建立“资本建设基金”规划是为了帮助美国船旗的船舶所有人和船舶经营人积累大量的资金促进美国商船的现代化和扩张。其通过对放置在资本建设基金的存款或其他财产提供一定的税收待遇，即延期缴纳收入税来鼓励船舶所有人和船舶经营人建造、改建或者购买船舶。“资本建设基金”规定接受补贴的船舶经营人通过将其利润存入“资本建设基金”，可以享受对这些利润征收的公司收入所得税的豁免。如果船舶经营人非因从国内船厂购买船舶而将上述资本从该基金中抽走，则不再享受上述税收优惠政策。这项计划减轻了船舶经营人的税收压力，但却增加了船舶的资金成本。

4. 小型船坞补助

小型船坞补助规划最初是2006财政年度的《国防授权法》授权的，规划在2008年4月24日提供980万美元补助19家美国船坞，这是一项对美国小型船坞提供适度援助的规划。2009年2月17日，《2009年美国复苏和再投资法》（ARRA）由美国总统奥巴马签署生效，此项法案目的在于应对金融危机，并致力于刺激美国经济，稳定美国金融市场和刺激经济复苏。该法案的实施方法包括保留和创造工作机会、帮助失业和无医疗保险人士、帮助国家预算等，同时加大对基础设施、教育、科技、医疗和能源行业的投资力度。《2009年美国复苏和再投资法》生效后，也推动了2008年的小型船坞补助规划进一步发展，其将这项规划转化为海运管理署促进发展的最大规划，同时也转化为对美国小型船坞提供必要的投资资金以对其援助的规划。

《2009年美国复苏和再投资法》在2008年小型船坞规划的基础上将提供的补助金增加了10倍,即将补助金从2008年的1 000万美元增加到2009年的10 000万美元。在2009年的规划中,这10 000万美元中75%是预留给雇员不超过600名的小型船坞的,只有25%的资金是提供给雇员多于600名且不超过1 200名的小型船坞的。10 000万美元中的9 800万美元用于改善资金状况和相关的基础设施,以促进效率,使营运业务更富有竞争力,并促进船舶建造、修理和重新组合的质量。而200万美元则作为海运管理署管理项目的支出。规划中强调这些补助金不能用于建造建筑物或建造其他物质设施或者为获得土地的支出,除非经过海运管理署特别同意。

在2008年的规划中所提供的1 000万美元,是没有授权补助海运培训计划的。而在2009年的规划中,补助金适用于海运培训计划,其通过对经济上与海运产业相关联或者依靠海运产业发展的海运社区(Maritime Community)进行补助,以培养其海运团体的专业性技能和促进其营运业务上的生产效率(Operational Productivity)。海运管理署特别指出,尽管对培训计划的所有的补助只能提供给适格的美国船坞机构,但海运培训计划应当被考虑纳入补助范围,培训计划的费用可以通过这些机构来提供给第三方。

申请补助的小型船坞需具备以下的条件:第一,申请补助的小型船坞机构必须是位于独一无二的地理位置,位于海运社区或者与海运社区邻近,并且该船坞的雇员不多于1 200名。第二,海运管理署署长在提供补助金时,应当考虑的其他条件包括:①船坞机构附近的海运社区的经济状况和条件;②其计划有利于促进效率,使营运业务更具有竞争力和促进船舶建造、修理和重新组合的质量;③其计划能增加雇员的技能和生产效率。

联邦对小型船坞提供援助,小型船坞需满足其提出的相对应要求(Matching Requirements)。首先,联邦对适格的小型船坞进行补助的计划所提供的资金不超过整个计划费用的75%,而剩余的部分则由受补助人或者受补助人的代表来承担。同时,申请补助的人需要递交详细的财政报表和其他任何必要的记录。其次,如果海运管理署的署长认为该被推荐的计划是值得获得援助,并且该计划如果没有联邦财政高额援助就不能实施的,署长可以对该项计划提供补助,而不需完全满足上述要求。最后,除非有充分的理由宣布放弃,否则受补助者必须在联邦为该计划提供资金前满足联邦提出的相对应要求。

2010年海运管理署宣布给予1 470万美元帮助改善16个州的17家小型船坞。同样地,这些资金将会通过援助小型船坞购买现代化的设备和对员工进行培训,来促使这些小型船坞更具有竞争力。小型船坞补助规划通过促进小型船坞更具现代化,及确保维持美国建造和修理船舶的能力,来助力美国经济发展。同时小型船坞规划的补助金也将会为小型船坞商业性和政府船舶提供重要的服务。总而言之,补助金对维持美国海运经济的发展和促进长期的就业机会有重要作用。

（三）安全补贴措施

美国航运市场宏观调控满足国防及其他安全要求的补贴,主要有海上安全船队及船队补贴计划、战争风险保险这 2 项补助计划。

1. 海上安全船队及船队补贴计划

海上安全船队即机动的、商业运作上可行的、用于军事目的的、由私有船舶组成的船队。建立海上安全船队的目的在于满足国防及其他安全要求,并维持美国在国际贸易运输中的存在。该船队应由依据《美国法典》第 46 卷第 513 章规定的有效营运协议进行营运的、私有的美国旗船舶组成。

(1) 适格船舶以及具有签署新协议优先权的船舶。加入海上安全船队的适格船舶应当是满足以下条件的:第一,船舶是由《1916 年航运法》第 2 条规定的美国公民所有并经营的船舶,或者是由《1916 年航运法》第 2 条规定的美国公民或者公民信托的人承租并根据美国法律登记的船舶,或者是与国防部签订协议的当事人所有并营运的船舶,或者是依据美国法律登记但出租给《1916 年航运法》第 2 条规定的美国公民的船舶。第二,船舶用于(如果是待建造的船舶,则是将用于)经营国际贸易运输业务。第三,拥有自驱动力且属于下列类型的船舶:①载运能力在 80 000 ft^2以上或 500 个标准集装箱以上的滚装船,且在纳入海上安全船队之日其船龄不超过 15 年;②第 513 章规定生效后在美国建造的油船;③加入海上安全船队之日船龄不超过 10 年的油船;④加入海上安全船队之日船龄不超过 25 年的拉希型船;⑤加入海上安全船队之日船龄不超过 15 年的其他类型的船舶。第四,由国防部长确认在战争或者国家进入紧急状态的期间可用于国防或军事目的的船舶;以及由运输部长确认在商业运作上可行的船舶。第五,属于美国旗船舶;或者并非美国旗船舶,但是,船舶所有人能够证明,如果该船被纳入船队,他将根据《美国法典》第 46 卷第 121 章的规定使该船取得美国证书,且在依据《美国法典》第 46 卷第 531 章规定订立营运协议时,船舶有资格依据该卷第 121 章的规定取得证书。

任何加入船队的船舶并且满足条件的船舶所有人或经营人需与运输部长订立营运协议。《美国法典》第 46 卷第 53103 条还为 3 类船舶设定了签署新协议的优先权,即:一是《1916 年航运法》第 2 条规定的美国公民所有并经营的美国建造的油船;二是现行计划中的 47 艘船舶;三是《1916 年航运法》第 2 条规定的美国公民所有并经营的船舶或者根据美国法律登记而由《1916 年航运法》第 2 条规定的美国公民经营的船舶。

(2) 船队补贴。依据规定达成营运协议的船舶,在其投入营运的期间内,依据《美国法典》第 46 卷第 12111 条的规定登记注册后,专门从事国际贸易运输或国际国内混合贸易运输,不得从事沿海贸易运输;同时船舶应依据《美国法典》第 46 卷第 121 章的规定取得证明文件。符合规定的营运协议要求运输部长在到位资金的可用额度范围内,就营运协议所适用的每一船舶向该协议的订约人支付如下数额的补贴:①对于2006—2008财政年度,每年支付260万美元;②对于2009—2011财政年度,每年支付290万美元;③对于2012—2015财政年度,每年支付310万美元。每一船舶在每个财政年度获得补助的条件是,该船舶的订约人须依据运输部所颁布的实施规章,证明该船舶实际上或者将会按照《美国法典》第46卷第53105条(a)款第(1)项的规定在该财政年度内营运至少320天。依规定达成的营运协议构成美国政府的契约性义务,美国政府有义务在实际拨款的额度范围内按照协议约定支付补贴。

而当船舶在下述3种情况时,运输部长不支付补贴。第一,船舶出租给美国政府,该租船协议并非根据《美国法典》第46卷第53107条规定的紧急预备协议而订立;第二,没有根据该章规定达成的营运协议的要求进行营运或者保养;第三,船龄超过25年(如果是油船,船龄超过20年;如果是拉希型船,船龄超过30年)。而如果船舶的营运系用于运输军用物资或者《美国法典》第46卷第55302条(a)款,第55304,55305,55314条,第10卷第2631项,或是任何其他美国的货载优先法律所规定的优先货载,则不得削减对该船舶的上述营运的任何补贴;或者当船舶用于运输超过7 500 t的属于根据《美国法典》第46卷第55302条(a)款,第55305,55314条,《1936年商船法》第901条(a)款、(b)款或第901b条[①]规定的民用散装优先货载,即散装货时,在此期间不得给予该船任何补贴;并且如果船舶没有按照第53105条(a)款第(1)项的规定在1个财政年度中营运至少320天,船舶入干船坞、检测、检验或维修的时间都计入船舶的营运时间,则对于少于320天的时间,应当按照比例按日削减补贴。

(3) 紧急预备协议。营运协议的订约人应始终受《美国法典》第46卷第53107条“国家安全要求”中规定的约束,直至营运协议依据其自身条款规定而终止之日。该规定主要内容是要求在每个营运协议中纳入一项要求,即订约方应依据本款规定与运输部长签订紧急预备协议。紧急预备协议规定主要是在战争期间或国家进入紧急状态时,或是国防部长基于国家安全或处理突发事件的考虑而认为有必要的任何期间,应国防部长要求,营运协议的船舶订约方应尽可能提供商业运输资源(包括提供服务)。依据紧急预备协议应提供的商业运输资源包括船舶或运力、多式联运系统和设备、码头设施、多式联运和管理服务以及其他相关服务,或基于避免订约人向托运人提供的服务中断的考虑,还有国防部长认为必需的上述“非船舶”资源的一部分。

同时对上述提供的商业运输资源的订约人给予公平、合理的补偿。补偿价值不得少于订约人提供的类似的运输资源的市场价值;并且应公平、合理,综合考虑各方面因素;同时应从国防部长要求提供船舶或其他资源从而使其不能用于商业

① 引自《美国法典》第46卷附卷第1241条(a)款、(b)款和第1241f条。

服务时开始支付,直至其归还订约人并再度用于商业服务时结束;还有应在《美国法典》第46卷第53106条规定的应支付的数额外另作补偿,且在任何情况下不得充抵前述数额。

紧急预备协议的所有条款和条件在营运协议依据其自身条款规定而终止之前始终有效,除非订约人、运输部长和国防部长协商后一致同意对上述紧急预备协议的条款作出修改。

2. 战争风险保险

战争险,是指由部长决定的,依据"捕获或扣押不赔"条款或类似条款被排除在海上保险承保范围外的全部或部分损失,和由敌对行为引起的其他损失,包括没收、征用、国有化或剥夺所产生的险种。美国提供战争险的目的是从满足美国海上商业运输需要目的出发,不能从美国商业保险公司根据合理条款和条件获得保险时,部长可以为战争风险可能造成的损失或损害提供保险或再保险。相对应地,部长根据规定提供的保险和再保险的唯一条件是船舶在战时或国家紧急状态时可供美国使用。

下述相关的人、财产和利益可获得部长所提供的保险和再保险:①美国船舶,包括在建船舶。②外国船舶,即由美国公民所拥有的船舶,或从事美国水上商业或其他水上运输的船舶,或部长认定的为维护美国国防和国民经济利益而从事服务的其他船舶。③货物,即前述船舶上装运的任何货物或待装运货物,包括快递或挂号信的装运;美国政府或其领土或属地的公民或居民所有的货物;美国或其领土或其属地的进出口货物;美国或其领土或属地的公民或居民出售或购买的货物,根据买卖合同或销售合同约定的条款,这些货物的战争风险带来的损失由美国(其领土或属地)的公民和居民承担的;在美国港口之间、美国和其领土或属地户口之间、美国领土或属地的港口之间进行海上运输的货物。④支出,包括向船长垫付的费用、共同海损支出、运费和旅客费用。⑤受保船舶上的载运人员的私人财物。⑥关于受保船舶上的个人因美国敌对方捕获船舶所造成的人身伤亡、滞留的损失。⑦依其性质通常属于承保范围的船舶、船舶所有人或租船人的法定义务、合同义务以及其他责任。对于外国船舶,在决定是否批准给予悬挂外国旗船舶保险和再保险的问题上,部长应进一步考虑船舶状况、使用、船舶所有人及租船人的综合管理情况。而已进行保险或再保险的美国船舶或者外国旗船舶,都应遵守部长依据制定的规则确立的船舶方位报告的要求。

部长有权为给上述的美国船舶或外国旗船舶、国有的或私有的船舶提供服务和设备的任何人提供保险,承保这些人在提供上述服务或设备时可能承担的法律责任。但是,由雇主承担补偿责任的雇员责任的保险则排除在外。除非这是执行战争计划的需要或者是国防需要,并且该保险不能在美国任何州成立的商业保险以合理的利率或合理的条件获得,否则不提供此类保险。

对于再保险,在部长有权依据第539章规定提供海上保险、战争险和责任保险的范围内,也有权向美国任何州从事保险业的公司进行全部或部分的再保险。部长有权将根据《美国法典》第 539 章规定承保的保险向这些公司再保险,或转让、受让这些保险或再保险。对于费率,部长不应提供费率低于下述标准的再保险:该费率低于部长所获得的高于其确定的类似或相同风险的利率,或者承保承运人为保险或再保险所承担的费率,取其中对部长最有利的利率,但不包括部长可能为承保承运人给予的服务和供应的设备而以其依据良好的商业惯例作出其认为合理的补贴,但是,承运人为了获得保险而支出的任何费用不能从补贴中支付。

为了能够实施《美国法典》第 46 卷第 539 章关于"战争风险保险"的规定,财政部建立"战争险周转基金"。国会拨款、保险费、救助款、其他补偿和"战争风险保险"规定的收入均应存入该基金银行存款中。退还的保险费、损失、结算及判决的支付和"战争风险保险"规定的美国产生的债务等所有款项都应通过财政部的付款从基金中支出。财政部长可以将全部或部分基金投资或再投资于美国有价证券或投资于由美国担保本息的有价证券。由该担保产生的利息和利润应存入基金。对执行有关"战争风险保险"的规定所必需的款项可以调拨入此基金。

(四) 老旧船舶处理措施

老旧船舶处理计划的长远目标是在不损害自然环境和保护环境的基础上尽可能多地清除在船队停靠点的船舶,以缩小已报废船舶的规模,从而达到调整运力的作用。

海运管理署将国防储备船队的船舶作为国防和国家非常时期的预备船舶。当这些船舶对国防或协助任务完成不再有作用时,海运管理署将通过使用各种不同的手段负责处理这些船舶。在 2001 年,国会通过《国防储备船队法》(运输部授权法,2001 财政年度),该法授权海运管理署使用适当的资金采购船舶分解和循环处理的技术。海运管理署的船舶处理规划已经使用船舶出售和船舶循环利用技术,作为处理已报废的国防储备船队船舶的主要手段。除此之外,该规划还包含人工礁、船舶捐赠和 SINKEX 训练计划这 3 种额外的船舶处理选择手段。海运管理署目前的目标是尽快清除所有对环境有高风险的船舶,并通过船舶处理的其他替代方案和必要的资金,以确保已报废的船舶能够以比其增加速度更快的速度被处理掉。

目前,对于老旧船舶处理主要有 4 种方式:一是循环利用,通过船舶销售报价和费用直接一次性支付,该规划与国内 7 家船舶循环利用站点订立授予船舶循环利用的合同;二是人工礁,海运管理署接受了沿海州政府、美国领土和财产机构、外国政府的申请,申请的内容是将已报废的国防储备船队的船舶作为近海的暗礁使用以保护海洋生物的环境,海运管理署同时对国内一些明确的人工礁计划提供财政支持;三是船舶捐赠,海运管理署可以将已报废的国防储备船队的船舶运送给非营利性质的组织、州、团体协会或美国的财产机构,这种船舶的回收利用方式包括对船舶进行修复后作为博物馆的纪念物使用,及对船舶进行操作上的修复后以协助完成非营利人道主义任务;四是 SINKEX,通过海军的 sink at-sea live-fire 训练演习,联合海军和海运管理署进行船舶处理计划。其中,最经常使用的方式是第一种即对船舶进行循环利用,其是根据环境保护机构所提出的循环利用指导方针来实施的。

合同授予的数量(从国防储备船队停靠点移除已报废船舶以作进一步处理)(Number of contract awards for the removal of obsolete vessels from the National Defense Reserve Fleet sites for subsequent disposal)见表 7-6-1。已报废船舶移除的数量(从国防储备船队停靠点移除以作进一步处理)(Number of obsolete vessels removed from the National Defence Reserve Fleet sites for subsequent disposal)见表 7-6-2。

表 7-6-1 合同授予的数量 艘

年份	2001	2002	2003	2004	2005	2006	2007	2008	总数(2001—2007 年)
目标	3	3	11	14	15	13	13	12	72
实际	6	2	15	13	20	21	23		100

表 7-6-2 已报废船舶移除的数量 艘

年份	2001	2002	2003	2004	2005	2006	2007	2008	总数(2001—2007 年)
目标	3	3	4	4	15	13	13	16	55
实际	6	6	2	15	18	25	20		92

已报废船舶已进行处理的数量(比如船舶处理已经完成)(Number of obsolete vessels disposed of (i. e. , disposal action completed) from the National Defence Reserve Fleet sites)见表 7-6-3。

表 7-6-3 已报废船舶已进行处理的数量 艘

年份	2001	2002	2003	2004	2005	2006	2007	2008	总数(2001—2007 年)
目标	3	3	4	4	15	15	15	16	59
实际	4	9	3	6	13	20	20		75

美国船舶处理目前所面临的挑战和困难主要来自船舶本身的复杂性、环境和安全因素、国内产业基础的不稳定,以及在船舶处理问题上国际间不断改革的处理意见。比如 2007 年初,由于联邦和州环境法律和规章中关于有扩散危害的船舶种类和水的清理标准的不一致,导致海运管理署署长暂时地中止船舶处理。海运管理署在对老旧船舶进行处理时,同时也关注船舶处理对环境的本质影响,并致力于对船舶停靠点的环境的保护。

二、欧盟

(一) 对船舶退出的要求

欧盟关于航运市场调控最成功的典范莫过于其在航运市场运力结构性过剩时推出的一系列促使老旧租船退出市场的机制。20 世纪 80 年代,由于基础工业——煤炭和钢铁工业的衰落,航运市场在整个运输市场中所占的份额持续下降。因此,欧共体认为,在欧共体协调一致的水平上实施一项结构改善计划是大幅度减少运力的唯一途径,并据以调整航运市场的运力结构。其主要运作机制有拆船基金和以旧换新机制,下面简要说明。

1. 拆船基金

欧共体理事会于 1989 年 4 月 27 日通过了《内河运输领域内的结构性调整》的第 1101/89 号规则①,旨在通过拆船减少运力,支持避免增加现有运力或未来运力的措施。建立内河运输船舶拆解基金,目的就是依据内河航运市场需要,采用经济的手段实行运力供给调控:当运力过剩时,对旧船拆解给予一定的拆船补贴;当运力紧张时,对造船给予补贴。该机制主要包括建立拆船基金、船舶所有人向拆船基金支付年摊款、拆船补贴、以旧换新、特别摊款、相当吨位、共同财政支持和鼓励措施等。

2. 以旧换新机制

辅助拆船基金制度的以旧换新制度的主要目的是通过减少新船投资抑制新增运力,从而避免产生新的运力过剩。当然,目的只是减少投资,而不是完全停止投资。因为从提高船队现代化水平考虑,一定的投资还是必不可少的。根据第 1011/1989 号条例第 8 条的规定,在规则生效后的 5 年内,由第三国进口的新造船舶投入内河运输,或者离开本国水道的船舶投入内河运输,其船舶所有人须拆除"相当"于新船吨位的船舶而不能得到拆船补贴。如果船舶所有人无船可拆,应向基金支付"相当"于拆船补贴的特别摊款。如果船舶所有人拆除的吨位小于投入营运的新船吨位,应向基金支付两者之间差额的特别摊款。

这里所指的"相当"吨位是欧共体理事会根据内河运输市场的供求状况确定的一个"以旧换新"的船吨比率。该比率对于不同类型的船舶有不同的规定,而且在不同时期该比率将根据市场状况进行调整。如果船舶所有人无船可拆,则必须支付与拆除同样吨位旧船所能获得的拆船补贴等额的罚金(或称特别摊款)。如果船舶所有人有船可拆,但拆除吨位小于投入营运新船吨位,则应支付两者之间差额的罚金。

根据欧共体委员会第 1102/89 号条例,执行欧共体理事会关于内河运输结构

① 欧盟理事会第 1101/89 号规则,OJ L 116, 28.4.1989, p. 25－29。

性改善的特定措施,分别对干货船和油船规定了不同比例。

欧盟理事会第 844/94 号条例[①]将第 1101/89 号条例第 8 条关于以旧换新的 5 年期限延长至 10 年,即适用至 1999 年 4 月 28 日。另外,在第 844/94 号条例中,欧盟理事会明确了“属于运营船队的船舶”这个概念,把欧盟理事会第 1101/89 号条例中的第 5 条第 1 款第 3 部分“运营船队是指具有良好工作状态的船舶”改为“运营船队应包括工作状态良好的船舶并且该船舶依照第 4 条第 1 款规定支付至少 3 倍的年分摊款”。但是欧盟理事会认为这个标准不允许欧盟新成员国的船舶所有人在加入欧盟后最初 3 年内提交其船队所属的船舶进行拆除,因此有必要对上述情况作出变通,规定上述情况不适用在 1994 年 4 月 28 日欧盟理事会第 844/94 号条例生效之前新成员国的船舶所有人在其国内登记并由国内公司运营的船舶。以旧换新机制从 1990 年 1 月 1 日开始实施到 1999 年截止时的这段期间,仅荷兰共有 812 艘、总计 73 万 t 运力被拆除,同时有 481 艘、69.7 万 t 运力投入市场。

(二)《欧盟面向 2010 年运输政策白皮书》及“马可·波罗计划”

近年来,欧盟在运输领域制定过诸多具有规划法属性的政策法律文件:制定于 1992 年的“联合运输引航行动 PACT 项目”(1992—2000 年),启动了一系列项目,依据最保守的估计,在不到 10 年间启动了 167 个项目,1992—2001 年间投资达 5 300 万欧元,取得一些成功范例;《欧盟面向 2010 年运输政策白皮书》(2001—2010 年)[②]是涉及海运、铁路、公路、内河水路和航空等所有运输方式的交通运输规划,其在运输政策框架下也提出了在共同体层面拟实施的发展内河航运和联运的诸多具体措施;“马可·波罗计划”及欧洲内河航运行动发展项目 NAIADES 计划(2006—2013 年)都是当前欧盟层面关于航运的最新的规划,其背景、具体措施、关注重心等皆体现了目前欧盟对发展沿海及内河水路运输的最新理念、价值选择及其前景预测。关注、了解、分析这些欧盟提出的发展航运的最新规划成果,无疑对把握欧盟航运发展的最新现状和未来趋势,借鉴其理念、做法和措施等都有重要参考价值。

共同运输政策框架下的交通运输作为欧洲经济建设的基础之一,使得欧洲运输网络的连接十分紧密,然而,也出现了警示信号:日益恶化的交通拥堵及随之而来的环境问题和交通事故,造成人身伤亡,并严重损害了经济发展。欧洲亟需针对共同运输政策进行真正的变革。目前需为此制定新的目标:在维护运输权利的同时,保持各种运输模式间的平衡、发展联运、解决交通拥堵问题并把保证服务的安全和质量作为努力的中心工作。面临主要的困难之一就是为各种运输模式设定统

---

① 理事会(EC) No 844/94 规则,OJ L 98, 16 April 1994, p. 1 - 1。

② 英文全文下载地址:http://ec.europa.eu/transport/index_en.html。

一的、公平的服务标准。此项新的框架应立足于发展低污染运输模式、建设更加通畅的交通网络并加大投资新型基础设施建设。为此,欧盟委员会于 2001 年 12 月 12 日通过了《欧盟面向 2010 年运输政策白皮书》,总结了当前交通运输的现状和情况,为从 2001 年至 2010 年制定了具有前瞻性的、包括近 60 个项目的行动规划。

(三) NAIADES 计划

欧盟委员会相信内河航运业的发展能减少运输成本,这利于交易的进行,尽管该部门内的受雇人员也会增加得更快。在欧盟委员会看来,内河水运基础设施并未得到全面的利用。发展内河航运面临的困难来自分散的市场结构:主要由中小型企业(Small and Medium-sized Enterprises, SMEs)组成,激烈的竞争限制了再投资的能力。并且,还存在缺乏劳动力和从事商业交易人员的问题。欧盟委员会对运输、物流公司和一些公共机构未能意识到内河水路运输的优势感到遗憾。从欧洲政治、行政层面看,其给予内河航运领域的资源和关注是分散、低效的,从而使得内河航运领域的商业环境十分复杂。

2006 年 2 月 17 日,欧盟委员会提出了关于促进内河水路运输的"NAIADES"行动发展项目(2006—2013 年)。[①] 该项目被命名为"NAIADES",即欧洲内河航运发展行动(Navigation and Inland Waterway Action and Development in Europe),是一项全面的内河水路运输(Inland Waterway Transport, IWT)政策。该行动项目主要集中于 5 个相对独立的战略区域,即市场、船队、工作和技能、形象推广和基础设施。

三、日本

(一) 内航船舱量的确定

日本《内航海运业法》第 2 条规定了内航船舱量的确定制度:"运输大臣必须每年根据省令的规定,在听取政令规定的审议会意见的基础上,对各船种规定该年度以后的 5 年间的各年度的船舱量。前款的船舱量根据货物运输的供求状况及经济发展情况而定。运输大臣确定船舱量之后,应立即公布。运输大臣认为运输省令规定的供内航海运业使用的船舶的船种的船舱量,与依前款确定的该年度的该船种的船舱量相比,明显过剩时,可在听取同前款政令规定的审议会意见的基础上,规定 1 年以内的供内航海运业使用的船舶的船种的船舱量的最高限额。运输大臣确定前款的船舱量之后,应立即公布。"

---

① 来自欧盟官方文件:[COM(2006) 6 final-not published in the Official Journal]。

（二）国内航行海运业结构改善的指导方针

1994 年日本政府发布了国内航行海运业结构改善的指导方针，其具体内容包括：①将协作化作为增强国内航行海运业体制的重点，依靠国内航行总联合会对结构改善提供支助资金，放宽抵押比率；对企业的认定标准重新评估。②国内航行运输的效率化，加强海运的货物分配。③确保船员的对策。④在海运组合中充实结构改善业务，包括结构改善计划的制订和程序化以及充分利用经营合理化。⑤定期召开货主座谈会。⑥召开改善结构的联络会。

（三）船舶运力调整的放宽管制

日本行政改革委员会早在 1988 年的《有关官方放宽管制的答复》中就提出："关于国内航行海运业的运力调整，拟在全面考虑运力供需动态的基础上放宽某些船种的拆船比例的限制，同时，官方今后将趋向于脱开有关的船舶运力调整事物，而着力推进结构改善工作。"

其后基本上每年都会有相关的政策发布，包括：1989 年行政改革委员会的《小组委员会关于应该怎样官方管制的报告》、1990 年经济审议会议的《物价委员会报告》、1992 年行政改革委员会的《关于与国际化相适应，重视国民生活的行政改革的第 3 次答复》、1993 年的《紧急经济对策》、1993 年经济改革研究会的《关于放宽管制》、1994 年的《关于今后行政改革的推进方案》和《关于今后放宽管制的推进》、1995 年的《关于推进放宽管制的计划》和《有关推进放宽管制的意见》、1996 年的《关于放宽管制推进计划的修订》《关于推进 6 个领域的结构改革》及《为经济结构变革和创建的纲要》、1997 年的《关于放宽管制推进计划的再修订》《综合物流施策大纲》及《为经济结构变革和创建的行动计划》、1998 年的《推进放宽管制的 3 年计划》。

1998 年的《推进放宽管制的 3 年计划》提出："关于国内航运业的船舶运力调整，应在尽可能短的一定期限内，由日本内航海运组合总联合会对转产、停业者(持有)的代替船建造资格支付交付金，用这种国内航行海运暂定措施，取代现行的船舶运力调整制度。"

（四）其他促进、保护国内航运业的措施

1. 计划造船

计划造船是国家有计划地支持本国船舶的建造与发展的一种政策。这是战后日本政府对航运企业的最大优惠政策，也一直是战后日本发展船队的主要方式。主要内容包括：

(1) 范围。从第 18 次计划造船开始，只对参加集约的企业实行计划造船；航运公司需有较稳定的货源；航运企业须向国内货主提供优惠的运价等；新造船舶只

能营运于本国外贸航线。

(2) 融资方式。1947—1948 年的 1～4 次计划造船中，资金主要来自“船舶公团”及“复兴金融金库”；1948—1951 年，主要由“对日援助对等资金”支付；1957 年起，通过国家开发银行贷款，城市银行业一直是主要融资对象。此外，再辅以船舶整备公团的民间资金。

(3) 优惠措施。对“计划造船”建造的船舶，银行给予长期低息贷款或利息补贴等优惠待遇，而港口则给予使用费上的优惠等。

2. 造船补贴

(1) 低息造船贷款。日本政府对执行“计划造船”的船舶给予低息贷款的支持。1994 年，日本制定了新造船舶贷款条件，其中贷款额度占船价的 84%，贷款年息 6%，还贷期限 14 年，优惠期 8 年(优惠期内只偿还利息)。

(2) 利息补贴。1953 年开始实施贷款贴息制度，中间停止过几次，但到 20 世纪 80 年代初仍在实行，方法是开发银行和城市银行对贷款船均提供利息补贴。1987 年以后，日本开发银行的贷款贴息全部中止。1991 年，城市银行的贷款贴息也全部中止。

3. 拆船补贴

(1) 远洋超龄船舶拆解补贴。该补贴从 1978 年开始实施，对象为所有从事远洋运输的船舶，其目的是鼓励企业汰旧换新，提倡使用低龄、性能好的新型船舶，补贴额为拆解每吨船舶 15～16 美元。

(2) 旧油船拆解补助金。为了防止油船损伤造成海洋污染，1995 年日本运输省海上交通局特别制定了促进“老龄油船拆解补贴制度”，以实现双壳体油船早日取代大批老龄单壳体油船的目标，其中规定，凡拆解日本籍或由日本航运公司控制使用的船龄在 19 年以下、载重在 20 000 t 以上的油船，政府将补贴其运营船卖价与拆解船卖价差额的 1/2。

4. 出口船舶信贷

这是日本为促进其船舶出口而对日本各造船厂提供的贷款，由日本进出口银行和私营银行联合提供，占船价的 70%，此外船厂可提供 10%，共占船价的 80%。偿还利率最高为 80%，一般不提供利息补贴，偿还期平均为 8.5 年，但也可延长至 15 年。

5. 税收优惠政策

(1) 储备基金免税。日本政府允许船舶所有人将其各项收益存入该项基金，以延缓纳税。从基金中提款用于在本国造船、船舶改建和更新等。

(2) 节能减税措施。日本各船舶所有人如在船舶上安装各种节能设备，可按设备价格的 30%提取特别折旧，或按设备价格的 7%予以减免税。

(3) 消减双壳体油船税率。日本政府在 1994 财政年度里修正航运税收政策，消减 560 亿日元所得税和其他税，以鼓励船主用双壳体油船取代单壳体油船。

(4) 对造船业采取减税的优惠。日本政府十分重视造船业，对新产品开发、生产技术引进、设备更新等尤为支持。对造船企业在这方面的投资,政府减税率为3.05%。对于政府批准的技术革新计划,将给予长期优惠,即减收税率为3.2%。为促进新船的试验性研究,对于新增的研究费用减收税率达10%。

6. 特别措施法

1952年6月,日本颁布《关于外国对日本远洋船舶航运业者不合理待遇的法律》(即《国旗歧视对抗法》),其中规定:在规定期限内,限制或禁止对日本远洋船舶经营者采取不合理待遇的外国船舶入港,限制或禁止该国船舶装卸货物。

为保护日本国际运输船舶经营者不受外国政府及其他组织给予的不公平对待,日本政府制定了《特别措施法》。其具体内容是:当日本国际运输经营者(包括国际海上运输方面的日本私人企业及商业企业)的利益受到外国政府或其他组织不公平待遇的重大伤害时,运输省可以对上述国家或组织的国际海上运输经营人采取相应报复性措施,限制或禁止使用日本港口、在日本港装卸货物,对违反者可以给予1年限制或不超过600万日元的罚款。

四、韩国

(一)旅客运输事业计划的调控

海上客运经营人除有不可抗力等特殊事由外,应按提交给国土海洋部长官的事业计划书从事经营活动[①],国土海洋部长官也可要求经营人按事业计划书进行经营活动。海上客运经营人如要变更事业计划书,需事先向国土海洋部长官申报,但在下列情形下,应取得国土海洋部长官的批准:①增加、更换或者减少船舶(但不包括备用船);②变更靠泊港口;③变更船舶运行次数或者运行时间;④停航。国土海洋部长官可根据发放许可的条件,确定是否批准上述申请(《海上运输法》第12条、第13条)。

国土海洋部长官为提高客运服务质量,增进公共福祉,可以责令客运经营人进行下列各项:①变更事业计划;②调整垄断经营航线的收费标准;③改善或者变更设施;④投保;⑤为保护船员的必要措施;⑥与其他客运经营人共同使用设施;⑦改善、替代或者增减船舶;⑧为保障船舶安全运行所必要的事项;⑨为履行航运相关的国际公约的必要事项;⑩遵守船舶最低运行期间的要求(《海上运输法》第14条)。

---

① 事业计划书中应包含以下事项:①航线的出发港、中间停靠港和目的港以及标注它们之间距离的航线图;②拟使用的船舶明细(如尚未确定船舶的,应当注明取得船舶的方法、取得时间及相关证明材料);③运行次数及出发和到达时间(只对沿岸定期客运班轮和国际定期客运班轮适用);④营业所需的设施;⑤开始营业后3年每年度的预计收支情况(海运法实施细则第2条)。

(二) 旅客运输政府补贴

国土海洋部长官为确保岛屿居民的海上交通,必要时可以指定由国家给予补贴的航线,在沿岸客运经营人中选定从事补贴航线经营的客运经营人。① 补贴航线的运营计划、运行船舶的管理等与补贴航线相关的事项,由国土海洋部长官与补贴航线经营人协商决定。② 补贴航线的经营人违反与国土海洋部长官的约定或者经评价认为不适合继续经营补贴航线客运的,可以取消其经营补贴航线客运的资格;而对评价优秀的补贴航线经营人,可以给予优惠政策。如果补贴航线经营人因修船等原因,可能要停止补贴航线经营的,国土海洋部长官可以责令经营人从船舶出租人处租赁客船进行客运,此时未经登记的船舶出租人也可以将船舶出租给补贴航线客运经营人。

出现下列情形之一的,可以取消指定的补贴航线:第一,该岛屿与陆地建设了跨海桥的;第二,因运输需求的增加,对营运亏损不予补贴也能正常经营的;第三,因运输需求明显减少,已没有必要指定补贴航线的。

如果没有自愿从事补贴航线客运的经营人或者发生灾害等紧急情况(包括补贴航线之外的其他航线发生紧急情况)而认为必要时,国土海洋部长官可以在一定期间内责令客运经营人从事补贴航线的客运。但是,责令运营的事由消除的,应当停止运营。因责令运营补贴航线而发生的损失和停止运营的损失应予以补偿(《海上运输法》第16条)。

五、新加坡

(一) 概述

新加坡作为自由港是从市场管制方面而言的,但是,在航运的发展方面,新加坡政府采取了很多激励措施。主要包括:税收优惠、没有特别的本国船员数量要求和3 000万美元船舶融资信贷计划,这些贷款可以达到合同价款的85%,并且可以在10年内还清。这种激励措施非常有效,20世纪70年代,在新加坡注册的船舶从153艘、550 772载重吨增长到11 031艘、12 924 332载重吨。③ 新加坡的发展完善的商业设施和非常先进的港口设施闻名于全世界,税收和金融刺激计划已经并

① 指定政府补贴航线时,应当在官报公告如下事项:①补贴航线的指定日期;②指定理由;③指定的航线(包括起始港、目的港、中间停靠港等)(海运法施行令第9条)。选定时通过公开竞标的方式进行,如有必要也可以对参加竞标的人设定一定的条件,以确保适合于补贴航线运行船舶的人作为投标人(海运法施行令第10条)。

② 所给予的补贴是为经营补贴航线所支出金额减去航线运营的收入的差额。补贴按季度发放(海运法施行令第11条)。

③ KENT G, VALENCIA M J. Marine Policy in Southeast Asia[M]. Berkeley: University of California Press, 1985: 202.

将继续作为主要的因素使新加坡成为今天的航运金融中心。当然,这也与新加坡船舶登记制度的改革有直接关系。

为了支持新加坡航运业的发展,新加坡海事及港口管理局采用了一系列的金融、人力资源开发和研发计划。特别是中小型航运企业在资本方面可以在新加坡政府及职能部门建立的各项扶植政策中得益。

以新加坡政府2010年财务预算案为例,其中有不少对航运部门的刺激措施,包括:航运经纪和FFA交易人现在是按照普通的公司税率交税,在新的刺激计划下,在新加坡只从事航运经纪或FFA交易的公司在一定条件下可以享受10%的优惠税率。对此有兴趣的纳税人可以在2010年4月1日起至2015年3月31日止向海事及港口管理局申请,成功的申请者可以享受此刺激计划5年。

从2010年2月22日起,从为合格的SPVS提供船舶管理服务中取得的船舶管理费可以作为有资格按照《所得税法》(Income Tax Act)第13章规定和特许航运企业计划下在一定条件下免除税收的收入。

海运金融刺激计划的到期日从2011年2月28日延长至2016年3月31日。在2011年3月1日至2016年3月31日期间申请海运金融刺激计划的纳税人将可获得不超过5年的批准。

(二)税收政策

1. 航运企业所得税免除政策

新加坡《所得税法》第13A规定了对航运企业由经营新加坡籍船舶所获得收入进行税收免除。税收免除的范围是航运企业因为或视为因为经营新加坡籍船舶或其他外国船舶而取得的收入,如果船舶所有人后来取得了相应船舶的永久登记则以上对新加坡船舶的免除应当追溯到临时登记日。从2009年开始,航运企业的收入应当包括由航运企业经营管理新加坡船舶相关的或附带发生的汇率和风险管理活动而产生的收入,则以上对新加坡船舶的免除应当追溯到临时登记日。从2010年2月22日开始,航运企业收入应当包括航运企业为合格地拥有或经营新加坡船舶企业提供的船舶管理服务。

航运企业应当为因为或者视为经营新加坡船舶或外国船舶而取得的收入保持单独的账户。当航运企业发生的费用不是直接贡献给新加坡船舶或国外船舶时,审计长(The Comptroller)可以将此费用分到合理的普通的经营活动中。

2. 特许国际航运企业免税政策

根据特许国际航运企业计划(Approved International Shipping Enterprise Scheme, AIS),对国际航运企业税收实行免除优惠。

制定的背景:从1969年开始,经营国际航线的新加坡籍船舶的利润可以从上文中所讲的《所得税法》中免除。这使20世纪70和80年代新加坡籍船舶的规模有了非常大的扩张。然而,从许多方面来说,新加坡的经济并没有因此受益,因为很大部分的,新加坡籍船舶在商业和技术方面的经营管理都不在新加坡。

制定的目的:为了将新加坡发展成为一个真正的国际航运中心,鼓励主要的本土和外国大船舶所有人增加新加坡为其航运经营管理的基地之一,新加坡在1991年采用了特许国际航运企业计划下的税收刺激计划。这个刺激计划给符合特许国际航运企业计划地位的航运公司经营船舶的税收予以免除,而不论其经营的是新加坡籍还是外国籍船舶。自实行该计划以来,新加坡已经成功争取到若干主要的国际航运企业落户新加坡投资成立航运经营中心。

免除税收的收入范围:①经营和租用非新加坡旗的国际航线船舶的收入(当然经营新加坡旗的国际航线船舶无论在何种情况下都从新加坡的所得税中免除,不论此船舶所有人或承运人是否具有特许国际航运企业计划的地位),这具体包括期租租金,程租运费,船舶的 Pool Distribution,汇率收入,风险管理活动所得收入。②从批准的分公司和关联航运公司取得的合格的分红。③特许国际航运企业计划公司卖船取得的收入。另外,特许国际航运企业计划公司可以从其免税收入中支付给本国或外国股东分红而不需要任何扣减。

所以,一个被授予特许国际航运企业计划地位的航运企业不需要直接拥有船舶,船舶可能是外国船舶所有人,只要此外国船舶所有人是在特许国际航运企业计划下被批准通过的分公司或关联航运公司。特许国际航运企业计划公司可以是实际经营船舶的公司,也可以是投资公司,如果此公司不拥有任何船舶,可能会被要求需要实际从事船舶的商业运营,比如说作为一条或多条船舶的期租人。当然,这些要求是否需要取决于个案情况。

在特许国际航运企业计划下,为了给新加坡的航运经营提供确定的税收,根据每个航运公司的不同情况作出分析授予其最初10年的期限,当然这取决于授予日起的5年后的复审,这10年的期限可能再延长10年。在2006年的预算报告中,财政部长将此期限延长到最长20～30年的期限。

按照新加坡力求质量的总体战略,只有具有全球业务和良好信用记录的国际航运公司能够有机会被特许国际航运企业计划所考虑。

3. 特许航运物流企业免税政策

根据特许航运物流企业计划(Zpproved Shipping Logistics Enterprise Scheme, ASL),对物流企业实施税收免除优惠。

特许航运物流企业计划公司有资格享受其从新加坡提供运费和物流服务所得的增值收入的不低于10%的优惠税率。这是新加坡政府为了鼓励物流企业选择新加坡为基地作为其货物中转及物流服务的基地,于2004年提出的专门针对航运物流企业的税收优惠政策。此优惠的期限是5年并可以有条件地再延长5年。具有以下条件的公司可以申请特许航运物流企业计划地位:良好的信用记录;可论证的商业计划;承诺将新加坡作为其物流和运费经营管理活动的基地。

（三）财政扶植政策

1. 海运金融刺激计划

海运金融刺激计划(Maritime Finance Incentive Scheme, MFI)是为了鼓励公司将新加坡作为其资本基地来为其海运船舶和海运集装箱融资，新加坡政府针对船舶所有人的资金需求，在上文的税收优惠计划的基础上进一步推出的航运刺激计划。根据该计划，有资格的船舶和集装箱租赁公司、基金公司、商业信托公司和合伙人的合格的租赁收入可以享有最长 10 年的优惠税率。以上资产管理者的合格的管理收入可以享受不低于 10%的优惠税率。为保证资产在租赁选择方面的灵活性，经营融资租赁也涵盖在海运金融刺激计划下。公司可以在 2011 年 2 月 28 日前申请 MFI 地位的条件是：良好的信用记录；可论证的商业计划；承诺在新加坡扩大其船舶和集装箱融资业务。

2. 国际化融资计划

国际化融资计划(Internationalization Finance Scheme, IF)在新加坡贸易和工业部下的代理部门——国际企业发展局(International Enterprise, IE Singapore)的管理之下。新加坡国际企业发展局的使命就是促进以新加坡为基地的公司和国际贸易的海外发展。对企业来说，通常为其海外事业取得贷款比较难，因其总与高风险相关。国际化融资计划通过在新加坡国际企业发展局和参与融资的实体之间共同承担违约风险体系设法解决这个问题。

在 2011 年 1 月 31 日之前的国际化融资计划的延长期限内，以新加坡为基地的船舶所有人可以继续为他们的海外经营项目融资。国际化融资计划允许企业最多使用 5 000 万新加坡元，但其集团必须按照以下条件来支持他们的海外扩张：固定资产的融资(Asset-based Financing)；投资性融资(Structured Loans)；银行担保(Banker's Guarantee)。申请的企业需满足以下资格标准：此公司必须在新加坡 Accounting AND Corporate Regulatory Authority(ACRA)注册，并且必须在新加坡有至少 3 项主要战略商业功能。贷款的目的必须是为了支持公司的海外扩张。集团营业额不能超过以下金额：①上市和私有的非贸易公司不超过 3 亿新加坡元；②上市贸易公司不超过 3 亿新加坡元，私有贸易公司不超过 5 亿新加坡元；③海外事业必须是对新加坡公司核心业务的补充，并对新加坡产生经济副产品效应。

国际化融资计划项下的贷款来自 PFIS 并接受其管理，PFIS 对此贷款的管理跟 PFIS 对待普通商业贷款的方式一样。PFIS 会再建议国际企业发展局在作最后的决定前对所有的申请者谨慎作出信用评估。

六、中国香港特别行政区

中国香港特别行政区对于航运市场运力不存在调控措施，这一点与新加坡类似。其中原因是:香港和新加坡都不存在内河运输问题,运力调控是针对内河运输而言的。香港虽然有专门的内河货运码头,但这是香港专门为往来香港和珠江三角洲的集装箱和散装货物提供集中装卸的码头。

与新加坡相比,香港航运扶植政策比较少,香港国际航运中心竞争力主要靠税制、良好的市场环境、政府管理的高效率及地处华南等因素。香港税收制度在这里值得介绍。

《税务条例》第 23B 条规定了对在香港经营业务的船舶拥有人的评税原则。任何人以船舶拥有人身份经营业务,而该业务通常是在香港以内加以控制或管理的,或该人是在香港成立的公司,或该人所拥有的任何船舶在香港水域内任何地点停留,则该人须被当作是在香港经营该业务。如上述船舶仅属偶然停留性质,则该人须被当作并非在香港经营该业务。船舶拥有人包括租船合约内所指的船舶承租人。以船舶拥有人身份经营业务指船舶租赁或营运业务,但不包括船舶买卖或与航运有关的代理业务。

香港企业所得税税率为应课税收入的 16.5%,但应课税收入只限于源自香港境内且在本港经营的贸易、行业或业务的利润,源于香港境外的收入一概无须缴税。对航运企业的优惠政策十分便利突出:免征营业税,只征收本地发生业务的 16.5%的利得税,而且政策永久,无须特许,吸引了大量船公司注册集聚,并将此作为重要的航运资金结算中心,其中包括大量的上海和苏浙一带的船舶所有人。香港政府对船舶所有人也有特别的优惠政策。对从事国际航运业务的船舶所有人及租船人,根据《税务条例》(第 112 章)第 23B 条的规定,运费收入可全部免税。但若是提供经纪服务,则按一般情况处理,所以在香港从事航运经纪的公司若希望免税,就要向税局证明其经纪收入来源于国际航运业务。实际操作时并不简单,需要证明取得业务、谈判、签合约、跟进合约和付款等多重环节,并不是说客户在海外、收入来自海外即可免税。但无论如何,即使一分钱收入不能免税,那也就是净利润的 16.5%需要纳税。

个人所得税方面,香港实行比例税率和累进税率。其中薪俸税采用 15%的标准或 2%～17%的超额累进税率。纳税人可以采用超额累进税率计算薪俸税,但不得超过扣除费用前的总所得乘以标准税率计算出来的税额。利得税和物业税都采用标准税率 15%。另外还提供相当多的个人所得税扣除项目,例如已婚、抚养父母和子女、配偶失业、专业和学术课程学费和人寿保险保费。

避免双重征税问题。当两个或以上的地区对某一纳税人的同一项收入或利润同时拥有税收司法权而向其征税时,便会产生双重课税的情况。香港采用地域来源征税原则,香港居民只须就源自香港的收入或利润缴税,而源自香港以外的,则一般无须在香港征税。因此,一般而言,香港居民并无双重征税的问题。许多对其居民作全球征税的国家,亦有为他们在香港经营的业务,就其按从香港所赚取的收入而已在香港缴纳的税款,提供单方面的税收抵免。由于航运业属国际性质的业务，航运公司较其他纳税人士容易受到双重征税，因此尽管在香港经营业务所得收入一般没有双重征税的问题，但与贸易伙伴签订避免双重征税协定有其可取之处，包括双重征税协定明确划分协定双方的征税权；有助投资者更准确地评估其经济活动的税务负担；并为海外投资者在香港投资提供额外的吸引，同样地，亦会提高本港公司到海外投资的兴趣，香港正积极建立双重征税协定网络，以降低香港居民及协定另一方居民被双重征税的机会。[①]

七、中国台湾地区

根据中国台湾地区“航业法”第 13 条规定，“交通部”为促进航业发展，得聘请有关机关代表及专家、学者，设立航业发展委员会，审议下列事项：①船舶营运之分析、规划及有关之奖助措施；②航线开辟及调整；③航业合作；④船员培训及雇用；⑤协助船舶购建之资金筹措及奖助国内造船事宜；⑥其他有关之奖助措施。

台湾地区当局对于船公司运力进行调控，如以下一些规定所示：

第 14 条规定，船舶运送业建造船舶，应于建造前拟具造船计划，申请“交通部”核定。

第 15 条规定，船舶运送业自国外购买现成船，其船龄不得超过允许输入之年限，并应于购买前拟具营运计划书，检附船舶规范，申请当地航政机关核转“交通部”核定。

第 29 条规定，为维护安全，增进公共利益，促进航业发展及维持航运秩序之需要，“交通部”得采取必要之措施或通知船舶运送业采取必要之配合措施。

第三节　各国(地区)航运市场宏观调控规则特点

第一，各国(地区)对航运市场宏观调控的目的主要包括：①调节运力供求平衡，实现航运市场健康发展；②实现运力更新目的；③通过优惠政策促进航运发展，提高国际竞争力：④为了国家安全等。

第二，真正的运力调控一般限于国内航运市场，包括内河运输市场和沿海运输市场。

第三，优惠政策可以包括税收、财政、金融等措施。可以同时适用于国内航运和国际航运。

第四，航运扶植政策在各国(地区)普遍适用，而真正实施运力调控的相对要少些。

第五，运力调控可以与造船业结合，通过对造船规划、造船融资贷款贴息等方

---

① 黎敬业. 香港航运税收制度研究[D]. 广州：暨南大学，2010.

法调节运力结构和数量。

第六,在航运扶植手段、力度、期限等方面,各国(地区)有较大差异。美国航运扶植范围广、力度大。新加坡、中国香港特别行政区则是从国际航运中心竞争角度制定扶植政策,税收是最常用的方式。

第七,对于内河运输比较发达的国家(地区),拆船基金或老旧船舶更新基金是比较常见的制度。

第八,有些国家(地区)制定了国内旅客运输特别鼓励措施。

第七章　调查处罚规则

第一节　调查处罚规则概述

一、航运行政程序法概述

从内容上,航运法制度分实体制度和程序制度。调查处罚规则属于航运行政程序法范畴。航运行政程序法是有关航运行政程序的法律规范的总称,是航运行政程序的法律化、制度化。航运行政程序法是一般行政程序法在航运行政中的具体化,与航运行政实体法一起构成航运法。

行政执法,是指行政机关依据法律、法规和规章,作出的行政许可、行政处罚、行政强制、行政给付、行政征收、行政确认等影响公民、法人或者其他组织权利和义务的具体行政行为。行政程序,是由行政机关作出行政行为的步骤、方式、时间构成的行为过程。步骤,是实现某一程序的若干必经阶段;方式,是实施行为的方法和形式,两者构成程序的空间表现形式;时间,是作出行政行为在期限上的要求。行政程序在广义上还包括行政指导、行政裁决、行政调解和行政应急等活动。

我国已先后制定《中华人民共和国行政诉讼法》《中华人民共和国国家赔偿法》《中华人民共和国行政处罚法》《中华人民共和国行政复议法》《中华人民共和国行政许可法》等一系列重要法律,社会主义行政法律体系的框架已经初步形成。但是,带有行政基本法性质的行政程序法至今空缺。

我国航运行政程序立法有两种形式:一是在综合性或单行航运管理法中包含航运行政程序,比如各类航运经营企业设立程序;二是就航运行政程序进行专门立法。第二种形式的立法主要有:

(1)《交通行政执法监督规定》(原交通部令 1995 年第 1 号);

(2)《交通行政执法错案追究制度》(1996 年 9 月 25 日原交通部颁布);

(3)《交通行政赔偿案件备案审查制度》(交体法发〔1996〕829 号);

(4)《交通行政执法重大行政处罚决定备案审查制度》(1996 年 9 月 25 日原交通部颁布);

(5)《交通行政处罚程序规定》(原交通部令 1996 年第 7 号);

(6)《交通行政执法证件管理规定》(1997年11月26日原交通部颁布);

(7)《交通行政复议规定》(原交通部令2000年第5号);

(8)《中华人民共和国海上海事行政处罚规定》(原交通部令2003年第8号);

(9)《交通行政许可实施程序规定》(原交通部令2004年第10号);

(10)《交通行政许可监督检查及责任追究规定》(原交通部令2004年第11号);

(11)《中华人民共和国内河海事行政处罚规定》(原交通部令2004年第13号);

(12)《中华人民共和国海事行政许可条件规定》(原交通部令2006年第1号);

(13)《中华人民共和国内河交通事故调查处理规定》(原交通部令2006年第12号)。

二、航运行政调查和处罚

(一)航运行政调查

航运行政调查程序一般包括以下内容:①调查程序的启动;②调查机关与调查组的组成;③实施调查的程序和规则;④作出调查结论;⑤公布。

航运行政调查程序的启动一般包括两种:航运主管机关自行决定启动调查程序或者应利害关系人的请求启动调查程序。启动调查程序一般是属于比较复杂或重大的事件。

调查机关是调查的领导机关,是作出调查结论的机关。具体调查由调查机关成立的调查组负责。

具体调查程序和规则涉及回避制度、取证制度、听证制度、被调查人提供资料制度、调查时限制度、保守秘密制度等。

任何调查都应有调查结论,但不一定都有处罚决定。

(二)航运行政处罚

依据《行政处罚法》规定,行政处罚的种类有:①警告;②罚款;③没收违法所得、没收非法财物;④责令停产停业;⑤暂扣或者吊销许可证、暂扣或者吊销执照;⑥行政拘留;⑦法律、行政法规规定的其他行政处罚。

航运行政处罚以《行政处罚法》和《交通行政处罚程序规定》为基本依据。具有交通行政处罚权的交通管理部门或者机构包括:①县级以上人民政府的交通主管部门;②法律法规授权的交通管理机构;③县级以上人民政府的交通主管部门依法委托的交通管理机构。县级以上人民政府的交通主管部门可以委托依法设置的符合《行政处罚法》第19条规定的运输、航道、港口、公路、规费、通信等交通管理机构实施行政处罚。

第二节 各国(地区)调查处罚规则主要内容

一、美国

(一)航运行政程序立法

联邦海事委员会(FMC)、海运管理署(MARAD)、海岸警卫队(Coast Guard)作为美国航运管理的三大机构,为了更好地履行其职责,各自制定了详细的实施细则。美国三大航运执法机构在有些程序上是相同或类似的,这主要是根据美国行政执法一般规定制定的。在涉及到主管范围事务时,将一般规定予以具体化,因此就产生一些差别。以下以联邦海事委员会为例。

联邦海事委员会在执法程序上的基本法律依据是《行为和程序规则》(Part 502—Rules of Practice and Procedure)。该实施规章分为以下几个部分:

第A分节——一般规定(Subpart A: General Information);

第B分节——到案和在联邦海事委员会之前的行为(Subpart B: Appearance and Practice before the Commission);

第C分节——当事人(Subpart C: Parties);

第D分节—— 规则制定(Subpart D: Rulemaking);

第E分节——开始、抗辩、动议、答复(Subpart E: Proceedings; Pleadings; Motions; Replies);

第F分节——解决、预审程序(Subpart F: Settlement; Prehearing Procedure);

第G分节——期间(Subpart G: Time);

第H分节——格式、执行和文书送达(Subpart H: Form, Execution and Service of Documents);

第I分节——传票(Subpart I: Subpoenas);

第J分节——听证、主持人、证据(Subpart J: Hearings; Presiding Officers; Evidence);

第K分节——简易程序(Subpart K: Shortened Procedure);

第L分节——作证、书面质询和披露(Subpart L: Depositions, Written Interrogatories and Discovery);

第M分节——摘要、认定请求、决定、除外(Subpart M: Briefs; Requests for Findings; Decisions; Exceptions);

第N分节——口头辩论、提交最终决定(Subpart N: Oral Argument; Submission for Final Decision);

第 O 分节——损害赔偿(Subpart O：Reparation)；

第 P 分节——程序的重新考虑(Subpart P：Reconsideration of Proceedings)；

第 Q 分节——运费的退还或者放弃(Subpart Q：Refund or Waiver of Freight Charges)；

第 R 分节——非裁决性的调查(Subpart R：Nonadjudicatory Investigations)；

第 S 分节——小额索赔裁定的非正式程序(Subpart S：Informal Procedure for Adjudication of Small Claims)；

第 T 分节——小额索赔裁定的正式程序(Subpart T：Formal Procedure for Adjudication of Small Claims)；

第 U 分节——其他争议解决方法(Subpart U：Alternative Dispute Resolution)；

第 V 分节——联邦海事委员会程序中司法诉讼平等机会的实施(Subpart V：Implementation of the Equal Access to Justice Act in Commission Proceedings)；

第 W 分节——和解、评估、解决和民事罚款的支付(Subpart W：Compromise, Assessment, Settlement and Collection of Civil Penalties)；

第 X 分节——文书减少法(Subpart X：Paperwork Reduction Act)。

(二) 调查规则

1. 概述

美国航运行政程序法有一个基本的价值倾向,即尽可能将航运领域的纠纷(主要是船货双方之间的纠纷)在行政程序内解决,尽量减少通过司法程序解决纠纷。这一价值使美国航运行政程序规定了许多特别程序,如简易程序、小额索赔程序、选择性解决方法,在机构设置上也充分考虑这一价值。相对而言,联邦海事委员向纠纷当事人提供了最多的纠纷处理方案。

联邦海事委员会可以依职权通过以下方式对违法行为或争议事项予以处理。首先是主管部门自主调查,其可对违法行为和远洋公共承运人间的协议组织展开调查,再根据调查结果作出处罚决定。[①] 但是对于备案生效后的协议,联邦海事委员会认为其降低了竞争,从而产生运输服务的不合理减少或运输费用的不合理增加,则向备案申请人发出通知后,联邦海事委员会只能将该案件提交美国哥伦比亚地区法院,以停止该协议的执行。

其次,纠纷当事人可以将争端提交至联邦海事委员会。任何人可就违法行为向主管部门提出申诉,这是主管部门启动有关执法程序最主要的形式。对于申诉人的请求行政主管部门可以直接作出决定,在立法规定或者必要的情况下,通过调查、听证程序作出裁定。我们可以将申诉、调查、听证程序称为海事主管部门的一般执法程序。

---

① 46 U.S.C. 41307 (2007). Injunctive relief sought by the Commission.

相对于一般执法程序，当然存在特殊的执法程序。在符合相关规定的前提下，经双方当事人合意，纠纷可通过争议解决替代方式、简易程序、小额诉讼费正式程序，以及包括仲裁、调解在内的其他非正式解决方式处理。但是上述特殊执法程序并没有被所有主管部门采用，海运管理署采纳了简易程序，海岸警卫队则采用了其独特的快速听证程序。

当然在海事主管部门之外，受害人可以自行向美国地方法院提起诉讼，而且在受害人向联邦海事委员会申诉之后还可以向美国地区法院提起诉讼。

联邦海事委员会管辖范围内对违法行为的处理方式（排除受害人自行提起诉讼，启动司法程序）见图 7-7-1。

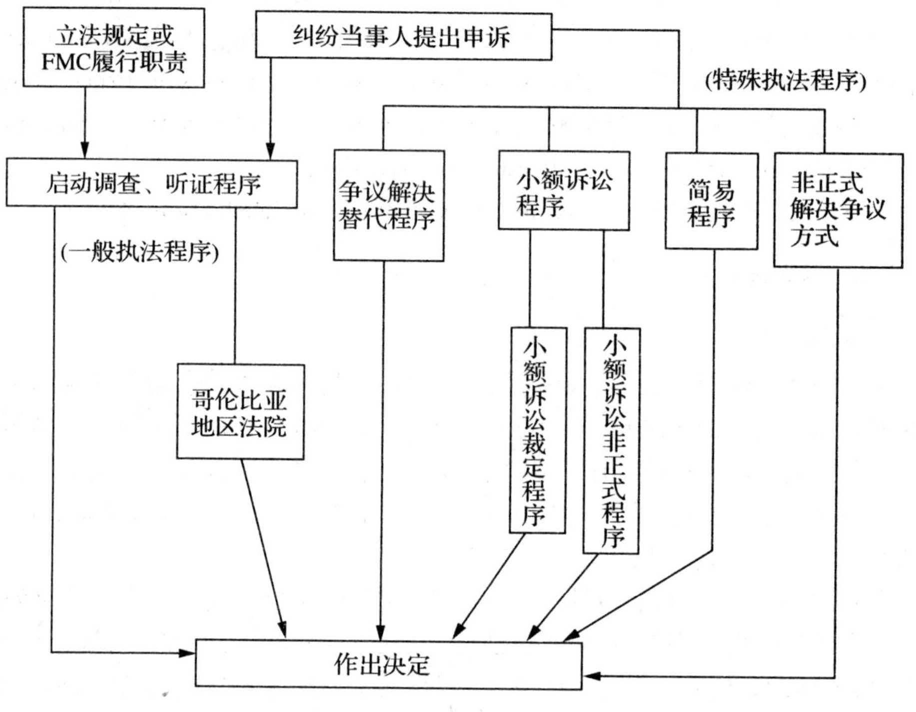

图 7-7-1　违法行为的处理

2. 申诉制度

自然人、公司、社团、商号、合伙、财产受托人、收货人、代理人、公共或私人机构、政府机构可以向海事主管部门提出申诉（Complaints）并支付相应诉讼费用。在联邦海事委员会各职能机构中，负责申诉、调查和听证等程序的主要机构是行政法官办公室。

申请人提出的申诉书应包括申诉人的名称和地址、申诉人的代理人、被申诉人的名称和地址、申诉理由概述、希望获得的救济等。如果申诉人要求民事赔偿，则应具体提供下列信息：起始港、达到港、指示提单收货人、发货人、承运人接收和交付货物的时间、船舶名称、提单编号、货物名称、货物重量和件数、费率、损害金额等。申诉书可指定将来举行听证的地点。另外,向联邦海事委员会提出的申诉书必须表明在提出申诉之前,申诉人是否已经使用了非正式的争议解决方法(Informal Dispute Resolution Procedures),以及是否向联邦海事委员会争议解决专家机构(Dispute Resolution Specialist)咨询过争议解决替代方法。如果申诉书没有清楚地表明违法行为的存在依据或者主张的理由,海事主管部门可要求申诉人对申请书进行修改,提供更详细的信息。

海事主管部门应当向被申诉人提供诉状的副本并规定在合理的时间内作出答复。联邦海事委员会《行为和程序规则》规定,被申诉人在收到申诉书副本之日后20天内必须递交答辩状,如果被申诉人居住在阿拉斯加或者在美国境外,这个期限可延长至30天。此外被申诉人可对申诉要求提起反诉(Counter-complaints)。

联邦海事委员会应当在举行听证之日或者之前,为行政法官办公室规定一个具体的案件处理期限,这一期限从联邦登记簿上记录的海事委员会命令启动程序之日起或向被申诉人发出通知之日起最长不超过6个月。同时可规定公布初步决定和最终决定的时间。

在申诉要求不能被满足的情况下,海事主管部门可以以适当的方式开启调查程序,据此作出合适的决定。

3. 调查制度

联邦海事委员会基于申诉或自己的动议开启调查程序(Investigation)。[①] 但如果被调查的国际航运协议组织由于减少竞争而可能产生不适当地降低运输服务水平或者增加运输服务成本的,联邦海事委员会只能申请哥伦比亚地区法院发出禁令。

在调查期间和行政裁定程序中,任何一方当事人可通过证言、书面质询(Written Interrogatories)和披露程序(Discovery Procedures)等方式获取证据。联邦海事委员会可发出传票强令证人出庭、提供账目、文件、单证和其他证据。在被调查期间,除根据法院的禁令而终止协议组织的效力外,远洋公共承运人间的协议仍然有效,直至联邦海事委员会作出有关终止的决定。

联邦海事委员会在调查程序开启后10天应确定公布最终调查决定的期限。如果有正当理由,联邦海事委员会可以决定延长该期限。委员会可签发命令驳回、废除或修改在经营中的违法协议。如果由于一方当事人所造成的不适当迟延,导致联邦海事委员会不能在规定的时间内作出最终决定,联邦海事委员会可实施制裁,包括作出不利于迟延当事人的决定。

海事主管部门进行的每一个调查应作出书面报告,并需要举行听证会。报告应包括结论、裁定、查明的事实和作出的命令。应向所有当事人提供一份报告副本。海事主管部门应公布每份报告,以便公众了解,并且该公报在美国所有法院均

---

① 46 U.S.C. 41307 (2007). Injunctive relief sought by the Commission.

具有合法证据的效力。

4. 听证制度

(1) 听证程序的适用范围。听证程序(Hearings)在认定事实证据、维护当事人合法权利等方面具有重要作用。听证程序的启动有两个原因：一是法律法规规定必须举行听证；二是法律法规没有要求，海事主管部门根据需要举行非正式听证。联邦海事委员会在处理申诉、自行提议的调查、制定规则和行政裁定等程序中，应举行听证。在其他情况下，为了获得有关信息、有助于政策制定，要求有关当事人参加、提供证据时，联邦海事委员会举行非正式的听证。

(2) 预审程序。通常在正式听证程序之前，海事主管部门或者听证会主持人可以书面形式通知利害关系人，举行一次或者多次预审会议，进行相关物证和材料的交换，其目的是形成需要解决的主要问题和相关的其他问题，以促进听证会的进行。

预审程序主要考虑下列问题：①提出纠纷解决方案的建议；②将问题简化；③对抗辩程序进行修改的必要性；④获得有关事实和文件的可能性，以避免取得其他不必要证据；⑤对证人数量的限制；⑥听证程序；⑦在听证前向当事人提供书面证言和物证；⑧法律顾问对证人询问的综合评价等。

预审会议由争议主持人召集。通过预审，主持人应对所有要作出决定的事项制定规则，为正式的纠纷解决程序作好准备。这些规则可以是口头形式，也可以是书面形式。除非获得主持人的许可，参加预审会议的所有当事人应该向主持人提交一份书面陈述，数个当事人可以联合提供陈述。预审陈述的内容除表明当事人的姓名(名称)外，还应该包括对以下问题的陈述：①有关程序问题；②程序中涉及的事实和当事人提供的证据；③争议事实；④与诉讼有关的证人和物证；⑤应适用的法律；⑥可能的结论；⑦听证时间和地点的建议；⑧有助于听证程序的其他问题。

在各方提供预审陈述后，主持人可召开预审会议，以进一步缩小听证涉及的问题和限制听证范围。如果主持人认为预审陈述缺乏双方之前提出的事实争议或者在立法上没有进行交叉询问的必要，则主持人可以直接发出适当的命令。如果一方当事人认为其作出的裁定所依据的口头陈述记录并没有涵盖所有的事实，或者表意不清，则其可在收到裁定后一定时间内(联邦海事委员会要求10天)提出进一步调查的请求。

(3) 听证程序的主要内容。在举行听证之前，应以合适的方式及时通知所有参与人，并公告以下内容：①听证程序的性质；②举行听证程序的主管机构及其管辖权；③听证举行的期限、事项、事实和有关的法律问题。上述内容应在联邦登记机构公布，但如果所有听证参与人均获得了实际上的通知，则可以不必公布。在举行实际的听证之前，应发出听证通知，通知内容包括听证的时间、地点、主持人、可能作出的决定种类。为了公共利益、当事人或其代表的方便可变更听证地点，但是应该通过邮寄、电报或电子邮件的方式通知各参加人。

联邦海事委员会听证程序的主持人可由一位联邦海事委员会委员或者行政法官担任。行政法官担任主持人需由行政法官办公室负责人任命。听证程序的主持人享有广泛的权力,主要包括:①有权安排听证的具体活动、签发通知;②签署并发出传票;③获得书面证据、制定辩论规则;④告知当事人选择替代方法解决争议;⑤在当事人同意的条件下举行会议解决争议或者简化问题;⑥指挥听证过程等。

参与听证的当事人均有权提供口头或者书面证据,支持自己的立场或者反驳对方的观点,并对对方提供的证据进行质证,以正确和完全地揭示事实真相。听证主持人根据其判断,有权并有义务限制提供某些证据或者对证人的询问。当事人提供的证据应具有关联性(Relevant)、重要性(Material)、可靠性(Reliable)和证明力(Probative),并且相互之间不应有过分的重复(Repetitious or Cumulative)。如不符合这些条件,则不能作为听证程序中的证据。

当事人在听证程序结束后提供的材料一般不能作为证据,除非获得听证主持人的许可。此外,即使在主持人同意提交的情况下,一方当事人也应该同时向其他当事人提供该材料的复印件,并且应当具有恰当的理由。听证简短摘要应在听证结束后的一定时间内提供(联邦海事委员会规定 10 天)。

联邦海事委员会可以指定一名代表作为官方报告人。官方报告人所作的陈述可作为证据使用,与其他相关的摘要等一起在联邦海事委员会备案。[①] 除基于保密原因外,官方报告人应向参与听证的各方当事人提供官方陈述文本,并应当向公众公开。

判决的作出应当只基于所有证人证言和证物,听证程序中要求提交的资料、数据,以及官方报告。

5. 特殊执法程序

(1) 争议解决选择性方法的含义和目的。争议解决选择性方式(Alternative Dispute Resolution)是联邦海事委员会独特的纠纷处理方式,其高效、便捷的程序正在纠纷解决过程中发挥越来越重要的作用。联邦海事委员会《行为和程序规则》第 402 条规定:争议解决选择性方法是在正式程序和非正式程序中,除通过通常的调查、听证、裁定等程序解决争议外,使用调和(Conciliation)、便利措施(Facilitation)、调解(Mediation)、事实认定(Fact Finding)、小型审理(Minitrials)、仲裁(Arbitration)、专员调查(Ombuds),以及综合这些方法解决争议的程序。

争议解决选择性方法的基本目的是简化有关程序、提高争议解决的效率,以适应越来越多的各类纠纷。《行为和程序规则》第 401 条规定:只要在不违背法律、与联邦海事委员会使命一致的范围内,应尽可能广泛地使用争议解决选择性方法,包括联邦海事委员会的日常工作、正式和非正式的裁定、条例的签发、法律和法规

---

① PART 502—RULES OF PRACTICE AND PROCEDURE, Subpart J—Hearings; Presiding Officers; Evidence, § 502.167 Objection to public disclosure of information.

的实施和遵守、许可证的签发和撤销、奖惩处理、针对联邦海事委员会的诉讼、与社会公众的关系等。

争议解决选择性方法所适用的程序具有 2 个特点：一是任命一个中立裁判者；二是限于特定的当事人参加。争议解决选择性方法实质上是一种纠纷当事人自我解决争议的程序，联邦海事委员会在其中的职责主要是提供合格的、培训有素的裁判者协助当事人达成解决争议的协议，而不必在通常程序中需要联邦海事委员会或者其职能机构直接作出决定。《行为和程序规则》具体规定了多种争议解决替代方法，但其中的调解方法被当事人用得最多。①

联邦海事委员会鼓励当事人使用能够简化或者避免正式诉讼的各种程序，以达到解决争议的目的。依据这些程序解决争议的方法被称为非正式解决方法(Informal Settlement)。在申诉人提交申请后，联邦海事委员会仍允许当事人以非正式的方法解决争议。这些方法主要是调解员的调解和调解法官(Settlement Judge)的调解。为此，《行为和程序规则》规定了相应的程序。

在非正式解决程序中，如果时间、程序性质和公共利益允许，在不损害对方当事人利益的条件下，当事人均有机会提交事实、论点、争议解决方案等内容。

在争议解决程序开始时，主持人应指导当事人考虑使用包括调解在内的替代方法解决争议。如果双方当事人愿意，应要求当事人向联邦海事委员会替代争议解决专家机构咨询争议解决的可行性。

(2) 争议解决替代方法的适用范围。《行为和程序规则》第 403 条规定：联邦海事委员会利用争议解决替代方法程序的条件是当事人的同意。但在下列情况下，联邦海事委员会可考虑不使用该程序：①根据先例，有关争议需要确定的、权威性的解决方法，争议解决选择性方法一般不会被接受的；②有关争议涉及到政府政策的重大疑问，因此在作出最终决定前需要经过额外程序的；③维持以往政策的连续性具有特别重要意义，通过争议解决选择性方法达成的个别决定将不可能达到这种政策的连续性的；④争议问题将对没有参与程序的当事人(自然人或者组织)具有重大影响的；⑤公开完整的争议解决记录具有重要性，而争议解决选择性方法做不到这一点的；⑥根据情况的变化，联邦海事委员会可能需要改变对有关事项的处理，而争议解决选择性方法影响到联邦海事委员会履行该职责的。

(3) 中立裁判者资格。中立裁判者(Neutrals)可以是永久性的官员，也可以是临时的官员；可以是联邦海事委员会的雇员，也可以是当事人接受的任何人。中立裁判者与争议的纠纷不应当存在官方的、经济的或者个人的利益冲突。除非这样的冲突以书面形式充分地告知各利益方，而各方均同意其成为中立裁判者。

《行为和程序规则》第 404 条规定：中立裁判者作为调和人、提供便利措施者、调解人等，应该基于当事人的意愿，由当事人共同选择。在当事人同意的情况下，

① Federal Maritime Commission, 42nd Annual Report for Fiscal Year 2003.

联邦海事委员会争议解决专家机构可以为当事人选择这样的中立裁判者。如果当事人选择的中立裁判不是联邦海事委员会官方确定的或者是其雇员,则有关费用应由当事人协商自行支付。

中立裁判者必须履行有关保密的义务,除规定许可的情形外,不得以任何形式自行或者被迫披露有关争议的信息。《行为和程序规则》第 405 条对中立者和参加争端解决程序中的任何一方的保密范围和允许披露的信息等作了详细规定。

(4) 仲裁。仲裁(Arbitration)是争议解决选择性方法之一。除联邦海事委员会或其一个部门为当事人外,只要当事人同意,即可采用该方法解决争议。当事人可以将争议问题的一部分或全部提交仲裁,限定仲裁的具体范围或设置仲裁员最大的权利范围。无论在什么情况下,都需要当事人达成书面的仲裁协议。

仲裁可以与联邦海事委员会争议解决专家机构的行政裁定同时进行,即使是属于后者解决的问题范围。这样的仲裁也具有约束力。但是,联邦海事委员会争议解决专家机构可以根据第 403 条,以不合适使用争议解决选择性方法为由,撤销有关仲裁裁决。

《行为和程序规则》第 406 条规定: 仲裁员由当事人选择,联邦海事委员会争端解决专家机构任命。① 仲裁员具有下列权力: ①决定举行仲裁听证,以及听证的时间和地点;②管理誓言和声明;③举行听证时,要求证人参加听证和提供证据;④作出仲裁裁决。

仲裁员应当确定举行听证的时间和地点,并且至少在听证会举行日前 5 天通知当事人。听证会可以以非正式的方式迅速推进,经过各方当事人同意,仲裁员可以通过电话、电视、电脑或其他任何电子方式进行一部分或者所有听证会议。仲裁中各方当事人有权利在答辩中进行质证和对证人的交叉询问。而仲裁员应当解释并且使用相关立法和管理要求、法律程序和政策命令。除非当事人另有约定,听证会结束日或经其授权的摘要备案日中较晚的时间起算,在 30 天内仲裁员必须作出裁定。

(5) 调解。如果双方当事人愿意以调解方式解决争议,任何一方可以要求指定一名调解员或者其他具有中立地位的人。如果对方不反对,主持人在与联邦海事委员会选择性争议解决专家机构协调后,应任命一名当事人都能够接受的调解员或者其他具有中立地位的人。

《行为和程序规则》第 91 条规定: 在调解员任命后,由调解员负责争议的解决。调解员应召集当事人解决争议,并向主持人汇报调解进展情况。无论调解是否成功,调解员应在主持人规定的时间内汇报调解结果,并提出下一步程序的内

---

① PART 502—RULES OF PRACTICE AND PROCEDURE, Subpart U—Alternative Dispute Resolution, § 502.406 Arbitration.

容。如果调解成功,调解员应建议主持人作出合适的决定。

《行为和程序规则》第 91 条规定:任何一方当事人可以要求主持人任命一名调解法官协助当事人达成争议的解决方案。如果另一方当事人不反对这种要求或者建议,主持人应该向行政法官办公室建议任命一名当事人都能接受的调解法官。调解法官负责召集和主持会议、安排当事人为达成争议解决的谈判,并在主持人规定的时间内汇报争议解决的结果和下一步程序。如果当事人达成协议,调解法官向主持人建议作出合适的决定。

(6) 简易程序。为了提高争议解决程序的效率,联邦海事委员会和海运管理署都采用了简易程序(Shortened Procedure)。采用简易程序的条件是争议当事人同意采用该程序,并且获得海事主管部门或者主持人的认可。

简易程序与普通程序的区别主要在于没有听证程序。但是,主持人或者当事人可以要求在简易程序中举行听证。根据简易程序处理的纠纷,申诉人应同时提交有关事实材料的摘要,并按照有关规则签署材料,担保有关材料的真实性。另外,应单独陈述其申诉理由,并收取一定诉讼费用。

被申诉人如果同意使用简易程序,申诉人应该在联邦海事委员会收到申诉书后的一定时间内(FMC 规定 25 天内)提出答辩。答辩的内容包括有关事实的摘要和理由陈述书,签署相关的文件担保其真实性,同时要求附上有关证据的原件。如果被申诉人不同意使用简易程序,则按照行政申诉制度另行起诉。对于被申诉人的答辩,申诉人可以在一定时间内(FMC 规定 15 天内)进行答辩。除非主持人认为证据不足要求提供其他重要证据材料,争议当事人将不能再提供有关证据。

在作出最终决定前,主持人可向当事人提出初步的、具有建议性或者尝试性的决定。如果不能达成最终解决决定,其后的程序与普通程序中举行听证程序后的做法相同。

(7) 小额诉讼程序。小额诉讼程序(Informal Procedure for Adjudication of Small Claims)也是联邦海事委员会为解救纠纷所采用的一种特殊的解决争端的方式。其可分为小额诉讼非正式程序和小额诉讼正式程序。

所谓小额诉讼非正式程序是指任何人基于他人在美国对外贸易中的违法行为向联邦海事委员会提起诉讼,寻求因该违法行为造成的损害赔偿,并且索赔额在 50 000 美元以下,经过双方当事人的同意,联邦海事委员会争端解决办公室会授权争议解决专家机构处理该纠纷。起诉人在诉因发生之日起 3 年之内提起诉讼,争议解决专家机构在争端解决办公室授权范围内处理该纠纷,但是不需要进行正式行政申诉制度下的正式程序。

起诉人填报申诉书并支付 67 美元的诉讼费用,则其诉状提交至联邦海事委员会之日则视为其受理之日,每一个诉求都将上报至秘书办公室。申诉人同时应当提交 3 份诉状副本以及支持其诉求的必要的文件,包括宣誓书、信件、提单、支付运费账单、出口报关、船务或码头收据,附上备忘录、摘要或其他类似的文件,支持其所提起的诉求。

起诉人依此提起的诉求若不能得到支持,则其会收到争议解决办公室的书面通知,在诉讼时效内起诉人可修改诉求或增加有利证据再次提起诉讼,该诉讼将被视为一个新的诉讼。

争议解决专家机构在从受理之日起 25 天之内必须作出判决并将该判决向联邦海事委员会备案,且该判决一般是终局性的。除非当事人基于重要事实、法律推论错误或判决有歧视性,联邦海事委员会会接受其重审请求。除非联邦海事委员会委员在判决作出之日起 30 天之内提出审查要求并上报秘书办公室,联邦海事委员会才可行使自由裁量权审查该判决。

若起诉人根据《行为和程序规则》S 部分的规定提起小额诉讼裁定非正式程序,但被诉人不同意,则该诉讼由行政法官主持判决。被诉人在收到起诉人诉讼通知之日起 25 天内应当向联邦海事委员会提交一份答辩状,并清晰表明其是否接受起诉人的每一项诉请,对于其拒绝接受的诉请必须附上适当的文件材料支持,若没有说明则视为接受。起诉人在收到被诉人答辩状之日起 20 天内需就被诉人的答辩状向联邦海事委员会提交答复并附上证明材料。

一般情况下该程序不进行口头听证,除非行政法官认为需要或当事人详述其不能用公平快捷的程序解决纠纷的原因,及要通过口头听证才能明确事实真相的必要性。行政法官在收到当事人申请后的 10 天内必须作出决定。

行政法官从受理之日起 22 天之内必须作出判决,且该判决一般是终局性的。其存在 2 种例外,一是联邦海事委员会委员要求审查;二是当事人提出重审请求。除非联邦海事委员会委员在判决作出之日起 30 天之内提出审查要求并上报秘书办公室,联邦海事委员会才可行使自由裁量权审查该判决。在收到判决书之日起 30 天内,除非当事人发现在作出判决之后重要事实或法律适用发生了重大改变,或在判决作出所依据的事实上发生重大错误,或请求人发现在此之前无法发现的重要事实,则其要求重新审理的请求才有可能被联邦海事委员会争议处理办公室接受。

(8) 快速听证程序。快速听证程序(Expedited Hearings)的启动。快速听证程序是海岸警卫队对纠纷处理的特殊的方式。其主要适用于吊销船员执照、证件、证书或拒绝予以更新相关证件的情况。快速听证程序可在下述 4 种情况下开启:第一,在《美国法典》第 46 卷中规定不需要举行听证程序,可直接吊销船员证书的情况;第二,船员实施了威胁船舶安全的行为;第三,有可信证据表明其很可能违法地使用酒精或毒品造成船舶安全隐患;第四,有可信证据证明其犯罪行为进而不能获得船员证书或不能更新证件。

但是在第二、三、四情况下,必须在相关事件发生之日后 45 天内作出吊销或拒绝更新船员证书的决定。

快速听证的进行。一旦接受申请进入快速听证程序,行政大法官应当指派一名行政法官受理。行政法官应当尽可能早地当面、电话或通过其他电子渠道通知。如果对方接受通过快速听证程序解决纠纷,则行政法官应当尽快安排预审会议,通知相关当事人时间和地点。预审会议的目的是为了明确和简化案情,建立简明的解决程序,双方交换证据清单和证据,并进行质证。通过预听证会议作出最初的吊销船员证书的决定,应当在作出该决定后 30 天内举行听证会并确定听证会的时间和地点通知各方当事人。听证会主要针对尚存在争议的事项进行审理,呈递口头证据,提出事实证据、法律结论以及已经举行过的预审会议纪要。行政法官应当订立听证计划,充分考虑双方当事人的证据,但最后的决定必须在作出最初的吊销船员证书决定之日后 45 天内作出,且该期限不得延长。

在听证会上,若行政法官经审理认为缺乏合理理由吊销或者拒绝更新船员证书的,应当以书面形式发出命令,恢复其证书效力,并且以书面形式说明原因。

在快速听证程序的任何阶段,若行政法官认为该案件不适合用快速听证程序处理,则其可发出命令中止快速听证程序,并以书面形式说明原因,案件自然进入一般执法程序。

(三) 处罚规则(法律责任)

1. 损害赔偿

公法意义上的损害赔偿(Reparation),是指行政主管机关作出的要求违法者向受害人支付的一种赔偿。赔偿金额可以是补偿性的,也可以是惩罚性的。《美国法典》第 46 卷第 413 章规定:联邦海事委员会可以根据申诉人的请求,在公告和举行听证等程序后,直接指令违法者对申诉人遭受的实际损害和合理的律师费用予以赔偿。实际损害包括自损害发生之日起按商业利息计算的利息损失。

该款同时规定,在下列 5 种情况下,联邦海事委员会可指令违法者作出额外赔偿,赔偿总额不超过受害人的实际损失金额的 2 倍:

(1)《美国法典》第 46 卷第 41102 条(b)款所规定的,公共承运人或者协议组织按照尚未生效的协议或者被驳回、未被批准或者取消的协议从事经营或者公共承运人或者协议组织根据未经报备的协议从事经营;

(2)《美国法典》第 46 卷第 41104 条第 3 款所规定的,公共承运人单独或者伙同他人因托运人光顾其他承运人,或者提起诉讼,或者因任何其他理由而拒绝或者威胁拒绝向其提供已有的货物舱位,或者以其他不公平和非法的歧视手段对该托运人进行报复;

(3)《美国法典》第 46 卷第 41104 条第 6 款所规定的,公共承运人单独或者伙同他人通过将另一远洋公共承运人赶出该航线的手段,以排除、防止或者减少竞争为目的而在特定航线上使用船舶;

(4)《美国法典》第 46 卷第 41105 条第 1 款所规定的,班轮公会或者远洋公共承运人之间的其他协议组织采取抵制或者其他协调行动以致引起不合理地拒绝业务往来的后果；

(5)《美国法典》第 46 卷第 41104 条第 3 款所规定的，班轮公会或者远洋公共承运人之间的其他协议组织从事旨在排挤或者拒绝非班轮公会成员的公共承运人、公共承运人间协议组织、不定期船或者散货船参加或者进入某一航线的任何掠夺性活动。

如果公共承运人或者协议组织根据运价本规定的费率或者收费标准、货物分类，从事不公平或者歧视性的活动，赔偿标准则为受害托运人支付的费率与其他托运人支付的最优惠费率之差。

2. 禁令

《美国法典》第 46 卷第 41306 条规定，申请禁令(Injunction)可由申诉人或者联邦海事委员会向美国联邦地区法院提起，由法院裁定。具有管辖权的法院通常是被告居住地或者业务经营地的地区法院。对于一般违法行为，法院如果证明具备给予禁令救济的条件，在通知被告后，可发布临时限制令(Temporary Restraining Order)或者初步禁令(Preliminary Injunction)。这 2 种强制措施的期限不超过联邦海事委员会发出处理被调查案件的裁决令以后 10 天。

但是对于联邦海事委员会认为由于协议降低了竞争从而产生运输服务的不合理减少，或运输费用的不合理增加，在向备案申请人发出通知后，委员会应该将该案件提交美国哥伦比亚特区地区法院，以停止该协议的执行。在法院查证确实存在上述减少竞争的行为的情况下，法院可以发永久禁令(Permanent Injunction)。在联邦海事委员会提起的诉讼中，举证责任由联邦海事委员会承担，第三方不得介入。

3. 罚款

(1) 罚款标准。违反国际航运管理法律最主要的法律责任形式是罚款。在《1998 年航运改革法》中，罚款被称为民事处罚(Civil Penalty)，在制裁各种违法行为中被普遍使用。罚款金额根据违法行为是否故意，通常分 2 个基本档次，根据《美国法典》第 46 卷第 41107 条规定：一般的罚款标准不超过 5 000 美元；如果属于故意和明知的违法行为，则每次罚款金额为 25 000 美元。对于连续违法行为，则按照每一天构成一个独立的违法行为进行处罚。这种累积性罚款制度，无疑是一种惩罚性的罚款，对及时制止违法行为具有极大的威慑力。《1998 年航运改革法》与《1984 年航运法》相比较，增加了联邦海事委员会作出的这些罚款享有对公共承运人船舶的留置权(Lien)，并将此编入《美国法典》第 46 卷第 41107 条规定，联邦海事委员会可向船舶所在地的美国地区法院对该船提起诉讼。

在其他情况下，罚款金额根据有关法律法规规定而有所不同。《美国法典》第 46 卷第 41108 条(b)款规定：对于按照已被中止的运价本或者在运价本的使用权被中止后收受或者装卸货物的公共承运人，对每一批货载处以 50 000 美元的罚款。

但是联邦海事委员会和法院都不能要求任何人支付以下两者之间的差额：与公共承运人或其代理人达成书面协议商定并已出具账单的数额和该公共承运人就其提供的运输服务在运价本和服务合同中载明的数额之差。

海岸警卫队为了维护航行安全和国土安全也制定了相应的规定。比如在海事安全方面，对任何人明知或故意向海岸提供错误的遇难信息，或使海岸警卫队在不需要提供帮助时仍试图救助生命和财产，海岸警卫队有权对其处以不超过 5 000 美元的罚款，并要求负责支付海岸警卫队因此产生的所有费用。在海事保障方面，立法对妨碍航行安全、港口安全等方面作了详细的规定。比如对除武装部队外的任何人、公众团体或机构，在未取得其授权的情况下，私自建立并维持海上助航设备的行为、妨碍助航设备的行为（如拆除、转移、故意破坏系泊设备），每次分别处以不超过 100 美元、500 美元的罚金，违法行为持续 1 天则被认为是 1 个新的犯罪。

(2) 作出罚款决定的程序。联邦海事委员会在作出罚款决定时，应考虑违法行为的性质、条件、程度和严重性，以及违法程度、以前的违法历史、支付能力和维护处罚公正所需考虑的其他方面。《美国法典》第 46 卷第 41109 条(a)款规定，在将案件提交至司法部长前，经过通知、举行听证后，联邦海事委员会收取按照本法规定的民事处罚。委员会可以有条件或无条件地与被处罚者达成罚款的和解协议或者更改或者免除任何民事处罚。公共承运人及协议组织等对联邦海事委员会作出的处罚决定可以依法提起复议。

此外，征缴民事处罚的程序，应在违法行为发生之日起 5 年内开始。

(3) 罚款决定的执行。如果被处罚者没有在规定的时间内缴纳罚款，则根据《美国法典》第 46 卷第 41109 条(e)款规定，联邦海事委员会可以请求司法部长向美国有关地区法院申请强制执行，除非发现该命令没有按照正常合适的程序作出。对于被处以罚款或处罚的船舶或者货物，为保证对其的处罚或者罚款得以执行，海事警卫队可以扣押罚款对应数量的货物或者扣船。

(4) 罚款标准的调整。在国际航运管理法律责任发展趋势方面，传统的民事赔偿、禁令等保持相对稳定，而行政罚款方面有加重的趋势。法律责任的加重一方面是由于通货膨胀原因导致的罚款金额相应的提高，另一方面是为了提高法律的威慑力，制止违法行为而提高罚款金额。

为了避免因通货膨胀降低经济处罚的威慑力，美国制定了《1990 年联邦民事处罚通货膨胀调整法》(Federal Civil Penalties Inflation Adjustment Act of 1990)。该法后来被《1996 年债务征收改善法》(Debt Collection Improvement Act of 1996)部分修改。1996 年 10 月，联邦海事委员会根据前述两法制定了实施规章第 506 节(Part 506)《民事处罚通货膨胀调整法》。海岸警卫队和海运管理署也通过相关规定制定了民事处罚通货膨胀调整表格。

根据《民事处罚通货膨胀调整法》的规定,联邦海事委员会对自己制定的各项实施规章涉及到的经济处罚每四年调整一次,调整后的标准在联邦登记机关公布。自1996年第506节生效后,对处罚标准进行了一次调整,在2000年又进行了一次调整。

联邦海事委员会对处罚标准的调整是根据生活成本调整因素(Cost-of-living Adjustment)对处罚最高额进行调整的。生活成本调整因素是指法定的民事处罚标准与消费者价格指数(Consumer Price Index)的一种比例关系。具体标准是:①每次处罚小于或者等于100美元的,增加10美元的倍数;②每次处罚大于100美元而小于1 000美元的,增加100美元的倍数;③每次处罚大于1 000美元而小于10 000美元的,增加1 000美元的倍数;④每次处罚大于10 000美元而小于100 000美元的,增加5 000美元的倍数;⑤每次处罚大于100 000美元而小于200 000美元的,增加10 000美元的倍数;⑥每次处罚大于200 000美元的,增加25 000美元的倍数。

根据2011年12月的调整,联邦海事委员会实施的各种处罚的限额见表7-7-1。并选取2000年和2008年4种违法行为进行图表对比,见图7-7-2。图中:"1"为违反《程序欺骗民事处罚法》和提供虚假陈述的行为;"2"为外国航运行为对美国承运人产生不利影响的行为;"3"为运价本被中止后从事国际海运业务的行为;"4"为违反《1984年航运法》及联邦海事委员会的实施规章和命令,故意和明知从事的违法行为。

表7-7-1　联邦海事委员会处罚限额　美元

美国法典	违法行为种类	调整前最高罚款金额	调整后最高罚款金额
46 U.S.C. 42304	外国航运行为对美国承运人产生不利影响的行为	1 175 000	1 500 000
46 U.S.C. 41107(a)	故意违反《1984年航运法》及联邦海事委员会的实施规章和命令的行为	30 000	40 000
46 U.S.C. 41107(a)	并非故意违反《1984年航运法》及联邦海事委员会的实施规章和命令的行为	6 000	8 000
46 U.S.C. 41108(b)	运价本被中止后从事国际海运业务的行为	60 000	75 000
46 U.S.C. 42104	没有根据《1920年商船法》提交报告的行为	6 000	8 000
46 U.S.C. 42106	根据《1920年商船法》提供了不利的运输条件行为	1 175 000	1 500 000

(续表)

美国法典	违法行为种类	调整前最高罚款金额	调整后最高罚款金额
46 U. S. C. 42108	根据《1920 年商船法》在运价本和服务合同被中止后从事经营的行为	60 000	75 000
46 U. S. C. 44102	没有建立未履行运输义务的财务责任保证行为	6 000 220*	8 000 300*
46 U. S. C. 44103	没有建立伤亡财务责任保证的行为	6 000 220*	8 000 300*
31 U. S. C. 3802(a)(1)	违反《程序欺骗民事处罚法》作出虚假声明的行为	6 000	8 000
31 U. S. C. 3802(a)(2)	违反《程序欺骗民事处罚法》提供虚假陈述的行为	6 000	8 000
* 代表除最高罚款金额外,每销售一张客票所增加的罚款金额。			

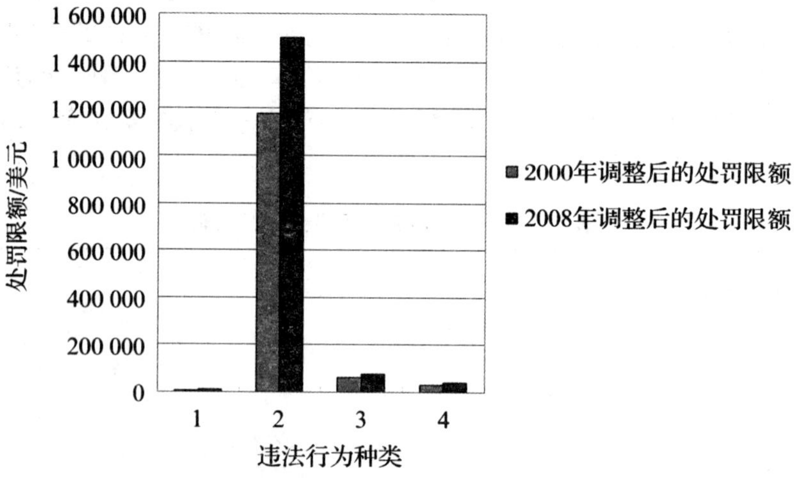

图 7-7-2 联邦海事委员会处罚限额对比图

(5) 联邦海事委员会近年罚款情况。联邦海事委员会罚款总金额在一定程度上反映出市场运行状况和执法状况,2005—2007 年,联邦海事委员会作出的罚款总额逐年提高,表明其执法力度呈现逐渐加强的趋势。但是,2008 年罚款总额从 1 372 000美元降至 182 500 美元,根据 2010 年 3 月公布的关于 2009 年罚款总额的最新数据表明,2009 年比 2008 年有所提高,具体情况见表 7-7-2。2009 年共有 10 家公司被处以罚款,见表7-7-3;2008 年和 2007 年分别有 6 家和 7 家公司被处以罚款,具体见表 7-7-4 和表7-7-5。2007 年每家公司的平均罚款金额为 19. 6 万美元,2008 年每家公司的平均罚款金额为 3. 04 万美元,2009 年每家公司的平均罚款金额为 8. 42 万美元。

表 7-7-2 联邦海事委员会罚款总额统计 美元

财政年度	2005 年	2006 年	2007 年	2008 年	2009 年	2010 年	2011 年
罚款总额	654 500	1 042 000	1 372 000	182 500	843 000	1 041 250	2 187 500
注：根据联邦海事委员会近几年年报统计。							

表 7-7-3 2009 年被联邦海事委员会处以罚款的公司及金额 美元

公司名称	罚款金额
M Star Logistics Corporation	60 000
AME Logistics LLC	20 000
Abco International Freight USA Inc	40 000
Cargo, Cargo Logistic, Inc	40 000
Pacific Transit Services Inc	40 000
China United Transport, Inc	30 000
Grandwin Logistics, LLC	35 000
Hanjin Shipping Company, Ltd	440 000
U&S Shipping Inc	103 000
Cosa Freight, Inc	35 000
总计	843 000

表 7-7-4 2008 年被联邦海事委员会处以罚款的公司及金额 美元

公司名称	罚款金额
Curiel International Logistics	20 000
Double Ace Cargo	32 500
Laparkan Trading Limited CFS	30 000
Oriental Air Transportation (Chicago) Inc	20 000
Pudong Trans USA Inc	60 000
Sunway Logistics (USA), Inc	20 000
总计	182 500

表 7-7-5 2007 年被联邦海事委员会处以罚款的公司及金额 美元

公司名称	罚款金额
Air & Ocean Shipping Inc	110 000
Hyundai Merchant Marine Co.	680 000

(续表)

公 司 名 称	罚 款 金 额
Mediterranean Shipping Co.	280 000
Oconca Shipping Co.	40 000
Swaboard Marine Ltd.	200 000
S. F. Systems Inc	32 000
SWAT International Inc	30 000
总 计	1 372 000

二、欧盟

(一) 欧盟航运执法调查处罚规则概述

1. 完整的调查和处罚程序

首先,明确了广泛的有权提起申诉主体;其次,规定了主管机构将申诉向被申诉人送达程序,并规定其作出满意的书面答复,如果申诉人拒绝答复,则主管机构启动调查程序;再次,调查程序的启动,除依赖于申诉外,还明确规定主管机构有权主动行使职权;第四,明确规定了调查期限及延期;第五,要求主管机构负责以书面形式得出调查结果,并以听证会的方式公开发布;最后,将关键性举证责任赋予被申请人承担。

2. 专门的执法机构

根据《欧洲联盟条约》规定,欧盟委员会是欧盟的执行机构,欧委会之下设立若干个总局。每一个总局都专门负责某一领域政策或法律的制定,或在某项政策法规颁布后具体执行与实施该政策、法规。目前,欧盟执行竞争政策的机构是第四总局,该局有义务主动介入反垄断豁免调查。

3. 严厉的处罚制度

在对违法行为处罚方面,欧盟制定了十分严厉的措施。这些措施无疑极大地增强了航运竞争法的国家强制性,有利于在航运领域彻底地贯彻反垄断及豁免制度,在最大意义上实现本国或本地区统一的航运竞争政策。

(二) 欧盟竞争法实施制度

欧盟理事会于 2002 年 12 月 16 日颁布第 1/2003 号条例①,该条例是取代第 17

① COUNCIL REGULATION (EC) No 1/2003 of 16 December 2002 on the implementation of the rules on competition laid down in Articles 81 and 82 of the Treaty.

号条例实施条约第 81 条和第 82 条的最新规则,已于 2004 年 5 月 1 日起生效。与原 1962 年第 17 号条例相比,第 1/2003 号条例有以下变化。

1. 建立新型的委员会与成员国的关系

为了保证欧盟竞争规则的有效实施,新条例对委员会与成员国之间的关系进行了重新界定。从主体上,一方面体现为委员会与成员国竞争主管机关之间的关系,另一方面体现为委员会与成员国法院之间的关系;从内容上,这种新型关系一方面体现为适当分权,另一方面体现为加强合作。

新规则的一项重大改革是扩大成员国在实施欧盟竞争法方面的权力,体现为:①成员国竞争主管机关和法院有权适用条约第 81 条和第 82 条的全部规定,而不是以往仅限于部分条款;②在处理成员国竞争法与第 81 条和第 82 条的关系问题上,新条例规定,成员国竞争主管机关或法院应该同时适用国内法及第 81 条和第 82 条的规定,但是,如果成员国法律认为企业间的协议虽然影响成员国之间的贸易,却没有限制竞争或符合豁免的条件,成员国可决定不禁止这些协议,并允许成员国适用其比条约规定更加严格的国内法。①

在扩大成员国竞争主管机关的职权后,协调委员会与成员国竞争主管机关之间的关系、实现两者之间的紧密合作将成为欧盟竞争规则有效监管、高效实施的重要内容。在委员会与成员国竞争主管机关之间的合作方面的新规定有:①委员会在作出责令违法行为禁止令、临时性措施、接受企业承诺等方面的决定时,应该将重要文件的复印件交给成员国竞争主管机关;②成员国竞争主管机关在根据第 81 条和第 82 条开始采取第一次正式调查措施之前应书面通知委员会,其他成员国竞争主管机关也应该能够获得有关的通知内容;③在成员国竞争主管机关决定采取责令停止违法行为、接受保证、或撤销整体豁免规则所授予的利益,应该在不迟于 30 天的期间内通知委员会;④成员国竞争主管机关可以就任何案件如何适用共同体法律向委员会咨询。②

2. 不同实施机构所作决定的效力等级制度

根据新条例,条约第 81 条和第 82 条的实施体制将呈现多主体、多层次的网络化特点,为了保证欧盟竞争规则适用的统一性,确定不同实施主体之间在适用第 81 条和第 82 条时所作出的决定的不同效力是必需的。这包括几方面的规定:①在法院与竞争规则执行机关之间,法院行使司法审查权,法院可以维持、否定和改变执法机关的决定。这在欧盟共同体和成员国 2 个层次上都是一样的。②在委员会与成员国竞争主管机关之间,后者的决定不能与委员会的决定相冲突。③在委员会与成员国法院之间,成员国法院的决定也不得与委员会的决定相违背。

---

① Council Regulation No. 1/2003, Article 3, Relationship between Articles 81 and 82 of the Treaty and national competition laws.

② Council Regulation No. 1/2003, Article 11, Cooperation between the Commission and the competition authorities of the Member States.

④如果委员会启动调查程序，则自动终止成员国竞争主管机关适用第81条和第82条的权力；如果成员国竞争主管机关已经开始调查该案件，则委员会只要与其协商后即可启动调查程序。①

3. 调整委员会的权力

在取消委员会对申报的协议具有垄断的审查权力之后，委员会将主要负责对违法行为的监督处罚，为此，重新规定委员会的调查权和处罚权是新规则的重要内容之一。

(1) 委员会的调查权。新条例继续保留委员会对产业竞争状况的一般调查权。一般调查权是指当成员国之间的贸易在价格上出现刚性(Rigidity)或其他等情况表明共同体市场竞争受到限制或被扭曲时，委员会对特定行业或某类协议进行的一般性调查。②

在委员会调查权的其他方面，与第17号条例相比，新条例增加了委员会的权力，并且规定得更具操作性。新条例规定，委员会可以要求企业、企业间组织提供所有必要的信息。在委员会实施调查时，不仅可以对通常的书面记录、办公场所进行调查，必要时可以进入任何其他场所，包括董事、管理人员和其他职员的不动产、拥有的土地和运输工具等。③

(2) 委员会的处罚权。委员会根据企业违法行为的具体情况，可以作出以下处罚决定：

第一，终止违法行为的权力。在申诉或自己启动的调查的基础上，委员会发现有违反第81条和第82条的违法行为时，可作出停止该行为的决定。为了实现这个目的，委员会可采取与违法行为相适应且能够有效促使违法者停止违法行为的行为救济或结构救济(Behavioral or Structural Remedies)的方式。采取结构救济措施的条件是没有同样效果的行为救济措施或行为救济措施相对来说对企业负担更重。④

第二，采取临时性措施的权力。在出现可能对竞争构成严重或不可弥补的紧急情况下，委员会基于所掌握的违法行为的初步证据，可以采取有实施期限的临时性措施。⑤

第三，接受保证的权力。如果在委员会禁止违法行为之前，有关的企业作出符合委员会要求的保证，则委员会可以作出接受这样的保证并要求企业遵守保证的决定，这种决定应该规定有效期限。在有关的企业履行保证期间，如果情况发生重

---

① Council Regulation No. 1/2003, Article 16, Uniform application of Community competition law.

② Council Regulation No. 1/2003, Article 17, Investigations into sectors of the economy and into types of agreements.

③ Council Regulation No. 1/2003, Article 20, The Commission's powers of inspection.

④ Council Regulation No. 1/2003, Article 7, Finding and termination of infringement.

⑤ Council Regulation No. 1/2003, Article 8, Interim measures.

大的变化,或有违反保证的行为,或委员会的决定是基于企业提供的不完整、不正确或误导性的信息作出的,则可以重新启动调查程序。[①]

4. 调整委员会与顾问委员会的关系

第17号条例和第1/2003号条例都规定委员会在作出重要的处罚决定之前应该与"限制行为和优势地位咨询委员会"协商,但新条例在提高这种协商的效率上作了新的规定。首先,这种协商并不要求一律以会议的方式进行,可以以书面形式进行;其次,明确规定了协商的时间期限;最后,委员会应该尽可能考虑咨询委员会的意见,并将咨询委员会的书面意见作为决定的附件。[②]

5. 完善惩罚性责任制度

欧盟竞争规则规定的法律责任一般可以分为2类:第一类是责令停止违法行为、要求履行承诺等;第二类是具有经济惩罚性质的责任,主要是罚款。新条例在第一类责任形式上没有作大的修改,但对罚款作了较大的修改。

第17号条例和第1/2003号条例将可以施加罚款的违法行为分为2类:第一类主要针对企业、企业间组织遵守程序性义务方面存在的违法行为,如没有按时申报、提供错误或误导性的信息、拒绝提供完整的信息、作出错误的回答等;第二类是违反条约第81条和第82条及根据这2条制定的实施规则中实体方面义务的违法行为。

在处罚金额的标准上,新规定对第17号条例进行了修改。第17号条例以定额处罚幅度为主,对第一类违法行为处以100～500货币单位的罚款,对第二类违法行为处以1 000～1 000 000货币单位的罚款,或处以不超过上一经营年度营业额的10%的罚款。第1/2003号条例取消定额处罚幅度,全部代之以比例处罚幅度。对第一类违法行为处罚不超过上一年度营业额的1%,对第二类违法行为处罚不超过上一年度营业额的10%。具体处罚金额根据违法行为的严重性和违法行为持续的时间等决定。[③]

在对违法行为进行普通的处罚外,欧盟竞争规则早在第17号条例就已确立了惩罚性持续罚款制度(Periodic Penalty Payments)。惩罚性持续罚款制度是为了迫使违法的企业停止违法行为、遵守临时性措施、履行承诺的保证等,在规定的一段时间内要求违法者按照标准每天支付一定的金额的制度。新规则确立的处罚标准是不超过上一年度平均每天营业额的5%。[④] 因此,惩罚性持续罚款制度比通常的罚款要重得多,通常可以有效地实现委员会的决定及阻止违法行为的继续。

---

① Council Regulation No. 1/2003, Article 9, Commitments.

② Council Regulation No. 1/2003, Article 14, Advisory Committee.

③ Council Regulation No. 1/2003, Article 23, Fines.

④ Council Regulation No. 1/2003, Article 24, Periodic penalty payments.

三、日本

（一）调查规则

日本《海上运输法》没有系统规定调查程序，只在第 45 条第 3 款规定了听证程序，地方运输局长行使属于其权限的下列事项，认为必要时，得要求利害关系人或参考人出席，听取其意见：①一般旅客定期航线事业的许可或停止，或许可的撤销；②特定旅客定期航线事业、滚装运输货物定期航线事业，或旅客不定期航线事业的许可或停止，或许可的撤销。

地方运输局长行使前述所列职权，有利害关系人的申请时，必须要求利害关系人或参考人出席并听取其意见。在听取意见之际，必须给予利害关系人陈述意见和提出证据的机会。

（二）处罚规则

违反《海上运输法》的法律责任有刑事责任、行政罚款责任 2 种基本形式。

1. 刑事责任

《海上运输法》追求刑事责任的只有一种情形，即违反救灾或维持公共安全命令的行为。《海上运输法》第 26 条第 1 款规定："运输大臣限于在本国各港口之间的航海，该航海为救助灾害及其他维持公共安全是有必要的，且无自发从事救助者的场合，或者人力显著不足的场合，得向船舶行业事业者，制定航线船舶或应运送的人或物，令其航海。"不服从该命令者，可处以 6 个月以下的徒刑或 10 万日元以下的罚金。

2. 行政罚款责任

总体上，日本《海上运输法》规定行政罚款金额不高，显得处罚非常轻，最高罚款金额是 30 万日元。具体分以下几种情形：

(1) 未获得许可从事定期航线或不定期航线的旅客运输或货物运输的，处以 30 万日元以下罚款；

(2) 违反经营规则的行为，如对托运人实施歧视、不公平对待，违反运价本行为、违反航运竞争规则行为等，处以 5 万日元或 10 万日元以下罚款；

(3) 违反其他程序规则的，处以 1 万日元或 3 万日元以下罚款。

2000 年 10 月 1 日实施的日本《海上运输法》反垄断豁免制度修改规则中将违法行为罚款责任大大提高了，最高罚款达到 100 万日元。

四、韩国

（一）处以有期徒刑或者 1 000 万韩元罚金

具有下列情形之一的，处以 1 年以下有期徒刑或者 1 000 万韩元以下的罚金

(《海上运输法》第 56 条)：

(1) 未取得客运许可或者货运登记从事海上客运或者海上货运经营的；

(2) 未经登记从事海运中介、海运代理、船舶租赁、船舶管理等业务的；

(3) 用虚假手段骗取政府补贴或者融资的；

(4) 违反《海上运输法》第 49 条规定的限制措施的。

根据《港湾运送事业法》第 30 条的规定，未经登记从事港湾运送业或者相关营业的，同样处以 1 年以下有期徒刑或者 1 000 万元韩元以下的罚金。

(二) 处以 300 万韩元以下的罚金

对下列行为处以 300 万韩元以下的罚金(《海上运输法》第 57 条)：

(1) 违反《海上运输法》第 21 条第 1 款的航运管理规则、第 22 条第 1 款和第 3 款的航运管理人规定、第 31 条的国际货运经营人违反价格规定的行为；

(2) 违反事业计划书进行营运或者未履行改善经营命令的，或者未履行政府补贴航线经营义务的，或者未遵守政府对货运市场的调控行为的；

(3) 违反取消许可或者注销登记规定的。

(三) 处以 100 万韩元以下的罚款

有下列情形之一的，处以 100 万韩元以下的罚款(《海上运输法》第 59 条)：

(1) 外国承运人在韩国设立分公司而未进行登记的，客运经营人未申报运费的，客运经营人变更事业计划未事先申报的，停业或者终止营业未申报的，未按规定申报营业计划的；未按规定申报运费协定的；

(2) 短期从事国内货运而未申报的；

(3) 未公示运费的；

(4) 未按规定提交相关报告或者提交虚假报告的；

(5) 拒不接受调查或者妨害调查的。

(四) 个人责任

法人的代表人或者法人、自然人的代理人、商业使用人或者职员在法人或者自然人的业务范围内作出以上的违法行为的，除直接对行为人处罚外，对该法人或者自然人也予以相应的罚金处罚。但该法人或者自然人为防止该违法行为已尽相当的注意义务和监督义务时除外(《海上运输法》第 58 条)。《港湾运送事业法》第 33 条也设有对作出违法行为的直接行为人和法人、自然人同时予以处罚的规定。

五、新加坡

（一）《新加坡海事及港口管理局法》的规定

《新加坡海事及港口管理局法》对违法行为的调查处罚规则规定在该法第 15 部分“罚则”中。具体分为以下几种违法行为：

(1) 对海事及港口管理局的资产造成损害的惩罚(Damage to property of Authority)；

(2) 不合法的经营海事或港口设施或服务(Unlawful operation of marine or port services or facilities)；

(3) 不履行义务(Evasion of dues)；

(4) 提供船舶吃水等方面的错误信息的罚则(Penalty for giving false information as to draught of vessel, etc.)；

(5) 违反船舶安全有关行为的罚则(Offences in connection with safety of vessels, etc.)；

(6) 阻碍海事及港口当局履行职责的罚则(Penalty for obstructing Authority in performance of duties)；

(7) 违反保密义务的责任(Preservation of secrecy)。

在法律责任形式上，以罚款或监禁或两者兼有为主。

（二）新加坡《竞争法》的规定

在禁止协议制度方面，新加坡《竞争法》对违反第 34 条禁止项的规定：任何被《竞争法》第 34 条禁止的协议或规定的条款在 2006 年 1 月 1 日后失效。如果对《竞争法》第 34 条的禁止项有故意的或疏忽大意的违反，将对其进行不超过年收入 10％的罚款，最多罚 3 年。因违反《竞争法》第 34 条禁止项规定而遭受直接损失的一方有权提起民事诉讼程序，但是此项权利仅能在新加坡竞争委员会作出违反规定的决定后且过了上诉期间后行使。对违反《竞争法》第 47 条规定的后果与对违反第 34 条的后果一致。同时，《竞争法》第 83 条规定了一般处罚规定，即在《竞争法》对惩罚措施没有具体规定的情况下，适用不超过 1 万新加坡元的罚款或不超过 12 个月的监禁或者罚款和监禁并罚。

六、中国香港特别行政区

在严格意义上，香港特别行政区几乎没有关于航运市场违法行为及其调查处罚方面的规定，但是，在海事管理和港口管理领域，《船舶及港口管制条例》《商船条例》《商船(安全)条例》《商船(注册)条例》《港口管制(货物装卸区)条例》等有比较详细的违法行为及其责任的规定。

《商船(班轮公会)条例》(第482章)就班轮公会违法行为及其责任进行了规定。其中第6条"公会会员的法律责任须与其责任相称"规定:

(1) 凡任何人就他所蒙受的损害或损失,向某公会会员提起《班轮公会行动守则公约》所引起的程序,而就同一损害或损失,公会的其他会员同样需要负起法律责任时(无论是否共同承担),该会员赔偿有关损害或损失的法律责任须与其责任相称。

(2) 在第(1)款中提述到公会其他会员的法律责任,指在由蒙受损害或损失的人或其代表在同一法院或其他审裁处提起的程序中,曾经或可能确定的任何有关法律责任;就本款及第(1)款而言,依据什么法律以决定责任并非一重要问题。

(3) 在就第(1)及(2)款而确定某公会会员的责任时,不仅应考虑到该会员在引致有关程序的事项中的角色(如有的话),而须同时考虑到该会员在有关公会事务中的参与,而其参与程度可藉某些事项显示,例如它在公会贸易中所占的份额、它有份参与的公摊办法的性质及对公会行政费用的负担程度。

(4) 如在香港及香港以外地方的任何程序中,就公会会员所负法律责任的负责程度须依据香港法律而作出决定,则第(1)至(3)款适用于该程序。

(5) 凡在《班轮公会行动守则公约》所引起的程序中,某公会会员就引致任何人蒙受损害或损失被判败诉且该成员所负法律责任的程度并非依据第(1)至(3)款决定,则如寻求在香港强制执行该判决,该会员就有关损害或损失所须承担的赔偿责任,不得较假若依据该等条款决定法律责任的程度时所须承担的赔偿责任为大。

(6) 凡在关于某公会违责而引致任何人蒙受损害或损失的《班轮公会行动守则公约》所引起的程序中,某不具法人地位的公会会员被判败诉,无论判决是在香港或香港以外地方作出,则假设该人曾就公会所有会员所需承担的责任,向该会员及公会其他会员提起程序,便会依据第(1)至(3)款决定该会员须负某程度的法律责任的话,该会员不得凭借第7条第(3)款为有关损害或损失负上任何较大的赔偿责任。

(7) 对任何须凭借《外地判决(交互执行)条例》(第319章)在香港强制执行的判决,第(5)及(6)款不影响其在香港强制执行。

第7条"由不具法人地位的公会提起的程序或向其提起的程序"规定了有关追求责任的程序:

(1) 并非法人团体的公会,可在《班轮公会行动守则公约》所引起的程序中,以本身名义起诉或被起诉。

(2) 第(1)款适用于依据香港法律决定公会能否以本身名义起诉或被起诉的任何香港的程序或在香港以外地方的程序。

(3) 如有任何程序是针对某不具法人地位的公会而对它(以其名义)提起的,则不论该程序是在香港或香港以外地方提起,判该公会胜诉或败诉的判决对公会的会员均具有拘束力,而判公会败诉的判决,

(a) 可针对任何为公会的目的以信托形式持有的财产强制执行,强制执行的程度及方式犹如公会具有法人地位一样;及

(b) 在符合第 6 条第(6)款的规定下,可针对公会的任何会员强制执行。

(4) 第(3)款适用于由香港法院作出的判决,或可在香港强制执行或有权获得承认的判决。

七、中国台湾地区

(一) 船舶运送业违法行为及其责任

"航业法"第 57 条规定,船舶运送业有下列情事之一者,由当地航政机关处新台币 3 万元以上、30 万元以下罚款,并责令其限期改善及得停止其营业之全部或部分:

(1) 未经核准擅自将所有之船舶拆解,或以光船出租、抵押或出售于国外者;

(2) 经营"国内"固定航线业务,未请领航线证书或不依航线证书所载之航线,从事客货运送者;

(3) 经营旅客运送业务,未为旅客投保人身伤害保险者;

(4) 经营国际固定航线业务,未办理固定航线登记,或未依所登记之航线,从事客货运送者;

(5) 包庇、唆使或以其他非正当方法使船员从事走私,经查明有据者。

(二) 外国籍船舶或外国籍船舶运送业违法行为及其责任

"航业法"第 58 条规定:外国籍船舶或外国籍船舶运送业违反其第 4 条、第 34 条、第 35 条、第 37 条或第 41 条之规定者,由当地航政机关处新台币 3 万元以上、30 万元以下罚款,并得定期禁止在台湾各港口装卸客货或入出港。

(三) 船舶运送业和航运辅助业违反经营规则行为及其责任

"航业法"第 59 条规定,船舶运送业、船务代理业、海运承揽运送业、货柜集散站经营业、船舶出租业有下列情事之一者,由当地航政机关处新台币 1.2 万元以上、12 万元以下罚款,并责令其限期改善:

(1) 依规定应办理变更登记或换领许可证,而不办理者;

(2) 运价表、营业费费率,未经报请核准或备查而实施者;

(3) 未依规定提供营运财务状况等文件,或提供之文件虚伪不实者;

(4) 经营"国内"、国际固定航线业务,未经报请核准或核备而停航者;

(5) 其他应受检查或限期改正事项而拒不接受检查或届期不改正者,未于规定限期内改善者,除应按次连续处罚及再限期改善外,并得停止其营业之全部或部分。

（四）未经核准而经营业务的行为及其责任

“航业法”第 60 条规定：未经核准而经营船舶运送业、船务代理业、海运承揽运送业、货柜集散站经营业或船舶出租业者，由当地航政机关处新台币 3 万元以上、30 万元以下罚款，并得没收其营业设备之部分或全部。

第三节　各国(地区)调查处罚规则特点

第一，航运法律法规调查规则体现为行政执法一般程序与航运调查特别程序的结合，而航运处罚规则(法律责任)则以航运法律法规特别规定为主。

第二，部分国家(地区)在航运法律法规中偏重法律责任制度，调查规则可能规定得不是很具体、详细，这时，有关调查规则适用行政执法一般程序规定。

第三，美国拥有系统、完备的调查处罚规则体系。美国联邦海事委员会有关调查处罚程序吸收了司法制度和行政执法两方面的特点和做法。

第四，在航运法律中，各国(地区)规定的主要违法行为包括：①违反市场准入规定的行为；②违反市场经营规范(尤其是竞争规范)的行为；③违反航运行政管理程序的行为。

第五，听证制度在各国(地区)航运法中被广泛采用。

第六，罚款是各国(地区)航运法最主要的法律责任形式。罚款金额多少直接与法律责任轻重有关。有些国家(地区)罚款金额不是很高，有些国家(地区)比较高。

第七，根据经济发展和社会变迁及时调整罚款金额是有必要的，有两种方式：一是修改航运法律法规；二是美国模式，根据通货膨胀调整罚款金额。

第八，在航运法律责任形式中，规定刑事责任的国家(地区)较少。

第八章　我国航运立法及基本制度

第一节　调整范围

我国航运领域法律体系在总体框架上按照《海商法》《航运法》《港口法》和《海上安全法》来构建。因此,无论是形式意义上的《航运法》,还是实质意义上的航运法律法规,都是在狭义上使用的。航运法不包括港口管理法,也不包括海事法(以安全为主要内容)。这样一种调整范围划分,可以说在主要航运国家(地区)形成了共识,只是在具体立法形式上由于各种原因存在一定的差异。许多国家(地区)以商船法作为法律名称,或者将商船立法与港口立法结合;有些国家(地区)由于实行完全开放的航运政策,航运市场立法相对单薄;也有些国家(地区)由于内河航运不发达,在内河运输方面立法较少等。

狭义航运强调国家对航运市场经济活动的管理,航运市场划分是航运法律调整对象范围的基本标准。按照不同标准,航运市场可作以下划分:

第一,基于航运市场分为国内航运市场和国际航运市场,前者进一步分为沿海航运市场和内陆水域航运市场,航运法体系可按照国内航运市场管理法和国际航运市场管理法建立,国内航运市场管理法再分为沿海航运市场管理法和内陆水域航运市场管理法。

第二,基于航运分为货物运输市场和旅客运输市场,航运法体系可按照货物运输市场管理法和旅客运输市场管理法建立。

第三,基于航运业由船舶运输业和运输辅助业两种功能所构成,航运法体系可按照船舶运输市场管理法和船舶运输辅助市场管理法建立。

第四,基于国家统计局《国家经济行业分类》为标准。水上运输业包括水上旅客运输、水上货物运输和水上运输辅助活动三大类活动,航运法调整范围可分为水上旅客运输、水上货物运输和水上运输辅助活动。水上旅客运输再分为远洋旅客运输、沿海旅客运输和内河旅客运输。水上货物运输再分为远洋货物运输、沿海货物运输和内河货物运输。

目前,我国将内河运输和沿海运输结合在一起。有些国家将沿海运输划归海运,与国际海运结合在一起。两种做法各有利弊。

基于以上考虑,我国航运法的调整范围可归纳为图 7-8-1。

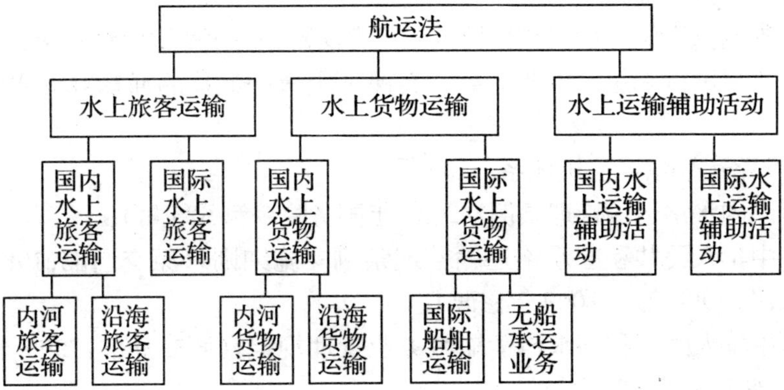

图 7-8-1 航运法调整范围

第二节 立法体系

从法律形式上,我国目前的航运法律有国务院制定的行政法规、国务院交通运输主管部门制定的规章。在地方立法层次,省级人大及其常委会和省级地方政府可以制定国内水路运输方面的地方性法规和地方政府规章,省级地方交通运输主管部门在其职权范围内也可制定规章或规范性文件。

在这些法律形式中,缺少了全国人大及其常委会制定的法律。这导致我国航运立法层次低,有关部门协调困难,执法存在漏洞等缺陷。在航运法律体系上,各国(地区)有两种模式:一是由立法机关制定基本法律,政府制定一级实施规则,再由行业主管机关制定二级实施规则;二是由立法机关制定基本法律,行业主管机关制定实施规则。我国目前的航运法律体系则是:由国务院制定基本法,由国务院交通运输主管部门制定实施规则。

虽然在立法体系上存在缺陷,但是从内容上,我国总体上形成了由国际海上运输法律法规和国内水路运输法律法规组成的航运法律体系。

国际海上运输法律法规体系:

(1)《中华人民共和国国际海运条例》(国务院第 335 号令,2001 年 12 月 11 日);

(2)《中华人民共和国国际海运条例实施细则》(原交通部令 2003 年第 1 号);

(3)《外商投资国际海运业管理规定》(原交通部、商务部令〔2004〕第 1 号);

(4)《关于加强对班轮公会和运价协议组织监管的公告》(原交通部公告 2007 年第 10 号);

(5)《国际集装箱班轮运输运价报备实施办法》(交通运输部公告 2009 年第

20 号)；

(6)《关于无船承运业务经营者运价备案实施办法的公告》(交通运输部公告 2010 年第 40 号)；

(7)《外商独资船务公司审批管理暂行办法》(原交通部,2000 年 1 月 28 日)

(8)《关于试行无船承运业务经营者保证金责任保险的通知》(交水发〔2010〕533 号)；

国内水路运输法律法规体系：

(1)《国内水路运输管理条例》(2012 年国务院令第 625 号)；

(2)《中华人民共和国水路运输管理条例实施细则》(原交通部,1987 年 9 月 22 日颁布,在 1998 年和 2009 年修改)；

(3)《中华人民共和国水路运输服务业管理规定》(原交通部,1996 年 6 月 18 日发布,1998 年和 2009 年修改)；

(4)《国内水路运输经营资质管理规定》(交通运输部,2008 年第 2 号,《国内船舶运输经营资质管理规定》(原交通部令 2001 年第 1 号)作废)；

(5)《国内船舶管理业规定》(原交通部 2001 年 7 月 4 日发布,2009 年修改)；

(6)《关于实施运输船舶强制报废制度的意见》(原交通部,2001 年 3 月 29 日发布)；

(7)《内河运输船舶标准化管理规定》(原交通部,2001 年 10 月 11 日颁布)；

(8)《老旧运输船舶管理规定》(原交通部,2001 年第 2 号令,2006 年和 2009 年 2 次修改,1993 年部令第 2 号《老旧船舶管理规定》作废)；

(9)《船舶交易管理规定》(交水发〔2010〕120 号)。

第三节 管理体制

目前,我国航运市场管理机构设置与职权划分的基本情况是：

(1) 交通运输部作为国务院交通主管部门,主管全国航运业,其主要职能包括拟定航运市场发展战略和方针政策、发展规划、中长期计划并监督执行,维护内河航运业的公平竞争秩序,负责水运基础设施的建设和维护。

(2) 各级地方人民政府交通主管部门直接或通过其所属的航运管理部门对本地区的航运事务实施管理。除广东省由省交通厅直接实施管理外,在其他的水网地区,在省级地方人民政府交通主管部门下设航运管理部门,具体实施本地区内的水路交通运输管理。

(3) 地方市、县级人民政府交通主管部门的航运管理机构设置与省级人民政府的机构设置基本相同,但在安徽等省,市、县级航运管理机构直属省级航运管理局领导。

(4) 交通运输部在长江干线和珠江水系分别设立直属派出机构——长江航务

管理局和珠江航务管理局,按照交通运输部的委托分别对长江干线和珠江水系的水路交通运输实施管理和协调。①

我国航运管理体制与主要航运国家(地区)典型航运管理体制类似,即成立全国性的交通运输主管部门,负责全国航运业的发展和监管。地方政府设立相应的交通运输主管机关,负责地区性航运事务。国际海运等超越地方事权的划归中央行业管理机关。在航运管理体制上,其他国家(地区)也有非典型的体制,如:①美国设立独立机关联邦海事委员会负责航运监管;②欧盟是一个超国家的国际组织,承担欧盟航运市场发展和监管,成员国仍然保留一定的职权;③中国香港特别行政区和新加坡没有专门的航运管理机关,有关职责由海事和港口管理机关"兼任"。

第四节 市场准入规则

一、概述

我国航运立法一直以市场准入为主要内容,所以,航运市场准入规则占了航运法律法规相当部分内容。我国航运市场准入规则体系与航运法律法规调整范围相适应,即每一类调整对象都有相应的市场准入规则,从大的方面,可分为国际航运市场准入规则和国内水路市场准入规则,在这两个市场中,再按照运输业务和运输辅助业务分别规定市场准入条件。

船舶准入和船员准入在我国可以从两个角度理解:一是从安全管理角度,强调船舶应该达到的技术要求、登记等内容,我国一般从海事管理角度理解比较好;二是从航运企业市场准入内容角度,强调的是运力规模等,这个角度可以不必单独考虑船舶、船员的准入问题。

二、国际航运市场准入规则

(一)国际海上运输业务市场准入

1. 国际船舶运输业务

经营国际船舶运输业务,应当具备下列条件:

(1) 有与经营国际海上运输业务相适应的船舶,其中必须有中国籍船舶;

(2) 投入运营的船舶符合国家规定的海上交通安全技术标准;

(3) 有提单、客票或者多式联运单证;

(4) 有具备国务院交通运输主管部门规定的从业资格的高级业务管理人员。

① 胡正良. 中国航运法之研究[D]. 大连:大连海事大学,2003:56-58.

2. 无船承运业务

经营无船承运业务,应当具备下列条件:

(1) 向国务院交通运输主管部门办理提单登记;

(2) 向国务院交通运输主管部门交纳保证金,或者投保了无船承运业务经营者保证金责任保险。

(二) 国际海上辅助业务市场准入

1. 国际船舶代理业务

经营国际船舶代理业务,应当具备下列条件:

(1) 高级业务管理人员中至少 2 人具有 3 年以上从事国际海上运输经营活动的经历;

(2) 有固定的营业场所和必要的营业设施。

2. 国际船舶管理业务

经营国际船舶管理业务,应当具备下列条件:

(1) 高级业务管理人员中至少 2 人具有 3 年以上从事国际海上运输经营活动的经历;

(2) 有持有与所管理船舶种类和航区相适应的船长、轮机长适任证书的人员;

(3) 有与国际船舶管理业务相适应的设备、设施。

3. 国际海运货物仓储业务

经营国际海运货物仓储业务,应当具备下列条件:

(1) 有固定的营业场所;

(2) 有与经营范围相适应的仓库设施;

(3) 高级业务管理人员中至少 2 人具有 3 年以上从事相关业务的经历;

(4) 法律法规规定的其他条件。

4. 国际海运集装箱站及堆场业务

经营国际海运集装箱站及堆场业务,应当具备下列条件:

(1) 有固定的营业场所;

(2) 有与经营范围相适应的车辆、装卸机械、堆场、集装箱检查设备、设施;

(3) 高级业务管理人员中至少 2 人具有 3 年以上从事相关业务的经历;

(4) 法律法规规定的其他条件。

三、国内航运市场准入规则

(一) 国内水路运输业务市场准入

除个人可以申请经营内河普通货物运输业务外,国内水路运输业务经营者应设立法人企业,设立水路运输法人企业必须具备下列条件:

(1) 具备企业法人条件;

(2) 有符合《国内水路运输管理条例》第 13 条规定的船舶,并且自有船舶运力符合国务院交通运输主管部门的规定;

(3) 有明确的经营范围,其中申请经营水路旅客班轮运输业务的,还应当有可行的航线营运计划;

(4) 有与其申请的经营范围和船舶运力相适应的海务、机务管理人员;

(5) 与其直接订立劳动合同的高级船员占全部船员的比例符合国务院交通运输主管部门的规定;

(6) 有健全的安全管理制度;

(7) 法律、行政法规规定的其他条件。

(二) 国内水路运输辅助业务市场准入

1. 船舶代理业和客货运输代理业

经营国内水路运输船舶代理业和客货运输代理业,应当具备下列条件:

(1) 有稳定的水路运输客源、货源和船舶业务来源。

(2) 有与经营范围相适应的组织机构和专业人员。

(3) 有固定经营场所和必要的营业设施。

(4) 有符合下列规定的最低限额的注册资本:经营船舶代理业务的,为 20 万元人民币;经营客货运输代理业务的,为 30 万元人民币;同时经营船舶代理和客货运输代理业务的,为 50 万元人民币。

2. 国内船舶管理业务

经营船舶管理业,应当具备下列条件:

(1) 具备企业法人条件;

(2) 有健全的安全管理制度;

(3) 有与其申请管理的船舶运力相适应的海务、机务管理人员;

(4) 法律、行政法规规定的其他条件。

四、航运市场外资准入

允许外商采用以下形式投资经营国际海运业:

(1) 设立中外合资、中外合作企业经营国际船舶运输、国际船舶代理、国际船舶管理、国际海运货物装卸、国际海运集装箱站和堆场业务;

(2) 设立中外合资、中外合作、外商独资企业经营国际海运货物仓储业务;

(3) 设立中外合资、中外合作、外商独资企业为投资者拥有或者经营的船舶提供日常业务服务。

经营国际船舶运输、国际船舶代理业务的中外合资经营企业,经营国际船舶运输、国际船舶代理业务的中外合作经营企业,企业中外商的出资比例不得超过 49%。

具体条件按照《外商投资国际海运业管理规定》(原交通部、商务部令〔2004〕第1号)。

第五节 市场运行规则

一、概述

我国航运市场运行规则可分为以下四类：一是航运市场竞争规则；二是运价管理规则；三是发票管理规则；四是信息报送规则。广义的市场运行规则还可以包括市场准入规则和宏观调控规则。这里重点分析航运市场竞争规则和运价管理规则。

我国航运市场竞争规则分为国内航运市场竞争规则和国际航运市场竞争规则。相对于我国一般竞争规则而言，我国航运市场竞争规则是特别规则。《中华人民共和国反垄断法》和《中华人民共和国反不正当竞争法》是我国的一般竞争规则，除非被排除适用，否则这些规则应该同时适用于我国航运市场。

在其他国家(地区)航运市场规则中，同样存在一般规则与特别规则之间的关系。由于国际航运普遍建立了反垄断豁免制度，即排除一般反垄断法有关禁止垄断协议的规定，所以，国际航运竞争规则采取特别立法的方式，但是，没有被排除的反垄断法其他规定仍然适用于国际航运。国内航运竞争规则在大多数情况下可以直接适用一般竞争规则，但是，航运法律法规可以具体化。

二、国际航运竞争规则

国际航运竞争由两部分构成：一是我国《反垄断法》和《反不正当竞争法》一般性规定；二是航运法律法规特别规定。其中作为特别规定的规则可再分为两部分：一是航运法律法规例外规定；二是航运法律法规具体规定。

首先，除《反垄断法》第2章“垄断协议”及有关法律责任内容外，其余规定(如禁止滥用市场支配地位、经营者集中、相关市场界定、调查程序)总体上可以适用于国际航运市场。

其次，例外规定。由于《国际海运条例》先于《反垄断法》制定，我国不能像其他国家(地区)那样，根据特别的航运法，排除反垄断法在国际航运领域的适用，即反垄断豁免制度。所以，《国际海运条例》第22条只能从备案制度角度间接确立国际航运反垄断豁免制度：“从事国际班轮运输的国际船舶运输经营者之间订立涉及中国港口的班轮公会协议、运营协议、运价协议等，应当自协议订立之日起15日内将协议副本向国务院交通主管部门备案。”需要注意的是，在我国，国际航运反垄断豁免只限于国际班轮运输业，不包括国际不定期运输，也不包括国际海运辅助业。

最后,航运法律法规具体规定。这方面的规则是将一般竞争规则结合国际航运实际制定的规则,如《国际海运条例》第 35 条“经营国际班轮运输业务的国际船舶运输经营者通过协议产生的各类联营体,其服务涉及中国港口某一航线的承运份额,持续 1 年超过该航线总运量的 30%,并可能对公平竞争造成损害的”。国务院交通运输主管部门应利害关系人的请求或者自行决定,可以实施调查。其潜在包含着:如果联营体持续 1 年超过该航线总运量的 30%,那么,可以推定其拥有市场支配地位。这种规则不会出现在一般反垄断法中。

有关国际航运竞争规则的详细研究见本书第三篇“国际航运反垄断规则研究”。

三、国内航运市场竞争规则

大多数国家(地区)在内河运输和沿海运输中没有确立反垄断豁免制度,日本在这方面的做法与其他国家(地区)不同,其《内航海运公会法》确立了沿海运输和港口范围内运输的经营者可以组成公会,类似于国际航运班轮公会。

当然,如果符合我国《反垄断法》第 15 条列举的协议及其条件,则不属于垄断协议,享有反垄断豁免。这些协议包括:①为改进技术、研究开发新产品的;②为提高产品质量、降低成本、增进效率,统一产品规格、标准或者实行专业化分工的;③为提高中小经营者经营效率,增强中小经营者竞争力的;④为实现节约能源、保护环境、救灾救助等社会公共利益的;⑤因经济不景气,为缓解销售量严重下降或者生产明显过剩的;⑥为保障对外贸易和对外经济合作中的正当利益的;⑦法律和国务院规定的其他情形。

我国国际航运市场在竞争规则上与其他市场一样,直接适用《反垄断法》和《反不正当竞争法》有关规定,国内水路运输管理法律法规一般有少量条文就此进行具体化,但总体上不是很成功,因为没有实现这种具体化,多数情况下是照搬《反不正当竞争法》个别条文。因为《反垄断法》制定时间晚于大部分国内水路运输管理法,所以,国内水路运输管理法的反垄断规则基本上也是照搬《反不正当竞争法》有关垄断的规则。通常包含以下几个禁止性规则:①以低于正常、合理水平的价格提供服务,妨碍公平竞争;②在会计账簿之外暗中给予他人回扣;③滥用优势地位,以歧视性价格或者其他限制性条件给交易对方造成损害。

四、运价管理

我国国内航运和国际航运在运价管理制度上既有共同点,也存在差异。两个市场的运价总体上都实行市场调节,这是共同点。区别在于备案制度,国际航运实行集中备案制度,国内航运实行分级备案制度。

为充分发挥价格杠杆对于水运市场的资源配置作用,促进水运行业的发展,经国务院批准,原国家计委、原交通部联合发布了《关于全面放开水运价格有关问题的通知》,全面放开水运客货运输价格。自 2001 年 5 月 1 日起,全面放开水运客货运输价格(不包括由军费开支和财政直接支出的军事、抢险救灾运输价格),实行市场调节价。具体价格由水运企业根据经营成本和市场供求状况自行确定,中央直属企业的水运客货运输价格由企业报原国家计委、原交通部备案,其他水运企业的运输价格报相关省(区)价格、交通主管机关备案。

水运价格放开后,各企业应严格执行国家关于明码标价的有关规定。除合同运价外,水运企业调整水运客货运输价格应提前 30 天向社会公布。各级地方政府价格主管部门和交通主管部门应加强对水运市场价格变化的跟踪和检测,发现异常情况应及时报告原国家计委和原交通部。应认真受理客户投诉,对调价幅度明显不合理引起社会各方面强烈反应的,应根据《价格法》的规定予以干预。

《国际集装箱班轮运价备案实施办法》自 2009 年 6 月 15 日起生效,生效后过渡期为 45 天。自此,我国全面实施国际集装箱班轮运价备案制度。备案的运价包括公布运价和协议运价。公布运价,是指国际班轮运输经营者和无船承运业务经营者运价本上载明的运价。运价本由运价、运价规则、承运人和托运人应当遵守的规定等内容组成。协议运价,是指国际班轮运输经营者与货主、无船承运业务经营者约定的运价,包括运价及其相关要素。协议运价以合同或者协议形式书面订立。交通运输部指定上海航运交易所为运价备案受理机构。

第六节　市场宏观调控规则

一、概述

通过水路运力调控可以实现下列目的:①调节供求关系,保障货物运输,避免运力过剩;②建立和维护良好市场竞争秩序,运力严重短缺或严重过剩都会破坏市场竞争关系;③实现水路运输船舶专业化、大型化、标准化;④提高船舶技术水平,保障水路运输安全;⑤控制和减少船舶污染,保护环境;⑥实现水路运输专业化、集约化发展目标;⑦提升航运竞争力。

航运市场宏观调控主要针对国内航运市场。国际航运市场属于跨国界的全球性市场,单独一个国家甚至几个国家的联合也难以胜任。

目前,我国水路运力调整制度(措施)主要有 3 种:①运输船舶强制报废制度;②老旧运输船舶管理制度;③运输船舶标准化制度。

二、运输船舶强制报废制度

部分严重老化的老旧船舶技术状况差、安全隐患多等突出问题,对航行安全和人命财产安全构成威胁。实施船舶强制报废制度,对保障船舶运输生产安全,保护人民生命和财产安全具有十分重要的意义。同时,实施船舶强制报废制度,有利于优化运力结构,推动航运业结构调整,提高运输服务质量和竞争力。

2001 年 3 月 29 日,原交通部发布经国务院同意的《关于实施运输船舶强制报废制度的意见》。该意见对老旧运输船舶进行严格管理,对已达到强制报废船龄(船龄,是指船舶自建造完工之日起至现今的年限)的船舶实施强制报废制度,强制退出水路运输市场,不得在中华人民共和国登记从事水路运输业务。该意见具体规定了各类船舶(按照海船和河船再细分)的报废船龄。

三、内河运输船舶标准化制度

船舶标准化制度,是指航运市场船舶的类型、材质、主要尺度等必须符合国家或者航运主管部门规定标准的一种制度性措施。船舶标准化是水运市场准入的门槛之一,也是水路运输市场运力调控制度之一。船舶标准化制度的意义在于通过对市场船舶的类型、材质、主要尺度等方面的规范,优化船舶的运力结构,提高船舶营运的效益。同时,这一制度有助于提高船舶技术水平,从而对船舶航运安全和水域环境保护具有促进作用。

2001 年 10 月 11 日,原交通部颁布《内河运输船舶标准化管理规定》,自 2001 年 12 月 1 日起施行。该规定从船舶的类型、材质和主要尺度方面,对内河运输船舶进行规范。主要表现为:

(1) 禁止任何组织和个人新建、改建水泥质船舶、总长 5 m 以上的木质船舶从事内河运输,以及总长 20 m 以上的挂桨机船舶从事内河运输,并禁止新建、改建挂桨机船舶在长江干线、珠江干线、黑龙江干线、京杭运河及太湖水域从事运输(第4 条);

(2) 新建、改建的内河运输船舶的总长、总宽和吃水应当符合原交通部制定的内河货运船舶船型主尺度系列标准(第 5 条);

(3) 新建、改建内河运输船舶前,应当向县级以上地方人民政府交通主管部门提出增加运力申请,并报有审批权的交通主管部门批准(第 6 条);

(4) 新建、改建内河运输船舶,应当按国家有关规定向海事管理机构认可的船舶检验机构申请建造检验,船舶检验机构应当按照原交通部制定的内河货运船舶船型、主尺度系列标准和国家其他有关规定进行建造检验,对符合有关规定的,签发船舶检验证书(第 7 条);

(5) 使用新建、改建的船舶从事内河运输经营,应当按照《国内水路运输管理条例》和有关规定报经县级以上人民政府交通主管部门批准,主管部门对符合原交通部制定的内河货运船舶船型主尺度系列标准的船舶,颁发船舶营运证,并注明船舶营运区域(第 9 条),内河运输船舶所有人、船舶经营人、船舶管理人应当在规定的航行区域和经营范围从事内河运输(第 10 条);

(6) 内河运输船舶所有人、船舶经营人、船舶管理人应当按照国家有关规定,向海事管理机构认可的船舶检验机构对营运中的水泥质船舶、木质船舶和挂桨机船舶申请定期检验,经检验不合格的,不得从事内河运输(第 11 条)。

四、老旧运输船舶管理制度

1993 年原交通部第 2 号令发布了《老旧船舶管理规定》,并于 1993 年 7 月 1 日起施行。

2001 年原交通部第 2 号令发布了《老旧运输船舶管理规定》,并从公布之日起施行,同时废止 1993 年《老旧船舶管理规定》。

2006 年原交通部第 8 号令发布了《老旧船舶管理规定》,自 2006 年 8 月 1 日起施行,2001 年《老旧运输船舶管理规定》被废止。

2009 年 11 月 30 日交通运输部第 14 号令发布《关于修改〈老旧运输船舶管理规定〉的决定》,根据修改,重新发布《老旧运输船舶管理规定》。

所谓老旧船舶,是指船龄在《老旧运输船舶管理规定》第 4 条、第 5 条规定的最低船龄以上的运输船舶。老旧船舶不同于报废船舶,报废船舶是指永久不能从事水路运输的船舶。国家对老旧运输船舶实行分类技术监督管理制度,对已达到强制报废船龄的运输船舶实施强制报废制度。

《老旧运输船舶管理规定》第 4 条规定,老旧海船分为以下类型:

(1) 船龄在 10 年以上的高速客船为一类老旧海船;

(2) 船龄在 10 年以上的客滚船、客货船、客渡船、客货渡船(包括旅客列车轮渡)、旅游船、客船为二类老旧海船;

(3) 船龄在 12 年以上的油船(包括沥青船)、散装化学品船、液化气船为三类老旧海船;

(4) 船龄在 18 年以上的散货船、矿砂船为四类老旧海船;

(5) 船龄在 20 年以上的货滚船、散装水泥船、冷藏船、杂货船、多用途船、集装箱船、木材船、拖船、推船、驳船等为五类老旧海船。

《老旧运输船舶管理规定》第 5 条规定,老旧河船分为以下类型:

(1) 船龄在 10 年以上的高速客船为一类老旧河船;

(2) 船龄在 10 年以上的客滚船、客货船、客渡船、客货渡船(包括旅客列车轮渡)、旅游船、客船为二类老旧河船;

(3) 船龄在 16 年以上的油船(包括沥青船)、散装化学品船、液化气船为三类老旧河船;

(4) 船龄在 18 年以上的散货船、矿砂船为四类老旧河船;

(5) 船龄在 20 年以上的货滚船、散装水泥船、冷藏船、杂货船、多用途船、集装箱船、木材船、拖船、推船、驳船(包括油驳)等为五类老旧河船。

《老旧运输船舶管理规定》在老旧运输船舶前述分类的基础上,具体规定了老旧运输船舶的购置、光租、改建和营运等 4 方面的管理制度。

第七节 调查处罚规则

一、调查规则

(一) 概述

对涉嫌违法行为,或者涉及有关当事人重大利害关系的争议事项,或者事实不是很清楚需要调查确定等情形,可实施调查。调查规则按理应该分国内航运市场和国际航运市场,但是作为国内航运市场的基本管理法,《国内水路运输管理条例》没有关于调查程序的规定。《国际海运条例》在这方面有相对完整的规定。无论是国内航运市场还是国际航运市场,应该遵守我国《行政处罚法》的一般规定和《交通行政处罚程序规定》的特别规定。以下按照《国际海运条例》进行分析。

(二) 调查程序的启动

国务院交通主管部门应利害关系人的请求或者自行决定,可启动调查程序。利害关系人请求调查时,应当提出书面调查申请,并阐述理由,提供必要的证据。国务院交通主管部门对调查申请应当进行评估,在自收到调查申请之日起 60 个工作日内作出实施调查或者不予调查的决定:①国务院交通主管部门认为调查申请理由不充分或者证据不足的,决定不予调查并通知调查申请人。申请人可补充理由或者证据后再次提出调查申请。②国务院交通主管部门根据评估结论认为应当实施调查或者按照《国际海运条例》第 35 条规定自行决定调查的,应当将有关材料和评估结论通报国务院工商行政管理部门和价格部门。

(三) 需要调查的情形

下列情形可实施调查:①经营国际班轮运输业务的国际船舶运输经营者之间订立的涉及中国港口的班轮公会协议、运营协议、运价协议等,可能对公平竞争造成损害的。②经营国际班轮运输业务的国际船舶运输经营者通过协议产生的各类联营体,其服务涉及中国港口某一航线的承运份额,持续 1 年超过该航线总运量的 30%,并可能对公平竞争造成损害的。③经营国际船舶运输业务和无船承运业务,有下列行为的:以低于正常、合理水平的运价提供服务,妨碍公平竞争;在会计账簿之外暗中给予托运人回扣,承揽货物;滥用优势地位,以歧视性价格或者其他限制性条件给交易对方造成损害;其他损害交易对方或者国际海上运输市场秩序的行为。④可能损害国际海运市场公平竞争的其他行为。

（四）调查机关与调查组的组成

国务院交通主管部门实施调查，应当会同国务院工商行政管理部门和价格部门共同进行，三者统称调查机关。调查机关实施调查，应当成立调查组。调查组成员不少于 3 人。调查组可以根据需要，聘请有关专家参加工作。

（五）调查程序和规则

调查组进行调查前，应当将调查目的、调查原因、调查期限等事项通知被调查人。被调查人应当在调查通知送达后 30 天内就调查事项作出答辩。

被调查人认为调查组成员同调查申请人、被调查人或者调查事项有利害关系的，有权提出回避请求。调查机关认为回避请求成立的，应当对调查组成员进行调整。

调查期限不得超过 1 年；必要时，经调查机关批准，可以延长半年。

调查人员进行调查，可以向被调查人以及与其有业务往来的单位和个人了解有关情况，并可查阅、复制有关单证、协议、合同文本、会计账簿、业务函电、电子数据等有关资料。

调查人员进行调查，应当保守被调查人以及与其有业务往来的单位和个人的商业秘密。被调查人接受调查时，应当根据调查组的要求提供相关数据、资料及文件等。属于商业秘密的，应当向调查组提出。调查组应当以书面形式记录备查。调查机关和调查人员对被调查人的商业秘密应当予以保密。

被调查人应当接受调查，如实提供有关情况和资料，不得拒绝调查或者隐匿真实情况、谎报情况。

（六）调查结论

调查机关作出调查结论前，可举行专家咨询会议，对“损害公平竞争”或者“损害交易对方”的程度进行评估。

调查结束，调查机关应当作出调查结论，书面通知被调查人、利害关系人：①基本事实不成立的，调查机关应当决定终止调查；②基本事实存在但对市场公平竞争不造成实质损害的，调查机关可决定不对被调查人采取禁止性、限制性措施；③基本事实清楚且对市场公平竞争造成实质损害的，调查机关应当根据《国际海运条例》的规定，对被调查人采取限制性、禁止性措施。

调查机关在作出采取禁止性、限制性措施的决定前，应当告知当事人有举行听证的权利；当事人要求举行听证的，应当在自调查机关通知送达之日起 10 天内，向调查机关书面提出；逾期未提出听证请求的，视为自动放弃请求听证的权利。

二、处罚规则

(一) 具有行政处罚权的机构

航运行政处罚以《行政处罚法》和《交通行政处罚程序规定》为基本依据。具有交通行政处罚权的交通管理部门或者机构包括：①县级以上人民政府的交通主管部门；②法律法规授权的交通管理机构；③县级以上人民政府的交通主管部门依法委托的交通管理机构。县级以上人民政府的交通主管部门可以委托依法设置的符合《行政处罚法》第 19 条规定的运输、航道、港口、公路、规费、通信等交通管理机构实施行政处罚。

(二) 行政处罚的管辖

各级交通管理部门依法可以作出警告、罚款、没收违法所得、没收非法财物、暂扣证照的行政处罚。县级以上人民政府交通主管部门、交通运输部直接设置的管理机构、省级人民政府交通主管部门直接设置的管理机构依法可以作出吊销证照、责令停产停业的行政处罚。省级人民政府交通主管部门直接设置的管理机构的下设机构，根据省级人民政府交通主管部门的决定，依法可以作出吊销证照、责令停产停业的行政处罚。港务(航)监督机构行政处罚案件的管辖依据《中华人民共和国海上海事行政处罚规定》确定。

(三) 行政处罚的决定

交通行政执法人员在实施行政处罚时，应当主动向当事人和案件其他有关人员出示执法身份证件。交通行政处罚程序分为简易程序和一般程序。

简易程序适用范围：违法事实确凿并有法定依据，对公民处以 50 元以下、对法人或者其他组织处以 1 000 元以下罚款或者警告的行政处罚的，可以当场作出行政处罚决定。

在适用一般程序时，交通管理部门必须对案件情况进行全面、客观、公正的调查，收集证据；必要时，依照法律法规的规定，可以进行检查。证据包括书证、物证、视听材料、证人证言、当事人陈述、鉴定结论、勘验笔录和现场笔录。

案件调查完毕后，交通管理部门负责人应当及时审查有关案件调查材料、当事人陈述和申辩材料、听证会笔录和听证会报告书，根据不同情况分别作出如下处理决定：①违法事实清楚，证据确凿充分，依照规定不需要经过听证程序的案件，根据情节轻重，作出处罚决定；②应当经过听证程序处理的案件，适用规定的听证程序后作出处理决定；③案件还需要作进一步调查处理的，责令案件调查人员补充调查；④违法行为轻微，依法可以不予行政处罚的，不予行政处罚；⑤违法事实不能成立的，不得给予行政处罚；⑥违法行为已构成犯罪的，应当将案件有关材料移送有管辖权的司法机关处理，案情复杂或者有重大违法行为需要给予较重行政处罚的，应当集体讨论。

（四）行政处罚的执行

交通行政处罚决定依法作出后，当事人对行政处罚决定不服申请行政复议或者提起行政诉讼的，除法律另有规定外，行政处罚不停止执行。作出罚款决定的交通管理部门应当与收缴罚款的机构分离。对已经生效的处罚决定，当事人拒不履行的，由作出处罚决定的交通管理部门依法强制执行或者申请人民法院强制执行。

三、重大行政处罚决定备案审查制度

为加强对交通行政管理部门作出的重大行政处罚决定的监督，根据《交通行政执法监督规定》，原交通部制定了《交通行政执法重大行政处罚决定备案审查制度》(1996 年 9 月 25 日颁布)。所谓重大行政处罚决定，是指交通行政管理部门作出的吊销证照、责令停产停业、5 000 元以上罚款的行政处罚决定。

交通行政管理部门应当在作出重大行政处罚决定之日的次日起 15 天内报上一级交通行政管理部门备案。省级交通主管部门和交通运输部直属的行政管理部门应当将备案材料一式三份向交通运输部备案。省级交通主管部门和交通运输部直属的行政管理部门具体规定其所属地区和部门的报备管辖。交通行政管理部门向上一级交通行政管理部门备案时应提交备案报告和行政处罚决定书副本。备案报告应包括主送机关、备案内容及说明、备案的年月日及备案机关等内容。

上一级交通行政管理部门应在收到备案材料之日起 30 天内对材料进行审查，审查内容包括：①重大行政处罚案件的处罚是否在处理机关法定职权范围内；②适用的处罚依据是否正确；③执法主体是否合法；④处罚程序是否合法；⑤事实是否清楚，主要证据是否确实、充分、齐全。上一级交通行政管理部门在审查过程中，根据情况可调阅报备部门的有关行政处罚的案卷和材料，报备部门不得拒绝。

上一级交通行政管理部门对审查中发现的问题应按下列规定处理：①作出的重大行政处罚决定不合法或者显失公正的，责令其限期撤销原处罚决定，并重新作出行政处罚决定(当事人提起行政复议、行政诉讼的案件除外)；②重大行政处罚决定书不规范的，责令其限期改正。下一级交通行政管理部门对上一级交通行政管理部门的处理意见有异议的，可以向上一级交通行政管理部门提出书面报告，但不得拒绝执行监督决定。

第九章　借鉴与建议

第一节　调整范围

第一，在市场经济条件下，各国（地区）航运立法的重点是航运市场监管，航运、船舶、海事和港口四方面属于广义航运法的调整范围。

第二，航运立法重点内容包括：①市场准入：②市场竞争：③宏观调控；④实施体制和实施程序。不同国家（地区）在内容侧重上存在较大差异。

第三，沿海运输立法在各国（地区）既有共性，也有差别。确立沿海运输权制度是共性，在立法体例上，有些国家（地区）作为国内水路进行立法，有些国家（地区）作为海运进行立法。

第四，航运市场宏观调控是针对国内航运市场的，这是各国（地区）的共性。

第五，部分国家在航运法律中规定了国内航运市场扶持政策，即使在实行自由港政策的国家（地区）同样有航运扶持政策。

第六，在航运法律制度中，部分国家（地区）以船舶运输业为立法重点，部分国家（地区）同时规定船舶运输业和船舶运输辅助业。

第七，在各国（地区）航运法律制度中很少直接规定发票制度。就运价进行管理的主要是美国航运法。

第二节　立法体系

第一，由立法机关制定航运管理基本法，是各国（地区）通行做法。

第二，各国（地区）政府及其航运主管部门制定了非常详细的航运基本法实施规则。尤其是就航运管理基本制度分别制定实施细则，形成系列的配套的实施规则体系，而不是针对一部法律制定一个实施细则，该做法值得我国借鉴。

第三，将航运法律法规予以统一编号，统一管理，规范公开，是许多国家（地区）的做法。我国可以从交通运输（或航运）领域进行探索。

第四，各国（地区）非常重视航运行政管理程序规则，这些程序规则或者在航运基本法中有详细规定,或者制定专门的实施规则。

第五,各种形式各种层次的航运法律、法规形成一个相对完整的航运法律体系。在航运市场管理中,如果可以直接适用一般法律法规的,则无须制定航运特别法。

第三节　管理体制

第一,多数国家(地区)的航运管理机构作为一个运输综合管理部门内部机构进行设置,通常与公路、铁路、空运等结合在一起。

第二,在航运管理体制中,促进和监管是两种不同的职能,为了避免冲突,有些国家(地区)分别设立不同的机构负责实施,美国是其中的典型代表。也有些国家(地区)将航运市场的部分监管职责由非航运主管部门负责或参与管理。

第三,有些国家(地区)在航运市场竞争执法领域实施特殊管理体制,竞争执法机构参与比较多,在其他领域,航运主管部门实行单独执法。

第四,现代海洋政策要求统合国家相关政策,协调不同职能部门之间的关系,有些国家(地区)甚至建立了跨部门的高层次的协调机制。在我国,海洋和航运分属不同的管理部门,协调机制尚未建立。

第五,管理体制只是现代行政管理的基础,我国需要进一步完善航运管理体制中的国务院航运主管部门与地方航运主管部门之间的职权划分关系,同时,建立符合现代航运管理需要的航运管理机制。有时,管理机制比管理体制更重要。管理理念、管理方法、管理技术、效果评价等都是管理机制建设的重点。

第六,国内航运和国际航运在管理体制和管理机制上应该有所区别。相对而言,国内航运管理体制和管理机制存在的问题较多,欧盟和美国在内河航运管理方面的经验值得我国借鉴。

第四节　市场准入规则

第一,美国和欧盟航运法以航运市场监管为立法重点,尤其以规范航运市场竞争秩序为重点,市场准入制度处于相对次要地位。即使是比较重视市场准入制度的日本和韩国航运法,仍然建立了比较系统的航运市场监管制度。我国《航运法》在内容上需要改变重准入轻监管的传统立法缺陷。

第二,在市场准入条件和监管之间应该实现平衡,即不能过分强调提高市场准入门槛。通过提高监管力度和改善监管方法,即使不提高准入门槛,同样能够实现管理目的。如果监管跟不上,即使规定比较高的准入门槛,目前航运市场存在的过度竞争等问题仍然不能解决。

第三,无论是内河运输、沿海运输还是国际海上运输,区别旅客运输和货物运输,实行不同的市场准入制度和监管机制非常有必要。在旅客运输市场准入制度设计上,既要考虑安全价值,也要考虑发展问题。以往立法一定程度上忽视了国际旅客运输,以后需要弥补这一缺陷。

第四,有必要区分近洋运输和远洋运输在市场准入制度上的差异。目前一视同仁的准入条件导致近洋运输存在较多的问题。

第五,在实行审批制的场合,通过市场准入条件的刚性化立法,避免过多的主管性条件,真正发挥审批制的价值。当然,社会主义市场经济体制要求逐步减少审批制度。

第六,《航运法》为我国实现航运强国提供法律保障,因此,在市场准入制度上需要看得更远,使之满足我国航运长远发展的需要,而不仅仅限于解决目前航运市场存在的问题。

第五节 市场运行规则

第一,《国际海运条例》受制于当时《反垄断法》未出台,导致该条例有关航运市场竞争规则不够完善。《航运法》有必要建立系统的航运竞争规则体系,包括国内航运市场竞争规则和国际航运市场竞争规则。

第二,在国内航运市场竞争方面,有必要将《反垄断法》和《反不正当竞争法》予以具体化,使有关的竞争规则更具操作性。我国《反不正当竞争法》正在修改,需要关注其最新进展,及时吸收其合理内容。

第三,未来一段时期内,国际航运反垄断豁免制度仍将是国际航运竞争规则的核心内容。《航运法》在这个问题上必须站得高,看得远,准确把握国际航运竞争规则的发展趋势,并实现适度超前。建议只建立非运价协议的反垄断豁免制度,对于具有运价内容的协议则予以禁止。

第四,在建立国际航运反垄断豁免制度下,必须同时建立系统的国际航运协议备案制度,实现对国际航运协议的监管管理。受理备案的机构只能是国际航运主管部门,不能授权非政府机构实施备案制度。

第五,实行全国统一的市场是航运市场良好运行的基础,为此,在基本的运行规则方面需要做到规则的统一,消除地方之间的分歧和差异。

第六,系统研究国际航运集装箱运价备案制度的价值,确定是否继续保留该制度。

第七,信息是实施监管的基础,是合理调节和规范市场行为的基础,建立有效的、及时的、真实的信息上报制度和统计制度、分析制度是《航运法》需要解决的问题。

第六节 市场宏观调控规则

第一，在国内航运市场领域，建立运力宏观调控和扶持政策相结合的宏观调控制度。

第二，建立拆船基金或老旧船舶更新基金，实施运力调控目的。

第三，建立系统的国内水路运输船舶标准化、大型化制度，将现有政策和规划法律化。

第四，水路运输是绿色运输、低碳运输，与其他运输方式相比既有优势，也有劣势，一定程度的扶持政策是必要的。国内旅客运输领域尤其需要有关政策的扶持。

第五，建立重点物资应急运输管理制度，保障经济发展和生活稳定。

第六，建立国内船舶征用补偿制度。

第七，总结船舶油污损害赔偿基金征收使用管理制度和船舶油污损害民事责任保险制度的实施经验，并上升到《航运法》高度。

第七节 调查处罚规则

第一，法律的生命力在于执法，加强航运执法能力建设是《航运法》需要解决的问题。

第二，将调查处罚规则作为航运行政程序法组成部分来建设。

第三，引入多种方法，快捷、高效地解决航运法实施过程中的管理机关与行政相对人之间的纠纷、船货双方之间的纠纷及其他经营者之间的纠纷等。

第四，建立系统、合理的听证制度。

第五，确立合理的罚款制度，建立与通货膨胀相适应的动态罚款制度值得借鉴。